信息与通信工程研究生系列教材

信息与通信工程中的随机过程

(第四版)

陈 明 编著

科学出版社

北 京

内 容 简 介

本书以浅显易懂的方式，结合大量信息与通信工程中的问题与范例，深入浅出地介绍了信息与通信工程领域所必需的随机数学基础。本书的主要内容包括概率空间与随机变量、随机数学分析、随机信号分析、信号的统计推断、Markov 链与排队论、随机数的计算机模拟等。

本书可作为高等院校信息与通信工程一级学科各专业的研究生、高年级本科生教材，也可作为信息与通信工程领域的科研及工程技术人员的参考书。

图书在版编目(CIP)数据

信息与通信工程中的随机过程/陈明编著. —4 版. —北京：科学出版社，2020.11
（信息与通信工程研究生系列教材）
ISBN 978-7-03-066694-9

Ⅰ.①信⋯ Ⅱ.①陈⋯ Ⅲ.①信息技术-随机过程-研究生-教材 ②通信工程-随机过程-研究生-教材 Ⅳ.①G202②TN911.1

中国版本图书馆 CIP 数据核字(2020)第 215330 号

责任编辑：潘斯斯　张丽花　董素芹／责任校对：王　瑞
责任印制：张　伟／封面设计：迷底书装

科学出版社 出版
北京东黄城根北街 16 号
邮政编码：100717
http://www.sciencep.com

北京捷迅佳彩印刷有限公司 印刷
科学出版社发行　各地新华书店经销

*

2001 年 8 月第 一 版　　开本：787×1092　1/16
2020 年 11 月第 四 版　　印张：25　1/2
2021 年 1 月第八次印刷　　字数：600 000

定价：128.00 元
（如有印装质量问题，我社负责调换）

前　言

信息与通信工程领域所涉及的许多研究对象，例如信号、噪声、业务的发生时刻与持续时间等，都必须从概率统计的角度来建模，因此对于该领域的研究生来说，必须具有一定的随机数学基础，否则后续建立在随机数学基础上的"信息论与编码""数字通信""数字信号处理"等课程，就没有办法真正学懂，以后从事这个领域的科研也会困难重重。

作者在东南大学信息科学与工程学院多年从事研究生学位课程"随机过程"的教学，本书是在第三版基础上修订而成的。

本书共六篇。第一、二篇是随机过程数学层面的基础，第三至六篇是信息与通信工程领域所要学习的随机过程专业背景知识。

第一篇介绍概率、随机变量、随机过程这三个基本概念。该篇在介绍随机变量与随机过程这两个概念时，为了便于读者理解，对传统教材中所采用的基于映射的定义作了改革，将随机变量定义成具有概率统计特性的变量，将随机过程定义成具有概率统计特性的定义域为时间区间的变函；此外，还指出随机过程在本质上是维数指标具有时间物理意义的无穷维随机变量。

第二篇介绍二阶矩过程的数学分析和随机变量的变换。所谓数学分析，在数学领域是指对序列与函数的收敛、连续、导数、积分、变换、微分或积分方程等性质进行研究与分析。离散时间随机过程本质上是带有概率统计特性的变化的数列，而连续时间随机过程本质上是带有概率统计特性的变化的函数，所以对这两种随机过程的分析就叫做随机数学分析。此外，在将随机过程看成无穷维随机变量的框架下，介绍了随机变量的变换，也就是在知道变换前随机变量概率函数的基础上，求解变换后随机变量概率函数的方法。

第三篇是随机信号分析。当需要考虑的信号具有概率统计特性时，这样的信号就是随机信号，可以用随机过程的概念来描述。本书介绍了离散与连续时间随机信号的自相关函数、功率谱密度、带宽等概念，还介绍了在随机信号通过线性系统之后，这些统计量的变化规律。

第四篇信号的统计推断部分，介绍信号统计推断的基本原理，包括信号检测、信号参数估计与信号波形估计。

第五篇讲解 Markov 链与排队论，该部分内容是对信息与通信系统作状态分析所需要的基础理论。本书在介绍离散与连续时间 Markov 链的基础上，讲解排队论的初步知识。

第六篇随机数的计算机模拟，介绍如何在计算机仿真中，用计算机模拟出自己所需要的具有某种特殊分布或统计特性的随机变量或随机过程。

感谢东南大学信息科学与工程学院历届学习该课程的研究生们，他们对本书提出了许多宝贵的建议；感谢东南大学的领导与同事在工作中给予的帮助与支持；感谢科学出版社的编辑们为本书再版付出的所有努力。

  本书虽经多次修改，但由于作者工作繁忙，时间仓促，书中难免存在疏漏之处，恳请读者不吝斧正。读者对本书的指正和建议，可以发送到电子邮箱：chenming@seu.edu.cn，作者深表感谢！

作　者

2020 年 10 月

于南京

目 录

第一篇 概率空间与随机变量

第 1 章 概率空间与随机变量的定义 ··· 1
  1.1 概率空间 ··· 1
  1.2 事件间的关系 ··· 18
  1.3 随机变量 ··· 24

第 2 章 一维随机变量 ··· 28
  2.1 一维随机变量的定义 ··· 28
  2.2 概率函数 ··· 29
  2.3 数字特征 ··· 36
  2.4 常见离散型一维随机变量 ··· 42
  2.5 常见连续型一维随机变量 ··· 44

第 3 章 多维随机变量 ··· 51
  3.1 多维随机变量的定义及内在关联 ··· 51
  3.2 联合与边界概率函数 ··· 52
  3.3 数字特征 ··· 59
  3.4 多维随机变量分量间的关系 ··· 63
  3.5 常见多维随机变量 ··· 71
  3.6 多维随机变量的其他表现形式 ··· 74

第 4 章 离散时间随机过程 ··· 80
  4.1 离散时间随机过程的定义 ··· 80
  4.2 概率函数族 ··· 82
  4.3 矩函数 ··· 86
  4.4 常见离散时间随机过程 ··· 88

第 5 章 连续时间随机过程 ··· 101
  5.1 连续时间随机过程的定义 ··· 101
  5.2 联合概率函数族 ··· 103
  5.3 矩函数 ··· 107
  5.4 常见连续时间随机过程 ··· 111

第二篇 随机数学分析

第 6 章 二阶矩过程的数学分析 ··· 126
  6.1 离散时间随机过程的均方收敛 ··· 126

6.2		连续时间随机过程的均方连续	133
6.3		连续时间随机过程的均方导数	135
6.4		连续时间随机过程的均方积分	139
6.5		连续时间随机过程的正交分解	141

第 7 章 随机变量的变换 151

7.1	等效事件等概率原理	151
7.2	有限维随机变量间的变换	152
7.3	有限维和无限维随机变量之间的变换	166
7.4	可数无限维随机变量间的变换	169
7.5	不可数无限维随机变量间的变换	177
7.6	可数和不可数无限维随机变量间的变换	186

第三篇 随机信号分析

第 8 章 离散时间信号分析 190

8.1	功率谱密度	190
8.2	离散时间随机信号通过线性系统	195
8.3	宽平稳离散时间信号的特征估计	201
8.4	宽平稳离散时间随机信号的线性模型	210

第 9 章 连续时间信号分析 223

9.1	连续时间随机信号的功率谱密度函数	223
9.2	连续时间随机信号通过线性系统	234
9.3	带限随机信号	241
9.4	窄带随机信号	244

第四篇 信号的统计推断

第 10 章 信号检测 254

10.1	假设检验与信号检测	254
10.2	常见判决准则	259
10.3	应用举例	264
10.4	复合假设检验	268
10.5	序贯检验	270

第 11 章 信号参数估计 273

11.1	信号参数估计概述	273
11.2	常见估计准则	275
11.3	应用举例	281

第 12 章 信号波形估计 285

12.1	波形估计	285
12.2	离散时间信号波形估计	286

12.3 连续时间波形估计 ··· 293

第五篇　Markov 链与排队论

第 13 章　离散时间 Markov 链 ··· 303
13.1 定义和状态方程 ·· 303
13.2 平稳 Markov 链的状态分类 ··· 309
13.3 常见离散时间 Markov 链 ·· 320
13.4 信息与通信系统中的两个应用例子 ·· 324

第 14 章　连续时间 Markov 链 ··· 329
14.1 定义和状态方程 ·· 329
14.2 生灭过程 ·· 334

第 15 章　排队论初步 ··· 342
15.1 排队系统简介 ·· 342
15.2 M/M 型排队系统 ·· 346
15.3 M/G/1 排队系统 ·· 355
15.4 G/M/1 排队系统 ·· 363

第六篇　随机数的计算机模拟

第 16 章　随机变量的计算机模拟 ·· 366
16.1 随机变量计算机模拟的作用与定义 ·· 366
16.2 均匀分布一维随机变量的计算机生成 ··· 370
16.3 具有给定分布的一维随机变量的模拟 ··· 377
16.4 具有给定特征的随机变量的模拟 ··· 382
16.5 Monte Carlo 方法 ··· 384

附录 A　集合的可数与不可数 ··· 386
附录 B　一维广义函数及其导数 ··· 389
附录 C　多维广义函数与多维广义导数 ··· 393
附录 D　两个矩阵的 Kronecker 乘积 ··· 394
附录 E　离散时间随机过程的其他常见收敛 ··· 395
参考文献 ··· 399

第一篇　概率空间与随机变量

第 1 章　概率空间与随机变量的定义

本章导读　本章内容包括：随机现象的定义、样本空间和 Borel 事件集、事件的频率稳定性、事件的概率和概率空间、事件间的关系、随机变量等。

随机数学[①]的研究对象就是随机现象，因此在学习随机数学理论之前，非常有必要对随机现象的定义与事例进行观察与思考。本章在介绍随机现象定义的基础上，列举了大量信息与通信系统中的常见随机现象。

要想完整地对一个随机现象进行描述，需要从随机现象的"本质"与"观察者的兴趣面"两个角度去描述，"样本空间"实际上就是对随机现象本质的界定，而"定义在样本空间之上的 Borel 事件集"就是对观察者兴趣面的定义。

事件的频率稳定性是整个随机数学观察随机现象的基本出发点，本章在介绍事件频率稳定性的基础上，给出了描述事件频率稳定性的方法——事件概率及概率空间的概念。

在一个概率空间中，可以对事件间的关系进行描述，条件概率、事件的独立、全概率公式以及 Bayes 公式等内容从不同侧面描述了事件间的关系。

最后介绍随机变量的概念，如一维随机变量、多维随机变量、随机矩阵、无穷维随机变量（即随机过程）等。

本章内容是整个随机数学的方法论基础，掌握本章内容对理解随机数学的科学思想具有重要意义，因此读者应仔细阅读与思考。

1.1　概 率 空 间

不同学科所观察与研究的对象不同。在学习一门学科知识之前，应首先了解这门学科的研究对象，本节介绍随机数学的研究对象——随机现象。

1.1.1　样本空间

(1) 非确知系统和试验

现象，是指人们通过眼睛、耳朵等感觉器官可以观察到各种现象。一切现象的产生都非无因而生，而是由若干个因素按照某种特定方式积聚之后才产生的。例如，麦种与空气、阳光、水等积聚之后，就会产生麦芽这个新现象；三个氧分子积聚之后，就会产生臭氧这个新现象；氢气和氧气以燃烧的方式积聚后，就会产生水这一现象；火柴头与火柴皮以摩擦的方法积聚之后，就会产生燃烧这一现象；碳分子按照某种方式积聚，会产生质地较软的石墨，如果按照另外一种方式积聚，又会产生质地坚硬的金刚石。总之，自然界的一切现象都是由若干因素按照某种特定方式积聚之后才产生的。

为了描述现象的产生，将产生一个现象的所有因素及作用机制定义为一个**系统**。假设产生某现象 s 所需要的因素共有 N 个，分别用符号 $\xi_1, \xi_2, \cdots, \xi_N$ 表示，用符号 ϕ 表示这 N 个因素之间的相互作用机制，于是"若干因素按照某种方式积聚之后产生某现象"这件事可以用数学公式表示为

$$s = \phi(\xi_1, \xi_2, \cdots, \xi_N) \tag{1.1.1}$$

---

① 包括概率论、随机过程、数理统计这三个分支。

称因素 $\xi_1, \xi_2, \cdots, \xi_N$ 为系统的**输入**，ξ_i 在 S_i 内取值，$(\xi_1, \xi_2, \cdots, \xi_N)$ 在笛卡儿积 $S_1 \times S_2 \times \cdots \times S_N$ 内取值，称 S_i 为**输入** ξ_i **的状态空间**，$S_1 \times S_2 \times \cdots \times S_N$ 为该系统的输入**状态空间**；称 s 为系统输出，所有可能的输出 s 组成的集合 S 称为系统的**输出空间**。

让系统产生一次输出，称为一次试验。某次试验的输出也称为**样本点**，所有可能的样本点组成的集合称为**样本空间**。

需要注意的是，对于物理结构完全相同的系统，可以定义具有不同输出的不同试验。

例 1.1.1　对于抛硬币试验系统，用 $+1$ 表示正面朝上，-1 表示反面朝上，可以定义如下三种试验。

试验一：抛一次硬币的结果作为试验结果，则此时有两种试验结果 $+1$ 和 -1，试验结果组成的集合 $S_1 = \{+1, -1\}$。

试验二：连续抛 n 次硬币的结果作为试验结果，则此时有 2^n 种试验结果，试验结果组成的集合 $S_2 = \{(a_1, \cdots, a_n) | a_1, \cdots, a_n \in \{+1, -1\}\}$。

试验三：连续抛无穷次硬币的结果作为试验结果，此时试验结果的集合 $S_3 = \{(a_1, a_2, \cdots, a_n, \cdots) | \forall n, a_n \in \{+1, -1\}\}$。

像上面的例子这样，即便系统的物理结构完全相同，但由于试验的定义不同，系统输入和输出的定义也随之不同，因此我们将物理结构相同但试验方式不同的系统看作不同的系统。这样一来，系统的试验方式就成了系统固有的属性之一，一个系统只能有一种固有的试验方式。

在试验之前，如果观察者完全知道系统的所有输入以及它们的作用机制，即知道系统所有输入与输出之间的对应关系，并且能够根据所掌握的资料对系统的输出进行"从因推果"式的准确预测，则称该系统为**确知系统**；否则，在试验之前，试验者由于不知道或不完全知道该系统的所有输入以及它们之间的相互作用机制，或者即便知道，但由于所掌握的预测资料不全，不能对此次试验的系统输出进行"从因推果"式的准确预测，则称该系统为**非确知系统**。

按照观察者对系统输入及其作用机制的了解程度，非确知系统也分为"黑箱"和"灰箱"两类。**黑箱**系统是指观察者对系统的所有输入及其作用机制一无所知或所知甚少，而**灰箱**系统则是指观察者对系统的输入及其作用机制有部分了解。

(2) 样本点和样本空间

确知系统试验的输出，称为**非随机现象**；非确知系统试验的输出，称为**随机现象**，也称为**样本点**，某非确知系统所有可能的输出样本点组成的集合称为该非确知系统的**样本空间**。

对"随机现象"中"随机"这个词汇的意思进行观察可以发现："随"是"决定于"的意思，"机"是指"观察者尚未了解的非确知系统的输入及其作用机制"，因此"随机"的字面意思是"某次试验，系统的输出到底是什么，还将取决于该次试验时非确知系统的那些未知输入及其作用机制"，其引申意思是"观察者本身不能对试验结果进行从因推果式的预测"。因此，使用"随机"这个词汇时，不能理解为"杂乱无章、没有规律可循"，而应理解为"非确知系统在试验之前无法从因推果地预测试验结果，但在试验之后，试验结果却是可观察的，而且是唯一确定的"。

下面是一些非确知系统及其输出随机现象的例子。

例 1.1.2 将硬币抛在桌面上，考察是硬币的正面还是反面朝上。在抛之前观察者只知道有两种可能的结果，但却无法知道决定硬币正反面朝上的所有系统输入及其作用机制，因而无法准确预测哪一面朝上。

例 1.1.3 观察某机器的使用寿命。观察者只知道，该机器的使用寿命可以是一个大于零的实数，但无法知道决定机器使用寿命的所有系统输入及其作用机制，因而无法预测机器的准确寿命。

例 1.1.4 观察某天某地点的温度变化，可以建模为定义在时间区间上的一个连续函数。在观察之前，观察者只能知道，温度是一个函数，但由于不知道决定温度的所有系统输入及其作用机制，所以无法确定该天该地点温度的变化是哪一个函数。

以下是一些确知系统及其输出非随机现象的例子。

例 1.1.5 已知电磁波的强度随距离 r 的衰减规律是 $P(r) = P_0 G/r^\alpha$，其中 G 是一个已知正常数，P_0 是发射机发射电波的强度，则在距离发射机 r 之外的地点的电波强度 $P(r)$ 在试验之前就可以被准确预测，其具体数值被 P_0、G、r、α 这四个数值唯一确定，因此是非随机现象。如果其中的 α 无法被观察者知道，则 $P(r)$ 就成了一个随机现象。

例 1.1.6 火车从某地点出发的运行速度随时间变化的函数为 $v(t)$，则火车出发 T_0 时间后的位置由铁轨以及 $v(t)$ 唯一确定，因此是非随机现象；如果 $v(t)$ 无法被准确知道，或者铁轨的轨迹无法被准确知道，则火车在 T_0 时刻的位置就成了随机现象。

例 1.1.7 弹簧秤的伸长量 x 与所受外力 f 成正比，即有 $x = kf$，其中 k 是一个正常数。如果 f 和 k 都已知，则伸长量 x 就被唯一确定了，于是 x 就是一个非随机现象。若 k 不是一个正常数，而且是 f 的一个非线性函数，并且无法知道这个非线性函数，则即使知道 f，由于无法对 x 进行从因推果式的预测，所以 x 是一个随机现象。

总之，一个现象是否为随机现象，依赖于观察者在现象产生之前能否对该现象进行从因推果式的准确预测；而能否进行从因推果式的准确预测，则依赖于观察者是否完全掌握了所有的预测资料，即产生现象的所有输入及其作用机制等。理解随机现象需要注意以下两点。

1) 现象本身并没有"随机"与"非随机"的固有属性，"随机"与"非随机"是按照观察者能否对现象的产生进行从因推果式的预测，而对现象所做的主观分类。

2) 观察者不能对一个现象的产生进行从因推果式的预测，原因主要有两个：一是产生现象的因素及其作用机制过于复杂，超出了观察者的认知能力；二是产生现象的因素及其作用机制虽然没有超出观察者的认知能力，但观察者出于"预测代价"等方面的考虑，不愿意对现象的产生进行从因推果式的预测。

例 1.1.8 随机地从某校的在校生中抽取一个学生，将该生的性别作为样本点，则样本空间 $S = \{男, 女\}$；向水平桌面抛一枚均匀硬币，将哪一面朝上作为样本点，则样本空间 $S = \{正面, 反面\}$；某超市有一万种商品，某顾客某次从货架上取下并决定购买的商品就是一个样本点，此时样本空间 $S = \{商品1, 商品2, \cdots, 商品10000\}$。

例 1.1.9 某通信系统的发射机所发送的信号是 BPSK 调制信号，即发送符号是集合 $S = \{1, -1\}$ 中的元素。当观察某个符号周期所发送的信号时，其样本空间为 S，样本点是 1 和 -1；当观察连续 N 个符号周期所发送的信号向量时，其样本空间为 S^N，样本点为 $\boldsymbol{s} = (s_1, \cdots, s_N)$，其中 $s_n \in \{1, -1\}$，$1 \leqslant n \leqslant N$；当观察连续无穷个符号周期的发送信号向量时，其样本空间为 S^∞，样本点为 $\boldsymbol{s}=(s_1,\cdots,s_n,\cdots)$，其中 $s_n\in\{1,-1\}$，$1\leqslant n<\infty$。

例 1.1.10 某通信系统的发射机所发送的信号是 4QAM 调制信号，即发送符号是集合 $S=\{1+\mathrm{j},1-\mathrm{j},-1+\mathrm{j},-1-\mathrm{j}\}$ 中的元素。当观察某个符号周期所发送的信号时，其样本空间为 S；当观察连续 N 个符号周期所发送的信号向量时，其样本空间为 S^N；当观察连续无穷个符号周期的发送信号向量时，其样本空间为 S^∞。

例 1.1.11 观察某接收机在时刻 t 的接收噪声，如果信号是实数，则噪声也是一个实数，即噪声的样本空间是一维实数集 $\mathbb{R}$；如果信号是复数，则噪声也是一个复数，即噪声的样本空间是一维复数集 $\mathbb{C}$。如果同时观察在 N 个时刻 $t_1<t_2<\cdots<t_N$ 的噪声采样向量，则实数信号情形下的噪声样本空间为 N 维实数集 $\mathbb{R}^N$，复数信号情形下的噪声样本空间为 N 维复数集 $\mathbb{C}^N$；若观察无穷个时刻的噪声采样向量，则噪声样本空间分别为无穷维实数集 $\mathbb{R}^\infty$ 和无穷维复数集 $\mathbb{C}^\infty$。

(3) 样本空间的分类

样本空间从"是否为数集"的角度，可以分为数集样本空间和非数集样本空间两类。所谓**数集样本空间**就是样本空间是一维、多维或无穷维实数集或复数集，或者它们的子集；如果样本空间不是数集样本空间，就叫作**非数集样本空间**。这里，无穷维实数集或复数集实际上等效于函数集，见附录 1.A.3。

实际上，样本空间的数集与非数集，是由对系统输出的表示方式的不同造成的。用"数"表示非确知系统的输出，得到的样本空间就是数集样本空间，如例 1.1.9、例 1.1.10 和例 1.1.11 中所示的样本空间，都是数集样本空间。用"非数"表示非确知系统的输出，得到的样本空间就是非数集样本空间，如例 1.1.8 中所示的三个样本空间，就是非数集样本空间。

此外，样本空间还可以从维数来进行分类。若集合 S 是一个样本空间，并且可以表示为 N 个一维集合[①]$S_1,S_2,\cdots,S_N$ 的笛卡儿乘积，即有

$$S=S_1\times S_2\times\cdots\times S_N,\quad N\geqslant 1$$

则称样本空间 S 为 N **维样本空间**。

当 $N=1$ 时，称 S 为一维样本空间；当 $N>1$ 时，称 S 为多维样本空间；当 $N=\infty$ 时，称 S 为无穷维样本空间。多维和无穷维样本空间也称为**乘积样本空间**，一维样本空间也称为**非乘积样本空间**。对于乘积样本空间，如果维数 N 有限，则称该样本空间为**有限维乘积样本空间**；如果 $N=\infty$，则称该样本空间为**可数无限维乘积样本空间**。一维、多维、无穷维样本空间的样本点分别称为**一维、多维、无穷维样本点**。

此外，对于所有满足 $1\leqslant M<N$ 的正整数 M，称集合 $S_1,\cdots,S_N$ 中任意 M 个集合的笛卡儿乘积为 M **维边界样本空间**。例如，对于任意 $1\leqslant n\leqslant N$，S_n 为一维边界样本空间；对于任意满足 $1\leqslant m,n\leqslant N$ 和 $m\neq n$ 的 m,n，$S_m\times S_n$ 为二维边界样本空间等。乘积样本空间的样本点称为**联合样本点**，边界样本空间的样本点称为**边界样本点**。

样本空间如果同时按照"是否数集"和"维数"来分类，可以分为：一维数集和非数集样本空间；多维数集和非数集样本空间；无穷维数集和非数集样本空间。

下面是一维数集和非数集样本空间的例子。

[①] 一个集合称为一维集合，是指该集合可以与一维实数集或其子集建立双射的关系。

例 1.1.12 将一枚均匀的硬币抛在水平桌面上,若正面朝上则记为"正",反面朝上则记为"反",这样由"正""反"两个元素组成的集合 $S = \{正, 反\}$ 是一维非数集样本空间。若正面朝上记为 1,反面朝上记为 -1,这样由 $+1$ 和 -1 组成的集合 $S = \{+1, -1\}$ 是一维数集样本空间。

例 1.1.13 某水平面上中心固定的指针可以指向任意角度。将水平面上的 360° 按照方位分为 8 等份,并且按照其方位分别标记为"东""南""西""北""东南""西南""东北""西北",若某次推动指针,指针最终停留于某个方向,就标记该方向为该次试验的输出。显然,若用"东""南""西""北""东南""西南""东北""西北"表示所有试验的输出,则该样本空间为一维非数集样本空间;若将"东""南""西""北""东南""西南""东北""西北"分别用正整数 1、2、3、4、5、6、7、8 表示,则由 1、2、3、4、5、6、7、8 组成的样本空间为一维数集样本空间。

下面是多维数集和非数集样本空间的例子。

例 1.1.14 观察某校学生的身高、体重和年龄,每个联合样本点都是一个三维数组 (h, w, a),其中 h 是身高、w 是体重、a 是年龄,所有这些联合样本点构成一个三维数集样本空间,即 $S = H \times W \times A$,其中 H、W、A 分别是身高、体重和年龄所对应的边界样本空间。

例 1.1.15 某个移动台在某个小区内出现的位置是一个二维数集样本空间 $S = X \times Y$,其中 X 和 Y 分别是其横坐标和纵坐标所对应的边界样本空间。

例 1.1.16 将抛 100 次硬币产生的正反面结果作为联合样本点,用 T 表示反面,F 表示正面,则该联合样本点组成的乘积样本空间可以表示为 $S = \{T, F\}^{100}$,该样本空间是 100 维非数集样本空间。若用 $+1$ 表示正面,-1 表示反面,则 $S = \{1, -1\}^{100}$,该样本空间是 100 维数集样本空间。

下面是可数无穷维数集和非数集样本空间的例子。

例 1.1.17 在例1.1.16中,若将抛无穷次硬币产生的正反面结果作为联合样本点,用 T 表示反面,F 表示正面,则该联合样本点组成的乘积样本空间可以表示为 $S = \{T, F\}^{\infty}$,该样本空间是无穷维非数集样本空间。若用 $+1$ 表示正面,-1 表示反面,则 $S = \{1, -1\}^{\infty}$,该样本空间是无穷维数集样本空间。

例 1.1.18 在 $[0, 1]$ 中任取一个数 ξ,将其进行二进制展开,得到

$$\xi = \sum_{k=0}^{\infty} \xi_k 2^{-k}$$

其中,ξ_k 或者是 0 或者是 1,则无穷序列 $(\xi_0, \xi_1, \cdots, \xi_k, \cdots)$ 是一个可数无穷维乘积样本点,所有这些样本点组成的样本空间是一个可数无穷维乘积样本空间,其一维边界样本空间为 $\{0, 1\}$,该可数无穷乘积样本空间 S 可以表示为 $S = \{0, 1\}^{\infty}$。

在介绍不可数无穷维样本空间之前,先介绍不可数无穷维乘积空间的概念。假设集合 S_t 是依赖于参数 t 的一个集合,而参数 t 在一个不可数集合 $\mathbb{T}$ 中变化,则称 $S = \prod_{t \in \mathbb{T}} S_t$ 为**不可数个集合的笛卡儿积**,或者**不可数维笛卡儿积**。

例 1.1.19 观察某移动台在一天内的通话情况,将一天的时间用 $[0, 24 \times 3600]$(单位:s)表示,在任意时刻 $t \in [0, 24 \times 3600]$ 的状态有四种情况:关机、待机、请求接入、通话,这样一天内的移动台状况可以用集函数表示为

$$f: t \in [0, 24 \times 3600] \mapsto f(t) \in \{\text{关机},\text{待机},\text{请求接入},\text{通话}\}$$

而样本点 $f(t)$ 组成的样本空间是一个非数集不可数无穷维样本空间：

$$S = \prod_{t \in [0, 24 \times 3600]} \{\text{关机},\text{待机},\text{请求接入},\text{通话}\}$$

如果分别用 1、2、3、4 对应关机、待机、请求接入、通话这四个状态，则移动台在一天内的状态可以用下列函数表示：

$$f: t \in [0, 24 \times 3600] \mapsto f(t) \in \{1, 2, 3, 4\}$$

而样本点 $f(t)$ 组成的样本空间是一个数集不可数无穷维样本空间：

$$S = \prod_{t \in [0, 24 \times 3600]} \{1, 2, 3, 4\}$$

一般来说，不可数无穷维样本空间的样本点是定义在某个不可数指标集上的函数或集函数，此时该样本点也称为**样本函数**。

特别地，对于任意一个定义于某不可数指标集上的函数，都可以看作一个不可数无穷维的向量，该函数的定义域对应着该向量的维数指标的变化范围。反之，任意一个定义域为不可数数集的函数都可以看作一个不可数无穷维的向量。

学会用"无穷维向量"的观点来看待函数，对于理解本书后续内容中的随机过程、随机变函等概念，有着很重要的作用。

例 1.1.20 某非确知系统的输出可以描述为一个定义域为 $[0,1]$、值域为实数集 $\mathbb{R}$ 的函数 $f(t)$，此时样本点 $f(t)$ 就可以看作一个无限不可数维数的向量，t 为该向量的维数指标，而 $f(t)$ 就是该向量在维数 t 上的取值，将该向量记为 $\{f(t)\}_{t \in [0,1]}$，所有这些向量组成的集合就是一个无限不可数维乘积样本空间，记为 $S = \prod_{t \in [0,1]} S_t$，这里对所有的 t 有 $S_t \equiv \mathbb{R}$。

1.1.2 Borel 事件集

Borel 事件集实际上是对随机现象从观察者的兴趣面角度进行界定。样本空间及样本点的概念界定了随机现象的内容，但样本空间中的样本点未必是观察者的兴趣面。一般来说，观察者的兴趣面往往是样本空间的子集——事件。事件也是随机系统的输出，但却是带有某种特征的样本点，样本点的这种特征是观察者所感兴趣的。

(1) 事件与事件的发生

所谓**事件**，就是样本空间 S 的任意一个子集。若某次试验的样本点属于某个事件，就称该**事件发生**；否则，称该**事件没有发生**。

为了方便起见，将样本空间 S 本身和空集 $\varnothing$ 也算作两个事件，S 称为**必然事件**，因为任意一次试验所产生的样本点必定属于 S；而空集 $\varnothing$ 称为**不可能事件**，因为任何一次试验所输出的样本点必定不属于 $\varnothing$。

此外，由单个样本点组成的事件称为**单点事件**。需要注意的是，单点事件与单个样本点是性质完全不同的两个对象，单点事件是由单个样本点构成的集合，而单个样本点就是样本空间的一个元素。

事件实际上是观察者眼中真正感兴趣的对象，通过定义单点事件，就将样本点也含在了其中。虽然如此，样本点和事件这两者在概念和作用上却有着本质的不同——样本点用于表示构成随机现象的"质地"，对它们不考虑后面所说的频率或概率特性；事件则用于表示观察者眼中真正感兴趣的对象，对它们可以考虑后面所说的频率或概率特性。

例 1.1.21　在抛硬币试验中，样本空间 $S=\{$正面朝上, 反面朝上$\}$，此时可以定义两个事件："正面朝上"和"反面朝上"，这两个事件分别由两个子集定义，即 $\{$正面朝上$\}$、$\{$反面朝上$\}$，它们都是单点事件。

例 1.1.22　在掷骰子试验中，样本空间 $S=\{1,2,3,4,5,6\}$。"偶数面朝上"这个事件由子集 $\{2,4,6\}$ 定义，"奇数面朝上"这个事件由子集 $\{1,3,5\}$ 定义。

例 1.1.23　测量某校学生的身高，假设最低身高是 1m，最高身高是 2m，则样本空间 $S=[1,2]$。事件"身高低于 1.5m"由子集 $[1,1.5)$ 组成，事件"身高高于 1.8m"对应子集 $(1.8,2]$。

(2) 事件间的运算

事件间可以定义以下运算：

1) 事件 A 与 B 的**并**定义为 $A\cup B$，当样本点属于 $A\cup B$ 时，表示事件 A 或 B 发生；

2) 事件 A 与 B 的**交**定义为 $A\cap B$，当样本点属于 $A\cap B$ 时，表示事件 A 和 B 同时发生；

3) 事件 A 与 B 的**差**定义为 $A\setminus B$，当样本点属于 $A\setminus B$ 时，表示事件 A 发生，事件 B 不发生；

4) 事件 A 的**补**定义为 $S\setminus A$，也表示为 $\bar{A}$，当样本点属于 $\bar{A}$ 时，表示事件 A 的反面发生。

(3) Borel 事件集

在一个样本空间上可以定义很多事件，所有观察者感兴趣的事件构成了一个集合，为了使这些事件具有逻辑上的相容性，需要引进 Borel 事件集的概念。

设 $\mathcal{A}$ 为由样本空间 S 的一些事件组成的集合，如果事件集 $\mathcal{A}$ 满足下面的三个性质：

1) $S\in\mathcal{A}$, $\varnothing\in\mathcal{A}$；

2) 若 $A\in\mathcal{A}$，则 $\bar{A}\in\mathcal{A}$；

3) 若有 $A_i\in\mathcal{A}$, $i=1,2,\cdots$，则 $\bigcup\limits_{i=1}^{\infty}A_i\in\mathcal{A}$。

则称事件集 $\mathcal{A}$ 为定义于样本空间 S 上的 **Borel 事件集**。

Borel 事件集所满足的上述三个性质规定了事件间应满足的基本逻辑事实：第 1 条性质规定必然事件 S 和不可能事件 $\varnothing$ 必须作为考察的对象，第 2 条性质规定了一个事件的反面也构成一个事件，第 3 条性质规定了任意多个事件的并也构成一个事件。规定事件集满足如上所述的三个 Borel 条件，是为了保证所有需要考虑的事件在逻辑上具有相容性。

例 1.1.24　设样本空间为 S，显然

$$\mathcal{A}_*=\{\varnothing,S\}\text{ 和 }\mathcal{A}^*=\{S\text{的所有子集}\}$$

都是 Borel 事件集，其中 $\mathcal{A}_*$ 是包含元素最少的 Borel 事件集，而 $\mathcal{A}^*$ 是包含元素最多的 Borel 事件集。其余任意一个 Borel 事件集 $\mathcal{A}$ 都满足 $\mathcal{A}_*\subseteq\mathcal{A}\subseteq\mathcal{A}^*$。

例 1.1.25　设样本空间为 $S = \{1,2,3,4,5,6\}$，显然

$$\mathcal{A}_1 = \{\varnothing, S\} \text{ 和 } \mathcal{A}_2 = \{\varnothing, S, \{1\}, \{2,3,4,5,6\}\}$$

都是 Borel 事件集。

从上例可看出，定义在一个样本空间 S 上的 Borel 事件集不是唯一的。定义于样本空间 S 上最小的 Borel 事件集为 $\mathcal{A}_* = \{\varnothing, S\}$，最大的 Borel 事件集为 $\mathcal{A}^* = \{S\text{的所有子集}\}$，其余任意一个 Borel 事件集 $\mathcal{A}$ 都满足 $\mathcal{A}_* \subseteq \mathcal{A} \subseteq \mathcal{A}^*$。

一般来说，Borel 事件集的选取，需要将观察者所关心的所有事件都包含在内。设 $\mathcal{A}_0$ 是包含观察者所关心的所有事件的集合，则所选择的 Borel 事件集 $\mathcal{A}$ 应包含集合 $\mathcal{A}_0$。

在样本空间 S 可数时，选取任意一个满足 $\mathcal{A}_* \subseteq \mathcal{A} \subseteq \mathcal{A}^*$ 和 $\mathcal{A}_0 \subseteq \mathcal{A}$ 的 Borel 事件集 $\mathcal{A}$ 即可。例如，甚至可以选择 $\mathcal{A}^*$ 作为可数样本空间的 Borel 事件集，因为它包含了所有的事件。

但是，若样本空间 S 不可数，则不可以像可数情形那样任意选取 Borel 事件集，已经证明如果选择像 $\mathcal{A}^*$ 这样的集合作为 Borel 事件集，会陷入逻辑上的困境。对于不可数样本空间 S，如何选择恰当的 Borel 事件集呢？假设 $\mathcal{A}_0$ 是一个包含了观察者所感兴趣的所有事件的集合，此时可以通过将 $\mathcal{A}_0$ 完备化，得到恰当的 Borel 事件集。完备化的步骤如下：

1) 根据 Borel 事件集所满足的第 2 条性质，将 $\mathcal{A}_0$ 中所有事件的补集全部添加到 $\mathcal{A}_0$ 中去；

2) 根据 Borel 事件集所满足的第 3 条性质，将添加了补集的 $\mathcal{A}_0$ 中元素所有可能的并集再添加到 $\mathcal{A}_0$ 中去；

3) 重复执行上面所说的步骤 1) 和 2)，直到进行 1) 和 2) 的操作之后，没有新的事件集合生成为止。

通过上述三个步骤，就可以得到一个 Borel 事件集，将这个 Borel 事件集记为 $G(\mathcal{A}_0)$，并称 $G(\mathcal{A}_0)$ 为事件集 $\mathcal{A}_0$ **生成的** Borel **事件集**。$G(\mathcal{A}_0)$ 不仅包含了观察者感兴趣的所有事件集，而且满足以下两个条件：

1) $G(\mathcal{A}_0) \supseteq \mathcal{A}_0$；

2) $G(\mathcal{A}_0)$ 是包含 $\mathcal{A}_0$ 的最小 Borel 事件集，即若另有一个 Borel 事件集 $\mathcal{A}_1$ 满足 $\mathcal{A}_1 \supseteq \mathcal{A}_0$，则 $\mathcal{A}_1 \supseteq G(\mathcal{A}_0)$。

此外，$\mathcal{A}_0$ 生成的 Borel 事件集 $G(\mathcal{A}_0)$ 是唯一存在的。

例 1.1.26 ($\mathbb{R}^n$ 上的 Borel 事件集)　一般来说，如果样本空间是 n 维欧氏空间 $\mathbb{R}^n$，则 Borel 事件集 $\mathcal{A}$ 可取为 $\mathcal{A} = G(\mathcal{A}_0)$，其中 $\mathcal{A}_0$ 为所有 n 维左闭右开的矩形 $[a_1, b_1) \times \cdots \times [a_n, b_n)$ 组成的集合，其中 $a_i < b_i, i = 1, 2, \cdots, n$。这是一个非常大的 Borel 事件集，足以把实际问题中所有感兴趣的点集都包含在内。例如，设 $n = 1$，可以证明 $\mathcal{A}$ 中包含一切开区间、闭区间、单个实数、可数个实数，以及它们经可数次并、交运算而得到的集合。

(4) 联合与边界事件

乘积样本空间的事件称为**联合事件**，一个联合事件在其边界样本空间上的投影称为**边界事件**。

设有乘积样本空间的联合样本点 $s = (s_1, \cdots, s_N)$，s 在边界样本空间 S_n 上的投影为 s_n，表示为

$$\mathcal{P}_n(s) = s_n \tag{1.1.2}$$

s 在边界样本空间 $S_{n_1} \times \cdots \times S_{n_m}$ 上的投影为 $(s_{n_1}, s_{n_2}, \cdots, s_{n_m})$，表示为

$$\mathcal{P}_{(n_1,\cdots,n_m)}(s) = (s_{n_1}, s_{n_2}, \cdots, s_{n_m}) \tag{1.1.3}$$

式中，m 是小于 N 且大于等于 1 的任意一个正整数。

设有 N 维联合事件 A，它在第 n 维边界样本空间 S_n 上的投影表示为 $\mathcal{P}_n(A)$，则

$$\mathcal{P}_n(A) = \{s_n \in S_n \,|\, 存在 \, s \in A \, 使得 \, \mathcal{P}_n(s) = s_n\} \tag{1.1.4}$$

A 在边界样本空间 $S_{n_1} \times \cdots \times S_{n_m}$ 上的投影表示为 $\mathcal{P}_{(n_1,\cdots,n_m)}(A)$，则

$$\mathcal{P}_{(n_1,\cdots,n_m)}(A) = \{(s_{n_1}, \cdots, s_{n_m}) \,|\, 存在 \, s \in A \, 使得 \, \mathcal{P}_{(n_1,\cdots,n_m)}(s) = (s_{n_1}, \cdots, s_{n_m})\} \tag{1.1.5}$$

例 1.1.27 同时抛两枚硬币，四个联合样本点组成的样本空间为

$$S = \{(H,H), (H,T), (T,H), (T,T)\}$$

可以验证，如下事件集是一个 Borel 事件集：

$$\mathcal{A} = \{\varnothing, S, \{(H,H), (H,T)\}, \{(T,H), (T,T)\}\}$$

Borel 事件集 $\mathcal{A}$ 在第 1、2 维样本空间上的投影事件集都是 $\{\varnothing, S', \{H\}, \{T\}\}$，$S' = \{H,T\}$，显然投影事件集也是边界样本空间上的 Borel 事件集。

下面的例子说明，若干个边界 Borel 事件集的联合事件集未必是联合 Borel 事件集。

例 1.1.28 设 $\mathbb{R}$ 中有一个 Borel 事件集 $\mathcal{A}_1$，另外一个 $\mathbb{R}$ 中的 Borel 事件集为 $\mathcal{A}_2$，考虑由这两个 Borel 事件集的乘积事件 $\mathcal{A}_1 \times \mathcal{A}_2$ 组成的 $\mathbb{R}^2$ 中的事件集 $\mathcal{A}$，显然 $\mathcal{A}$ 未必是一个联合 Borel 事件集。例如，当 $\mathcal{A}_1 = \mathcal{A}_2$，并且它们都是由所有的 $\mathbb{R}$ 上的闭区间（包括单点）组成时，它们的乘积事件集由二维空间的所有矩形闭区间（包括单点）组成，显然无数个二维矩形闭区间的并未必是一个矩形闭区间。此时，需要用前面所说的方法生成一个包含 $\mathcal{A}$ 的最小 Borel 事件集 $G(\mathcal{A})$。

1.1.3 事件的概率

对于随机现象，虽然无法对其进行从因推果式的预测，但这并不意味着人们对随机现象的运动规律无法进行观察与把握。通过对随机现象的大量观察，人们发现，随机现象存在一个重要的规律——那就是事件的发生频率具有一定的稳定性。事件的频率稳定性可以使人们通过对非确知系统过去的事件频率的观察，来预测未来事件的发生频率。本节介绍事件频率稳定性的概念及其在生产实践中的作用。

(1) 事件频率及其稳定性

事件的（发生）频率 定义为，在若干次试验中某个事件出现的次数占试验总次数的比例。设有事件 A，其频率 $F(A)$ 定义为

$$F(A) = \frac{t(A)}{T} \tag{1.1.6}$$

式中，T 是对某个非确知系统所做的试验总次数；$t(A)$ 是在 T 次试验中事件 A 发生的次数。

例 1.1.29 有人做了 10000 次掷骰子试验，1、2、3、4、5、6 六个样本点出现的次数如下：1650、1700、1699、1623、1727、1601，则单点事件 {1}、{2}、{3}、{4}、{5}、{6} 在该 10000 次试验中发生的频率分别为 0.165、0.17、0.1699、0.1623、0.1727、0.1601，事件偶数面朝上对应集合 {2,4,6}，其发生的频率为 $0.17 + 0.1623 + 0.1601 = 0.4924$；事件奇数面朝上对应集合 {1,3,5}，其发生的频率为 $0.165 + 0.1699 + 0.1727 = 0.5076$。

在不同时间或地点，针对同一种非确知系统做多次试验，当试验的次数 T 超过一定规模时，则不论 T 是多少，也不论观察哪一个事件 A，事件 A 的频率 $F(A)$ 总是与一个固定的常数相差不远，或者说在该常数左右做微小波动，这种现象称为事件的**频率稳定性**。

以下是一些观察频率稳定性的试验结果。

例 1.1.30 历史上，曾经有人对抛硬币试验进行了观察，有人抛 4040 次硬币，发现"正面朝上"这个事件发生了 2048 次，因此"正面朝上"这个事件的频率约为 0.5069；又有人抛了 12000 次，结果发现"正面朝上"这个事件发生了 6019 次，频率约为 0.5016。人们发现，如果硬币是均匀的，桌面是水平的，则正反面朝上这两个事件的频率基本上稳定在 $1/2$ 左右。

例 1.1.31 观察电话用户的通话时间。假设以分钟为最小单位，并且按照四舍五入的准则只计算整数分钟。决定某个用户某次通话所需时间的因素非常复杂，观察者一般无法预知，但是却可以对大量通话进行观察，结果会发现对于给定的通话时间，该通话时间所对应的单点事件的频率具有稳定性。

例 1.1.32 决定某个汉字在某篇文章的某个位置是否被使用的因素非常复杂，观察者一般无法预知。但每个汉字都有稳定的使用频率。一个汉字的使用频率被定义为该汉字在所统计总字数中所占的比例。这个比例随所统计汉字字数的增加趋于一个稳定的值。同样，在英文中，各个字母出现的频率也是稳定的。表 1.1.1 就是一份某个时期某个机构所统计的各字母使用频率。

表 1.1.1　英文字母使用频率统计表

字母	频率	字母	频率	字母	频率
空格	0.2	H	0.047	W	0.012
F	0.105	D	0.035	G	0.011
T	0.072	L	0.029	B	0.0105
O	0.0654	C	0.023	V	0.008
A	0.063	E	0.0225	K	0.003
N	0.059	U	0.0225	X	0.002
I	0.055	M	0.021	J	0.001
R	0.054	P	0.0175	Q	0.001
S	0.052	Y	0.012	Z	0.001

(2) 事件频率稳定性的原因和作用

随机现象事件的频率稳定性也称为事件的统计特性，该统计特性源于非确知系统内部不可观察的作用因素及其作用机制的稳定性。所以，事件的统计特性实际上是非确知系统内在的不可认知的"微观"规律在可观察的"宏观"现象上的反映，如图 1.1.1 所示。对事件统计特性的认知，也是一种间接认识非确知系统内部复杂微观机制的方法。

很显然，如果非确知系统的内部微观机制随时间不断变化，则其输出的统计特性也将随着时间变化。例如，如果某个骰子是由磁铁做成的，并且磁性的强弱可以控制，在做掷骰子试验过程中，渐渐缓慢地增强这个骰子的磁性，此时会发现，每一面出现的频率并不会随着试验次数的增加而趋于一个稳定的数值。这是因为决定骰子哪一面朝上的内部微观机制在不断地变化着，从而造成了单点事件输出频率的不稳定。

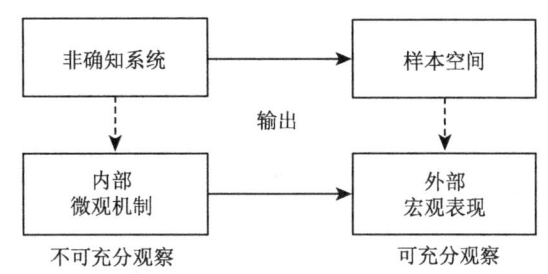

图 1.1.1　事件的宏观统计特性是非确知系统微观机制的体现

事件的频率稳定性揭示了这样一个规律：对于那些微观结果相对稳定的非确知系统，在不同时间或地点，它们输出的事件具有大致相同的频率。这个规律对人们的生产实践和社会活动提供以下两个方面的帮助：

1) 使人们可以根据非确知系统在过去所得到的事件频率的观测值，来预测未来该事件的发生频率；

2) 通过可以直接观察的边界事件的发生来推测其他不能直接观察的边界事件的发生。

在人类的生产实践以及社会活动中，"各种可能事件的发生频率"信息对人类最佳地应对未来事件的发生具有很重要的参考价值，这是随机数学对人类生产实践以及社会活动的重要应用价值所在。

下面是一些应用"事件频率稳定性"来预测"未来事件的频率信息"的例子。

例 1.1.33　英文字母的使用频率。表 1.1.1 给出了一段时期英文字母的使用频率，由于频率的稳定性，人们有理由相信，在未来人们使用英文字母的频率也基本与此一致。于是，当对英文字母进行编码的时候，为了提高编码效率，即同样多的字符串编成机器代码之后应当尽量短，此时可以将使用频率较高的字母用较短的码字来表示，而使用频率较低的字母则用较长的码字来表示，这样一来，可以大大提高编码的效率。

例 1.1.34　汉字的使用频率也具有稳定性。通过对过去汉字使用频率的统计，就可以知道未来汉字的使用频率也与此大致相同。利用汉字的频率稳定性，在设计计算机汉字输入法时，可以根据汉字的使用频率来决定其排序的优先级；在文字存储时，可以用较短的"码字"对应常见的汉字，这样可以提高信息的存储效率；在密码破译时，可以减少计算时间。

例 1.1.35　移动通信系统中语音用户的通话时间也具有频率稳定性。因此，通过对用户过去使用时间的统计，就可以知道未来的使用时间也遵循同样的频率特征。这对通信系统的设计、话费标准的制定等都具有很重要的指导价值。

例 1.1.36　某商场的所有客户对各种商品的需求量也满足频率稳定性。于是，商场进货决策部门可以根据以往所统计的需求量来筹备未来某段时间内某商品的数量。这对最佳地利用资金以及仓库资源、获得最佳的销售利润具有重要的意义。

例 1.1.37　某疾病每年某段特定时间内的发病率也满足频率稳定性。于是，医院以及药品生产商可以根据以往的统计数据来决定每年医治该疾病的药品生产数量。这可以最佳地避免药品生产数量上的不足以及过剩,数量不足会造成需求的紧缺以及利润的损失,数量过剩也会因药品过期而造成资金以及原料的浪费。

总之,在人类所涉及的各个领域中,对未来事件发生频率的预测,是一件很重要的事情。

除了上面所说的英文字母的使用频率、汉字的使用频率、移动通信系统用户的通话时间、商场各种商品的销售量、某些疾病的发病率等,几乎在人类生产实践以及社会活动的各个领域,都存在事件频率稳定性的现象。如果人们对这些事件的发生频率有一个准确的预测,就可以采取最佳的应对方案,以避免资源的浪费或者准备不充分等情况。而对未来事件频率的预测,其唯一依据就是事件的频率具有稳定性。如果事件的发生频率不具有稳定性,预测就会失效,或者出现很大偏差,从而使预测失去参考价值。

事件频率稳定性的另外一个应用就是,根据联合事件的频率以及可观察的边界事件的情况来推测不可观察的边界事件的发生。这是因为,联合事件的频率信息反映了组成联合事件的边界事件之间的关联特性。

例 1.1.38 有 10000 个圆形铁片,其中 5000 个的正面被涂上了红色,另外 5000 个的正面被涂上了蓝色。5000 个被涂上红色的铁片中,有 10 个反面被标注了 A,4990 个的反面被标注了 B;5000 个被涂上蓝色的铁片中,有 20 个的反面被标注了 B,4980 个的反面被标注了 A。如果某人某次从这 10000 个铁片中任意选一个,发现正面是红色,则让他推测反面最有可能标注了 A 还是 B,很显然,应当推测是 B,虽然可能出错,但是正确的可能性却很大。如果任意选一个,发现反面标注着 A,让他推测正面最有可能是什么颜色,则应当推测很可能是蓝色,虽然有出错的可能,但出错的可能性并不大。在这个例子中,推测的依据是"正面红色"与"反面标注 B"关联性较大,"正面蓝色"与"反面标注 A"关联性较大。这种关联性是通过联合事件的频率反映出来的。

例 1.1.39 为了观察勤奋与成绩优劣之间的关系,对某校学生的勤奋程度与成绩好坏进行统计,发现:勤奋且成绩好的学生占 0.16,勤奋且成绩一般的学生占 0.01,勤奋且成绩差的学生占 0.01;一般勤奋且成绩好的学生占 0.07,一般勤奋且成绩一般的学生占 0.56,一般勤奋且成绩差的学生占 0.07;不勤奋且成绩好的学生占 0.01,不勤奋且成绩一般的学生占 0.01,不勤奋且成绩差的学生占 0.1。由上述统计数据就可以知道,如果一个学生勤奋,成绩好的可能性就比较大;如果一个学生一般勤奋,则成绩一般的可能性较大;如果一个学生不勤奋,则成绩差的可能性最大。

像上面这样,通过联合事件的频率以及部分边界事件的情况推知其他边界事件的发生,在生产实践的各个领域都经常用到。

深刻领会事件频率信息的预测在人类生产实践中的作用,以及利用联合事件的频率,根据可观察边界事件的发生推测不可观察事件的发生,就会明白概率论以及随机过程等随机数学知识对人类的科研以及生产实践所起的作用。

频率是在某个特定地点与时间所做的若干次具体试验的结果,同样的非确知系统会存在于不同的时间与地点。对于同类非确知系统,同一地点不同时间、同一时间不同地点、不同时间不同地点所做的试验而得到的频率,其频率集函数可能存在微小的差异。因此,为了用统一的模型来刻画这些不同时间或地点的试验所具备的频率稳定性,需要引入"概率"的概念。

(3) 概率——事件频率稳定性的模型

对某个非确知系统做多次试验，观察事件的频率稳定性就会发现，不同的人在不同的时间或者地点所得到的事件频率虽然比较接近，但是都存在着差别，如例1.1.30所述的抛硬币试验就是这样。

所以，需要对存在于不同时间与地点的所有相同的非确知系统的事件频率稳定性建立一个统一的数学模型，这个数学模型代表着该非确知系统输出事件的频率稳定性所遵循的绝对规律，而某个时间与地点的具体试验所得到的频率集函数只是这个"绝对规律"的表现，是在这个"绝对规律"上叠加了一些非主导的偶然因素而导致了表现上的细微偏差。

例 1.1.40 这种建模方式在科学研究中经常运用。例如，物理学上的弹簧秤所遵循的胡克定律，内容是"弹簧的伸长量 x 和该弹簧所受到的外力 f 成正比"，写成数学表达式就是 $f = kx$，其中 k 是弹簧秤的弹性系数。公式 $f = kx$ 就是一个模型，它代表的是弹簧所受到的外力和伸长量之间所遵循的绝对规律，但是在实际的科学试验中，人们所得到的观察数据总是和该规律有细微的偏差。如果将一组试验数据 $\{(x_i, f_i) \mid i = 1, 2, \cdots, N\}$ 用直角坐标系中的点来表示，人们会发现这些点不一定位于直线 $f = kx$ 上，而是更多地在该直线附近，如图1.1.2所示。

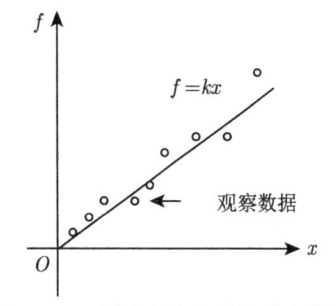

图 1.1.2 胡克定律和试验观察数据

例 1.1.41 当我们做测量水这种物质密度的试验时就会发现，每一次测量所得的质量 m_i 和体积 V_i 的比值 ρ_i 总会在一个常数附近扰动，即有 $\rho_i = \rho + \varepsilon_i$，其中 ε_i 是一个很小的数，$i = 1, 2, \cdots, N$，N 是测量的总次数。所以，有理由将 ρ 看作水的密度。

同样，对于某非确知系统，也需要忽略个案试验结果的差异，用一个统一的"频率模型"来描述其频率稳定性。用某个确切的数值来对所有非确知系统事件的频率进行抽象，并认为该数值是该非确知系统的输出事件频率在不同时间与地点所遵循的绝对规律，这个数值就称为该事件的**概率**。

例 1.1.42 对于例1.1.30所述的抛硬币试验，不同的人进行多次试验所得到的样本点的频率是不同的。观察试验结果可以发现，正反面的出现频率都接近1/2。所以，可以对抛硬币试验的频率建模：规定正面出现的概率是1/2，反面出现的概率也是1/2。虽然不同的人在不同地点和时间所做的试验与该频率模型有微小的偏差，但都用该模型作为试验的绝对统计规律，并忽略个案试验所出现的微小偏差。

不仅对上述的抛硬币试验是这样，对于任何一个非确知现象，人们发现其在不同的时间与地点所做的试验，其事件的频率总会在一个常数附近扰动。所以，有理由将对非确知系统进行多次试验观察到的具体频率值认为是概率的一个具体表现。在观察者眼里，概率是频率的理想模型，是频率所遵循的绝对规律，频率虽然会和概率有一些微小偏差，但这种微小偏差是一些可以忽略的次要因素所导致的。

概率这个数值有时也用来度量在某次试验中某事件出现的可能性大小。事实上，这种对一次试验所宣称的"可能性的大小"必须通过多次试验的频率稳定性才能得到具体的诠释，在一次试验中根本无法得到诠释。

综上所述，概率是频率所遵循的绝对规律，频率是在概率这个绝对规律之上，叠加一些小扰动之后的具体表现。

理解概率，不能脱离频率去理解，因为离开了频率根本不存在一个所谓的概率，就像理解"人"的概念，不能脱离具体的张三、李四一样。

(4) 概率集函数和概率空间

有了概率的概念之后，就可以定义 Borel 事件集上的概率集函数。设 $\mathcal{A}$ 为定义于样本空间 S 上的 Borel 事件集，若映射 $P: \mathcal{A} \to [0,1]$ 满足以下三个条件：

1) $P(S) = 1$；
2) 对任意事件 $A \in \mathcal{A}$，有 $0 \leqslant P(A) \leqslant 1$；
3) 若 $A_i \in \mathcal{A}, i = 1, 2, \cdots$ 是一组两两互斥的事件，即对任意 $i \neq j$ 有 $A_i \cap A_j = \varnothing$，则 $P\left(\bigcup\limits_{i=1}^{\infty} A_i\right) = \sum\limits_{i=1}^{\infty} P(A_i)$。

则称映射 P 为定义于 Borel 事件集 $\mathcal{A}$ 之上的概率集函数。

容易证明，概率集函数 P 有如下性质。

性质 1.1.1 若 $\mathcal{A}$ 是定义于样本空间 S 上的 Borel 事件集，P 是定义于 Borel 事件集 $\mathcal{A}$ 上的概率集函数，则有

1) 对任意 $A \in \mathcal{A}$，有 $P(A) = 1 - P(\bar{A})$；
2) 对任意 $A \in \mathcal{A}$，有 $P(A) \leqslant 1$；
3) $P(\varnothing) = 0$；
4) 若事件 $A_1, A_2, \cdots, A_n$ 两两互斥，则 $P\left(\bigcup\limits_{i=1}^{n} A_i\right) = \sum\limits_{i=1}^{n} P(A_i)$；
5) 对任意 $A, B \in \mathcal{A}$，有 $P(A \cup B) = P(A) + P(B) - P(A \cap B)$；
6) 若 $A \subset B$，则 $P(A) \leqslant P(B)$。

所谓**概率空间**，是指由"样本空间 S、Borel 事件集 $\mathcal{A}$、概率集函数 P"这三者组成的一个集合，记为 $(S, \mathcal{A}, P)$。

概率的定义与频率的定义从形式上来看虽然没有太大差别，但是两者的所指，却有"一般"和"具体"的差别。

虽然概率集函数是定义在整个 Borel 事件集上的，但实际应用中并不采用"一一枚举"的方法描述 Borel 事件集中所有事件的概率。而是采用以下两种更简洁的方法来给出概率集函数：

1) 对于可数样本空间，采用"单点事件概率递推法"：给出所有单点事件的概率，其他事件的概率利用互斥事件概率的可列可加性公式可以得到。

2) 对于不可数样本空间，用概率分布函数或概率密度函数等描述概率分布特性，根据概率分布函数和概率密度函数可以计算出任意一个事件的概率。

以下是"单点事件概率递推法"表示不可数样本空间概率集函数的例子。

例 1.1.43 在掷骰子试验中，观察骰子的哪一面朝上。假设骰子的六个面标以 1、2、3、4、5、6 以示区分，则样本空间 $S = \{1, 2, 3, 4, 5, 6\}$。由于大量试验表明六个面朝上的频率比较接近，所以可以建立六个单点事件概率相等的模型，即 $P(\{1\}) = \cdots = P(\{6\}) = 1/6$。其他事件概率可以通过单点事件的概率得到。例如，事件"偶数面朝上"的概率，即事件 $A = \{2, 4, 6\}$ 的概率为 $P(A) = P(\{2\}) + P(\{4\}) + P(\{6\}) = 1/2$。

例 1.1.44（古典概率模型） 若样本空间有限且每个单点事件的概率相等，这样的概率模型称为古典概率模型。设样本空间为 $S=\{\xi_1,\cdots,\xi_N\}$，$P(\xi_1)=\cdots=P(\xi_N)=1/N$，则任何一个事件 A 的概率为

$$P(A) = \frac{|A|}{|S|} \tag{1.1.7}$$

式中，$|A|$ 表示集合 A 所含元素的个数；$|S|$ 表示集合 S 所含的元素个数。法国数学家 Laplace 在 1812 年曾经把式 (1.1.7) 作为概率的一般定义。事实上，这个定义只适用于有限样本空间且单点事件概率相等的场合。

以下是用几何方法描述的不可数样本空间概率均匀分布的例子。

例 1.1.45（几何概率） 设样本空间为 n 维欧氏空间中的一个区域 D，并且 D 内的每个样本点组成的单点事件具有相同的发生可能性。设区域 D' 是 D 内一个子集，在 D 内等可能性地任取一点，该点落在 D' 内的概率 $P(D')$ 为

$$P(D') = \frac{\phi(D')}{\phi(D)} \tag{1.1.8}$$

式中，$\phi(D)$ 和 $\phi(D')$ 分别是区域 D 和 D' 的测度，在 $n=1$ 时指长度，$n=2$ 时指面积，$n=3$ 时指体积。

以下是一些几何概率空间的例子。

例 1.1.46 在某蜂窝通信系统中，基站可以覆盖中心半径为 R 的圆形区域。假设移动用户处于这个圆内每一点的可能性是一样的，设 $0 \leqslant r \leqslant R$，则某移动用户离基站的距离小于 r 的概率为 $P=(\pi r^2)/(\pi R^2)=(r/R)^2$。这是一个几何概率的例子。

例 1.1.47（Buffon 投针问题） 法国科学家 Buffon 在 1777 年提出下列投针问题：平面上画着一簇平行线，相邻两条平行线之间的距离为 1，向此平面内任投一根长度为 $l<1$ 的针，试求此针与任一条平行线相交的概率。

解：设定两个参数 d 和 θ，d 是针的中点距离最近一条平行线的距离，θ 则表示针与平行线的夹角。显然，任意投一次针，d 取 $[0,1/2]$ 内任意一点的可能性是一样的，θ 取 $[0,\pi]$ 内任意一个角度的可能性也是一样的。因此，任意投针时，二维参数 (d,θ) 取 $[0,1/2]\times[0,\pi]$ 内任意一点的可能性是一样的。因此这是一个几何概率问题。当参数 (d,θ) 满足条件 $d\leqslant(l/2)\sin\theta$ 时，针是和一条平行线相交的。记 $A(s)$ 和 $A(S)$ 分别是 s 和 S 的面积，则针与任一条平行线相交的概率为

$$P = \frac{A(s)}{A(S)} = \frac{\frac{1}{2}\int_0^\pi l\sin\theta\,\mathrm{d}\theta}{\frac{1}{2}\pi} = \frac{2l}{\pi} \tag{1.1.9}$$

在实际应用中，存在大量概率非均匀分布的不可数样本空间的例子。对于这些概率空间，用几何概率的方法已经无法定义事件的概率了。此时需要把样本空间映射到 $\mathbb{R}^n$ 欧氏空间，$n\geqslant 1$，然后利用"概率密度函数"的概念来描述概率在样本空间的分布，这个方法在讲解随机变量和随机过程时，将进行详细介绍。

(5) 联合概率与边界概率的相容性

若样本空间 S 是联合样本空间,即 $S = S_1 \times S_2 \times \cdots \times S_N$,并且 $\mathcal{A}$ 是定义在该联合样本空间上的联合 Borel 事件集,P 是定义于联合 Borel 事件集 $\mathcal{A}$ 上的一个概率集函数,此时称该概率集函数 P 为**联合概率集函数**,联合事件的概率也称为**联合概率**,此时的概率空间 $(S, \mathcal{A}, P)$ 也称为**联合概率空间**。

设 $M < N$, $n_1, \cdots, n_M \in \{1, 2, \cdots, N\}$,样本空间 $S_{n_1} \times S_{n_2} \times \cdots \times S_{n_M}$ 是联合样本空间 $S = S_1 \times S_2 \times \cdots \times S_N$ 的一个 M 维边界样本空间,定义联合概率集函数 P 在 $S_{n_1} \times S_{n_2} \times \cdots \times S_{n_M}$ 上的**边界概率集函数**为

$$P_{(n_1, \cdots, n_M)}(A) = P(A') \tag{1.1.10}$$

式中,A 是边界样本空间 $S_{n_1} \times S_{n_2} \times \cdots \times S_{n_M}$ 中的任意一个 Borel 事件;A' 是 Borel 事件集 $\mathcal{A}$ 中同时满足如下两个条件的 Borel 事件:

1) A' 在边界样本空间 $S_{n_1} \times S_{n_2} \times \cdots \times S_{n_M}$ 上的投影为 A,即有 $\mathcal{P}_{(n_1, \cdots, n_M)}(A') = A$。

2) $\mathcal{P}_{\overline{(n_1, \cdots, n_M)}}(A') = \overline{S_{n_1} \times S_{n_2} \times \cdots \times S_{n_N}}$。

在上述第 2) 个条件中,记号 $\overline{(n_1, \cdots, n_M)}$ 表示维数指标向量 $(n_1, \cdots, n_M)$ 的补维数指标向量,即在维数向量 $(1, 2, \cdots, N)$ 中去掉维数指标 $(n_1, \cdots, n_M)$ 后剩下的维数指标,$\overline{S_{n_1} \times S_{n_2} \times \cdots \times S_{n_N}}$ 为 $S_{n_1} \times S_{n_2} \times \cdots \times S_{n_N}$ 的补维数乘积空间,即

$$\overline{S_{n_1} \times S_{n_2} \times \cdots \times S_{n_N}} = \prod_{i \text{ 依次取向量} \overline{(n_1, \cdots, n_m)} \text{的各个分量}} S_i$$

例如,向量 $(2, 4)$ 在向量 $(1, 2, 3, 4, 5, 6)$ 中的补向量为 $(1, 3, 5, 6)$。又如,设全空间为 $S_1 \times \cdots \times S_5$,此时 $\overline{(2, 3)} = (1, 4, 5)$,$\overline{S_2 \times S_3} = S_1 \times S_4 \times S_5$。

由式 (1.1.10) 定义的边界概率集函数也称为**边界概率**,式 (1.1.10) 也称为联合概率与边界概率之间的**相容性公式**。当定义一个联合概率时,这个相容性公式需要对所有的 $M = 1, 2, \cdots, N - 1$ 以及任意 $(n_1, \cdots, n_M)$ 都成立,满足相容性公式的联合概率才是合理有效的联合概率。

例 1.1.48 同时抛两枚骰子,所得的样本空间为

$$S = \{(i, j) | i, j = 1, 2, 3, 4, 5, 6\} = S_1 \times S_2$$

式中,$S_1 = S_2 = \{1, 2, 3, 4, 5, 6\}$。每个联合单点事件 (i, j) 的概率为 $P(\{(i, j)\}) = 1/36$。该单点联合概率集函数在第一维边界样本空间上的边界概率集函数为

$$P_1(\{i\}) = P(\{i\} \times S_2) = 1/6, \quad \forall i \in S_1$$

在第二维边界样本空间上的边界概率集函数为

$$P_2(\{i\}) = P(S_1 \times \{i\}) = 1/6, \quad \forall i \in S_2$$

例 1.1.49 抛一枚骰子,甲、乙两个观察者同时观察正面朝上的一面,将两个观察者的观测值分别作为一个二维向量的第一维与第二维的取值,则所得的二维联合样本空间为

$$S = \{(i, i) | i = 1, 2, 3, 4, 5, 6\} = S_1 \times S_2$$

式中，$S_1 = S_2 = \{1,2,3,4,5,6\}$。每个联合单点事件 (i,i) 的概率为 $P(\{(i,i)\}) = 1/6$。该单点联合概率集函数在第一维边界样本空间上的边界概率集函数为

$$P_1(\{i\}) = P(\{i\} \times S_2) = 1/6, \quad \forall i \in S_1$$

在第二维边界样本空间上的边界概率集函数为

$$P_2(\{i\}) = P(S_1 \times \{i\}) = 1/6, \quad \forall i \in S_2$$

由上面的例1.1.48和例1.1.49可以看出，即便两个联合概率集函数的所有边界概率集函数都相同，这两个联合概率集函数也未必相等。

习题 1.1

1.1.1 什么是现象？什么是随机现象？"随机"是不是现象的固有属性呢？

1.1.2 分别给出一组非确知与确知系统的例子，每组不少于 3 个。

1.1.3 试分别给出一些非确知系统的例子，它们的所有输出组成的集合满足下列条件：① 为有限集合；② 为实数集或其子集；③ 为 $\mathbb{R}^n$ 或其子集；④ 为数列组成的集合；⑤ 为定义于某个连续时间区间上的函数组成的集合。

1.1.4 分别举一些以下样本空间的例子：① 一维数集样本空间；② 多维非数集样本空间；③ 可数无穷维非数集样本空间；④ 不可数无穷维数集样本空间。

1.1.5 什么是事件？为什么将样本空间的子集称为事件？

1.1.6 一个事件集满足怎样的性质才能称为 Borel 事件集？为什么要引进 Borel 事件集的概念？

1.1.7 定义在一个样本空间上的 Borel 事件集是否唯一？举例说明。

1.1.8 已知集合 $S = \{1,2,3,4,5\}$，试给出三个定义于集合 S 上的 Borel 事件集。

1.1.9 对于可数样本空间，一般取什么集合作为 Borel 事件集？对于不可数样本空间，如何定义包括感兴趣的事件在内的 Borel 事件集？

1.1.10 举例说明，若干个边界 Borel 事件集的笛卡儿乘积未必是一个联合 Borel 事件集。

1.1.11 什么是事件的频率？什么是事件频率的稳定性？为什么事件的频率具有稳定性？

1.1.12 给出一些人类生产实践中根据事件频率稳定性来预测事件未来发生频率的例子（不少于 3 个）。

1.1.13 给出一些人类生产实践中根据联合事件发生频率以及可观察边界事件的发生，来推测不可观察边界事件发生情况的例子（不少于 3 个）。

1.1.14 什么是概率？概率与频率之间有什么区别与联系？

1.1.15 证明概率集函数所满足的性质1.1.1。

1.1.16 分别给出一个样本空间有限、无限但可数、无限不可数的概率空间的例子。

1.1.17 概率空间由哪三要素组成？试举出一些概率空间的例子，分别详细地给出这些概率空间的三要素。

1.1.18 概率集函数的定义域是什么？值域是什么？概率集函数在概率空间的定义中起到了什么作用？

1.1.19 设 $(S, \mathcal{A}, P)$ 为一个样本空间，$A, A_1, A_2, \cdots, A_N$ 为 Borel 集 $\mathcal{A}$ 中的 $N+1$ 个事件，试证明：$P\left(\bigcup_{n=1}^{N} A_n\right) \leqslant \sum_{n=1}^{N} P(A_n)$。

1.1.20 试求在相同条件下抛骰子三次，其点数和为 7 的概率。

1.1.21 随机等概率地从区间 $[0,1]$ 中任取两个数，试求这两个数的差大于 $1/2$ 的概率。

1.1.22 若 $S_1 = \{x_1, \cdots, x_M\}$，$S_2 = \{x_1, \cdots, x_N\}$，利用相容性原理证明：

1) $P_1\{x_i\} = \sum_{j=1}^{N} P\{(x_i, x_j)\}$ 对所有的 $i = 1, 2, \cdots, M$ 成立；

2) $P_2\{x_j\} = \sum_{i=1}^{M} P\{(x_i, x_j)\}$ 对所有的 $i = 1, 2, \cdots, N$ 成立。

1.1.23 举例说明什么是联合概率与边界概率的相容性。

1.2 事件间的关系

事件实际上是特定非确知系统所输出的具备某种属性的所有样本点的总称。在很多时候，人们需要观察事件间的关系。本节在介绍条件概率的基础上，介绍事件间的三种可能关系：独立、确定以及相关。

1.2.1 条件概率的定义

设 B 是一个概率不为零的事件，已知某次试验的样本点属于 B，考虑该样本点又同时属于另一个事件 A 的概率。这个在事件 B 发生的条件下，事件 A 发生的概率称为**条件概率**，记为 $P(A|B)$，定义为

$$P(A|B) = \frac{P(A \cap B)}{P(B)}, \quad P(B) > 0 \tag{1.2.1}$$

上述定义的理由：当 B 成为条件时，B 已是必然事件，即全空间，所以需将概率 $P(A \cap B)$ 按比例放大 $1/P(B)$ 倍。

例 1.2.1 袋中有 4 个球，其中两个白球标有序号 1 和 2，记为 $(1, w)$ 和 $(2, w)$，两个黑球标有序号 3 和 4，记为 $(3, b)$ 和 $(4, b)$。事件 A、B、C 定义如下：

$$A = \{(1, w), (2, w)\} \quad \text{(事件"白球被选中")}$$
$$B = \{(2, w), (4, b)\} \quad \text{(事件"标号为偶数的球被选中")}$$
$$C = \{(3, b), (4, b)\} \quad \text{(事件"标号大于 2 的球被选中")}$$

试求 $P(A|B)$ 和 $P(C|B)$。

解：$P(A|B)$ 的意义是已知某次摸出的球是偶数号，求该球是白球的概率。因为每个球被摸出的概率都是 1/4，所以事件 B，$A \cap B = \{(2, w)\}$ 和 $C \cap B = \{(4, b)\}$ 的概率分别为

$$P(A) = P(B) = 1/2, \quad P(A \cap B) = P(C \cap B) = 1/4$$

由定义知：

$$P(A|B) = P(A \cap B)/P(B) = 1/2, \quad P(C|B) = P(C \cap B)/P(B) = 1/2$$

例 1.2.2 在例 1.1.47 中所定义的 Buffon 投针试验中，试求针和任意平行线相交的条件下，针和平行线夹角小于 $\pi/2$ 的概率。

解：显然这是一个条件概率，即在"针和任一平行线相交"这一事件发生的条件下，"针和平行线夹角小于 $\pi/2$"这一事件发生的概率。显然这两个事件交集的概率为

$$\frac{\frac{1}{2} \int_0^{\pi/2} l \sin\theta \, d\theta}{\frac{1}{2}\pi} = \frac{l}{\pi}$$

所以用这个概率除以针和任一平行线相交的概率得到条件概率为 1/2。

1.2.2 事件的独立

当事件 B 的发生对事件 A 没有任何影响时，则有 $P(A) = P(A|B)$，此时有下式成立：

$$P(A \cap B) = P(A)P(B) \tag{1.2.2}$$

称满足上式的事件 A 和 B **相互独立**。

为何用式（1.2.2）表示事件 A 和 B 独立呢？这是因为如果事件 A 和 B 之间没有任何关系，那么它们同时发生的概率 $P(A \cap B)$ 应该等于它们各自单独发生的概率的乘积 $P(A)P(B)$，这就是事件独立所满足的"乘法原则"。相反，如果事件 A 和 B 同时发生的频率 $P(A \cap B)$ 不等于 $P(A)P(B)$，则说明事件 A 和 B 之间有某种联系，这种联系使"乘法原则"遭到了破坏。

例 1.2.3 试判断例1.2.1中的事件 A 和 B 是否独立，事件 A 和 C 是否独立？

解：由事件 A、B 和 $A \cap B = \{(2, w)\}$ 的概率为 $P(A) = P(B) = 1/2, P(A \cap B) = 1/4$ 知道

$$P(A \cap B) = P(A)P(B) = \frac{1}{4}$$

所以事件 A 和 B 相互独立。此外，由于事件 C 的概率 $P(C) = 1/2$，事件 $A \cap C = \varnothing$ 的概率 $P(A \cap C) = 0$，所以

$$P(A \cap C) = 0 \neq \frac{1}{4} = P(A)P(C)$$

即事件 A 和 C 不相互独立。

由于 $A \cap C = \varnothing$，所以 A 和 C 是互斥事件。由本例可以看出，A 和 C 不相互独立，所以互斥事件不一定相互独立。反过来，本例中的事件 A 和 B 是独立的，但不互斥，因此独立事件也不一定互斥。

此外，设 $A_1, A_2, \cdots, A_N$ 为定义于一个样本空间上的一组事件，若对任意满足 $2 \leqslant M \leqslant N$ 的整数 M 以及 $1, 2, \cdots, N$ 中任意选择的互不相同的 M 个数 $i_1, i_2, \cdots, i_M$，有下式成立：

$$P(A_{i_1} \cap A_{i_2} \cap \cdots \cap A_{i_M}) = P(A_{i_1})P(A_{i_2}) \cdots P(A_{i_M}) \tag{1.2.3}$$

则称事件 $A_1, A_2, \cdots, A_N$ **相互独立**。

例 1.2.4 (伯恩斯坦反例) 一个均匀的正四面体，其第一面染成红色，第二面染成白色，第三面染成黑色，第四面同时染上红、白、黑三种颜色。用 A、B、C 分别表示"投一次四面体，出现红、白、黑颜色朝下"的事件，由于在四面体中有两面有红色，因此 $P(A) = 1/2$。同理可得 $P(B) = P(C) = 1/2$。此外，容易算出

$$P(A \cap B) = P(B \cap C) = P(A \cap C) = \frac{1}{4}$$

由此可见事件 A、B、C 是两两独立的。但是，通过计算可以得到

$$P(A \cap B \cap C) = \frac{1}{4} \neq \frac{1}{8} = P(A)P(B)P(C)$$

上式说明，事件 A、B、C 不独立。

例 1.2.5 若有一个均匀正八面体,其第 1、2、3、4 面染红色,第 1、2、3、5 面染白色,第 1、6、7、8 面染上黑色,现在以 A、B、C 分别表示"投一次正八面体,出现红、白、黑颜色朝上"的事件,通过计算可得

$$P(A) = P(B) = P(C) = \frac{1}{2}$$

此外计算可得 $P(A \cap B \cap C) = 1/8$,这说明

$$P(A \cap B \cap C) = P(A)P(B)P(C)$$

但是可以验证

$$P(A \cap B) = \frac{3}{8} \neq \frac{1}{4} = P(A)P(B)$$

1.2.3 全概率公式和 Bayes 公式

(1) 全概率公式

若事件 $A_1, A_2, \cdots, A_N$ 两两互斥,且它们的并等于样本空间 S,即

$$A_i \cap A_j = \varnothing, i \neq j, \quad \bigcup_{n=1}^{N} A_n = S$$

则称这些事件 $A_1, A_2, \cdots, A_N$ 为样本空间 S 的一个**分割**,如图1.2.1所示。设 B 为定义于 S 上的一个事件,则有

$$P(B) = P(B|A_1)P(A_1) + P(B|A_2)P(A_2) + \cdots + P(B|A_N)P(A_N) \tag{1.2.4}$$

式 (1.2.4) 称为**全概率公式**,其证明作为练习。

样本空间的分割实际上是对样本空间样本点的一个分类,对于不同类别的样本点,事件 B 具有不同的条件概率。全概率公式则揭示了在这种情况下事件 B 的概率的求法。

例 1.2.6 某通信网可以支持三种类别的业务。一个业务为第 1 类业务的概率是 0.3,为第 2 类业务的概率是 0.2,为第 3 类业务的概率是 0.5。对于第 1 类业务,在传输过程中发生阻塞的概率为 0.1;对于第 2 类业务,在传输过程中发生阻塞的概率为 0.15;对于第 3 类业务,在传输过程中发生阻塞的概率为 0.2。试求该通信网中任何一个业务发生阻塞的概率。

解:这显然可以用全概率公式求解。用 A_1、A_2、A_3 分别表示"一个业务是第 1、2、3 类业务"这个事件,用 B 表示"一个业务发生阻塞"这个事件,这样有

$$P(B) = P(B|A_1)P(A_1) + P(B|A_2)P(A_2) + P(B|A_3)P(A_3)$$
$$= 0.1 \times 0.3 + 0.15 \times 0.2 + 0.2 \times 0.5 = 0.16$$

若有二维联合概率空间 $(S_1 \times S_2, \mathcal{A}, P)$,其边界概率空间分别为 $(S_1, \mathcal{A}_1, P_1)$ 和 $(S_2, \mathcal{A}_2, P_2)$,设 $B \in \mathcal{A}_1, A \in \mathcal{A}_2$,定义在边界事件 A 发生的条件下边界事件 B 发生的条件概率为

$$P_{S_1|S_2}(B|A) = P((B, S_2)|(S_1, A)) \tag{1.2.5}$$

若事件 $A_1, A_2, \cdots, A_N \in S_2$ 两两互斥,且它们的并等于样本空间 S_2,若 $B \in S_1$,则全概率公式表现为

$$P_1(B) = \sum_{n=1}^{N} P_{S_1|S_2}(B|A_n) P_2(A_n) \tag{1.2.6}$$

第 1 章 概率空间与随机变量的定义

例 1.2.7 如图1.2.2所示,设有二进制对称信道的输入为 0 或 1,其错误概率为 p,设信道所传输的信源中,发出 0 和 1 的概率分别为 q 和 $1-q$,试分别求信道输出 0 和 1 的概率。

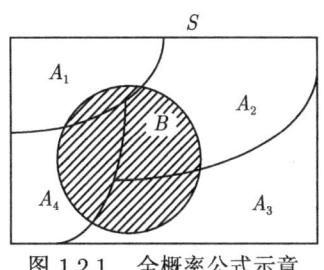

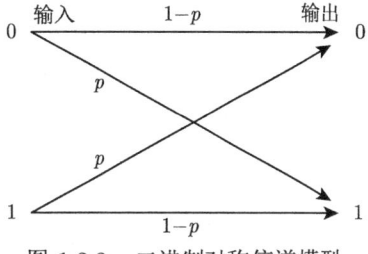

图 1.2.1 全概率公式示意　　　　图 1.2.2 二进制对称信道模型

解:输入样本空间记为 $S_1=\{0,1\}$,输出样本空间记为 $S_2=\{0,1\}$,信道的错误概率为 p 意味着 $P_{S_2|S_1}(0|1)=P_{S_2|S_1}(1|0)=p$,因此 $P_{S_2|S_1}(1|1)=P_{S_2|S_1}(0|0)=1-p$。由全概率公式知

$$P_2(0) = P_{S_2|S_1}(0|1)P_1(1) + P_{S_2|S_1}(0|0)P_1(0)$$
$$= p(1-q) + (1-p)q = p + q - 2pq$$

同理

$$P_2(1) = P_{S_2|S_1}(1|1)P_1(1) + P_{S_2|S_1}(1|0)P_1(0)$$
$$= (1-p)(1-q) + pq = 1 - (p+q) + 2pq$$

(2) Bayes 公式

设事件 $A_1, A_2, \cdots, A_N$ 为样本空间 S 的一个分割,B 为一个事件。由条件概率公式 (1.2.1) 和全概率公式 (1.2.4) 知,在事件 B 发生的条件下,事件 A_i 的概率为

$$P(A_i|B) = \frac{P(B \cap A_i)}{P(B)} = \frac{P(B|A_i)P(A_i)}{\sum_{l=1}^{N} P(B|A_l)P(A_l)} \tag{1.2.7}$$

式 (1.2.7) 称为 **Bayes 公式**。

若有二维联合概率空间 $(S_1 \times S_2, \mathcal{A}, P)$ 及其边界概率空间 $(S_1, \mathcal{A}_1, P_1)$ 和 $(S_2, \mathcal{A}_2, P_2)$,设 $B \in \mathcal{A}_1$,事件 $A_1, A_2, \cdots, A_N \in S_2$ 两两互斥,且它们的并等于样本空间 S_2,则 Bayes 公式表现为

$$P_{S_2|S_1}(A_i|B) = \frac{P_{S_1|S_2}(B|A_i)P_2(A_i)}{\sum_{l=1}^{N} P_{S_1|S_2}(B|A_l)P_2(A_l)} \tag{1.2.8}$$

例 1.2.8 在例1.2.7中,试求在输出是 1 的条件下输入是 1 的概率,以及输出是 0 的条件下输入是 1 的概率。

解:仍用 S_1 表示输入样本空间,S_2 表示输出样本空间,由 Bayes 公式知

$$P_{S_1|S_2}(1|1) = \frac{P_{S_2|S_1}(1|1)P_1(1)}{P_{S_2|S_1}(1|1)P_1(1) + P_{S_2|S_1}(1|0)P_1(0)}$$
$$= \frac{1-(p+q)+pq}{1-(p+q)+2pq}$$

同理，可求得
$$P_{S_1|S_2}(1|0) = \frac{p-pq}{p+q-2pq}$$

1.2.4 边界事件间的关系

当非确知系统的输出是乘积样本空间时，定义在其上的事件就是联合事件，此时就需要考虑联合事件的概率。联合事件的概率，即联合概率，需要满足相容性条件。

所谓**边界事件**是指边界样本空间的子集。很多时候，人们需要观察一个联合概率空间中从属于不同边界样本空间的边界事件间的关系。

设有二维乘积概率空间 $(S, \mathcal{A}, P)$，它的两个投影边界概率空间分别为 $(S_1, \mathcal{A}_1, P_1)$ 和 $(S_2, \mathcal{A}_2, P_2)$，设有两个边界事件 $A_1 \in \mathcal{A}_1$ 和 $A_2 \in \mathcal{A}_2$，则显然边界事件 A_1 和 A_2 实际上就对应着乘积概率空间内的两个联合事件 (A_1, S_2) 和 (S_1, A_2)。因此，观察边界事件间的关系实际上就等于观察联合概率空间中两个事件的关系。

(1) 独立关系

设有二维乘积概率空间 $(S, \mathcal{A}, P)$，它的两个投影边界概率空间分别为 $(S_1, \mathcal{A}_1, P_1)$ 和 $(S_2, \mathcal{A}_2, P_2)$，若对所有的事件 $A_1 \in \mathcal{A}_1$ 和 $A_2 \in \mathcal{A}_2$，有下式成立：
$$P(A_1, A_2) = P_1(A_1) P_2(A_2) \tag{1.2.9}$$
就称边界概率空间 $(S_1, \mathcal{A}_1, P_1)$ 和 $(S_2, \mathcal{A}_2, P_2)$ **相互独立**。

既然边界事件 A_1 和 A_2 对应着乘积概率空间内的联合事件 (A_1, S_2) 和 (S_1, A_2)，所以上述边界概率空间的独立在乘积概率空间内可以表述为
$$P((A_1, S_2) \cap (S_1, A_2)) = P(A_1, S_2) P(S_1, A_2) \tag{1.2.10}$$
这是因为
$$P((A_1, S_2) \cap (S_1, A_2)) = P(A_1, A_2)$$
$$P(A_1, S_2) = P_1(A_1), \quad P(S_1, A_2) = P_2(A_2)$$

从式 (1.2.10) 可以看出式 (1.2.9) 表达的实际上是两个二维事件 (A_1, S_2) 和 (S_1, A_2) 之间的独立性。

若 $(S, \mathcal{A}, P)$ 的 N 个边界概率空间分别为 $(S_n, \mathcal{A}_n, P_n)$，若对任意 $A_n \in \mathcal{A}_n$ 有
$$P(A_1, \cdots, A_N) = \prod_{n=1}^{N} P_n(A_n) \tag{1.2.11}$$
则称这 N 个边界概率空间**相互独立**。

例 1.2.9 设概率空间 $(S_1, \mathcal{A}_1, P_1)$ 和 $(S_2, \mathcal{A}_2, P_2)$ 都是掷骰子试验，这两个概率空间的样本空间 $S_1 = S_2 = \{1, 2, 3, 4, 5, 6\}$，概率空间 $(S_1, \mathcal{A}_1, P_1)$ 的概率集函数 P_1 定义在单点事件集上为
$$P_1(\{1\}) = P_1(\{2\}) = P_1(\{3\}) = P_1(\{4\}) = P_1(\{5\}) = P_1(\{6\}) = \frac{1}{6}$$
若 S_2 的样本点完全独立于 S_1 的样本点得到，例如，同时掷两个骰子，或者先后掷两次骰子，则这两个概率空间独立。此时有 36 个样本点，且每个样本点所对应的单点事件集的概率都是 1/36。

(2) 确定关系

设有二维概率空间 $(S, \mathcal{A}, P)$，它是概率空间 $(S_1, \mathcal{A}_1, P_1)$ 和 $(S_2, \mathcal{A}_2, P_2)$ 的乘积，若存在单射 $\phi: S_1 \to S_2$，使得 $S = \{(s_1, \phi(s_1))|s_1 \in S_1\}$，且对所有的 $A_1 \in \mathcal{A}_1$ 有下式成立：
$$P(A_1, \phi(A_1)) = P_1(A_1) \tag{1.2.12}$$
式中，$\phi(A_1)$ 是 A_1 的像集，此时称边界概率空间 S_1 和 S_2 是**相互确定**的关系。

例 1.2.10 设二维乘积概率空间的样本空间为 $S = S_1 \times S_2$，其中 S_1 为掷骰子试验的样本空间，即 $S_1 = \{1,2,3,4,5,6\}$。S_2 的样本点以下列方式得到：若概率空间 S_1 的样本点为 a，则 S_2 的样本点为 $a + 3 (\mathrm{mod}\ 6)$。显然，S 样本点的个数有如下 6 个：
$$(1,4), (2,5), (3,6), (4,1), (5,2), (6,3)$$
以上这些样本点组成的事件的概率都为 $1/6$。此时，S_1 和 S_2 所对应的两个概率空间之间的关系就是相互确定的关系。

(3) 关联关系

若两个边界概率空间之间的关系既不是相互独立，也不是相互确定，则称它们之间的关系为**关联关系**。

从随机现象的角度来解释，两个边界概率空间相互独立是指一个边界概率空间中的事件的发生对另一个边界概率空间中的事件的发生没有任何影响，例如，同时掷两个骰子，一个骰子哪一面朝上的结果不会对另外一个骰子哪一面朝上产生任何影响。

两个边界概率空间相互确定是指其中一个概率空间中事件的发生唯一决定了另外一个概率空间中事件的发生，即两个边界概率空间的事件间存在函数关系（一一映射关系）。

两个边界概率空间既不相互独立，也不相互确定，而是关联，是指一个概率空间中事件的发生对另外一个概率空间中事件的发生有影响，但不是唯一确定的关系，例如，人的身高，不能唯一决定体重，但却有一定的影响，此时身高和体重之间的关系就是关联关系。

例 1.2.11 设二维乘积概率空间的样本空间为 $S = S_1 \times S_2$，其中 S_1 为掷骰子试验的样本空间，即 $S_1 = \{1,2,3,4,5,6\}$。S_2 的样本点以下列方式得到：若概率空间 S_1 的样本点为 a，则 S_2 的样本点以概率 $1/2$ 取 a，以概率 $1/2$ 取 $a + 1 (\mathrm{mod}\ 6)$。此时 S 的样本点的个数有如下 12 个：
$$(1,1), (1,2), (2,2), (2,3), (3,3), (3,4), (4,4), (4,5), (5,5), (5,6), (6,6), (6,1)$$
以上每个样本点的概率为 $1/12$。此时，S_1 和 S_2 所对应的两个边界概率空间之间的关系就是关联关系。

习题 1.2

1.2.1 证明以下几个命题等价：
1) 事件 A 与 B 相互独立；
2) 事件 A 与 $\bar{B}$ 相互独立；
3) 事件 $\bar{A}$ 与 B 相互独立；
4) 事件 $\bar{A}$ 与 $\bar{B}$ 相互独立；
5) $P(B|A) = P(B)$，其中 $P(A) > 0$；
6) $P(A|B) = P(A)$，其中 $P(B) > 0$；
7) $P(B|A) = P(B|\bar{A})$，其中 $0 < P(B) < 1$。

1.2.2 设事件 $A_1, A_2, \cdots, A_n$ 是某概率空间 Borel 事件集中的 n 个事件，若这 n 个事件相互独立，则将其中任意 m 个事件替换成其补事件，则所得的 n 个事件仍然相互独立，其中 $1 \leqslant m \leqslant n$，事件 A_i 的补事件为 $\bar{A}_i$, $i = 1, 2, \cdots, n$。

1.2.3 证明若 $P(A|B) > P(A)$，则 $P(B|A) > P(B)$。

1.2.4 分别举一个二维乘积概率空间的例子，使其边界概率空间之间的关系分别是独立、确定与关联。

1.2.5 证明全概率公式 (1.2.4)。

1.2.6 设有一个类似于图1.2.2所示的二进制非对称信道，输入是 0、输出是 1 的概率为 p，输入是 1、输出是 0 的概率为 q，并且 $p \neq q$, $0 < p, q < 1$。已知信道的输入是等概率的，试求：① 信道输出为 0 的概率；② 在输出是 1 的条件下输入是 0 的概率；输出是 1 的条件下输入是 1 的概率，并比较这两个条件概率的大小。

1.2.7 某实验室从 A、B、C 三个芯片制造商处购得某芯片，数量比为 1:2:2。已知 A、B、C 三个制造商的芯片次品率分别为 0.001、0.005 和 0.01。若该实验室随机使用的某芯片是次品，问该次品芯片购自制造商 A 或 C 的概率分别是多少？

1.2.8 设事件 A 和 B 的概率分别为 $P(A)$ 和 $P(B)$，试分别在下列条件下求 $P(A \cup B)$：① A 和 B 独立；② A 和 B 互斥。

1.2.9 举一个边界事件相互独立的例子。

1.2.10 举一个边界事件是相互确定关系的例子。

1.2.11 举一个边界事件是相互关联关系的例子。

1.3 随机变量

1.3.1 标准概率空间

(1) 标准概率空间的定义

若某概率空间的样本空间是一个完整的一维、多维或无穷维实（复）数空间，则称该概率空间为**具有标准样本空间的概率空间**，简称为**标准概率空间**。

最常见的标准样本空间有以下几类。

1) 实数空间：$\mathbb{R}$、$\mathbb{R}^n$、$\mathbb{R}^{k \times l}$、$\mathbb{R}^\infty$，其中 $n > 1$，$k, l \geqslant 1$，∞ 为可数无穷。

2) 复数空间：$\mathbb{C}$、$\mathbb{C}^n$、$\mathbb{C}^{k \times l}$、$\mathbb{C}^\infty$，其中 n、k、l、∞ 同上。

3) 实（复）函数空间：$\mathbb{R}^\infty$、$\mathbb{C}^\infty$，其中的 ∞ 是不可数无穷，$\mathbb{R}^\infty$、$\mathbb{C}^\infty$ 的定义为

$$\mathbb{R}^\infty = \prod_{t \in \mathbb{T}} \mathbb{R}, \quad \mathbb{C}^\infty = \prod_{t \in \mathbb{T}} \mathbb{C}$$

式中，$\mathbb{T}$ 是某个不可数的一维指标集合，如一维闭区间。此时，$\mathbb{R}^\infty$、$\mathbb{C}^\infty$ 表示的是由定义于区间 $\mathbb{T}$ 上的实函数或复函数组成的集合。

学会将一个定义域为一维变量集的函数看作一个无穷维向量，对理解后续章节中所要介绍的随机变函和随机过程的概念将有极大帮助。

若有一个函数 $a : n \in \mathbb{N} \longmapsto a(n) \in \mathbb{R}$，则显然这个函数对应着如下的无穷维向量：

$$(a(1), a(2), \cdots, a(n), \cdots)$$

有时候将此向量表示为 $\{a(n)\}_{n=1}^\infty$ 或者 $\{a(n)\}_{n \in \mathbb{N}}$。此时，函数的定义域就是该无穷维向量的维数指标集，而函数在定义域内每个元素上的取值就是该向量在该维数上的取值。

若有一个函数 $f : t \in \mathbb{T} \longmapsto f(t) \in \mathbb{R}$，其中 $\mathbb{T}$ 是某个不可数的一维指标集，则这个函数对应着如下的不可数无穷维向量 $\{f(t)\}_{t \in \mathbb{T}}$。此时，函数的定义域就是该不可数无穷维向量的维数指标集，而函数在定义域内每个元素上的取值就是该向量在该维数上的取值。

(2) 非标准概率空间的标准化

假设 $\mathbb{V}$ 是上面所说的三类标准样本空间，S 是某个概率空间 $(S, \mathcal{A}, P)$ 的样本空间。若存在 S 到 $\mathbb{V}$ 上的单射 $T: S \longmapsto \mathbb{V}$，则 S 与 $T(\mathbb{V})$ 之间就建立了一个单满映射（即双射），于是就可以用标准样本空间的子集 $T(\mathbb{V})$ 来代替 S。

在很多时候，尽管集合 $\mathbb{V} \setminus T(\mathbb{V})$ 很有可能不是空集，但仍可将新的样本空间 $T(\mathbb{V})$ 扩充为 $\mathbb{V}$，扩充的方法就是将事件 $\mathbb{V} \setminus T(\mathbb{V})$ 的概率定义为零，即 $P\{\mathbb{V} \setminus T(\mathbb{V})\} = 0$。由于已经规定扩充集 $\mathbb{V} \setminus T(\mathbb{V})$ 的概率为零，所以建立在扩充后的样本空间 $\mathbb{V}$ 上的概率空间与建立在没有扩充的样本空间 $T(\mathbb{V})$ 上的概率空间并没有本质性的差别。但这样扩充之后却带来一个好处，也就是使千差万别的样本空间具备了统一表述。将上述用标准样本空间 $\mathbb{V}$ 来描述概率空间的样本空间的方法称为**样本空间的标准化**。

例 1.3.1　可以将抛硬币试验的样本空间 $\{T, H\}$、通信系统发射端发射的信号样本空间 $\{+1, -1\}$、从某个人群中随机找出一个人的性别样本空间 $\{$男，女$\}$、直线上运动的粒子的运动方向可能性样本空间 $\{$前进，后退$\}$ 都映射到标准样本空间 $\mathbb{R}$ 的子集 $\{+1, -1\}$，而将 $\mathbb{R}$ 作为这些概率空间的标准化样本空间，集合 $\mathbb{R} \setminus \{\pm 1\}$ 在新建立的概率空间之上的概率为零。这样一来，这些不同非确知系统可以用统一的标准样本空间 $\mathbb{R}$ 来加以描述，而且它们还具有相同的概率分布。

例 1.3.2　用 T、W、A 分别表示人的身高、体重和年龄，则样本点 (T, W, A) 组成的样本空间实际上是 $\mathbb{R}^3$ 的一个子集。对于这个样本空间，可以通过补充零概率的补集之后，用 $\mathbb{R}^3$ 来标准化。

例 1.3.3　某移动用户某次通信所发的信号可以建模为由 0 和 1 组成的无限长序列，这个序列实际上是一个可数无穷维的向量，记为 $\{a_n\}_{n \in \mathbb{N}}$，所有这些无穷维向量样本点组成的样本空间是 $\mathbb{R}^\infty$ 的一个子集。通过补充零概率补集之后，可以用 $\mathbb{R}^\infty$ 来标准化这个非确知系统的样本空间。

例 1.3.4　对于一个非确知系统，其输出样本点为定义于某个连续指标集合 $\mathbb{T}$ 上的函数，可以用不可数无穷维空间 $\mathbb{R}^\infty$ 的子集来对样本空间建模。同样，补充零概率补集之后，可以用 $\mathbb{R}^\infty$ 来标准化这个非确知系统的样本空间。

样本空间的标准化带来以下好处：

1) 使不同时间、地点的不同非确知系统的样本空间可以统一为欧几里得空间；

2) 使所有的事件成为欧几里得空间的一个区域；

3) 使概率集函数可以用定义于欧几里得空间的一个概率密度函数来描述。因为此时概率空间转化为一个简单明了的总质量为 1 的质点在欧几里得空间的分布模型，只不过此时的"质点"代表"概率"。

1.3.2　随机变量的定义与分类

(1) 随机变量的定义

所谓**随机变量**，就是在标准概率空间的样本空间中变化的一个变量。

随机变量在本质上就是一个变量，这个变量与传统变量相比，具有以下共同点与差别。

1) 共同点：随机变量具备传统变量的所有变量属性。

2) 差别：传统变量不需要考虑取值概率，而随机变量则可以考虑取值概率。

所以，随机变量实际上是传统变量的"升级版"，它在"兼容"传统变量所有属性的同时，还增加了取值概率属性。

(2) 随机变量的分类

随机变量按照其维数可以分为有限维和无限维两种。**有限维随机变量**又可以分为**一维随机变量和多维随机变量**两种，**无限维随机变量**又可以分为**可数无限维随机变量**与**不可数无限维随机变量**两种。

多维随机变量有时候也称为**随机向量**，如果多维随机向量以矩阵的形式呈现，也称为**随机矩阵**。

因为一个无限维的向量可以看作一个函数，所以一个无限维的变量就称为一个**变函**，一个无限维的随机变量也称为**随机变函**。

如果一个随机变函变化范围内的所有函数具有相同的定义域，且此定义域是时间指标集，则称该随机变函为**随机过程**。或者说，一个无穷维随机变量的维数指标如果具有时间的物理意义，该无穷维随机变量也称为**随机过程**。

随机变量变化的样本空间如果是实数空间，则称为**实随机变量**；随机变量变化的样本空间如果是复数空间，则称为**复随机变量**。从维数的角度来观察，对任意 $n \geqslant 1$，n 维复随机变量在本质上就是一个 $2n$ 维的实随机变量。

所以，随机变量的不同名称，都是其所变化的样本空间及其维数的不同而造成的，具体如表1.3.1所示。

表 1.3.1 各种随机变量的名称

样本空间的类型	随机变量的不同名称
一维实（复）数：$\mathbb{R}$、$\mathbb{C}$	一维实（复）随机变量
多维实（复）数：$\mathbb{R}^n$、$\mathbb{C}^n$	多维实（复）随机变量
实（复）矩阵：$\mathbb{R}^{m \times n}$、$\mathbb{C}^{m \times n}$	实（复）随机矩阵
值域为数的实（复）函数：$\mathbb{R}^\infty$、$\mathbb{C}^\infty$	实（复）随机变函
值域为向量的实（复）函数：$\mathbb{R}^\infty$、$\mathbb{C}^\infty$	实（复）向量随机变函
值域为矩阵的实（复）函数：$\mathbb{R}^\infty$、$\mathbb{C}^\infty$	实（复）矩阵随机变函

从本质上来说，随机变量就是可以考虑取值概率的不同表现形式的变量，这个变量是一维的时候叫作一维随机变量，多维的时候叫作多维随机变量或随机向量，无穷维的时候叫作随机变函或随机过程。特别地，在多维的时候，有时会以复变量、矩阵变量等形式表现；在无穷维的时候，表现为"定义域离散或连续，值域为标量、向量或矩阵"的函数。

下面是一些随机变量的例子。

例 1.3.5 观察掷六面体的骰子，得到朝上一面的点数，这个非确知系统的样本空间是整数集合 $S = \{1,2,3,4,5,6\}$；某电信服务系统在早晨 5 点到 6 点之间到达的话音呼叫数目，这个非确知系统的样本空间是非负整数集合；某地点中午 12 点的温度，这个非确知系统的样本空间是连续实数集合。这些非确知系统的样本空间都可以扩充为一维实数集合 $\mathbb{R}$，所以这些非确知系统的输出可以用随机变量来建模。

例 1.3.6 观察一个盛满清水的杯子中一个花粉颗粒在时刻 t 的空间位置。由于花粉颗粒受到大量水分子的碰撞，花粉看上去做无规则的运动，观察者没有办法知道在 t 时刻花粉的准确空间位置，只知道空间位置是水杯内的某一点。因此，杯子里面空间的任何一点都是样本点,当对杯子内的空间建立三维空间坐标时,样本空间就是三维实向量集合,并且可以扩充为 $\mathbb{R}^3$。这样的随机变量是一个三维随机变量。

例 1.3.7 设某通信系统某次发送的半无穷长 0 和 1 二进制信号序列为 $\{b_i\}_{i=0}^{\infty}$,此时样本点是定义于离散时间点 $i=0,1,2,3,\cdots$ 上的一个函数。图 1.3.1 是一个样本点的例子。这样的随机变量称为离散时间随机过程,这个离散时间随机过程实际上是一个可数无限维随机变量,或者说是一个随机变函。

例 1.3.8 考察某个窗口从上午 8 点到 12 点的排队人数,则该试验输出的样本点是定义于连续时间域、取值为非负整数的函数,图 1.3.2 是一个样本点的例子。这样的随机变量称为连续时间随机过程,这个连续时间随机过程实际上是一个不可数无限维随机变量,或者说是一个随机变函。

例 1.3.9 设某通信系统中含有 N 个用户,为了观察这 N 个用户在某天的相互通话情况,建立一个 $N \times N$ 的矩阵,若第 i 个用户和第 j 个用户发生了通话 $(i \neq j)$,则该矩阵的第 i 行 j 列元素为 1,否则该元素为 0。约定用户自己不能和自己通话,则显然该矩阵的对角元素全部为 0。这个非确知系统的样本点是一个矩阵,这样的随机变量称为随机矩阵。如果不是仅仅观察一天,而是观察若干天,则得到的样本点是定义域为时间的矩阵函数,样本空间是矩阵函数的集合,这样的随机变量称为矩阵随机过程。

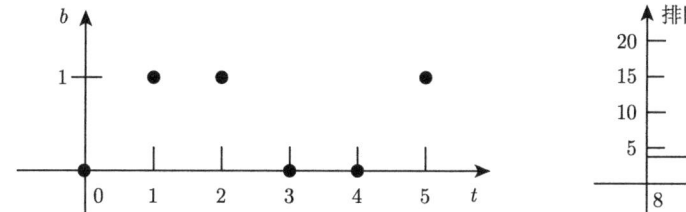

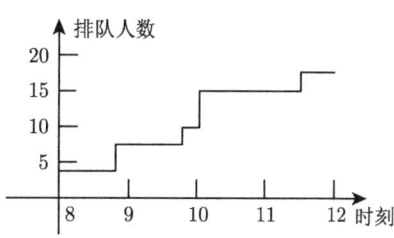

图 1.3.1 无穷长二进制信号样本空间的一个样本点　　图 1.3.2 某窗口排队人数随时间变化的一个样本点

习题 1.3

1.3.1 什么是样本空间的标准化?样本空间标准化之后有什么好处?试举例说明。

1.3.2 为什么一个函数可以看作一个无穷维向量?无穷维变量为什么也可以称为变函?

1.3.3 随机变量的本质是什么?随机变量如何分类?随机变量都有哪些表现形式?

1.3.4 随机变量与通常的变量有什么共同点与不同点?

1.3.5 分别举一个如下随机变量的例子:① 随机变量;② 多维随机变量;③ 随机矩阵;④ 复随机变量;⑤ 多维复随机变量;⑥ 复随机矩阵;⑦ 离散时间随机过程;⑧ 连续时间随机过程。

第 2 章 一维随机变量

本章导读 一维随机变量是最简单的随机变量,是通常一维变量的推广。通常的一维变量不需要考虑取值频率,而一维随机变量则需要考虑取值频率,即概率。

一维随机变量的取值频率可以用五种概率函数来描述:概率质量函数、概率生成函数、概率分布函数、概率密度函数、概率特征函数。其中概率质量函数或概率生成函数只能描述离散型一维随机变量的取值频率,不能描述连续型与混合型一维随机变量的取值频率;离散型、连续型与混合型一维随机变量的取值频率都可以用概率分布函数、概率密度函数和概率特征函数来描述。

数字特征是用一个数字来反映一维随机变量某方面的特征,大多数数字特征只能反映一维随机变量的部分概率特性,不能反映一维随机变量的完全概率特性。但也有例外,如正态分布的均值与方差完全决定了其概率密度函数。最常见的数字特征有"矩"和"熵"这两种。

本章也给出了一些信息与通信工程中常见的离散型一维随机变量与连续型一维随机变量。对这些一维随机变量的概率函数与矩数字特征应当熟练掌握。

2.1 一维随机变量的定义

本节介绍一维随机变量的定义。一维随机变量是一维变量概念的扩展。传统的一维变量只需要知道其取值范围,不需要考虑取值概率或落在某个区间的概率,而一维随机变量就是需要考虑其取值概率或落在某个区间的概率的一维变量。

2.1.1 定义与传统变量的异同

大家对通常的"一维变量"并不陌生,"变量"是指一个变化的量,"一维"是指这个变量的变化范围是实数集 $\mathbb{R}$ 或其子集。

例 2.1.1 设两个变量 x 和 y 之间有关系 $y = 0.4x + 50$,其中 x 是某移动电话公司手机客户每月手机通话时间 (单位:min),而 y 则是该手机应付话费 (单位:元)。这里 x 和 y 就是两个一维变量。

例 2.1.2 某通信系统的接收信号可以表示为

$$r = hs + n$$

式中,n 是噪声变量;s 是信号变量;h 是信道衰落系数变量;r 是接收信号幅度变量,它们都是取值于 $\mathbb{R}$ 的一维变量。

例 2.1.3 设某移动通信系统的基站一天的接入用户数为 t,将一天分为 24 小时,第 n 小时内接入的用户总数为 t_n,则有 $t = t_1 + \cdots + t_{24}$。显然 $t, t_1, \cdots, t_{24}$ 也是一维变量。

当实数集 $\mathbb{R}$ 是某个概率空间的标准化样本空间时,在该标准化样本空间 $\mathbb{R}$ 内变动的一维变量就称为**一维随机变量**。一维随机变量首先是一个在 $\mathbb{R}$ 内取值的变量,由于这个 $\mathbb{R}$ 同时又是某个概率空间的样本空间,因此这样的一维变量就被称为一维随机变量。

一维随机变量与通常的一维变量进行比较,差别在于通常的一维变量不需要考虑取某个数值(或者落在某个区间内)的频率,一维随机变量需要考虑取某个数值(或者落在某个区间内)的频率。

本书中，为了区别一维变量与一维随机变量，用小写字母 x、y、z、w 等表示一维变量，用大写字母 X、Y、Z、W 等表示一维随机变量。

例 2.1.4 例2.1.1中，当考虑 x 与 y 的取值频率时，x 与 y 就成了两个一维随机变量。用大写字母表示就是 X 与 Y，它们之间仍有关系式 $Y = 0.4X + 50$。

例 2.1.5 当考虑例2.1.2中一维变量 n, s, h, r 的取值频率时，它们就都变成了一维随机变量。为了表示区别，分别用大写字母 N、S、H、R 表示，它们之间仍有关系 $R = HS + N$。

例 2.1.6 当考虑例2.1.3中一维变量 $t, t_1, \cdots, t_{24}$ 的取值频率时，它们就成为一维随机变量。为了区别，分别用大写字母 $T, T_1, \cdots, T_{24}$ 表示它们。它们之间仍有关系式 $T = T_1 + \cdots + T_{24}$。

2.1.2 一维随机变量所依靠的概率空间

一维随机变量变化的范围 $\mathbb{R}$ 实际上是一个概率空间的样本空间，将具有这个样本空间的概率空间称为该**一维随机变量所依靠的概率空间**。

一维随机变量所依靠的概率空间中的 Borel 事件集中的事件是 $\mathbb{R}$ 中的一个区域，这个区域可能是一个单点、一个区间、若干个区间的并集等。

例1.1.26中给出了生成 $\mathbb{R}^n$ 上的 Borel 事件集的一个方法。在 $n = 1$ 时，就是将所有感兴趣的左闭右开区间作为一个基本事件集 $\mathcal{A}_0$，Borel 事件集 $\mathcal{A}$ 可以用 $\mathcal{A}_0$ 来生成，即 $\mathcal{A} = G(\mathcal{A}_0)$。正如例1.1.26中指出的，在 $n = 1$ 时，$\mathcal{A}$ 中包含一切开区间、闭区间、单个实数、可数个实数，以及它们经可数次并、交运算而得到的集合。

一维随机变量概念的引入，使人们可以用一个指定了取值概率的一维变量来代替概率空间，大大简化了对非确知系统输出的描述。一维随机变量在本质上就是用一维变量来对非确知系统的输出建模，用变量取值的概率特性来描述事件的频率稳定性。

> **习题 2.1**

2.1.1 举例说明一维随机变量与一维变量之间的区别与联系。
2.1.2 指出一维随机变量与概率空间之间的关系。
2.1.3 试说明引进一维随机变量概念的必要性。

2.2 概 率 函 数

一维随机变量实际上是在一维标准化样本空间内变化的变量，一维随机变量所依靠的概率空间中的事件则是 $\mathbb{R}$ 中的区域，此时该概率空间中的概率集函数可以用更为简单的五种**概率函数**来描述，这五种概率函数分别是概率质量函数、概率生成函数、概率分布函数、概率密度函数和概率特征函数。本节介绍这五种概率函数。

2.2.1 概率质量函数和概率生成函数

当概率空间的样本空间标准化为 $\mathbb{R}$ 时，概率分布特性可以建模为质量为 1 的物质在一维欧氏空间 $\mathbb{R}$ 上的分布。某个事件的概率就是该事件所对应的区域所包含的所有质点的质量。

当一维随机变量所依靠的概率空间的概率"质量"分布在可数个离散的点上时，称该一维随机变量为**离散型一维随机变量**。

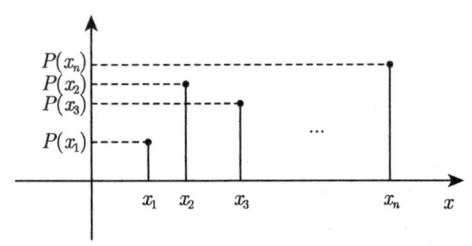

图 2.2.1 一维随机变量的概率质量函数

设一个离散型一维随机变量 X 取值于 $S=\{x_1,x_2,\cdots,x_n,\cdots\}$，或者说概率质点分布于 $x_1,x_2,\cdots,x_n,\cdots$，将单点事件 $\{x_i\}$ 的概率记为 $P(x_i)$，则 $P(x_i)$ 定义了从 S 到 $[0,1]$ 的一个函数，称该函数为**概率质量函数**，如图2.2.1所示。

"概率质量"的名称源于将概率的分布建模成物理质点的分布：样本点是质点的位置，样本点所对应的单点事件的概率是质点的质量，所有质点的总质量为1，即

$$\sum_{i=1}^{\infty}P(x_i)=1 \tag{2.2.1}$$

概率质量函数还可以用下列矩阵表示：

$$\begin{pmatrix} x_1 & x_2 & \cdots & x_n & \cdots \\ P(x_1) & P(x_2) & \cdots & P(x_n) & \cdots \end{pmatrix}$$

其中，矩阵的第一行是概率质量函数的定义域；第二行是概率质量函数的值域。

概率生成函数[①]是概率质量函数的一个 z 变换，用 $G_X(z)$ 表示一维随机变量 X 的概率生成函数，即

$$G_X(z)=\sum_{k=0}^{\infty}z^k P(x_k),\quad z\in\mathbb{C} \tag{2.2.2}$$

由序列的 z 变换和该序列是一一对应的关系知道，概率生成函数和概率质量函数之间是互相唯一确定的关系。容易验证，当知道概率生成函数 $G_X(z)$ 时，可通过下式得到概率质量函数：

$$P(x_k)=\frac{1}{k!}\times\left.\frac{\mathrm{d}^k}{\mathrm{d}z^k}G_X(z)\right|_{z=0} \tag{2.2.3}$$

以下是一些离散型一维随机变量的概率质量函数和概率生成函数，更多常用离散一维随机变量的例子可参见2.4节。

例 2.2.1（退化分布） 一维随机变量 X 的概率质量集中于一个点 $X=C$ 上，或者说 X 只取一个值，这样的一维随机变量 X 称为**退化分布**。退化分布是最简单的一种一维随机变量，实际上是将常数当作一个一维随机变量来看待，其概率密度函数为 $P(C)=1$。如果将 $X=C$ 当作 X 的第 0 个取值，则其概率生成函数为 $G_X(z)=1$。

例 2.2.2（离散均匀分布） 若一维随机变量 X 取值于 $S_X=\{0,1,2,\cdots,n\}$，且概率质量函数为 $P(0)=P(1)=\cdots=P(n)=1/(n+1)$，则称 X 为**离散均匀分布**。离散均匀分布更一般的形式是将取值范围推广到任意互不相等的 $n+1$ 个数之上，即 $S_X=\{x_0,x_1,x_2,\cdots,x_n\}$。离散均匀分布的概率生成函数为

$$G_X(z)=\frac{1}{n+1}\frac{1-z^{n+1}}{1-z} \tag{2.2.4}$$

---
① 在有些文献中，也称为**母函数**，或者简称为**生成函数**。

例 2.2.3 (超几何分布)　设一维随机变量 X 取值于 $S_X = \{0, 1, 2, \cdots, n\}$，概率质量函数具有如下形式：

$$P(k) = \frac{\binom{N}{k}\binom{M}{n-k}}{\binom{M+N}{n}}, \quad k = 0, 1, \cdots, n \tag{2.2.5}$$

式中，M、N 为两个正整数，且 $n \leqslant N + M$。该一维随机变量的概率分布称为**超几何分布**。

例 2.2.4 (对数分布)　若一维随机变量 X 的概率质量集中于正整数集合之上，并且有如下概率质量函数：

$$P(k) = -\frac{q^k}{k\lg p}, \quad k = 1, 2, \cdots \tag{2.2.6}$$

式中，p 为取值于 $(0,1)$ 的常数，$q = 1 - p$。称该一维随机变量 X 的概率分布服从**对数分布**。容易证明，对数分布的概率生成函数为

$$G_X(z) = \lg(1 - qz)/\lg p, \quad -q^{-1} < z < q^{-1} \tag{2.2.7}$$

例 2.2.5　同时掷两个均匀的骰子，这两个骰子所有可能的点数之和为 $S = \{2, 3, \cdots, 12\}$，可以验证其概率质量函数为

$$\begin{pmatrix} 2 & 3 & 4 & 5 & 6 & 7 & 8 & 9 & 10 & 11 & 12 \\ p & 2p & 3p & 4p & 5p & 6p & 5p & 4p & 3p & 2p & p \end{pmatrix}$$

式中，$p = (1/6)^2$。

概率质量函数和概率生成函数只能描述概率质量离散分布的一维随机变量概率分布特性，而无法描述概率质量连续分布的一维随机变量的概率分布特性。概率质量连续分布的一维随机变量需要借助于下面介绍的概率分布函数、概率密度函数和概率特征函数这三种概率函数来描述其概率分布特性。事实上，这三种概率函数也可以描述概率质量离散分布的一维随机变量的概率分布特性。

2.2.2　概率分布函数、概率密度函数和概率特征函数

一个一维随机变量 X 的**概率分布函数** $F_X(x)$ 定义为事件 $\{X \leqslant x\}$（在其所依靠的概率空间中）的概率，即

$$F_X(x) = P(\{X \leqslant x\}) \tag{2.2.8}$$

式中，$x \in \mathbb{R}$ 是一个通常的一维变量。

显然，概率分布函数是一个从 $\mathbb{R}$ 到 $[0,1]$ 的映射：$x \to F_X(x)$，其中 $F_X(x)$ 的意义是事件集合 $(-\infty, x]$ 的概率为 $F_X(x)$。显然，函数 $F_X(x)$ 描述了事件集合 $(-\infty, x]$ 的概率随变量 x 的变化而变化的规律。

由概率空间的公理可知，概率分布函数有以下性质。

性质 2.2.1　设一维随机变量 X 的概率分布函数为 $F_X(x)$，则

1) $0 \leqslant F_X(x) \leqslant 1$。

2) $\lim\limits_{x \to +\infty} F_X(x) = 1$。

3) $\lim\limits_{x \to -\infty} F_X(x) = 0$。

4) $F_X(x)$ 单调递增，即若 $a < b$，则 $F_X(a) \leqslant F_X(b)$。

5) $F_X(x)$ 右连续，即 $\lim\limits_{x \to a^+} F_X(x) = F_X(a)$。

6) $P(a < X \leqslant b) = F_X(b) - F_X(a)$。

7) $P(X = a) = F_X(a) - F_X(a^-)$；$P(a \leqslant X \leqslant b) = F_X(b) - F_X(a^-)$。

证明：留作习题。 □

一个一维随机变量 X 的**概率密度函数**定义为概率分布函数的广义导数[①]：

$$f_X(x) = \frac{\mathrm{d} F_X(x)}{\mathrm{d} x} \tag{2.2.9}$$

由概率密度函数的定义知道，概率密度函数 $f_X(x)$ 描述了一维随机变量 X 在 x 这一点的"概率密度"，所谓"概率密度"就是概率在单位长度上的分布。概率密度函数和概率分布函数之间存在下列关系，即

$$F_X(x) = \int_{-\infty}^{x} f_X(s) \mathrm{d}s \tag{2.2.10}$$

性质 2.2.2 设一维随机变量 X 的概率密度函数为 $f_X(x)$，则概率密度函数具有以下性质：

1) $f_X(x) \geqslant 0$。

2) $\int_{-\infty}^{\infty} f_X(x) \mathrm{d}x = 1$。

3) $P(a \leqslant X < b) \int_{a}^{b^-} f_X(x) \mathrm{d}x$。

4) $F_X(x) = \int_{-\infty}^{x} f_X(s) \mathrm{d}s$。

证明：证明留作习题。 □

对于离散型一维随机变量，其概率分布函数、概率密度函数具有如下形式。

性质 2.2.3 设离散型一维随机变量 X 的样本空间为 $\{x_1, x_2, \cdots, x_N, \cdots\}$，概率质量函数为 $P(x_i)$，且 $\sum\limits_{i=1}^{\infty} P(x_i) = 1$，则 X 的概率分布函数表示为

$$F_X(x) = \sum_{i=1}^{\infty} P(x_i) U(x - x_i) \tag{2.2.11}$$

式中，$U(x)$ 是单位阶跃函数，其概率密度函数为

$$f_X(x) = \sum_{i=1}^{\infty} P(x_i) \delta(x - x_i) \tag{2.2.12}$$

式中，$\delta(x - x_i)$ 是 δ 函数。图2.2.2给出了具有五个样本点的离散型一维随机变量的概率分布函数的示意。

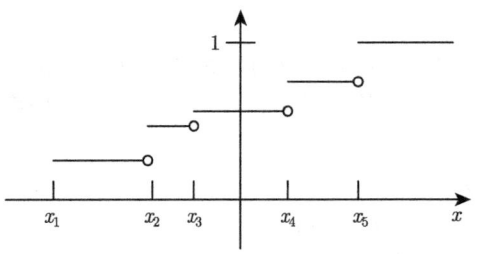

图 2.2.2 离散型一维随机变量的概率分布函数

[①] 广义导数的定义见附录 2.A。

概率密度函数的 Fourier 逆变换称为**概率特征函数**[①]。设一维随机变量 X 的概率密度函数为 $f_X(x)$，则 X 的概率特征函数定义为

$$\Phi_X(\omega) = \int_{-\infty}^{\infty} f_X(x) \mathrm{e}^{\mathrm{j}\omega x} \mathrm{d}x \tag{2.2.13}$$

由 Fourier 变换对"互相唯一确定"的关系知道，概率特征函数和概率密度函数之间是互相唯一确定的关系。因此，若有概率特征函数 $\Phi_X(\omega)$，则概率密度函数可以表示为

$$f_X(x) = \frac{1}{2\pi} \int_{-\infty}^{\infty} \Phi_X(\omega) \mathrm{e}^{-\mathrm{j}\omega x} \mathrm{d}\omega \tag{2.2.14}$$

性质 2.2.4 一维随机变量的特征函数有以下几个性质：

1) $\Phi_X(0) = 1$。
2) $|\Phi_X(\omega)| \leqslant \Phi_X(0)$。
3) $\Phi_X^*(\omega) = \Phi_X(-\omega)$。
4) 设 $Y = aX + b$，a 和 b 是两个实数，则 $\Phi_Y(\omega) = \mathrm{e}^{\mathrm{j}\omega b}\Phi_X(a\omega)$。
5) 若 X 是概率质量集中于 $S_X = \{0, 1, 2, \cdots\}$ 的离散型一维随机变量，则 $\Phi_X(\omega) = G_X(\mathrm{e}^{\mathrm{j}\omega})$，这里 $G_X(z)$ 是概率生成函数。

证明：证明留给读者作为练习。 □

下面的例子给出了一些常见连续型一维随机变量的概率分布函数、概率密度函数和概率特征函数。

例 2.2.6 (均匀分布) 均匀分布一维随机变量的样本空间为 $S_X = [a, b]$，如图 2.2.3 所示，其概率分布函数为

$$F_X(x) = \begin{cases} 0, & x < a \\ \dfrac{x-a}{b-a}, & x \in [a, b) \\ 1, & x \geqslant b \end{cases} \tag{2.2.15}$$

概率密度函数为

$$f_X(x) = \begin{cases} \dfrac{1}{b-a}, & x \in [a, b) \\ 0, & x \notin [a, b) \end{cases} \tag{2.2.16}$$

均匀分布的概率特征函数为

$$\Phi_X(\omega) = \frac{\mathrm{e}^{\mathrm{j}\omega b} - \mathrm{e}^{\mathrm{j}\omega a}}{\mathrm{j}\omega(b-a)} \tag{2.2.17}$$

例 2.2.7 (Cauchy 分布) Cauchy 分布一维随机变量的样本空间为 $S_X = (-\infty, \infty)$，其概率密度函数和概率特征函数分别为

$$f_X(x) = \frac{\alpha/\pi}{x^2 + \alpha^2}, \quad -\infty < x < \infty, \quad \alpha > 0 \tag{2.2.18}$$

$$\Phi_X(\omega) = \mathrm{e}^{-\alpha|\omega|} \tag{2.2.19}$$

图 2.2.4 给出了 Cauchy 分布的概率密度函数的示意。

[①] 有些文献中简称**特征函数**。

图 2.2.3 均匀分布的概率分布函数和概率密度函数　　图 2.2.4 Cauchy 分布的概率密度函数

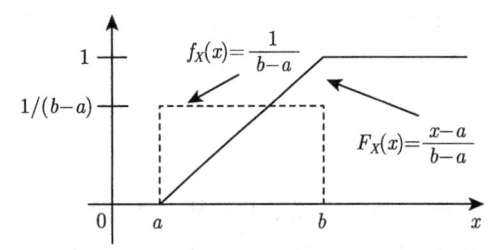

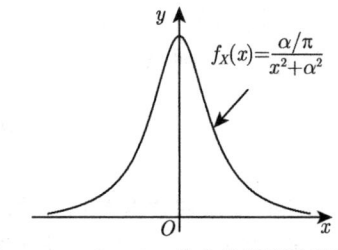

例 2.2.8 (Laplace 分布)　Laplace 分布一维随机变量的样本空间为 $S_X=(-\infty,\infty)$，其概率密度函数和概率特征函数分别为

$$f_X(x) = \frac{\alpha}{2}\mathrm{e}^{-\alpha|x|}, \quad -\infty < x < \infty, \quad \alpha > 0 \tag{2.2.20}$$

$$\Phi_X(\omega) = \frac{\alpha^2}{\omega^2 + \alpha^2} \tag{2.2.21}$$

图 2.2.5 给出了 Laplace 分布的概率密度函数的示意。

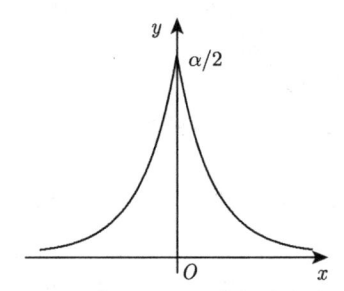

图 2.2.5　Laplace 分布的概率密度函数

例 2.2.9 (Logistic 分布)　设一维随机变量 X 具有概率密度函数：

$$f_X(x) = \frac{\mathrm{e}^{-x}}{(1+\mathrm{e}^{-x})^2}, \quad -\infty < x < \infty \tag{2.2.22}$$

则 X 称为 Logistic 分布。

例 2.2.10 (Weibull 分布)　设一维随机变量 X 的概率密度函数为

$$f_X(x) = \begin{cases} \dfrac{r}{\alpha}\left(\dfrac{x-\mu}{\alpha}\right)^{r-1}\mathrm{e}^{-\left(\frac{x-\mu}{\alpha}\right)^r}, & x \geqslant \mu \\ 0, & x < \mu \end{cases} \tag{2.2.23}$$

式中，α 和 r 为正常数；μ 为实数，称该一维随机变量服从 Weibull **分布**，记作 $X \sim W(\alpha, r, \mu)$。

例 2.2.11　在通信系统中，一条消息的传输时间 X 是一个一维随机变量，它遵循指数概率分布律，即

$$P(X > x) = \mathrm{e}^{-\lambda x}, \quad x \geqslant 0$$

式中，λ 是一个正常数。试求 X 的概率分布函数和概率密度函数，并求出 $P(1/\lambda < X \leqslant 2/\lambda)$。

解： X 的概率分布函数为 $F_X(x) = P(X \leqslant x) = 1 - P(X > x)$，因此

$$F_X(x) = \begin{cases} 0, & x < 0 \\ 1 - e^{-\lambda x}, & x \geqslant 0 \end{cases}$$

X 的概率密度函数为

$$f_X(x) = F_X'(x) = \begin{cases} 0, & x < 0 \\ \lambda e^{-\lambda x}, & x \geqslant 0 \end{cases}$$

此外

$$P(1/\lambda < X \leqslant 2/\lambda) = F_X(2/\lambda) - F_X(1/\lambda) = e^{-1} - e^{-2}$$

例 2.2.12 在排队系统中，一个到达顾客的等待时间 W 是一个一维随机变量。若系统中无其他等待顾客，则等待时间为 0；若系统中有其他顾客，则等待时间是一个参数为 λ 的指数分布。设系统中有顾客等待和无顾客等待的概率分别为 $1-p$ 和 p。试求 W 的概率分布函数和概率密度函数。

解： 顾客等待时间 W 的概率分布函数为

$$\begin{aligned} F_W(w) &= P(W \leqslant w) \\ &= P(W \leqslant w|I)P(I) + P(W \leqslant w|B)P(B) \end{aligned}$$

式中，I 和 B 分别表示系统中无顾客等待和有顾客等待，则由题意知概率分布函数为

$$F_W(w) = \begin{cases} 0, & w < 0 \\ p + (1-p)(1 - e^{-\lambda w}), & w \geqslant 0 \end{cases}$$

概率密度函数为

$$f_W(w) = \begin{cases} 0, & w < 0 \\ p\delta(w) + (1-p)\lambda e^{-\lambda w}, & w \geqslant 0 \end{cases}$$

2.2.3 一维随机变量的分类

一维随机变量按照其概率质量的分布方式，可以分为三类：离散型、连续型与混合型。

离散型一维随机变量的概率质量分布在若干个（可数或者有限个）离散的点上，连续型一维随机变量的概率质量连续分布在某个区间内，而混合型一维随机变量的概率质量则是一部分分布在若干个离散的点上，另外一部分则连续分布在某个区间内。

离散型一维随机变量的概率分布特性可以用概率质量函数或概率生成函数来完全描述，也可用概率分布函数、概率密度函数或者概率特征函数来描述。而连续型或混合型一维随机变量的概率分布特性则不能用概率质量函数或概率生成函数来描述，只能用概率分布函数、概率密度函数或概率特征函数来描述。

离散型一维随机变量的概率分布函数是若干个单位阶跃函数的和；连续型一维随机变量的概率分布函数是一个连续函数；混合型一维随机变量的概率分布函数具有若干个跳跃型间断点，并且存在一个开区间，使得概率分布函数在该区间内是严格单调递增的连续函数。

离散型一维随机变量的概率密度函数是若干个 δ 函数的和，连续型一维随机变量的概率密度函数则是一个正常的函数（即不含 δ 函数的成分），混合型一维随机变量的概率密度函数则是一个非广义函数叠加上若干个 δ 函数。

> **习题 2.2**

2.2.1 证明性质2.2.1。

2.2.2 证明性质2.2.4。

2.2.3 证明性质2.2.2。

2.2.4 设 N 是样本空间为 $S_X = \{0, 1, 2, \cdots\}$ 的几何分布的一维随机变量，试求：① $P\{N > k\}$；② N 的概率分布函数；③ N 为偶数的概率。

2.2.5 设一维随机变量 X 的概率分布函数为

$$F_X(x) = \begin{cases} 0, & x < 0 \\ Ax^2, & 0 \leqslant x \leqslant 1 \\ 1, & x > 1 \end{cases}$$

试求：① 系数 A；② X 落在区间 $(0.3, 0.7)$ 内的概率；③ X 的概率密度。

2.3 数字特征

完全描述一个一维随机变量需要五种概率函数，但有时候人们往往需要知道一维随机变量某个方面的特征，而且这个特征可以用一个数字来表征，这个用数字来表征的代表一维随机变量某个方面的特征就叫作数字特征。数字特征在本质上就是一维随机变量的函数的期望。最常见的数字特征有两种：矩和熵。

2.3.1 数字特征的定义

一维随机变量 X 的某个函数的期望被定义为该一维随机变量的一个**数字特征**。设 $\phi(X)$ 是一维随机变量 X 的一个函数，$\phi(X)$ 的**期望**定义为

$$E\{Y\} = E\{\phi(X)\} = \int_{-\infty}^{\infty} \phi(x) f_X(x) \mathrm{d}x \tag{2.3.1}$$

不难验证，对于概率质量函数为 $P(x_0), P(x_1), P(x_2), \cdots, P(x_N)$ 的离散型一维随机变量 X，式 (2.3.1) 退化为

$$E\{\phi(X)\} = \sum_{n=0}^{N} \phi(x_n) P(x_n) \tag{2.3.2}$$

性质 2.3.1 期望运算具有如下的线性叠加性质，即

$$E\left\{\sum_{n=1}^{N} a_n \phi_n(X)\right\} = \sum_{n=1}^{N} a_n E\{\phi_n(X)\} \tag{2.3.3}$$

式中，$\phi_1(X), \cdots, \phi_N(X)$ 是一维随机变量 X 的一组函数；$a_1, \cdots, a_N$ 是一组实数。

性质 2.3.2 当一维随机变量 X 的概率质量集中于整数 $\mathbb{Z}$ 之上时，则概率生成函数是该一维随机变量的一个数字特征，即有

$$G_X(z) = E\{z^N\} \tag{2.3.4}$$

概率特征函数也是该一维随机变量的一个数字特征，即

$$\Phi_X(\omega) = E\{\mathrm{e}^{\mathrm{j}\omega X}\} \tag{2.3.5}$$

一维随机变量的数字特征反映了一维随机变量某个方面的统计特性。函数 $\phi(X)$ 不同，数字特征所反映的统计特性也不同。最常见的数字特征有两类，即矩和熵。**矩**是一维随机变量的多项式函数的期望，而**熵**则是一维随机变量的信息量的期望。

将数字特征与概率函数相比，概率函数完全描述了一个一维随机变量的概率分布特性，而数字特征一般来说只是一维随机变量某个方面统计特性的反映，描述的是一维随机变量的部分统计特性。只有那些和概率函数具有一一对应关系的数字特征（如概率生成函数、概率特征函数等），才能完全描述一维随机变量的全部统计特性。

2.3.2 矩

一维随机变量常见的矩有**均值**、**均方**、**方差**、**原点矩**、**中心矩**、**绝对原点矩**、**绝对中心矩** 等，一维随机变量 X 的均值就是 X 的期望，常用 m_X 表示，即 $m_X = E\{X\}$。上述矩所对应的多项式函数如下：

1) 均值：$\phi(X) = X$。
2) 均方：$\phi(X) = X^2$。
3) 方差：$\phi(X) = (X - m_X)^2$。
4) n 阶原点矩：$\phi(X) = X^n$；n 阶绝对原点矩：$\phi(X) = |X|^n$。
5) n 阶中心矩：$\phi(X) = (X - m_X)^n$；n 阶绝对中心矩：$\phi(X) = |X - m_X|^n$。

这些矩对应的具体表达式如下：

均值：$$m_X = E\{X\} = \int_{-\infty}^{\infty} x f_X(x) \mathrm{d}x \tag{2.3.6}$$

均方：$$\psi_X^2 = E\{X^2\} = \int_{-\infty}^{\infty} x^2 f_X(x) \mathrm{d}x \tag{2.3.7}$$

方差：$$\sigma_X^2 = \mathrm{Var}\{X\} = E\{(X - m_X)^2\} = \int_{-\infty}^{\infty} (x - m_X)^2 f_X(x) \mathrm{d}x = \psi_X^2 - m_X^2 \tag{2.3.8}$$

n 阶原点矩：$$E\{X^n\} = \int_{-\infty}^{\infty} x^n f_X(x) \mathrm{d}x \tag{2.3.9}$$

n 阶绝对原点矩：$$E\{|X|^n\} = \int_{-\infty}^{\infty} |x|^n f_X(x) \mathrm{d}x \tag{2.3.10}$$

n 阶中心矩：$$E\{(X - m_X)^n\} = \int_{-\infty}^{\infty} (x - m_X)^n f_X(x) \mathrm{d}x \tag{2.3.11}$$

n 阶绝对中心矩：$$E\{|X - m_X|^n\} = \int_{-\infty}^{\infty} |x - m_X|^n f_X(x) \mathrm{d}x \tag{2.3.12}$$

例 2.3.1 计算可得，$[a, b]$ 区间上均匀分布的均值、均方和方差分别为

$$m_X = E\{X\} = \int_a^b x \frac{1}{b-a} \mathrm{d}x = \frac{a+b}{2}$$

$$\psi_X^2 = E\{X^2\} = \int_a^b x^2 \frac{1}{b-a} \mathrm{d}x = \frac{a^2 + ab + b^2}{3}$$

$$\sigma_X^2 = \psi_X^2 - m_X^2 = \frac{(a-b)^2}{12}$$

例 2.3.2 试证明概率密度函数为

$$f_X(x) = \frac{1}{\sqrt{2\pi}\sigma} e^{-(x-\eta)^2/(2\sigma^2)}$$

的正态一维随机变量的均值为 η，方差为 σ^2。

解：由概率密度函数的性质可知有下式成立，即

$$\int_{-\infty}^{\infty} e^{-(x-\eta)^2/(2\sigma^2)} dx = \sqrt{2\pi}\sigma \qquad (2.3.13)$$

将式 (2.3.13) 对 η 求导，得

$$\frac{1}{\sqrt{2\pi}\sigma} \int_{-\infty}^{\infty} x e^{-(x-\eta)^2/(2\sigma^2)} dx = \eta$$

因此知道，该正态分布一维随机变量的均值为 η。再对式 (2.3.13) 关于 σ 求导得

$$\int_{-\infty}^{\infty} \frac{(x-\eta)^2}{\sigma^3} e^{-(x-\eta)^2/(2\sigma^2)} dx = \sqrt{2\pi}$$

从而可得

$$\text{Var}\{X\} = \frac{1}{\sqrt{2\pi}\sigma} \int_{-\infty}^{\infty} (x-\eta)^2 e^{-(x-\eta)^2/(2\sigma^2)} dx = \sigma^2$$

例 2.3.3 已知某离散型一维随机变量 $N = \{1, 2, \cdots\}$ 的概率质量函数为 $P(N = i) = (1/2)^i$，试求其均值和方差。

解：在离散情形下，均值为

$$m_N = \sum_{i=1}^{\infty} iP(N=i) = \sum_{i=1}^{\infty} i \left(\frac{1}{2}\right)^i$$

对恒等式：

$$\sum_{i=1}^{\infty} (x/2)^i = \frac{x/2}{1-x/2}$$

两边关于 x 求导，并令 $x = 1$，得 $\sum_{i=1}^{\infty} i \left(\frac{1}{2}\right)^i = 2$，所以 $m_N = 2$；关于 x 求两次导，令 $x = 1$，得

$$\psi_N^2 = \sum_{i=1}^{\infty} i^2 (1/2)^i = 6$$

故方差为 $\sigma_N^2 = \psi_N^2 - m_N^2 = 6 - 2^2 = 2$。

一维随机变量的中心矩可以通过概率特征函数得到。特别地，如果离散型一维随机变量的样本空间为 $S_X = \{0, 1, 2, 3, \cdots\}$，则该离散型一维随机变量的中心矩也可通过概率生成函数得到。具体地，有如下性质。

性质 2.3.3 设 X 为一维随机变量，$\Phi_X(\omega)$ 为其概率特征函数，则

$$E\{X^n\} = \frac{1}{j^n} \times \frac{d^n}{d\omega^n}\Phi_X(\omega)\Big|_{\omega=0} \tag{2.3.14}$$

特别在 $n = 1, 2$ 时有下式成立

$$E\{X\} = G'_X(1) \tag{2.3.15}$$
$$E\{X^2\} = G''_X(1) + G'_X(1) \tag{2.3.16}$$

因此有

$$\text{Var}\{X\} = E\{X^2\} - (E\{X\})^2 = G''_X(1) + G'_X(1) - (G'_X(1))^2 \tag{2.3.17}$$

证明：直接对概率特征函数或者概率生成函数求导，简单计算可得结论。

例 2.3.4 已知某排队窗口的排队顾客数是一个离散型一维随机变量 X，样本空间为 $S_X = \{0, 1, 2, \cdots\}$。概率质量函数为 $p_k = (1-\rho)\rho^k$，$k = 0, 1, 2, \cdots$，即服从几何分布。试求一维随机变量 X 的概率生成函数、概率特征函数、均值和方差。

解：按照概率生成函数的定义以及概率特征函数和概率生成函数的关系得

$$G_X(z) = \sum_{k=0}^{\infty} p_k z^k = \sum_{k=0}^{\infty}(1-\rho)\rho^k z^k = \frac{1-\rho}{1-\rho z}$$

$$\Phi_X(\omega) = G_X(e^{j\omega}) = \frac{1-\rho}{1-\rho e^{j\omega}}$$

另外，可以求得 $G'_X(1) = \rho/(1-\rho)$，$G''_X(1) = 2\rho^2/(1-\rho)^2$，因此分别由式 (2.3.15) 和式 (2.3.17) 得到

$$E\{X\} = \frac{\rho}{1-\rho}, \quad \text{Var}\{X\} = \frac{\rho}{(1-\rho)^2}$$

例 2.3.5 试根据正态一维随机变量的概率特征函数求其均值和方差。

解：正态一维随机变量的概率特征函数为

$$\Phi_X(\omega) = e^{jm\omega - \frac{1}{2}\sigma^2\omega^2} \tag{2.3.18}$$

计算得 $\Phi'_X(0) = jm$，$\Phi''_X(0) = -\sigma^2 - m^2$。所以

$$E\{X\} = \frac{1}{j}\Phi'_X(0) = m$$

$$E\{X^2\} = \frac{1}{j^2}\Phi''_X(0) = m^2 + \sigma^2$$

$$\text{Var}\{X\} = E\{X^2\} - (E\{X\})^2 = \sigma^2$$

2.3.3 熵

(1) 事件的信息量

设事件 A 的概率为 $P(A)$，则概率 $P(A)$ 的大小也是事件 A 确定性的一个度量。$P(A)$ 越大，则代表某次试验 A 发生的肯定性越大。但是，肯定性大的事件发生给观察者带来的

信息量是小的,肯定性小的事件发生给观察者带来的信息量是大的。数学家 Shannon 根据这个基本原理和信息量需要满足的一些条件,给出了信息量的度量。具体地,事件 A 的**信息量**定义为

$$I(A) = -\log_c P(A) \tag{2.3.19}$$

在上述定义式中,对数底 c 理论上可以取任意一个大于 1 的正数。但一般情况下,c 通常取 2、e、3、10,此时熵的单位分别被命名为"比特""奈特""铁特""迪特",相应的英文记号分别为 bit、nat、tet、det。

例 2.3.6 在等概率 Bernoulli 一维随机变量中,事件 $\{0\}$ 和 $\{1\}$ 的概率都是 1/2,因此它们具有相同的信息量,且信息量为

$$I(0) = I(1) = -\log_2 \frac{1}{2} = 1 \quad \text{(bit)}$$

例 2.3.7 在 8PSK 调制中,样本空间有 8 个等概率样本点,$S = \{e^{j2\pi n/8} \mid n = 0, 1, \cdots, 7\}$,每个样本点的概率都是 1/8。所以 8 个样本点具有相同的信息量,即对任意 n 有

$$I(e^{j2\pi n/8}) = -\log_2 \frac{1}{8} = 3 \quad \text{(bit)}$$

对于离散型一维随机变量,所有单点事件概率的差异,也造成了试验结果不肯定性的差异,观察下面一个例子。

例 2.3.8 考察 A、B、C 三个射手的射击情况,已知他们的射击试验具有如下概率分布:

$$A: \begin{pmatrix} 0 & 1 \\ 0.5 & 0.5 \end{pmatrix} \quad B: \begin{pmatrix} 0 & 1 \\ 0.01 & 0.99 \end{pmatrix} \quad C: \begin{pmatrix} 0 & 1 \\ 0.3 & 0.7 \end{pmatrix}$$

其中,0 表示未射中靶子;1 表示射中靶子。显然,上面三个射手在射击之前不肯定的程度是不同的,A 最不肯定,C 次之,而 B 则具有很大的肯定性可以射中靶子。

(2) 一维随机变量的熵

从上面所举的例子可以看出,不同的一维随机变量,其试验结果的不肯定性是不同的。数字特征——熵,就是为了度量随机试验结果的不肯定性而被提出的。

对于一个离散型一维随机变量 X,每个单点事件的信息量的加权平均就是**熵**。设 X 的样本点为 $x_1, \cdots, x_N$,且其概率质量函数为 $P(x_1), \cdots, P(x_N)$,将 X 的熵记为 $H(X)$,则

$$H(X) = E\{I(X)\} = E\{-\log_c P(X)\} = -\sum_{n=1}^{N} P(x_n) \log_c P(x_n) \tag{2.3.20}$$

和信息量的定义一样,当 $c = 2$、e、3、10 时,熵的单位分别为"比特""奈特""铁特""迪特"。

例 2.3.9 设 X 是一个参数为 p 的 Bernoulli 一维随机变量,即 $P\{X = 0\} = 1 - p$,$P\{X = 1\} = p$。根据熵的定义知道,该一维随机变量的熵为

$$H(X) = -p \lg p - (1-p) \lg(1-p) \triangleq \phi(p)$$

由图2.3.1可知，当 $p=1/2$ 时，熵最大。p 越接近 $1/2$，则熵越大，即试验的不肯定性越大，所以在例2.3.8中，射手 A 最不肯定，射手 C 次之，射手 B 的不肯定性最小，即肯定性最大。

一般来说，一个连续型一维随机变量 X 的熵定义为

$$H(X) = E\{-\log_c f_X(x)\}$$
$$= -\int_{-\infty}^{\infty} f_X(x) \log_c f_X(x) \mathrm{d}x \quad (2.3.21)$$

式中，$f_X(x)$ 是一维随机变量 X 的概率密度函数。在上述定义中，在 $f_X(x)=0$ 的地方假定 $0 \cdot \log_c 0 = 0$。

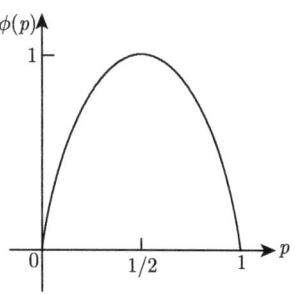

图 2.3.1　Bernoulli 分布的熵函数

需要注意的是，连续型一维随机变量熵的定义并非是离散型一维随机变量熵的简单推广。事实上，连续型一维随机变量的熵是函数 $-\log_c f_X(x)$ 的期望，而离散型一维随机变量的熵是函数 $-\log_c P(X)$ 的期望。概率密度函数 $f_X(x)$ 和概率质量函数 $P(x)$ 是不同的两个量。所以显然连续型一维随机变量的熵和离散型一维随机变量的熵存在着差异。

离散型一维随机变量的熵和连续型一维随机变量的熵的另外一个不同就是：离散型一维随机变量的熵是非负的，而连续型一维随机变量的熵可能取负值。例如，$[0,a]$ 上均匀分布的熵为

$$H(X) = -\int_0^a \frac{1}{a} \lg \frac{1}{a} \mathrm{d}x = \lg a$$

显然，当 $0 < a < 1$ 时，熵 $H(X) < 0$。

例 2.3.10　已知指数分布一维随机变量的概率密度函数为 $f_X(x) = \lambda \mathrm{e}^{-\lambda x}, x \geqslant 0$，其中 λ 为正常数。则指数分布的熵为

$$H(X) = -\int_0^{\infty} f_X(x) \ln f_X(x) \mathrm{d}x$$
$$= -\lambda \int_0^{\infty} \mathrm{e}^{-\lambda x} (\ln \lambda - \lambda x) \mathrm{d}x$$
$$= 1 - \ln \lambda \quad (\text{nat})$$

例 2.3.11　试求均值为 η、方差为 σ^2 的 Gauss 一维随机变量的熵。由熵的定义知道

$$H(X) = -\int_{-\infty}^{\infty} f_X(x) \ln f_X(x) \mathrm{d}x$$
$$= -\int_{-\infty}^{\infty} f_X(x) \left[-\frac{(x-\eta)^2}{2\sigma^2} - \ln \sqrt{2\pi\sigma^2} \right] \mathrm{d}x$$
$$= \frac{1}{2} + \frac{1}{2} \ln 2\pi\sigma^2 = \frac{1}{2} \ln (2\pi\mathrm{e}\sigma^2) \quad (\text{nat})$$

一维随机变量的熵有不少性质，其中比较重要的是最大熵定理，这里给出最大熵定理的表述，对其证明感兴趣的读者可参阅有关文献。

定理 2.3.1　若 X 是一个离散型一维随机变量，其样本空间为 $S_X = \{x_1, \cdots, x_N\}$，则一维随机变量 X 的熵满足不等式：

$$H(X) \leqslant \lg N \tag{2.3.22}$$

上述不等式等号成立的充要条件是 $P(x_1) = \cdots = P(x_N) = 1/N$；设连续型一维随机变量 X 的方差为 σ^2，则其熵 $H(X)$ 满足不等式：

$$H(X) \leqslant \frac{1}{2}\lg(2\pi e \sigma^2) \tag{2.3.23}$$

等号成立的充要条件是 X 为 Gauss 一维随机变量。

习题 2.3

2.3.1 一般情况下，知道了一个一维随机变量的五种概率函数之后，就一定能得到这个一维随机变量的任何数字特征；反过来，知道了一个一维随机变量的某个数字特征，是否一定能够得到概率函数呢？在什么情况下可以通过数字特征得到概率函数呢？

2.3.2 试求离散均匀分布的均值、方差。

2.3.3 试求对数分布的均值、方差。

2.3.4 试求 Logistic 分布、Weibull 分布的均值、方差。

2.3.5 试求对数分布、离散均匀分布的熵。

2.3.6 试分别求 Cauchy 分布、Laplace 分布的熵。

2.3.7 证明最大熵定理2.3.1。

2.4 常见离散型一维随机变量

下面给出一些在通信与信息工程领域以及其他工程领域较常用到的离散型一维随机变量的例子。

2.4.1 与 Bernoulli 试验有关的离散型一维随机变量

(1) Bernoulli 分布

Bernoulli 分布的一维随机变量是样本空间为 $S_X = \{0,1\}$ 的二值一维随机变量。该一维随机变量常被称作 "事件指示" 一维随机变量，当某事件 A 发生时，该一维随机变量取 1，当事件 A 不发生时，该一维随机变量取 0。设一维随机变量取 0 的概率为 $p_0 = q = 1-p$，一维随机变量取 1 的概率为 $p_1 = p$，其中 $p \in [0,1]$。则其概率质量函数可以表示为

$$\begin{pmatrix} 0 & 1 \\ 1-p & p \end{pmatrix}$$

概率生成函数为

$$G_X(z) = q + pz \tag{2.4.1}$$

均值和方差分别为

$$E\{X\} = m_X = p, \quad \text{Var}\{X\} = pq \tag{2.4.2}$$

上述 Bernoulli 分布在有些文献中也称为 **0-1 分布**。如果一维随机变量只取两个数值，取 a 和 b 的概率分别是 p 和 $1-p$，这样的分布被称为**a-b 分布**。

(2) 二项分布

二项分布是 n 个独立的 Bernoulli 分布的一维随机变量之和。二项分布的样本空间为 $S_X = \{0, 1, 2, \cdots, n\}$，其概率质量函数为

$$P_k = \binom{n}{k} p^k (1-p)^{n-k}, \quad k = 0, 1, 2, \cdots, n \tag{2.4.3}$$

二项分布的概率生成函数为

$$G_X(z) = (q + pz)^n \tag{2.4.4}$$

均值和方差分别为

$$E\{X\} = m_X = np, \quad \text{Var}\{X\} = npq \tag{2.4.5}$$

(3) 几何分布

服从**几何分布**的一维随机变量 X 是在一个相互独立的 Bernoulli 试验序列中，在某事件第一次发生之前，该事件不发生的次数。因此一维随机变量 $Y = X + 1$ 可以看成在某事件第一次发生时，总共进行的 Bernoulli 试验次数。几何分布一维随机变量的样本空间为 $S_X = \{0, 1, 2, \cdots\}$，其概率质量函数为

$$P_k = p(1-p)^k, \quad k = 0, 1, 2, \cdots \tag{2.4.6}$$

概率生成函数为

$$G_X(z) = \frac{p}{1 - qz} \tag{2.4.7}$$

均值和方差分别为

$$E\{X\} = m_X = \frac{1}{p}, \quad \text{Var}\{X\} = \frac{q}{p^2} \tag{2.4.8}$$

(4) 负二项分布

服从**负二项分布**的一维随机变量 X 是在一个相互独立的 Bernoulli 试验序列中，直到某事件第 r 次发生时，所进行的试验的次数。该一维随机变量的样本空间为 $S_X = \{r, r+1, \cdots\}$，其中 r 是一个正数。该一维随机变量的概率质量函数为

$$P_k = \binom{k-1}{r-1} p^r (1-p)^{k-r}, \quad k = r, r+1, \cdots \tag{2.4.9}$$

概率生成函数为

$$G_X(z) = \left(\frac{pz}{1 - qz}\right)^r \tag{2.4.10}$$

均值和方差分别为

$$E\{X\} = m_X = \frac{r}{p}, \quad \text{Var}\{X\} = \frac{rq}{p^2} \tag{2.4.11}$$

2.4.2 Poisson 分布

服从 Poisson **分布**的一维随机变量是当两事件间的发生时间间隔是均值为 $1/\alpha$ 的指数分布时，在单位时间内事件发生的数目，其中 α 是一个正常数。Poisson 分布一维随机变量的样本空间为 $S_X = \{0, 1, 2, \cdots\}$，其概率质量函数为

$$P_k = \frac{\alpha^k}{k!} e^{-\alpha}, \quad k = 0, 1, 2, \cdots \tag{2.4.12}$$

概率生成函数为
$$G_X(z) = e^{\alpha(z-1)} \tag{2.4.13}$$
均值和方差分别为
$$E\{X\} = m_X = \alpha, \quad \text{Var}\{X\} = \alpha \tag{2.4.14}$$

习题 2.4

2.4.1 证明二项分布是 n 个 Bernoulli 分布的和。
2.4.2 试求二项分布的熵。
2.4.3 试给出二项分布的概率分布函数与概率密度函数。
2.4.4 试求出 Poisson 分布的概率特征函数。

2.5 常见连续型一维随机变量

除了前面例子中给出的均匀分布、Cauchy 分布、Laplace 分布、Logistic 分布，还有下列常见分布。

2.5.1 正态分布及其导出分布

(1) Gauss 分布

Gauss 分布一维随机变量，又被称为正态分布一维随机变量，其样本空间为 $S_X = (-\infty, \infty)$，其概率密度函数为

$$f_X(x) = \frac{1}{\sqrt{2\pi\sigma^2}} e^{-(x-\eta)^2/(2\sigma^2)}, \quad -\infty < x < \infty \tag{2.5.1}$$

式中，η 和 σ 为两个实常数，且规定 $\sigma > 0$，一般用 $N(\eta, \sigma^2)$ 表示正态一维随机变量。称 $N(0,1)$ 为**标准正态一维随机变量**。图2.5.1为概率密度函数的示意。概率特征函数为

$$\Phi_X(\omega) = \exp\left(j\omega\eta - \frac{1}{2}\omega^2\sigma^2\right) \tag{2.5.2}$$

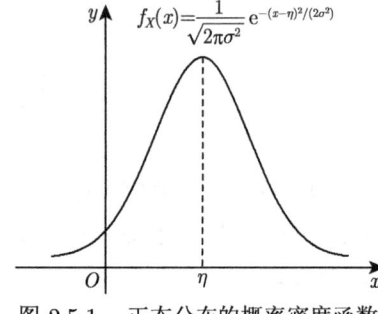

图 2.5.1 正态分布的概率密度函数

$N(\eta, \sigma^2)$ 的概率分布函数可表示为

$$F_X(x) = \frac{1}{\sqrt{2\pi\sigma^2}} \int_{-\infty}^{x} e^{-(t-\eta)^2/(2\sigma^2)} dt = Q\left(\frac{x-\eta}{\sigma}\right) \tag{2.5.3}$$

或

$$F_X(x) = \int_{-\infty}^{0} f_X(t)dt + \int_{0}^{x} f_X(t)dt = \frac{1}{2} + \text{erf}\left(\frac{x-\eta}{\sigma}\right) \tag{2.5.4}$$

式中

$$Q(x) = \frac{1}{\sqrt{2\pi}} \int_{-\infty}^{x} e^{-t^2/2} dt$$

$$\text{erf}(x) = \frac{1}{\sqrt{2\pi}} \int_{0}^{x} e^{-t^2/2} dt$$

分别称为**正态积分函数**和**误差函数**。

(2) χ^2 分布

若 $X_1, X_2, \cdots, X_n$ 是 n 个独立同分布[①]的 Gauss 一维随机变量，则一维随机变量 $Y = \sum_{i=1}^{n} X_i^2$ 被称为自由度为 n 的 χ^2 分布。若这些 Gauss 一维随机变量的均值为零，称这样的 χ^2 分布为**中心 χ^2 分布**；若均值不为零，则称为**非中心 χ^2 分布**。

先看自由度为 1 的 χ^2 分布。此时 $Y = X^2$，若 X 的均值为零，则自由度为 1 的中心 χ^2 分布 Y 的概率密度函数具有如下表达：

$$f_Y(y) = \frac{1}{\sqrt{2\pi y}\sigma} e^{-y/(2\sigma^2)}, \quad y \geqslant 0 \tag{2.5.5}$$

式中，σ^2 是 Gauss 一维随机变量 X 的方差，其特征函数具有表达式：

$$\Phi_Y(\omega) = \frac{1}{(1 - j2\omega\sigma^2)^{1/2}} \tag{2.5.6}$$

自由度为 1 的非中心 χ^2 分布一维随机变量 Y 的概率密度函数具有如下表达：

$$f_Y(y) = \frac{1}{\sqrt{2\pi y}\sigma} e^{-(y+m_X^2)/(2\sigma^2)} \cosh\left(\frac{\sqrt{y}m_X}{\sigma^2}\right), \quad y \geqslant 0 \tag{2.5.7}$$

式中，m_X 是 Gauss 一维随机变量 X 的均值，此时概率特征函数具有如下表达：

$$\Phi_Y(\omega) = \frac{1}{(1 - j2\omega\sigma^2)^{1/2}} e^{j m_X^2 \omega/(1 - j2\omega\sigma^2)} \tag{2.5.8}$$

(3) t 分布

设一维随机变量 X 服从正态分布，即 $X \sim N(m, \sigma^2)$，一维随机变量 Y 是与 X 独立的且服从自由度为 n 的 χ^2 分布，即 $Y \sim \chi^2(n)$，则称

$$T_n = \frac{X}{\sqrt{Y/n}} \tag{2.5.9}$$

是自由度为 n 的 t **分布**，记作 $T_n \sim t(n, m)$。当 X 是标准正态分布时，称 X 为中心 t 分布；当 $m \neq 0$ 时，称 T_n 为非中心 t 分布。t 分布也称为学生分布，这是因为该分布是英国统计学家戈塞特 (Goset，1876—1937) 在 1908 年用 "Student" 的笔名首次发表的。t 分布在数理统计中占有重要的地位。

可以证明中心 t 分布的概率密度函数 (图2.5.2) 为

$$f_n(x) = \frac{\Gamma\left(\dfrac{n+1}{2}\right)}{\Gamma\left(\dfrac{n}{2}\right)\sqrt{n\pi}} \left(1 + \frac{x^2}{n}\right)^{-\frac{n+1}{2}} \tag{2.5.10}$$

式中，$\Gamma(x)$ 是 Γ 函数。显然，可以证明：当 $n \to \infty$ 时，$f_n(x)$ 将收敛于高斯函数 $\dfrac{1}{\sqrt{2\pi}} e^{-x^2/2}$，所以当 n 充分大时，中心 t 分布将趋近于标准正态分布。

---

① 独立同分布的概念在第 3 章介绍。

(4) F 分布

设 $X \sim \chi^2(n_1)$, $Y \sim \chi^2(n_2)$, 且 X 与 Y 独立, 则称一维随机变量:

$$F = \frac{X/n_1}{Y/n_2} \tag{2.5.11}$$

所服从的分布是**自由度为** (n_1, n_2) **的** F **分布**, 记作 $F \sim F(n_1, n_2)$。F 分布是英国著名统计学家费希尔 (R. A. Fisher, 1890—1962) 首次提出的。F 分布也是数理统计中的一个重要分布, 其概率密度函数为

$$f_{n_1,n_2}(x) = \frac{\Gamma\left(\frac{n_1+n_2}{2}\right)}{\Gamma\left(\frac{n_1}{2}\right)\Gamma\left(\frac{n_2}{2}\right)} \left(\frac{n_1}{n_2}\right)^{n_1/2} x^{\frac{n_1}{2}-1} \left(1+\frac{n_1}{n_2}x\right)^{-\frac{n_1+n_2}{2}}, \quad x \geqslant 0 \tag{2.5.12}$$

显然, 当 $n_1, n_2 \to \infty$ 时, F 分布也趋近于正态分布 (图2.5.3)。

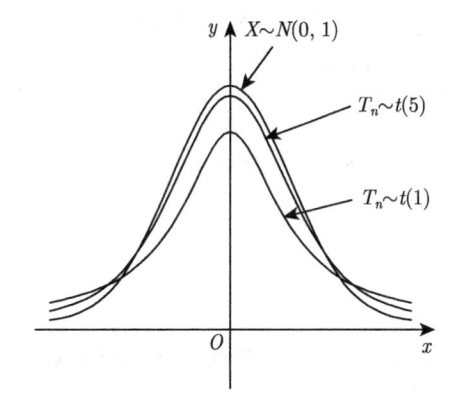

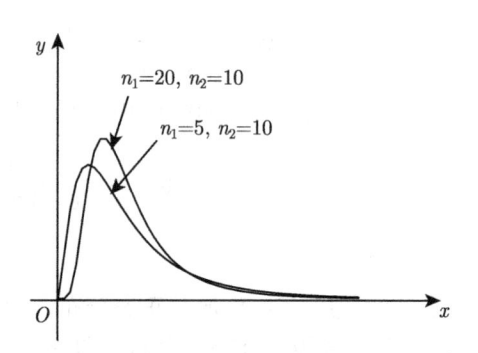

图 2.5.2 中心 t 分布的概率密度函数   图 2.5.3 F 分布的概率密度函数

(5) 对数正态分布

假定一维随机变量 $X \sim N(\mu, \sigma^2)$, 即 X 是正态一维随机变量, 定义新的一维随机变量 $Y = e^X$, 则 Y 的样本空间是 $S_Y = (0, \infty)$, 其概率密度函数为

$$f_Y(y) = \frac{1}{\sqrt{2\pi}\sigma y} \exp\left\{\frac{-(\ln y - \mu)^2}{2\sigma^2}\right\}, \quad y > 0 \tag{2.5.13}$$

通常称 Y 服从对数正态分布。对数正态分布一般用在移动无线通信中, 对大的障碍物 (如高的建筑物) 引起的信号阴影效应进行建模。

(6) Rayleigh 分布

Rayleigh 分布一维随机变量的样本空间为 $S_X = [0, \infty)$, 其概率密度函数为

$$f_X(x) = \frac{x}{\alpha^2} e^{-x^2/(2\alpha^2)}, \quad x \geqslant 0, \alpha > 0 \tag{2.5.14}$$

图2.5.4为 Rayleigh 分布的概率密度函数示意。

2.5.2 指数分布

指数分布一维随机变量的样本空间为 $S_X = [0, \infty)$，其概率分布函数为

$$F_X(x) = 1 - e^{-\lambda x}, \quad x \geqslant 0, \quad \lambda > 0 \tag{2.5.15}$$

概率密度函数为

$$f_X(x) = \lambda e^{-\lambda x}, \quad x \geqslant 0 \tag{2.5.16}$$

概率特征函数为

$$\Phi_X(\omega) = \frac{\lambda}{\lambda - j\omega} \tag{2.5.17}$$

图2.5.5给出了指数分布一维随机变量的概率分布函数和概率密度函数的示意。在通信系统中，指数分布的一维随机变量常用来对业务到达的时间间隔、业务所需要的服务时间等一维随机变量建模。

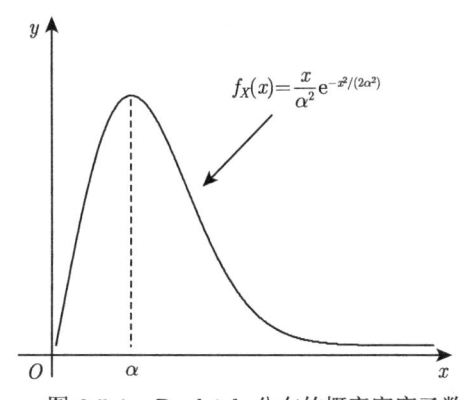

图 2.5.4 Rayleigh 分布的概率密度函数

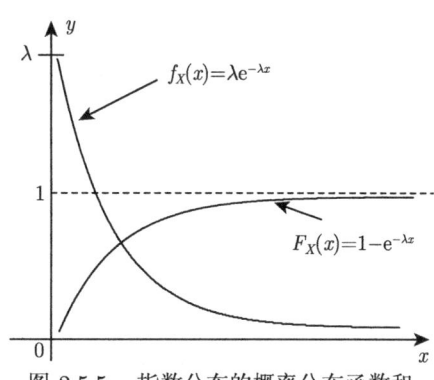

图 2.5.5 指数分布的概率分布函数和概率密度函数

2.5.3 Gamma 分布

Gamma 分布一维随机变量的样本空间为 $S_X = [0, \infty)$，其概率密度函数为

$$f_X(x) = \frac{\lambda(\lambda x)^{\alpha-1} e^{-\lambda x}}{\Gamma(\alpha)}, \quad x \geqslant 0, \alpha > 0, \lambda > 0 \tag{2.5.18}$$

式中

$$\Gamma(\alpha) = \int_0^\infty x^{\alpha-1} e^{-x} dx$$

概率特征函数为

$$\Phi_X(\omega) = \frac{1}{(1 - j\omega/\lambda)^n} \tag{2.5.19}$$

当 $\alpha = m$ 为正整数时，Gamma 分布一维随机变量被称为m-Erlang **分布一维随机变量**，此时概率密度函数和概率特征函数分别为

$$f_X(x) = \frac{\lambda e^{-\lambda x} (\lambda x)^{m-1}}{(m-1)!}, \quad x \geqslant 0 \tag{2.5.20}$$

$$\Phi_X(\omega) = \left(\frac{\lambda}{\lambda - j\omega}\right)^m \tag{2.5.21}$$

m-Erlang 分布一维随机变量可以由 m 个独立的参数为 λ 的指数分布一维随机变量相加得到。

当 $\alpha = k/2$，k 为正整数，且 $\lambda = 1/2$ 时，Gamma 分布一维随机变量被称为**自由度为 k 的 χ^2 分布一维随机变量**，此时概率密度函数和概率特征函数分别为

$$f_X(x) = \frac{e^{-x/2}(x)^{(k-2)/2}}{2^{k/2}\Gamma(k/2)}, \quad x \geqslant 0 \tag{2.5.22}$$

$$\Phi_X(\omega) = \left(\frac{1}{1-j2\omega}\right)^{k/2} \tag{2.5.23}$$

k 个相互独立、零均值、单位方差的正态一维随机变量相加是自由度为 k 的 χ^2 分布一维随机变量。

2.5.4 β 分布

β 分布一维随机变量的样本空间为 $S_X = (0,1)$，其概率密度函数为

$$f_X(x) = \frac{\Gamma(\alpha+\beta)}{\Gamma(\alpha)\Gamma(\beta)} x^{\alpha-1}(1-x)^{\beta-1}, \quad 0 < x < 1 \tag{2.5.24}$$

式中，$\alpha, \beta > 0$，概率密度函数如图2.5.6所示。对应的期望为 $\alpha/(\alpha+\beta)$，方差为

$$\sigma_X^2 = \frac{\alpha\beta}{(\alpha+\beta)^2(\alpha+\beta+1)} \tag{2.5.25}$$

2.5.5 Rice 分布

设 X_i，$i = 1, 2, \cdots, n$，是统计独立的高斯一维随机变量，它们具有均值 m_i，$i = 1, 2, \cdots, n$ 及相同的方差 σ^2，令

$$R = \sqrt{\sum_{i=1}^{n} X_i^2} \tag{2.5.26}$$

则一维随机变量 R 被称为 **Rice 分布**，其概率密度函数 (图2.5.7) 为

$$f_R(r) = \frac{r^{n/2}}{\sigma^2 s^{(n-2)/2}} \exp\left\{-(r^2+s^2)/(2\sigma^2)\right\} I_{\frac{n}{2}-1}\left(\frac{rs}{\sigma^2}\right), \quad r \geqslant 0 \tag{2.5.27}$$

图 2.5.6 β 分布的概率密度函数

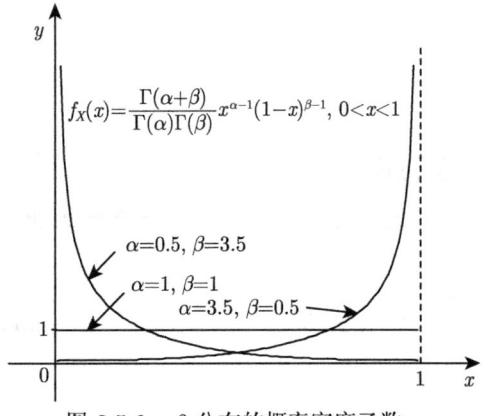

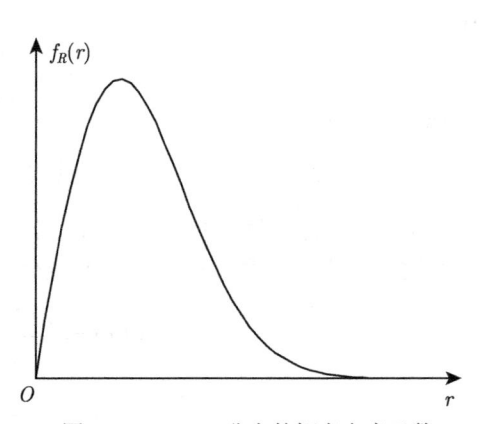

图 2.5.7 Rice 分布的概率密度函数

式中，$s^2 = \sum_{i=1}^{n} m_i^2$；$\mathrm{I}_\alpha(x)$ 是第一类 α 阶修正贝塞尔函数：

$$\mathrm{I}_\alpha(x) = \sum_{k=0}^{\infty} \frac{(x/2)^{\alpha+2k}}{k!\Gamma(\alpha+k+1)}, \quad k \geqslant 0 \tag{2.5.28}$$

式中，$\Gamma(m) = \int_0^\infty t^{m-1}\mathrm{e}^{-t}\mathrm{d}t, \ m > 0$。

2.5.6 Nakagami 分布

Nakagami 分布具有概率密度函数 (图 2.5.8 所示)：

$$f_R(r) = \frac{2}{\Gamma(m)} \left(\frac{m}{\Omega}\right)^m r^{2m-1} \mathrm{e}^{-mr^2/\Omega} \tag{2.5.29}$$

式中，Ω 是 R 的均方，即 $\Omega = E\{R^2\}$，且参数 m 定义为矩的比值，称为衰落指数：

$$m = \frac{\Omega^2}{E\{(R^2 - \Omega)^2\}}, \quad m \geqslant 1/2 \tag{2.5.30}$$

2.5.7 Pareto 分布

在 Pareto 分布中，X 的概率分布函数为

$$F_X(x) = 1 - \left(\frac{x}{x_{\min}}\right)^{-k}, \quad x_{\min} \leqslant x < \infty, k > 0 \tag{2.5.31}$$

式中，$x_{\min} > 0$ 且是一维随机变量 X 的最小可能取值。Pareto 分布的概率密度函数 (图 2.5.9) 为

$$f_X(x) = \frac{k x_{\min}^k}{x^{k+1}}, \quad x \geqslant x_{\min} \tag{2.5.32}$$

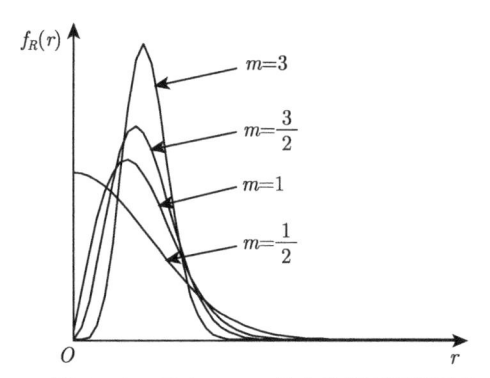

图 2.5.8　Nakagami 分布的概率密度函数

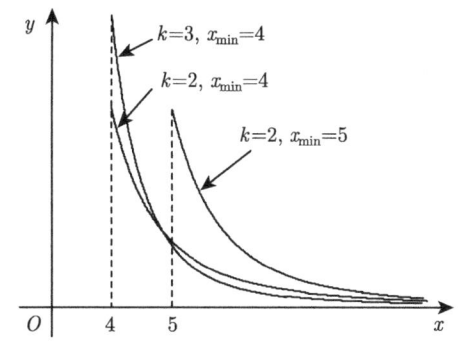

图 2.5.9　Pareto 分布的概率密度函数

其均值和方差分别为

$$E\{X\} = \begin{cases} \dfrac{x_{\min}^k}{k-1}, & k > 1 \\ \infty, & k \leqslant 1 \end{cases} \tag{2.5.33}$$

$$\mathrm{Var}\{X\} = \left(\frac{x_{\min}}{k-1}\right)^2 \frac{k}{k-2}, \quad k > 2 \tag{2.5.34}$$

习题 2.5

2.5.1 试说明正态分布的概率密度函数由其均值和方差唯一确定。

2.5.2 试验证中心 χ^2 分布的概率特征函数具有式 (2.5.6) 的表示。

2.5.3 试证明：当 $n \to \infty$ 时，中心 t 分布将趋近于标准正态分布。

2.5.4 试证明：当 $n_1, n_2 \to \infty$ 时，F 分布将趋近于标准正态分布。

2.5.5 试求 β 分布的均值。

2.5.6 试求 Rayleigh 分布的均值。

2.5.7 试说明 Rayleigh 分布是 Nakagami 分布的特例。

第 3 章 多维随机变量

本章导读 多维随机变量在本质上是通常多维变量的推广。通常的多维变量不需要考虑其取值频率，而多维随机变量则需要考虑其取值频率。多维随机变量的取值频率中蕴含着其分量随机变量之间的关联信息。所以，多维随机变量不是分量随机变量的简单堆砌。

描述多维随机变量的概率分布可以用五种联合分布函数——联合概率质量函数、联合概率生成函数、联合概率分布函数、联合概率密度函数与联合概率特征函数。多维随机变量低维子向量的概率函数称为边界概率函数。从联合概率函数可以得到边界概率函数。

多维随机变量的某个函数的期望被称为数字特征。常见的数字特征有联合矩与联合熵。

多维随机变量的分量随机变量之间的关联信息蕴含在联合概率之中，所以可以通过观察联合概率与边界概率之间的关系分析分量随机变量之间的关联。除了用条件概率与条件数字特征来衡量分量随机变量之间的关联特性之外，还可以通过"独立"与"相关"这两种方法来观察分量随机变量之间的关联。

在常见的多维随机变量中，多维正态 (Gauss) 分布在信息与通信工程中比较常用。

复随机变量、多维复随机变量或者实 (复) 随机矩阵，本质上都是多维随机变量另外的不同表现形式。所以，其概率特性的描述与通常的多维随机变量没有什么本质差别。复 Gauss 多维随机变量以及 Wishart 随机矩阵在信息与通信工程的科研中比较常见，所以应当对其性质熟练掌握。

3.1 多维随机变量的定义及内在关联

本节介绍多维随机变量的定义及其与分量随机变量之间的内在关联。

3.1.1 定义

和一维随机变量的定义相仿，设 $n > 1$，当 $\mathbb{R}^n$ 是某个概率空间的标准化样本空间时，在该标准化样本空间 $\mathbb{R}^n$ 内变动的 n 维变量就称为**多维随机变量**或 n **维随机变量**。也有文献将多维随机变量称为"随机向量"。

显然，多维随机变量只是通常多维变量的推广。通常的多维变量只要考虑其取值范围，不需要考虑其取值频率；而多维随机变量，除了要考虑多维变量的取值范围，还要考虑其取各个值的频率。

本书中，一般用粗体大写英文字母，如 $\boldsymbol{X}$、$\boldsymbol{Y}$、$\boldsymbol{Z}$、$\boldsymbol{W}$ 等，表示一个 (实或复) 多维随机变量；用粗体小写英文字母，如 $\boldsymbol{x}$、$\boldsymbol{y}$、$\boldsymbol{z}$、$\boldsymbol{w}$ 等，表示一个多维实变量或复变量。

例 3.1.1 某通信系统的接收信号可以表示为

$$\boldsymbol{r} = \boldsymbol{h}\boldsymbol{s} + \boldsymbol{n}$$

式中，$\boldsymbol{h} = (h_{ij})_{N \times M}$ 是 $N \times M$ 的信道衰落系数矩阵；$\boldsymbol{n} = (n_1, \cdots, n_N)$ 是 N 维噪声向量；$\boldsymbol{s} = (s_1, \cdots, s_M)$ 是 M 维的信号向量；$\boldsymbol{r} = (r_1, \cdots, r_N)$ 是接收信号幅度向量。当不考虑它们的取值频率时，它们是通常的多维变量；但考虑其取值频率时，它们就成为多维随机变量。

例 3.1.2 设某移动通信系统的基站一天的接入用户数为 t，将一天分为 24 小时，第 n 小时内接入的用户总数为 t_n，显然 $(t_1, \cdots, t_{24})$ 是一个多维向量。当不考虑其取值频率时，它就是一个多维变量；当考虑其取值频率时，它就是一个多维随机变量。

例 3.1.3 某信号发射机按帧发射信号，每帧信号可以用向量表示为 $(s_1, \cdots, s_N)$，其中对所有 $1 \leqslant n \leqslant N$，$s_n$ 取值于某个调制星座集。这里的 $(s_1, \cdots, s_N)$ 就是一个向量，如果考虑其取值频率，则是多维随机变量。

例 3.1.4 某移动用户的位置坐标为 (x_1, x_2)，这是一个二维向量，当考虑其取值频率时，就成为二维随机变量。

3.1.2 多维随机变量所依靠的概率空间

多维随机变量是一个在概率空间的样本空间中变化的多维变量，此时称该概率空间是**该多维随机变量所依靠的概率空间**。

多维随机变量所依靠的概率空间中的事件是 $\mathbb{R}^n$ 中的一个区域。例1.1.26中给出了生成 $\mathbb{R}^n$ 上的 Borel 事件集的一个方法。即将所有感兴趣的左闭右开的方体 $[a_1, b_1) \times \cdots \times [a_n, b_n)$ 作为一个基本事件集 $\mathcal{A}_0$，Borel 事件集 $\mathcal{A}$ 可以用 $\mathcal{A}_0$ 来生成，即 $\mathcal{A} = G(\mathcal{A}_0)$。

3.1.3 与一维随机变量的联系与区别

一维随机变量与多维随机变量之间，除了维数上的差别，还有以下联系和区别：

1) 联系：多维随机变量的每一个分量都是一个一维随机变量，所以一个多维随机变量包含若干个一维随机变量。

2) 区别：多维随机变量不仅包含每个分量一维随机变量的频率信息，还包含这些分量一维随机变量之间的关联信息。

所谓分量一维随机变量之间的关联信息，通过观察以下的例子可以得知。

例 3.1.5 设有二维随机变量 (X, Y)，其中 X 是人的身高，Y 是人的体重。当观察者观察 (X, Y) 的样本点时，发现伴随不同 X 取值出现的 Y 是不同的。例如，如果身高 X 是1m，则 Y 的取值频率具有一定的特性；当 X 变动时，Y 的取值频率也会变动。这就是说 X 与 Y 是关联的。但是，当分别将 X 和 Y 作为单独的一维随机变量观察时，X 的频率是针对所有 Y 得到的；而 Y 的频率是针对所有 X 得到的。

例 3.1.6 (X, Y, Z) 是某考生连续三次参加某门功课的模拟考试的成绩，结果发现 X、Y、Z 这三个数值相差不大的样本点出现的频率很高，而这三个数值出现很大差异的样本点的频率不高。

所以不同分量一维随机变量之间的关系体现在不同取值伴随出现的频率不同，这种伴随出现的频率就是分量一维随机变量之间的关联信息。

> **习题 3.1**

3.1.1 举例说明多维随机变量与多维变量之间的区别与联系。
3.1.2 指出多维随机变量与概率空间之间的关系。
3.1.3 举例说明，多维随机变量事件的概率蕴含分量一维随机变量之间的关联信息。

3.2 联合与边界概率函数

和一维随机变量一样，描述其概率特性可以用五种概率函数。描述多维随机变量的概率特性也可以用五种概率函数，但是这五种概率函数有"联合"与"边界"两种。

3.2.1 联合概率函数

(1) 联合概率质量函数和联合概率生成函数

和一维随机变量概率质量函数的定义类似,若多维随机变量的样本空间为 $\mathbb{R}^n$ 中的可数个点,称该多维随机变量为离散型多维随机变量。设某离散型多维随机变量 $\boldsymbol{X}$ 的样本空间为

$$S_{\boldsymbol{X}} = \{\boldsymbol{x}^{(1)}, \boldsymbol{x}^{(2)}, \cdots, \boldsymbol{x}^{(K)}\}$$

这里对 $k = 1, 2, \cdots, K$ 有

$$\boldsymbol{x}^{(k)} = (x_1^{(k)}, \cdots, x_n^{(k)})$$

记单点事件 $\{\boldsymbol{x}^{(k)}\}$ 的概率为 $P(\boldsymbol{x}^{(k)})$,则 $P(\boldsymbol{x}^{(k)})$ 定义了一个从样本空间 $S_{\boldsymbol{X}}$ 到区间 $[0,1]$ 的函数,该函数称为多维随机变量 $\boldsymbol{X}$ 的**联合概率质量函数**。多维随机变量的联合概率质量函数可以用矩阵表示如下:

$$\begin{pmatrix} \boldsymbol{x}^{(1)} & \boldsymbol{x}^{(2)} & \cdots & \boldsymbol{x}^{(K)} \\ P(\boldsymbol{x}^{(1)}) & P(\boldsymbol{x}^{(2)}) & \cdots & P(\boldsymbol{x}^{(K)}) \end{pmatrix}$$

并且有

$$\sum_{i=1}^{K} P(\boldsymbol{x}^{(i)}) = 1$$

例 3.2.1 同时抛两个均匀硬币,记正面为 0,反面为 1,则二维随机变量 $\boldsymbol{X} = (X_1, X_2)$ 的样本空间为 $\{(0,0),(0,1),(1,0),(1,1)\}$,且二维联合概率质量函数为 $P(0,0) = P(0,1) = P(1,0) = P(1,1) = 1/4$。

例 3.2.2 某通信系统的一帧数据由 M 个符号组成,可以表示为一个 M 维随机变量 $\boldsymbol{X} = (X_1, \cdots, X_M)$,其中每个符号都是相互独立的一维随机变量,该一维随机变量的样本空间为 $\varPhi = \{s_1, \cdots, s_N\}$,而且该集合中的符号出现的概率是相等的。显然,该多维随机变量的概率集中在 N^M 个样本点之上,而且这 N^M 个样本点组成的单点事件的概率都等于 $1/N^M$。

例 3.2.3 某线性分组码的码字是一个三维向量,所有这些三维向量的集合组成一个三维随机变量 $\boldsymbol{X} = (X_1, X_2, X_3)$,其中 X_1 和 X_2 是数据位,分别独立地取自等概率一维随机变量集合 $\varPhi = \{0,1\}$,而 X_3 是校验位,是由 X_1 和 X_2 做模 2 加法得到的。显然 $\boldsymbol{X}$ 的样本空间为 $S_{\boldsymbol{X}} = \{(0,0,0),(0,1,1),(1,0,1),(1,1,0)\}$,而且每个样本点所对应的单点事件的概率都是 $1/4$。

例 3.2.4 (多元 Poisson 分布) N 维 Poisson 分布 $\boldsymbol{X} = (X_1, \cdots, X_N)$ 是一个多维随机变量,其联合概率质量函数为

$$P\{X_1 = m_1, \cdots, X_N = m_N\} = \mathrm{e}^{-(\lambda_1 + \cdots + \lambda_N)} \frac{\lambda_1^{m_1} \cdots \lambda_N^{m_N}}{m_1! \cdots m_N!} \tag{3.2.1}$$

例 3.2.5 (多元超几何分布) 若 n 维随机变量 $\boldsymbol{X} = (X_1, \cdots, X_n)$ 的每个分量 X_i 满足 $0 \leqslant X_i \leqslant N_i$,且有联合概率质量函数:

$$P\{X_1 = m_1, \cdots, X_n = m_n\} = \frac{C_{N_1}^{m_1} \cdots C_{N_n}^{m_n}}{C_N^m} \tag{3.2.2}$$

式中，$m = m_1 + \cdots + m_n$；$N = N_1 + \cdots + N_n$，则称 $\boldsymbol{X}$ 为 n 维超几何分布。

离散型多维随机变量的概率生成函数和离散型一维随机变量的概率生成函数的定义是一致的，也是概率质量函数的 z 变换，这里不再重复。

(2) 联合概率分布函数、联合概率密度函数和联合概率特征函数

设 $\boldsymbol{x} = (x_1, x_2, \cdots, x_n)$ 和 $\boldsymbol{y} = (y_1, y_2, \cdots, y_n)$ 为 n 维欧氏空间的两个向量，若对每一个 $k = 1, 2, \cdots, n$ 有 $x_k \leqslant y_k$ 成立，则记 $\boldsymbol{x} \leqslant \boldsymbol{y}$。此外，记 $\partial \boldsymbol{x} = \partial x_1 \cdots \partial x_n$。

定义 n 维随机变量 $\boldsymbol{X}$ 的**联合概率分布函数**为事件 $\{\boldsymbol{X} \leqslant \boldsymbol{x}\}$ 的概率，即

$$F_{\boldsymbol{X}}(\boldsymbol{x}) = P(\boldsymbol{X} \leqslant \boldsymbol{x}), \quad \boldsymbol{x} \in \mathbb{R}^n \tag{3.2.3}$$

联合概率分布函数有不少性质。为了记号上的方便，这里以二维随机变量为例表述如下，更高维的表述和二维类似。

性质 3.2.1 设二维随机变量 $\boldsymbol{X} = (X_1, X_2)$ 的联合概率分布函数为 $F_{\boldsymbol{X}}(\boldsymbol{x})$，则有下列性质成立：

1) 若 $\boldsymbol{x}^{(1)} \leqslant \boldsymbol{x}^{(2)}$，则 $F_{\boldsymbol{X}}(\boldsymbol{x}^{(1)}) \leqslant F_{\boldsymbol{X}}(\boldsymbol{x}^{(2)})$。
2) $F_{\boldsymbol{X}}(x_1, -\infty) = F_{\boldsymbol{X}}(-\infty, x_2) = 0$。
3) $F_{\boldsymbol{X}}(\infty, \infty) = 1$。
4) $\lim\limits_{x_1 \to a^+} F_{\boldsymbol{X}}(\boldsymbol{x}) = F_{\boldsymbol{X}}(a, x_2)$；$\lim\limits_{x_2 \to b^+} F_{\boldsymbol{X}}(\boldsymbol{x}) = F_{\boldsymbol{X}}(x_1, b)$。
5) $P(\boldsymbol{x} < \boldsymbol{X} \leqslant \boldsymbol{y}) = F_{\boldsymbol{X}}(\boldsymbol{y}) - F_{\boldsymbol{X}}(x_1, y_2) - F_{\boldsymbol{X}}(y_1, x_2) + F_{\boldsymbol{X}}(\boldsymbol{x})$。

证明：证明留作习题3.2.1。 □

定义 n 维随机变量 $\boldsymbol{X}$ 的**联合概率密度函数**为联合概率分布函数 $F_{\boldsymbol{X}}(\boldsymbol{x})$ 的 n 阶广义导数：

$$f_{\boldsymbol{X}}(\boldsymbol{x}) = \frac{\partial^n F_{\boldsymbol{X}}(\boldsymbol{x})}{\partial \boldsymbol{x}} \tag{3.2.4}$$

性质 3.2.2 联合概率密度函数具有如下性质：

1) $f_{\boldsymbol{X}}(\boldsymbol{x}) \geqslant 0$。
2) $\int_{\mathbb{R}^n} f_{\boldsymbol{X}}(\boldsymbol{x}) \mathrm{d}\boldsymbol{x} = 1$。
3) $P(D) = \int_D f_{\boldsymbol{X}}(\boldsymbol{x}) \mathrm{d}\boldsymbol{x}$，其中 D 是 $\mathbb{R}^n$ 中的任意区域。

证明：证明留作习题3.2.2。 □

设 n 维随机变量 $\boldsymbol{X} = (X_1, X_2, \cdots, X_n)$ 的联合概率密度函数为 $f_{\boldsymbol{X}}(\boldsymbol{x})$，这里 $n \geqslant 1$，且 $\boldsymbol{x} = (x_1, \cdots, x_n)$。令 $\boldsymbol{\omega} = (\omega_1, \omega_2, \cdots, \omega_n)$ 为 n 维变量，定义多维随机变量 $\boldsymbol{X}$ 的**概率特征函数**为

$$\Phi_{\boldsymbol{X}}(\boldsymbol{\omega}) = \int_{\mathbb{R}^n} \mathrm{e}^{\mathrm{j}\langle \boldsymbol{\omega}, \boldsymbol{x} \rangle} f_{\boldsymbol{X}}(\boldsymbol{x}) \mathrm{d}\boldsymbol{x} \tag{3.2.5}$$

式中，$\mathrm{j} = \sqrt{-1}$ 是虚数单位；$\langle \boldsymbol{\omega}, \boldsymbol{x} \rangle = \sum\limits_{i=1}^{n} \omega_i x_i$ 是两个向量的内积。可以看出概率特征函数在本质上是概率密度函数的 Fourier 逆变换，因此：

$$f_{\boldsymbol{X}}(\boldsymbol{x}) = \frac{1}{(2\pi)^n} \int_{\mathbb{R}^n} \Phi_{\boldsymbol{X}}(\boldsymbol{\omega}) \mathrm{e}^{-\mathrm{j}\langle \boldsymbol{\omega}, \boldsymbol{x} \rangle} \mathrm{d}\boldsymbol{\omega} \tag{3.2.6}$$

由此可见，概率密度函数和概率特征函数是互相唯一确定的关系。

此外，由概率特征函数的定义知道

$$\Phi_{\boldsymbol{X}}(0,0,\cdots,0) = 1 \tag{3.2.7}$$

例 3.2.6 (正态多维随机变量) 若 n 维随机变量 $\boldsymbol{Y} = (Y_1, Y_2, \cdots, Y_n)^{\mathrm{T}}$ 的概率密度函数为

$$f_{\boldsymbol{Y}}(\boldsymbol{y}) = \frac{1}{(2\pi)^{n/2}|\boldsymbol{C}|^{1/2}} \exp\left[-\frac{1}{2}(\boldsymbol{y}-\boldsymbol{\eta})^{\mathrm{T}}\boldsymbol{C}^{-1}(\boldsymbol{y}-\boldsymbol{\eta})\right] \tag{3.2.8}$$

式中

$$\boldsymbol{\eta} = \begin{pmatrix} \eta_1 \\ \eta_2 \\ \vdots \\ \eta_n \end{pmatrix}, \quad \boldsymbol{C} = \begin{pmatrix} C_{11} & C_{12} & \cdots & C_{1n} \\ C_{21} & C_{22} & \cdots & C_{2n} \\ \vdots & \vdots & & \vdots \\ C_{n1} & C_{n2} & \cdots & C_{nn} \end{pmatrix} \tag{3.2.9}$$

分别为给定的向量和矩阵，且矩阵 $\boldsymbol{C}$ 对称正定，则称该多维随机变量 $\boldsymbol{Y}$ 为 n 维**正态多维随机变量**或 **Gauss 多维随机变量**。正态多维随机变量的概率特征函数为

$$\Phi_{\boldsymbol{Y}}(\boldsymbol{\omega}) = \exp\left(\mathrm{j}\boldsymbol{\omega}^{\mathrm{T}}\boldsymbol{\eta} - \frac{1}{2}\boldsymbol{\omega}^{\mathrm{T}}\boldsymbol{C}\boldsymbol{\omega}\right) \tag{3.2.10}$$

例 3.2.7 可以证明式 (3.2.8) 定义的多维函数，满足概率密度函数的要求，即满足非负性 $f_{\boldsymbol{Y}}(\boldsymbol{y}) \geqslant 0$ 和 $\int_{\mathbb{R}^n} f_{\boldsymbol{Y}}(\boldsymbol{y})\mathrm{d}\boldsymbol{y} = 1$。

证明：非负性显而易见。下面证明全空间积分为 1。因为矩阵 $\boldsymbol{C}$ 正定，故存在非奇异矩阵 $\boldsymbol{L}$ 使 $\boldsymbol{C} = \boldsymbol{L}\boldsymbol{L}^{\mathrm{T}}$，做线性变换：

$$\boldsymbol{y} = \boldsymbol{L}\boldsymbol{x} + \boldsymbol{\eta} \tag{3.2.11}$$

则有 $\boldsymbol{x} = \boldsymbol{L}^{-1}(\boldsymbol{y}-\boldsymbol{\eta})$，其 Jacobi 行列式为 $|\partial \boldsymbol{y}/\partial \boldsymbol{x}| = |\boldsymbol{L}| = |\boldsymbol{C}|^{1/2}$，令

$$I = \int_{\mathbb{R}^n} f_{\boldsymbol{Y}}(\boldsymbol{y})\mathrm{d}\boldsymbol{y}$$

则有

$$\begin{aligned} I &= \frac{1}{(2\pi)^{n/2}|\boldsymbol{C}|^{1/2}} \int_{\mathbb{R}^n} \exp\left[-\frac{1}{2}(\boldsymbol{y}-\boldsymbol{\eta})^{\mathrm{T}}\boldsymbol{C}^{-1}(\boldsymbol{y}-\boldsymbol{\eta})\right]\mathrm{d}\boldsymbol{y} \\ &= \frac{1}{(2\pi)^{n/2}|\boldsymbol{C}|^{1/2}} \int_{\mathbb{R}^n} \exp\left[-\frac{1}{2}(\boldsymbol{x}^{\mathrm{T}}\boldsymbol{x})\right]|\boldsymbol{C}|^{1/2}\mathrm{d}\boldsymbol{x} \\ &= \left[\frac{1}{\sqrt{2\pi}} \int_{-\infty}^{\infty} \mathrm{e}^{-x^2/2}\mathrm{d}x\right]^n = 1 \end{aligned}$$

3.2.2 边界概率函数

设 m 为满足条件 $1 \leqslant m < n$ 的整数，任取 $\boldsymbol{x}^{(k)} = (x_1^{(k)}, \cdots, x_n^{(k)})$ 中的 m 个分量组成一个新的 m 维子向量：

$$\boldsymbol{x}'^{(k)} = (x_{i_1}^{(k)}, \cdots, x_{i_m}^{(k)}), \quad k = 1, 2, \cdots, K$$

式中，$(i_1,\cdots,i_m,i_{m+1},\cdots,i_n)$ 是 $(1,2,\cdots,n)$ 的一个置换[①]。这 K 个 m 维子向量构成一个 m 维随机变量，记为 $\boldsymbol{X}'$。$\boldsymbol{X}'$ 的概率质量函数称为多维随机变量 $\boldsymbol{X}$ 的**边界概率质量函数**。

利用概率的可数可加性可以知道，边界概率质量函数和联合概率质量函数之间有如下关系，即

$$P\left(\boldsymbol{x}'^{(k)}\right) = \sum_{l=1}^{K} P\left\{\left(\boldsymbol{x}'^{(k)},\boldsymbol{x}''^{(l)}\right)\right\} \tag{3.2.12}$$

式中，$\boldsymbol{x}''^{(l)} = (x_{i_{m+1}}^{(l)},\cdots,x_{i_n}^{(l)})$。

例 3.2.8　同时抛两个均匀硬币，记正面为 0，反面为 1，则二维一维随机变量 $\boldsymbol{X} = (X_1,X_2)$ 的样本空间为 $\{(0,0),(0,1),(1,0),(1,1)\}$，且二维联合概率质量函数为 $P(0,0) = P(0,1) = P(1,0) = P(1,1) = 1/4$。计算可得边界概率质量函数：

$$P(X_1=0) = P(0,0) + P(0,1) = 1/4 + 1/4 = 1/2$$
$$P(X_1=1) = P(1,0) + P(1,1) = 1/4 + 1/4 = 1/2$$
$$P(X_2=0) = P(0,0) + P(1,0) = 1/4 + 1/4 = 1/2$$
$$P(X_2=1) = P(0,1) + P(1,1) = 1/4 + 1/4 = 1/2$$

同样，记 $\boldsymbol{X}'$ 为 $\boldsymbol{X}$ 的一个子向量，则称多维随机变量 $\boldsymbol{X}'$ 的概率分布函数为多维随机变量 $\boldsymbol{X}$ 的**边界概率分布函数**。同样，记 $\boldsymbol{X}'$ 为 $\boldsymbol{X}$ 的一个子向量，则称多维随机变量 $\boldsymbol{X}'$ 的联合概率密度函数为多维随机变量 $\boldsymbol{X}$ 的**边界概率密度函数**，多维随机变量 $\boldsymbol{X}'$ 的联合概率特征函数为多维随机变量 $\boldsymbol{X}$ 的**边界概率特征函数**。

很显然，多维随机变量 $\boldsymbol{X}'$ 的边界概率分布函数可以通过下式得到

$$F_{\boldsymbol{X}'}(\boldsymbol{x}') = F_{\boldsymbol{X}}(\boldsymbol{x})\Big|_{\boldsymbol{x}''=\underbrace{(\infty,\cdots,\infty)}_{n-m}} \tag{3.2.13}$$

特别地，在 $n=2$ 的情况下有

$$F_{X_1}(x_1) = F_{\boldsymbol{X}}(x_1,\infty),\quad F_{X_2}(x_2) = F_{\boldsymbol{X}}(\infty,x_2)$$

多维随机变量 $\boldsymbol{X}'$ 的边界概率密度函数可以通过下式得到

$$f_{\boldsymbol{X}'}(\boldsymbol{x}') = \int_{\boldsymbol{x}''\in\mathbb{R}^{n-m}} f_{\boldsymbol{X}}(\boldsymbol{x})\mathrm{d}\boldsymbol{x}'' \tag{3.2.14}$$

式中，$\boldsymbol{x}' = (x_{i_1},\cdots,x_{i_m})$；$\boldsymbol{x}'' = (x_{i_{m+1}},\cdots,x_{i_n})$，且 $(i_1,i_2,\cdots,i_n)$ 为 $(1,2,\cdots,n)$ 的一个置换。

多维随机变量 $\boldsymbol{X}'$ 的边界概率特征函数可以通过下式得到

$$\Phi_{\boldsymbol{X}}(\boldsymbol{\omega})\Big|_{\boldsymbol{\omega}''=\underbrace{(0,\cdots,0)}_{n-m}} = \Phi_{\boldsymbol{X}'}(\boldsymbol{\omega}') \tag{3.2.15}$$

式中，$\boldsymbol{\omega} = (\omega_1,\cdots,\omega_n)$；$\boldsymbol{\omega}' = (\omega_{i_1},\cdots,\omega_{i_m})$；$\boldsymbol{\omega}'' = (\omega_{i_{m+1}},\cdots,\omega_{i_n})$。

[①] 如 $(2,3,4,1,5)$ 就是 $(1,2,3,4,5)$ 的一个置换，此时 $i_1=2$，$i_2=3$，$i_3=4$，$i_4=1$，$i_5=5$。

例 3.2.9 已知某二维 Gauss 多维随机变量 (X,Y) 的联合概率密度函数为

$$f_{XY}(x,y) = \frac{1}{2\pi\sigma_1\sigma_2\sqrt{1-\rho^2}}$$
$$\times \exp\left\{-\frac{1}{2(1-\rho^2)}\left[\frac{(x-\mu_1)^2}{\sigma_1^2} - 2\rho\frac{(x-\mu_1)(y-\mu_2)}{\sigma_1\sigma_2} + \frac{(y-\mu_2)^2}{\sigma_2^2}\right]\right\},$$
$$(x,y) \in \mathbb{R}^2$$

通过对联合概率密度函数的边界积分可以得到 X 和 Y 的概率密度函数为

$$f_X(x) = \frac{1}{\sqrt{2\pi}\sigma_1}\exp\left[-\frac{(x-\mu_1)^2}{2\sigma_1^2}\right], \quad x \in \mathbb{R}$$

$$f_Y(y) = \frac{1}{\sqrt{2\pi}\sigma_2}\exp\left[-\frac{(y-\mu_2)^2}{2\sigma_2^2}\right], \quad y \in \mathbb{R}$$

例 3.2.10 某二维随机变量 $\boldsymbol{X} = (X_1, X_2)$ 的联合概率分布函数为

$$F_{\boldsymbol{X}}(x_1, x_2) = \begin{cases} (1-\mathrm{e}^{-\alpha x_1})(1-\mathrm{e}^{-\beta x_2}), & x_1 \geqslant 0, x_2 \geqslant 0 \\ 0, & \text{其他} \end{cases}$$

式中，α 和 β 是两个正常数。试求边界概率分布函数，并计算下面三个事件的概率：$A = \{X_1 \leqslant 1, X_2 \leqslant 1\}$；$B = \{X_1 > x_1, X_2 > x_2\}$，$x_1$ 和 x_2 为两个正数；$C = \{1 < X_1 \leqslant 2, 2 < X_2 \leqslant 5\}$。

解： 在上述联合概率分布函数中令某个分量趋于无穷大，就得到边界概率分布函数：

$$F_{X_1}(x_1) = \lim_{x_2 \to \infty} F_{\boldsymbol{X}}(x_1, x_2) = 1 - \mathrm{e}^{-\alpha x_1}, \quad x_1 \geqslant 0$$

$$F_{X_2}(x_2) = \lim_{x_1 \to \infty} F_{\boldsymbol{X}}(x_1, x_2) = 1 - \mathrm{e}^{-\beta x_2}, \quad x_2 \geqslant 0$$

由此可见，X_1 和 X_2 是两个参数分别为 α 和 β 的指数分布一维随机变量。由联合概率分布函数的性质知

$$P(A) = P(X_1 \leqslant 1, X_2 \leqslant 1) = F_{X_1 X_2}(1,1)$$
$$= (1-\mathrm{e}^{-\alpha})(1-\mathrm{e}^{-\beta})$$
$$P(B) = 1 - P(\bar{B})$$
$$= 1 - [P(X_1 \leqslant x_1) + P(X_2 \leqslant x_2) - P(X_1 \leqslant x_1, X_2 \leqslant x_2)]$$
$$= 1 - (1-\mathrm{e}^{-\alpha x_1}) - (1-\mathrm{e}^{-\beta x_2}) + (1-\mathrm{e}^{-\alpha x_1})(1-\mathrm{e}^{-\beta x_2})$$
$$= \mathrm{e}^{-\alpha x_1}\mathrm{e}^{-\beta x_2}$$
$$P(C) = F_{X_1 X_2}(2,5) - F_{X_1 X_2}(2,2) - F_{X_1 X_2}(1,5) + F_{X_1 X_2}(1,2)$$
$$= (1-\mathrm{e}^{-2\alpha})(1-\mathrm{e}^{-5\beta}) - (1-\mathrm{e}^{-2\alpha})(1-\mathrm{e}^{-2\beta})$$
$$\quad - (1-\mathrm{e}^{-\alpha})(1-\mathrm{e}^{-5\beta}) + (1-\mathrm{e}^{-\alpha})(1-\mathrm{e}^{-2\beta})$$

例 3.2.11 设 X 和 Y 为独立同分布的标准正态一维随机变量,令 $X = \rho\cos\theta$, $Y = \rho\sin\theta$,其中 $\rho \geqslant 0, 0 \leqslant \theta \leqslant 2\pi$,试求 (ρ, θ) 的联合概率密度函数和边界概率密度函数。

解: 令 $x = \rho\cos\theta, y = \rho\sin\theta$,则得 $\rho = \sqrt{x^2 + y^2}$, $\theta = \arctan(y/x)$,因为 X 和 Y 的联合概率密度函数为

$$f_{XY}(x,y) = \frac{1}{2\pi}\exp\left\{-\frac{x^2 + y^2}{2}\right\}$$

因此,(ρ, θ) 的联合概率分布函数为

$$F_{\rho\theta}(\rho, \theta) = P\{\sqrt{x^2+y^2} \leqslant \rho, \arctan(y/x) \leqslant \theta\}$$
$$= \iint_{\substack{\sqrt{x^2+y^2}\leqslant\rho \\ \arctan(y/x)\leqslant\theta}} f_{XY}(x,y)\mathrm{d}x\mathrm{d}y$$

对上述积分做变量变换,并对 ρ 和 θ 求导得

$$f_{\rho\theta}(\rho, \theta) = \frac{1}{2\pi}\rho\exp\left\{-\frac{\rho^2}{2}\right\}$$

进一步分别对 ρ 和 θ 积分,得到边界概率密度:

$$f_\rho(\rho) = \rho\exp\left\{-\frac{\rho^2}{2}\right\}, \quad \rho \geqslant 0$$
$$f_\theta(\theta) = \frac{1}{2\pi}, \qquad\qquad 0 \leqslant \theta \leqslant 2\pi$$

习题 3.2

3.2.1 证明性质3.2.1。

3.2.2 证明性质3.2.2。

3.2.3 试验证式 (3.2.8) 所定义的 Gauss 多维随机变量具有概率特征函数 (3.2.10)。

3.2.4 设一维随机变量 X 和 Y 的联合概率密度函数为

$$f(x,y) = ax\mathrm{e}^{-ax^2/2}by\mathrm{e}^{-by^2/2}, \quad x > 0, y > 0, a > 0, b > 0$$

试求:① 联合概率分布函数;② $P\{X > Y\}$;③ $P\{|X - Y| < 1\}$;④ 边界概率密度函数 $f_X(x)$ 和 $f_Y(y)$。

3.2.5 二维随机变量 (X, Y) 的概率密度函数为

$$f(x,y) = k(x+y), \quad 0 < x < 1, \quad 0 < y < 1$$

试求:① k;② (X,Y) 的联合概率分布函数;③ X 和 Y 的边界概率密度函数。

3.2.6 多维随机变量 (X, Y) 的联合概率密度函数为

$$f_{XY}(x,y) = 2\mathrm{e}^{-x}\mathrm{e}^{-2y}, \quad x > 0, y > 0$$

试求:① $P\{X + Y \leqslant 8\}$;② $P\{X < Y\}$;③ $P\{X - Y \leqslant 10\}$;④ $P\{X^2 < Y\}$。

3.2.7 已知 X, Y, Z 为相互独立的一维随机变量,且其概率密度函数分别为 $f_X(x)$、$f_Y(y)$、$f_Z(z)$,试求:① $P\{|X| < 5, Y > 2, Z^2 \geqslant 2\}$;② $P\{\min(X,Y,Z) > 2\}$;③ $P\{\max(X,Y,Z) < 6\}$;④ 一维随机变量 $U = \max(X,Y,Z)$ 和 $V = \min(X,Y,Z)$ 的概率密度函数。

3.2.8 已知二维 Gauss 多维随机变量的联合概率密度函数为

$$f_{XY}(x,y) = \frac{1}{2\pi\sigma_1\sigma_2\sqrt{1-\rho^2}} \exp\left\{\frac{-1}{2(1-\rho^2)}\left[\left(\frac{x-m_1}{\sigma_1}\right)^2 - 2\rho\left(\frac{x-m_1}{\sigma_1}\right)\left(\frac{y-m_2}{\sigma_2}\right) + \left(\frac{y-m_2}{\sigma_2}\right)^2\right]\right\}$$

试证明：X 和 Y 的边界概率密度函数分别是均值为 m_1 和 m_2、方差为 σ_1^2 和 σ_2^2 的 Gauss 一维随机变量的概率密度函数。

3.3 数字特征

本节在介绍多维随机变量期望的基础上，介绍两种常用的数字特征——联合矩和联合熵。

3.3.1 期望

和一维随机变量一样，若 $\phi(X_1, X_2, \cdots, X_n)$ 是 n 维随机变量 $\boldsymbol{X} = (X_1, X_2, \cdots, X_n)$ 的一个函数，则其期望被定义为多维随机变量 $\boldsymbol{X}$ 的一个**数字特征**，$\phi(X_1, X_2, \cdots, X_n)$ 的期望具有如下表达，即

$$E\{\phi(X_1, X_2, \cdots, X_n)\} = \int_{\mathbb{R}^n} \phi(x_1, x_2, \cdots, x_n) f_{\boldsymbol{X}}(x_1, \cdots, x_n) \mathrm{d}x_1 \cdots \mathrm{d}x_n \quad (3.3.1)$$

式 (3.3.1) 在离散型多维随机变量的情形下也退化为求和形式，即

$$E\{\phi(X_1, X_2, \cdots, X_n)\} = \sum_{n=1}^{K} \phi(\boldsymbol{X}^{(n)}) P(\boldsymbol{X}^{(n)}) \quad (3.3.2)$$

容易验证，期望运算具有以下线性叠加性质：

$$E\left\{\sum_{n=1}^{K} a_n X_n\right\} = \sum_{n=1}^{K} a_n E\{X_n\} \quad (3.3.3)$$

上述叠加性可以推广到对任意函数组 $\phi_n(\boldsymbol{X})$ 成立，即将式 (3.3.3) 中的 X_n 替换成 $\phi_n(\boldsymbol{X})$，等式仍成立。

3.3.2 联合矩

联合矩是针对两个一维随机变量来说的。设有二维随机变量 (X_1, X_2)，下列函数的期望被分别定义为**相关矩、协方差、相关系数、$m+n$ 阶联合原点矩、$m+n$ 阶联合中心矩**。

1) 相关矩：$\phi(X_1, X_2) = X_1 X_2$。
2) 协方差：$\phi(X_1, X_2) = (X_1 - m_{X_1})(X_2 - m_{X_2})$。
3) 相关系数：$\phi(X_1, X_2) = (X_1 - m_{X_1})(X_2 - m_{X_2})/\sqrt{\mathrm{Var}\{X_1\}\mathrm{Var}\{X_2\}}$。
4) $m+n$ 阶联合原点矩：$\phi(X_1, X_2) = X_1^m X_2^n$。
5) $m+n$ 阶联合中心矩：$\phi(X_1, X_2) = (X_1 - m_{X_1})^m (X_2 - m_{X_2})^n$。

这些联合矩的表达式如下：

相关矩： $R_{X_1X_2} = E\{X_1X_2\} = \int_{\mathbb{R}^2} x_1 x_2 f_{X_1X_2}(x_1,x_2)\mathrm{d}x_1\mathrm{d}x_2$ (3.3.4)

协方差： $C_{X_1X_2} = \mathrm{Cov}\{X_1,X_2\} = E\{(X_1-m_{X_1})(X_2-m_{X_2})\}$

$= R_{X_1X_2} - m_{X_1}m_{X_2}$ (3.3.5)

相关系数： $\rho_{X_1X_2} = \dfrac{C_{X_1X_2}}{\sqrt{C_{X_1X_1}C_{X_2X_2}}}$ (3.3.6)

联合原点矩： $E\{X_1^m X_2^n\} = \int_{\mathbb{R}^2} x_1^m x_2^n f_{X_1X_2}(x_1,x_2)\mathrm{d}x_1\mathrm{d}x_2$ (3.3.7)

联合中心矩： $E\{(X_1-m_{X_1})^m(X_2-m_{X_2})^n\}$

$= \int_{\mathbb{R}^2}(x_1-m_{X_1})^m(x_2-m_{X_2})^n f_{X_1X_2}(x_1,x_2)\mathrm{d}x_1\mathrm{d}x_2$ (3.3.8)

n 维随机变量 $\boldsymbol{X}=(X_1,X_2,\cdots,X_n)$ 的**均值**、**相关矩阵**、**协方差矩阵**分别定义为向量 $\boldsymbol{X}$、矩阵 $\boldsymbol{X}^\mathrm{T}\boldsymbol{X}$ 和矩阵 $(\boldsymbol{X}-m_{\boldsymbol{X}})^\mathrm{T}(\boldsymbol{X}-m_{\boldsymbol{X}})$ 的期望，其中上标 T 表示矩阵或向量的转置，均值、相关矩阵、协方差矩阵的表达式如下：

均值： $E\{\boldsymbol{X}\} = (E\{X_1\}, E\{X_2\}, \cdots, E\{X_n\}) \triangleq m_{\boldsymbol{X}}$ (3.3.9)

相关矩阵： $\boldsymbol{R_X} \triangleq E\{\boldsymbol{X}^\mathrm{T}\boldsymbol{X}\}$

$= \begin{pmatrix} E\{X_1X_1\} & E\{X_1X_2\} & \cdots & E\{X_1X_n\} \\ E\{X_2X_1\} & E\{X_2X_2\} & \cdots & E\{X_2X_n\} \\ \vdots & \vdots & & \vdots \\ E\{X_nX_1\} & E\{X_nX_2\} & \cdots & E\{X_nX_n\} \end{pmatrix}$ (3.3.10)

协方差矩阵： $\boldsymbol{C_X} \triangleq E\{(\boldsymbol{X}-m_{\boldsymbol{X}})^\mathrm{T}(\boldsymbol{X}-m_{\boldsymbol{X}})\} = \boldsymbol{R_X} - m_{\boldsymbol{X}}^\mathrm{T} m_{\boldsymbol{X}}$

$= \begin{pmatrix} C_{X_1X_1} & C_{X_1X_2} & \cdots & C_{X_1X_n} \\ C_{X_2X_1} & C_{X_2X_2} & \cdots & C_{X_2X_n} \\ \vdots & \vdots & & \vdots \\ C_{X_nX_1} & C_{X_nX_2} & \cdots & C_{X_nX_n} \end{pmatrix}$ (3.3.11)

显然，相关矩阵和协方差矩阵的第 i 行和第 j 列的元素分别是 X_i 和 X_j 的相关矩和协方差。

如果一个 $m \times n$ 的矩阵 $\boldsymbol{A} = (A_{ij})_{1\leqslant i\leqslant m, 1\leqslant j\leqslant n}$ 的元素是一维随机变量，则该**矩阵的期望**定义为

$$E\{\boldsymbol{A}\} = (E\{A_{ij}\})_{1\leqslant i\leqslant m, 1\leqslant j\leqslant n}$$ (3.3.12)

此外，设 $\boldsymbol{X}=(X_1,X_2,\cdots,X_n)$ 为 n 维随机变量，$\boldsymbol{Y}=(Y_1,Y_2,\cdots,Y_m)$ 为另一个 m 维随机变量，则 $\boldsymbol{X}$ 和 $\boldsymbol{Y}$ 的**互相关矩阵**和**互协方差矩阵**分别定义为矩阵 $\boldsymbol{X}^\mathrm{T}\boldsymbol{Y}$ 和 $(\boldsymbol{X}-m_{\boldsymbol{X}})^\mathrm{T}(\boldsymbol{Y}-m_{\boldsymbol{Y}})$ 的期望，即

互相关矩阵： $\boldsymbol{R_{XY}} = E\{\boldsymbol{X}^\mathrm{T}\boldsymbol{Y}\} = (R_{X_iY_j})_{1\leqslant i\leqslant n, 1\leqslant j\leqslant m}$ (3.3.13)

互协方差矩阵： $\boldsymbol{C_{XY}} = E\{(\boldsymbol{X}-m_{\boldsymbol{X}})^\mathrm{T}(\boldsymbol{Y}-m_{\boldsymbol{Y}})\}$

$= \boldsymbol{R_{XY}} - m_{\boldsymbol{X}}^\mathrm{T} m_{\boldsymbol{Y}} = (C_{X_iY_j})_{1\leqslant i\leqslant n, 1\leqslant j\leqslant m}$ (3.3.14)

例 3.3.1 证明若 $\boldsymbol{X} = (X_1, X_2, X_3, X_4)$ 是一个零均值的 4 维 Gauss 多维随机变量，则有下列等式成立：

$$E\{X_1X_2X_3X_4\} = E\{X_1X_2\}E\{X_3X_4\}$$
$$+ E\{X_1X_3\}E\{X_2X_4\} + E\{X_1X_4\}E\{X_2X_3\} \tag{3.3.15}$$

证明 已知 $\boldsymbol{X}$ 的特征函数为

$$\Phi_{\boldsymbol{X}}(\boldsymbol{\omega}) = \Phi_{\boldsymbol{X}}(\omega_1, \omega_2, \omega_3, \omega_4) = \exp\left[-\frac{1}{2}\sum_{i,j=1}^{4}\omega_i\omega_j E\{X_iX_j\}\right]$$

计算可得

$$E\{X_1X_2X_3X_4\} = \frac{\partial^4 \Phi_{\boldsymbol{X}}(0,0,0,0)}{\partial\omega_1\partial\omega_2\partial\omega_3\partial\omega_4}$$

令 $L_i = \sum\limits_{j=1}^{4}\omega_j E\{X_iX_j\}$，对 $\Phi_{\boldsymbol{X}}(\boldsymbol{\omega})$ 逐次求导可得

$$\frac{\partial \Phi_{\boldsymbol{X}}(\boldsymbol{\omega})}{\partial\omega_1} = -\Phi_{\boldsymbol{X}}(\boldsymbol{\omega})L_1$$

$$\frac{\partial^2 \Phi_{\boldsymbol{X}}(\boldsymbol{\omega})}{\partial\omega_1\partial\omega_2} = \Phi_{\boldsymbol{X}}(\boldsymbol{\omega})\left[L_1L_2 - E\{X_1X_2\}\right]$$

$$\frac{\partial^3 \Phi_{\boldsymbol{X}}(\boldsymbol{\omega})}{\partial\omega_1\partial\omega_2\partial\omega_3} = \Phi_{\boldsymbol{X}}(\boldsymbol{\omega})\left[-L_1L_2L_3 + L_3E\{X_1X_2\} + L_2E\{X_1X_3\} + L_1E\{X_2X_3\}\right]$$

$$\frac{\partial^4 \Phi_{\boldsymbol{X}}(\boldsymbol{\omega})}{\partial\omega_1\partial\omega_2\partial\omega_3\partial\omega_4} = \Phi_{\boldsymbol{X}}(\boldsymbol{\omega})\Big[L_1L_2L_3L_4 - L_1L_2E\{X_3X_4\} - L_1L_3E\{X_2X_4\}$$
$$- L_1L_4E\{X_2X_3\} - L_2L_3E\{X_1X_4\} - L_2L_4E\{X_1X_3\}$$
$$- L_3L_4E\{X_1X_2\} + E\{X_1X_2\}E\{X_3X_4\}$$
$$+ E\{X_1X_3\}E\{X_2X_4\} + E\{X_1X_4\}E\{X_2X_3\}\Big]$$

在上面的最后一个式子中，将 $(\omega_1, \omega_2, \omega_3, \omega_4) = (0, 0, 0, 0)$ 代入，注意到 $L_i|_{\boldsymbol{\omega}=\boldsymbol{0}} = 0$，得到

$$E\{X_1X_2X_3X_4\} = \frac{\partial^4 \Phi_{\boldsymbol{X}}(0,0,0,0)}{\partial\omega_1\partial\omega_2\partial\omega_3\partial\omega_4}$$
$$= E\{X_1X_2\}E\{X_3X_4\} + E\{X_1X_3\}E\{X_2X_4\} + E\{X_1X_4\}E\{X_2X_3\}$$

例 3.3.2 在上例中，令 $X_1 = X_3$，$X_2 = X_4$，则得到如下推论：

$$E\{X_1^2 X_2^2\} = E\{X_1^2\}E\{X_2^2\} + 2\left[E\{X_1X_2\}\right]^2 \tag{3.3.16}$$

3.3.3 联合熵和互信息量

和一维随机变量的熵的定义类似，设 n 维离散型随机变量 $\boldsymbol{X}$ 的样本空间为 $S_{\boldsymbol{X}} = \{\boldsymbol{x}^{(1)}, \boldsymbol{x}^{(2)}, \cdots, \boldsymbol{x}^{(K)}\}$，对任意 $k = 1, 2, \cdots, K$ 有 $\boldsymbol{x}^{(k)} = \left(x_1^{(k)}, \cdots, x_n^{(k)}\right)$，则可以定义 n 维离散型随机变量 $\boldsymbol{X}$ 的**联合熵**为

$$H(\boldsymbol{X}) = E\{-\log_c P(\boldsymbol{X})\} = -\sum_{k=1}^{K} P\left(\boldsymbol{x}^{(k)}\right) \log_c P\left(\boldsymbol{x}^{(k)}\right) \tag{3.3.17}$$

若 $\boldsymbol{X}$ 是 n 维连续型随机变量,且其联合概率密度函数为 $f_{\boldsymbol{X}}(\boldsymbol{x})$,则其**联合熵**定义为

$$H(\boldsymbol{X}) = E\{-\log_c f_{\boldsymbol{X}}(\boldsymbol{X})\} = -\int_{\mathbb{R}^n} f_{\boldsymbol{X}}(\boldsymbol{x}) \log_c f_{\boldsymbol{X}}(\boldsymbol{x}) \mathrm{d}\boldsymbol{x} \tag{3.3.18}$$

上面的积分中,$\mathrm{d}\boldsymbol{x} = \mathrm{d}x_1 \cdots \mathrm{d}x_n$。和一维随机变量熵的定义一样,在上面的联合熵的定义中 c 分别可取 2、e、3、10,联合熵的单位也因此而不同。

例 3.3.3 设二维离散型随机变量 $\boldsymbol{X}$ 的样本空间为

$$S = \{(0,0), (0,1), (1,0), (1,1)\}$$

且每个样本点所对应的单点事件的概率都是 1/4,则该多维随机变量的联合熵为

$$H(\boldsymbol{X}) = -\frac{1}{4}\log_2\frac{1}{4} - \frac{1}{4}\log_2\frac{1}{4} - \frac{1}{4}\log_2\frac{1}{4} - \frac{1}{4}\log_2\frac{1}{4} = 2 \quad (\text{bit})$$

例 3.3.4 求例 3.2.6 所给 Gauss 多维随机变量的联合熵。按照联合熵的定义有

$$\begin{aligned}
H(\boldsymbol{Y}) &= -\int_{\mathbb{R}^n} f_{\boldsymbol{Y}}(\boldsymbol{y}) \log_c f_{\boldsymbol{Y}}(\boldsymbol{y}) \mathrm{d}\boldsymbol{y} \\
&= E\left\{\frac{1}{2}\ln(2\pi)^n|\boldsymbol{C}| + \frac{1}{2}(\boldsymbol{y}-\boldsymbol{\eta})^{\mathrm{T}}\boldsymbol{C}^{-1}(\boldsymbol{y}-\boldsymbol{\eta})\right\} \\
&= \frac{1}{2}\ln(2\pi)^n|\boldsymbol{C}| + \frac{1}{2}E\left\{(\boldsymbol{y}-\boldsymbol{\eta})^{\mathrm{T}}\boldsymbol{C}^{-1}(\boldsymbol{y}-\boldsymbol{\eta})\right\} \\
&= \frac{n}{2}\ln\left(2\pi\mathrm{e}|\boldsymbol{C}|^{1/n}\right)
\end{aligned}$$

其中用到了结论 $E\left\{(\boldsymbol{y}-\boldsymbol{\eta})^{\mathrm{T}}\boldsymbol{C}^{-1}(\boldsymbol{y}-\boldsymbol{\eta})\right\} = n$。记 $\boldsymbol{C}^{-1} = (C'_{ij})_{1 \leqslant i,j \leqslant n}$,则

$$\begin{aligned}
E\left\{(\boldsymbol{y}-\boldsymbol{\eta})^{\mathrm{T}}\boldsymbol{C}^{-1}(\boldsymbol{y}-\boldsymbol{\eta})\right\} &= E\left\{\sum_{i,j=1}^{n}(y_i-\eta_i)C'_{ij}(y_j-\eta_j)\right\} \\
&= \sum_{i,j=1}^{n} C'_{ij} E\{(y_i-\eta_i)(y_j-\eta_j)\} \\
&= \sum_{i,j=1}^{n} C'_{ij} C_{ij} = n
\end{aligned}$$

离散型多维随机变量的最大熵原理和离散型一维随机变量的最大熵性质并无本质区别。连续型一维随机变量的最大熵性质推广到多维随机变量时,可以表述如下。

定理 3.3.1 设 $\boldsymbol{X}$ 是协方差矩阵 $\boldsymbol{C}$ 给定的 n 维随机变量,则 $\boldsymbol{X}$ 的联合熵有如下最大值:

$$H(\boldsymbol{X}) \leqslant \frac{1}{2}\log_c\left[(2\pi\mathrm{e})^n|\boldsymbol{C}|\right] \tag{3.3.19}$$

最大值当且仅当 $\boldsymbol{X}$ 为 Gauss 多维随机变量时取得。

设 A 是一维随机变量 X 的事件,B 是一维随机变量 Y 的事件,A 和 B 的互信息量定义为

$$I(A;B) = \log_c \frac{P(A,B)}{P(A)P(B)} \tag{3.3.20}$$

若一维随机变量 X 和 Y 是离散型一维随机变量，则 X 和 Y 的**互信息量**定义为

$$I(X;Y) = E\left\{\log_c \frac{P(X,Y)}{P(X)P(Y)}\right\} = \sum_{k=1}^{K} P(x^{(k)}, y^{(k)}) \log_c \frac{P(x^{(k)}, y^{(k)})}{P(x^{(k)})P(y^{(k)})} \quad (3.3.21)$$

若一维随机变量 X 和 Y 是连续型一维随机变量，则 X 和 Y 的**互信息量**定义为

$$I(X;Y) = E\left\{\log_c \frac{f_{XY}(X,Y)}{f_X(X)f_Y(Y)}\right\} = \int_{\mathbb{R}^2} f_{XY}(x,y) \log_c \frac{f_{XY}(x,y)}{f_X(x)f_Y(y)} \mathrm{d}x\mathrm{d}y \quad (3.3.22)$$

习题 3.3

3.3.1 设二维随机变量 (X,Y) 的特征函数为

$$\Phi_{XY}(u,v) = \frac{\alpha^2}{(\alpha - \mathrm{j}u)(\alpha - \mathrm{j}v)}$$

式中，α 为正常数，试求 (X,Y) 的概率密度函数 $f_{XY}(x,y)$。

3.3.2 试证明特征函数 $\Phi(\omega)$ 的非负定性，即对任意正整数 n 和任意实数 $\omega_1, \cdots, \omega_n$ 及复数 $\lambda_1, \cdots, \lambda_n$，有

$$\sum_{k=1}^{n} \sum_{l=1}^{n} \Phi(\omega_k - \omega_l) \lambda_k \lambda_l^* \geqslant 0$$

3.3.3 设一维随机变量 X 的概率密度函数为 $f_X(x) = \frac{1}{2}\mathrm{e}^{-|x|}$，求 X 的均值和方差。

3.3.4 设一维随机变量 (X,Y) 的概率密度函数为

$$f_{XY}(x,y) = A\sin(x+y), \quad 0 \leqslant x \leqslant \frac{\pi}{2}, \quad 0 \leqslant y \leqslant \frac{\pi}{2}$$

求：① 系数 A；② 均值 m_X 和 m_Y；③ 方差 σ_X^2 和 σ_Y^2；④ 协相关矩阵 C_{XY} 和相关系数 ρ_{XY}。

3.3.5 证明一维随机变量 X_1 和 X_2 的相关系数满足 $-1 \leqslant \rho_{X_1 X_2} \leqslant 1$。

3.3.6 设 $X = \cos\Theta$，$Y = \sin\Theta$，其中 Θ 是 $(0, 2\pi)$ 上的均匀分布，试求条件概率密度函数 $f(y|x)$ 和条件期望 $E\{Y|X\}$。

3.3.7 设一维随机变量 $X_1, \cdots, X_N$ 相互独立并且都与一维随机变量 X 同分布，每个 X_k 都与一维随机变量 N 独立，$k = 1, 2, \cdots, N$，设 $Y = X_1 + X_2 + \cdots + X_N$，证明：

1) $E\{Y\} = E\{N\}E\{X\}$；
2) $\mathrm{Var}\{Y\} = E\{N\}\mathrm{Var}\{X\} + \mathrm{Var}\{N\}(E\{X\})^2$；
3) $\Phi_Y(\omega) = \sum_{n=0}^{\infty} [\Phi_X(\omega)]^n P\{N = n\}$，其中 $\Phi_X(\omega)$ 为 X 的特征函数。

3.4 多维随机变量分量间的关系

前面讲过，多维随机变量不是分量一维随机变量的简单组合。多维随机变量不仅包含了每个分量一维随机变量的完全概率信息，还包含分量一维随机变量之间的关联信息。这种关联信息是通过"联合样本点"组成事件的频率反映出来的。本节介绍分量一维随机变量间的关系，此外还介绍条件概率密度（分布）函数和条件数字特征。

3.4.1 联合概率中蕴含的变量关联信息

为什么多维随机变量的"联合概率"中蕴含着变量相互关联的信息呢？下面以二维随机变量 (X_1, X_2) 来说明。

假设分量一维随机变量 X_1 与 X_2 没有关联,或者说独立,则 X_1 的某个单点事件 $\{x_1\}$ 发生的频率(即概率)与 X_2 的任意一个单点事件 $\{x_2\}$ 的发生频率,应该是没有关系的。如果是这样,根据"乘法原理",$\{(x_1,x_2)\}$ 发生的频率应该是 $\{x_1\}$ 发生的频率与 $\{x_2\}$ 发生的频率的乘积。

但是,如果 X_1 与 X_2 不独立,就会出现这样的情况:若 X_1 的某个单点事件 $\{x_1\}$ 发生了若干次,在这若干次试验中,X_2 的所有事件发生的频率不再是对 X_2 单独进行试验时的频率,而是与 X_2 单独进行试验时的频率有了一定的偏差。

例 3.4.1 用上、中、下三个等级表示某校学生学习勤奋的程度,并且用 3、2、1 分别对应上、中、下。结果发现勤奋度为 3 的学生的频率为 0.1,勤奋度为 2 的学生的频率为 0.7,勤奋度为 1 的学生的频率为 0.2。

再用优、良、中、及格、不及格这五个等级表示该校学生的成绩状况,并且分别用 5、4、3、2、1 来表示。结果发现,这五个单点事件的频率分别为 0.1、0.3、0.3、0.2、0.1。

但是,当对勤奋度为 3 的学生进行成绩统计时,发现 5、4、3、2、1 单点事件的频率为 0.2、0.3、0.3、0.15、0.05;对勤奋度为 2 的学生进行成绩统计时,发现 5、4、3、2、1 单点事件的频率为 0.08、0.08、0.08、0.4、0.36。对勤奋度为 1 的学生进行成绩统计时,发现 5、4、3、2、1 单点事件的频率为 0.076、0.07、0.07、0.304、0.48。

从这个例子发现,学生的学习勤奋度对成绩是有影响的。勤奋度与成绩不是独立的两个因素。

通过以上例子的观察,就可以了解"联合概率"(即"联合频率")蕴含变量关联信息的原理。

3.4.2 条件概率函数

设有二维随机变量 (X,Y),A 为一维随机变量 Y 中概率不为零的事件,即 $P(A)>0$。由概率空间条件概率的定义知有下式成立:

$$P\{(X\leqslant x,S_Y)|(S_X,A)\} = \frac{P\{(X\leqslant x,S_Y)\cap(S_X,A)\}}{P\{(S_X,A)\}}$$

式中,S_X 和 S_Y 是一维随机变量 X 和 Y 的样本空间;x 是一个任意实数。上式左端定义为一维随机变量 X 在条件 A 下的**条件概率分布函数**,记为 $F_{X|Y}(x|A)$。考虑到

$$(X\leqslant x,S_Y)\cap(S_X,A)=(X\leqslant x,A),\quad P(S_X,A)=P_Y(A)$$

所以有

$$F_{X|Y}(x|A) = \frac{P(X\leqslant x,A)}{P_Y(A)} \tag{3.4.1}$$

定义一维随机变量 X 在条件 A 下的**条件概率密度函数**为

$$f_{X|Y}(x|A) = \frac{\mathrm{d}}{\mathrm{d}x}F_{X|Y}(x|A) \tag{3.4.2}$$

下面考虑在条件概率分布函数和条件概率密度函数的定义中,事件 A 趋于一个单点事件 $\{Y=y\}$ 时的表达式。显然应当假设 $f_Y(y)\neq 0$。定义:

$$F_{X|Y}(x|y) = \lim_{h\to 0^+} F_{X|Y}(x|y<Y\leqslant y+h) \tag{3.4.3}$$

由式 (3.4.1) 知，式 (3.4.3) 右端为

$$F_{X|Y}(x|y<Y\leqslant y+h) = \frac{P(X\leqslant x, y<Y\leqslant y+h)}{P_Y(y<Y\leqslant y+h)}$$

$$= \frac{\int_{-\infty}^{x}\int_{y}^{y+h} f_{XY}(x',y')\mathrm{d}x'\mathrm{d}y'}{\int_{y}^{y+h} f_Y(y')\mathrm{d}y'}$$

$$= \frac{\int_{-\infty}^{x} f_{XY}(x',\xi)\mathrm{d}x' h}{f_Y(\eta)h}$$

上式中最后一个等式是利用了积分中值定理得到的，其中 $\xi, \eta \in (y, y+h]$。当 $h \to 0^+$ 时，$\xi, \eta \to y$，所以在上式最后一个等式中令 h 趋于零，则得

$$F_{X|Y}(x|y) = \frac{\int_{-\infty}^{x} f_{XY}(x',y)\mathrm{d}x'}{f_Y(y)} \tag{3.4.4}$$

对式 (3.4.4) 进一步求导得

$$f_{X|Y}(x|y) = \frac{f_{XY}(x,y)}{f_Y(y)} \tag{3.4.5}$$

上面定义的条件概率分布函数和条件概率密度函数可以推广到 X 和 Y 都是多维随机变量的情形，推广之后的条件概率分布函数和条件概率密度函数的表达式与式 (3.4.4) 和式 (3.4.5) 在形式上完全一致，这里不再重复给出。

显然，若 X 和 Y 独立，则 $f_{XY}(x,y) = f_X(x)f_Y(y)$，所以 $f_{X|Y}(x|y) = f_X(x)$ 和 $F_{X|Y}(x|y) = F_X(x)$。

例 3.4.2 设有某个简单通信系统的输入电压是离散型一维随机变量 X，取值为 $+1, -1$，且 $P_X(+1) = P_X(-1) = 1/2$；系统的输出电压是一维随机变量 $Y = X + N$，其中 N 是一个噪声电压，是在 $[-2, 2]$ 上均匀分布的一维随机变量。试求概率 $P(X=+1, Y\leqslant 0)$ 和 $f_{Y|X}(y|1)$。

解： 由条件概率的定义知道 $P(X=k, Y\leqslant y) = P(Y\leqslant y|X=k)P(X=k)$，$k = \pm 1$，因此 $P(X=+1, Y\leqslant y) = P(Y\leqslant y|X=+1)P(X=+1)$，其中 $P(X=+1) = 1/2$，且

$$P(Y\leqslant y|X=+1) = F_{Y|X}(y|1) = \begin{cases} 1, & y > 3 \\ (y+1)/4, & -1 \leqslant y \leqslant 3 \\ 0, & y < -1 \end{cases}$$

是 $[-1, 3]$ 上的均匀分布。所以

$$P(X=+1, Y\leqslant 0) = P(Y\leqslant 0|X=+1)P(X=+1) = \frac{1}{4} \times \frac{1}{2} = \frac{1}{8}$$

$$f_{Y|X}(y|1) = \frac{\mathrm{d}}{\mathrm{d}y} F_{Y|X}(y|1) = \begin{cases} 1/4, & -1 \leqslant y \leqslant 3 \\ 0, & \text{其他} \end{cases}$$

例 3.4.3　已知某二维随机变量 (X,Y) 的联合概率密度函数有如下形式：

$$f_{XY}(x,y) = \begin{cases} ce^{-x}e^{-y}, & 0 \leqslant y \leqslant x < \infty \\ 0, & \text{其他} \end{cases}$$

试确定上式中常数 c 的取值，并求条件概率密度函数 $f_{X|Y}(x|y)$ 和 $f_{Y|X}(y|x)$。

解：由概率密度函数在全空间的积分为 1 知

$$1 = \int_0^\infty \int_0^x ce^{-x}e^{-y}\mathrm{d}y\mathrm{d}x = \int_0^\infty ce^{-x}(1-e^{-x})\mathrm{d}x = \frac{c}{2}$$

因此 $c = 2$。为了得到条件概率密度函数的表达式，先求边界概率密度函数，即

$$f_X(x) = \int_0^\infty f_{XY}(x,y)\mathrm{d}y = \int_0^x 2e^{-x}e^{-y}\mathrm{d}y = 2e^{-x}(1-e^{-x}), \quad 0 \leqslant x$$

$$f_Y(y) = \int_0^\infty f_{XY}(x,y)\mathrm{d}x = \int_y^\infty 2e^{-x}e^{-y}\mathrm{d}x = 2e^{-2y}, \quad 0 \leqslant y < \infty$$

所以

$$f_{X|Y}(x|y) = \frac{2e^{-x}e^{-y}}{2e^{-2y}} = e^{-(x-y)}, \quad x \geqslant y$$

$$f_{Y|X}(y|x) = \frac{2e^{-x}e^{-y}}{2e^{-x}(1-e^{-x})} = \frac{e^{-y}}{1-e^{-x}}, \quad 0 < y < x$$

3.4.3　条件数字特征

若 X 和 Y 分别为两个一维随机变量，则 X 相对于 Y 的**条件数字特征**定义为 $\phi(X)$ 的**条件期望**：

$$E\{\phi(X)|Y\} = \int_{-\infty}^\infty \phi(x)f_{X|Y}(x|Y)\mathrm{d}x \tag{3.4.6}$$

上述定义在离散型一维随机变量情况下退化为

$$E\{\phi(X)|Y\} = \sum_{n=0}^\infty \phi(x_n)P_{X|Y}(x_n|Y) \tag{3.4.7}$$

上面的条件数字特征的定义，对 X 和 Y 是多维随机变量的情形也完全适用，并且表达形式完全一致，这里不再重复给出。

性质 3.4.1　条件期望满足下列性质：

1) 线性叠加性：$E\left\{\sum_{n=1}^N a_n\phi_n(\boldsymbol{X})|\boldsymbol{Y}\right\} = \sum_{n=1}^N a_n E\{\phi_n(\boldsymbol{X})|\boldsymbol{Y}\}$，其中 $\boldsymbol{X}$ 和 $\boldsymbol{Y}$ 是两个任意维随机变量，$a_1,\cdots,a_N$ 和 $\phi_1(\boldsymbol{X}),\cdots,\phi_N(\boldsymbol{X})$ 是一组实数和函数。
2) 全期望公式：$E_Y\{E_X\{\phi(X)|Y\}\} = E_X\{\phi(X)\}$，特别地，有 $E_Y\{E_X\{X|Y\}\} = E_X\{X\}$。
3) 全概率公式：$P(A) = \int_{-\infty}^\infty P_{X|Y}(A|y)f_Y(y)\mathrm{d}y$。
4) 若 X 和 Y 独立，则有 $E_X\{\phi(X)|Y\} = E\{\phi(X)\}$。
5) $E_Y\{\phi(X)\psi(Y)|X\} = \phi(X)E_Y\{\psi(Y)|X\}$。

6) 对任意函数 $\phi(Y)$ 有 $E\{(X - E\{X|Y\})^2\} \leqslant E\{[X - \phi(Y)]^2\}$。

证明： 这里仅证明性质 2) 和性质 6)，其余性质读者可作为练习完成。

性质 2) 的证明：由条件期望的定义知

$$\begin{aligned}
E_Y\{E_X\{\phi(X)|Y\}\} &= E_Y\left\{\int_{-\infty}^{\infty} \phi(x)f_{X|Y}(x|Y)\mathrm{d}x\right\} \\
&= \int_{-\infty}^{\infty}\left[\int_{-\infty}^{\infty} \phi(x)f_{X|Y}(x|y)\mathrm{d}x\right]f_Y(y)\mathrm{d}y \\
&= \int_{-\infty}^{\infty}\int_{-\infty}^{\infty} \phi(x)f_{XY}(x,y)\mathrm{d}x\mathrm{d}y \\
&= \int_{-\infty}^{\infty} \phi(x)f_X(x)\mathrm{d}x \\
&= E_X\{\phi(X)\}
\end{aligned}$$

性质 6) 的证明：性质 6) 是说，给定两个一维随机变量 X 和 Y，在 Y 的所有函数 $\phi(Y)$ 中，使均方距离 $E\{[X - \phi(Y)]^2\}$ 最小的函数为 $\phi_0(Y) = E\{X|Y\}$。$E\{[X - \phi(Y)]^2\}$ 可以看作 $\phi(Y)$ 的一个函数，即

$$g[\phi(Y)] = E\{[X - \phi(Y)]^2\}$$

将函数 $g[\phi(Y)]$ 关于变量 $\phi(Y)$ 求导，并令求导结果为零，解得 $E\{X\} = E\{\phi(Y)\}$，即如果 $\phi(Y)$ 的期望等于 $E\{X\}$，则可以使函数 $g[\phi(Y)] = E\{[X - \phi(Y)]^2\}$ 达到最小值。由性质 2) 知道，函数 $\phi_0(Y) = E\{X|Y\}$ 的期望即为 $E\{X\}$，所以性质 6) 的不等式是成立的。 □

例 3.4.4 已知二维随机变量 (X, Y) 是区域 $D = \{(x, y) \mid 0 \leqslant y \leqslant x \leqslant 1\}$ 上的均匀分布，试求 $E\{X|Y\}$ 和 $E\{Y|X\}$。

解： 可以求得二维随机变量 (X, Y) 的概率密度函数为

$$f_{XY}(x, y) = \begin{cases} 2, & (x, y) \in D \\ 0, & \text{其他} \end{cases}$$

进一步求得其边界概率密度函数为

$$f_X(x) = \begin{cases} 2x, & 0 \leqslant x \leqslant 1 \\ 0, & \text{其他} \end{cases}, \quad f_Y(y) = \begin{cases} 2(1-y), & 0 \leqslant y \leqslant 1 \\ 0, & \text{其他} \end{cases}$$

所以求得其条件概率密度函数分别为

$$f_{X|Y}(x|y) = \frac{f_{XY}(x,y)}{f_Y(y)} = \begin{cases} 1/(1-y), & 0 \leqslant y \leqslant x \leqslant 1 \\ 0, & \text{其他} \end{cases}$$

$$f_{Y|X}(y|x) = \frac{f_{XY}(x,y)}{f_X(x)} = \begin{cases} 1/x, & 0 \leqslant y \leqslant x \leqslant 1 \\ 0, & \text{其他} \end{cases}$$

进一步计算条件期望得

$$E\{X|Y\} = \int_{-\infty}^{\infty} x f_{X|Y}(x|Y) \mathrm{d}x = \begin{cases} (1+Y)/2, & 0 \leqslant Y \leqslant 1 \\ 0, & \text{其他} \end{cases}$$

$$E\{Y|X\} = \int_{-\infty}^{\infty} y f_{Y|X}(y|X) \mathrm{d}y = \begin{cases} X/2, & 0 \leqslant X \leqslant 1 \\ 0, & \text{其他} \end{cases}$$

例 3.4.5 对例3.2.9给出的二维 Gauss 多维随机变量计算其条件概率密度函数可得

$$f_{Y|X}(y|x) = \frac{1}{\sqrt{2\pi(1-\rho^2)}\sigma_2} \exp\left\{-\frac{1}{2(1-\rho^2)\sigma_2^2}\left[y - \left(\mu_2 + \frac{\rho\sigma_2}{\sigma_1}(x-\mu_1)\right)\right]^2\right\}$$

$$f_{X|Y}(x|y) = \frac{1}{\sqrt{2\pi(1-\rho^2)}\sigma_1} \exp\left\{-\frac{1}{2(1-\rho^2)\sigma_1^2}\left[x - \left(\mu_1 + \frac{\rho\sigma_1}{\sigma_2}(y-\mu_2)\right)\right]^2\right\}$$

计算可得其条件期望为

$$E\{Y|X\} = \mu_2 + \frac{\rho\sigma_2}{\sigma_1}(X - \mu_1)$$

$$E\{X|Y\} = \mu_1 + \frac{\rho\sigma_1}{\sigma_2}(Y - \mu_2)$$

设 (X,Y) 是一个离散型的二维随机变量,其样本空间为 $S = \{(x_n, y_n) \mid n = 1, \cdots, N\}$,则 X 关于 Y 的**条件熵**定义为

$$H(X|Y) = -\sum_{n=1}^{N} P(x_n, y_n) \log_c P(x_n|y_n) \tag{3.4.8}$$

若 (X,Y) 是一个连续型的二维随机变量,则 X 关于 Y 的**条件熵**定义为

$$H(X|Y) = -\int_{\mathbb{R}^2} f_{XY}(x, y) \log_c f_X(x|y) \mathrm{d}x\mathrm{d}y \tag{3.4.9}$$

3.4.4 一维随机变量间的关系

一维随机变量之间的关系可以有两种分类标准:一种是以是否独立来分类;一种是以是否相关来分类。本节介绍这两种分类标准及其相互关系。

(1) 独立与不独立

若下列四个等价的条件之一成立,则称二维随机变量 (X_1, X_2) 的分量一维随机变量**相互独立**。

1) $F_{X_1 X_2}(x_1, x_2) = F_{X_1}(x_1) F_{X_2}(x_2)$。
2) $f_{X_1 X_2}(x_1, x_2) = f_{X_1}(x_1) f_{X_2}(x_2)$。
3) $P_{X_1 X_2}(x_1, x_2) = P_{X_1}(x_1) P_{X_2}(x_2)$。
4) $\Phi_{X_1 X_2}(\omega_1, \omega_2) = \Phi_{X_1}(\omega_1) \Phi_{X_2}(\omega_2)$。

若任意 N 维随机变量 $\boldsymbol{X} = (X_1, X_2, \cdots, X_N)$ 的联合概率分布函数满足:

$$F_{\boldsymbol{X}}(x_1, \cdots, x_N) = F_{X_1}(x_1) \cdots F_{X_N}(x_N) \tag{3.4.10}$$

则称 $\boldsymbol{X}$ 的分量一维随机变量 $X_1,\cdots,X_N$ 相互独立。很显然，若 $X_1,\cdots,X_N$ 相互独立，则其任意不低于 2 维的子多维随机变量的分量也是相互独立的。当然，也可以将式 (3.4.10) 替换成概率密度函数、概率质量函数来定义 N 维随机变量的独立。

为什么在定义 N 个事件的独立性时，需要对 $n=2,3,\cdots,N$ 都满足独立性条件，而这里只需要对 N 定义式 (3.4.10) 呢？这是因为式 (3.4.10) 对任意 $(x_1,\cdots,x_N)$ 都成立，只要令其中的一部分为 ∞，就可以得到低维的独立性条件。例如，在式 (3.4.10) 中令 $x_N=\infty$，就可以得到

$$F_{\boldsymbol{X}}(x_1,\cdots,x_{N-1}) = F_{X_1}(x_1)\cdots F_{X_{N-1}}(x_{N-1})$$

例 3.4.6 同时抛两个硬币所得的二维随机变量，则其分量一维随机变量显然是相互独立的。

例 3.4.7 在例3.2.9中，可以验证 X 和 Y 是相互独立的两个 Gauss 一维随机变量的充要条件是 $\rho=0$。

例 3.4.8 设 K 维随机变量的分量是 K 个用户所发送的二进制数据。在实际情况中，不同用户的数据之间往往是相互独立的。所以，这 K 维随机变量的分量是独立的。

独立的反面就是不独立。不独立分两种情况，即"相互确定"与"相互关联"。所谓两个一维随机变量**相互确定**，就是一个变量的样本点确定之后，另外一个也完全确定了，换句话说，就是两者之间存在函数关系。不是确定关系的不独立，就称为**相互关联**。

独立和确定是两个极端的情况，而"关联"是既不独立也不确定的中间状态。

例 3.4.9 二维随机变量 (X,Y) 的 Y 和 X 分量之间存在函数关系 $Y=\phi(X)$，则此时 X 和 Y 之间就是确定的关系。此时二维概率分布函数为

$$F_{XY}(x,y) = P\{X\leqslant x,\phi(X)\leqslant y\} = \int_{\substack{\lambda\leqslant x\\ \phi(x)\leqslant y}} f_X(\lambda)\mathrm{d}\lambda \tag{3.4.11}$$

例 3.4.10 考察三维随机变量 (H,W,A)，其中 H、W、A 分别是学生的身高、体重和年龄。当不考虑体重和年龄因素时，只考察所有学生的身高情况，就得到身高一维随机变量 H 的概率分布函数；但是当同时考察体重和年龄因素时，就会发现身高和体重、年龄是相互关联的，体重较重的学生和体重较轻的学生，其身高的分布规律显然有差异；同样，年龄不同的学生，其身高和体重的概率分布规律也有差异。换句话说，不同身高伴随的体重频率是不同的；不同年龄所伴随的身高和体重也是不同的。

例 3.4.11 本例可以很好地说明独立、确定和关联这三者之间的关系。设有三个二维随机变量 $\boldsymbol{X}=(X_1,X_2)$、$\boldsymbol{Y}=(Y_1,Y_2)$ 和 $\boldsymbol{Z}=(Z_1,Z_2)$：

1) 多维随机变量 $\boldsymbol{X}$ 是这样得到的：同时抛两个硬币，分别用 $+1$ 和 -1 表示硬币的正面和反面，如此得到的 X_1 和 X_2 是相互独立的关系。

2) 多维随机变量 $\boldsymbol{Y}$ 是这样得到的：抛一个硬币，如果是正面则 Y_1 和 Y_2 都取值为 $+1$，如果是反面则 Y_1 和 Y_2 都取值为 -1，如此得到的 Y_1 和 Y_2 是相互确定的关系，或者确切地说是恒等关系。

3) 多维随机变量 $\boldsymbol{Z}$ 是这样得到的：先抛一个硬币，如果是正面则 $Z_1=1$，如果是反面则 $Z_1=-1$。Z_2 通过如下方法得到：再抛一个骰子，如果点数大于等于 2，则让 $Z_2=Z_1$，否则让 $Z_2=-Z_1$。如此得到的 Z_1 和 Z_2 是关联的关系。

(2) 相关与不相关

两个一维随机变量之间除了可以用独立、关联、确定这三种关系来分类之外，还可以用相关、不相关来分类，并可以用相关矩或相关系数来度量相关的程度。

一维随机变量之间的关联程度可以用一维随机变量 X_1 和 X_2 的公式即式 (3.3.4)、式 (3.3.5) 和式 (3.3.6) 定义的相关矩 $R_{X_1X_2}$、协方差 $C_{X_1X_2}$ 和相关系数 $\rho_{X_1X_2}$ 来度量。

若 $R_{X_1X_2} = m_{X_1}m_{X_2}$，即

$$E\{X_1X_2\} = E\{X_1\}E\{X_2\} \tag{3.4.12}$$

则称一维随机变量 X_1 和 X_2 **互不相关**；否则，若式 (3.4.12) 不成立，则称一维随机变量 X_1 和 X_2 **相关**。

显然，X_1 和 X_2 互不相关当且仅当 $C_{X_1X_2} = 0$ 或 $\rho_{X_1X_2} = 0$。

下面的定义说明了相关系数的取值范围。

定理 3.4.1 一维随机变量 X_1 和 X_2 的相关矩满足下列 Schwartz 不等式:

$$|E\{X_1X_2\}| \leqslant \sqrt{E\{X_1^2\}E\{X_2^2\}} \tag{3.4.13}$$

等号成立当且仅当 $P\{X_1 = \lambda X_2\} = 1$ 成立，其中 λ 为实数。在上述 Schwartz 不等式中令 $X_1 = Y_1 - m_{Y_1}$ 和 $X_2 = Y_2 - m_{Y_2}$，可以得到推论：相关系数 $\rho_{Y_1Y_2}$ 满足

$$|\rho_{Y_1Y_2}| \leqslant 1 \tag{3.4.14}$$

等号成立当且仅当 $P\{Y_1 = aY_2 + b\} = 1$ 成立，其中 a、b 是两个实数。

证明：考虑到对任意实数 λ 有下面的不等式成立，即

$$E\{(\lambda X_1 - X_2)^2\} = \lambda^2 E\{X_1^2\} - 2\lambda E\{X_1X_2\} + E\{X_2^2\} \geqslant 0$$

因此，该关于变量 λ 的二次多项式的判别式小于等于零，即有

$$\Delta = 4\left[E\{X_1X_2\}\right]^2 - 4E\{X_1^2\}E\{X_2^2\} \leqslant 0$$

从而可以导出 Schwartz 不等式。 □

(3) 相关与独立之间的关系

"是否独立"与"是否相关"是对一维随机变量间关系的两种不同的分类标准。这两种分类标准之间有什么样的关系呢？

定理 3.4.2 若一维随机变量 X_1 和 X_2 相互独立，则 X_1 和 X_2 一定互不相关。

证明：证明留作习题。 □

下面的例子可以说明，两个一维随机变量互不相关，但不一定相互独立。

例 3.4.12 设 Θ 是 $(0, 2\pi]$ 上的均匀分布，令

$$X = \cos\Theta, \qquad Y = \sin\Theta$$

显然二维随机变量 (X,Y) 是单位圆上的点。它们的相关矩为

$$E\{XY\} = E\{\sin\Theta\cos\Theta\} = \frac{1}{2\pi}\int_0^{2\pi} \sin x \cos x \, dx = \frac{1}{4\pi}\int_0^{2\pi} \sin 2x \, dx = 0$$

此外，显然可以验证 $E\{X\} = E\{Y\} = 0$，则有 $E\{XY\} = E\{X\}E\{Y\}$，因此 X 和 Y 不相关。根据定义，可以求得 X 的概率分布函数为

$$F_X(x) = P(\cos\Theta \leqslant x) = \begin{cases} 0, & x < -1 \\ 1/2 + (\arcsin x)/\pi, & -1 \leqslant x \leqslant 1 \\ 1, & x > 1 \end{cases}$$

类似可求得 Y 的概率分布函数在 $-1 \leqslant y \leqslant 1$ 上不为零，因而 $f_Y(y)f_X(x)$ 在正方形 $[-1,1]\times[-1,1]$ 内不为零。但 $f_{XY}(x,y)$ 显然只在单位圆上有值，即 $f_{XY}(x,y) \neq f_X(x)f_Y(y)$。因此，$X$ 和 Y 显然不独立。

用"是否独立"与"是否相关"给两个一维随机变量的关系进行分类，这两种分类的关系如图3.4.1所示：独立一定不相关，但不相关不一定独立；此外，相关一定不独立，不独立不一定相关。

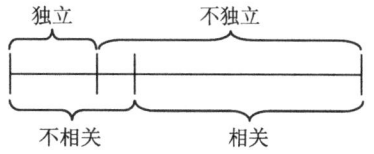

图 3.4.1 独立与相关分类之间的关系

习题 3.4

3.4.1 设多维随机变量 (X,Y,Z) 的联合概率密度函数为

$$f_{XYZ}(x,y,z) = k(x+y+z), \quad 0 \leqslant x,y,z \leqslant 1$$

试求：① k；② $f_Z(z|x,y)$。

3.4.2 已知二维随机变量 (X,Y) 的联合概率密度函数为

$$f(x,y) = \begin{cases} 1, & |y| < x < 1 \\ 0, & \text{其他} \end{cases}$$

试求：① $f_X(x)$ 和 $f_Y(y)$；② 讨论 X 与 Y 的独立性和相关性；③ 条件数学期望 $E\{X|Y\}$ 和 $E\{Y|X\}$。

3.4.3 已知二维随机变量 (X,Y) 的联合概率密度函数为

$$f(x,y) = \begin{cases} \dfrac{1}{y}\mathrm{e}^{-x/y}\mathrm{e}^{-y}, & x > 0, y > 0 \\ 0, & \text{其他} \end{cases}$$

试求：① $f_Y(y)$；② $f_{X|Y}(x|y)$；③ $E\{X|Y\}$。

3.4.4 已知二维随机变量 (X,Y) 的联合概率密度函数为

$$f(x,y) = \begin{cases} \mathrm{e}^{-x}, & 0 < y < x < 1 \\ 0, & \text{其他} \end{cases}$$

试求：① $f_X(x)$，$f_Y(y)$；② $f_{Y|X}(y|x)$；③ $E\{Y|X\}$；④ 讨论 X 和 Y 的独立性。

3.5 常见多维随机变量

本节介绍信息与通信工程中一些常见的多维随机变量。

3.5.1 离散型多维随机变量

(1) 等概分布

等概多维随机变量的概率质量集中在 M 个点上，设这 M 个点的坐标分别是 $\boldsymbol{x}^{(1)}, \cdots, \boldsymbol{x}^{(M)}$，则其概率质量函数可以用矩阵表示为

$$\begin{pmatrix} \boldsymbol{x}^{(1)} & \cdots & \boldsymbol{x}^{(m)} & \cdots & \boldsymbol{x}^{(M)} \\ \dfrac{1}{M} & \cdots & \dfrac{1}{M} & \cdots & \dfrac{1}{M} \end{pmatrix} \tag{3.5.1}$$

(2) 多项分布

设 N 维随机变量 $\boldsymbol{X} = (X_1, \cdots, X_r)$ 的概率质量函数为

$$P(X_1 = k_1, \cdots, X_r = k_r) = \frac{n!}{k_1! \cdots k_r!} p_1^{k_1} \cdots p_r^{k_r} \tag{3.5.2}$$

式中，$k_1, \cdots, k_r$ 为非负整数，满足 $\sum_{i=1}^{r} k_i = n$；$p_1, \cdots, p_r \in (0,1)$，满足 $\sum_{i=1}^{r} p_i = 1$，称此多维随机变量为**多项分布**。多项分布实际上是二项分布的推广。假设某试验每次所产生的事件为 $A_1, \cdots, A_r$，并且它们的概率分别为 $p_1, \cdots, p_r$，记 X_i 是事件 A_i 在 n 次试验中发生的次数，则 X 服从多项分布。

(3) 分量独立离散型多维随机变量

分量独立离散型多维随机变量 $\boldsymbol{X} = (X_1, \cdots, X_N)$，其联合概率质量函数为

$$P_{\boldsymbol{X}}(x_1, \cdots, x_N) = P_{X_1}(x_1) \cdots P_{X_N}(x_N) \tag{3.5.3}$$

3.5.2 连续型多维随机变量

(1) 分量独立连续型多维随机变量

分量独立连续型多维随机变量 $\boldsymbol{X} = (X_1, \cdots, X_N)$，其联合概率密度函数为

$$f_{\boldsymbol{X}}(x_1, \cdots, x_N) = f_{X_1}(x_1) \cdots f_{X_N}(x_N) \tag{3.5.4}$$

联合概率分布函数为

$$F_{\boldsymbol{X}}(x_1, \cdots, x_N) = F_{X_1}(x_1) \cdots F_{X_N}(x_N) \tag{3.5.5}$$

(2) 任意区域均匀多维随机变量

设 D 是 $\mathbb{R}^N$ 中的任意一个连通区域，D 上的均匀分布 $\boldsymbol{X}$ 的概率密度函数为

$$f_{\boldsymbol{X}}(\boldsymbol{x}) = \begin{cases} 1/S(D), & \boldsymbol{x} \in D \\ 0, & \boldsymbol{x} \notin D \end{cases} \tag{3.5.6}$$

式中，$S(D)$ 是区域 D 的体积。

第 3 章 多维随机变量

(3) Cauchy 多维分布

N 维 Cauchy 多维随机变量 $\boldsymbol{X} = (X_1, \cdots, X_N)$ 的概率密度函数为

$$f_{\boldsymbol{X}}(\boldsymbol{x}) = \pi^{-N/2} \frac{\Gamma\left(\dfrac{1+N}{2}\right)}{\Gamma(1/2)} \frac{\det(\boldsymbol{\Sigma})^{-1/2}}{\left[1 + (\boldsymbol{x}-\boldsymbol{\mu})\boldsymbol{\Sigma}^{-1}(\boldsymbol{x}-\boldsymbol{\mu})^{\mathrm{T}}\right]^{(1+N)/2}} \tag{3.5.7}$$

式中，$\boldsymbol{x} = (x_1, \cdots, x_N)$；$\boldsymbol{\mu} = (\mu_1, \cdots, \mu_N)$；$\boldsymbol{\Sigma}$ 是一个正定矩阵；$\Gamma(\cdot)$ 是 Gamma 函数。

(4) 学生 t 分布

N 维学生 t 分布 $\boldsymbol{X} = (X_1, \cdots, X_N)$ 的概率密度函数为

$$f_{\boldsymbol{X}}(\boldsymbol{x}) = (\pi\nu)^{-N/2} \frac{\Gamma\left(\dfrac{\nu+N}{2}\right)}{\Gamma(\nu/2)} \frac{\det(\boldsymbol{\Sigma})^{-1/2}}{\left[1 + \nu^{-1}(\boldsymbol{x}-\boldsymbol{\mu})\boldsymbol{\Sigma}^{-1}(\boldsymbol{x}-\boldsymbol{\mu})^{\mathrm{T}}\right]^{(\nu+N)/2}} \tag{3.5.8}$$

式中，$\boldsymbol{x} = (x_1, \cdots, x_N)$；$\boldsymbol{\mu} = (\mu_1, \cdots, \mu_N)$；$\boldsymbol{\Sigma}$ 是一个正定矩阵；$\Gamma(\cdot)$ 是 Gamma 函数；ν 是一个正常数（通常也称为自由度）。显然，当 $\nu = 1$ 时，学生 t 分布就是 Cauchy 分布。

(5) Dirichlet 多维分布

N 维 Dirichlet 分布 $\boldsymbol{X} = (X_1, \cdots, X_N)$ 的概率密度函数为

$$f_{\boldsymbol{X}}(x_1, \cdots, x_N) = \frac{\Gamma\left(\sum_{n=1}^{N} r_n\right)}{\prod_{n=1}^{N} \Gamma(r_n)} \prod_{n=1}^{N} x_n^{r_n}, \quad x_n > 0, x_1 + \cdots + x_N = 1 \tag{3.5.9}$$

式中，$r_1, \cdots, r_N$ 是一组正常数。

(6) 多维 Gauss 分布

若 n 维随机变量 $\boldsymbol{Y} = (Y_1, Y_2, \cdots, Y_n)^{\mathrm{T}}$ 的概率密度函数为

$$f_{\boldsymbol{Y}}(\boldsymbol{y}) = \frac{1}{(2\pi)^{n/2}|\boldsymbol{C}|^{1/2}} \exp\left[-\frac{1}{2}(\boldsymbol{y}-\boldsymbol{\eta})^{\mathrm{T}}\boldsymbol{C}^{-1}(\boldsymbol{y}-\boldsymbol{\eta})\right] \tag{3.5.10}$$

式中

$$\boldsymbol{\eta} = \begin{pmatrix} \eta_1 \\ \eta_2 \\ \vdots \\ \eta_n \end{pmatrix}, \quad \boldsymbol{C} = \begin{pmatrix} C_{11} & C_{12} & \cdots & C_{1n} \\ C_{21} & C_{22} & \cdots & C_{2n} \\ \vdots & \vdots & & \vdots \\ C_{n1} & C_{n2} & \cdots & C_{nn} \end{pmatrix} \tag{3.5.11}$$

分别为给定的向量和矩阵，且矩阵 $\boldsymbol{C}$ 对称正定，则称该多维随机变量 $\boldsymbol{Y}$ 为 n 维**正态多维随机变量**或 **Gauss 多维随机变量**，记作 $Y \sim N_n(\boldsymbol{\eta}, \boldsymbol{C})$。

可以证明如下性质。

性质 3.5.1 若 Gauss 多维随机变量的联合概率密度函数由式 (3.5.10) 定义，则其均值与协方差分别为 $\boldsymbol{\eta} = E\{\boldsymbol{Y}\}$，$\mathrm{Var}\{\boldsymbol{Y}\} = \boldsymbol{C}$。

性质 3.5.2 若 Gauss 多维随机变量的联合概率密度函数由式 (3.5.10) 定义，则其特征函数为

$$\Phi_{\boldsymbol{Y}}(\boldsymbol{\omega}) = \exp\left(\mathrm{j}\boldsymbol{\omega}^{\mathrm{T}}\boldsymbol{\eta} - \frac{1}{2}\boldsymbol{\omega}^{\mathrm{T}}\boldsymbol{C}\boldsymbol{\omega}\right) \tag{3.5.12}$$

性质 3.5.3 设 $\boldsymbol{Y} = (Y_1, \cdots, Y_q)^{\mathrm{T}}$，$Y_1, \cdots, Y_q$ 是独立同分布的标准正态分布 $N(0,1)$，$\boldsymbol{\mu} = (\mu_1, \cdots, \mu_p)^{\mathrm{T}}$ 是一个 p 维常数向量，$\boldsymbol{A}$ 是一个 $p \times q$ 的常数矩阵，则 $\boldsymbol{X} = \boldsymbol{\mu} + \boldsymbol{A}\boldsymbol{Y}$ 也是一个多维正态分布，并且其均值为 $\boldsymbol{\mu}$，协相关矩阵为 $\boldsymbol{A}\boldsymbol{A}^{\mathrm{T}}$。

性质 3.5.4 设 $\boldsymbol{X} \sim N_p(\boldsymbol{\mu}, \boldsymbol{\Sigma})$，$\boldsymbol{Y} = \boldsymbol{A}\boldsymbol{X} + \boldsymbol{d}$，其中 $\boldsymbol{A}$ 是一个 $s \times p$ 的矩阵，$\boldsymbol{d}$ 是一个 $s \times 1$ 的向量，则 $\boldsymbol{Y} \sim N_s(\boldsymbol{A}\boldsymbol{\mu} + \boldsymbol{d}, \boldsymbol{A}\boldsymbol{\Sigma}\boldsymbol{A}^{\mathrm{T}})$。

性质 3.5.5 p 维随机变量 $\boldsymbol{X} = (X_1, \cdots, X_p)$ 是 Gauss 多维随机变量的充要条件是其分量一维随机变量的任意线性组合 $\sum_{i=1}^{p} a_i X_i$ 都是一个 Gauss 一维随机变量。

性质 3.5.6 设 $\boldsymbol{X} \sim N_p(\boldsymbol{\mu}, \boldsymbol{\Sigma})$，$p \geqslant 2$，将 $\boldsymbol{X}$、$\boldsymbol{\mu}$、$\boldsymbol{\Sigma}$ 做如下剖分：

$$\boldsymbol{X} = \begin{pmatrix} \boldsymbol{X}^{(1)} \\ \boldsymbol{X}^{(2)} \end{pmatrix}, \quad \boldsymbol{\mu} = \begin{pmatrix} \boldsymbol{\mu}^{(1)} \\ \boldsymbol{\mu}^{(2)} \end{pmatrix}, \quad \boldsymbol{\Sigma} = \begin{pmatrix} \boldsymbol{\Sigma}_{11} & \boldsymbol{\Sigma}_{12} \\ \boldsymbol{\Sigma}_{21} & \boldsymbol{\Sigma}_{22} \end{pmatrix}$$

式中，$\boldsymbol{X}^{(1)}$、$\boldsymbol{\mu}^{(1)}$ 为 q 维向量；$\boldsymbol{\Sigma}_{11}$ 为 $q \times q$ 的矩阵，则当 $\boldsymbol{X}^{(2)}$ 给定时，$\boldsymbol{X}^{(1)}$ 的条件分布，即 $(\boldsymbol{X}^{(1)}|\boldsymbol{X}^{(2)})$ 的分布服从：

$$(\boldsymbol{X}^{(1)}|\boldsymbol{X}^{(2)}) \sim N_q(\boldsymbol{\mu}', \boldsymbol{\Sigma}') \tag{3.5.13}$$

式中

$$\boldsymbol{\mu}' = \boldsymbol{\mu}^{(1)} + \boldsymbol{\Sigma}_{12}\boldsymbol{\Sigma}_{22}^{-1}(\boldsymbol{X}^{(2)} - \boldsymbol{\mu}^{(2)})$$
$$\boldsymbol{\Sigma}' = \boldsymbol{\Sigma}_{11} - \boldsymbol{\Sigma}_{12}\boldsymbol{\Sigma}_{22}^{-1}\boldsymbol{\Sigma}_{21}$$

性质 3.5.7 设 $\boldsymbol{X} \sim N_p(\boldsymbol{\mu}, \boldsymbol{\Sigma})$，且 $\boldsymbol{Y} = \boldsymbol{A}\boldsymbol{X} + \boldsymbol{u}$，$\boldsymbol{Z} = \boldsymbol{B}\boldsymbol{X} + \boldsymbol{v}$，其中 $\boldsymbol{A}$ 是一个 $s \times p$ 的矩阵，$\boldsymbol{u}$ 是一个 $s \times 1$ 的向量，$\boldsymbol{B}$ 是一个 $t \times p$ 的矩阵，$\boldsymbol{v}$ 是一个 $t \times 1$ 的向量，则 $\boldsymbol{Y}$ 与 $\boldsymbol{Z}$ 独立，当且仅当 $\boldsymbol{A}\boldsymbol{\Sigma}\boldsymbol{B}^{\mathrm{T}} = \boldsymbol{O}$，其中 $\boldsymbol{O}$ 是一个 $s \times t$ 的零矩阵。

以上性质的证明留给读者作为习题。

习题 3.5

3.5.1 试举出一个离散型等概分布多维随机变量的例子。
3.5.2 试求多项分布的均值向量。
3.5.3 试举出一个离散型分量独立多维随机变量的例子。
3.5.4 试举出一个连续型分量独立多维随机变量的例子。
3.5.5 试求 Cauchy 多维分布的均值向量。
3.5.6 证明本节所给出的多维 Gauss 多维随机变量的性质。

3.6 多维随机变量的其他表现形式

一维复随机变量、多维复随机变量、实（复）随机矩阵在本质上都是多维随机变量的变形，或者说是其他形式的多维随机变量。这里对它们进行简单介绍。

3.6.1 一维复随机变量

若 X 和 Y 为两个实一维随机变量,称 $Z=X+\mathrm{j}Y$ 为**一维复随机变量**,其中 j 为虚数单位,满足 $\mathrm{j}=\sqrt{-1}$。

在本质上,一个一维复随机变量 $Z=X+\mathrm{j}Y$ 和一个二维随机变量 $\boldsymbol{Z}=(X,Y)$ 所表达的内涵是完全一样的,只是数学表达方式不同而已。所以,要描述一个一维复随机变量 $Z=X+\mathrm{j}Y$ 的概率特性,一般只要给出二维实随机变量 $\boldsymbol{Z}=(X,Y)$ 的概率函数即可。

(1) 概率函数

下面是一维复随机变量的概率函数的定义。

1) 概率质量函数:设一维复随机变量 $Z=X+\mathrm{j}Y$ 的概率分布在以下 K 个点上,即

$$z^{(1)}=a^{(1)}+\mathrm{j}\,b^{(1)},z^{(2)}=a^{(2)}+\mathrm{j}\,b^{(2)},\cdots,z^{(K)}=a^{(K)}+\mathrm{j}\,b^{(K)}$$

则该离散型一维复随机变量的概率质量函数定义为

$$P\left(z^{(k)}\right)\triangleq P_{\boldsymbol{Z}}\left(a^{(k)},b^{(k)}\right) \tag{3.6.1}$$

式中,$P_{\boldsymbol{Z}}\left(a^{(k)},b^{(k)}\right)$ 是二维随机变量 $\boldsymbol{Z}=(X,Y)$ 的概率质量函数。此概率质量函数用矩阵可以表示为

$$\begin{pmatrix} z^{(1)} & z^{(2)} & \cdots & z^{(K)} \\ P\left(z^{(1)}\right) & P\left(z^{(2)}\right) & \cdots & P\left(z^{(K)}\right) \end{pmatrix} \tag{3.6.2}$$

2) 概率生成函数:一维复随机变量的概率生成函数是其概率质量函数 $\left\{P\left(z^{(k)}\right)\right\}_{k=1}^{\infty}$ 的 z 变换。

3) 概率分布函数:一维复随机变量的概率分布函数定义为

$$F_Z(z)\triangleq P\{Z\leqslant z\}=P\{X\leqslant x,Y\leqslant y\}=F_{XY}(x,y) \tag{3.6.3}$$

4) 概率密度函数:一维复随机变量的概率密度函数定义为

$$f_Z(z)\triangleq f_{XY}(x,y) \tag{3.6.4}$$

注意:这里一维复随机变量的概率密度函数并没有定义为其概率分布函数关于复变量 z 的广义导数,而是直接定义为其对应的二维随机变量所对应的概率密度函数。

5) 概率特征函数:一般不考虑对 $f_Z(z)$ 做 Fourier 变换来得到概率特征函数,而是直接将 $f_{XY}(x,y)$ 的二维 Fourier 逆变换作为一维复随机变量 $Z=X+\mathrm{j}Y$ 的概率特征函数。

(2) 数字特征

一个一维复随机变量 $Z=X+\mathrm{j}Y$ 的**期望**定义为

$$E\{Z\}=E\{X\}+\mathrm{j}\,E\{Y\} \tag{3.6.5}$$

一维复随机变量 Z 常用的矩有以下几个:

1) **均值**:$m_Z=E\{Z\}=E\{X\}+\mathrm{j}E\{Y\}$。

2) **均方**：$\psi_Z^2 = E\{|Z|^2\} = E\{X^2\} + E\{Y^2\}$。
3) **方差**：$\sigma_Z^2 = \text{Var}\{Z\} = E\{|Z - m_Z|^2\} = E\{|Z|^2\} - |m_Z|^2$。
4) **n 阶原点矩**：$E\{|Z|^n\}$。
5) **n 阶中心矩**：$E\{|Z - m_Z|^n\}$。

在上述定义中 $|Z|$ 表示复数 Z 的模，$|Z|^2 = X^2 + Y^2$。

例 3.6.1 8PSK 调制信号可以看作一个复数一维随机变量，其概率质量集中于星座集合 $S = \{e^{j2\pi n/8} | n = 1, 2, 3, 4, 5, 6, 7, 8\}$，该集合内每个单点事件的概率都是 $1/8$，即其概率质量函数为

$$\begin{pmatrix} e^{j\pi/4} & e^{j\pi/2} & e^{j3\pi/4} & e^{j\pi} & e^{j5\pi/4} & e^{j3\pi/2} & e^{j7\pi/4} & e^{j2\pi} \\ 1/8 & 1/8 & 1/8 & 1/8 & 1/8 & 1/8 & 1/8 & 1/8 \end{pmatrix}$$

例 3.6.2 4QAM 调制信号可以看作一个复数一维随机变量，其概率质量集中于星座集合 $S = \{1+j, 1-j, -1+j, -1-j\}$，该集合内每个单点事件的概率都是 $1/4$，即其概率质量函数为

$$P(1+j) = P(1-j) = P(-1+j) = P(-1-j) = 1/4$$

以上是离散型一维复随机变量的例子，下面是连续型一维复随机变量的例子。

例 3.6.3 $N = A + Bj$ 是一个一维复随机变量，其实部 A 和虚部 B 是两个独立同分布的零均值、单位方差的正态一维随机变量。该一维复随机变量 N 经常用来给复 Rayleigh 衰落信道建模，其模 $|N|$ 的概率分布为 Rayleigh 分布。

3.6.2 多维复随机变量

当一个概率空间的样本空间为多维复数集 $\mathbb{C}^n$ 构成时，则称在该多维复数集样本空间变化的多维变量为**多维复随机变量**。事实上，一个 n 维复随机变量总是可以表示成一个 $2n$ 维的实多维随机变量。其概率函数的定义和一维复随机变量的概率函数的定义相仿，总是可以定义成所对应的 $2n$ 维实多维随机变量的概率函数。这里不再详细介绍，读者可以仿照一维复随机变量的概率函数的定义类推。

关于多维复随机变量 $\mathbf{Z} = (Z_1, Z_2, \cdots, Z_n)^{\mathrm{T}}$ 的**均值向量**、**协相关矩阵**、**协方差矩阵**分别为

$$m_{\mathbf{Z}} = E\{\mathbf{Z}\} = (E\{Z_1\}, E\{Z_2\}, \cdots, E\{Z_n\})^{\mathrm{T}} \tag{3.6.6}$$

$$R_{\mathbf{Z}} = E\{\mathbf{Z}\mathbf{Z}^{\dagger}\} = \left(E\{Z_i Z_j^*\}\right)_{1 \leqslant i,j \leqslant n} \tag{3.6.7}$$

$$C_{\mathbf{Z}} = E\{(\mathbf{Z} - m_{\mathbf{Z}})(\mathbf{Z} - m_{\mathbf{Z}})^{\dagger}\}$$
$$= \left(E\{(Z_i - m_{Z_i})(Z_j - m_{Z_j})^*\}\right)_{1 \leqslant i,j \leqslant n} = \left(C_{ij}\right)_{1 \leqslant i,j \leqslant n} \tag{3.6.8}$$

式中，上标 T 表示向量或矩阵的转置；* 表示一个复数的共轭；† 表示一个矩阵或者向量的共轭转置。

在 $n = 2$ 时，即 $\mathbf{Z} = (Z_1, Z_2)$，其中一维复随机变量 $Z_1 = X_1 + jY_1$，$Z_2 = X_2 + jY_2$，则 Z_1 和 Z_2 的**相关矩**和**协方差**分别定义为

$$R_{Z_1 Z_2} = E\{Z_1 Z_2^*\} = E\{X_1 X_2 + Y_1 Y_2\} + j E\{X_2 Y_1 - X_1 Y_2\} \tag{3.6.9}$$

$$C_{Z_1 Z_2} = E\{(Z_1 - m_{Z_1})(Z_2 - m_{Z_2})^*\} = R_{Z_1 Z_2} - m_{Z_1} m_{Z_2}^* \tag{3.6.10}$$

若 X_1 和 X_2 及 Y_2 相互独立，且 Y_1 和 X_2 及 Y_2 也相互独立，则称一维复随机变量 Z_1 和 Z_2 **相互独立**。

设 $\boldsymbol{X} = (X_1, \cdots, X_n)^{\mathrm{T}}$ 是一个 n 维的多维复随机变量，$\boldsymbol{Y} = (Y_1, \cdots, Y_m)^{\mathrm{T}}$ 是一个 m 维的多维复随机变量，则这两个多维复随机变量的**互协相关矩阵**和**互协方差矩阵**分别定义为

$$R_{\boldsymbol{XY}} = E\{\boldsymbol{X}\boldsymbol{Y}^{\dagger}\} = \left(R_{X_k Y_l}\right)_{1 \leqslant k \leqslant n, 1 \leqslant l \leqslant m} \tag{3.6.11}$$

$$C_{\boldsymbol{XY}} = E\{(\boldsymbol{X} - m_{\boldsymbol{X}})(\boldsymbol{Y} - m_{\boldsymbol{Y}})^{\dagger}\} = R_{\boldsymbol{XY}} - m_{\boldsymbol{X}} m_{\boldsymbol{Y}}^{\dagger} \tag{3.6.12}$$

例 3.6.4 N 维复信号 $\boldsymbol{S} = (S_1, \cdots, S_N)$，其中每个 S_n 都取值于等概 8PSK 的星座调制集合，则 $\boldsymbol{S}$ 是一个 N 维的多维复随机变量，若分量独立同分布，则 $C_{\boldsymbol{S}} = \boldsymbol{I}_N$，这里 $\boldsymbol{I}_N$ 为 $N \times N$ 的矩阵。

例 3.6.5 (N 维复随机噪声模型) N 维复随机噪声模型是一个 N 维复随机变量 $\boldsymbol{Z} = (Z_1, \cdots, Z_N)$，其中对每个 $0 \leqslant n \leqslant N$，$Z_n$ 是一个零均值的、单位方差的复 Gauss 一维随机变量，并且该复 Gauss 一维随机变量的实部与虚部独立同分布。显然，$C_{\boldsymbol{Z}} = \boldsymbol{I}_N$，这里 $\boldsymbol{I}_N$ 为 $N \times N$ 的矩阵。

3.6.3 随机矩阵

(1) 定义

若概率空间的样本空间由 $M \times N$ 的矩阵组成，则称在这个样本空间变化的矩阵为**随机矩阵**。如果样本矩阵的元素是实数，则称该随机矩阵为**实随机矩阵**；如果样本矩阵的元素是复数，则称该随机矩阵为**复随机矩阵**。

一维随机变量和多维随机变量都可以看成一种特殊的随机矩阵。随机矩阵也可以看成多维随机变量的一种表现形式。

此外，随机矩阵也可以看作多维随机变量的一种变形。在本质上，$M \times N$ 的实随机矩阵是一个 $M \times N$ 的实多维随机变量，只是这些向量是按照矩阵来摆放的。所以，可以将 $M \times N$ 的实随机矩阵展成一个 $M \times N$ 的实多维随机变量，这个 $M \times N$ 的实多维随机变量的概率函数就是这个 $M \times N$ 的实随机矩阵的概率函数。对于 $M \times N$ 的复随机矩阵，可以分解成两个 $M \times N$ 的实随机矩阵来分析。

设有 $M \times N$ 的矩阵 $\boldsymbol{A} = (a_{ij})_{M \times N}$，分别定义其行展开算子 vec^r 与列展开算子 vec^c 如下：

$$\mathrm{vec}^r(\boldsymbol{A}) = (a_{11}, \cdots, a_{1N}, \cdots, a_{M1}, \cdots, a_{MN}) \tag{3.6.13}$$

$$\mathrm{vec}^c(\boldsymbol{A}) = (a_{11}, \cdots, a_{M1}, \cdots, a_{1N}, \cdots, a_{MN})^{\mathrm{T}} \tag{3.6.14}$$

例 3.6.6 在多天线发射和多天线接收无线通信系统中，假设有 M 根发射天线和 N 根接收天线。设从第 m 根发射天线到第 n 根接收天线之间的信道模型可以建模为一个均值为零、方差为 1、实部和虚部独立同分布的复正态一维随机变量：

$$h_{nm} = h_{nm}^{(1)} + \mathrm{j}\, h_{nm}^{(2)}$$

所以有 $E\{h_{nm}\} = 0$，$\mathrm{Var}\{h_{nm}\} = 1$，且 $\left(h_{nm}^{(1)}, h_{nm}^{(2)}\right)$ 是一个二维正态多维随机变量。

设第 m 根发射天线在某个符号周期内发射的信号为 s_m，s_m 是单位圆上的一个复数，则接收端的第 n 根接收天线接收到的信号为

$$r_n = \sum_{m=1}^{M} h_{nm} s_m + z_n \tag{3.6.15}$$

式中，z_n 是一个零均值、方差为 σ^2、实部和虚部独立分布的复正态随机噪声。令

$$\boldsymbol{r} = \begin{bmatrix} r_1 \\ r_2 \\ \vdots \\ r_N \end{bmatrix}, \quad \boldsymbol{s} = \begin{bmatrix} s_1 \\ s_2 \\ \vdots \\ s_M \end{bmatrix}, \quad \boldsymbol{z} = \begin{bmatrix} z_1 \\ z_2 \\ \vdots \\ z_N \end{bmatrix}, \quad \boldsymbol{H} = \begin{bmatrix} h_{11} & h_{12} & \cdots & h_{1M} \\ h_{21} & h_{22} & \cdots & h_{2M} \\ \vdots & \vdots & & \vdots \\ h_{N1} & h_{N2} & \cdots & h_{NM} \end{bmatrix}$$

则接收信号可以写成

$$\boldsymbol{r} = \boldsymbol{H}\boldsymbol{s} + \boldsymbol{z} \tag{3.6.16}$$

如果不同的传输路径是相互独立的，则随机矩阵 $\boldsymbol{H}$ 中的 $M \times N$ 个矩阵元素可以建模为独立同分布的一维复随机变量。如果这些传输路径不是相互独立的，则随机矩阵这些元素就不再相互独立。

在这个例子中，$\boldsymbol{r}$、$\boldsymbol{s}$ 与 $\boldsymbol{z}$ 都是多维复随机变量，而 $\boldsymbol{H}$ 是复随机矩阵。

(2) Wishart 分布

Wishart 分布是一类常用的随机矩阵，这里对其定义及基本性质略加介绍。

设有 $n \times m$ 的随机矩阵 $\boldsymbol{Z}$，它的 n 个行向量都是均值向量为零、向量方差矩阵为 $\boldsymbol{\Sigma}$ 的正态向量，即 $\boldsymbol{Z} \sim N(0, \boldsymbol{I}_n \otimes \boldsymbol{\Sigma})$①，则矩阵 $\boldsymbol{A} = \boldsymbol{Z}^{\mathrm{T}}\boldsymbol{Z}$ 称为具有自由度 n 和协方差矩阵 $\boldsymbol{\Sigma}$ 的 **Wishart 矩阵**，其分布称为具有自由度 n 和协方差矩阵 $\boldsymbol{\Sigma}$ 的 **Wishart 分布**，记作 $\boldsymbol{A} \sim W_m(n, \boldsymbol{\Sigma})$。特别地，当 $\boldsymbol{\Sigma} = \boldsymbol{I}_{m \times m}$ 时，称该分布为**标准 Wishart 分布**。

性质 3.6.1 当 $n < m$ 时，$\boldsymbol{A}$ 是奇异的，此时 $W_m(n, \boldsymbol{\Sigma})$ 分布没有联合概率密度函数。当 $n \geqslant m$ 时，$\boldsymbol{A}$ 的联合概率密度函数为

$$f_{\boldsymbol{A}}(\boldsymbol{A}) = \frac{1}{2^{mn/2} \Gamma_m\left(\frac{1}{2}n\right) [\det(\boldsymbol{\Sigma})]^{n/2}} \operatorname{etr}\left(-\frac{1}{2} \boldsymbol{\Sigma}^{-1} \boldsymbol{A}\right) [\det(\boldsymbol{A})]^{(n-m-1)/2} \tag{3.6.17}$$

式中，记号 etr 表示 $\operatorname{etr}(\boldsymbol{A}) = \exp[\operatorname{Tr}(\boldsymbol{A})]$，$\Gamma_m(\cdot)$ 的定义如下：

$$\Gamma_m(a) = \int_{\boldsymbol{A} > 0} \operatorname{etr}(-\boldsymbol{A}) [\det(\boldsymbol{A})]^{a-(m+1)/2} \mathrm{d}\boldsymbol{A} \tag{3.6.18}$$

式中，$\boldsymbol{A} > 0$ 表示 $\boldsymbol{A}$ 正定。

性质 3.6.2 若 $\boldsymbol{A} \sim W_m(n, \boldsymbol{\Sigma})$，则其联合概率特征函数为

$$\boldsymbol{\Phi}_{\boldsymbol{A}}(\boldsymbol{\Omega}) \equiv E\left[\exp\left(\mathrm{j} \sum_{j \leqslant k}^{m} \omega_{jk} a_{jk}\right)\right] = \det(\boldsymbol{I}_m - \mathrm{j}\boldsymbol{\Gamma}\boldsymbol{\Sigma})^{-n/2} \tag{3.6.19}$$

---
① 这里，符号 $\otimes$ 表示两个矩阵的 Kronecker 乘积。关于 Kronecker 乘积的详细定义参见附录 3.B。

式中，$\boldsymbol{\Omega} = (\omega_{ij})_{n \times m}$；$\boldsymbol{\Gamma} = (\gamma_{ij})_{m \times m}$ 且 $\gamma_{ij} = (1 + \delta_{ij})\omega_{ij}$，$\omega_{ji} = \omega_{ij}$，$\delta_{ij}$ 的定义如下：

$$\delta_{ij} = \begin{cases} 1, & i = j \\ 0, & i \neq j \end{cases}$$

性质 3.6.3 若 $\boldsymbol{A} \sim W_m(n, \boldsymbol{\Sigma})$，则

$$E\{\boldsymbol{A}\} = n\boldsymbol{\Sigma} \tag{3.6.20}$$

$$\mathrm{Var}\{\mathrm{vec}^c(\boldsymbol{A})\} = n(\boldsymbol{I}_{m^2} + \boldsymbol{K})(\boldsymbol{\Sigma} \otimes \boldsymbol{\Sigma}) \tag{3.6.21}$$

式中，$\boldsymbol{K} = \sum_{i,j=1}^{m} (\boldsymbol{E}_{ij} \otimes \boldsymbol{E}_{ij}^{\mathrm{T}})$，$\boldsymbol{E}_{ij}$ 为 $m \times m$ 的矩阵，只有元素 $e_{ij} = 1$，其余元素都为零，特别有

$$\mathrm{Cov}(a_{ij}, a_{kh}) = n(\sigma_{ik}\sigma_{jh} + \sigma_{ih}\sigma_{jk}) \tag{3.6.22}$$

式中，$\sigma_{ij} = E\{|a_{ij}|^2\} - |E\{a_{ij}\}|^2$。

性质 3.6.4 $\boldsymbol{A} \sim W_m(n, \boldsymbol{\Sigma})$，$\boldsymbol{Y}$ 是一个与 $\boldsymbol{A}$ 独立的 $m \times 1$ 的多维随机变量，且 $P\{\boldsymbol{Y} = \boldsymbol{0}\} = 0$，则 $\boldsymbol{Y}^{\mathrm{T}}\boldsymbol{A}\boldsymbol{Y}/(\boldsymbol{Y}^{\mathrm{T}}\boldsymbol{\Sigma}\boldsymbol{Y}) \sim \chi_n^2$，并且独立于 $\boldsymbol{Y}$。

性质 3.6.5 若 $\boldsymbol{A} \sim W_m(n, \boldsymbol{\Sigma})$，$\boldsymbol{M}$ 是一个 $k \times m$ 的矩阵且秩为 k，则 $\boldsymbol{M}\boldsymbol{A}\boldsymbol{M}^{\mathrm{T}} \sim W_k(n, \boldsymbol{M}\boldsymbol{\Sigma}\boldsymbol{M}^{\mathrm{T}})$。

以上性质的证明可参阅有关文献。

习题 3.6

3.6.1 分别举一个离散型一维复随机变量与连续型一维复随机变量的例子，并计算它们的均值、方差。

3.6.2 举一个多维复随机变量的例子，并计算其均值向量、协相关矩阵。

3.6.3 设有 r 个独立的 $m \times m$ 的随机矩阵 $\boldsymbol{A}_1, \cdots, \boldsymbol{A}_r$，且 $\boldsymbol{A}_i \sim W_m(n_i, \boldsymbol{\Sigma})$，$i = 1, 2, \cdots, r$，证明：$\sum_{i=1}^{r} \boldsymbol{A}_i \sim W_m(n, \boldsymbol{\Sigma})$，其中 $n = n_1 + \cdots + n_r$。

第 4 章 离散时间随机过程

本章导读 离散时间随机过程在本质上就是一个可数无穷维的多维随机变量,其维数有时间的物理意义。

描述无穷维随机变量的方法与描述有限维随机变量的方法是一样的,需要用联合概率函数。用无穷维函数来描述离散时间随机过程不是一件很方便的事情,由于在实际运用中人们真正用到的是有限维的联合概率分布,因此用"概率函数族"来描述一个离散时间随机过程是一件很恰当的事情。

除了用概率函数族来描述离散时间随机过程的概率特性之外,还可以用一维采样矩来描述随机过程的矩随时间变化的关系,用二维采样多维随机变量的相关矩来描述随机过程两个采样一维随机变量之间的关系。

常见的离散时间随机过程有独立过程、和过程、独立增量过程、Markov 过程、Gauss 过程、二阶矩过程、严平稳与宽平稳过程。这些过程在信息与通信工程中经常用到,所以了解它们的定义和性质是非常必要的。

4.1 离散时间随机过程的定义

4.1.1 随机变函定义法

若概率空间 $(S, \mathcal{A}, P)$ 的样本空间 S 由定义在自然数集 $\mathbb{N}$ 之上的函数组成,即

$$S = \{x \text{是函数} | x : \mathbb{N} \ni n \mapsto x[n] \in \mathbb{V}\} \tag{4.1.1}$$

式中,$\mathbb{V}$ 可以是 $\mathbb{R}$、$\mathbb{C}$ 中的任意一个,则取值于样本空间 S 的一个变函称为**定义域离散的随机变函**,此时 S 中的样本点是定义域离散的函数,这些函数称为**样本函数**。样本函数可以简记为 $x[n]$,也可以记为 $\{x[n]\}_{n=1}^{\infty}$ 或 $\{x[n]\}_{n \in \mathbb{N}}$;而在 S 中变化的变函,即随机变函,记为 $X[n]$,或者 $\{X[n]\}_{n=1}^{\infty}$,$\{X[n]\}_{n \in \mathbb{N}}$。当 $\mathbb{V} = \mathbb{R}$ 时,该随机变函称为**实随机变函**;当 $\mathbb{V} = \mathbb{C}$ 时,该随机变函称为**复随机变函**。

例 4.1.1 同时观察可数无穷个地点的温度值,将这些地点用 $1, 2, 3, \cdots$ 标号,并将第 n 个地点的温度记为 d_n。每次观察的结果都是一个定义域为 $\mathbb{N}$、值域为 $\mathbb{R}$ 的样本函数,这些样本函数的全体组成样本空间,在这个样本空间内变化的函数 $D[n]$ 就是一个定义域离散的随机变函。

例 4.1.2 观察某通信系统每次传输的信号 $x(t)$ 在频点 $f = f_1, f_2, \cdots, f_n, \cdots$ 的取值,将这些频点用 $1, 2, \cdots, n, \cdots$ 表示,则每次观察的结果是一个定义在 $\mathbb{N}$ 上的样本函数,这些样本函数的全体组成了样本空间,在这个样本空间内变化的变函 $F[n]$,就是一个定义域离散的随机变函。

例 4.1.3 设 ξ 是一个随机取自 $S = [0, 1]$ 的数,设 $b_1, b_2, \cdots$ 是 ξ 的二进制数展开,即

$$\xi = \sum_{i=1}^{\infty} b_i 2^{-i}, \quad b_i \in \{0, 1\}$$

显然，每次取值都得到一个序列 $\{b_i\}_{i=1}^{\infty}$，该序列可以看作定义在离散整数点 $\{1,2,3,\cdots\}$ 上的一个函数，这些样本函数的全体组成一个样本空间，在这个样本空间内变化的变函就是一个随机变函。

对于定义域离散的随机变函，若其定义域 $\mathbb{N}$ 具有时间意义，该随机变函称为**离散时间随机过程**。当 $\mathbb{V}=\mathbb{R}$ 时，该离散时间随机过程称为**离散时间实随机过程**；当 $\mathbb{V}=\mathbb{C}$ 时，该离散时间随机过程称为**离散时间复随机过程**。

显然，对任意 $n\in\mathbb{N}$，$X[n]$ 都是一个一维随机变量；对于任意互不相同的 $n_1,\cdots,n_m\in\mathbb{N}$，$(X[n_1],X[n_2],\cdots,X[n_m])$ 是一个 m 维随机变量。对于离散时间复随机过程来说，对任意 $n\in\mathbb{N}$，$X[n]$ 都是一个复一维随机变量；对于任意互不相同的 $n_1,\cdots,n_m\in\mathbb{N}$，$(X[n_1],X[n_2],\cdots,X[n_m])$ 是一个 m 维复多维随机变量。

此外，对于离散时间实（或复）随机过程来说，一维随机变量 $X[n]$ 的取值范围称为随机过程的**状态空间**。若 $X[n]$ 是离散型一维随机变量，则称该离散时间随机过程为**状态离散型随机过程**；若 $X[n]$ 是连续型一维随机变量，则称该离散时间随机过程为**状态连续型随机过程**。

例 4.1.4 在通信系统中，信源信号一般通过取样和编码转化为 $\{0,1\}$ 二进制信号序列 $\{s[n]\,|\,n=1,2,\cdots\}$。从接收端来看，这是一个离散时间的实随机过程 $\{S[n]\}_{n\in\mathbb{N}}$。对于每个 n，$S[n]$ 是一个样本空间为 $S=\{0,1\}$ 的一维随机变量，所以 $\{S[n]\}_{n\in\mathbb{N}}$ 也是一个状态离散型随机过程。

例 4.1.5 在整点时刻采样的无限长噪声序列 $\{z[n]\}_{n\in\mathbb{N}}$ 的全体组成一个离散时间随机过程 $\{Z[n]\}_{n\in\mathbb{N}}$，对于每个 $n\in\mathbb{N}$，$Z[n]$ 都是一个取值于 $\mathbb{R}$ 的连续型实一维随机变量，所以该离散时间随机过程是一个状态连续型随机过程。

例 4.1.6 观察一个无穷长的发射信号序列 $(s[1],s[2],\cdots,s[n],\cdots)$，对于任意 $n\in\mathbb{N}$，$s[n]$ 取自一个等概的 64QAM 调制星座集。显然，由所有这些半无穷长复信号序列组成的样本空间是一个离散时间复随机过程，记为 $S[n]$，该随机过程的状态是离散的。

例 4.1.7 观察无穷长的接收信号序列 $(r[1],r[2],\cdots,r[n],\cdots)$，对于任意 $n\in\mathbb{N}$，$r[n]$ 都是一个复数。显然，由所有这些半无穷长复信号序列组成的样本空间是一个离散时间复随机过程，记为 $R[n]$，该随机过程的状态是连续的。

4.1.2 可数无穷维随机变量定义法

设有定义域离散的函数：$x:\mathbb{N}\ni n\mapsto x[n]\in\mathbb{R}$，这个函数可以用可数无穷维向量表示为 $(x[1],x[2],\cdots,x[n],\cdots)$。由于一个定义域为 $\mathbb{N}$ 的函数可以看作一个可数无穷维向量，所以定义域离散的随机变函也可以定义为可数无穷维随机变量。换句话说，"定义域离散的随机变函"和"可数无穷维随机变量"在本质上是一回事，只是名称上不同而已。

离散时间随机过程就是维数指标具有时间意义的可数无穷维随机变量。正因为离散时间随机过程是一个无穷维的随机变量，所以，它在每个时刻都是一个一维随机变量，在任意 M 个时刻 $n_1,\cdots,n_M$ 上的采样 $X[n_1],\cdots,X[n_M]$ 是一个 M 维的随机变量。

4.1.3 向量值或矩阵值离散时间随机过程

在离散时间随机变函的定义中，当式 (4.1.1) 中的 $\mathbb{V}$ 取值为 $\mathbb{R}^M$、$\mathbb{R}^{M\times N}$、$\mathbb{C}^M$、$\mathbb{C}^{M\times N}$ 时，即样本空间中的样本函数是定义域为 $\mathbb{N}$，值域为 $\mathbb{R}^M$、$\mathbb{C}^M$、$\mathbb{R}^{M\times N}$、$\mathbb{C}^{M\times N}$ 的离散时间

向量值或矩阵值函数时，则称该离散时间随机变函为**离散时间向量值实（复）随机变函**或**离散时间矩阵值实（复）随机变函**。

当离散时间向量值随机变函或矩阵值随机变函的定义域 $\mathbb{N}$ 有时间意义时，则称该向量值随机变函或矩阵值随机变函为**离散时间向量值随机过程**或**离散时间矩阵值随机过程**。

在本质上，M 维的离散时间向量值随机变函或随机过程就是 M 个一维离散时间随机变函或随机过程，$M \times N$ 的离散时间向量值随机变函或随机过程就是 $M \times N$ 个一维离散时间随机变函或随机过程。一般来说，这 M 个或 $M \times N$ 个一维离散时间随机变函或随机过程往往存在某种联系。

例 4.1.8 某通信系统的发射机有 M 根天线，在第 n 个符号周期它们各自发送 M 个独立的符号 $s_1[n], \cdots, s_M[n]$，$n = 1, 2, 3, \cdots$。这样，在向量值函数组成的样本空间 $S = \{s 为离散时间向量值函数 | s : \mathbb{N} \ni n \mapsto (s_1[n], \cdots, s_M[n])\}$ 内变化的随机变函是一个离散时间向量值随机过程。

例 4.1.9 某通信系统的发射机有 M 根天线，接收机有 N 根天线，$h_{m \times n}[k]$ 是在第 k 个符号周期内第 m 根发射天线到第 n 根接收天线之间的信道衰落系数，$k = 1, 2, \cdots$，$m = 1, 2, \cdots, M$，$n = 1, 2, \cdots, N$。这样，在矩阵值函数组成的样本空间：

$$S = \{h 为离散时间向量值函数 | h : \mathbb{N} \ni k \mapsto (h_{m \times n}[k])_{M \times N}\}$$

内变化的随机变函是一个离散时间矩阵值随机过程。

习题 4.1

4.1.1 分别列举一个离散时间随机过程，具有如下特点：① 状态离散；② 状态连续；③ 只有两个样本函数；④ 状态是一维复数域。

4.1.2 一个通常的离散时间数列（或者说离散时间函数）也可以看作一个特殊的离散时间随机过程，试解释为什么？

4.2 概率函数族

既然离散时间实随机过程是一个无穷维实随机变量，其概率特性应该像多维随机变量那样，由一个定义在 $\mathbb{R}^\infty$ 上的联合概率函数来描述。但是，定义域为可数无穷维的函数在描述上会有很多不便，因此需要用"概率函数族"来描述。

4.2.1 概率质量函数族

若离散时间实随机过程 $\{X[n]\}_{n=1}^\infty$ 是状态离散的，设 $n_1 < n_2 < \cdots < n_m$ 是任意 m 个时间采样点，则 $(X[n_1], X[n_2], \cdots, X[n_m])$ 是一个 m 维的多维随机变量，其联合概率质量函数 $P(X[n_1] = k_1, \cdots, X[n_m] = k_m)$ 称为离散时间随机过程 $\{X[n]\}_{n=1}^\infty$ 的 m **维概率质量函数**，$k_1, \cdots, k_m$ 是状态空间的样本点。称 $\{P(X[n_1] = k_1, \cdots, X[n_m] = k_m)\}_{m=1}^\infty$ 为 $\{X[n]\}_{n=1}^\infty$ 的**概率质量函数族**。

例 4.2.1 (独立同分布一维随机变量序列) 设 $\{X[n]\}_{n=1}^\infty$ 是一个独立同分布一维随机变量序列，并且其状态空间是离散的。显然，这个一维随机变量序列构成了一个离散时间随机过程，其一维概率质量函数为 $P(X[n] = k)$，二维概率质量函数为

$$P(X[n_1] = k_1, X[n_2] = k_2) = P(X[n_1] = k_1)P(X[n_2] = k_2)$$

m 维概率质量函数为

$$P(X[n_1] = k_1, \cdots, X[n_m] = k_m) = P(X[n_1] = k_1) \cdots P(X[n_m] = k_m)$$

其概率质量函数族为 $\{\prod_{i=1}^m P(X[n_i] = k_i)\}_{m=1}^\infty$。

例 4.2.2 离散时间过程 $X[n]$ 有两个样本点：$(a_1, a_2, \cdots, a_n, \cdots)$ 和 $(b_1, b_2, \cdots, b_n, \cdots)$，并且这两个样本点出现的概率相等，都是 $1/2$。则其一维概率质量函数为 $P(X[n] = a_n) = P(X[n] = b_n) = 1/2$，二维概率质量函数为

$$P(X[n_1] = a_{n_1}, X[n_2] = a_{n_2}) = 1/2, \quad P(X[n_1] = b_{n_1}, X[n_2] = b_{n_2}) = 1/2$$

m 维概率质量函数为

$$P(X[n_1] = a_{n_1}, \cdots, X[n_m] = a_{n_m}) = 1/2, \quad P(X[n_1] = b_{n_1}, \cdots, X[n_m] = b_{n_m}) = 1/2$$

例 4.2.3 一个离散时间随机过程 $X[n]$ 由两个样本函数组成：若抛均匀硬币，出现正面，则 $X[n] = (-1)^n$；若抛均匀硬币，出现反面，则 $X[n] = (-1)^{n+1}$。对于该随机过程，其一维概率质量函数为

$$P\{x[n] = +1\} = P\{x[n] = -1\} = 1/2$$

此外，$(X[n], X[n+k])$ 的样本空间为

$$\{(+1, +1), (+1, -1), (-1, +1), (-1, -1)\}$$

若 k 为偶数，其二维概率质量函数为

$$P\{(1, -1)\} = P\{(-1, 1)\} = 0$$
$$P\{(1, 1)\} = P\{(-1, -1)\} = 1/2$$

若 k 为奇数，则二维概率质量函数为

$$P\{(1, -1)\} = P\{(-1, 1)\} = 1/2$$
$$P\{(1, 1)\} = P\{(-1, -1)\} = 0$$

由于概率生成函数主要针对离散型一维随机变量给出；对于离散型多维随机变量，需要对样本点排序之后，定义类似于一维随机变量的概率生成函数。对于随机过程来讲，一般不定义概率生成函数族。

4.2.2 概率分布函数族、概率密度函数族、概率特征函数族

对于一个离散时间实随机过程 $\{X[n]\}_{n=1}^\infty$，在任意 m 个时间点 $n_1 < n_2 < \cdots < n_m$ 上的 m 维采样多维随机变量 $(X[n_1], \cdots, X[n_m])$ 的概率分布函数：

$$F_X(x_1, \cdots, x_m; n_1, \cdots, n_m) = P(X[n_1] \leqslant x_1, \cdots, X[n_m] \leqslant x_m) \tag{4.2.1}$$

称为离散时间随机过程 $\{X[n]\}_{n=1}^\infty$ 的 m **维概率分布函数**，$\{F_X(x_1, \cdots, x_m; n_1, \cdots, n_m)\}_{m=1}^\infty$ 称为离散时间随机过程 $\{X[n]\}_{n=1}^\infty$ 的**概率分布函数族**。

m 维采样多维随机变量 $(X[n_1], \cdots, X[n_m])$ 的概率密度函数：

$$f_X(x_1,\cdots,x_m;n_1,\cdots,n_m) = \frac{\partial^m F_X(x_1,\cdots,x_m;n_1,\cdots,n_m)}{\partial x_1 \cdots \partial x_m} \tag{4.2.2}$$

称为离散时间随机过程 $\{X[n]\}_{n=1}^{\infty}$ 的 m **维概率密度函数**，$\{f_X(x_1,\cdots,x_m;n_1,\cdots,n_m)\}_{m=1}^{\infty}$ 称为离散时间随机过程 $\{X[n]\}_{n=1}^{\infty}$ 的**概率密度函数族**。

m 维采样多维随机变量 $(X[n_1],\cdots,X[n_m])$ 的概率特征函数：

$$\Phi_X(\omega_1,\cdots,\omega_m;n_1,\cdots,n_m) = \int_{\mathbb{R}^m} e^{j\sum\limits_{i=1}^{m} x_i\omega_i} f_X(x_1,\cdots,x_m;n_1,\cdots,n_m) dx_1\cdots dx_m \tag{4.2.3}$$

称为离散时间随机过程 $\{X[n]\}_{n=1}^{\infty}$ 的 m **维概率特征函数**，$\{\Phi_X(\omega_1,\cdots,\omega_m;n_1,\cdots,n_m)\}_{m=1}^{\infty}$ 称为离散时间随机过程 $\{X[n]\}_{n=1}^{\infty}$ 的**概率特征函数族**。

对于离散时间复随机过程的概率函数族，可以通过采样复多维随机变量的概率函数来类似地加以定义。

例 4.2.4 设 K 为掷骰子试验所得的一维随机变量，其样本空间为 $\{1,2,3,4,5,6\}$，每个样本点的概率都是 $1/6$。每抛一次骰子就得到离散时间随机过程 $X[n]$ 的一个样本函数：

$$x[n] = \cos\left(\frac{2\pi K}{6}\right)n, \quad n=1,2,\cdots$$

则该随机过程的一维概率分布函数和一维概率密度函数分别是

$$F_X(x;n) = \sum_{i=1}^{6} \frac{1}{6} U\left(x - \cos\frac{2n\pi i}{6}\right)$$

$$f_X(x;n) = \sum_{i=1}^{6} \frac{1}{6} \delta\left(x - \cos\frac{2n\pi i}{6}\right)$$

其二维概率分布函数和密度函数分别为

$$F_X(x_1,x_2;n_1,n_2) = \sum_{i=1}^{6} \frac{1}{6} U\left(x_1 - \cos\frac{2n_1\pi i}{6}, x_2 - \cos\frac{2n_2\pi i}{6}\right)$$

$$f_X(x_1,x_2;n_1,n_2) = \sum_{i=1}^{6} \frac{1}{6} \delta\left(x_1 - \cos\frac{2n_1\pi i}{6}, x_2 - \cos\frac{2n_2\pi i}{6}\right)$$

$U(x_1,x_2)$ 为二维 Heavyside 函数：

$$U(x_1,x_2) = \begin{cases} 1, & x_1 \geqslant 0, x_2 \geqslant 0 \\ 0, & \text{其他} \end{cases} \tag{4.2.4}$$

$\delta(x_1,x_2)$ 是二维 Delta 函数：

$$\delta(x_1,x_2) = \begin{cases} \infty, & x_1 = 0, x_2 = 0 \\ 0, & x_1 \neq 0, x_2 \neq 0 \end{cases} \tag{4.2.5}$$

且有

$$\int_{\mathbb{R}^2} \delta(x_1,x_2) dx_1 dx_2 = 1 \tag{4.2.6}$$

例 4.2.5 设有随机过程 $Z[n]=An+B$,其中 A 和 B 为互相独立的两个一维随机变量,其概率密度函数分别为 $f_A(a)$ 和 $f_B(b)$。即让一维随机变量 A 和 B 分别输出一个样本点 a 和 b,于是就得到 $Z[n]$ 的一个样本函数 $z[n]=an+b$,则 $Z[n]$ 的一维概率分布函数为

$$F_Z(z;n) = P\{An+B \leqslant z\} = \int_{-\infty}^{\infty} f_A(a)\left[\int_{-\infty}^{z-an} f_B(b)\mathrm{d}b\right]\mathrm{d}a$$

因此,$f_Z(z;n) = \int_{-\infty}^{\infty} f_A(a)f_B(z-an)\mathrm{d}a$。二维概率分布函数为

$$\begin{aligned} F_Z(z_1,z_2;n_1,n_2) &= P\{An_1+B \leqslant z_1, An_2+B \leqslant z_2\} \\ &= P\{(A,B)|An_1+B \leqslant z_1, An_2+B \leqslant z_2\} \\ &= \int_{\mathcal{D}} f_A(a)f_B(b)\mathrm{d}a\mathrm{d}b \end{aligned}$$

式中,$\mathcal{D} = \{(a,b)|an_1+b \leqslant z_1, an_2+b \leqslant z_2\}$,对 $F_Z(z_1,z_2;n_1,n_2)$ 的两个变量同时求一阶广义导数则得到二维概率密度函数 $f_Z(z_1,z_2;n_1,n_2)$。

4.2.3 两个随机过程间的联合概率函数

为了观察两个随机过程之间的关系,需要引入两个随机过程之间的联合概率函数。设有离散时间随机过程 $X[n]$ 与 $Y[n]$,设 $(X[n_1],\cdots,X[n_K])$ 是 $X[n]$ 的 K 维采样多维随机变量,$(Y[n_{K+1}],\cdots,Y[n_{K+L}])$ 是 $Y[n]$ 的 L 维采样多维随机变量,则随机过程 $X[n]$ 与 $Y[n]$ 之间的 **$K+L$ 维联合概率分布函数、$K+L$ 维联合概率密度函数、$K+L$ 维联合概率特征函数、$K+L$ 维联合概率质量函数** 定义为 $K+L$ 维多维随机变量 $(X[n_1],\cdots,X[n_K],Y[n_{K+1}],\cdots,Y[n_{K+L}])$ 的联合概率分布函数、联合概率密度函数、联合概率特征函数、联合概率质量函数,分别表示为 $F_{XY}(x_1,\cdots,x_{K+L};n_1,\cdots,n_{K+L})$、$f_{XY}(x_1,\cdots,x_{K+L};n_1,\cdots,n_{K+L})$、$\Phi_{XY}(\omega_1,\cdots,\omega_{K+L};n_1,\cdots,n_{K+L})$、$P_{XY}(x_1=a_1,\cdots,x_{K+L}=a_{K+L};n_1,\cdots,n_{K+L})$。

如果对任意正整数 K 和 L,$X[n]$ 的任意 K 维采样多维随机变量 $(X[n_1],\cdots,X[n_K])$ 与 $Y[n]$ 的任意 L 维采样多维随机变量 $(Y[n_{K+1}],\cdots,Y[n_{K+L}])$ 都相互独立,即有

$$\begin{aligned} &F_{XY}(x_1,\cdots,x_{K+L};n_1,\cdots,n_{K+L}) \\ &= F_X(x_1,\cdots,x_K;n_1,\cdots,n_K)F_Y(x_{K+1},\cdots,x_{K+L};n_{K+1},\cdots,n_{K+L}) \end{aligned} \quad (4.2.7)$$

则称随机过程 $X[n]$ 与 $Y[n]$ **相互独立**。

例 4.2.6 已知有两个随机过程 $X[n]=\cos 2n\pi A$ 与 $Y[n]=\cos 2n\pi B$,其中 A 和 B 是一维随机变量,其联合概率密度函数为 $f_{AB}(a,b)$,则这两个随机过程的 $1+1$ 维概率分布函数为

$$\begin{aligned} F_{XY}(x,y;n_1,n_2) &= P\{X[n_1] \leqslant x, Y[n_2] \leqslant y\} = P\{\cos 2n_1\pi A \leqslant x, \cos 2n_2\pi B \leqslant y\} \\ &= \iint_{\mathcal{D}} f_{AB}(a,b)\mathrm{d}a\mathrm{d}b \end{aligned}$$

式中,积分区域 $\mathcal{D} = \{(a,b) \mid \cos 2n_1\pi a \leqslant x, \cos 2n_2\pi b \leqslant y\}$。

习题 4.2

4.2.1 已知一个离散时间随机过程 $X[n]$ 只有一个样本函数 $a_1, a_2, \cdots, a_n$，试求该随机过程的 n 维概率质量函数、n 维概率分布函数以及 n 维概率密度函数。

4.2.2 离散时间随机过程 $X[n]$ 的样本函数为 $x[n] = s^n$，$n \geqslant 0$，其中 s 为随机取自区间 $(0,1)$ 的一个数。试求：① $X[n]$ 的一维概率分布函数；② 二维概率分布函数。

4.2.3 定义随机过程 $X[n] = Ag[n]$，其中 A 为等概率地取 ± 1 的一维随机变量，即随机过程 $X[n]$ 的样本函数只有两个：$g[n]$ 和 $-g[n]$。试求：① $X[n]$ 的一维概率质量函数；② 二维联合概率质量函数。

4.2.4 设 $X[n]$ 是零均值、单位方差的独立同分布的正态一维随机变量序列，设 $M[n]$ 定义为

$$M[n] = \frac{X[1] + X[2] + \cdots + X[n]}{n}$$

试分别求 $M[n]$ 的一维、二维概率密度函数。

4.3 矩 函 数

一个离散时间随机过程的统计特性不仅可以用概率函数族来完全描述，还可以用矩函数来描述。描述随机过程的矩函数最常见的有一维采样矩函数与二维采样矩函数。

4.3.1 一维采样矩函数

对于离散时间随机过程，除了用概率函数族来描述其概率特性，还可以用矩函数描述随机过程的时间相关性。

实（复）随机过程 $X[n]$ 的**均值函数、均方函数和方差函数**分别定义为

均值函数： $\qquad m_X[n] = E\{X[n]\} \qquad$ (4.3.1)

均方函数： $\qquad \psi_X^2[n] = E\{|X[n]|^2\} \qquad$ (4.3.2)

方差函数： $\qquad \sigma_X^2[n] = \text{Var}\{X[n]\} = E\{|X[n] - m_X[n]|^2\} \qquad$ (4.3.3)

均值函数、均方函数和方差函数都是离散时间 n 的一个函数，它反映了离散时间随机过程在不同时刻其均值、均方和方差的变化情况。

例 4.3.1 设独立同分布序列 $X[n]$ 的每一项是一个取值于 $\{0,1\}$ 的 Bernoulli 一维随机变量，则其均值函数和方差函数分别为

$$m_X[n] = p, \quad \text{Var}\{X[n]\} = p(1-p) = \sigma^2$$

由于对每个固定的 n，$X[n]$ 都是一个一维随机变量，所以离散时间随机过程的均值函数、均方函数以及方差函数等，与通常的一维随机变量的均值、均方与方差的求解并没有太大差别，只是带有参变量 n 而已。所以，这里对其求解，就不再举例。

4.3.2 二维采样矩函数

离散时间实（复）随机过程 $X[n]$ 的**自相关函数、自协方差函数、自相关系数函数**分别定义为

自相关函数： $\qquad R_X[n_1, n_2] = E\{X[n_1]X^*[n_2]\} \qquad$ (4.3.4)

自协方差函数： $\qquad C_X[n_1, n_2] = E\{(X[n_1] - m_X[n_1])(X[n_2] - m_X[n_2])^*\} \qquad$ (4.3.5)

$$= R_X[n_1, n_2] - m_X[n_1]m_X^*[n_2] \qquad (4.3.6)$$

自相关系数函数: $$\rho_X[n_1, n_2] = \frac{C_X[n_1, n_2]}{\sqrt{C_X[n_1, n_1]C_X[n_2, n_2]}} \tag{4.3.7}$$

自相关函数、自协方差函数和自相关系数函数是时间 n_1、n_2 的函数，它们刻画了离散时间随机过程 $X[n]$ 在时刻 n_1 和 n_2 的取样一维随机变量 $X[n_1]$ 和 $X[n_2]$ 之间的相关程度。显然，当 $n_1 = n_2 = n$ 时，自相关函数和自协方差函数分别退化为均方函数和方差函数。

复随机过程的自相关函数具有如下性质。

性质 4.3.1 设复离散时间随机过程 $X[n]$ 的自相关函数为 $R_X[n_1, n_2]$，则有以下性质。

1) 复对称性: $R_X[n_1, n_2] = R_X^*[n_2, n_1]$；若 $X[n]$ 是实过程，则 $R_X[n_1, n_2] = R_X[n_2, n_1]$。
2) 非负定性: 对任意 n 个复数 $a_1, \cdots, a_n$，有

$$\sum_{i=1}^{n}\sum_{j=1}^{n} a_i a_j^* R_X[n_i, n_j] \geqslant 0 \tag{4.3.8}$$

例 4.3.2 例4.3.1所定义的离散时间随机过程 $X[n]$ 的自协方差函数为

$$C_X[n_1, n_2] = \sigma^2 \delta[n_1 - n_2] \tag{4.3.9}$$

式中，$\delta[\cdot]$ 为离散时间 Delta 函数，即有

$$\delta[n] = \begin{cases} 1, & n = 0 \\ 0, & n \neq 0 \end{cases} \tag{4.3.10}$$

显然，其自相关函数为

$$R_X[n_1, n_2] = C_X[n_1, n_2] + p^2 \tag{4.3.11}$$

例 4.3.3 设一维随机变量 $a_1, \cdots, a_I$ 为互不相关的 I 个均值为零的实一维随机变量，且 $E\{a_i^2\} = \sigma_i^2$，ω_i 为 I 个实数。则离散时间复随机过程:

$$X[n] = \sum_{i=1}^{I} a_i e^{j\omega_i n}$$

的均值为

$$m_X[n] = E\left\{\sum_{i=1}^{I} a_i e^{j\omega_i n}\right\} = 0$$

自相关函数和自协方差函数为

$$R_X[n_1, n_2] = C_X[n_1, n_2] = E\left\{\left[\sum_{i=1}^{I} a_i e^{j\omega_i n_1}\right]\left[\sum_{i=1}^{I} a_i e^{j\omega_i n_2}\right]^*\right\}$$

$$= \sum_{k=1}^{I}\sum_{l=1}^{I} E\{a_k a_l^*\} e^{j\omega_k n_1} e^{-j\omega_l n_2}$$

$$= \sum_{i=1}^{I} \sigma_i^2 e^{j\omega_i(n_1 - n_2)}$$

在本质上，求一个离散时间随机过程的二维采样矩阵函数，与求一个二维多维随机变量的相关矩没有什么差别，只是由于这个二维多维随机变量取自一个随机过程，因而带有时间参变量 n_1 与 n_2 而已。

4.3.3 两个随机过程之间的互矩函数

定义随机过程 $X[n]$ 和 $Y[n]$ 的**互相关函数**、**互协方差函数**为

互相关函数： $R_{XY}[n_1, n_2] = E\{X[n_1]Y^*[n_2]\}$ (4.3.12)

互协方差函数： $C_{XY}[n_1, n_2] = E\{[X[n_1] - m_X[n_1]][Y[n_2] - m_Y[n_2]]^*\}$ (4.3.13)

$$= R_{XY}[n_1, n_2] - m_X[n_1]m_Y^*[n_2]$$ (4.3.14)

若对任意 n_1 和 n_2 有 $R_{XY}[n_1, n_2] = 0$，则称随机过程 $X[n]$ 和 $Y[n]$ **正交**。若对任意 n_1 和 n_2 有 $C_{XY}[n_1, n_2] = 0$，则称随机过程 $X[n]$ 和 $Y[n]$ **互不相关**。

性质 4.3.2　若两个离散时间随机过程相互独立，则一定互不相关。

证明：结论可以由两个一维随机变量独立则一定不相关得到。　□

例 4.3.4　设有离散时间过程 $X[n] = f(A, n)$ 和 $Y[n] = g(B, n)$，$f(A, n)$ 与 $g(B, n)$ 是两个二维函数，(A, B) 是概率密度函数为 $f_{AB}(a, b)$ 的二维多维随机变量，则 $X[n]$ 与 $Y[n]$ 之间的互相关函数为

$$R_{XY}[n_1, n_2] = E\{X[n_1]Y^*[n_2]\} = E\{f(A, n_1)g^*(B, n_2)\}$$
$$= \int_{\mathbb{R}^2} f(a, n_1)g^*(b, n_2)f_{AB}(a, b)\mathrm{d}a\mathrm{d}b$$

此外

$$m_X[n] = \int_{\mathbb{R}^2} f(a, n)f_{AB}(a, b)\mathrm{d}a\mathrm{d}b$$
$$m_Y[n] = \int_{\mathbb{R}^2} g(b, n)f_{AB}(a, b)\mathrm{d}a\mathrm{d}b$$

将上面的计算结果代入 $C_{XY}[n_1, n_2] = R_{XY}[n_1, n_2] - m_X[n_1]m_Y^*[n_2]$，即得 $C_{XY}[n_1, n_2]$。

习题 4.3

4.3.1　设 $X[n]$ 为独立同分布的一维随机变量序列，且服从 $N(0, 1)$，定义离散时间随机过程：
$$M[n] = \frac{X[1] + X[2] + \cdots + X[n]}{n}$$
试求 $M[n]$ 的均值、方差和协方差。

4.3.2　随机过程 $X[n] = \mathrm{e}^{-An}$，其中 $n = 1, 2, \cdots$，A 是标准正态一维随机变量，试求 $X[n]$ 的均值函数、均方函数、方差函数，以及自相关函数。

4.3.3　设有离散时间随机过程 $X[n] = A + Bn$，其中 A 与 B 独立同分布，均值为零、方差为 σ^2，试求 $X[n]$ 的均值函数、方差函数、自相关函数。

4.4　常见离散时间随机过程

本节介绍在信息与通信工程中最常见的离散时间随机过程。

4.4.1　独立过程

独立过程是这样一类离散时间随机过程 $\{X[n]\}_{n=1}^{\infty}$：一维随机变量序列 $X[1], X[2], \cdots$ 中的任意多个一维随机变量都相互独立。

第 4 章 离散时间随机过程

如果一维随机变量序列中的所有一维随机变量不仅彼此独立，而且具有相同的概率分布函数，则称该独立过程为**独立同分布过程**，有些文献中也简称为 iid 过程[①]。

显然，独立过程 $X[n]$ 的任意维概率函数都可以用一维概率函数来表示，例如，K 维概率密度函数可以表示为

$$f_X(x_1,\cdots,x_K;n_1,\cdots,n_K) = \prod_{k=1}^{K} f_X(x_k,n_k) \tag{4.4.1}$$

如果是 iid 过程，则概率密度函数与时间指标 $n_1,\cdots,n_K$ 无关：

$$f_X(x_1,\cdots,x_K;n_1,\cdots,n_K) = \prod_{k=1}^{K} f_X(x_k) \tag{4.4.2}$$

此外，iid 过程的一维采样矩阵函数与二维采样矩函数都是常数。

iid 过程在信息与通信系统中常用来作为信号或噪声的模型。

例 4.4.1 (离散时间 iid 信号模型) 在通信系统中，常将发射机发射的一串信号序列建模为一个 iid 过程 $S[n]$，$S[n]$ 的样本点是一个半无穷长的信号序列 $(s[1],s[2],\cdots,s[n],\cdots)$，其中任意 $s[n]$ 都取自一个调制星座集合 $\mathcal{C}$，所有这些信号序列的集合就是离散时间随机过程 $S[n]$。该 iid 离散时间随机信号的 K 维概率质量函数为

$$P\{S[n_1]=a_1,\cdots,S[n_K]=a_K\} = \prod_{k=1}^{K} P\{S[n_k]=a_k\}$$

式中，$P\{S[n_k]=a_k\}$ 是一维概率质量函数，即调制星座集合 $\mathcal{C}$ 中调制信号的概率质量函数。

例 4.4.2 (离散时间 iid 噪声过程) 离散时间 iid 实噪声过程是这样一个 iid 离散时间过程 $Z[n]$，其任意维采样多维随机变量的分量之间都相互独立，并且概率分布都相同，都是均值为零、方差为 σ^2 的 Gauss 分布，即对任意 n 都有 $Z[n] \sim N(0,\sigma^2)$。

离散时间 iid 复噪声过程 $Z[n]$ 的每个时间采样一维随机变量都是一个复一维随机变量 $Z[n] = A[n] + \mathrm{j}B[n]$，其中随机过程 $A[n]$ 与随机过程 $B[n]$ 都是实 iid 离散时间过程且相互独立。此外，每个分量一维随机变量的概率分布都相同，服从 Gauss 分布，即 $A[n], B[n] \sim N(0,\sigma^2)$。

iid 过程还常用来作为事件发生次数的模型。

例 4.4.3 (Bernoulli 试验过程) Bernoulli 试验过程 $X[n]$ 是这样得到的，在第 n 次试验中，假如事件 A 发生，则 $X[n]=1$，否则 $X[n]=0$。此外，每次试验 A 发生的概率都是 p，并且不同的试验相互独立。该 iid 离散时间过程的样本函数是由 0 和 1 为分量组成的无穷维向量。

例 4.4.4 (固定时间呼叫到达数过程) 统计某移动通信系统的基站在第 n 小时内到达的呼叫数目为 $X[n]$，则 $X[n]$ 可建模为一个 iid 过程，且每个 $X[n]$ 都具有 Poisson 分布，即

$$P\{X[n]=k\} = \frac{\alpha^k}{k!}\mathrm{e}^{-\alpha}, \quad k=0,1,2,\cdots$$

[①] iid 是"独立同分布"的英文缩写。

4.4.2 和过程

设 $X[n]$ 为定义于时间指标集 $\mathbb{N}$ 上的一个离散时间随机过程, 称 $S[n] = X[1] + X[2] + \cdots + X[n]$ 为 $X[n]$ 的和过程。

设 $P\{S[0] = 0\} = 1$, 则和过程 $S[n]$ 可以写成递推形式 $S[n] = S[n-1] + X[n]$。若 $X[n]$ 状态离散且独立同分布, 则其 k 维概率质量函数为

$$P\{S[n_1] = s_1, \cdots, S[n_k] = s_k\}$$
$$= P\{S[n_1] = s_1\} P\{S[n_2 - n_1] = s_2 - s_1\} \cdots P\{S[n_k - n_{k-1}] = s_k - s_{k-1}\} \quad (4.4.3)$$

若 $X[n]$ 状态连续且独立同分布, 则 k 维概率密度函数为

$$f_S(s_1, \cdots, s_k; n_1, \cdots, n_k)$$
$$= f_S(s_1; n_1) f_S(s_2 - s_1; n_2 - n_1) \cdots f_S(s_k - s_{k-1}; n_k - n_{k-1}) \quad (4.4.4)$$

此外, 若 $X[n]$ 的均值为 m、方差为 σ^2, 则和过程 $S[n]$ 的均值函数为 $m_S[n] = nm$, 自协方差函数为

$$\begin{aligned}
C_S[n, k] &= E\Big\{ \big(S[n] - E\{S[n]\}\big)\big(S[k] - E\{S[k]\}\big) \Big\} \\
&= E\Big\{ \Big[\sum_{i=1}^{n}(X[i] - m)\Big]\Big[\sum_{j=1}^{k}(X[j] - m)\Big] \Big\} \\
&= \sum_{i=1}^{n}\sum_{j=1}^{k} E\Big\{ \big(X[i] - m\big)\big(X[j] - m\big) \Big\} \\
&= \sum_{i=1}^{n}\sum_{j=1}^{k} C_X[i, j] = \sum_{i=1}^{n}\sum_{j=1}^{k} \sigma^2 \delta[i - j] \\
&= \min(n, k)\sigma^2
\end{aligned}$$

令 $n = k$, 则得方差函数 $\text{Var}\{S[n]\} = n\sigma^2$。

例 4.4.5 (二项计数过程) 设 $X[n]$ 是参数为 p 的 Bernoulli 独立同分布序列, 其和过程 $S[n]$ 称为二项计数过程。由于在 Bernoulli 试验中, 样本 1 被选中表示某事件发生, 样本 0 被选中表示该事件不发生。因此, $S[n]$ 表示前 n 次 Bernoulli 试验中某事件发生的次数。二项计数过程的一维概率质量函数为

$$P\{S[n] = j\} = \binom{n}{j} p^j (1-p)^{n-j}, \quad 0 \leqslant j \leqslant n \quad (4.4.5)$$

由式 (4.4.3) 知, 二项计数过程的二维概率质量函数为

$$\begin{aligned}
P\{S[n_1] = y_1, S[n_2] = y_2\} &= P\{S[n_1] = y_1\} P\{S[n_2 - n_1] = y_2 - y_1\} \\
&= \binom{n_1}{y_1} p^{y_1}(1-p)^{n_1 - y_1} \binom{n_2 - n_1}{y_2 - y_1} p^{y_2 - y_1}(1-p)^{n_2 - n_1 - y_2 + y_1} \\
&= \binom{n_2 - n_1}{y_2 - y_1}\binom{n_1}{y_1} p^{y_2}(1-p)^{n_2 - y_2}
\end{aligned}$$

例 4.4.6 (单位步长一维随机游走过程) 设 $X[n]$ 是参数为 p 的独立同分布 Bernoulli 序列，$D[n] = 2X[n] - 1$ 则是一个取值于 $\{+1, -1\}$ 的独立同分布序列，用 $D[n]$ 表示粒子沿直线左右运动且每次跳变一个单位长度。显然，$D[n]$ 的和过程 $S[n]$ 表示粒子在时刻 n 的位置 (假设粒子的起始位置是原点)，该和过程 $S[n]$ 被称为单位步长一维随机游走过程，当 $p = 1/2$ 时，也称为一维对称随机游走过程。

若在 n 次试验中出现了 k 个 1，则出现 $n-k$ 个 -1，于是 $S[n] = k - (n-k) = 2k - n$。因此，若 $S[n] = j$，则 1 的个数为 $k = (j+n)/2$。若 $(j+n)/2$ 不是整数，则 $S[n]$ 不可能取到 j。因此，单位步长一维随机游走过程的一维概率质量函数为

$$P\{S[n] = j\} = \begin{cases} \binom{n}{(j+n)/2} p^{(j+n)/2}(1-p)^{(n-j)/2}, & (j+n)/2 \text{ 是整数} \\ 0, & (j+n)/2 \text{ 不是整数} \end{cases}$$

例 4.4.7 例4.4.4所定义的固定时间呼叫到达数过程 $X[n]$ 的和过程 $S[n]$ 的一维概率质量函数为

$$P\{S[n] = k\} = \frac{(\alpha n)^k}{k!} e^{-\alpha n}, \quad k = 0, 1, 2, \cdots \tag{4.4.6}$$

式 (4.4.6) 的验证留作习题。

4.4.3 独立增量过程

设有离散时间随机过程 $X[n]$，若对所有正整数 K 以及任意 K 维采样时刻 $n_1 < n_2 < \cdots < n_K$，一维随机变量 $X[0], X[n_1] - X[0], X[n_2] - X[n_1], \cdots, X[n_K] - X[n_{K-1}]$ 相互独立，则称 $X[n]$ 为**独立增量过程**。若所有的增量一维随机变量 $X[n_k] - X[n_{k-1}]$ 的概率分布只和时间差 $n_k - n_{k-1}$ 有关，与时间起点 n_k 无关，则称该独立增量过程为**齐次独立增量过程**。

记 $C[n_k, n_{k-1}] = X[n_k] - X[n_{k-1}]$，$k \geqslant 1$，独立增量过程可以表示为

$$X[n_K] = X[n_0] + \sum_{k=1}^{K} C[n_k, n_{k-1}] \tag{4.4.7}$$

独立增量过程 $X[n]$ 可以看作一个独立过程 $C[n_k, n_{k-1}]$ 的和过程，因而其任意维概率函数可以用一维概率函数和增量一维随机变量的概率函数来表示。

状态离散独立增量过程的 K 维概率质量函数有如下表示：

$$\begin{aligned}&P\{X[n_1] = x_1, \cdots, X[n_K] = x_K\} \\&= P\{X[n_1] = x_1\} P\{C[n_2, n_1] = x_2 - x_1\} \cdots P\{C[n_K, n_{K-1}] = x_K - x_{K-1}\}\end{aligned} \tag{4.4.8}$$

式中，$x_1, \cdots, x_K$ 是独立增量过程状态集中的任意元素；$P\{X[n] = x_1\}$ 是独立增量过程的一维概率质量函数，$P\{C[n_k, n_{k-1}] = x_k - x_{k-1}\}$ 是增量一维随机变量 $C[n_k, n_{k-1}]$ 的概率质量函数。

若 $X[n]$ 是状态连续的独立增量过程，记增量一维随机变量 $C[n_k, n_{k-1}]$ 的概率密度函数为 $f_C(c; n_k, n_{k-1})$，则 $X[n]$ 的 K 维概率分布函数为

$$F_X(x_1, \cdots, x_K; n_1, \cdots, n_K) = P\{X[n_1] \leqslant x_1, \cdots, X[n_K] \leqslant x_K\}$$

$$= \int_{\mathcal{D}} f_X(c_1;n_1) f_C(c_2;n_1,n_2) \cdots f_C(c_K;n_{K-1},n_K) \mathrm{d}c_1 \cdots \mathrm{d}c_K \tag{4.4.9}$$

式中，$\mathcal{D}$ 为 $\mathbb{R}^K$ 中的子集

$$\{(c_1,\cdots,c_K) \in \mathbb{R}^K | c_1 \leqslant x_1, c_1+c_2 \leqslant x_2, \cdots, c_1+c_2+\cdots+c_K \leqslant x_K\}$$

做线性变换：

$$u_1 = c_1, u_2 = c_1+c_2, \cdots, u_K = c_1+c_2+\cdots+c_K$$

则上述积分变为

$$\int_{-\infty}^{x_1} \cdots \int_{-\infty}^{x_K} f_X(u_1;n_1) f_C(u_2-u_1;n_1,n_2) \cdots f_C(u_K-u_{K-1};n_{K-1},n_K) \mathrm{d}u_1 \cdots \mathrm{d}u_K$$

对上式求导，得 $X[n]$ 的 K 维概率密度函数为

$$\begin{aligned} & f_X(x_1,\cdots,x_K;n_1,\cdots,n_K) \\ & = f_X(x_1;n_1) f_C(x_2-x_1;n_1,n_2) \cdots f_C(x_K-x_{K-1};n_{K-1},n_K) \end{aligned} \tag{4.4.10}$$

可以证明下列性质。

性质 4.4.1 独立同分布随机过程的和过程是齐次独立增量过程。

所以，上面所举的所有和过程的例子都是齐次独立增量过程的例子。

4.4.4 Markov 过程

离散时间 Markov 过程是具有记忆的随机过程。

设 $X[n]$ 是一个离散时间随机过程，若对任意 $n_1 < n_2 < \cdots < n_{k+1}$ 时刻的一维随机变量 $X[n_1], X[n_2], \cdots, X[n_{k+1}]$ 有

$$\begin{aligned} & P\{X[n_{k+1}] \leqslant x_{k+1} | X[n_k] = x_k, X[n_{k-1}] = x_{k-1}, \cdots, X[n_1] = x_1\} \\ & = P\{X[n_{k+1}] \leqslant x_{k+1} | X[n_k] = x_k\} \end{aligned} \tag{4.4.11}$$

则称 $X[n]$ 为**离散时间 Markov 过程**。

此外，还可以用概率密度函数表述式 (4.4.11)：

$$f_X(x_{k+1},n_{k+1}|x_k,\cdots,x_1;n_k,\cdots,n_1) = f_X(x_{k+1},n_{k+1}|x_k,n_k) \tag{4.4.12}$$

式 (4.4.12) 右端的 $f_X(x_{k+1},n_{k+1}|x_k,n_k)$ 称为**转移密度函数**。在式 (4.4.11) 和式 (4.4.12) 中，n_k 表示现在时刻，n_{k+1} 表示将来时刻，$n_1,\cdots,n_{k-1}$ 表示过去时刻。

式 (4.4.11) 和式 (4.4.12) 表明，在 Markov 过程中，以过去若干时刻的状态为条件的条件分布函数或条件密度函数总是可以简化为以最近时刻的状态为条件的条件分布函数或条件密度函数。此外，当 $X[n]$ 是离散状态的一维随机变量时，式 (4.4.11) 等价于

$$\begin{aligned} & P\{X[n_{k+1}] = x_{k+1} | X[n_k] = x_k, X[n_{k-1}] = x_{k-1}, \cdots, X[n_1] = x_1\} \\ & = P\{X[n_{k+1}] = x_{k+1} | X[n_k] = x_k\} \end{aligned} \tag{4.4.13}$$

性质 4.4.2 离散时间独立增量过程是 Markov 过程。

证明： 设 $X[n]$ 是独立增量过程，则

$$P\{X[n_{k+1}] \leqslant x_{k+1} | X[n_k] = x_k, X[n_{k-1}] = x_{k-1}, \cdots, X[n_1] = x_1\}$$
$$= P\{X[n_{k+1}] - X[n_k] \leqslant x_{k+1} - x_k | X[n_k] = x_k\}$$
$$= P\{X[n_{k+1}] \leqslant x_{k+1} | X[n_k] = x_k\}$$

因此，$X[n]$ 是 Markov 过程。 □

因为和过程是独立增量过程，所以和过程也是 Markov 过程。

例 4.4.8 考虑 Bernoulli 过程的移动平均：

$$Y_n = \frac{1}{2}(X_n + X_{n-1})$$

式中，X_n 是 $p = 1/2$ 的独立 Bernoulli 序列。试证明 Y_n 不是一个 Markov 过程。

证明： 先计算 Y_n 的概率质量函数，即

$$P\{Y_n = 0\} = P\{X_n = 0, X_{n-1} = 0\} = \frac{1}{4}$$
$$P\left\{Y_n = \frac{1}{2}\right\} = P\{X_n = 0, X_{n-1} = 1\} + P\{X_n = 1, X_{n-1} = 0\} = \frac{1}{2}$$
$$P\{Y_n = 1\} = P\{X_n = 1, X_{n-1} = 1\} = \frac{1}{4}$$

现在，考虑下列条件概率：

$$P\left\{Y_n = 1 | Y_{n-1} = \frac{1}{2}\right\} = \frac{P\{Y_n = 1, Y_{n-1} = 1/2\}}{P\{Y_{n-1} = 1/2\}}$$
$$= \frac{P\{X_n = 1, X_{n-1} = 1, X_{n-2} = 0\}}{1/2} = \frac{(1/2)^3}{1/2} = \frac{1}{4}$$

另外，由于不可能有序列 X_n 的移动平均为 $1, 1/2, 1$，所以

$$P\left\{Y_n = 1 | Y_{n-1} = \frac{1}{2}, Y_{n-2} = 1\right\} = \frac{P\{Y_n = 1, Y_{n-1} = 1/2, Y_{n-2} = 1\}}{P\{Y_{n-1} = 1/2, Y_{n-2} = 1\}} = 0$$

因此

$$P\left\{Y_n = 1 | Y_{n-1} = \frac{1}{2}, Y_{n-2} = 1\right\} \neq P\left\{Y_n = 1 | Y_{n-1} = \frac{1}{2}\right\}$$

从而可知 Y_n 不是 Markov 过程。

性质 4.4.3 Markov 过程有以下三个重要性质：

1) Markov 过程的任意 $k+1$ 维概率密度函数具有如下表示：

$$f_X(x_{k+1}, \cdots, x_1; n_{k+1}, \cdots, n_1) = \frac{\prod_{i=1}^{k} f_X(x_{i+1}, x_i; n_{i+1}, n_i)}{\prod_{i=2}^{k} f_X(x_i; n_i)}$$
$$= f_X(x_1, n_1) \prod_{i=1}^{k} f_X(x_{i+1}, n_{i+1} | x_i, n_i) \quad (4.4.14)$$

因此，Markov 过程的任意 k 维概率密度函数由其一维概率密度函数和转移密度函数完全确定，或者说由其一维和二维概率密度函数完全确定。

2) 无后效性：在当前状态 (x_k, n_k) 已知的情况下，将来所处的状态和过去的状态无关，即

$$f_X(x_{k+1}, x_{k-1}; n_{k+1}, n_{k-1}|x_k, n_k)$$
$$= f_X(x_{k+1}, n_{k+1}|x_k, n_k) f_X(x_{k-1}, n_{k-1}|x_k, n_k) \tag{4.4.15}$$

3) Chapman-Kolmogorov 方程 (简称 C-K 方程)：

$$\int_{-\infty}^{\infty} f_X(x_{k+1}, n_{k+1}|x_k, n_k) f_X(x_k, n_k|x_{k-1}, n_{k-1}) \mathrm{d}x_k$$
$$= f_X(x_{k+1}, n_{k+1}|x_{k-1}, n_{k-1}) \tag{4.4.16}$$

证明：性质 1) 的证明，根据 Markov 过程的定义有

$$f_X(x_{k+1}, \cdots, x_1; n_{k+1}, \cdots, n_1)$$
$$= f_X(x_k, \cdots, x_1; n_k, \cdots, n_1) f_X(x_{k+1}, n_{k+1}|x_k, \cdots, x_1; n_k, \cdots, n_1)$$
$$= f_X(x_k, \cdots, x_1; n_k, \cdots, n_1) f_X(x_{k+1}, n_{k+1}|x_k, n_k)$$

由上式递推，可得

$$f_X(x_{k+1}, \cdots, x_1; n_{k+1}, \cdots, n_1)$$
$$= f_X(x_{k+1}, n_{k+1}|x_k, n_k) f_X(x_k, n_k|x_{k-1}, n_{k-1}) \times \cdots \times f_X(x_2, n_2|x_1, n_1) f_X(x_1, n_1)$$
$$= f_X(x_1, n_1) \prod_{i=1}^{k} f_X(x_{i+1}, n_{i+1}|x_i, n_i)$$

由上式进一步可得式 (4.4.14)。

性质 2) 的证明：由式 (4.4.14) 知

$$f_X(x_{k+1}, x_k, x_{k-1}; n_{k+1}, n_k, n_{k-1})$$
$$= f_X(x_{k+1}, n_{k+1}|x_k, n_k) f_X(x_k, n_k|x_{k-1}, n_{k-1}) f_X(x_{k-1}, n_{k-1})$$
$$= f_X(x_{k+1}, n_{k+1}|x_k, n_k) f_X(x_{k-1}, n_{k-1}|x_k, n_k) f_X(x_k, n_k) \tag{4.4.17}$$

两边同除以 $f_X(x_k, n_k)$，即得式 (4.4.15)。

性质 3) 的证明：由相容性有

$$\int_{-\infty}^{\infty} f_X(x_{k+1}, x_k, x_{k-1}; n_{k+1}, n_k, n_{k-1}) \mathrm{d}x_k = f_X(x_{k+1}, x_{k-1}; n_{k+1}, n_{k-1})$$

将式 (4.4.17) 代入上式，并两边同除以 $f_X(x_{k-1}, n_{k-1})$，即得式 (4.4.16)。 □

4.4.5 Gauss 过程

如果离散时间随机过程 $X[n]$ 对任意自然数 K 在任意时刻 $n_1, \cdots, n_K$ 的取样：

$$X_1 = X[n_1], \cdots, X_K = X[n_K]$$

都是 K 维正态多维随机变量，则称该随机过程为**正态随机过程**或 **Gauss 随机过程**。

由正态多维随机变量的定义及性质知，正态随机过程的 K 维概率密度函数具有如下表示：

$$f_X(x_1,\cdots,x_K;n_1,\cdots,n_K) = \frac{1}{(2\pi)^{K/2}|\boldsymbol{C}|^{1/2}}\exp\left[-\frac{1}{2}(\boldsymbol{x}-\boldsymbol{m})^{\mathrm{T}}\boldsymbol{C}^{-1}(\boldsymbol{x}-\boldsymbol{m})\right] \quad (4.4.18)$$

式中

$$\boldsymbol{x} = \begin{bmatrix} x_1 \\ \vdots \\ x_K \end{bmatrix}, \quad \boldsymbol{m} = \begin{bmatrix} m_X[n_1] \\ \vdots \\ m_X[n_K] \end{bmatrix}$$

$$\boldsymbol{C} = \begin{bmatrix} C_X[n_1,n_1] & C_X[n_1,n_2] & \cdots & C_X[n_1,n_K] \\ C_X[n_2,n_1] & C_X[n_2,n_2] & \cdots & C_X[n_2,n_K] \\ \vdots & \vdots & & \vdots \\ C_X[n_K,n_1] & C_X[n_K,n_2] & \cdots & C_X[n_K,n_K] \end{bmatrix}$$

式中，对所有的 $1 \leqslant k \leqslant K$，$m_X[n_k]$ 是一维随机变量 $X[n_k]$ 的均值，对所有 $1 \leqslant k,l \leqslant K$，$C_X[n_k,n_l]$ 则是一维随机变量 $X[n_k]$ 和 $X[n_l]$ 的协方差。

容易验证，正态随机过程的二维概率密度函数有如下表达，即

$$f_X(x_1,x_2;n_1,n_2) = \frac{1}{2\pi\sigma_1\sigma_2\sqrt{1-\rho^2}}$$
$$\times \exp\left\{-\frac{1}{2(1-\rho^2)}\left[\left(\frac{x_1-m_1}{\sigma_1}\right)^2 - 2\rho\left(\frac{x_1-m_1}{\sigma_1}\right)\left(\frac{x_2-m_2}{\sigma_2}\right) + \left(\frac{x_2-m_2}{\sigma_2}\right)^2\right]\right\}$$
$$(4.4.19)$$

式中

$$m_1 = m_X[n_1], \quad m_2 = m_X[n_2]$$
$$\sigma_1^2 = C_X[n_1,n_1], \quad \sigma_2^2 = C_X[n_2,n_2]$$
$$\rho = C_X[n_1,n_2]/(\sigma_1\sigma_2)$$

正态随机过程的一维概率密度函数为

$$f_X(x;n) = \frac{1}{\sqrt{2\pi\sigma_X^2[n]}}\exp\left\{-\frac{[x-m_X[n]]^2}{2\sigma_X^2[n]}\right\} \quad (4.4.20)$$

例 4.4.9 设离散时间随机过程 $X[n]$ 是一个独立的且均值为 m、方差为 σ^2 的正态一维随机变量序列，则在时刻 $n_1,\cdots,n_k$ 的自协方差矩阵为

$$\left[C_X(n_i,n_j)\right]_{k\times k} = \left(\sigma^2\delta[i-j]\right)_{k\times k} = \sigma^2\boldsymbol{I}$$

式中，$\delta[i-j]$ 为离散时间 Delta 函数；$\boldsymbol{I}$ 是单位矩阵。所以，其 k 维概率密度函数为

$$f_X(x_1,\cdots,x_k;n_1,\cdots,n_k) = \frac{1}{(2\pi\sigma^2)^{k/2}}\exp\left[-\sum_{i=1}^{k}(x_i-m)^2/(2\sigma^2)\right]$$
$$= f_X(x_1;n_1)f_X(x_2;n_2)\cdots f_X(x_k;n_k)$$

例 4.4.10 例4.4.2给出的随机过程，每个分量都是 Gauss 一维随机变量，且独立同分布，这个随机过程是 Gauss 过程。

在实际应用中，正态随机过程是较为常见的一种过程。特别地，它是许多背景噪声信号的概率模型。因为背景噪声往往是许多干扰随机过程的叠加，由中心极限定理知道，这样叠加以后的随机过程是一个正态分布的随机过程。

4.4.6 二阶矩过程

如果离散时间随机过程 $\{X[n]\}_{n=1}^{\infty}$ 对每个 n，一维随机变量 $X[n]$ 的方差都存在，则称该随机过程为**离散时间二阶矩过程**。

例 4.4.11 设有 iid 离散时间过程，其每一项都具有相同的分布，服从 Cauchy 分布，则该 iid 过程就不是一个二阶矩过程。这是因为 Cauchy 一维随机变量不存在均值与方差。

例 4.4.12 离散时间 Gauss 过程 $X[n]$ 是二阶矩过程，因为对任意 n，一维随机变量 $X[n]$ 的二阶矩一定存在。

4.4.7 严平稳与宽平稳过程

(1) 严平稳过程

若对任意正整数 K 和任意采样时刻 $n_1,\cdots,n_K$，随机过程 $X[n]$ 的 K 维概率分布函数对任意整数 n 满足：

$$F_X(x_1,\cdots,x_K;n_1,\cdots,n_K) = F_X(x_1,\cdots,x_K;n_1+n,\cdots,n_K+n) \tag{4.4.21}$$

则称随机过程 $X[n]$ 为**严平稳随机过程**。

例 4.4.13 容易验证，离散时间独立同分布随机过程是严平稳的。因为独立同分布过程的一维概率分布函数和时间 n 无关，即 $F_X(x;n) = F_X(x)$，其任意维概率分布函数都可以由一维概率分布函数的乘积得到，所以，独立同分布序列是严平稳的。

例 4.4.14 若离散时间齐次独立增量过程的一维概率分布函数和时间 n 无关，则该齐次独立增量过程一定是一个严平稳过程。

(2) 宽平稳过程

若离散时间随机过程 $X[n]$ 的均值函数 $m_X[n]$ 为常数，且自相关函数 $R_X[n_1,n_2]$ 只和时移 $n = n_1 - n_2$ 有关，即 $R_X[n_1,n_2]$ 可以表示为 n 的函数 $R_X[n_1,n_2] = R_X[n]$[①]，则称该随机过程为**离散时间宽平稳随机过程**。

若随机过程 $X[n]$ 和 $Y[n]$ 都是宽平稳离散时间随机过程，且互相关函数 $R_{XY}[n_1,n_2]$ 只和时移 n 有关，即 $R_{XY}[n_1,n_2] = R_{XY}[n]$，则称 $X[n]$ 和 $Y[n]$ 为**联合宽平稳离散时间过程**。

例 4.4.15 设 $X[n] = \cos(\omega n + \Theta)$，其中 Θ 为区间 $(-\pi,\pi)$ 上的均匀分布。$X[n]$ 被称为带随机相位的余弦波信号的采样。$X[n]$ 的均值函数为

$$m_X[n] = E\{\cos(\omega n + \Theta)\} = \frac{1}{2\pi}\int_{-\pi}^{\pi}\cos(\omega n + x)\mathrm{d}x = 0$$

自相关函数和自协方差函数为

[①] 严格来说应表示为 $R_X[n_1,n_2] = \tilde{R}_X[n_1 - n_2]$，但在不引起混淆的情况下，本书一直这样表示。

$$C_X[n_1,n_2] = R_X[n_1,n_2] = E\{\cos(\omega n_1 + \Theta)\cos(\omega n_2 + \Theta)\}$$
$$= \frac{1}{2\pi}\int_{-\pi}^{\pi}\frac{1}{2}\Big\{\cos\omega(n_1-n_2) + \cos[\omega(n_1+n_2)+2x]\Big\}dx$$
$$= \frac{1}{2}\cos\omega(n_1-n_2)$$

所以，随机过程 $X[n]$ 是宽平稳随机过程。

例 4.4.16 (滑动平均序列) 设 $X[n]$ 是离散时间 iid 随机过程，均值为 m、方差为 σ^2，$a_1,\cdots,a_N$ 是任意 N 个实数，则离散时间随机过程 $Y[n] = a_1X[1]+\cdots+a_NX[N]$ 的均值为 $E\{Y[n]\} = m(a_1+\cdots+a_N)$，自相关函数为

$$R_Y\{n,n+k\} = \begin{cases} \sum_{i=1}^{N}\sum_{j=1}^{N}a_ia_{j+k}\cdot m^2 + \sum_{j=1-k}^{N-k}a_ja_{j+k}\cdot\sigma^2 & 0\leqslant k\leqslant N-1 \\ \sum_{i=1}^{N}\sum_{j=1}^{N}a_ia_{j+k}\cdot m^2 & k\geqslant N \end{cases}$$

所以，$Y[n]$ 是宽平稳过程。

例 4.4.17 设 $X[n]=\cos(\omega n+\Theta)$，$Y[n]=\sin(\omega n+\Theta)$，其中 Θ 为区间 $(-\pi,\pi)$ 上的均匀分布。由例4.4.15知，$X[n]$ 和 $Y[n]$ 的均值为零，它们的互相关函数为

$$R_{XY}[n_1,n_2] = E\{\cos(\omega n_1+\Theta)\sin(\omega n_2+\Theta)\}$$
$$= E\Big\{-\frac{1}{2}\sin\omega(n_1-n_2) + \frac{1}{2}\sin[\omega(n_1+n_2)+2\Theta]\Big\}$$
$$= -\frac{1}{2}\sin\omega(n_1-n_2)$$

所以，$X[n]$ 和 $Y[n]$ 联合宽平稳。

设实或复离散时间随机过程 $X[n]$ 的均值函数和自相关函数分别为 $m_X[n]$ 和 $R_X[n_1,n_2]$，若存在正整数 N_0 使得

$$m_X[n] = m_X[n+kN_0], \quad R_X[n_1,n_2] = R_X[n_1+kN_0, n_2+kN_0] \tag{4.4.22}$$

对任意整数 k 成立，则称 $X[n]$ 为**离散时间周期宽平稳过程**。

性质 4.4.4 设 N 为 $\{0,1,\cdots,N_0-1\}$ 上的等概分布，则离散时间周期宽平稳过程 $X[n]$ 的**移位过程**$\hat{X}[n] = X[n-N]$ 为离散时间宽平稳过程。

证明：因为 N 是等概分布，所以有

$$E\{\hat{X}[n]\} = E\{X[n-N]\} = E_N\{E_X\{X[n-N]|N\}\}$$
$$= E\{m_X[n-N]\} = \frac{1}{N_0}\sum_{k=0}^{N_0-1}m_X[n-k]$$

由于 $m_X[n]$ 是周期为 N_0 的函数，所以上式中的和 $\sum_{k=0}^{N_0-1}m_X[n-k]$ 是一个与 n 无关的常数。此外：

$$R_{\hat{X}}[n+k,n] = E\{X[n+k-N]X[n-N]\}$$

$$= E_N\{E_X\{X[n+k-N]X[n-N]|N\}\}$$
$$= E_N\{R_X[n+k-N, n-N]\}$$
$$= \frac{1}{N_0}\sum_{i=0}^{N_0-1} R_X[n+k-N, n-N]$$

因为 $R_X[n_1, n_2]$ 是周期函数，所以上式中的 $\sum_{i=0}^{N_0-1} R_X[n+k-N, n-N]$ 是 k 的函数。由此可见，移位过程是一个宽平稳过程。 □

定理 4.4.1 严平稳的二阶矩过程一定是宽平稳过程。

证明：严平稳过程的一阶概率分布函数对 n 和任意整数 m 满足
$$F_X(x; n) = F_X(x; n+m)$$
因此，$F_X(x; n)$ 必和时间 n 无关，即有 $F_X(x; n) \equiv F_X(x)$。从而，严平稳过程 $X[n]$ 的均值和方差都是和时间无关的常数。

对于严平稳过程的二阶概率分布函数，在式 (4.4.22) 中取 $n = -n_2$，得
$$F_X(x_1, x_2; n_1, n_2) = F_X(x_1, x_2; n_1 - n_2, 0) \tag{4.4.23}$$
因此，二阶概率分布函数是时移 $n_1 - n_2$ 的函数。由于二阶矩过程的自相关函数和自协方差函数是存在的，因而它们仅是 $n_1 - n_2$ 的函数，即
$$R_X[n_1, n_2] = R_X[n_1 - n_2], \quad C_X[n_1, n_2] = C_X[n_1 - n_2]$$
因此，严平稳的二阶矩过程是宽平稳过程。 □

定理 4.4.2 若正态随机过程 $X[n]$ 是宽平稳过程，则 $X[n]$ 必是严平稳过程。反之亦然。

证明：因为正态过程 $X[n]$ 的概率密度函数可由均值 $m_X[n]$ 和自协方差函数 $C_X[n_i, n_j]$ 唯一确定。既然 $X[n]$ 宽平稳，则 $m_X[n]$ 为常数，$C_X[n_i, n_j] = C_X[n_i - n_j]$。因此对任意整数 k 有 $m_X[n+k] = m_X[n], C_X[n_i+k, n_j+k] = C_X[(n_i+k)-(n_j+k)] = C_X[n_i-n_j] = C_X[n_i, n_j]$，从而对任意正整数 M 有
$$f_X(x_1, \cdots, x_M; n_1+m, \cdots, n_M+m) = f_X(x_1, \cdots, x_M; n_1, \cdots, n_M)$$
所以，$X[n]$ 为严平稳过程。

反之，由于正态过程是二阶矩过程，因而若其严平稳，则必宽平稳。 □

任何一个严平稳的二阶矩过程必是宽平稳过程。但宽平稳过程不一定是严平稳过程，这从下面的例子可以看出。

例 4.4.18 设 $X[n]$ 为一个随机过程，当 n 为奇数时，它是一个取值为 ± 1 的概率都是 $1/2$ 的一维随机变量；当 n 为偶数时，它是一个取值为 $1/3$、-3 且概率分别为 $9/10$、$1/10$ 的一维随机变量。由于概率质量函数在变化，所以 $X[n]$ 显然不是严平稳的。但容易计算其均值为零，自相关函数为
$$R_X[i, j] = \begin{cases} E\{X[i]\}E\{X[j]\} = 0, & i \neq j \\ E\{X^2[i]\} = 1, & i = j \end{cases}$$
所以，$X[n]$ 为宽平稳过程。

第 4 章 离散时间随机过程

和离散时间实随机过程宽平稳的定义一样,如果一个离散时间复随机过程的均值是常数,且其自相关函数只和时移有关,则称该离散时间复随机过程是宽平稳的。复宽平稳随机过程的自相关函数具有如下性质。

性质 4.4.5 设 $X[n]$ 和 $Y[n]$ 都是宽平稳过程 (可以是复过程),且联合宽平稳,则

1) $R_X[0] \geqslant 0$, $R_X[0] = 0$ 当且仅当 $P\{X[0] = 0\} = 1$。$R_X[0] = E\{|X[n]|^2\}$ 被称为随机过程 $X[n]$ 的**平均功率**。

2) $R_X[n] = R_X^*[-n]$, $R_{XY}[n] = R_{YX}^*[-n]$。当 $X[n]$ 和 $Y[n]$ 都是实过程时,有 $R_X[n] = R_X[-n]$, $R_{XY}[n] = R_{YX}[-n]$。

3) $|R_X[n]| \leqslant R_X[0]$, $|R_{XY}[n]|^2 \leqslant R_X[0]R_Y[0]$。

4) 若 $X[n]$ 是实过程且存在整数 $d > 0$,使得 $R_X[0] = R_X[d]$,则 $R_X[n]$ 是周期为 d 的函数。

4.4.8 宽平稳过程各态遍历过程

离散时间各态遍历过程是一个宽平稳离散时间随机过程,其任意一个样本函数的时间积分平均都等于该随机过程的均值;其任意一个样本函数的时间自相关函数都等于该随机过程的自相关函数。若一个离散时间二阶矩过程是遍历的,就可以用任意一个样本函数的时间平均来估计其均值或自相关函数。

(1) 时间平均和时间自相关函数

设 $X[n]$ 为 $\mathbb{N}$ 上的实或复二阶矩过程,从本质上来说,$X[n]$ 是一个随机变函,也就是一个可以考虑取值概率的变函,记

$$\langle X[n]\rangle_M = \frac{1}{2M+1}\sum_{n=-M}^{M} X[n] \tag{4.4.24}$$

$$\langle X[n+m]X^*[n]\rangle_M = \frac{1}{2M+1}\sum_{n=-M}^{M} X[n+m]X^*[n] \tag{4.4.25}$$

称 $\langle X[n]\rangle_M$ 为随机过程 $X[n]$ 在整数区间 $[-M, M]$ 上的**时间平均**,而 $\langle X[n+m]X^*[n]\rangle_M$ 为随机过程 $X[n]$ 在整数区间 $[-M, M]$ 上的**时间自相关函数**。记

$$\lim_{M\to\infty}\langle X[n]\rangle_M = \langle X[n]\rangle$$

$$\lim_{M\to\infty}\langle X[n+m]X^*[n]\rangle_M = \langle X[n+m]X^*[n]\rangle$$

(2) **均值遍历和自相关遍历**

因为 $X[n]$ 是 $\mathbb{N}$ 上的宽平稳随机过程,所以 $X[n]$ 以不同的概率取不同的样本函数,因而 $\langle X[n]\rangle$ 和 $\langle X[n+m]X^*[n]\rangle$ 以不同的概率取不同的数值。若 $\langle X[n]\rangle$ 以概率 1 取 m_X,即

$$P\{\langle X[n]\rangle = m_X\} = 1 \tag{4.4.26}$$

则称该宽平稳随机过程具有**均值各态遍历性**;若 $\langle X[n+m]X^*[n]\rangle$ 以概率 1 取 $R_X[m]$,即

$$P\{\langle X[n+m]X^*[n]\rangle = R_X[m]\} = 1 \tag{4.4.27}$$

则称该离散时间宽平稳随机过程具有**自相关函数各态遍历性**。若该离散时间宽平稳随机过程同时具有均值遍历性和自相关函数遍历性,则称其是**各态遍历的**。

本来一个离散时间宽平稳随机过程的和应该是一个随机变量，即不同的样本函数求和之后的数值不同，而且求和结果的取值频率也不同。而均值遍历宽平稳随机过程的特点是：任意样本函数的时间求和平均值都等于一个常数，这个常数就是宽平稳随机过程的均值；自相关遍历宽平稳过程的特点是：任意样本函数的自相关函数的平均值等于这个宽平稳过程的自相关函数。

例 4.4.19 设 ξ 是一个非单点随机变量，在 $\mathbb{N}$ 上定义随机过程 $X[n] = \xi$，则显然 $X[n]$ 是宽平稳随机过程，因为它的均值函数和自相关函数都是常数。但是，可以计算 $\langle X[n] \rangle = \xi$，由于 ξ 是非单点随机变量，因此 ξ 不可能在概率 1 的意义上等于一个常数，即 $X[n]$ 的均值 m_X。这说明 $X[n]$ 不具有均值遍历性。同样也可说明，$X[n]$ 也不具有自相关函数遍历性。因此，$X[n]$ 不是遍历的。

该例说明并非所有的宽平稳随机过程都是各态遍历的。

例 4.4.20 设定义于 $\mathbb{N}$ 上的随机过程 $X[n] = \cos(\omega n + \Phi)$，其中 ω 是非零实常数，Φ 是 $(-\pi, \pi)$ 上的均匀分布。试证明 $X[n]$ 是各态遍历的。

证明： $X[n]$ 的均值为 $m_X = 0$，自相关函数为 $R_X[n] = \frac{1}{2}\cos\omega n$。由此可知 $X(t)$ 是宽平稳过程。此外：

$$\langle X[n] \rangle = \lim_{M \to \infty} \frac{1}{2M} \sum_{n=-M}^{M} \cos(\omega n + \Phi)$$

$$= \lim_{M \to \infty} \frac{\sin(\omega M + \Phi) - \sin(-\omega M + \Phi)}{2M\omega} = 0 = m_X$$

$$\langle X[n+m]X^*[n] \rangle = \lim_{M \to \infty} \frac{1}{2M} \sum_{n=-M}^{M} \cos(\omega n + \Phi)\cos(\omega n + \omega m + \Phi)$$

$$= \frac{1}{2}\cos\omega m = R_X[m]$$

因此，$X[m]$ 不仅是均值遍历的，而且是自相关函数遍历的。所以 $X[m]$ 是各态遍历的。

离散时间各态遍历过程的一些性质和连续时间各态遍历过程的性质几乎是一样的，所以留到介绍连续时间各态遍历过程时再介绍。

习题 4.4

4.4.1 验证例4.4.7的结论。

4.4.2 设 $S[n]$ 为二项计数过程：① 证明 $P\{S[n]=j, S[n']=i\} \neq P\{S[n]=j\}P\{S[n']=i\}$；② 试求 $P\{S[n_2]=j|S[n_1]=i\}$，其中 $n_2 > n_1$；③ 证明 $P\{S[n_2]=j|S[n_1]=i, S[n_0]=k\} = P\{S[n_2]=j|S[n_1]=i\}, n_2 > n_1 > n_0$。

4.4.3 设 $X[n]$ 是独立同分布的 Cauchy 一维随机变量序列，试求其和过程 $S[n]$ 的一维概率密度函数，并求 $S[n]$ 和 $S[n+k]$ 的联合概率密度函数。

4.4.4 设 $X[n]$ 是独立同分布的均值为 α 的 Poisson 一维随机变量序列，试求其和过程 $S[n]$ 的一维概率质量函数，并求 $S[n]$ 和 $S[n+k]$ 的联合概率质量函数。

4.4.5 考虑移动平均过程：$Y_n = \frac{1}{2}(X_n + X_{n-1}), X_0 = 0$。

1) 若 X_n 为独立同分布随机过程，Y_n 是否严平稳？
2) 若 X_n 为严平稳，则 Y_n 是否严平稳？

第 5 章 连续时间随机过程

本章导读 连续时间随机过程在本质上就是一个不可数无穷维的随机变量，其维数有时间的物理意义。实际上，不可数无穷维向量是一种理解"定义在某个时间区间上的函数"的方法。连续时间随机过程的另外一种理解，就是在某个样本函数空间变化的变函，这个变函具有取值概率，而且样本函数空间中的所有样本函数都是定义在某个连续时间区间 $\mathbb{T}$ 上的函数。

描述连续时间随机过程，仍用概率函数族。概率函数族有概率质量函数族、概率分布函数族、概率密度函数族、概率特征函数族。

和离散时间随机过程一样，也可以用一维采样矩来描述随机过程的矩随时间变化的关系，用二维采样随机变量的相关矩来描述随机过程两个采样一维随机变量之间的关系。

离散时间的独立过程、独立增量过程、Markov 过程、Gauss 过程、二阶矩过程、严平稳与宽平稳过程，都可以直接推广到连续时间情况下。所以，本章对这些随机过程的定义以及性质都不再重复，而是直接给出一些例子以帮助读者理解这些随机过程在连续时间情况下的表现。此外，Poisson 过程、Poisson 导出过程、更新过程等，也是信息与通信工程中常见的连续时间随机过程。

5.1 连续时间随机过程的定义

与离散时间随机过程相比，连续时间随机过程的差别只是在于样本函数的定义域由原来的离散时间集合 $\mathbb{N}$ 变为一个连续时间集合 $\mathbb{T}$，这里 $\mathbb{T}$ 可以是一个连续的一维区间，如 $\mathbb{R}$、$[a,b]$、$[0,\infty)$ 等。

5.1.1 随机变函定义法

若概率空间 $(S, \mathcal{A}, P)$ 的样本空间 S 由定义在连续区间 $\mathbb{T}$ 之上的函数组成，即

$$S = \{x\text{是函数}|x: \mathbb{T} \ni t \mapsto x(t) \in \mathbb{V}\} \tag{5.1.1}$$

式中，$\mathbb{V}$ 可以是 $\mathbb{R}$、$\mathbb{C}$ 中的任意一个，则取值于样本空间 S 的一个变函称为**定义域连续的随机变函**，此时 S 中的样本点是定义域连续的函数，这些函数称为**样本函数**。样本函数可以简记为 $x(t)$，也可以记为 $\{x(t)\}_{t\in\mathbb{T}}$；而在 S 中变化的变函，即随机变函，记为 $X(t)$ 或者 $\{X(t)\}_{t\in\mathbb{T}}$。当 $\mathbb{V}=\mathbb{R}$ 时，该随机变函称为**实随机变函**；当 $\mathbb{V}=\mathbb{C}$ 时，该随机变函称为**复随机变函**。

例 5.1.1 观察一条路径上各点在同一时刻的温度值，将这条路径上的不同地点用一维坐标 $[0,D]$ 标记，并将坐标 d 处的温度记为 $t(d)$。每次观察的结果都是一个定义域为 $[0,D]$、值域为 $\mathbb{R}$ 的样本函数，这些样本函数的全体组成样本空间，在这个样本空间内变化的函数 $T(d)$ 就是一个定义域连续的随机变函。

例 5.1.2 观察某通信系统每次传输的信号 $x(t)$ 在频点 $f \in \mathbb{R}$ 的取值，设在频点 f 处的取值为 $X(f)$，则每次观察的结果是一个定义在 $\mathbb{R}$ 上的样本函数，这些样本函数的全体组成了样本空间，在这个样本空间内变化的变函 $X(f)$ 就是一个定义域连续的随机变函。

对于定义域连续的随机变函,若其定义域 $\mathbb{T}$ 具有时间意义,则该随机变函称为**连续时间随机过程**。当 $\mathbb{V} = \mathbb{R}$ 时,该连续时间随机过程称为**连续时间实随机过程**;当 $\mathbb{V} = \mathbb{C}$ 时,该连续时间随机过程称为**连续时间复随机过程**。

显然,对任意 $t \in \mathbb{T}$,$X(t)$ 都是一个一维随机变量;对于任意互不相同的 $t_1, \cdots, t_m \in \mathbb{T}$,$(X(t_1), X(t_2), \cdots, X(t_m))$ 是一个 m 维随机变量。对于连续时间复随机过程来说,对任意 $t \in \mathbb{T}$,$X(t)$ 都是一个复一维随机变量;对于任意互不相同的 $t_1, \cdots, t_m \in \mathbb{T}$,$(X(t_1), X(t_2), \cdots, X(t_m))$ 是一个 m 维复随机变量。

此外,对于连续时间实(或复)随机过程来说,一维随机变量 $X(t)$ 的取值范围称为随机过程的**状态空间**。若 $X(t)$ 是离散型一维随机变量,则称该连续时间随机过程为**状态离散型随机过程**;若 $X(t)$ 是连续型一维随机变量,则称该连续时间随机过程为**状态连续型随机过程**。

例 5.1.3 (退化随机过程) 一个定义在时间区间 $[a,b]$ 上的实函数或复函数 $f(t)$,可以看作一个特殊的连续时间随机过程,这个连续时间随机过程的样本函数只有一个。

例 5.1.4 (波形调制随机过程) 某个连续时间随机过程 $F(t)$ 的样本函数只有 M 个,这 M 个样本函数 $\{f_m(t)\}_{m=1}^M$ 是定义在时间区间 $[a,b]$ 上的复函数。该连续时间随机过程常被用来作为波形调制信号。

例 5.1.5 (Gauss 噪声) 某连续时间随机过程 $F(t)$ 的样本函数 $f(t)$ 为定义在时间区间 $[a,b]$ 上的实函数,并且对任意正整数 K,在任意采样时刻 $t_1, \cdots, t_K$ 采样所得到的多维随机变量 $(X(t_1), \cdots, X(t_K))$ 都服从 Gauss 分布。该随机过程常被用来作为噪声的模型。

例 5.1.6 (调幅随机信号) 某连续时间随机过程 $X(t)$ 具有表达式 $X(t) = A\cos\omega t$,$t \in [0, \infty)$,A 是一个一维随机变量。这个连续时间随机过程的样本函数这样得到,若一维随机变量 A 的样本点为 a,则得到一个 $X(t)$ 的样本函数 $x(t) = a\cos\omega t$。

例 5.1.7 (随机相位信号) 某连续时间随机过程 $X(t)$ 具有表达式 $X(t) = \cos(\omega t + \Theta)$,$t \in [0, \infty)$,$\Theta$ 是 $(0, 2\pi)$ 上的均匀分布。

例 5.1.8 (排队随机过程) 观察时间区间 $[a,b]$ 内某售票窗口的排队人数,则观察所得的样本点是一个定义于区间 $[a,b]$ 上取值为整数的函数 $n(t)$。当 t 在区间 $[a,b]$ 内变动时,函数 $n(t)$ 可以看成一个不可数无穷维向量。所有可能出现的这些无穷维向量(样本函数)是该连续时间随机过程的样本空间。将该随机过程记为 $\{N(t) \mid t \in [a,b]\}$。分析这样一个连续时间随机过程,在任意一个固定的时刻 $t_0 \in [a,b]$,所有可能的样本函数在 t_0 点的取值 $n(t_0)$ 是一个一维随机变量,记为 $N(t_0)$。

5.1.2 不可数无穷维随机变量定义法

设有定义域连续的函数:$x : \mathbb{T} \ni t \mapsto x(t) \in \mathbb{R}$,这个函数可以用不可数无穷维向量表示为 $\{x(t)\}_{t \in \mathbb{T}}$。由于一个定义域为 $\mathbb{T}$ 的函数可以看作一个不可数无穷维向量,所以定义域连续的随机变函也可以定义为不可数无穷维随机变量。换句话说,"定义域连续的随机变函"和"不可数无穷维随机变量"在本质上是一回事,只是名称不同而已。

连续时间随机过程就是维数指标具有时间意义的不可数无穷维随机变量。正因为连续时间随机过程是一个无穷维的随机变量,所以,它在每个时刻都是一个一维随机变量,在任意 M 个时刻 $t_1, \cdots, t_M$ 上的采样 $X(t_1), \cdots, X(t_M)$ 是一个 M 维随机变量。

5.1.3 向量值或矩阵值连续时间随机过程

和离散时间随机过程一样，对于连续时间随机过程也可以定义向量值或矩阵值连续时间随机过程。由于定义类似，只是样本函数的时间指标从原来的离散时间集合变为连续时间区间，因此这里不再重复。

例 5.1.9 (Brown 随机过程)　英国植物学家 Brown 注意到漂浮在液体中的微小粒子不断地做无规则的随机运动。这种随机运动是由于液体分子做无规则的热运动，从而随机碰撞微小粒子的结果。这种运动被称为 Brown 运动，在统计物理学中对它有深入的研究。若用 $(X(t),Y(t),Z(t))$ 表示粒子在 t 时刻的空间坐标，则 $\boldsymbol{W}(t) = (X(t),Y(t),Z(t))$ 是一个连续时间向量值随机过程。

例 5.1.10　某通信系统的发射机有 M 根天线，接收机有 N 根天线，$h_{m\times n}(t)$ 是在时刻 t 时第 m 根发射天线到第 n 根接收天线之间的信道衰落系数，$t \in [0,\infty)$，$m = 1,2,\cdots,M$，$n = 1,2,\cdots,N$。这样，在矩阵值函数组成的样本空间：

$$S = \{\boldsymbol{H} \text{ 为连续时间矩阵值函数} | \boldsymbol{H} : [0,\infty) \ni t \mapsto (h_{m\times n}(t))_{M\times N}\}$$

内变化的随机变函是一个连续时间矩阵值随机过程。

为了更好地理解随机过程的概念，这里将离散时间随机过程与连续时间随机过程进行对比。离散时间与连续时间随机过程具有以下联系与区别：

1) 都可以看作无穷维随机变量，而且维数都有时间的物理意义。离散时间随机过程的维数是可数的，而连续时间随机过程的维数是不可数的。

2) 样本点（或者说样本函数）都是一个定义在时间域上的函数。离散时间随机过程的样本函数的时间定义域是可数的，通常是自然数集 $\mathbb{N}$；而连续时间随机过程的样本函数的时间定义域是不可数的，通常是 $\mathbb{R}$ 或者某个时间区间 $[a,b]$。

3) 在任意时间点的采样都是一个一维随机变量；在任意两个以上时间点的采样都是多维随机变量。

4) 都可以理解为一个"变函"，这个变函的取值范围是所有可能的样本函数，但在试验之前不知道是哪一个样本函数，只知道是样本空间中的某一个，而且"变函"取这些样本函数具有给定的频率。

习题 5.1

5.1.1　给出两个以上连续时间随机过程的例子。
5.1.2　试比较连续时间随机过程与离散时间随机过程的联系与区别。

5.2　联合概率函数族

与离散时间随机过程一样，连续时间随机过程概率特性需要用"概率函数族"来描述。这些概率函数在本质上都是采样一维随机变量或多维随机变量的联合概率函数，因此离散时间与连续时间随机过程的概率函数族在本质上并无区别，只是一者取自离散时间随机过程，一者取自连续时间随机过程。

5.2.1 概率质量函数族

若连续时间实（复）随机过程 $\{X(t)\}_{t\in\mathbb{T}}$ 是状态离散的，设 $t_1 < t_2 < \cdots < t_m$ 是任意 m 个时间采样点，则 $(X(t_1), X(t_2), \cdots, X(t_m))$ 是一个 m 维随机变量，其联合概率质量函数 $P(X(t_1) = k_1, \cdots, X(t_m) = k_m)$ 称为连续时间随机过程 $\{X(t)\}_{t\in\mathbb{T}}$ 的 k **维概率质量函数**，$k_1, \cdots, k_m$ 是状态空间的样本点。称 $\{P(X(t_1) = k_1, \cdots, X(t_m) = k_m)\}_{m=1}^{\infty}$ 为 $\{X(t)\}_{t\in\mathbb{T}}$ 的**概率质量函数族**。

例 5.2.1 已知某通信系统呼叫到达的时间点为 nT_0，T_0 是某个正常数，$n = 0, 1, 2, \cdots$，在这些整数时间点上只能到达一个呼叫，而且到达的概率是 p，在这个整数时间点上不到达呼叫的概率是 $1-p$，设 $X(t)$ 是该系统在 $t \in [0, \infty)$ 到达的呼叫数，则连续时间随机过程 $X(t)$ 的一维概率质量函数为

$$P\{X(t) = k\} = \begin{cases} 0, & k > n \\ \binom{n}{k} p^k (1-p)^{n-k}, & k \leqslant n \end{cases} \tag{5.2.1}$$

式中，$t \in [nT_0, (n+1)T_0)$。

例 5.2.2 下列定义的连续时间随机过程 $H(t)$ 称为随机过程 $X(t)$ 的符号过程：

$$H(t) = \begin{cases} +1, & X(t) \geqslant 0 \\ -1, & X(t) < 0 \end{cases}$$

已知 $X(t)$ 的一维概率密度函数为 $f_X(x; t)$，二维概率密度函数为 $f_X(x_1, x_2; t_1, t_2)$，下面来求 $H(t)$ 的一维、二维概率质量函数。$H(t)$ 的一维概率质量函数为

$$P\{H(t) = 1\} = \int_0^{\infty} f_X(x; t) \mathrm{d}x, \quad P\{H(t) = -1\} = \int_{-\infty}^{0^-} f_X(x; t) \mathrm{d}x$$

$H(t)$ 的二维概率质量函数为

$$P\{H(t_1) = 1, H(t_2) = 1\} = \int_0^{\infty} \int_0^{\infty} f_X(x_1, x_2; t_1, t_2) \mathrm{d}x_1 \mathrm{d}x_2$$

$$P\{H(t_1) = 1, H(t_2) = -1\} = \int_0^{\infty} \int_{-\infty}^{0^-} f_X(x_1, x_2; t_1, t_2) \mathrm{d}x_1 \mathrm{d}x_2$$

$$P\{H(t_1) = -1, H(t_2) = 1\} = \int_{-\infty}^{0^-} \int_0^{\infty} f_X(x_1, x_2; t_1, t_2) \mathrm{d}x_1 \mathrm{d}x_2$$

$$P\{H(t_1) = -1, H(t_2) = -1\} = \int_{-\infty}^{0^-} \int_{-\infty}^{0^-} f_X(x_1, x_2; t_1, t_2) \mathrm{d}x_1 \mathrm{d}x_2$$

5.2.2 概率分布函数族、概率密度函数族、概率特征函数族

对于一个连续时间实随机过程 $\{X(t)\}_{t\in\mathbb{T}}$，在任意 m 个时间点 $t_1 < t_2 < \cdots < t_m$ 上的 m 维采样随机变量 $(X(t_1), X(t_2), \cdots, X(t_m))$ 的概率分布函数：

$$F_X(x_1, \cdots, x_m; t_1, \cdots, t_m) = P(X(t_1) \leqslant x_1, \cdots, X(t_m) \leqslant x_m) \tag{5.2.2}$$

称为连续时间随机过程 $\{X(t)\}_{t\in\mathbb{T}}$ 的 m **维概率分布函数**，$\{F_X(x_1,\cdots,x_m;t_1,\cdots,t_m)\}_{m=1}^{\infty}$ 称为连续时间随机过程 $\{X(t)\}_{t\in\mathbb{T}}$ 的**概率分布函数族**。

m 维采样随机变量 $(X(t_1),X(t_2),\cdots,X(t_m))$ 的联合概率密度函数：

$$f_X(x_1,\cdots,x_m;t_1,\cdots,t_m)=\frac{\partial^m F_X(x_1,\cdots,x_m;t_1,\cdots,t_m)}{\partial x_1\cdots\partial x_m} \quad (5.2.3)$$

称为连续时间随机过程 $\{X(t)\}_{t\in\mathbb{T}}$ 的 m **维概率密度函数**，$\{f_X(x_1,\cdots,x_m;t_1,\cdots,t_m)\}_{m=1}^{\infty}$ 称为连续时间随机过程 $\{X(t)\}_{t\in\mathbb{T}}$ 的**概率密度函数族**。

m 维采样随机变量 $(X(t_1),X(t_2),\cdots,X(t_m))$ 的概率特征函数：

$$\Phi_X(\omega_1,\cdots,\omega_m;t_1,\cdots,t_m)=\int_{\mathbb{R}^m}\mathrm{e}^{\mathrm{j}\sum_{i=1}^{m}x_i\omega_i}f_X(x_1,\cdots,x_m;t_1,\cdots,t_m)\mathrm{d}x_1\cdots\mathrm{d}x_m \quad (5.2.4)$$

称为连续时间随机过程 $\{X(t)\}_{t\in\mathbb{T}}$ 的 m **维概率特征函数**，$\{\Phi_X(\omega_1,\cdots,\omega_m;t_1,\cdots,t_m)\}_{m=1}^{\infty}$ 称为连续时间随机过程 $\{X(t)\}_{t\in\mathbb{T}}$ 的**概率特征函数族**。

对于连续时间复随机过程的概率函数族，可以通过采样复多维随机变量的概率函数来类似地加以定义。

例 5.2.3 利用抛硬币试验定义一个 $t\in\mathbb{R}$ 的连续时间随机过程：

$$X(t)=\begin{cases}\cos\pi t, & \text{反面朝上}\\ 2t, & \text{正面朝上}\end{cases}$$

则其一维概率质量函数为

$$P\{X(t)=\cos\pi t\}=1/2,\quad P\{X(t)=2t\}=1/2$$

一维概率分布函数为

$$F_X(x;t)=\frac{1}{2}U(x-\cos\pi t)+\frac{1}{2}U(x-2t)$$

式中，$U(\cdot)$ 是单位阶跃函数。一维概率密度函数为

$$f_X(x;t)=\frac{1}{2}\delta(x-\cos\pi t)+\frac{1}{2}\delta(x-2t)$$

式中，$\delta(\cdot)$ 是 Delta 函数。二维概率质量函数为

$$P\{X(t_1)=\cos\pi t_1,X(t_2)=\cos\pi t_2\}=1/2,\quad P\{X(t_1)=2t_1,X(t_2)=2t_2\}=1/2$$

二维概率分布函数为

$$F_X(x_1,x_2;t_1,t_2)=\frac{1}{2}U(x_1-\cos\pi t_1)U(x_2-\cos\pi t_2)+\frac{1}{2}U(x_1-2t_1)U(x_2-2t_2)$$

二维概率密度函数为

$$f_X(x_1,x_2;t_1,t_2)=\frac{1}{2}\delta(x_1-\cos\pi t_1)\delta(x_2-\cos\pi t_2)+\frac{1}{2}\delta(x_1-2t_1)\delta(x_2-2t_2)$$

例 5.2.4 (脉宽调制信号) 某简单通信系统以周期 T_0 在信道上传送一个脉冲信号 $Y(t), t > 0$。在每个周期内,脉冲信号的幅度为 A,脉宽为在 $[0, T_0)$ 内均匀分布的一维随机变量 X。在不同的周期内,脉宽一维随机变量是相互独立的。下面求该脉冲信号的一维概率密度函数。

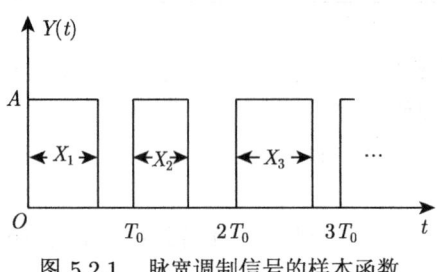

将第 i 个周期内的脉宽一维随机变量表示为 $X_i (i = 1, 2, \cdots)$,则该随机过程的样本函数如图5.2.1所示。随机过程 $Y(t)$ 在任意时刻 t 只能取值为 0 或 A。只要计算出 $P\{Y(t) = A\}$ 和 $P\{Y(t) = 0\}$,则一维概率密度函数为

$$f_Y(y;t) = P\{Y(t) = A\}\delta(y - A) + P\{Y(t) = 0\}\delta(y)$$

图 5.2.1 脉宽调制信号的样本函数

先考虑第一个周期内的情形,即 $0 \leqslant t < T_0$。此时:

$$P\{Y(t) = A\} = P\{X_1 \geqslant t\} = \int_t^{T_0} f_{X_1}(\tau)\mathrm{d}\tau = \frac{T_0 - t}{T_0}$$

$$P\{Y(t) = 0\} = P\{X_1 < t\} = 1 - P\{Y(t) = A\} = \frac{t}{T_0}$$

由于在不同周期上脉宽一维随机变量的独立性,所以只要将第一个周期 $[0, T_0)$ 内的表达式周期延拓到其他周期上即可。当 $t \in [iT_0, (i+1)T_0), i = 0, 1, 2, \cdots$ 时,有

$$P\{Y(t) = A\} = \frac{(i+1)T_0 - t}{T_0}, \quad P\{Y(t) = 0\} = \frac{t - iT_0}{T_0}$$

从而知一维概率密度函数为

$$f_Y(y;t) = \frac{(i+1)T_0 - t}{T_0}\delta(y - A) + \frac{t - iT_0}{T_0}\delta(y), \quad t \in [iT_0, (i+1)T_0)$$

至于如何求该随机过程的二维概率密度函数,留给读者作为练习。

5.2.3 两个随机过程间的联合概率函数

为了观察两个随机过程之间的关系,需要引入两个随机过程之间的联合概率函数。设有连续时间随机过程 $X(t)$ 与 $Y(t)$,设 $(X(t_1), \cdots, X(t_K))$ 是 $X(t)$ 的任意 K 维采样随机变量,$(Y(t_{K+1}), \cdots, Y(t_{K+L}))$ 是 $Y(t)$ 的任意 L 维采样随机变量,则 $K + L$ 维随机变量 $(X(t_1), \cdots, X(t_K), Y(t_{K+1}), \cdots, Y(t_{K+L}))$ 的联合概率分布函数、联合概率密度函数、联合概率特征函数、联合概率质量函数定义为随机过程 $X(t)$ 与 $Y(t)$ 之间的 $K + L$ **维联合概率分布函数**、$K + L$ **维联合概率密度函数**、$K + L$ **维联合概率特征函数**、$K + L$ **维联合概率质量函数**,分别表示为

$$F_{XY}(x_1, \cdots, x_K, y_{K+1}, \cdots, y_{K+L}; t_1, \cdots, t_{K+L})$$

$$f_{XY}(x_1, \cdots, x_K, y_{K+1}, \cdots, y_{K+L}; t_1, \cdots, t_{K+L})$$

$$\Phi_{XY}(\omega_1, \cdots, \omega_{K+L}; t_1, \cdots, t_{K+L})$$

$$P_{XY}(x_1 = a_1, \cdots, x_K = a_K, y_{K+1} = a_{K+1}, \cdots, y_{K+L} = a_{K+L}; t_1, \cdots, t_{K+L})$$

如果对任意正整数 K 和 L，$X(t)$ 的任意 K 维采样随机变量 $(X(t_1), \cdots, X(t_K))$ 与 $Y(t)$ 的任意 L 维采样随机变量 $(Y(t_{K+1}), \cdots, Y(t_{K+L}))$ 都相互独立，即

$$\begin{aligned}&F_{XY}(x_1, \cdots, x_K, y_{K+1}, \cdots, y_{K+L}; t_1, \cdots, t_{K+L})\\&= F_X(x_1, \cdots, x_K; t_1, \cdots, t_K) F_Y(y_{K+1}, \cdots, y_{K+L}; t_{K+1}, \cdots, t_{K+L})\end{aligned} \tag{5.2.5}$$

则称**随机过程** $X(t)$ **与** $Y(t)$ **相互独立**。

例 5.2.5 设有连续时间随机过程 $X(t) = \cos A\pi t$ 与 $Y(t) = \sin A\pi t$，其中 A 是一个一维随机变量，则它们之间的 $1+1$ 联合概率分布函数为

$$\begin{aligned}F_{XY}(x, y; t_1, t_2) &= P\{\cos A\pi t_1 \leqslant x, \sin A\pi t_2 \leqslant y\}\\&= \int_{\mathcal{D}} f_A(a) \mathrm{d}a\end{aligned}$$

式中，积分区域 $\mathcal{D} = \{a \mid \cos a\pi t_1 \leqslant x, \sin a\pi t_2 \leqslant y\}$。

习题 5.2

5.2.1 已知某通信系统呼叫到达的时间点为 nT_0，T_0 是某个正常数，$n = 0, 1, 2, \cdots$，在这些整数时点上到达 k 个呼叫的概率是 p_k，$k = 0, 1, \cdots$，$p_0 + p_1 + \cdots = 1$。此外，这些时点上到达的呼叫数相互独立。设 $X(t)$ 是该系统在 $t \in [0, \infty)$ 到达的呼叫数，试求连续时间随机过程 $X(t)$ 的一维概率质量函数和二维概率质量函数。

5.2.2 设有连续时间随机过程 $X(t) = A\cos\omega t$，$t \in \mathbb{R}$，ω 是一个正常数，A 是一个标准正态一维随机变量，试求 $X(t)$ 的一维、二维概率分布函数与概率密度函数。

5.2.3 已知一维随机变量 A 的概率密度函数为 $f_A(a)$，试求随机过程 $X(t) = \mathrm{e}^{-At}$ 的一维概率密度函数。

5.2.4 已知多维随机变量 $\boldsymbol{X} = (X_1, \cdots, X_N)$ 是一个独立同分布的正态多维随机变量，每个分量一维随机变量是标准正态一维随机变量，试求随机过程 $X(t) = \sum_{n=1}^{N} X_n t^n$ 的一维概率密度函数。

5.2.5 设随机信号过程 $Z(t)$ 的取值为 0 或 1，计数过程 $N(t)$ 的事件每发生一次，则 $Z(t)$ 的取值变化一次。已知：
$$P\{N(t) = k\} = \frac{1}{1+\lambda t}\left(\frac{\lambda t}{1+\lambda t}\right)^k, \quad k = 0, 1, 2, \cdots$$
试求 $Z(t)$ 的一维与二维概率质量函数。

5.3 矩 函 数

一个连续时间随机过程的统计特性不仅可以用概率函数族来完全描述，还可以用矩函数来描述。

5.3.1 一维采样矩函数

连续时间实（复）随机过程 $X(t)$ 的**均值函数、均方函数和方差函数**分别定义为

均值函数： $$m_X(t) = E\{X(t)\} \tag{5.3.1}$$

均方函数：
$$\psi_X^2(t) = E\{|X(t)|^2\} \tag{5.3.2}$$

方差函数：
$$\sigma_X^2(t) = \mathrm{Var}\{X(t)\} = E\{|X(t) - m_X(t)|^2\} \tag{5.3.3}$$

均值函数、均方函数和方差函数都是连续时间 t 的一个函数，它反映了连续时间随机过程在不同时刻其均值、均方和方差的变化情况。

由于对每个固定的 t，$X(t)$ 都是一个一维随机变量，所以连续时间随机过程的均值函数、均方函数以及方差函数等，与通常的一维随机变量的均值、均方与方差的求解并没有太大差别，只是带有参变量 t 而已。

例 5.3.1 设函数 $a(t)$ 为三角脉冲：

$$a(t) = \begin{cases} -t+1, & 0 \leqslant t \leqslant 1 \\ 0, & t \notin [0,1] \end{cases}$$

波形 $g(t)$ 定义为

$$g(t) = \sum_{n=0}^{\infty} a(t-n)$$

设 T 为 $(0,1)$ 上的均匀分布，定义随机过程 $X(t) = g(t-T)$，下面求：

1) $X(t)$ 在 $0 < t < 1$ 上的一阶概率分布函数；
2) 均值函数 $m_X(t)$。

若 $x < 0$，$F(x,t) = 0$；若 $x \geqslant 1$，$F(x,t) = 1$。

若 $x \in [0,1)$ 时：

① $x = 0$，$X(t) = 0$ 当且仅当 $T > t$，即 $P\{X(t) = 0\} = P\{T > t\} = 1 - t$；

② $x \leqslant 1 - t$，$F(x,t) = P\{X(t) \leqslant x\} = P\{X(t) = 0\} = P\{T > t\} = 1 - t$；

③ $1 - t < x < 1$，

$$\begin{aligned} F_X(x,t) &= P\{X(t) \leqslant x\} \\ &= P\{T \leqslant x+t-1\} + P\{T > t\} \\ &= (x+t-1) + 1 - t = x \end{aligned}$$

因此

$$F(x,t) = \begin{cases} 0, & x < 0 \\ 1-t, & 0 \leqslant x < 1-t \\ x, & 1-t \leqslant x < 1 \\ 1, & 1 \leqslant x \end{cases}$$

所以，其概率密度函数为

$$f_X(x,t) = U(x-(1-t)) - U(x-1) + (1-t)\delta(x), \quad 0 < t < 1$$

当 $t < 0$ 时，$m_X(t) = 0$；当 $0 \leqslant t < 1$ 时，有

$$m_X(t) = \int_0^1 x f(x)\mathrm{d}x = \int_0^{1-t} x(1-t)\delta(x)\mathrm{d}x + \int_{1-t}^1 x \cdot 1 \mathrm{d}x$$

$$=0+\left.\frac{1}{2}x^2\right|_{1-t}^{1}=t-\frac{1}{2}t^2$$

当 $t \in [i, i+1)$ 时，$i \geqslant 1$，$X(t)$ 对于每个 t 是均匀分布，$m_X(t) = (1-0)/2 = 1/2$。

5.3.2 二维采样矩函数

连续时间实（复）随机过程 $X(t)$ 的**自相关函数**、**自协方差函数**、**自相关系数函数**分别定义为

自相关函数： $\quad R_X(t_1, t_2) = E\{X(t_1)X^*(t_2)\}$ \hfill (5.3.4)

自协方差函数： $\quad C_X(t_1, t_2) = E\{(X(t_1) - m_X(t_1))(X(t_2) - m_X(t_2))^*\}$ \hfill (5.3.5)

$$= R_X(t_1, t_2) - m_X(t_1)m_X^*(t_2) \quad (5.3.6)$$

自相关系数函数： $\quad \rho_X(t_1, t_2) = \dfrac{C_X(t_1, t_2)}{\sqrt{C_X(t_1, t_1)C_X(t_2, t_2)}}$ \hfill (5.3.7)

自相关函数、自协方差函数和自相关系数函数是时间 t_1、t_2 的函数，它们刻画了连续时间随机过程 $X(t)$ 在时刻 t_1 和 t_2 的取样一维随机变量 $X(t_1)$ 和 $X(t_2)$ 之间的相关程度。显然，当 $t_1 = t_2 = t$ 时，自相关函数和自协方差函数分别退化为均方函数和方差函数。

例 5.3.2 设 $X(t) = A\cos\omega t + B\sin\omega t$，其中 A 和 B 是独立同分布的均值为零、方差为 σ^2 的正态一维随机变量，由均值函数的定义知道：

$$\begin{aligned} m_X(t) &= E\{X(t)\} = E\{A\cos\omega t + B\sin\omega t\} \\ &= E\{A\}\cos\omega t + E\{B\}\sin\omega t = 0 \end{aligned}$$

又由自相关函数的定义知道：

$$\begin{aligned} R_X(t, t+\tau) &= E\{X(t)X(t+\tau)\} \\ &= E\{(A\cos\omega t + B\sin\omega t)(A\cos\omega(t+\tau) + B\sin\omega(t+\tau))\} \\ &= E\{A^2\}\cos\omega t\cos\omega(t+\tau) + E\{B^2\}\sin\omega t\sin\omega(t+\tau) \\ &= \sigma^2\left[\cos\omega t\cos\omega(t+\tau) + \sin\omega t\sin\omega(t+\tau)\right] \\ &= \sigma^2\cos\omega\tau \end{aligned}$$

因为 A 和 B 是彼此独立的正态一维随机变量，因此它们的线性组合也是正态一维随机变量，由上式可知 $C_X(t,t) = \sigma^2$，因此其一维概率密度函数为

$$f_X(x, t) = \frac{1}{\sqrt{2\pi}\sigma} e^{-x^2/(2\sigma^2)}$$

二维概率密度函数为

$$f_X(x_1, x_2; t_1, t_2) = \frac{1}{2\pi\sigma^2|\sin\omega\tau|} \exp\left\{-\frac{x_1^2 - 2x_1 x_2\cos\omega\tau + x_2^2}{2(\sigma\sin\omega\tau)^2}\right\}$$

5.3.3 两个随机过程之间的互矩函数

定义随机过程 $X(t)$ 和 $Y(t)$ 的**互相关函数**、**互协方差函数**为

互相关函数： $$R_{XY}(t_1,t_2) = E\{X(t_1)Y^*(t_2)\} \tag{5.3.8}$$

互协方差函数： $$C_{XY}(t_1,t_2) = E\{[X(t_1)-m_X(t_1)][Y(t_2)-m_Y(t_2)]^*\} \tag{5.3.9}$$

$$= R_{XY}(t_1,t_2) - m_X(t_1)m_Y^*(t_2) \tag{5.3.10}$$

若对任意 t_1 和 t_2 有 $R_{XY}(t_1,t_2) = 0$ 成立，则称随机过程 $X(t)$ 和 $Y(t)$ **正交**。若对任意 t_1 和 t_2 有 $C_{XY}(t_1,t_2) = 0$ 成立，则称随机过程 $X(t)$ 和 $Y(t)$ **互不相关**。

例 5.3.3 例5.2.5定义的两个连续时间随机过程 $X(t) = \cos A\pi t$ 与 $Y(t) = \sin A\pi t$ 的互相关函数为

$$R_{XY}(t_1,t_2) = E\{\cos A\pi t_1 \sin A\pi t_2\} = \int_{-\infty}^{\infty} \cos a\pi t_1 \sin a\pi t_2 f_A(a) \mathrm{d}a$$

均值函数分别为

$$m_X(t) = \int_{-\infty}^{\infty} \cos a\pi t f_A(a) \mathrm{d}a, \quad m_Y(t) = \int_{-\infty}^{\infty} \sin a\pi t f_A(a) \mathrm{d}a$$

所以，互协方差函数为

$$C_{XY}(t_1,t_2) = R_{XY}(t_1,t_2) - m_X(t_1)m_Y(t_2)$$
$$= \int_{-\infty}^{\infty} \cos a\pi t_1 \sin a\pi t_2 f_A(a) \mathrm{d}a$$
$$- \left(\int_{-\infty}^{\infty} \cos a\pi t_1 f_A(a) \mathrm{d}a\right)\left(\int_{-\infty}^{\infty} \sin a\pi t_2 f_A(a) \mathrm{d}a\right)$$

例 5.3.4 设 $X(t) = \cos(\omega t + \Theta)$，$Y(t) = \sin(\omega t + \Theta)$，其中 Θ 为区间 $(-\pi,\pi)$ 上的均匀分布。$X(t)$ 和 $Y(t)$ 的均值为零，它们的互相关函数为

$$R_{XY}(t_1,t_2) = E\{\cos(\omega t_1 + \Theta)\sin(\omega t_2 + \Theta)\}$$
$$= E\left\{-\frac{1}{2}\sin\omega(t_1-t_2) + \frac{1}{2}\sin[\omega(t_1+t_2)+2]\right\}$$
$$= -\frac{1}{2}\sin\omega(t_1-t_2)$$

习题 5.3

5.3.1 设 $g(t)$ 为矩形脉冲函数：

$$g(t) = \begin{cases} 1, & 0 \leqslant t \leqslant 1 \\ 0, & t \notin [0,1] \end{cases}$$

定义 $[0,\infty)$ 上的连续时间随机过程 $X(t) = A\sum_{i=0}^{\infty} g(t-i)$，其中 A 为等概率地取 ± 1 的一维随机变量。试求：

1) $X(t)$ 的一维概率质量函数;
2) 均值函数 $m_X(t)$;
3) $X(t)$ 和 $X(t+d)$ 的联合概率质量函数;
4) 自协方差函数 $C_X(t,t+d)$, $d>0$。

5.3.2 已知一维随机变量 A 的概率密度函数为 $f_A(a)$,试求随机过程 $X(t)=\mathrm{e}^{-At}$ 的均值函数与协方差函数。

5.3.3 已知多维随机变量 $\boldsymbol{X}=(X_1,\cdots,X_N)$ 是一个独立同分布的正态多维随机变量,每个分量一维随机变量是标准正态一维随机变量,试求随机过程 $X(t)=\sum_{n=1}^{N}X_n t^n$ 的均值函数与协方差函数。

5.3.4 设随机信号过程 $Z(t)$ 的取值为 0 或 1,计数过程 $N(t)$ 的事件每发生一次,则 $Z(t)$ 的取值变化一次。已知:
$$P\{N(t)=k\}=\frac{1}{1+\lambda t}\left(\frac{\lambda t}{1+\lambda t}\right)^k, \quad k=0,1,2,\cdots$$
试求 $Z(t)$ 的均值函数 $m_Z(t)$、方差函数 $\sigma_Z^2(t)$ 以及自相关函数 $R_Z(t_1,t_2)$。

5.4 常见连续时间随机过程

与离散时间过程类似,连续时间过程也有独立过程、独立增量过程、Markov 过程、Gauss 过程、二阶矩过程、严平稳与宽平稳过程。特别地,Poisson 过程及其导出过程也是信息与通信工程中的常见连续时间随机过程。

5.4.1 纯粹独立过程

设有连续时间随机过程 $X(t)$,若对任意 K,在任意时间点 $t_1,\cdots,t_K$ 上的采样 K 维随机变量的分量一维随机变量都独立,则称该随机过程为**纯粹独立随机过程**。

纯粹独立随机过程的 K 维概率分布函数可表示为

$$F_X(x_1,\cdots,x_K;t_1,\cdots,t_K)=\prod_{i=1}^{K}F_X(x_i;t_i) \tag{5.4.1}$$

式中,$F_X(x;t)$ 是纯粹独立随机过程的一维概率分布函数。

离散时间独立过程在实际应用中是存在的,如连续抛硬币试验形成的一个一维随机变量序列,就是离散时间独立随机过程。而连续时间纯粹独立随机过程实际上是难以存在的,这是由于任何一个非确知系统的输出都具有一定的惯性(或者说记忆性)。虽然如此,仍用连续时间纯粹独立随机过程作为理想噪声的概率模型。

例 5.4.1 (iid 噪声模型) 连续时间的 iid 噪声建模为一个 iid 连续时间随机过程,其在任意时间点上的采样一维随机变量是一个零均值的 Gauss 一维随机变量,因此其 K 维概率密度函数为

$$f_X(x_1,\cdots,x_K;t_1,\cdots,t_K)=\prod_{i=1}^{K}\frac{1}{\sqrt{2\pi}}\mathrm{e}^{-\frac{x_i^2}{2\sigma^2}} \tag{5.4.2}$$

5.4.2 积分过程

设 $X(t)$ 是一个定义在 $[0,\infty)$ 上的随机过程,则称

$$Y(t)=\int_0^t X(s)\mathrm{d}s \tag{5.4.3}$$

为 $X(t)$ 的**积分过程**。$Y(t)$ 是这样一个随机过程，其样本函数由 $X(t)$ 的样本函数积分得到。

实际上，由于随机过程只是一个随机变函，即一个可以考虑取值概率的变函，因此积分表达式 $\int_0^t X(s)\mathrm{d}s$ 与通常的积分并没有什么差异，只是由于 $X(t)$ 以一定概率分布取不同的样本函数，因此积分结果 $Y(t) = \int_0^t X(s)\mathrm{d}s$ 也以同样的取值概率被取到。

一般来说，根据 $X(t)$ 的概率函数族推导 $Y(t)$ 的概率函数族是一件很困难的事，但是根据 $X(t)$ 的矩函数推导 $Y(t)$ 的矩函数比较容易。容易证明如下性质成立。

性质 5.4.1 若 $Y(t) = \int_0^t X(s)\mathrm{d}s$，则有

$$m_Y(t) = \int_0^t m_X(s)\mathrm{d}s \tag{5.4.4}$$

$$R_Y(t_1, t_2) = \int_0^{t_1} \int_0^{t_2} R_X(r, s)\mathrm{d}r\mathrm{d}s \tag{5.4.5}$$

证明：将积分 $\int_0^t X(s)\mathrm{d}s$ 写成 Daboux 和的形式有

$$\int_0^t X(s)\mathrm{d}s = \lim_{\max \Delta s_i \to 0} \sum_{i=0}^N X(s_i)\Delta s_i$$

式中，$0 = s_0 < s_1 < s_2 < \cdots < s_{N-1} < s_N = t$；$\Delta s_i = s_{i+1} - s_i$。考虑到期望运算的线性，于是有

$$E\left\{\int_0^t X(s)\mathrm{d}s\right\} = \lim_{\max \Delta s_i \to 0} \sum_{i=0}^N E\{X(s_i)\}\Delta s_i = \int_0^t E\{X(s)\}\mathrm{d}s$$

这就证明了式 (5.4.4) 成立。类似可以证明式 (5.4.5) 也成立，这里从略。 □

5.4.3 独立增量过程

连续时间的独立增量过程与离散时间的独立增量过程的定义与性质并无差别，只是时间指标的修改，读者可以参考离散时间独立增量过程的定义与性质而加以了解，这里不再重复，下面是一些连续时间独立增量过程的例子。

例 5.4.2 (平稳分布独立增量过程) 定义于 $t > 0$ 上的独立增量实过程 $X(t)$，对任意实数 h 以及采样时刻 t_1, t_2，若 $X(t_2) - X(t_1)$ 与 $X(t_2 + h) - X(t_1 + h)$ 有相同的概率分布，则称该独立增量过程为平稳分布独立增量过程。若平稳分布独立增量过程 $X(0) = 0$，则有[①]

1) 均值函数：$m_X(t) = mt$，其中 m 是一个常数。
2) 方差函数：$\sigma_X^2(t) = \sigma^2 t$，其中 σ 是一个正常数。
3) 协方差函数：$C_X(t_1, t_2) = \sigma^2 \min\{t_1, t_2\}$。

证明：1) 由平稳分布独立增量过程的定义知道

$$m_X(t_1 + t_2) = E\{X(t_1 + t_2)\} = E\{X(t_1 + t_2) - X(t_1) + X(t_1) - X(0)\}$$

---

① 从严格意义上来说，应该写作 $P\{X(0) = 0\} = 1$。

$$= E\{X(t_1+t_2)-X(t_1)\}+E\{X(t_1)-X(0)\}$$
$$= m_X(t_2)+m_X(t_1)$$

显然，满足 $m_X(t_1+t_2)=m_X(t_1)+m_X(t_2)$ 的函数只有 mt。

2) 类似于 1) 的过程，有
$$\sigma_X^2(t_1+t_2)=\text{Var}\{X(t_1+t_2)\}=\text{Var}\{X(t_1+t_2)-X(t_1)+X(t_1)-X(0)\}$$
$$=\text{Var}\{X(t_1+t_2)-X(t_1)\}+\text{Var}\{X(t_1)-X(0)\}$$
$$=\sigma_X^2(t_2)+\sigma_X^2(t_1)$$

显然，满足 $\sigma_X^2(t_1+t_2)=\sigma_X^2(t_1)+\sigma_X^2(t_2)$ 的函数只有 $\sigma^2 t$。

3) 应用 1) 和 2) 的结论，有
$$C_X(t_1,t_2)=E\{[X(t_1)-m_X(t_1)][X(t_2)-m_X(t_2)]\}$$
$$=E\{X(t_1)X(t_2)\}-m_X(t_1)m_X(t_2)$$
$$=E\{[X(t_1)-X(t_2)+X(t_2)]X(t_2)\}-m_X(t_1)m_X(t_2)$$
$$=E\{[X(t_1)-X(t_2)\}E\{X(t_2)\}+E\{X^2(t_2)\}-m^2 t_1 t_2$$
$$=m(t_1-t_2)mt_2+\sigma^2 t_2+m^2 t_2^2-m^2 t_1 t_2 \quad (t_1>t_2)$$
$$=\sigma^2 t_2$$

因此 $C_X(t_1,t_2)=\sigma^2\min\{t_1,t_2\}$。

5.4.4 Markov 过程

连续时间的 Markov 过程与离散时间 Markov 过程的定义与性质并无差别，只是时间指标的修改，读者可以参考离散时间 Markov 过程的定义与性质而加以了解，这里不再重复，下面是一些连续时间 Markov 过程的例子。

例 5.4.3 设有 a 台机器，假定每台机器的使用寿命都是一维随机变量，都服从参数为 μ 的指数分布，而且相互独立，设 $X(t)$ 是在 t 时刻能使用的机器台数，则 $X(t)$ 是一个 Markov 过程。(证明留作习题。)

例 5.4.4 某服务窗口每隔一段时间 T 到达一个顾客，T 服从指数分布，且不同的时间间隔相互独立。每个顾客所花费的服务时间也是一个服从指数分布的一维随机变量 T'，且不同顾客之间的服务时间独立。此外，所有顾客的服务时间与所有顾客的到达时间相互独立。设 $X(t)$ 是在 t 时刻在窗口排队的顾客数（包括正在接受服务的顾客），则 $X(t)$ 是一个 Markov 过程。(证明留作习题。)

5.4.5 Gauss 过程

连续时间的 Gauss 过程与离散时间 Gauss 过程的定义与性质并无差别，只是时间指标的修改，读者可以参考离散时间 Gauss 过程的定义与性质而加以了解，这里不再重复，下面是一些连续时间 Gauss 过程的例子。

例 5.4.5 (一维 Wiener 过程) 悬浮于液体中的花粉颗粒由于受到大量液体无规则的撞击，所以其运动轨迹显得极为不规则。由于这种运动最初是由英国植物学家 Brown 在

1827 年观察到的，所以后人将这种运动称为 Brown 运动。1918 年，Wiener 在他的博士论文中建立了 Brown 运动的数学模型，用随机游走的随机过程模型描述了这种运动，所以后来也称 Brown 运动为 Wiener 过程。

一维 Wiener 过程 $X(t)$ 是一个粒子在时刻 t 的位置，且满足下列条件：

1) $X(0) = 0$。
2) $X(t)$ 是一个齐次独立增量过程。
3) Δx 是粒子在时间 Δt 内的位移，$\lim\limits_{\Delta t \to 0} \Delta x^2/\Delta t = \alpha$。
4) 在任意时刻 t，粒子向左或者向右运动的概率都是 $1/2$。

下面根据上述定义来推导 Wiener 过程 $X(t)$ 的概率密度函数族和矩函数。

将 $[0,t]$ 区间分成 n 等份，设 $t/n = s$，这样一来，$X(t)$ 就可以建模成独立同分布序列 $\sqrt{\alpha s}D[m]$ 的和过程 $X[ns]$ 的极限过程，其中 $D[m]$ 是一个取值为 ± 1 的等概率一维随机变量，即 $\lim\limits_{n \to \infty} X[ns] = X(t)$。$X[ns]$ 具有如下表达，即

$$X[ns] = \sqrt{\alpha s}(D[1] + D[2] + \cdots + D[n]) = \sqrt{\alpha s}S[n]$$

式中，$S[n]$ 是一维随机游走过程。$X[ns]$ 的均值和方差分别为

$$E\{X[ns]\} = \sqrt{\alpha s}E\{S[n]\} = 0$$
$$\text{Var}\{X[ns]\} = \alpha s n \text{Var}\{D[n]\} = \alpha t$$

其中用到了 $\text{Var}\{D[n]\} = 1$ 的结论。

由于 $X[ns]$ 是若干个独立同分布一维随机变量的和，由中心极限定理可知，$X(t)$ 是一个 Gauss 随机过程，且其均值和方差分别为

$$E\{X(t)\} = \lim_{n \to \infty} E\{X[ns]\} = 0$$
$$\text{Var}\{X(t)\} = \lim_{n \to \infty} \text{Var}\{X[ns]\} = \alpha t$$

所以，$X(t)$ 的一维概率密度函数为

$$f_X(x;t) = \frac{1}{\sqrt{2\pi\alpha t}} e^{-x^2/(2\alpha t)} \tag{5.4.6}$$

因为 $X(t)$ 是齐次独立增量过程，所以 k 维概率密度函数为

$$\begin{aligned}
&f_X(x_1, \cdots, x_k; t_1, \cdots, t_k) \\
&= f_X(x_1; t_1) f_X(x_2 - x_1; t_2 - t_1) \cdots f_X(x_k - x_{k-1}; t_k - t_{k-1}) \\
&= \frac{\exp\left\{-\dfrac{1}{2}\left[\dfrac{x_1^2}{\alpha t_1} + \dfrac{(x_2 - x_1)^2}{\alpha(t_2 - t_1)} + \cdots + \dfrac{(x_k - x_{k-1})^2}{\alpha(t_k - t_{k-1})}\right]\right\}}{\sqrt{(2\pi\alpha)^k t_1(t_2 - t_1) \cdots (t_k - t_{k-1})}}
\end{aligned} \tag{5.4.7}$$

此外，由独立增量过程自协方差函数的表达式知道 Wiener 过程的自相关函数和自协方差函数为

$$R_X(t_1, t_2) = C_X(t_1, t_2) = \alpha \min\{t_1, t_2\} \tag{5.4.8}$$

根据 Wiener 过程 k 维概率密度函数的表达式 (5.4.7) 和自协方差函数的表达式 (5.4.8) 可以验证：Wiener 过程是一个 Gauss 过程。

这里仅就 $k=2$ 的情形进行验证。设 $t_1 < t_2$，因为 $X(t)$ 的均值为零，其协相关矩阵及其逆矩阵分别为

$$\boldsymbol{C} = \begin{bmatrix} \alpha t_1 & \alpha t_1 \\ \alpha t_1 & \alpha t_2 \end{bmatrix}, \quad \boldsymbol{C}^{-1} = \frac{1}{\alpha t_1(t_2-t_1)} \begin{bmatrix} t_2 & -t_1 \\ -t_1 & t_1 \end{bmatrix}$$

容易验证

$$-\frac{1}{2}\boldsymbol{x}^{\mathrm{T}}\boldsymbol{C}^{-1}\boldsymbol{x} = -\frac{1}{2}\left[\frac{x_1^2}{\alpha t_1} + \frac{(x_2-x_1)^2}{\alpha(t_2-t_1)}\right]$$

且

$$|\boldsymbol{C}| = \alpha^2 t_1(t_2-t_1)$$

所以，由式 (5.4.7) 得到的 Wiener 过程的二维概率密度函数是二维正态分布。

5.4.6 二阶矩过程

连续时间的二阶矩过程与离散时间二阶矩过程的定义与性质并无差别，也只是时间指标的修改，这里不再重复，下面是一些连续时间二阶矩过程的例子。

例 5.4.6 (余弦波过程) 余弦波过程 $X(t) = A\cos(\omega t + \theta)$, $t > 0$，其中振幅 A 与角频率 ω 都是常数，相位 θ 是一个 $(-\pi, \pi)$ 上的均匀分布。可以验证：

$$E\{|X(t)|^2\} = \int_{-\pi}^{\pi} A^2 \cos^2(\omega t + \alpha)\frac{1}{2\pi}\mathrm{d}\alpha \leqslant A^2$$

所以，余弦波过程为二阶矩过程。

例 5.4.7 设 $X(t) = X + Yt$, $t \in [a,b]$，X 与 Y 独立同分布，都是标准正态一维随机变量，可以验证 $X(t)$ 也是一个二阶矩过程。

二阶矩过程还有如下性质。

性质 5.4.2 若 $X(t)$ 是定义在 $[a,b] \times [a,b]$ 上的二阶矩过程，则其自相关函数 $R(t_1, t_2)$ 是一个非负定二维实（或复数）函数，即对任意属于 $L^2[a,b]$ 的实函数（或复函数）$f(t)$ 都有

$$\int_a^b \int_a^b R(t_1, t_2) f(t_1) f^*(t_2) \mathrm{d}t_1 \mathrm{d}t_2 \geqslant 0$$

证明：因为是二阶矩过程，所以有

$$0 \leqslant \left|\int_a^b X(t)f(t)\mathrm{d}t\right|^2 \leqslant \int_a^b |X(t)|^2 \mathrm{d}t \int_a^b |f(t)|^2 \mathrm{d}t$$

对上式取期望即得结论。 □

5.4.7 严平稳与宽平稳过程

连续时间的严平稳与宽平稳过程与离散时间严平稳与宽平稳过程的定义与性质并无差别，也只是时间指标的修改，这里不再重复，下面是一些连续时间严平稳与宽平稳过程的例子。

例 5.4.8 余弦波信号 $X(t) = \cos(\omega t + \Theta)$,其中 Θ 为区间 $(-\pi, \pi)$ 上的均匀分布。$X(t)$ 的均值函数为

$$m_X(t) = E\{\cos(\omega t + \Theta)\} = \frac{1}{2\pi} \int_{-\pi}^{\pi} \cos(\omega t + x) \mathrm{d}x = 0$$

自相关函数和自协方差函数为

$$\begin{aligned} C_X(t_1, t_2) &= R_X(t_1, t_2) = E\{\cos(\omega t_1 + \Theta) \cos(\omega t_2 + \Theta)\} \\ &= \frac{1}{2\pi} \int_{-\pi}^{\pi} \frac{1}{2} \Big\{ \cos \omega (t_1 - t_2) + \cos \big[\omega(t_1 + t_2) + 2x \big] \Big\} \mathrm{d}x \\ &= \frac{1}{2} \cos \omega (t_1 - t_2) \end{aligned}$$

所以,根据宽平稳随机过程的定义知道 $X(t)$ 是宽平稳随机过程。

例 5.4.9 定义连续时间随机过程 $X(t) = Z$, Z 是一个 Cauchy 一维随机变量。也就是说,随机过程的样本函数 $x(t)$ 是一些取值为常数的函数,这个常数的值取决于一维随机变量 Z 的取值。很显然,这个随机过程肯定是严平稳过程,但由于其均值和自相关函数都不存在,所以不是宽平稳的。

这个例子说明:严平稳的二阶矩过程才能是宽平稳过程。若不是二阶矩过程,则严平稳过程未必是宽平稳的。

例 5.4.10 设有连续时间随机过程 $X(t) = A\cos\omega t + B\sin\omega t$,其中 A 和 B 为独立同分布的一维随机变量,均值都为零,方差为 σ^2。则可以验证 $E\{X(t)\} = 0$ 且 $E\{X(t+\tau)X(t)\} = \sigma^2 \cos \omega \tau$。所以,$X(t)$ 是宽平稳过程。

更一般地,如果连续时间随机过程 $X(t) = \sum_{n=1}^{N}(A_n \cos \omega_n t + B_n \sin \omega_n t)$,$\{A_n\}_{n=1}^{N}$ 和 $\{B_n\}_{n=1}^{N}$ 独立同分布,均值为零、方差为 σ^2,可以验证 $X(t)$ 也是宽平稳过程。

5.4.8 宽平稳各态遍历过程

连续时间宽平稳各态遍历过程的定义与离散时间宽平稳各态遍历过程几乎一致,这里不再重复。下面介绍连续时间宽平稳各态遍历过程的性质,这些性质对离散时间宽平稳各态遍历过程同样成立。

(1) 均值各态遍历准则

除了从定义直接验证一个宽平稳随机过程的遍历性,还可以通过下面的定理验证。

定理 5.4.1 (均值各态遍历准则) 一个定义于 $\mathbb{R}$ 上的宽平稳均方连续随机过程 $X(t)$ 具有均值遍历性的充要条件是

$$\lim_{T \to \infty} \frac{1}{2T} \int_{-2T}^{2T} \left(1 - \frac{|\tau|}{2T}\right)(R_X(\tau) - |m_X|^2) \mathrm{d}\tau = 0 \tag{5.4.9}$$

证明:先计算 $\langle X(t) \rangle$ 的期望,即

$$E\{\langle X(t) \rangle\} = E\left\{\lim_{T \to \infty} \frac{1}{2T} \int_{-T}^{T} X(t) \mathrm{d}t\right\}$$

$$= \lim_{T\to\infty} \frac{1}{2T} \int_{-T}^{T} E\{X(t)\} \mathrm{d}t$$
$$= E\{X(t)\} = m_X$$

因此,由均值遍历的定义可知,只要 $P\{\langle X(t)\rangle = E\{\langle X(t)\rangle\}\} = 1$,$X(t)$ 就是**均值遍历**的。由均方收敛的性质可知,均值遍历当且仅当 $\mathrm{Var}\{\langle X(t)\rangle\} = 0$ 成立。又因为

$$\begin{aligned}
\mathrm{Var}\{\langle X(t)\rangle\} &= E\{|\langle X(t)\rangle - m_X|^2\} \\
&= \lim_{T\to\infty} E\left\{\left|\frac{1}{2T}\int_{-T}^{T} X(t)\mathrm{d}t\right|^2\right\} - |m_X|^2 \\
&= \lim_{T\to\infty} E\left\{\frac{1}{4T^2}\int_{-T}^{T} X(t_1)\mathrm{d}t_1 \int_{-T}^{T} X^*(t_2)\mathrm{d}t_2\right\} - |m_X|^2 \\
&= \lim_{T\to\infty} \frac{1}{4T^2} \int_{-T}^{T}\int_{-T}^{T} R_X(t_2 - t_1)\mathrm{d}t_1\mathrm{d}t_2 - |m_X|^2
\end{aligned}$$

为了简化上式的积分,引入变量变换 $\sigma = t_1 + t_2, \tau = t_2 - t_1$,则有如图5.4.1所示的积分区域的变换。此变换的 Jacobi 行列式 $|\boldsymbol{J}| = \dfrac{1}{2}$。于是

$$\int_{-T}^{T}\int_{-T}^{T} R_X(t_2 - t_1)\mathrm{d}t_1\mathrm{d}t_2$$
$$= \frac{1}{2}\int_{-2T}^{2T}\left(\int_{-2T+|\tau|}^{2T-|\tau|} R_X(\tau)\mathrm{d}\sigma\right)\mathrm{d}\tau$$
$$= \frac{1}{2}\int_{-2T}^{2T}(4T - 2|\tau|)R_X(\tau)\mathrm{d}\tau$$

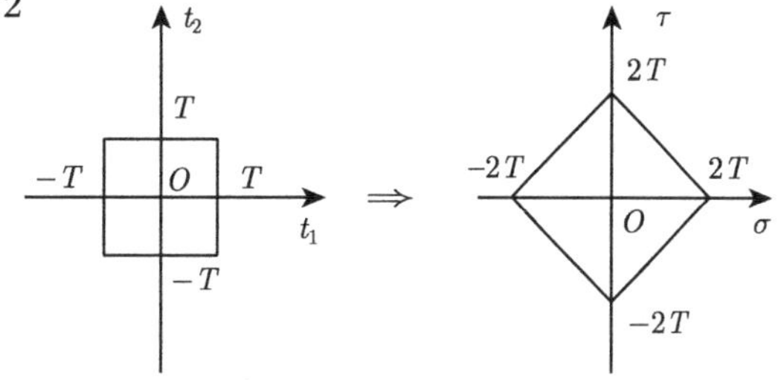

图 5.4.1 积分变换

因此

$$\mathrm{Var}\{\langle X(t)\rangle\} = \lim_{T\to\infty} \frac{1}{2T}\int_{-2T}^{2T}\left(1 - \frac{|\tau|}{2T}\right)(R_X(\tau) - |m_X|^2)\mathrm{d}\tau$$

由 $\mathrm{Var}\{\langle X(t)\rangle\} = 0$ 可知结论成立。 □

(2) **自相关各态遍历准则**

从上面的均值各态遍历定理可立得如下定理。

定理 5.4.2 (自相关函数各态遍历准则) 一个定义于 $\mathbb{R}$ 上的宽平稳均方连续随机过程 $X(t)$ 具有自相关函数各态遍历性的充要条件是

$$\lim_{T\to\infty} \frac{1}{2T}\int_{-2T}^{2T}\left(1 - \frac{|\tau|}{2T}\right)(R_Y(\tau) - |m_Y(\tau')|^2)\mathrm{d}\tau = 0 \tag{5.4.10}$$

式中,$Y(t) = X(t)X^*(t + \tau')$。

例 5.4.11 试讨论 Poisson 随机电报信号的均值各态遍历性。

解:Poisson 随机电报信号的均值为零,而自相关函数为 $R_X(\tau) = \mathrm{e}^{-2\alpha|\tau|}$。所以

$$\lim_{T\to\infty} \frac{1}{2T}\int_{-2T}^{2T}\left(1 - \frac{|\tau|}{2T}\right)R_X(\tau)\mathrm{d}\tau = \lim_{T\to\infty} \frac{1}{2T}\int_{-2T}^{2T}\left(1 - \frac{|\tau|}{2T}\right)\mathrm{e}^{-2\alpha|\tau|}\mathrm{d}\tau$$

$$= \lim_{T \to \infty} \frac{1}{2\alpha T} \left(1 - \frac{1 - e^{4\alpha T}}{4\alpha T}\right) = 0$$

由均值各态遍历准则可知，Poisson 随机电报信号是均值遍历的。

例 5.4.12 设 A 和 B 是两个均值为零、方差相等且相互独立的随机变量。$X(t) = A\cos\omega t + B\sin\omega t$ 为定义于 $\mathbb{R}$ 上的随机过程。试讨论 $X(t)$ 的均值遍历性。

解：设 A 和 B 的方差为 σ^2，则计算可知

$$m_X(t) = 0, \quad R_X(\tau) = \sigma^2 \cos\omega\tau$$

因此，这是一个宽平稳随机过程。此外

$$\lim_{T \to \infty} \frac{1}{2T} \int_{-2T}^{2T} \left(1 - \frac{|\tau|}{2T}\right) \sigma^2 \cos\omega\tau \mathrm{d}\tau$$
$$= \sigma^2 \lim_{T \to \infty} \frac{1}{T} \left(\frac{\sin 2\omega T}{\omega} - \frac{\sin 2\omega T}{\omega} - \frac{\cos 2T\omega}{2T\omega^2} + \frac{1}{2T\omega^2}\right) = 0$$

由均值各态遍历准则可知，该过程是均值遍历的。

5.4.9 Poisson 过程

(1) 计数过程的定义

在实际应用中，常需要统计某事件在某时间区间内发生的次数。例如，这样的事件可以是"通信网络中某个时间段内发生呼叫的次数""某售票窗口在某个时间段内到达的顾客数""某电子电器中在某个时间段内发射的载流子个数""某城市中某段时间内诞生的人数"等。计数过程就是用来统计某段时间内事件发生次数的连续时间随机过程。某事件的**计数过程** $\{C(t)|t \geqslant 0\}$ 定义为该事件在 $(0,t]$ 内发生的次数，当在 t_0 时刻有事件发生时，$C(t)$ 的取值从 t_0 时刻起增加 1。所以，$C(t)$ 的状态空间是非负整数集，而且若 $s < t$，则 $C(t) - C(s)$ 表示该事件在 $(s,t]$ 内发生的次数。

(2) Poisson 过程的定义

Poisson 过程是一种常见的计数过程，在很多领域都有重要的应用。例如，在通信网排队论中业务的到达过程就是用 Poisson 过程来建模的。

具体来说，Poisson 过程是满足下列条件的计数过程：

1) $P\{N(0) = 0\} = 1$。

2) $N(t)$ 是齐次独立增量过程。

3) 对充分小的正数 h，即 $0 < h \ll 1$，有 $P\{N(h) = 1\} = \lambda h + o(h)$。这里，$o(h)$ 是一个 h 的**高阶无穷小量**，即 $o(h)$ 是一个 h 的函数且满足 $\lim_{h \to 0} o(h)/h = 0$。

4) 对充分小的正数 h 有 $P\{N(h) \geqslant 2\} = o(h)$。

Poisson 过程满足的四个条件有如下解释：第一个条件意味着在起始时刻事件发生的概率为零；第二个条件意味着事件发生的独立性，即事件前任意次的发生和下一次的发生是独立的；第三个条件是说，事件发生的概率近似和时间长度成正比，且单位时间内事件平均发生的次数为 λ；第四个条件说明，在充分小的时间间隔 h 内事件发生两次以上的概率和发生一次的概率相比，可以忽略不计。

(3) Poisson 过程的概率质量函数族

下面根据 Poisson 过程的定义，来推导 Poisson 过程的概率质量函数族。

将区间 $(0,t]$ 分成 n 等份，使每等份的长度 $h = t/n$ 足够小。由 Poisson 过程所满足的条件 3) 和 4) 可知

$$P\{N(h) = 1\} = \lambda h + o(h), \quad P\{N(h) = 0\} = 1 - \lambda h - o(h)$$

所以，在每个小时间区间 h 上，事件是否发生是一个近似 Bernoulli 的一维随机变量，记为 $X[m], m = 1, 2, \cdots, n$，因此独立同分布 Bernoulli 序列 $X[m]$ 的和过程 $N[nh]$ 就是一个二项计数过程:

$$N[nh] = X[1] + \cdots + X[n]$$

这样，$N(t)$ 就已经建模为一个二项计数过程的极限过程，即 $\lim_{n \to \infty} N[nh] = N(t)$。

根据二项计数过程的一维概率质量函数式 (4.4.5) 可知

$$\begin{aligned}
P\{N(t) = k\} &= \lim_{n \to \infty} P\{N[nh] = k\} = \lim_{n \to \infty} \binom{n}{k} [\lambda h + o(h)]^k [1 - \lambda h - o(h)]^{n-k} \\
&= \lim_{n \to \infty} \binom{n}{k} \left[\lambda \frac{t}{n} + o\left(\frac{t}{n}\right)\right]^k \left[1 - \lambda \frac{t}{n} - o\left(\frac{t}{n}\right)\right]^{n-k} \\
&= \frac{(\lambda t)^k}{k!} \lim_{n \to \infty} \left(1 - \frac{\lambda t}{n}\right)^{n-k} \frac{n!}{(n-k)! n^k} \\
&= \frac{(\lambda t)^k}{k!} \mathrm{e}^{-\lambda t}
\end{aligned}$$

这样，得到 Poisson 过程的一阶概率质量函数为

$$P\{N(t) = k\} = \frac{(\lambda t)^k}{k!} \mathrm{e}^{-\lambda t}, \quad k = 0, 1, \cdots \tag{5.4.11}$$

由于 Poisson 过程是齐次独立增量过程，因而其他任意阶概率质量函数可由式 (4.4.8) 得到。例如，设 $t_1 < t_2$，则其二维概率质量函数为

$$\begin{aligned}
P\{N(t_1) = i, N(t_2) = j\} &= P\{N(t_1) = i\} P\{N(t_2 - t_1) = j - i\} \\
&= \frac{(\lambda t_1)^i \mathrm{e}^{-\lambda t_1}}{i!} \times \frac{[\lambda(t_2 - t_1)]^{j-i} \mathrm{e}^{-\lambda(t_2 - t_1)}}{(j-i)!}
\end{aligned}$$

(4) Poisson 过程的矩函数

简单计算可得，Poisson 过程的均值函数、均方函数和方差函数分别为

$$m_N(t) = E\{N(t)\} = \sum_{i=0}^{\infty} i P\{N(t) = i\} = \sum_{i=0}^{\infty} i \frac{(\lambda t)^i}{i!} \mathrm{e}^{-\lambda t} = \lambda t \tag{5.4.12}$$

$$\psi_N^2(t) = E\{N^2(t)\} = \sum_{i=0}^{\infty} i^2 P\{N(t) = i\} = \sum_{i=0}^{\infty} i^2 \frac{(\lambda t)^i}{i!} \mathrm{e}^{-\lambda t} = (\lambda t)^2 + \lambda t \tag{5.4.13}$$

$$\sigma_N^2(t) = \psi_N^2(t) - m_N^2(t) = \lambda t \tag{5.4.14}$$

设 $t_2 > t_1$，则自相关函数为

$$\begin{aligned} R_N(t_1,t_2) &= E\{N(t_1)N(t_2)\} = E\{[N(t_2)-N(t_1)]N(t_1)\} + E\{N^2(t_1)\} \\ &= E\{N(t_2-t_1)\}E\{N(t_1)\} + E\{N^2(t_1)\} \\ &= \lambda(t_2-t_1)\lambda t_1 + (\lambda t_1)^2 + \lambda t_1 \\ &= \lambda t_1(1+\lambda t_2) \end{aligned}$$

上面的等式中，利用了 Poisson 过程的独立增量特性。同理，若 $t_1 \geqslant t_2$，则有

$$R_N(t_1,t_2) = \lambda t_2(1+\lambda t_1)$$

综合起来有

$$R_N(t_1,t_2) = \lambda^2 t_1 t_2 + \lambda \min\{t_1,t_2\} \tag{5.4.15}$$

又由 $C_N(t_1,t_2) = R_N(t_1,t_2) - m_N(t_1)m_N(t_2)$ 知

$$C_N(t_1,t_2) = \lambda \min\{t_1,t_2\} \tag{5.4.16}$$

(5) Poisson 间隔

设 T 是一个 Poisson 过程中事件连续两次发生的时间间隔，T 称为 Poisson 间隔。

定理 5.4.3 Poisson 间隔是一个指数分布的一维随机变量。

证明：将 $(0,t]$ 分成 n 等份，因为事件"$T>t$"等价于"在 t 秒内没有事件发生"，考虑到 Poisson 过程是二项计数过程的极限，所以有

$$P\{T>t\} = \left[1 - \frac{\lambda t}{n} + o\left(\frac{t}{n}\right)\right]^n \to \mathrm{e}^{-\lambda t}, \quad n \to \infty \tag{5.4.17}$$

由式 (5.4.17) 可知，Poisson 间隔是一个参数为 λ 的指数分布的一维随机变量，其概率分布函数和概率密度函数分别为

$$F_T(t) = 1 - \mathrm{e}^{-\lambda t} \tag{5.4.18}$$
$$f_T(t) = \lambda \mathrm{e}^{-\lambda t}, \qquad t \geqslant 0 \tag{5.4.19}$$

□

在整个 Poisson 过程中，所有的 Poisson 间隔形成一个独立同分布的一维随机变量序列，记作 $T_1, T_2, \cdots$，为从 $t=0$ 开始的一个 Poisson 间隔序列，则其和过程 $S[n] = T_1 + \cdots + T_n$ 表示在 Poisson 过程中，事件第 n 次发生所需的时间。$S[n]$ 的特征函数为

$$\Phi_{S[n]}(\omega) = E\{\mathrm{e}^{\mathrm{j}\omega(T_1+\cdots+T_n)}\} = \left(E\{\mathrm{e}^{\mathrm{j}\omega T}\}\right)^n = \left(\frac{\lambda}{\lambda - \mathrm{j}\omega}\right)^n$$

查 Fourier 变换表知

$$f_{S[n]}(y) = \frac{(\lambda y)^{n-1}}{(n-1)!} \lambda \mathrm{e}^{-\lambda y}, \quad y \geqslant 0 \tag{5.4.20}$$

这是一个 n-Erlang 分布的一维随机变量。

(6) Poisson 过程中事件的发生时刻

定理 5.4.4　Poisson 过程中，事件在每个时刻发生的可能性是相等的。假设 Poisson 过程在 $(0,t]$ 内事件只发生了一次，令 X 为在 $(0,t]$ 内事件发生的时刻，则一维随机变量 X 的概率分布函数 $F_X(x) = x/t$。

证明：显然，当 $x \geqslant t$ 时，$F_X(x) = 1$。$x < 0$ 时，$F_X(x) = 0$。现设 $0 \leqslant x < t$，则

$$\begin{aligned}
F_X(x) = P\{X \leqslant x\} &= P\{N(x) = 1 | N(t) = 1\} \\
&= \frac{P\{N(x) = 1, N(t) = 1\}}{P\{N(t) = 1\}} \\
&= \frac{P\{N(x) = 1, N(t) - N(x) = 0\}}{P\{N(t) = 1\}} \\
&= \frac{P\{N(x) = 1\}P\{N(t-x) = 0\}}{P\{N(t) = 1\}} \\
&= \frac{\lambda x e^{-\lambda x} e^{-\lambda(t-x)}}{\lambda t e^{-\lambda t}} = \frac{x}{t}
\end{aligned}$$

由此可见，X 为 $(0,t]$ 上的均匀分布。　□

5.4.10　Poisson 导出过程

(1) 非齐次 Poisson 过程

所谓 Poisson **导出过程**就是根据 Poisson 过程定义的一个新随机过程。Poisson 导出过程有各种各样的导出形式，其中最重要的有两种：非齐次 Poisson 过程和复合 Poisson 过程。

在 Poisson 过程的定义中，将条件 $P\{N(h) = 1\} = \lambda h + o(h)$，$1 \gg h > 0$，修改为

$$P\{N(t+h) - N(t) = 1\} = \lambda(t)h + o(h)$$

则得到**非齐次 Poisson 过程**的定义。由非齐次 Poisson 过程的定义可知，非齐次 Poisson 过程的事件发生率[①]不再像 Poisson 过程那样是一个常数 λ，而是一个随时间变化的函数 $\lambda(t)$。

下面推导非齐次 Poisson 过程的概率质量函数族和矩函数。

仍将 $[0,t]$ 分成 n 个小时间区间：$0 = t_0 < t_1 < \cdots < t_n = t$，则非齐次 Poisson 过程 $N(t)$ 可以写成如下形式，即

$$\begin{aligned}
N(t) &= [N(t_n) - N(t_{n-1})] + [N(t_{n-1}) - N(t_{n-2})] + \cdots + [N(t_1) - N(t_0)] \\
&\triangleq \tilde{N}(t_n) + \tilde{N}(t_{n-1}) + \cdots + \tilde{N}(t_1)
\end{aligned}$$

即 $N(t)$ 可以表示成 n 个相互独立的增量过程的和，而每一个增量过程可以看成一个近似齐次 Poisson 过程。第 i 个增量的概率质量函数近似为

$$P\{\tilde{N}(t_i) = k\} = \frac{[\lambda(\xi_i)(t_i - t_{i-1})]^k}{k!} e^{-\lambda(\xi_i)(t_i - t_{i-1})}, \quad k = 0, 1, 2, \cdots$$

[①] 单位时间内事件发生的次数定义为**事件发生率**。

式中，$\xi_i \in (t_{i-1}, t_i)$。该概率质量函数的概率生成函数为

$$G_{\tilde{N}(t_i)}(z) = e^{\lambda(\xi_i)(t_i - t_{i-1})(z-1)}$$

由于 n 个增量是独立的，由概率生成函数的性质知道 $N(t)$ 的概率生成函数为

$$\begin{aligned}G_N(z;t) &= \lim_{n\to\infty} G_{\tilde{N}(t_1)}(z) \cdots G_{\tilde{N}(t_n)}(z) \\ &= \lim_{n\to\infty} \exp\left[(z-1)\sum_{i=1}^n \lambda(\xi_i)(t_i - t_{i-1})\right] \\ &= \exp\left[(z-1)\int_0^t \lambda(\tau)\mathrm{d}\tau\right]\end{aligned}$$

这样得到 $N(t)$ 的一维概率质量函数为

$$P\{N(t) = k\} = \frac{\left[\int_0^t \lambda(\tau)\mathrm{d}\tau\right]^k}{k!}e^{-\int_0^t \lambda(\tau)\mathrm{d}\tau}, \quad k = 0, 1, 2, \cdots \tag{5.4.21}$$

利用非齐次 Poisson 过程的独立增量性质，可以继续求得其任意 n 维概率质量函数。例如，设 $t_1 < t_2$，则其二维概率质量函数为

$$\begin{aligned}P\{N(t_1) = i, N(t_2) = j\} &= P\{N(t_1) = i\}P\{N(t_2) - N(t_1) = j - i\} \\ &= \frac{\left[\int_0^{t_1} \lambda(\tau)\mathrm{d}\tau\right]^i e^{-\int_0^{t_1} \lambda(\tau)\mathrm{d}\tau}}{i!} \times \frac{\left[\int_{t_1}^{t_2} \lambda(\tau)\mathrm{d}\tau\right]^{j-i} e^{-\int_{t_1}^{t_2} \lambda(\tau)\mathrm{d}\tau}}{(j-i)!}\end{aligned}$$

简单计算可得，Poisson 过程的均值函数、均方函数和方差函数分别为

$$m_N(t) = E\{N(t)\} = \sum_{i=0}^\infty i P\{N(t) = i\} = \int_0^t \lambda(\tau)\mathrm{d}\tau \tag{5.4.22}$$

$$\psi_N^2(t) = E\{N^2(t)\} = \sum_{i=0}^\infty i^2 P\{N(t) = i\} = \left(\int_0^t \lambda(\tau)\mathrm{d}\tau\right)^2 + \int_0^t \lambda(\tau)\mathrm{d}\tau \tag{5.4.23}$$

$$\sigma_N^2(t) = \psi_N^2(t) - m_N^2(t) = \int_0^t \lambda(\tau)\mathrm{d}\tau \tag{5.4.24}$$

仿照 Poisson 过程的自协方差函数的求解过程，可以得到非齐次 Poisson 过程的自协方差函数为

$$C_N(t_1, t_2) = \int_0^{\min\{t_1, t_2\}} \lambda(\tau)\mathrm{d}\tau \tag{5.4.25}$$

(2) 复合 Poisson 过程

所谓**复合 Poisson 过程**$X(t)$ 的定义如下：

$$X(t) = \sum_{n=1}^{N(t)} Y_n, \quad t \geqslant 0 \tag{5.4.26}$$

式中，$N(t)$ 是一个齐次 Poisson 过程；Y_n 是一个独立同分布序列，且与 $N(t)$ 相互独立。

复合 Poisson 过程和 Poisson 过程的差别是：在 Poisson 过程的事件发生时刻，Poisson 过程只增加 1，而复合 Poisson 过程增加的量是 Y_n，Y_n 可以是任意实数。

用概率特征函数族或者概率生成函数族描述复合 Poisson 过程的概率特性比较便利。设 Y_n 的概率特征函数为 $\Phi_Y(\omega)$，则 $X(t)$ 的一维概率特征函数为

$$\Phi_X(\omega;t) = \sum_{n=0}^{\infty} [\Phi_Y(\omega)]^n P\{N(t)=n\}$$
$$= \exp\{\lambda t[\Phi_Y(\omega) - 1]\} \tag{5.4.27}$$

至于任意维概率特征函数，读者可以作为练习给出。复合 Poisson 过程的矩函数为

$$m_X(t) = E\{N(t)\}E\{Y\} = \lambda t m_Y \tag{5.4.28}$$
$$\text{Var}\{X(t)\} = E\{N(t)\}E\{Y^2\} \tag{5.4.29}$$

复合 Poisson 过程的自协方差函数读者可以作为练习给出。

5.4.11 更新过程

更新过程也是 Poisson 过程的推广。在 Poisson 过程中，两个连续发生的事件之间的时间间隔是指数分布，当把指数分布推广到任意分布时，就是更新过程。

所谓**更新过程**就是一种计数过程，其事件发生时刻之间的时间间隔 $T_1, T_2, \cdots, T_n, \cdots$ 为独立同分布序列。

下面来求更新过程的一维概率质量函数。

设 T_n 的概率密度函数为 $f_T(t)$，所以 T_n 的和过程 $S_n = \sum_{i=1}^{n} T_i$ 的概率密度函数为

$$f_S(s;n) = \underbrace{f_T(s) * \cdots * f_T(s)}_{n}$$

记更新过程为 $X(t)$，注意到事件 $X(t) \geqslant n$ 等价于事件 $S_n \leqslant t$，所以有

$$P\{X(t) \geqslant n\} = P\{S_n \leqslant t\} = F_S(t;n) = \int_0^t f_S(s;n)\mathrm{d}s$$

所以

$$P\{X(t) = n\} = F_S(t;n) - F_S(t;n+1) \tag{5.4.30}$$

更新过程的均值函数为

$$m_X(t) = \sum_{n=0}^{\infty} n P\{X(t) = n\} = \sum_{n=1}^{\infty} F_S(t;n) \tag{5.4.31}$$

习题 5.4

5.4.1　证明例5.4.3所示的连续时间过程是一个 Markov 过程。

5.4.2　证明例5.4.4所示的连续时间过程是一个 Markov 过程。

5.4.3　验证例5.4.7所示的连续时间过程是一个二阶矩过程。

5.4.4 设有连续时间过程 $X(t) = \sum_{n=1}^{N}(A_n\cos\omega_n t + B_n\sin\omega_n t)$，$\{A_n\}_{n=1}^{N}$ 和 $\{B_n\}_{n=1}^{N}$ 独立同分布，均值为零、方差为 σ^2，验证 $X(t)$ 是宽平稳过程。

5.4.5 设 $X(t) = A\cos\omega t + B\sin\omega t$，其中 A 和 B 是相互独立的、零均值、等方差的一维随机变量，试证明 $X(t)$ 是宽平稳的，且不是严平稳的。

5.4.6 设 $Y(t) = X(t) - aX(t+s)$，已知 $X(t)$ 是宽平稳随机过程，则 $Y(t)$ 是否为宽平稳随机过程？若 $X(t)$ 是一个正态随机过程，试给出 $Y(t)$ 的一维概率密度函数。

5.4.7 设 $X(t)$ 和 $Y(t)$ 是两个零均值、具有相同协方差函数 $C_X(\tau)$ 且相互独立的宽平稳随机过程，定义 $Z(t) = aX(t) + bY(t)$。
1) 判断 $Z(t)$ 是否为宽平稳过程；
2) 若 $X(t)$ 和 $Y(t)$ 都是正态过程，试求 $Z(t)$ 的概率密度函数。

5.4.8 设 $X(t)$ 和 $Y(t)$ 是两个零均值、具有相同协方差函数 $C_X(\tau)$ 且相互独立的宽平稳随机过程，定义 $Z(t) = X(t)\cos\omega t + Y(t)\sin\omega t$。
1) 判断 $Z(t)$ 是否为宽平稳过程；
2) 若 $X(t)$ 和 $Y(t)$ 都是正态过程，试求 $Z(t)$ 的概率密度函数。

5.4.9 设 $X(t)$ 是零均值、自相关函数为 $C_X(\tau)$ 的宽平稳随机过程，设 $Y(t) = X(t)^2$。
1) 试判断 $Y(t)$ 是否为宽平稳随机过程；
2) 若 $X(t)$ 是正态过程，试求 $Y(t)$ 的一维概率密度函数。

5.4.10 设 $X(t) = A\sin(t+\Theta)$，其中 A 与 Θ 是相互独立的一维随机变量，$P\{\Theta = \pm\pi/4\} = 1/2$，$A$ 为 $(-1,1)$ 上的均匀分布，试证明随机过程 $X(t)$ 为宽平稳过程。

5.4.11 已知 $X(t)$ 是零均值的正态随机过程，且其自协方差函数为 $C_X(t_1,t_2) = \sigma^2 \mathrm{e}^{-|t_1-t_2|}$，试求 $X(t)$ 和 $X(t+s)$ 的联合概率密度函数。

5.4.12 设 $X(t) = A\cos\omega t + B\sin\omega t$，其中 A 和 B 是独立同分布的均值为零、方差为 σ^2 的正态一维随机变量，试求：
1) $X(t)$ 的均值函数和自相关函数；
2) $X(t)$ 的一维概率密度函数；
3) $X(t)$ 的二维概率密度函数。

5.4.13 设 $Y(t) = X(t) - \mu t$，其中 $X(t)$ 是 Wiener 过程，试求 $Y(t)$ 的一维、二维概率密度函数。

5.4.14 设 $Z(t) = X(t) - aX(t-s)$，其中 $X(t)$ 是 Wiener 过程，试求 $Z(t)$ 的一维概率密度函数和均值函数 $m_Z(t)$。

5.4.15 某办公室的电话到达是一个 Poisson 过程，且平均每小时到达 10 个。若在某小时的前一刻钟和后一刻钟办公室没人，在中间的半小时有人。试求在这小时内所有到达的电话都有人接的概率。

5.4.16 移动通信系统的某小区基站的业务到达满足 Poisson 分布，且到达率为每秒 λ 次。设每一个到达的业务能被基站成功接收的概率为 p。试求在时间 $[0,t]$ 内被成功接收的业务数所满足的概率质量函数。

5.4.17 某事件的发生是一个参数为 λ 的 Poisson 过程，试求在某长度为 T 的时间区间内没有该事件发生的概率。

5.4.18 设 $N_1(t), N_2(t), \cdots, N_k(t)$ 分别是参数为 $\lambda_1, \lambda_2, \cdots, \lambda_k$ 的相互独立的 Poisson 过程，且 $N(t) = N_1(t) + \cdots + N_k(t)$，试求 $P\{N(t) = k\}, k \geq 0$。

5.4.19 设 $N(t)$ 是参数为 λ 的 Poisson 过程，试求 $P\{N(t-d) = j | N(t) = k\}$，$d > 0$。

5.4.20 某服务窗口对一个顾客服务所花费的时间是参数为 β 的指数分布，而顾客到达是一个参数为 λ 的 Poisson 分布。设 N 是在某顾客服务时间内到达的新顾客数，试求 N 的概率质量函数。

5.4.21 两个 Poisson 过程的差是否还是 Poisson 过程？

5.4.22 设 $N(t)$ 是一个参数为 λ 的 Poisson 过程。设该 Poisson 过程中，每一个事件发生时就抛硬币，设正面出现的概率为 p。记 $N_1(t)$ 和 $N_2(t)$ 分别为 $[0,t)$ 时间区间内正面和反面出现的次数。
1) 试求 $P\{N_1(t) = j, N_2(t) = k | N(t) = k+j\}$；

2) 证明 $N_1(t)$ 和 $N_2(t)$ 分别为相互独立的参数为 $p\lambda$ 和 $(1-p)\lambda$ 的 Poisson 随机过程 (提示：利用 1) 的结论求 $P\{N_1(t)=j, N_2(t)=k\}$)。

5.4.23 数据包到达某计算机满足参数为 λ 的 Poisson 过程，设为 $N(t)$。设每个数据包含有的数据帧是参数为 β 的 Poisson 一维随机变量。设 $X(t)$ 为在 $[0,t)$ 内到达的数据帧的数目。试求 $P\{X(t)=j|N(t)=n\}$ 和 $P\{X(t)=j\}$。

5.4.24 设 $X(t)$ 是随机电报信号，随机过程 $Y(t)$ 是这样根据 $X(t)$ 得到的：当 $X(t)$ 每次改变极性时，$Y(t)$ 以概率 p 改变极性。试求 $P\{Y(t)=\pm 1\}$，并给出 $Y(t)$ 的自相关函数。

5.4.25 设 $X(t)$ 是一个参数为 λ 的 Poisson 过程，$Y(t)$ 是一个取值于 $\{0,1\}$ 的随机过程，每当 Poisson 过程 $X(t)$ 有一个事件发生时，$Y(t)$ 的取值变化一次。试求 $Y(t)$ 的概率质量函数和自相关函数。

5.4.26 Poisson **随机电报过程**具有表达式 $X(t)=X(0)(-1)^{N(t)}$，其中 $N(t)$ 是参数为 λ 的一个 Poisson 过程，显然 $X(t)$ 是一个取值为 ± 1 随机过程，Poisson 过程 $N(t)$ 的值增加一次，则 $X(t)$ 的极性改变一次。
1) 试求 Poisson 随机电报过程 $X(t)$ 的一维概率质量函数；
2) 证明：在 $P\{X(0)=\pm 1\}=1/2$ 时 Poisson 随机电报过程是严平稳过程；
3) 试求 Poisson 随机电报过程 $X(t)$ 的自协方差函数。

5.4.27 考虑一个特定保险公司的全部赔偿。设在 $[0,t)$ 内投保死亡的人数 $N(t), t\geqslant 0$ 是平均率为 λ 的 Poisson 过程，Y_n 表示第 n 个投保人的赔偿价值，$Y_n, n=1,2,3,\cdots$ 相互独立同分布，且

$$f_{Y_n}(y)=\begin{cases} ae^{-ay}, & y>0 \\ 0, & y\leqslant 0 \end{cases}$$

$X(t)=\sum_{n=1}^{N(t)} Y_n$ 表示在 $[0,t)$ 内保险公司必须付出的全部赔偿，试求 $E\{X(t)\}$ 和 $\text{Var}\{X(t)\}$。

5.4.28 举两个更新过程的例子，并计算其一维概率分布函数。

5.4.29 设 $f(t)$ 是一个周期为 L 的函数，Φ 为 $[0,L]$ 上的均匀分布的随机变量，则 $X(t)=f(t+\Phi)$ 称为**随机相位过程**，试证明 $X(t)$ 是各态遍历的。若 $f(t)$ 是如下函数：

$$f(t)=\begin{cases} \dfrac{8A}{L}t, & 0\leqslant t\leqslant \dfrac{L}{8} \\ -\dfrac{8A}{L}\left(t-\dfrac{L}{4}\right), & \dfrac{L}{8}<t\leqslant \dfrac{L}{4} \\ 0, & \dfrac{L}{4}<t\leqslant L \end{cases}$$

式中，A 为常数，试计算 $m_X(t)$、$\langle X(t)\rangle$，并验证其均值遍历性。

5.4.30 设随机过程 $X(t)=A\sin(2\pi\Psi t+\Phi)$，其中 A 为常数，Ψ 和 Φ 为相互独立的随机变量，Ψ 的概率密度函数为偶函数，Φ 为 $(-\pi,\pi)$ 内的均匀分布，试证明：
1) $X(t)$ 为宽平稳过程；
2) $X(t)$ 是均值遍历的。

第二篇 随机数学分析

第 6 章 二阶矩过程的数学分析

本章导读 所谓"数学分析",就是对序列和函数的种种性质,如序列的收敛性、可和性,函数的可导性、可积性、可分解性等,进行分析的数学分支。二阶矩过程,就是在一个样本函数空间变化的具有取值概率的变函,二阶矩过程的数学分析就是对二阶矩存在的随机变函的种种性质进行分析。

本章介绍二阶矩过程的均方收敛、均方无穷和、均方连续、均方导数、均方积分、正交分解的二阶矩过程。

均方收敛描述的不是一个数列的收敛性,而是离散时间随机过程所有样本数列的收敛性。这种描述是在宏观统计意义进行的,并允许有为数不多的样本数列不收敛。

均方无穷和实际上是以样本数列的和为取值的随机变量,这个随机变量也是离散时间随机过程的和过程的均方极限。

均方连续描述的是连续时间随机过程样本函数的连续性。均方连续允许部分样本函数不连续,但这些不连续的样本函数并不多。

均方导数描述的是连续时间随机过程样本函数的导数,虽然有少数样本函数不可导,但并不影响均方可导性与均方导数的获得。

均方积分描述的是连续时间随机过程样本函数的积分,虽然有少数样本函数不可积,但并不影响均方积分的存在性。

一个连续时间二阶矩过程通过在一个正交函数系上进行的正交分解,就可以转化为一个离散时间随机过程。如果正交函数系的性质不同,则所得到的离散时间随机过程系数的意义不同。

6.1 离散时间随机过程的均方收敛

离散时间随机过程的样本点是数列,这些数列有可能具备收敛性。均方收敛是离散时间随机过程样本数列整体收敛性的描述。均方收敛是后续均方连续、均方导数、均方积分概念的基础,因此对均方收敛的概念要仔细观察与思考。

6.1.1 两个随机变量的相等

设有两个随机变量 X 与 Y,若 X 的概率分布函数 $F_X(x)$ 与 Y 的概率分布函数 $F_Y(y)$ 相等,即对所有 $t \in \mathbb{R}$ 都有 $F_X(t) \equiv F_Y(t)$ 成立,则称 X 与 Y **在概率分布意义上相等**;若对于二维随机变量 (X,Y),其样本点 (x,y) 中满足 $x=y$ 的样本点组成的事件 $\{(x,y)|x=y\}$ 的概率为 1,即 $P(\{(x,y)|x=y\}) \equiv P\{X=Y\} = 1$,则称 X 与 Y **在概率意义上相等**,或者称为**几乎处处相等**;若随机变量 X 与 Y 的二阶矩存在且满足:

$$E\{|X-Y|^2\} = \int_{\mathbb{R}^2} |x-y|^2 f_{XY}(x,y)\mathrm{d}x\mathrm{d}y = 0 \tag{6.1.1}$$

则称 X 与 Y **在均方意义上相等**。

由于随机变量同时具备"变量特性"和"统计特性",所以随机变量的相等就可以分别从这两个角度来定义。两个随机变量在概率分布意义上相等,完全是从统计特性相同的角度来定义的;两个随机变量几乎处处相等,则主要是从变量取值相同的角度来定义的;而两个随机变量在均方意义上相等,则是同时从变量特性和统计特性这两个角度来定义的。

性质 6.1.1 如果两个随机变量在均方意义上相等，则一定几乎处处相等；如果两个随机变量几乎处处相等，则一定在概率分布意义上相等。反之，两个随机变量在概率分布意义上相等，则未必几乎处处相等；几乎处处相等未必在均方意义上相等。此外，若两个随机变量都存在二阶矩，且几乎处处相等，则它们在均方意义上也相等；也就是说，若两个随机变量都是二阶矩存在的随机变量，则它们的"几乎处处相等"与"在均方意义上相等"是等价的说法。

证明：1) 均方意义上相等一定是几乎处处相等。若两个随机变量 X 与 Y 在均方意义上相等，但它们却不在概率意义上相等，这就意味着存在 $\varepsilon > 0$ 使 $P\{|X - Y| > \varepsilon\} \neq 0$，于是 $|x-y|^2 f_{XY}(x,y)$ 在满足 $P\{|X - Y| > \varepsilon\} \neq 0$ 的集合上积分，其值将不等于零，这与其在全空间上的积分为零矛盾。

2) 几乎处处相等一定是概率分布意义上相等。几乎处处相等，意味着 X 取值为什么，Y 的取值也几乎如此，既然变量意义上相等，那么它们肯定有相同的概率分布函数。

□

例 6.1.1 设随机变量 X 的概率质量函数为 $P\{X = 1\} = P\{X = -1\} = 1/2$，随机变量 Y 的概率质量函数为 $P\{Y = 1\} = P\{Y = -1\} = 1/2$，则 X 与 Y 在概率分布意义上相等。

例 6.1.2 设 X 是零均值的 Gauss 分布，$-X$ 显然也是 Gauss 分布，则 X 与 $-X$ 在概率分布意义上相等。

例 6.1.3 设随机变量 X 与 Y 的联合概率质量函数为 $P(1,-1) = P(-1,1) = 1/2$，则它们显然具有相同的概率质量函数 $P(1) = P(-1) = 1/2$，但它们却不在概率意义上相等，这是因为 $|X - Y| = 2$。

6.1.2 均方收敛

(1) 定义

设 $\{X_n\}_{n=1}^{\infty}$ 是一个离散时间随机过程，若存在随机变量 X，使得

$$\lim_{n \to \infty} \rho(X_n, X) = \lim_{n \to \infty} \sqrt{E\{|X_n - X|^2\}} = 0 \tag{6.1.2}$$

则称离散时间随机过程 X_n **均方收敛**于 X，X 为 X_n 的**均方极限**，记为 $X_n \xrightarrow{\text{ms}} X$ 或 $\underset{n \to \infty}{\text{ms lim}} X_n = X$。事实上，式 (6.1.2) 等价于

$$\lim_{n \to \infty} E\{|X_n - X|^2\} = 0 \tag{6.1.3}$$

(2) 与通常数列收敛的联系与区别

先对离散时间随机过程的收敛与通常的数列收敛进行对比，会发现有以下联系与区别。

1) 联系：描述的都是数列的收敛性。

2) 区别：数列收敛描述的只是一个数列的收敛性；而离散时间随机过程的收敛是统计意义上描述非确知系统一次次试验的输出序列的收敛。

再辨析均方收敛：离散时间随机过程的大多数"样本数列"都收敛，也有少数可能不收敛，这些不收敛数列的"个数"和收敛数列的"个数"比起来，不能破坏其均方距离趋于零的趋势。

(3) 均方收敛意义的进一步分析

具体来说，若离散时间随机过程 X_n 均方收敛于 X，意味着 $E\{|X_n - X|^2\} \to 0$，即

$$E\{|X_n - X|^2\} = \int_{\mathbb{R}^2} (x_n - x)^2 f_{X_n X}(x_n, x) \mathrm{d}x_n \mathrm{d}x \to 0 \tag{6.1.4}$$

因为在上述积分的被积函数中，$(x_n - x)^2 \geqslant 0$ 并且 $f_{X_n X}(x_n, x) \geqslant 0$，所以 $f_{X_n X}(x_n, x)$ 在 $x_n \neq x$ 上的积分值（记为 I_n）越来越小，而在 $x_n = x$ 上的积分值则没有其他特别要求。因此，均方收敛的本质就是 $(x_n - x)^2 f_{X_n X}(x_n, x)$ 在 $x_n \neq x$ 的区域上的积分值越来越小，最后趋于零。

性质 6.1.2 设 $f_{X_n X}(x_n, x)$ 是随机变量 X_n 与 X 的二维联合概率密度函数，即

$$\mathcal{D} = \{(x_n, x) \mid f_{X_n X}(x_n, x) \neq 0\}$$

若有 $\lim\limits_{n \to \infty} \max\limits_{x_n, x \in \mathcal{D}} |x_n - x| = 0$，则 X_n 均方收敛于 X。

证明：由下面的不等式

$$\begin{aligned} E\{|X_n - X|^2\} &= \int_{\mathbb{R}^2} (x_n - x)^2 f_{X_n X}(x_n, x) \mathrm{d}x_n \mathrm{d}x \\ &\leqslant \max_{x_n, x \in \mathcal{D}} (x_n - x)^2 \int_{\mathcal{D}} f_{X_n X}(x_n, x) \mathrm{d}x_n \mathrm{d}x \\ &\leqslant \max_{x_n, x \in \mathcal{D}} (x_n - x)^2 \to 0 \end{aligned}$$

可知结论成立。 □

上述性质给出的均方收敛条件只是一个充分条件，不是一个必要条件。实际上，存在一种均方收敛，上述条件并不满足。

性质 6.1.3 设 $f_{X_n X}(x_n, x)$ 是随机变量 X_n 与 X 的二维联合概率密度函数，则 X_n 均方收敛于 X 当且仅当对任意正常数 ε_0，下面两个式子同时成立：

$$I_n = \int_{\mathcal{D}} (x_n - x)^2 f_{X_n X}(x_n, x) \mathrm{d}x_n \mathrm{d}x \to 0 \tag{6.1.5}$$

$$I'_n = \int_{\mathbb{R}^2 \setminus \mathcal{D}} (x_n - x)^2 f_{X_n X}(x_n, x) \mathrm{d}x_n \mathrm{d}x \to 0 \tag{6.1.6}$$

式中，$\mathcal{D} = \{(x_n, x) \mid |x_n - x| \geqslant \varepsilon_0\}$。

证明：上述性质很简单，这里略去证明。 □

上述性质虽然简单，但却能告诉我们一个事实：若 X_n 均方收敛到 X，(X_n, X) 的联合样本点 (x_n, x) 中，是允许有满足条件 $|x_n - x| \geqslant \varepsilon_0$ 的样本点存在的，但是这些样本点会越来越少，以至于使积分 I_n 越来越小，最后趋于零；因为满足条件 $|x_n - x| \geqslant \varepsilon_0$ 的样本点越来越少，因此满足条件 $|x_n - x| < \varepsilon_0$ 的样本点就越来越多，在满足条件 $|x_n - x| < \varepsilon_0$ 的样本点中，大多数会满足 $|x_n - x| \to 0$，少数可能不满足条件 $|x_n - x| \to 0$，但不满足这个条件的点会越来越少，以至于积分 $I'_n \to 0$。

总而言之，若 X_n 均方收敛到 X，则 (X_n, X) 的联合样本点 (x_n, x) 中，满足条件 $|x_n - x| \to 0$ 的样本点会越来越多，有可能存在不满足这个条件的样本点，但不满足这个条件的样本点会越来越少。少到什么程度呢？少到使式 (6.1.5) 成立。

例 6.1.4 已知 X_n 与 X 的联合概率质量函数为

$$P(1,1) = P(2,2) = P(3,3) = P(4,4) = 1/4$$

此时

$$E\{|X_n - X|^2\} = \sum_{i=1}^{4} (i-i)^2 \times \frac{1}{4} = 0$$

在这个例子中，X_n 与 X 的联合样本点 (x_n, x) 都满足 $x_n = x$，这其实是 $X_n \equiv X$ 的情况。

例 6.1.5 已知 X_n 与 X 的联合概率质量函数为

$$P(1,1) = P(2,2) = 1/2 - 1/n, \quad P(1,2) = P(2,1) = 1/n$$

此时

$$\begin{aligned} E\{|X_n - X|^2\} &= (1-1)^2(1/2 - 1/n) + (2-2)^2(1/2 - 1/n) \\ &\quad + (1-2)^2 \times 1/n + (2-1)^2 \times 1/n \\ &= 2/n \to 0 \end{aligned}$$

在这个例子中，X_n 与 X 相等的概率密度越来越大，而不相等的概率密度越来越小。

例 6.1.6 已知 X_n 与 X 的联合概率密度函数为

$$f_{X_n X}(x_n, x) = \left(1 - \frac{1}{n}\right) \delta\left(x_n - x - \frac{1}{n}\right) + \frac{1}{n}\delta(x_n = 3, x = 31)$$

所以

$$\begin{aligned} E\{|X_n - X|^2\} &= \int_{\mathbb{R}^2} (x_n - x)^2 \left[\left(1 - \frac{1}{n}\right) \delta\left(x_n - x - \frac{1}{n}\right) + \frac{1}{n}\delta(x_n = 3, x = 31)\right] \mathrm{d}x_n \mathrm{d}x \\ &= \left(1 - \frac{1}{n}\right)\left(\frac{1}{n}\right)^2 + (3-31)^2 \times \frac{1}{n} \to 0 \end{aligned}$$

在这个例子中，X_n 与 X 相差为 $1/n$ 的概率密度 $1-1/n$ 随着 n 的增大而接近 1，X_n 与 X 不相等的概率密度越来越小。值得注意的是，在这个例子中 (X_n, X) 的所有样本点 (x_n, x) 中，根本不存在 $x_n = x$ 的样本点，但 X_n 却仍均方收敛到 X。

例 6.1.7 若 X_n 与 X 独立同分布，且其分布的均方不等于均值的平方，则 X_n 永远不可能均方收敛到 X。这是因为若 X_n 与 X 独立同分布，则

$$E\{|X_n - X|^2\} = E\{|X_n|^2\} + E\{|X|^2\} - 2E\{X_n\}E\{X\} \neq 0$$

此外，还要说明的是，一个离散时间随机过程 X_n 是否均方收敛到一个随机变量 X，需要由 X_n 与 X 的联合概率函数来决定，如果只是知道 X_n 的概率函数族和 X 的概率分布，则无法判断 X_n 是否收敛到 X。观察下面的例子：

例 6.1.8 已知离散时间随机过程 X_n 的样本函数只有两个：全 1 序列 $(1,1,\cdots,1,\cdots)$ 和全 0 序列 $(0,0,\cdots,0,\cdots)$，并且这两个序列出现的概率都是 $1/2$。另外，X 是一个取值为 $p = 1/2$ 的 Bernoulli 分布。从直觉上来看，X_n 应该均方收敛到 X，但由于不知道 X_n

和 X 之间的联合概率函数,所以不能断定 X_n 是否均方收敛到 X。例如,若 X_n 与 X 的联合概率质量函数为

$$P(X_n = 1, X = 1) = 1/2, \quad P(X_n = 0, X = 0) = 1/2$$
$$P(X_n = 1, X = 0) = P(X_n = 0, X = 1) = 0$$

或者

$$P(X_n = 1, X = 1) = 1/2 - 1/n, \quad P(X_n = 0, X = 0) = 1/2 + 1/n$$
$$P(X_n = 1, X = 0) = P(X_n = 0, X = 1) = 0$$

则可以断定,X_n 是均方收敛到 X 的。但是,若有

$$P(X_n = 1, X = 0) = 1/2, \quad P(X_n = 0, X = 1) = 1/2$$
$$P(X_n = 1, X = 1) = P(X_n = 0, X = 0) = 0$$

则显然 X_n 不是均方收敛到 X,因为

$$E\{|X_n - X|^2\} = 1$$

(4) 性质

离散时间随机过程的均方收敛有如下性质。

性质 6.1.4 若 $X_n \xrightarrow{\text{ms}} X$,则期望运算可以和均方极限交换次序,即

$$E\{\operatorname*{ms\,lim}_{n \to \infty} X_n\} = \lim_{n \to \infty} E\{X_n\} \tag{6.1.7}$$

即

$$E\{X\} = \lim_{n \to \infty} E\{X_n\} \tag{6.1.8}$$

证明:由 Schwartz 不等式知

$$|E\{X_n - X\}| \leqslant \sqrt{E\{1^2\} E\{|X_n - X|^2\}}$$

在上式两端令 $n \to \infty$,则知 $\lim_{n \to \infty} E\{X_n - X\} = 0$,即

$$\lim_{n \to \infty} E\{X_n\} = E\{X\} = E\{\operatorname*{ms\,lim}_{n \to \infty} X_n\}$$

□

性质 6.1.5 若 $X_n \xrightarrow{\text{ms}} X$,则有

$$\lim_{n \to \infty} E\{|X_n|^2\} = E\{|\operatorname*{ms\,lim}_{n \to \infty} X_n|^2\} = E\{|X|^2\} \tag{6.1.9}$$

证明:由 Schwartz 不等式知

$$|E\{|X_n|^2 - |X|^2\}| \leqslant E\{|X_n - X|(|X_n| + |X|)\}$$
$$\leqslant \sqrt{E\{|X_n - X|^2\} E\{(|X_n| + |X|)^2\}}$$

由二阶矩的有限性及均方收敛可知,当 n 趋于 ∞ 时上式左端趋于零。 □

性质 6.1.6 (均方极限的唯一性) 若 $X_n \xrightarrow{\text{ms}} X$,同时又有 $X_n \xrightarrow{\text{ms}} Y$,则 $P\{X = Y\} = 1$。

证明：由均方距离的三角不等式,可以知道有下式成立,即

$$\sqrt{E\{|X-Y|^2\}} \leqslant \sqrt{E\{|X-X_n|^2\}} + \sqrt{E\{|X_n-Y|^2\}} \tag{6.1.10}$$

因为式 (6.1.10) 右端两项的极限都是零,所以左端必为零。由前述性质可以知道,$P\{X = Y\} = 1$。 □

性质 6.1.7 (均方收敛的 Cauchy 准则) X_n 均方收敛,当且仅当 X_n 为 Cauchy 序列,即 $\lim_{m,n\to\infty} E\{|X_m - X_n|^2\} = 0$。

证明：该定理又称为 Reitz-Fisher 定理,这里省略其证明。 □

例 6.1.9 已知离散时间随机过程 X_n 的二维概率密度函数为 $\delta[x_k - x_l]$,其中 k、l 是任意两个正整数,$\delta[\cdot]$ 是离散 Delta 函数,则显然有 $E\{|X_k - X_l|^2\} = 0$。因此,该离散时间随机过程 X_n 为 Cauchy 序列,均方收敛。实际上,由于二维概率密度函数为 $\delta[x_k - x_l]$,所以该离散时间随机过程为恒同过程,即 $X_n \equiv X$。

性质 6.1.8 (Loève 准则) X_n 均方收敛,当且仅当序列 X_n 的自相关函数 $R_X[n_1, n_2]$ 满足：

$$\lim_{n_1,n_2\to\infty} R_X[n_1, n_2] = C \tag{6.1.11}$$

式中,C 为常数。

证明：展开 $E\{|X_m - X_n|^2\}$ 得

$$E\{|X_m - X_n|^2\} = R_X[m,m] + R_X[n,n] - R_X[m,n] - R_X[n,m] \tag{6.1.12}$$

显然,若有条件式 (6.1.11) 成立,在式 (6.1.12) 中令 m 和 n 趋于无穷大,则右端趋于零,因此左端也趋于零,从而 X_m 为 Cauchy 序列,由均方收敛的 Cauchy 准则知 X_m 均方收敛。

反之,若 X_m 均方收敛,由均方收敛的 Cauchy 准则知式 (6.1.12) 左端在 m 和 n 趋于无穷时趋于零。另外由性质6.1.5知,式 (6.1.12) 右端前两项收敛于一个常数 $E\{|X|^2\}$,其中 X 是 X_m 的均方极限。由于 m 和 n 在式 (6.1.12) 右端中的对称性,因此有式 (6.1.11) 成立。 □

性质 6.1.9 若 $X_n \xrightarrow{\text{ms}} X$,$Y_n \xrightarrow{\text{ms}} Y$,则有

1) 乘法的期望封闭性：$\lim_{m,n\to\infty} E\{X_m Y_n\} = E\{XY\}$。
2) 线性：$\text{ms}\lim_{n\to\infty}(aX_n + bY_n) = aX + bY$。

证明：用 Shwartz 不等式可以证明,留作习题。 □

6.1.3 随机变量的求和

(1) 有限和

假设 $X_1, \cdots, X_n$ 为 n 个随机变量,若随机变量 X 的任意一个样本点 x 是通过对随机向量 $(X_1, \cdots, X_n)$ 的样本点 $(x_1, \cdots, x_n)$ 求和得到的即 $x = x_1 + \cdots + x_n$,则称随机变

量 X 为随机变量 $X_1,\cdots,X_n$ 的和，并表示为

$$X = X_1 + \cdots + X_n \tag{6.1.13}$$

对上述定义进行仔细观察很重要。需要注意以下两点：

1) 在纯粹数值意义上，$(X_1,\cdots,X_n)$ 可以求和，但如果不知道 $(X_1,\cdots,X_n)$ 的联合概率分布函数，则求和之后就不知道 X 的概率分布函数。

2) 式 (6.1.13) 意味着变量 X 与变量 $X_1,\cdots,X_n$ 之间存在式 (6.1.13) 所示的求和关系。由于 $(X_1,\cdots,X_n)$ 的样本点具有其给定的概率分布特性，因而 X 的概率分布也随之而定。

例 6.1.10 已知随机变量 $X_1,\cdots,X_n$ 独立同分布，它们的分布都是 Bernoulli 分布，即它们的取值都是 0 或 1，取 1 的概率为 p，取 0 的概率为 $1-p$。则 $X = X_1 + \cdots + X_n$ 是二项分布，即其取值可以是 $0,1,\cdots,n$，并且 $X=i$ 的概率为

$$P\{X=i\} = \binom{n}{i}p^i(1-p)^{n-i}$$

如果 $X_1,\cdots,X_n$ 之间不独立，则 X 就不是二项分布了。例如，若 $(X_1,\cdots,X_n)$ 只有两个样本点：$(0,\cdots,0)$ 与 $(1,\cdots,1)$，取样本点 $(1,\cdots,1)$ 的概率为 p，取 $(0,\cdots,0)$ 的概率为 $1-p$。此时，虽然 $X_1,\cdots,X_n$ 都是 Bernoulli 分布，但是 X 的取值只能是两个：n 与 0，取 n 的概率为 p，取 0 的概率为 $1-p$。

由上述例子可以看出，虽然 $X = X_1 + \cdots + X_n$，即便随机变量 $X_1,\cdots,X_n$ 各自的分布给定，但随着随机向量 $(X_1,\cdots,X_n)$ 的概率分布函数的不同，X 的概率分布也会不同。所以，唯一决定 X 概率分布的是随机向量 $(X_1,\cdots,X_n)$ 的联合概率分布函数。如何根据随机向量 $(X_1,\cdots,X_n)$ 的联合概率分布函数求 X 的概率分布函数，在第 7 章介绍。

(2) 无限和

设 $\{X_n\}_{n=1}^{\infty}$ 是一个离散时间随机过程，若 $S_n = \sum_{i=1}^{n} X_i$ 均方收敛于 X，即

$$\lim_{n\to\infty} E\{|X - S_n|^2\} = 0 \tag{6.1.14}$$

则称 X 是**离散时间随机过程** X_n 的无穷和。

性质 6.1.10 S_n 均方收敛当且仅当 S_n 的自相关函数 $R_S[n_1,n_2]$ 收敛到一个常数，这个条件等价于

$$\sum_{m,n=0}^{\infty} R_X[m,n] = 常数 \tag{6.1.15}$$

式中，$R_X[m,n]$ 是随机过程 $X[n]$ 的自相关函数。

证明：以上结论是 Loève 准则的简单应用。 □

> **习题 6.1**

6.1.1 证明性质6.1.9。

6.1.2 设 $\mathrm{ms}\lim_{n\to\infty} X_n = X$，若函数 $f(x)$ 满足下列 Lipschitz 条件：存在常数 M，使得 $|f(x)-f(y)| \leqslant M|x-y|$。试证明：若 $f(X_n)$ 和 $f(X)$ 的二阶矩存在，则 $\mathrm{ms}\lim_{n\to\infty} f(X_n) = f(X)$。

6.1.3 已知时间序列 X_n 的自相关函数为
$$R_X[n_1, n_2] = 1 - \frac{|n_1 - n_2|}{2n_1 n_2}$$
试证明 X_n 均方收敛。

6.1.4 已知随机变量 X 与 Y 都是掷骰子试验所得到的随机变量，样本空间都是 $\{1,2,3,4,5,6\}$，每个样本点所对应的单点事件的概率都是 $1/6$。讨论下列几种情况下 $X+Y$ 的样本空间及其概率质量函数：
1) X 与 Y 独立；
2) X 与 Y 在概率意义上相等；
3) X 与 $-Y$ 在概率意义上相等；
4) X 与 Y 的联合概率质量函数为 $P(X=m, Y=n) = p_{mn}$，其中 m、n 是取值于 $\{1,2,3,4,5,6\}$ 的整数，且有 $\sum_{m,n=1}^{6} p_{mn} = 1$, $1 \geqslant p_{mn} \geqslant 0$。

6.1.5 已知离散时间随机过程 $X[n] = \mathrm{e}^{-An}$，其中 A 是一个概率密度函数为 $f_A(a)$ 的随机变量，试求 $X = \sum_{n=1}^{\infty} X[n]$ 的概率分布函数 $F_X(x)$，并验证 $S_n = \sum_{i=1}^{n} X[i]$ 均方收敛于 X。

6.1.6 已知离散时间随机过程 $X[n] = AB^n$，其中 B 是 $(0,1)$ 上的均匀分布，A 是一个与 B 独立的随机变量，并且具有概率密度函数 $f_A(a)$，试求 $X = \sum_{n=1}^{\infty} X[n]$ 的概率分布函数 $F_X(x)$，并验证 $S_n = \sum_{i=1}^{n} X[i]$ 均方收敛于 X。

6.2 连续时间随机过程的均方连续

对于一个定义在连续时间区间 $\mathbb{R}$ 或 $[a,b]$ 上的函数 $x(t)$，可以定义其连续性。同样，对于一个连续时间随机过程 $X(t)$，也可以定义其统计意义上的整体连续性，这就是均方连续的概念。

6.2.1 定义

对于设有定义于时间指标集 $\mathbb{T}$ 上的连续时间随机过程 $X(t)$，$\mathbb{T}$ 是 $\mathbb{R}$ 或某个区间 $[a,b]$。若对 $t_0 \in \mathbb{T}$，当 $t \to t_0$ 时有
$$\operatorname*{ms\,lim}_{t \to t_0} X(t) = X(t_0) \tag{6.2.1}$$
则称随机过程 $X(t)$ 在 t_0 点**均方连续**；若对 $\mathbb{T}$ 内任意一点 t_0，$X(t)$ 都在 t_0 点连续，则称 $X(t)$ 在 $\mathbb{T}$ 上均方连续。

由均方收敛的概念可知，$X(t)$ 均方收敛于 $X(t_0)$，需要 $X(t)$ 的"大多数"样本函数 $x(t)$ 在 t_0 这一点连续，只有"少部分"样本函数允许在 t_0 点不连续。少到什么程度呢？少到 $(x_1 - x_2)^2 f_X(x_1, x_2; t, t_0)$ 的积分在 $t \to t_0$ 时，也是趋于零的，这里 $f_X(x_1, x_2; t, t_0)$ 是随机过程 $X(t)$ 的二维概率密度函数。实际上，一个连续时间随机过程在某点是否均方连续，由其二维概率密度函数唯一决定。

例 6.2.1 已知 $X(t) = A\cos\omega t$ 是定义在 $[0, +\infty)$ 上的一个随机过程，A 是一个概率密度函数为 $f_A(a)$ 的随机变量，则 $X(t)$ 在 $[0, +\infty)$ 上点点均方连续。这是因为
$$E\{|X(t) - X(t_0)|^2\} = E\{|A|^2\}(\cos\omega t - \cos\omega t_0)^2 \to 0, \quad t \to t_0$$

例 6.2.2 若二维函数 $g(A,t)$ 关于变量 $t \in \mathbb{R}$ 满足 $|g(A,t_1) - g(A,t_2)| \leqslant h(A)|t_1 - t_2|^\alpha$，其中 $h(A)$ 是一个关于 A 的函数，α 是一个正常数。若 A 是一个随机变量，并且 $E\{|h(A)|^2\}$ 有限，则随机过程 $X(t) = g(A,t)$ 在 $\mathbb{R}$ 上均方连续。这是因为

$$E\{|X(t) - X(t_0)|^2\} \leqslant E\{|h(A)|^2\}|t - t_0|^{2\alpha} \to 0, \quad t \to t_0$$

例 6.2.3 定义于 $\mathbb{R}$ 上的随机过程 $X(t) = AU(t)$ 在 $t = 0$ 这一点不均方连续，在其他 $t \neq 0$ 的点都均方连续，其中 $U(t)$ 是单位阶跃函数，A 是一个均方不为零的随机变量。这是因为，取 $t < 0$，有

$$E\{|X(t) - X(0)|^2\} = E\{|A^2|\} \neq 0, \quad t \to 0$$

此外，若 $t_0 \neq 0$，则有

$$E\{|X(t) - X(t_0)|^2\} = 0, \quad t \to t_0$$

例 6.2.4 设有定义于 $[0,1)$ 区间上的均匀分布 A，$X(t)$ 是定义于 $\mathbb{R}$ 上的随机过程，且有

$$X(t) = \begin{cases} A\cos\omega t, & A \text{ 为无理数} \\ AU(t), & A \text{ 为有理数} \end{cases}$$

虽然随机过程 $X(t)$ 有无数个样本函数 $X(t) = AU(t)$ 在 $t = 0$ 点不连续，但由于 A 取有理数的总概率为零，所以 $X(t)$ 仍在 $t = 0$ 点均方连续。验证可得

$$\begin{aligned} E\{|X(t) - X(0)|^2\} =& E\{|A|^2\}(\cos\omega t - 1)^2 P\{A\text{无理数}\} \\ &+ E\{|A|^2\}(U(t) - 1)^2 P\{A\text{有理数}\} \\ =& E\{|A|^2\}(\cos\omega t - 1)^2, \quad t \to 0 \end{aligned}$$

上式用到了 $P\{A\text{无理数}\} = 1$ 与 $P\{A\text{有理数}\} = 0$ 的结论。

性质 6.2.1 一个定义于时间指标集 $\mathbb{T}$ 上的连续时间随机过程 $X(t)$ 在 $t_0 \in \mathbb{T}$ 点均方连续，当且仅当对任意满足条件 $t_n \xrightarrow{n \to \infty} t_0$ 的序列 t_n，离散时间随机过程 $X(t_n)$ 均方收敛于 $X(t_0)$。

证明： 留作习题。 □

6.2.2 性质

一个连续时间随机过程是否均方连续，完全由其二维概率密度函数决定。更加精确地，一个连续时间随机过程是否均方连续，可以由其自相关函数决定。

性质 6.2.2 (均方连续准则) 一个连续时间随机过程 $X(t)$ 在 $\mathbb{T}$ 上均方连续，当且仅当 $X(t)$ 的自相关函数 $R_X(t_1, t_2)$ 在 $(t,t) \in \mathbb{T} \times \mathbb{T}$ 上连续。

证明： ($\Longrightarrow$) 由 Schwartz 不等式知

$$\begin{aligned} |R_X(t_1,t_2) - R_X(t,t)| \leqslant & |E\{[X(t_1) - X(t)]X(t_2)\}| + |E\{X(t)[X(t_2) - X(t)]\}| \\ \leqslant & \sqrt{E\{[X(t_1) - X(t)]^2\}E\{X^2(t_2)\}} + \sqrt{E\{X^2(t)\}E\{[X(t_2) - X(t)]^2\}} \end{aligned}$$

所以当 $X(t)$ 均方连续时，上式第二个不等式右端在 $t_1, t_2 \to t$ 时趋于零，从而有

$$\lim_{t_1, t_2 \to t} R_X(t_1, t_2) = R_X(t, t)$$

($\Longleftarrow$) 展开 $E\{[X(t_1) - X(t_2)]^2\}$ 得到

$$E\{[X(t_1) - X(t_2)]^2\} = R_X(t_1, t_1) - R_X(t_1, t_2) - R_X(t_2, t_1) + R_X(t_2, t_2)$$

若 $R_X(t_1, t_2)$ 在 $t_1 = t_2 = t$ 上连续，则当 $t_1 \to t_2$ 时，上式右端趋于零，从而当 $t_1 \to t_2$ 时 $X(t_1) \xrightarrow{\text{ms}} X(t_2)$，故 $X(t)$ 均方连续。 □

从上面的性质可以进一步得到下面的推论。

性质 6.2.3 若 $X(t)$ 为宽平稳过程，则 $X(t)$ 在 $\mathbb{T}$ 上均方连续，当且仅当 $R(\tau)$ 在 $\tau = 0$ 点连续。

证明：由上面一个性质简单推论即得。 □

习题 6.2

6.2.1 完成性质6.2.1的证明。

6.2.2 讨论下列随机过程的均方连续性：

1) 定义于 $\mathbb{R}$ 上的随机过程 $X(t) = At^2 + Bt + C$，其中 A、B、C 是相互独立的标准正态随机变量。
2) $X(t)$ 是零均值且自相关函数 $R_X(\tau) = \sin \alpha \tau / \tau$ 的宽平稳过程，其中 $\alpha > 0$。
3) 平均到达率为 λ 的 Poisson 随机过程。
4) 定义于 $\mathbb{R}$ 上的均值为零、自相关函数为 $R_X(t, s) = \dfrac{1}{a^2 + (t-s)^2}$ 的随机过程 $X(t)$，其中 a 为正常数。

6.3 连续时间随机过程的均方导数

既然连续时间随机过程是取值于样本函数的变函，则这些样本函数在某点可能是可以求导数的。均方导数是变函求导在统计意义上的整体描述。

6.3.1 定义

在均方连续的基础上，可以进一步建立均方导数的概念。

设有定义于连续时间指标集 $\mathbb{T}$ 上的随机过程 $X(t)$，若有

$$\operatorname*{ms\,lim}_{\tau \to 0} \frac{X(t_0 + \tau) - X(t_0)}{\tau} = Y(t_0) \tag{6.3.1}$$

则称 $X(t)$ 在 t_0 **点均方可导**，并称 $Y(t_0)$ 为 $X(t)$ 在 t_0 点的**均方导数**，$Y(t_0)$ 有时也记为 $\mathrm{d}X(t_0)/\mathrm{d}t$、$X'(t_0)$ 或 $X^{(1)}(t_0)$。若对任意 $t_0 \in \mathbb{T}$，$X(t)$ 都均方可导，则称 $X(t)$ 在 $\mathbb{T}$ 上**均方可导**。

$X(t)$ 在 t_0 点的 n 阶均方导数可以递归地定义为

$$\frac{\mathrm{d}^n X(t_0)}{\mathrm{d}t^n} = X^{(n)}(t_0) = \operatorname*{ms\,lim}_{\tau \to 0} \frac{X^{(n-1)}(t_0 + \tau) - X^{(n-1)}(t_0)}{\tau} \tag{6.3.2}$$

显然，式 (6.3.1) 等价于

$$\lim_{\tau \to 0} E\left\{\left[\frac{X(t_0+\tau)-X(t_0)}{\tau} - Y(t_0)\right]^2\right\} = 0 \tag{6.3.3}$$

若连续时间随机过程 $X(t)$ 在 t_0 点可以均方求导，则大多数样本函数都可以在 t_0 点求导，只有极少数样本函数在该点不能求导。均方导数也是大多数样本函数的均方导数，少数样本函数可能根本不存在均方导数。

性质 6.3.1 若随机过程 $X(t)$ 具有表达式 $X(t) = f(A,t)$，其中 A 是一个随机变量，并且 $f(A,t)$ 关于 t 存在偏导数，则 $X(t)$ 的均方导数为

$$X'(t) = \frac{\partial f(A,t)}{\partial t} \tag{6.3.4}$$

证明：这是因为

$$E\left\{\left|\frac{f(A,t+\tau)-f(A,t)}{\tau} - \frac{\partial f(A,t)}{\partial t}\right|^2\right\}$$
$$= \int_{\mathbb{R}} \left|\frac{f(a,t+\tau)-f(a,t)}{\tau} - \frac{\partial f(a,t)}{\partial t}\right|^2 f_A(a)\mathrm{d}a$$
$$\to 0 \quad (\tau \to 0)$$

$\square$

例 6.3.1 由上述性质知道，若 A 为随机变量，则随机过程 $X(t) = A\cos\omega t$ 的均方导数为

$$X'(t) = -A\omega\sin\omega t$$

则随机过程 $X(t) = \cos At$ 的均方导数为

$$X'(t) = -A\sin At$$

随机过程 $X(t) = \mathrm{e}^{At}$ 的均方导数为

$$X'(t) = A\mathrm{e}^{At}$$

随机过程 $X(t) = A\mathrm{e}^{\omega t}$ 的均方导数为

$$X'(t) = A\omega\mathrm{e}^{\omega t}$$

例 6.3.2 设有定义于 $[0,1)$ 区间上的均匀分布 A，$X(t)$ 是定义于 $\mathbb{R}$ 上的随机过程，且有

$$X(t) = \begin{cases} A\cos\omega t, & A \text{ 为无理数} \\ AU(t), & A \text{ 为有理数} \end{cases}$$

随机过程 $X(t)$ 的均方导数为 $X'(t) = -A\omega\cos\omega t$。

6.3.2 性质

性质 6.3.2 (均方可导准则) 随机过程 $X(t)$ 均方可导当且仅当 $X(t)$ 的自相关函数 $R_X(t_1, t_2)$ 的二阶广义导数 $\partial^2 R_X(t_1, t_2)/\partial t_1 \partial t_2$ 在 $t_1 = t_2 = t$ 处存在且有限。

证明：($\Longleftarrow$) 由自相关函数的定义知

$$\frac{\partial^2 R_X(t_1, t_2)}{\partial t_1 \partial t_2} = \lim_{\tau_1, \tau_2 \to 0} E\left\{\frac{X(t_1 + \tau_1) - X(t_1)}{\tau_1} \times \frac{X(t_2 + \tau_2) - X(t_2)}{\tau_2}\right\}$$

因为上式左端在 $t_1 = t_2 = t$ 处存在有限，故

$$\lim_{\tau_1, \tau_2 \to 0} E\left\{\frac{X(t + \tau_1) - X(t)}{\tau_1} \times \frac{X(t + \tau_2) - X(t)}{\tau_2}\right\} = 常数 \tag{6.3.5}$$

由 Loève 准则知 $[X(t + \tau_n) - X(\tau_n)]/\tau_n$ 对任意序列 $\tau_n \to 0 (n \to \infty)$ 都均方收敛，此均方收敛的极限即为导数。因此，$X(t)$ 均方可导。

($\Longrightarrow$) 以上每一步都可逆。 $\square$

性质 6.3.3 关于均方导数还有以下几条性质：

1) 若随机过程 $X(t)$ 有 n 阶均方导数，则

$$E\left\{\frac{\mathrm{d}^n X(t)}{\mathrm{d}t^n}\right\} = \frac{\mathrm{d}^n}{\mathrm{d}t^n} E\{X(t)\} \tag{6.3.6}$$

2) 若随机过程 $X(t)$ 在 $\mathbb{T}$ 上均方可导，则必在 $\mathbb{T}$ 上均方连续。

3) 若 $X(t), Y(t)$ 在 $\mathbb{T}$ 上均方可导，则

$$\frac{\mathrm{d}}{\mathrm{d}t}[aX(t) + bY(t)] = a\frac{\mathrm{d}X(t)}{\mathrm{d}t} + b\frac{\mathrm{d}Y(t)}{\mathrm{d}t} \tag{6.3.7}$$

式中，a、b 为两个常数。

4) 设 $X(t)$ 和 $Y(t)$ 在 $\mathbb{T}$ 上均方可导，且 $X(t)Y(t)$ 仍是二阶矩过程，则

$$\frac{\mathrm{d}}{\mathrm{d}t}[X(t)Y(t)] = \frac{\mathrm{d}X(t)}{\mathrm{d}t}Y(t) + X(t)\frac{\mathrm{d}Y(t)}{\mathrm{d}t} \tag{6.3.8}$$

证明： 1) 利用均方极限可以和期望运算交换次序的性质可得

$$E\{X'(t)\} = E\left\{\underset{\tau \to 0}{\mathrm{ms\,lim}}\frac{X(t+\tau) - X(t)}{\tau}\right\}$$
$$= \lim_{\tau \to 0}\frac{E\{X(t+\tau)\} - E\{X(t)\}}{\tau} = \frac{\mathrm{d}}{\mathrm{d}t}E\{X(t)\}$$

对 $n \geqslant 2$，则类似于上式递推可得。

2) 因为 $X(t)$ 均方可导，在均方可导准则中取 $t_1 = t_2 = t$，$\tau_1 = \tau_2 = \tau$，可知

$$\lim_{\tau \to 0} E\left\{[X(t+\tau) - X(t)]^2\right\} = \lim_{\tau \to 0} \tau^2 E\left\{\left[\frac{X(t+\tau) - X(t)}{\tau}\right]^2\right\}$$
$$= 0 \cdot \lim_{\tau \to 0} \frac{\partial^2 R_X(t,t)}{\partial t_1 \partial t_2} = 0$$

从而可知 $X(t)$ 连续。

3) 可由下列不等式得

$$\sqrt{E\left\{\left[\frac{aX(t+\tau)+bY(t+\tau)-aX(t)-bY(t)}{\tau}-aX'(t)-bY'(t)\right]^2\right\}}$$
$$\leqslant \sqrt{E\left\{a^2\left[\frac{X(t+\tau)-X(t)}{\tau}-X'(t)\right]^2\right\}}+\sqrt{E\left\{b^2\left[\frac{Y(t+\tau)-Y(t)}{\tau}-Y'(t)\right]^2\right\}}$$

4) 的证明和性质 3) 类似，留给读者作为练习。 □

例 6.3.3 若随机过程 $X(t)$ 均方可导，则 $X'(t)$ 的自相关函数为

$$R_{X'}(t_1,t_2)=\frac{\partial^2 R_X(t_1,t_2)}{\partial t_1 \partial t_2}=\frac{\partial R_{XX'}(t_1,t_2)}{\partial t_1} \tag{6.3.9}$$

式中，$R_{XX'}(t_1,t_2)$ 为 $X(t)$ 与 $X'(t)$ 的互相关函数，且

$$R_{XX'}(t_1,t_2)=\frac{\partial R_X(t_1,t_2)}{\partial t_2} \tag{6.3.10}$$

证明： 用均方极限可以和期望运算交换次序的性质知

$$R_{XX'}(t_1,t_2)=E\{X(t_1)X'(t_2)\}=E\left\{X(t_1)\,\mathrm{ms}\lim_{\tau\to 0}\frac{X(t_2+\tau)-X(t_2)}{\tau}\right\}$$
$$=\lim_{\tau\to 0}\frac{R_X(t_1,t_2+\tau)-R_X(t_1,t_2)}{\tau}=\frac{\partial R_X(t_1,t_2)}{\partial t_2}$$

类似可得

$$R_{X'}(t_1,t_2)=E\{X'(t_1)X'(t_2)\}=\lim_{\tau\to 0}E\left\{\frac{X(t_1+\tau)-X(t_1)}{\tau}X'(t_2)\right\}$$
$$=\lim_{\tau\to 0}\frac{R_{XX'}(t_1+\tau,t_2)-R_{XX'}(t_1,t_2)}{\tau}$$
$$=\frac{\partial R_{XX'}(t_1,t_2)}{\partial t_1}=\frac{\partial^2 R_X(t_1,t_2)}{\partial t_1 \partial t_2}$$

习题 6.3

6.3.1 证明：随机过程 $X(t)=\sin At$ 的均方导数为 $X'(t)=A\cos At$，其中 A 是随机变量，且 $E\{A^4\}<\infty$。

6.3.2 设 $X(t)=At+B$，其中 A 和 B 是互不相关的随机变量，试证明：

$$\frac{\mathrm{d}X(t)}{\mathrm{d}t}=A,\quad \int_0^t X(\tau)\mathrm{d}\tau=\frac{A}{2}t^2+Bt$$

6.3.3 讨论下列随机过程的均方可导性。

1) 定义于 $\mathbb{R}$ 上的随机过程 $X(t)=At^2+Bt+C$，其中 A、B、C 是相互独立的标准正态随机变量。
2) $X(t)$ 是零均值且自相关函数 $R_X(\tau)=\sin\alpha\tau/\tau$ 的宽平稳过程，其中 $\alpha>0$。
3) 平均到达率为 λ 的 Poisson 随机过程。
4) 定义于 $\mathbb{R}$ 上的均值为零、自相关函数为 $R_X(t,s)=\dfrac{1}{a^2+(t-s)^2}$ 的随机过程 $X(t)$，其中 a 为正常数。

6.3.4 设平稳过程 $X(t)$ 是均方可导的，其均方导数为 $X'(t)$。证明：对于任意给定的 t，随机变量 $X(t)$ 和 $X'(t)$ 是正交的和不相关的，即

$$E\{X(t)X'(t)\}=E\{X(t)\}E\{X'(t)\}=0$$

6.4 连续时间随机过程的均方积分

连续时间随机过程的均方积分是很多个样本函数积分的整体描述。

6.4.1 定义

设 $X(t)$ 为区间 $[a,b]$ 上的随机过程，设

$$\pi : a = t_0 < t_1 < t_2 < \cdots < t_n = b$$

为 $[a,b]$ 区间的一个分割，记 $\Delta t_i = t_{i+1} - t_i$，若下列 Darboux 和：

$$D_\pi = \sum_{i=0}^{n-1} X(t_i')\Delta t_i, \quad t_i' \in [t_i, t_{i+1}] \tag{6.4.1}$$

在 $\max \Delta t_i \to 0$ 时均方收敛，则称 $X(t)$ 在区间 $[a,b]$ 上**均方可积**，且 D_π 的均方极限 Y 称为 $X(t)$ 在区间 $[a,b]$ 上的**均方积分**，记为

$$Y = \int_a^b X(t)\mathrm{d}t$$

性质 6.4.1 若 A 是一个随机变量，则随机过程 $X(t) = f(A,t)$ 关于 t 在 $[a,b]$ 上的均方积分为

$$\int_a^b X(t)\mathrm{d}t = \int_a^b f(A,t)\mathrm{d}t \tag{6.4.2}$$

证明：证明留作习题。 □

例 6.4.1 设 A 是一个随机变量，则有

1) $\int_a^b A\mathrm{e}^t\mathrm{d}t = A(\mathrm{e}^b - \mathrm{e}^a)$；
2) $\int_a^b A\mathrm{e}^{At}\mathrm{d}t = (\mathrm{e}^{Ab} - \mathrm{e}^{Aa})$；
3) $\int_a^b A\cos t\mathrm{d}t = A(\sin b - \sin a)$；
4) $\int_a^b A\cos At\mathrm{d}t = \sin Ab - \sin Aa$。

6.4.2 性质

均方积分有下述均方可积准则。

性质 6.4.2 (均方可积准则) 随机过程 $X(t)$ 在 $[a,b]$ 上均方可积，当且仅当 $X(t)$ 的自相关函数 $R_X(t_1,t_2)$ 在 $[a,b] \times [a,b]$ 上可积，即

$$\int_a^b \int_a^b R_X(t_1,t_2)\mathrm{d}t_1\mathrm{d}t_2 < \infty \tag{6.4.3}$$

证明：由 Loève 准则知，$\sum\limits_{i=0}^{n-1} X(t_i')\Delta t_i$ 均方收敛，当且仅当

$$\lim_{\max \Delta t_i \to 0} E\left\{\sum_{i=0}^{n-1} X(t_i')\Delta t_i \sum_{k=0}^{n-1} X(t_k')\Delta t_k\right\} = 常数$$

此即
$$\lim_{\max \Delta t_i \to 0} \sum_{i=0}^{n-1}\sum_{k=0}^{n-1} R_X(t'_i, t'_k)\Delta t_i \Delta t_k = 常数$$

上式等价于
$$\int_a^b \int_a^b R_X(t_1, t_2)\mathrm{d}t_1 \mathrm{d}t_2 = 常数 < \infty$$

□

性质 6.4.3 均方积分还有以下性质。

1) 若随机过程 $X(t)$ 在 $[a,b]$ 上均方可积，则有
$$E\left\{\int_a^b X(t)\mathrm{d}t\right\} = \int_a^b E\{X(t)\}\mathrm{d}t \tag{6.4.4}$$

2) 若随机过程 $X(t), Y(t)$ 在 $[a,b]$ 上均方可积，则
$$\int_a^b [cX(t) + dY(t)]\mathrm{d}t = c\int_a^b X(t)\mathrm{d}t + d\int_a^b Y(t)\mathrm{d}t \tag{6.4.5}$$

式中，c、d 为常数。

3) 若 $X(t)$ 在 $[a,b]$ 上均方可导，且均方导数 $X'(t)$ 均方连续，则有
$$X(b) - X(a) = \int_a^b X'(t)\mathrm{d}t \tag{6.4.6}$$

证明： 1) 由下式可知结论成立
$$E\left\{\int_a^b X(t)\mathrm{d}t\right\} = \lim_{\max \Delta t_i \to 0} E\left\{\sum_{i=0}^{n-1} X(t'_i)\Delta t_i\right\}$$
$$= \lim_{\max \Delta t_i \to 0} \sum_{i=0}^{n-1} E\{X(t'_i)\}\Delta t_i$$
$$= \int_a^b E\{X(t)\}\mathrm{d}t$$

性质 2) 和 3) 的证明省略，作为练习。

□

习题 6.4

6.4.1 验证性质6.4.1。

6.4.2 已知 $X(t) = 2A^2 t$，其中 A 是随机变量，且 $E\{A^4\} < \infty$，试求均方积分 $\int_0^t X(\tau)\mathrm{d}\tau$。

6.4.3 讨论下列随机过程的均方可积性。

1) 定义于 $\mathbb{R}$ 上的随机过程 $X(t) = At^2 + Bt + C$，其中 $A、B、C$ 是相互独立的标准正态随机变量。

2) $X(t)$ 是零均值且自相关函数为 $R_X(\tau) = \sin\alpha\tau/\tau$ 的宽平稳过程，其中 $\alpha > 0$。

3) 平均到达率为 λ 的 Poisson 随机过程。

4) 定义于 $\mathbb{R}$ 上的均值为零、自相关函数为 $R_X(t,s) = \dfrac{1}{a^2 + (t-s)^2}$ 的随机过程 $X(t)$，其中 a 为正常数。

6.4.4 若 $X(t)$ 在 T 上均方可积，$h(t,\tau)$ 是在 $T \times T$ 上连续的确定性函数，且 $\partial h(t,\tau)/\partial t$ 有界。试证明：对任意 $t \in T$

$$Y(t) = \int_0^t h(t,\tau)X(\tau)\mathrm{d}\tau$$

的均方导数存在，且

$$Y'(t) = \int_0^t \frac{\partial h(t,\tau)}{\partial t}X(\tau)\mathrm{d}\tau + h(t,t)X(t)$$

上式称为均方积分的 Leibniz 法则。

6.4.5 若 $X(t)$ 在 T 上均方可微，$h(t,\tau)$ 是在 $T \times T$ 上连续的确定性函数，且 $\partial h(t,\tau)/\partial \tau$ 有界。试证明：

$$\int_a^b h(t,\tau)X'(\tau)\mathrm{d}\tau = h(t,\tau)X(\tau)\Big|_a^b - \int_a^b \frac{\partial h(t,\tau)}{\partial \tau}X(\tau)\mathrm{d}\tau$$

上式是均方积分的分部积分法则。

6.4.6 设 $W(t)$ 是定义于时间区间 $[0,\infty)$ 上的参数为 σ^2 的 Wiener 过程，试求随机过程 $X(t) = \frac{1}{t}\int_0^t W(\tau)\mathrm{d}\tau$ 的均值函数和自相关函数。

6.4.7 设 $N(t)$ 是定义于时间区间 $[0,\infty)$ 上的平均到达率为 λ 的 Poisson 过程，试求随机过程 $X(t) = \frac{1}{t}\int_0^t N(\tau)\mathrm{d}\tau$ 的均值函数和自相关函数。

6.5 连续时间随机过程的正交分解

通常的 $L^2[a,b]$ 函数可以在一组正交函数系上进行展开，或者说用一组正交函数系进行分解，分解之后的系数为一组数列。同样，一个连续时间二阶矩过程也可以用一组正交函数系进行分解，分解之后的系数是一个离散时间随机过程。

6.5.1 $L^2[a,b]$ 函数的正交分解

设 $L^2[a,b]$ 为所有定义于区间 $[a,b]$ 上的能量有限的确定性信号 (函数) 的集合，因此对于任意 $\psi(t) \in L^2[a,b]$ 有

$$\int_a^b |\psi(t)|^2\mathrm{d}t < \infty \tag{6.5.1}$$

设 $\{\psi_n(t)\}_{n=-\infty}^{\infty} \subset L^2[a,b]$，若

$$\int_a^b \psi_m(t)\psi_n^*(t)\mathrm{d}t = C_n\delta[m-n] = \begin{cases} C_n, & m = n \\ 0, & m \neq n \end{cases} \tag{6.5.2}$$

则称 $\{\psi_n(t)\}_{n=-\infty}^{\infty}$ 为 $L^2[a,b]$ 中的一个**正交函数系**。若对所有 n 有 $C_n = 1$，则称 $\{\psi_n(t)\}_{n=-\infty}^{\infty}$ 为**标准正交函数系**。若对任意 $f(t) \in L^2[a,b]$，都可以表示为该正交函数系的一个线性组合，即

$$f(t) = \sum_{n=-\infty}^{\infty} a_n\psi_n(t) \tag{6.5.3}$$

式中

$$a_n = \frac{1}{C_n}\int_a^b f(t)\psi_n^*(t)\mathrm{d}t \tag{6.5.4}$$

则称 $\{\psi_n(t)\}_{n=-\infty}^{\infty}$ 为 $L^2[a,b]$ 中的一个**完备正交函数系**。式 (6.5.3) 也称为函数 $f(t)$ 的一个**正交分解**。

6.5.2 二阶矩过程的正交分解

设 $X(t)$ 为定义于 $[a,b]$ 上的一个二阶矩过程，其样本空间为 $L^2[a,b]$，$\{\psi_n(t)\}_{n=-\infty}^{\infty}$ 为 $L^2[a,b]$ 中的一个正交函数系，若有

$$X(t) \stackrel{\text{ms}}{=} \sum_{n=-\infty}^{\infty} V_n \psi_n(t) \tag{6.5.5}$$

式中

$$V_n = \frac{1}{C_n} \int_a^b X(t) \psi_n^*(t) \mathrm{d}t \tag{6.5.6}$$

是一个随机变量，则称式 (6.5.5) 为二阶矩过程 $X(t)$ 的一个**正交分解**。

分解式 (6.5.5) 中的等号是在均方意义上相等，即令

$$X_N(t) = \sum_{n=-N}^{N} V_n \psi_n(t)$$

则

$$\lim_{N \to \infty} E\{|X(t) - X_N(t)|^2\} = 0 \tag{6.5.7}$$

这样分解的一个好处是使人们可用一个随机变量序列 V_n 的性质完全刻画时间上不可数的连续时间随机过程 $X(t)$。

此外，正交基的概念在工程上有实际的应用背景。互相正交的两个信号意味着两者之间的 "独立性" 和 "不相似性"，用这样的一族正交函数分解一个随机信号，可以知道该信号在这些相互 "独立" 的分量上所含成分的多少，并可以识别某个随机信号和已知信号的相似程度。

例 6.5.1 (多址方式)   随机过程的正交分解的思想可以用来实现通信中的多址方式。设某通信系统中有 K 个用户在传递自己的离散随机信号序列，设第 k 个用户传递的随机序列为 $\{b_k^{(n)}\}_{n=0}^{\infty}$。设这些随机序列发送的符号周期为 T，则分别给每个用户分配 $L^2[0,T]$ 上的某个正交函数系中的一个函数，设为 $\psi_1(t), \cdots, \psi_K(t)$。当这 K 个用户同时同步发送各自的信号序列时，在接收端收到的信号为

$$r(t) = \sum_{n=0}^{\infty} \sum_{k=1}^{K} b_k^{(n)} \psi_k(t - nT) \tag{6.5.8}$$

当要从接收信号 $r(t)$ 中检测出第 k 个用户的序号为 n 的信号时，可以通过式 (6.5.9) 得到

$$b_k^{(n)} = \frac{1}{C_n} \int_{nT}^{(n+1)T} r(t) \psi_k^*(t - nT) \mathrm{d}t \tag{6.5.9}$$

当 $\{\psi_1(t), \cdots, \psi_K(t)\}$ 在时域上正交，即它们各自的支集互不重叠时，则称这种多址方式为**时分多址 (TDMA)**。例如，可以令

$$\psi_k(t) = \Pi\left[t - (k-1)T_c\right], \quad T_c = T/K \tag{6.5.10}$$

式中，$\Pi(t)$ 为 $[0, T_c)$ 上的单位方波，即

$$\Pi(t) = \begin{cases} 1, & t \in [0, T_c) \\ 0, & t \notin [0, T_c) \end{cases} \tag{6.5.11}$$

若 $\{\psi_1(t), \cdots, \psi_K(t)\}$ 在频域上正交，则称这种多址方式为**频分多址 (FDMA)**。例如，可以令

$$\psi_k(t) = \cos(k\omega t), \quad \omega = 2\pi/T \tag{6.5.12}$$

若 $\{\psi_1(t), \cdots, \psi_K(t)\}$ 具有相同的时域和频域，但在"码域"具有正交性，则称这种多址方式为**码分多址 (CDMA)**。例如，可以令 $\{\psi_1(t), \cdots, \psi_K(t)\}$ 为 Walsh 码。以 $K = 4$ 为例，可以令 $\{\psi_1(t), \cdots, \psi_4(t)\}$ 为下列 4 阶 Walsh 码：

$$\psi_k(t) = \sum_{i=1}^{4} c_k^{(i)} \Pi\big[t - (i-1)T_c\big] \tag{6.5.13}$$

式中

$$(c_1^{(1)}, c_1^{(2)}, c_1^{(3)}, c_1^{(4)}) = (1, 1, 1, 1)$$
$$(c_2^{(1)}, c_2^{(2)}, c_2^{(3)}, c_2^{(4)}) = (1, -1, 1, -1)$$
$$(c_3^{(1)}, c_3^{(2)}, c_3^{(3)}, c_3^{(4)}) = (1, 1, -1, -1)$$
$$(c_4^{(1)}, c_4^{(2)}, c_4^{(3)}, c_4^{(4)}) = (1, -1, -1, 1)$$

6.5.3 Fourier 正交分解

可以验证下列 **Fourier 函数系**：

$$\psi_n(t) = \mathrm{e}^{\mathrm{j}n\omega t}, \quad n = 1, 2, \cdots, \quad \omega = \frac{2\pi}{T}, \quad T = b - a \tag{6.5.14}$$

为 $L^2[a, b]$ 上的一个正交函数系，且 $C_n = T$。

定理 6.5.1 若宽平稳二阶矩过程 $X(t)$ 的自相关函数 $R_X(\tau)$ 是一个周期为 T 的函数，则在任意一个长度为 $b - a = T$ 的区间 $[a, b]$ 上有如下 **Fourier 正交分解**：

$$X(t) \stackrel{\mathrm{ms}}{=} \sum_{n=-\infty}^{\infty} C_n \mathrm{e}^{\mathrm{j}n\omega t} \tag{6.5.15}$$

式中，随机变量 C_n 由式 (6.5.16) 决定，即

$$C_n = \frac{1}{T} \int_a^b X(t) \mathrm{e}^{-\mathrm{j}n\omega t} \mathrm{d}t \tag{6.5.16}$$

且满足

$$E\{C_m C_n^*\} = \xi_n \delta[m - n] \tag{6.5.17}$$

式中，ξ_n 定义如下：

$$\xi_n = \frac{1}{T} \int_a^b R_X(\tau) \mathrm{e}^{-\mathrm{j}n\omega \tau} \mathrm{d}\tau \tag{6.5.18}$$

证明： 既然自相关函数 $R_X(\tau)$ 是周期为 T 的连续函数，由数学分析定理可知 $R_X(\tau)$ 可以有如下 Fourier 级数分解

$$R_X(\tau) = \sum_{n=-\infty}^{\infty} \xi_n \mathrm{e}^{\mathrm{j}n\omega\tau} \tag{6.5.19}$$

式中，ξ_n 有式 (6.5.18) 之表示。

由 C_n 的表达式 (6.5.16) 以及期望运算可以和积分运算交换次序的性质知

$$E\{C_m C_n^*\} = \frac{1}{T^2} \int_a^b \int_a^b E\{X(t)X^*(s)\} \mathrm{e}^{\mathrm{j}\omega(ns-mt)} \mathrm{d}t\mathrm{d}s$$

既然 $E\{X(t)X^*(s)\} = R_X(t-s)$，且可以展成式 (6.5.19) 的级数，因此

$$\begin{aligned}
E\{C_m C_n^*\} &= \frac{1}{T^2} \int_a^b \int_a^b \sum_{k=-\infty}^{\infty} \xi_k \mathrm{e}^{\mathrm{j}k\omega(t-s)} \mathrm{e}^{\mathrm{j}\omega(ns-mt)} \mathrm{d}t\mathrm{d}s \\
&= \frac{1}{T^2} \sum_{k=-\infty}^{\infty} \xi_k \int_a^b \mathrm{e}^{\mathrm{j}\omega(k-m)t} \mathrm{d}t \int_a^b \mathrm{e}^{\mathrm{j}\omega(n-k)s} \mathrm{d}s \\
&= \sum_{k=-\infty}^{\infty} \xi_k \delta[k-m]\delta[n-k] = \xi_m \delta[m-n]
\end{aligned}$$

此即得式 (6.5.17)。上面的推导用到了等式：

$$\frac{1}{T} \int_a^b \mathrm{e}^{\mathrm{j}\omega(k-m)t} \mathrm{d}t = \delta[k-m] \tag{6.5.20}$$

令

$$X_N(t) = \sum_{n=-N}^{N} C_n \mathrm{e}^{\mathrm{j}n\omega t} \tag{6.5.21}$$

则有

$$\begin{aligned}
E\{|X(t) - X_N(t)|^2\} =& R_X(0) - E\{X(t)X_N^*(t)\} \\
& - E\{X_N(t)X^*(t)\} + E\{|X_N(t)|^2\}
\end{aligned} \tag{6.5.22}$$

另外，有

$$\begin{aligned}
E\{X(t)X_N^*(t)\} &= \sum_{n=-N}^{N} \mathrm{e}^{-\mathrm{j}n\omega t} E\{X(t)C_n^*\} \\
&= \sum_{n=-N}^{N} \mathrm{e}^{-\mathrm{j}n\omega t} \frac{1}{T} \int_a^b E\{X(t)X^*(\tau)\} \mathrm{e}^{\mathrm{j}n\omega\tau} \mathrm{d}\tau \\
&= \sum_{n=-N}^{N} \frac{1}{T} \int_a^b R_X(t-\tau) \mathrm{e}^{-\mathrm{j}n\omega(t-\tau)} \mathrm{d}\tau
\end{aligned}$$

$$= \sum_{n=-N}^{N} \xi_n \qquad (6.5.23)$$

同理可得

$$E\{X^*(t)X_N(t)\} = \sum_{n=-N}^{N} \xi_n \qquad (6.5.24)$$

由式 (6.5.21) 知

$$E\{|X_N(t)|^2\} = \sum_{m=-N}^{N} \sum_{n=-N}^{N} E\{C_m C_n^*\} e^{j\omega(m-n)t} \qquad (6.5.25)$$

将式 (6.5.17) 代入式 (6.5.25) 得

$$E\{|X_N(t)|^2\} = \sum_{n=-N}^{N} \xi_n \qquad (6.5.26)$$

将式 (6.5.23)、式 (6.5.24)、式 (6.5.26) 代入式 (6.5.22)，注意到

$$R_X(0) = \lim_{N\to\infty} \sum_{n=-N}^{N} \xi_n$$

则有

$$\lim_{N\to\infty} E\{|X(t) - X_N(t)|^2\} = 0 \qquad (6.5.27)$$

此即说明式 (6.5.15) 成立。 □

例 6.5.2 已知 Θ 为 $(-\pi,\pi)$ 上的均匀分布，试对随机相位余弦信号 $X(t) = \cos(\omega t + \Theta)$ 在周期 $(-\pi/\omega, \pi/\omega)$ 上进行 Fourier 展开。

解：先计算展开系数，即

$$\begin{aligned} C_n &= \frac{\omega}{2\pi} \int_{-\pi/\omega}^{\pi/\omega} \cos(\omega t + \Theta) e^{-jn\omega t} dt \\ &= \frac{\omega}{2\pi} \int_{-\pi/\omega}^{\pi/\omega} \frac{e^{j(\omega t + \Theta)} + e^{-j(\omega t + \Theta)}}{2} e^{-jn\omega t} dt \\ &= \frac{e^{j\Theta}}{2} \delta[1-n] + \frac{e^{-j\Theta}}{2} \delta[-1-n] \end{aligned}$$

所以，$X(t)$ 有如下 Fourier 展开：

$$X(t) = \frac{e^{-j\Theta}}{2} e^{-j\omega t} + \frac{e^{j\Theta}}{2} e^{j\omega t}$$

对自相关函数 $R_X(\tau)$ 为非周期的宽平稳过程 $X(t)$ 有如下 Fourier 展开。

定理 6.5.2 设 $X(t)$ 是定义于 $\mathbb{R}$ 上的宽平稳二阶矩过程，且其自相关函数 $R_X(\tau)$ 是连续函数，设 T 是任意正常数，则 $X(t)$ 在 $[-T/2, T/2]$ 上可以在均方意义下有如下 Fourier 级数展开：

$$X(t) \stackrel{\text{ms}}{=} \sum_{n=-\infty}^{\infty} C_n e^{jn\omega t}, \quad |t| \leqslant \frac{T}{2} \qquad (6.5.28)$$

式中，随机变量 C_n 由式 (6.5.29) 决定：

$$C_n = \frac{1}{T} \int_{-T/2}^{T/2} X(t) e^{-jn\omega t} dt \qquad (6.5.29)$$

且满足

$$E\{C_n C_m^*\} = \frac{1}{T} \int_{-T/2}^{T/2} \xi_n(\alpha) e^{jm\omega\alpha} d\alpha \qquad (6.5.30)$$

式中，$\xi_n(\alpha)$ 定义如下：

$$\xi_n(\alpha) = \frac{1}{T} \int_{-T/2}^{T/2} R_X(\tau - \alpha) e^{-jn\omega\tau} d\tau \qquad (6.5.31)$$

证明：由数学分析定理知，$R_X(\tau - \alpha)$ 在 $|\tau| < T/2$ 上可展成如下 Fourier 级数，即

$$R_X(\tau - \alpha) = \sum_{n=-\infty}^{\infty} \xi_n(\alpha) e^{jn\omega\tau}, \quad |\tau| < T/2$$

式中，$\xi_n(\alpha)$ 由式 (6.5.31) 定义。该定理的证明和周期情形的证明相仿，留作练习。 □

6.5.4 Karhunen-Loève 正交分解

首先，有下列 Mercer 引理。

引理 6.5.1 (Mercer) 设 $K(t,s)$ 为 $(t,s) \in [a,b] \times [a,b]$ 上的连续函数，且满足复对称性：

$$K(t,s) = K^*(s,t) \qquad (6.5.32)$$

和非负定性，即对任意函数 $f(t)$ 有

$$\int_a^b \int_a^b K(t,s) f(t) f^*(s) dt ds \geqslant 0 \qquad (6.5.33)$$

则 $K(t,s)$ 可展成如下绝对一致收敛的序列：

$$K(t,s) = \sum_{k=1}^{\infty} \lambda_k \psi_k(t) \psi_k^*(s), \quad (t,s) \in [a,b] \times [a,b] \qquad (6.5.34)$$

$\{\psi_k(t)\}_{k=1}^{\infty}$ 为标准正交函数系，即

$$\int_a^b \psi_k(t) \psi_l^*(t) dt = \delta[k-l] \qquad (6.5.35)$$

该标准正交函数系 $\{\psi_k(t)\}_{k=1}^{\infty}$ 及实数序列 $\{\lambda_k\}_{k=1}^{\infty}$ 为下列齐次积分方程的特征函数及特征值：

$$\int_a^b K(t,s) \psi(s) ds = \lambda \psi(t), \quad a \leqslant t \leqslant b \qquad (6.5.36)$$

此外，当 $K(t,s)$ 正定时，$\{\psi_k(t)\}_{k=1}^{\infty}$ 构成 $L^2[a,b]$ 的一个标准完备正交基。

关于该引理的证明，有兴趣的读者可以参看有关文献。

第 6 章 二阶矩过程的数学分析

定理 6.5.3 (Karhunen-Loève 展开定理)　设 $X(t)$ 为定义于 $[a,b]$ 上的均方连续的随机过程，其自相关函数为 $R_X(t,s)$，显然由自相关函数的性质知，$R_X(t,s)$ 满足对称性和非负定性，设标准正交函数系 $\{\psi_k(t)\}_{k=1}^\infty$ 及实数序列 $\{\lambda_k\}_{k=1}^\infty$ 为由下列齐次积分方程确定的特征函数及特征值：

$$\int_a^b R_X(t,s)\psi(s)\mathrm{d}s = \lambda\psi(t), \quad a \leqslant t \leqslant b \tag{6.5.37}$$

则 $X(t)$ 有如下展开，即

$$X(t) \stackrel{\mathrm{ms}}{=} \sum_{k=1}^\infty V_k \psi_k(t), \quad a \leqslant t \leqslant b \tag{6.5.38}$$

式中

$$V_k = \int_a^b X(t)\psi_k^*(t)\mathrm{d}t \tag{6.5.39}$$

且有

$$E\{V_m V_n^*\} = \lambda_n \delta[m-n] \tag{6.5.40}$$

式 (6.5.38) 称为随机过程 $X(t)$ 的 **Karhunen-Loève 正交分解**，简称 **K-L 正交分解**。

证明： 由式 (6.5.39) 知

$$E\{V_m V_n^*\} = \int_a^b \int_a^b R_X(t,s)\psi_n(s)\psi_m^*(t)\mathrm{d}t\mathrm{d}s$$

考虑到式 (6.5.37)，则有

$$E\{V_m V_n^*\} = \int_a^b \lambda_n \psi_n(t)\psi_m^*(t)\mathrm{d}t$$
$$= \lambda_n \delta[m-n]$$

从而知有式 (6.5.40) 成立。此外

$$E\left\{\left|X(t) - \sum_{k=1}^N V_k\psi_k(t)\right|^2\right\} = E\{X(t)X^*(t)\} - \sum_{k=1}^N E\{X(t)V_k^*\}\psi_k^*(t)$$
$$- \sum_{k=1}^N E\{V_k X^*(t)\}\psi_k(t)$$
$$+ \sum_{k=1}^N \sum_{l=1}^N E\{V_k V_l^*\}\psi_k(t)\psi_l^*(t) \tag{6.5.41}$$

由式 (6.5.39) 知

$$E\{X(t)V_k^*\} = \int_a^b E\{X(t)X^*(s)\}\psi_k(s)\mathrm{d}s$$
$$= \int_a^b R_X(t,s)\psi_k(s)\mathrm{d}s = \lambda_k \psi_k(t) \tag{6.5.42}$$

同样由式 (6.5.39) 知

$$E\{V_k X^*(t)\} = \int_a^b E\{X(s)X^*(t)\}\psi_k^*(s)\mathrm{d}s$$
$$= \Big[\int_a^b R_X(t,s)\psi_k(s)\mathrm{d}s\Big]^* = \lambda_k \psi_k^*(t) \qquad (6.5.43)$$

将式 (6.5.40)、式 (6.5.42) 和式 (6.5.43) 代入式 (6.5.41)，注意到

$$\lim_{N\to\infty}\sum_{k=1}^N \lambda_k |\psi_k(t)|^2 = R_X(t,t) \qquad (6.5.44)$$

可知

$$\lim_{N\to\infty} E\left\{\Big|X(t)-\sum_{k=1}^N V_k\psi_k(t)\Big|^2\right\} = R_X(t,t) - 2R_X(t,t) + R_X(t,t) = 0 \qquad (6.5.45)$$

因此，有式 (6.5.38) 成立。 □

例 6.5.3 设 $X(t) = A\cos(\omega_0 t + \Theta)$，其中 A、ω_0 为常数，Θ 为 $(-\pi, \pi)$ 上的均匀分布。在前面章节中已经证明它是一个宽平稳过程，且自相关函数为 $R_X(\tau) = A^2/2\cos\omega_0\tau$，令 $T = 2\pi/\omega_0$，试对 $X(t)$ 在 $(-T/2, T/2)$ 上进行 Karhunen-Loève 级数展开。

解：问题相应的齐次积分方程为

$$\int_{-T/2}^{T/2} \frac{A^2}{2}\cos\omega_0(t-s)\psi(s)\mathrm{d}s = \lambda\psi(t), \quad -\frac{T}{2}\leqslant t\leqslant \frac{T}{2}$$

在上式中对变量 t 求两次导数，则有下列微分方程：

$$\psi''(t) + \omega_0^2 \psi(t) = 0$$

该微分方程的通解为 $\psi(t) = c_1\cos\omega_0 t + c_2\sin\omega_0 t$，其中 c_1、c_2 为任意常数。显然，该通解是下面两个标准基函数的线性组合：

$$\psi_1(t) = \sqrt{\frac{\omega_0}{\pi}}\cos\omega_0 t, \quad \psi_2(t) = \sqrt{\frac{\omega_0}{\pi}}\sin\omega_0 t$$

这两个函数也是积分方程的正交基。将其代入积分方程可得

$$\lambda_1 = \lambda_2 = \frac{A^2}{2}\times\frac{\pi}{\omega_0}$$

因此 $X(t)$ 的 Karhunen-Loève 级数展开为

$$X(t) = A\cos(\omega_0 t + \Theta) \stackrel{\mathrm{ms}}{=} V_1\sqrt{\frac{\omega_0}{\pi}}\cos\omega_0 t + V_2\sqrt{\frac{\omega_0}{\pi}}\sin\omega_0 t$$

计算可得系数为

$$V_1 = A\sqrt{\frac{\pi}{\omega_0}}\cos\Theta, \quad V_2 = -A\sqrt{\frac{\pi}{\omega_0}}\sin\Theta$$

另一个得到基函数的简单的办法是利用 Mercer 引理，因为

$$R_X(t-s) = \frac{A^2}{2}\cos\omega_0(t-s) = \sum_{i=1}^\infty \lambda_i\psi_i(t)\psi_i^*(s)$$

即
$$\sum_{i=1}^{\infty}\lambda_i\psi_i(t)\psi_i^*(s) = \frac{A^2}{2}\cos\omega_0 t\cos\omega_0 s + \frac{A^2}{2}\sin\omega_0 t\sin\omega_0 s$$

观察上式，同样可得到基函数的表达式。

例 6.5.4 已知零均值的 Wiener 过程 $W(t), t \in [0, T)$ 的自相关函数为 $R_W(t_1, t_2) = \alpha\min(t_1, t_2)$，试将 $W(t)$ 在 $[0, T)$ 上进行 Karhunen-Loève 展开。

解：$R_W(t_1, t_2)$ 相应的积分方程为

$$\int_0^T R_W(t_1, t_2)\psi(t_2)\mathrm{d}t_2 = \alpha\int_0^{t_1} t_2\psi(t_2)\mathrm{d}t_2 + \alpha t_1\int_{t_1}^T \psi(t_2)\mathrm{d}t_2 = \lambda\psi(t_1) \qquad (6.5.46)$$

对上式关于 t_1 做一、二阶微分，分别可得

$$\alpha\int_{t_1}^T \psi(t_2)\mathrm{d}t_2 = \lambda\psi'(t_1) \qquad (6.5.47)$$

和

$$\lambda\psi''(t_1) + \alpha\psi(t_1) = 0 \qquad (6.5.48)$$

分别在式 (6.5.46) 和式 (6.5.47) 中令 $t_1 = 0$ 和 $t_1 = T$，得二阶微分方程式 (6.5.48) 的边界条件为

$$\psi(0) = 0, \quad \psi'(T) = 0$$

解此二阶微分方程即得

$$\psi(t) = \sqrt{\frac{2}{T}}\sin\omega_n t, \quad \omega_n = \sqrt{\frac{\alpha}{\lambda}} = \frac{(2n+1)\pi}{2T}$$

因此标准正交函数系为 $\psi_n(t) = \sqrt{2/T}\sin\omega_n t$，$\lambda_n = \alpha/\omega_n^2$。于是

$$W(t) \stackrel{\mathrm{ms}}{=} \sqrt{\frac{2}{T}}\sum_{n=1}^{\infty} V_n\sin\omega_n t, \quad 0 \leqslant t < T$$

式中

$$V_n = \sqrt{\frac{2}{T}}\int_0^T W(t)\sin\omega_n t\,\mathrm{d}t$$

随机过程的正交级数分解不仅可以使人们用一个可数的随机变量序列去描述一个时间上不可数的连续时间随机过程，而且在一定的精度范围内，可以用有限多的项去逼近随机过程。只要所取的项足够多，有限项的和就可以在均方意义上充分逼近该随机过程。

此外，值得注意的一个事实是，当对周期平稳过程进行 Karhunen-Loève 级数展开时，此时的展开就是 Fourier 级数展开。

习题 6.5

6.5.1 已知 $f(t)$ 为 $\mathbb{R}$ 上的周期为 2π 的周期函数，$f(t)$ 在 $(-\pi, \pi)$ 上有如下 Fourier 级数展开：

$$f(t) = \sum_{n=-\infty}^{\infty} a_n \mathrm{e}^{jnt}$$

若 Θ 为 $(-\pi, \pi)$ 上的均匀分布，试对随机过程 $X(t) = f(t + \Theta)$ 进行 Fourier 级数展开。

6.5.2 设宽平稳过程 $X(t)$ 的自相关函数为 $R_X(\tau) = \mathrm{e}^{-\alpha|\tau|}$，$\alpha > 0$。试将 $X(t)$ 在区间 $[-T,T]$ 上进行 Karhunen-Loève 展开。

6.5.3 设 $[a,b]$ 上的随机过程 $X(t)$ 有如下 Karhunen-Loève 展开：

$$X(t) \stackrel{\mathrm{ms}}{=} \sum_{n=1}^{\infty} V_n \psi_n(t), \qquad a \leqslant t \leqslant b$$

式中，$\{\psi_n(t)\}_{n=1}^{\infty}$ 为积分方程 $\int_a^b R_X(t,s)\psi_n(s)\mathrm{d}s = \lambda_n \psi_n(t)$ 的标准正交解系。试给出展开余项 $E\{|X(t) - \sum_{n=1}^{N} V_n \psi_n(t)|^2\}$ 的表达式，并证明当 $\{\psi_n(t)\}$ 所对应的特征值 $\{\lambda_n\}$ 以 $\lambda_1 \geqslant \lambda_2 \geqslant \cdots \geqslant \lambda_n \geqslant \cdots$ 的次序排列时，Karhunen-Loève 级数以最快的速度收敛。

第 7 章 随机变量的变换

本章导读 随机变量既有变量特性，又有概率分布特性（或者说取值频率特性）。从变量特性来说，可以将一个变量用函数变换到另外一个变量。本章讨论如何根据变换前随机变量的概率函数求解变换后随机变量的概率函数。

从变换前随机变量的概率函数求变换后随机变量的概率函数的基本依据就是"等效事件等概率原理"。

变量间的变换按照维数可以分为有限维变量间的变换、有限维与无限维变量间的变换、可数无限维变量间的变换、不可数无限维变量间的变换、可数与不可数无限维变量间的变换。

本章将针对这些变换，讨论变换前与变换后随机变量间的概率函数关系。本章内容在科研中具有较高的应用频率。

7.1 等效事件等概率原理

"等效事件等概率原理"是求解随机变量变换所导致的概率分布的变换的基本方法。

7.1.1 原理表述

设 $\boldsymbol{X} \in \mathbb{R}^M$、$\boldsymbol{Y} \in \mathbb{R}^N$ 分别为 M 维和 N 维的两个随机变量，$M, N = 1, 2, \cdots$；已知函数 $\boldsymbol{Y} = \phi(\boldsymbol{X})$ 是从 $\mathbb{R}^M$ 到 $\mathbb{R}^N$ 的映射，即

$$\phi : \mathbb{R}^M \ni \boldsymbol{X} \mapsto \boldsymbol{Y} = \phi(\boldsymbol{X}) \in \mathbb{R}^N$$

若随机变量 $\boldsymbol{X}$ 的概率密度函数为 $f_{\boldsymbol{X}}(\boldsymbol{x})$ 已知，则如何求随机变量 $\boldsymbol{Y} = \phi(\boldsymbol{X})$ 的概率密度函数 $f_{\boldsymbol{Y}}(\boldsymbol{y})$ 呢？解决这样一个问题的基本方法是利用等效事件等概率原理。

设 A 为随机变量 $\boldsymbol{X}$ 的变化区域 $\mathbb{R}^M$ 中的一个事件（即区域），B 为随机变量 $\boldsymbol{Y}$ 的变化区域 $\mathbb{R}^N$ 中的一个事件（即区域）。若 $B = \phi(A)$ 且 $A = \phi^{-1}(B)$，则称 A 和 B 为**等效事件**。若 A 和 B 为等效事件，则 $P_{\boldsymbol{X}}\{A\} = P_{\boldsymbol{Y}}\{B\}$，这就是**等效事件等概率原理**。

例 7.1.1 已知一维随机变量 X 与 Y 之间具有函数关系 $Y = X^2$，则 X 的事件 $[-1, 1]$ 的等效事件是 Y 的事件 $[0, 1]$；Y 的事件 $[-1, -0.5]$ 在 X 中的等效事件是 $\varnothing$；Y 的事件 $[1, 2]$ 在 X 中的等效事件是 $[-\sqrt{2}, -1] \cup [1, \sqrt{2}]$。

例 7.1.2 已知一维随机变量 X 与 Y 之间具有函数关系 $Y = \sin X$，则 Y 中事件 $[-1, 1]$ 的等效事件是 X 中的事件 $\mathbb{R}$；Y 中事件 $[-2, -1]$ 在 X 中的等效事件是 $\varnothing$；Y 中事件 $[1, 3]$ 在 X 中的等效事件是 $\varnothing$；Y 中事件 $[-0.5, 0.6]$ 在 X 中的等效事件是 $\bigcup_{k=-\infty}^{\infty} [2k\pi - \arcsin(0.5), 2k\pi + \arcsin(0.6)]$。

7.1.2 原理的运用

根据等效事件等概率原理可知，$\boldsymbol{Y}$ 的概率分布函数应为

$$F_{\boldsymbol{Y}}(\boldsymbol{y}) = \int_{\mathcal{D}_{\boldsymbol{X}}} f_{\boldsymbol{X}}(\boldsymbol{x}) \mathrm{d}\boldsymbol{x} \tag{7.1.1}$$

式中，$\boldsymbol{x} = (x_1, \cdots, x_M)$；$\boldsymbol{y} = (y_1, \cdots, y_N)$；$\mathrm{d}\boldsymbol{x} = \mathrm{d}x_1 \cdots \mathrm{d}x_M$，且 $\mathcal{D}_{\boldsymbol{X}}$ 是如下区域：

$$\mathcal{D}_{\boldsymbol{X}} = \{\boldsymbol{x} \in \mathbb{R}^N | \phi(\boldsymbol{x}) \leqslant \boldsymbol{y}\}$$

式 (7.1.1) 之所以成立，是因为 $\mathcal{D}_{\boldsymbol{Y}} = \{\boldsymbol{y}|\boldsymbol{Y} \leqslant \boldsymbol{y}\}$ 与 $\mathcal{D}_{\boldsymbol{X}}$ 是等效事件，式 (7.1.1) 是式 (7.1.2) 的等价形式：

$$P_{\boldsymbol{X}}\{\mathcal{D}_{\boldsymbol{X}}\} = P_{\boldsymbol{Y}}\{\mathcal{D}_{\boldsymbol{Y}}\} \tag{7.1.2}$$

根据式 (7.1.1)，可以进一步得到 $\boldsymbol{Y}$ 的概率密度函数：

$$f_{\boldsymbol{Y}}(\boldsymbol{y}) = \frac{\mathrm{d}}{\mathrm{d}\boldsymbol{y}} F_{\boldsymbol{Y}}(\boldsymbol{y}) = \frac{\mathrm{d}}{\mathrm{d}\boldsymbol{y}} \int_{\mathcal{D}_{\boldsymbol{X}}} f_{\boldsymbol{X}}(\boldsymbol{x}) \mathrm{d}\boldsymbol{x} \tag{7.1.3}$$

习题 7.1

7.1.1 什么是等效事件？为什么等效事件具有相等的概率？

7.1.2 已知 $Y = \sqrt{X_1^2 + X_2^2}$，试求 Y 的事件 $[-1, 1]$ 在 X 中的等效事件。

7.1.3 已知随机变量 X 为 $S_X = \{1, 2, 3, 4, 5, 6\}$ 上的等概分布，当 X 取偶数时 $Y = 0$，当 X 取奇数时 $Y = 1$。试分别求事件 $\{Y = 0\}$ 和 $\{Y = 1\}$ 在 X 中的等效事件。

7.2 有限维随机变量间的变换

有限维随机变量间的变换，是指从一个 M 维随机变量到另外一个 N 维随机变量之间的变换，其中 M、N 都是自然数。这里分三种情况讨论：一维随机变量间的变换、一维和多维随机变量间的变换、多维随机变量间的变换。

7.2.1 一维随机变量间的变换

(1) 一维随机变量函数的定义

若一维随机变量 Y 的样本点按如下方法得到：一维随机变量 X 输出一个样本点 x，根据函数关系得到 Y 的一个样本点 $y = g(x)$，则称**一维随机变量 Y 与 X 之间存在函数关系 $Y = g(X)$**。

例 7.2.1 最简单的一维随机变量之间的函数关系就是相等关系，即一维随机变量 X 输出样本点 x，则一维随机变量 Y 的样本点也是 x，则有 $Y = X$。若一维随机变量 X 的输出样本点为 x，则得到 Y 的一个样本点 $y = -x$，则有 $Y = -X$。

例 7.2.2 若一维随机变量 X 输出样本点 x，则得到 Y 的一个样本点 $y = \sin x$，则有 $Y = \sin X$；若一维随机变量 X 输出样本点 x，则得到 Y 的一个样本点 $y = \cos x$，则有 $Y = \cos X$；若一维随机变量 X 输出样本点 x，则得到 Y 的一个样本点 $y = \mathrm{e}^x$，则有 $Y = \mathrm{e}^X$；若一维随机变量 X 输出样本点 x，则得到 Y 的一个样本点 $y = \lg x$，则有 $Y = \lg X$。

(2) 线性函数

假设已知一维随机变量 X 的概率密度函数为 $f_X(x)$，考虑一维随机变量 $Y = aX + b$ 的概率密度函数，其中 $a \neq 0$。

很显然，根据等效事件等概率原则有

$$F_Y(y) = P\{aX + b \leqslant y\}$$

若 $a > 0$，则有 $x \leqslant \dfrac{y-b}{a}$，因此有

$$F_Y(y) = \int_{-\infty}^{\frac{y-b}{a}} f_X(x)\mathrm{d}x$$

对上式求导得到

$$f_Y(y) = \frac{1}{a} f_X\left(\frac{y-b}{a}\right)$$

若 $a < 0$，则有 $x \geqslant \dfrac{y-b}{a}$，因此有

$$F_Y(y) = \int_{\frac{y-b}{a}}^{\infty} f_X(x)\mathrm{d}x$$

对上式求导得到

$$f_Y(y) = -\frac{1}{a} f_X\left(\frac{y-b}{a}\right)$$

对上面的结果进行归纳可得

$$f_Y(y) = \frac{1}{|a|} f_X\left(\frac{y-b}{a}\right) \tag{7.2.1}$$

若 $a = 0$，则此时 $Y \equiv b$，因此其概率密度函数为

$$f_Y(y) = \delta(y-b)$$

式中，$\delta(\cdot)$ 是 Delta 函数。

(3) 严格单调函数

若 $Y = g(X)$ 是严格单调函数，可以得到如下结论。

定理 7.2.1 设一维随机变量 X 的概率密度函数为 $f_X(x)$，$Y = g(X)$ 是单调可微函数，则 Y 的概率密度函数为

$$f_Y(y) = f_X\left[g^{-1}(y)\right] \left|\left[g^{-1}(y)\right]'\right| \tag{7.2.2}$$

式中，$\left[g^{-1}(y)\right]'$ 是 $g^{-1}(y)$ 关于 y 的一阶导数。

证明： 若 $y = g(x)$ 单调递增且可微，则有

$$f_Y(y) = \frac{\mathrm{d}}{\mathrm{d}y} \int_{-\infty}^{x=g^{-1}(y)} f_X(x)\mathrm{d}x$$
$$= f_X(x)\frac{\mathrm{d}x}{\mathrm{d}y}\bigg|_{x=g^{-1}(y)} = f_X\left[g^{-1}(y)\right]\left[g^{-1}(y)\right]'$$

若 $y = g(x)$ 单调递减且可微，则有

$$f_Y(y) = \frac{\mathrm{d}}{\mathrm{d}y} \int_{x=g^{-1}(y)}^{\infty} f_X(x)\mathrm{d}x$$
$$= -f_X(x)\frac{\mathrm{d}x}{\mathrm{d}y}\bigg|_{x=g^{-1}(y)} = -f_X\left[g^{-1}(y)\right]\left[g^{-1}(y)\right]'$$

综合起来就得到定理的结论。图7.2.1给出了两种情形下的等效事件示意。 □

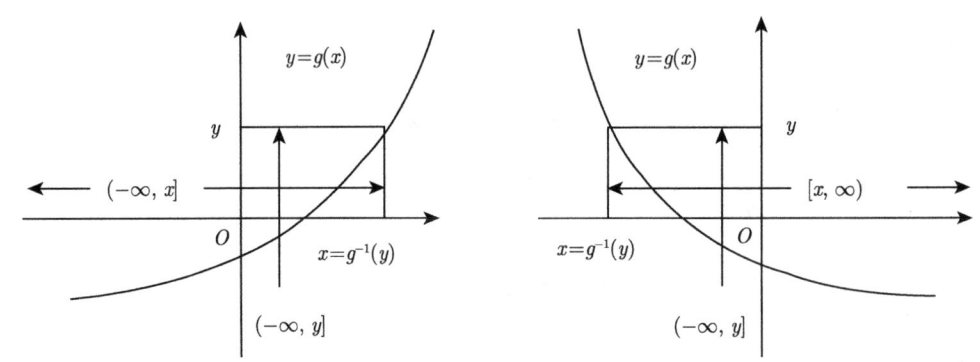

图 7.2.1 $g(x)$ 分别为单调增函数和单调减函数的情形

例 7.2.3 求一维随机变量 $Y = \mathrm{e}^X$ 的概率密度函数 $f_Y(y)$，其中 X 的概率密度函数为 $f_X(x)$。因为 $y = \mathrm{e}^x$ 是单调可导函数，所以

$$f_Y(y) = f_X(\ln y)\frac{1}{y}, \quad y > 0$$

例 7.2.4 设一维随机变量 X 的概率分布函数 $F_X(x)$ 为严格单调递增的，则 $Y = F_X(X)$ 是一个 $[0,1]$ 上的均匀分布。显然若 $|y| > 1$，因为 $y = F_X(x)$ 无解，所以 $f_Y(y) = 0$。当 $y \in [0,1]$ 时，有

$$f_Y(y) = \frac{1}{F_X'(x)}f_X(x) = 1$$

读者可考虑 $F_X(x)$ 非严格单调递增的情形。

(4) 非单调函数

而对于一般的非单调一阶可导函数 $Y = g(X)$，有以下结论。

定理 7.2.2 若函数 $y = g(x)$ 对应于某 y 有重根 $x_1, \cdots, x_n$，且对 $i = 1, 2, \cdots, n$ 有 $\mathrm{d}y/\mathrm{d}x\big|_{x_i} \neq 0$，则有

$$f_Y(y) = \sum_{i=1}^{n} f_X\left[g_i^{-1}(y)\right]\left|\left[g_i^{-1}(y)\right]'\right|$$

式中，g_i 表示在包含 x_i 点的足够小的区间内的 g，即在区间 $(x_i-\varepsilon, x_i+\varepsilon)$ 上有 $g_i(x) \triangleq g(x)$，其中 ε 是一个充分小的正数，使 $g(x)$ 在 $(x_i - \varepsilon, x_i + \varepsilon)$ 上单调。此外，若对某个 y 值，$y = g(x)$ 无实根，则 $f_Y(y) = 0$。

第 7 章 随机变量的变换

证明：由图7.2.2可知事件 $\{y - \mathrm{d}y < Y \leqslant y\}$ 和下列事件等价

$$\left(\cup_{i=1}^{r} \{x_i \leqslant X < x_i + \mathrm{d}x_i\}\right) \cup \left(\cup_{i=r+1}^{n} \{x_i - \mathrm{d}x_i < X \leqslant x_i\}\right)$$

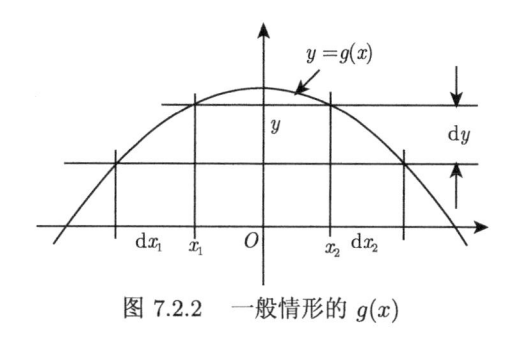

图 7.2.2　一般情形的 $g(x)$

式中，n 为根的重数，前 r 个根上 $g(x)$ 递减，后 $n-r$ 个根上 $g(x)$ 递增，由等效事件等概率知

$$\begin{aligned}
P\{y - \mathrm{d}y < Y \leqslant y\} &= f_Y(y)\mathrm{d}y \\
&= \sum_{i=1}^{r} P\{x_i \leqslant X < x_i + \mathrm{d}x_i\} + \sum_{i=r+1}^{n} P\{x_i - \mathrm{d}x_i < X \leqslant x_i\} \\
&= \sum_{i=1}^{n} f_X(x_i)|\mathrm{d}x_i|
\end{aligned}$$

所以

$$f_Y(y) = \sum_{i=1}^{n} f_X(x_i)\left|\frac{\mathrm{d}x_i}{\mathrm{d}y}\right| = \sum_{i=1}^{n} f_X\left[g_i^{-1}(y)\right]\left|\left[g_i^{-1}(y)\right]'\right|$$

读者可考虑 $\mathrm{d}y/\mathrm{d}x\big|_{x=x_i} = 0$ 的情形。　□

例 7.2.5　设 Θ 是 $[0, 2\pi]$ 上的均匀分布，求函数 $Y = \sin\Theta$ 的分布函数。显然，并没有任何 Θ 的取值使 $Y < -1$，即事件 $Y < -1$ 的等效事件是空集，所以当 $y < -1$ 时，$F_Y(y) = P\{Y \leqslant y\} = 0$。此外，无论 Θ 取何值，Y 总是小于等于 1 的，所以当 $y \geqslant 1$ 时，$F_Y(y) = P\{Y \leqslant y\} = P\{0 \leqslant \Theta \leqslant 2\pi\} = 1$。当 $-1 \leqslant y < 1$ 时，$Y \leqslant y$ 的等效事件如图7.2.3所示，无论 y 是正还是负，其长度都可以写成 $\pi + 2\arcsin y$。因此，综合起来，Y 的概率分布函数可以写成

$$F_Y(y) = \begin{cases} 0, & y < -1 \\ \dfrac{\pi + 2\arcsin y}{2\pi}, & -1 \leqslant y \leqslant 1 \\ 1, & y > 1 \end{cases}$$

例 7.2.6　例 7.2.5 中，如果 Θ 不是 $[0, 2\pi]$ 上的均匀分布，而是 $\mathbb{R}$ 上的任意分布，其概率分布函数为 $F_\Theta(\theta)$，则 Y 的概率分布函数在 $-1 \leqslant y \leqslant 0$ 时为

$$F_Y(y) = \sum_{n=-\infty}^{\infty} \left[F_\Theta(2n\pi + 2\pi + \arcsin y) - F_\Theta(2n\pi + \pi - \arcsin y)\right]$$

在 $0 \leqslant y \leqslant 1$ 时为

$$F_Y(y) = 1 - \sum_{n=-\infty}^{\infty} [F_\Theta(2n\pi + \pi - \arcsin y) - F_\Theta(2n\pi + \arcsin y)]$$

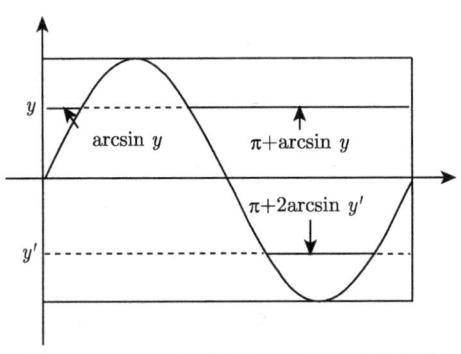

图 7.2.3 $y \in [0,1]$ 时 $\sin \Theta$ 的等效事件

例 7.2.7 设一维随机变量 X 的概率密度函数为 $f_X(x)$，求 $Y = 1/X$ 的概率密度函数 $f_Y(y)$。显然，由函数 $y = 1/x$ 的解的唯一性，知道

$$f_Y(y) = \frac{1}{y^2} f_X\left(\frac{1}{y}\right)$$

例 7.2.8 已知 X 的概率密度函数为 $f_X(x)$，求一维随机变量 $Y = \sin(X + \theta)$ 的概率密度函数。若 $|y| > 1$，方程 $y = \sin(x + \theta)$ 无解，所以 $f_Y(y) = 0$。若 $|y| \leqslant 1$，方程 $y = \sin(x + \theta)$ 有无穷多解，即

$$x_n = n\pi + (-1)^n \arcsin y - \theta, \quad n = 0, \pm 1, \pm 2, \cdots$$

因为 $|g'(x_n)| = |\cos(x_n + \theta)| = \sqrt{1 - y^2}$，所以

$$f_Y(y) = \frac{1}{\sqrt{1-y^2}} \sum_{n=-\infty}^{\infty} f_X[n\pi + (-1)^n \arcsin y - \theta]$$

若已知 X 的概率密度函数为 $f_X(x)$，还可以用特征函数法求 $Y = g(X)$ 的概率密度函数。方法如下：首先求 Y 的特征函数，即

$$\Phi_Y(\omega) = E\{e^{j\omega g(X)}\} = \int_{-\infty}^{\infty} e^{j\omega g(X)} f_X(x) dx$$

得到特征函数 $\Phi_Y(\omega)$ 后，求其 Fourier 变换，得到 Y 的概率密度函数：

$$f_Y(y) = \frac{1}{2\pi} \int_{-\infty}^{\infty} \Phi_Y(\omega) e^{-j\omega y} d\omega$$

例 7.2.9 已知 $Y = aX^2$，$a > 0$，X 为正态分布 $N(0, \sigma^2)$，试求一维随机变量 Y 的概率密度函数 $f_Y(y)$。

解：一维随机变量 Y 的特征函数为

$$\Phi_Y(w) = \int_{-\infty}^{\infty} e^{j\omega ax^2} f_X(x) dx = \frac{2}{\sigma\sqrt{2\pi}} \int_0^{\infty} e^{j\omega ax^2} e^{-x^2/(2\sigma^2)} dx$$

令 $y = ax^2$，则 $dy = 2ax dx = 2\sqrt{ay} dx$，所以

$$\Phi_Y(\omega) = \frac{2}{\sigma\sqrt{2\pi}} \int_0^{\infty} e^{j\omega y} e^{-y/(2a\sigma^2)} \frac{dy}{2\sqrt{ay}} = \int_{-\infty}^{\infty} e^{j\omega y} \left[\frac{e^{-y/(2a\sigma^2)}}{\sigma\sqrt{2\pi ay}} U(y) \right] dy$$

因此

$$f_Y(y) = \frac{e^{-y/(2a\sigma^2)}}{\sigma\sqrt{2\pi ay}} U(y)$$

此外，容易证明一维随机变量函数的期望具有下列定理所给出的表达式。

定理 7.2.3 若 $Y = g(X)$，一维随机变量 X 的概率密度函数为 $f_X(x)$，则一维随机变量 Y 的均值为

$$E\{Y\} = \int_{-\infty}^{\infty} g(x) f_X(x) dx \tag{7.2.3}$$

证明：假设 X 是离散型一维随机变量，取值于 $S_X = \{x_1, x_2, \cdots\}$，其概率质量函数为 $P_X(x_i)$。因为 $Y = g(X)$，所以

$$E\{Y\} = \sum_{i=1}^{\infty} y_i P_Y(y_i)$$

式中，$y_i \in S_Y$ 并且 y_i 互不相同。此外，由等概事件等概率有

$$P_Y(y_i) = \sum_{\{x_j | g(x_j) = y_i\}} P_X(x_j) = \sum_{j=1}^{\infty} P_X(x_j) \delta(y_i - g(x_j))$$

式中，$\delta(\cdot)$ 是离散 Delta 函数。所以

$$E\{Y\} = \sum_{i=1}^{\infty} y_i \sum_{j=1}^{\infty} P_X(x_j) \delta(y_i - g(x_j)) = \sum_{j=1}^{\infty} \left[\sum_{i=1}^{\infty} y_i \delta(y_i - g(x_j)) \right] P_X(x_j)$$

又因为

$$\sum_{i=1}^{\infty} y_i \delta(y_i - g(x_j)) = g(x_j)$$

所以

$$E\{Y\} = E\{g(X)\} = \sum_{j=1}^{\infty} g(x_j) P_X(x_j)$$

连续情形类似可得，留给读者作为习题。□

例 7.2.10 已知 Θ 为 $[0, 2\pi]$ 上的均匀分布，试求一维随机变量 $Y = \sin\Theta$ 的均值。根据式 (7.2.3) 知道

$$E\{Y\} = E\{\sin\Theta\} = \frac{1}{2\pi} \int_0^{2\pi} \sin\Theta d\theta = 0 \tag{7.2.4}$$

7.2.2 一维与多维随机变量间的变换

(1) 从多维随机变量变换到一维随机变量

这里举例说明,如何用等效事件等概率原理求解从多维到一维随机变量的变换。

例 7.2.11 (极小一维随机变量) 设 $(X_1,\cdots,X_n)$ 是一个多维随机变量,则 $X = \min\{X_1,\cdots,X_n\}$ 的概率分布函数为

$$\begin{aligned}F_X(x) &= P\{\min\{X_1,\cdots,X_n\} \leqslant x\} \\ &= 1 - P\{\min\{X_1,\cdots,X_n\} > x\} \\ &= 1 - P\{X_1 > x,\cdots,X_n > x\} \\ &= 1 - \int_x^\infty \cdots \int_x^\infty f_{X_1\cdots X_n}(x_1,\cdots,x_n)\mathrm{d}x_1\cdots\mathrm{d}x_n\end{aligned}$$

求导得到联合概率密度函数为

$$\begin{aligned}f_X(x) &= \int_x^\infty \cdots \int_x^\infty f_{X_1\cdots X_n}(x,x_2,\cdots,x_n)\mathrm{d}x_2\cdots\mathrm{d}x_n + \cdots \\ &+ \int_x^\infty \cdots \int_x^\infty f_{X_1\cdots X_n}(x_1,\cdots,x_{n-1},x)\mathrm{d}x_1\cdots\mathrm{d}x_{n-1}\end{aligned}$$

若 $X_1,\cdots,X_n$ 独立,则

$$F_X(x) = 1 - \prod_{i=1}^n (1 - F_{X_i}(x))$$

$$f_X(x) = \sum_{j=1}^n \left[f_{X_j}(x_j) \prod_{i\neq j}(1 - F_{X_i}(x)) \right]$$

例 7.2.12 (极大一维随机变量) 设 $(X_1,\cdots,X_n)$ 是一个多维随机变量,则 $X = \max\{X_1,\cdots,X_n\}$ 的概率分布函数为

$$\begin{aligned}F_X(x) &= P\{\max\{X_1,\cdots,X_n\} \leqslant x\} \\ &= P\{X_1 \leqslant x,\cdots,X_n \leqslant x\} \\ &= \int_{-\infty}^x \cdots \int_{-\infty}^x f_{X_1\cdots X_n}(x_1,\cdots,x_n)\mathrm{d}x_1\cdots\mathrm{d}x_n\end{aligned}$$

求导得到联合概率密度函数为

$$\begin{aligned}f_X(x) &= \int_{-\infty}^x \cdots \int_{-\infty}^x f_{X_1\cdots X_n}(x,x_2,\cdots,x_n)\mathrm{d}x_2\cdots\mathrm{d}x_n + \cdots \\ &+ \int_{-\infty}^x \cdots \int_{-\infty}^x f_{X_1\cdots X_n}(x_1,\cdots,x_{n-1},x)\mathrm{d}x_1\cdots\mathrm{d}x_{n-1}\end{aligned}$$

若 $X_1,\cdots,X_n$ 独立,则

$$F_X(x) = \prod_{i=1}^n F_{X_i}(x)$$

$$f_X(x) = \sum_{j=1}^{n} \left[f_{X_j}(x_j) \prod_{i \neq j} F_{X_i}(x) \right]$$

例 7.2.13 (两个一维随机变量的和)   设 $Z = g(X,Y) = X+Y$，且一维随机变量 X 和 Y 的联合概率密度函数为 $f_{XY}(x,y)$，求一维随机变量 Z 的概率密度函数 $f_Z(z)$。由等效事件等概率原理知

$$F_Z(z) = P\{Z \leqslant z\} = \iint_{x+y \leqslant z} f_{XY}(x,y) \mathrm{d}x \mathrm{d}y$$
$$= \int_{x=-\infty}^{\infty} \int_{y=-\infty}^{z-x} f_{XY}(x,y) \mathrm{d}x \mathrm{d}y$$

所以

$$f_Z(z) = \frac{\mathrm{d}F_Z(z)}{\mathrm{d}z} = \int_{-\infty}^{\infty} f_{XY}(x, z-x) \mathrm{d}x$$

若 X 和 Y 独立，则

$$f_Z(z) = \int_{-\infty}^{\infty} f_X(x) f_Y(z-x) \mathrm{d}x = f_X(z) * f_Y(z)$$

式中，记号 "$*$" 表示两个函数的卷积。对上述结论进行推广：若 $X_1, \cdots, X_n$ 相互独立，则 $Y = X_1 + \cdots + X_n$ 的概率密度函数为

$$f_Y(y) = f_{X_1}(y) * \cdots * f_{X_n}(y) \tag{7.2.5}$$

例 7.2.14 (两个以上一维随机变量之和)   一维随机变量 $X_1, X_2, \cdots, X_m$ 是 m 个独立同分布的指数分布，求其和 $Y = X_1 + \cdots + X_m$ 的概率密度函数 $f_Y(y)$，可以通过概率特征函数计算。已知参数为 λ 的指数分布一维随机变量 X 的概率特征函数为 $\Phi_X(\omega) = \lambda/(\lambda - \mathrm{j}\omega)$，由于 Y 的概率特征函数为

$$\Phi_Y(\omega) = \Phi_{X_1}(\omega) \cdots \Phi_{X_m}(\omega)$$

所以

$$\Phi_Y(\omega) = [\Phi_X(\omega)]^m = \left(\frac{\lambda}{\lambda - \mathrm{j}\omega} \right)^m$$

查 Fourier 变换表可得 Y 的概率密度函数为

$$f_Y(y) = \frac{\lambda \mathrm{e}^{-\lambda y}(\lambda y)^{m-1}}{(m-1)!}, \quad y \geqslant 0$$

显然，Y 是 m-Erlang 分布。

例 7.2.15 (两个一维随机变量的乘积)   设一维随机变量 X,Y 的联合概率密度函数为 $f_{XY}(x,y)$，试求一维随机变量 $Z = XY$ 的概率密度函数 $f_Z(z)$。一维随机变量 Z 的特征函数为

$$\Phi_Z(\omega) = E\{\mathrm{e}^{\mathrm{j}\omega Z}\} = \int_{-\infty}^{\infty} \int_{-\infty}^{\infty} \mathrm{e}^{\mathrm{j}\omega xy} f_{XY}(x,y) \mathrm{d}x \mathrm{d}y$$

令 $z = xy$，则 $\mathrm{d}z = y\mathrm{d}x$，所以

$$\Phi_Z(\omega) = \int_{-\infty}^0 \mathrm{d}y \int_{\infty}^{-\infty} \mathrm{e}^{\mathrm{j}\omega z} f_{XY}\left(\frac{z}{y}, y\right) \frac{1}{y} \mathrm{d}z + \int_0^\infty \mathrm{d}y \int_{-\infty}^\infty \mathrm{e}^{\mathrm{j}\omega z} f_{XY}\left(\frac{z}{y}, y\right) \frac{1}{y} \mathrm{d}z$$

$$= \int_{-\infty}^\infty \int_{-\infty}^\infty \mathrm{e}^{\mathrm{j}\omega z} f_{XY}\left(\frac{z}{y}, y\right) \frac{1}{|y|} \mathrm{d}z \mathrm{d}y$$

$$= \int_{-\infty}^\infty \mathrm{e}^{\mathrm{j}\omega z} \Big[\int_{-\infty}^\infty f_{XY}\left(\frac{z}{y}, y\right) \frac{1}{|y|} \mathrm{d}y\Big] \mathrm{d}z$$

因此，一维随机变量 Z 的概率密度函数为

$$f_Z(z) = \int_{-\infty}^\infty f_{XY}\left(\frac{z}{y}, y\right) \frac{1}{|y|} \mathrm{d}y \tag{7.2.6}$$

例 7.2.16 (两个一维随机变量的商) 设一维随机变量 X, Y 的联合概率密度函数为 $f_{XY}(x, y)$，试求一维随机变量 $Z = X/Y$ 的概率密度函数 $f_Z(z)$。一维随机变量 Z 的特征函数为

$$\Phi_Z(\omega) = E\{\mathrm{e}^{\mathrm{j}\omega Z}\} = \int_{-\infty}^\infty \int_{-\infty}^\infty \mathrm{e}^{\mathrm{j}\omega \frac{x}{y}} f_{XY}(x, y) \mathrm{d}x \mathrm{d}y$$

令 $z = x/y$，则 $\mathrm{d}z = \mathrm{d}x/y$，所以

$$\Phi_Z(\omega) = \int_{-\infty}^0 \mathrm{d}y \int_{\infty}^{-\infty} \mathrm{e}^{\mathrm{j}\omega z} f_{XY}(zy, y) y \mathrm{d}z + \int_0^\infty \mathrm{d}y \int_{-\infty}^\infty \mathrm{e}^{\mathrm{j}\omega z} f_{XY}(zy, y) y \mathrm{d}z$$

$$= \int_{-\infty}^\infty \int_{-\infty}^\infty \mathrm{e}^{\mathrm{j}\omega z} f_{XY}(zy, y) |y| \mathrm{d}z \mathrm{d}y$$

$$= \int_{-\infty}^\infty \mathrm{e}^{\mathrm{j}\omega z} \Big[\int_{-\infty}^\infty f_{XY}(zy, y) |y| \mathrm{d}y\Big] \mathrm{d}z$$

因此，一维随机变量 Z 的概率密度函数为

$$f_Z(z) = \int_{-\infty}^\infty f_{XY}(zy, y) |y| \mathrm{d}y \tag{7.2.7}$$

例 7.2.17 (多维随机变量的模) 设 X_1 和 X_2 是两个独立同分布的、零均值的 Gauss 一维随机变量，试证明一维随机变量 $Y = \sqrt{X_1^2 + X_2^2}$ 是一个 Rayleigh 分布一维随机变量。

证明：由 X_1 和 X_2 为独立同分布、零均值的 Gauss 一维随机变量可知

$$f_{X_1 X_2}(x_1, x_2) = f_{X_1}(x_1) f_{X_2}(x_2) = \frac{1}{2\pi\sigma^2} \exp\left(-\frac{x_1^2 + x_2^2}{2\sigma^2}\right)$$

当 $y < 0$ 时，显然有 $f_Y(y) = 0$；当 $y \geqslant 0$ 时，有

$$F_Y(y) = \frac{1}{2\pi\sigma^2} \int\int_{x_1^2 + x_2^2 \leqslant y^2} \exp\left(-\frac{x_1^2 + x_2^2}{2\sigma^2}\right) \mathrm{d}x_1 \mathrm{d}x_2$$

做积分变换 $x_1 = r\sin\theta, x_2 = r\cos\theta$，则

$$F_Y(y) = \int_0^{2\pi} \mathrm{d}\theta \int_0^y \frac{1}{2\pi\sigma^2} \exp\left(-\frac{r^2}{2\sigma^2}\right) r \mathrm{d}r$$

$$= \int_0^y \exp(-r^2/(2\sigma^2)) \mathrm{d}\left(\frac{r^2}{2\sigma^2}\right)$$
$$= \left(-\mathrm{e}^{r^2/(2\sigma^2)}\right)\Big|_0^y$$
$$= 1 - \mathrm{e}^{-y^2/(2\sigma^2)}$$

从而有
$$f_Y(y) = F_Y'(y) = \frac{y}{\sigma^2}\mathrm{e}^{-y^2/(2\sigma^2)}$$

综上所述，$Y = \sqrt{X_1^2 + X_2^2}$ 是一个 Rayleigh 分布一维随机变量。

(2) 从一维随机变量变换到多维随机变量

假设一维随机变量 T 的概率密度函数为 $f_T(t)$，有从该一维随机变量 T 到 N 维随机变量 $\boldsymbol{X} = (X_1, \cdots, X_N)$ 的映射 $\boldsymbol{X} = (X_1, \cdots, X_N) = (g_1(T), \cdots, g_N(T))$。根据等效事件等概率原理有

$$F_{\boldsymbol{X}}(\boldsymbol{x}) = \int_{\{t \in \mathbb{R} | g_1(t) \leqslant x_1, \cdots, g_N(t) \leqslant x_N\}} f_T(t) \mathrm{d}t$$

7.2.3 多维随机变量间的变换

(1) 定义与表达式

设 n 维随机变量 $\boldsymbol{X} = (X_1, \cdots, X_n)$ 和 m 维随机变量 $\boldsymbol{Y} = (Y_1, \cdots, Y_m)$，若 $\boldsymbol{X} = (X_1, \cdots, X_n)$ 产生一个样本点 $\boldsymbol{x} = (x_1, \cdots, x_n)$，则得到 $\boldsymbol{Y} = (Y_1, \cdots, Y_m)$ 的一个样本点 $\boldsymbol{y} = (y_1, \cdots, y_n)$，并且与 $\boldsymbol{x} = (x_1, \cdots, x_n)$ 有如下关系：

$$\begin{cases} y_1 = g_1(x_1, \cdots, x_n) \\ y_2 = g_2(x_1, \cdots, x_n) \\ \quad \vdots \\ y_m = g_m(x_1, \cdots, x_n) \end{cases} \tag{7.2.8}$$

式中，$g_1(x_1, \cdots, x_n), \cdots, g_m(x_1, \cdots, x_n)$ 是 m 个函数，则称多维随机变量 $\boldsymbol{X} = (X_1, \cdots, X_n)$ 与 $\boldsymbol{Y} = (Y_1, \cdots, Y_m)$ 之间存在函数关系，并将此函数关系表示为

$$\begin{cases} Y_1 = g_1(X_1, \cdots, X_n) \\ Y_2 = g_2(X_1, \cdots, X_n) \\ \quad \vdots \\ Y_m = g_m(X_1, \cdots, X_n) \end{cases} \tag{7.2.9}$$

记 $\boldsymbol{g} = (g_1, \cdots, g_m), \boldsymbol{g}(\boldsymbol{X}) = (g_1(\boldsymbol{X}), \cdots, g_m(\boldsymbol{X}))$，则以上函数关系可以表示为 $\boldsymbol{y} = \boldsymbol{g}(\boldsymbol{X})$。

例 7.2.18 设有三维随机变量 (X_1, X_2, X_3)，若有该多维随机变量的一个样本点 (x_1, x_2, x_3)，则得到二维随机变量 (Y_1, Y_2) 的一个样本点 $(y_1, y_2) = (x_1 + x_2, x_2 + x_3)$，则多维随机变量 (X_1, X_2, X_3) 与 (Y_1, Y_2) 之间存在函数关系，即

$$\begin{cases} Y_1 = X_1 + X_2 \\ Y_2 = X_2 + X_3 \end{cases}$$

例 7.2.19 设有二维随机变量 (X,Y)，若有该多维随机变量的一个样本点 (x,y)，则得到一维随机变量 Z 的一个样本点 $z=x+y$，同时得到一维随机变量 U 的一个样本点 $u=\sin xy$ 与一维随机变量 V 的一个样本点 $v=\mathrm{e}^{x+y}$，则称多维随机变量 (Z,U,V) 与多维随机变量 (X,Y) 之间存在函数关系，即

$$\begin{cases} Z = X+Y \\ U = \sin XY \\ V = \mathrm{e}^{X+Y} \end{cases}$$

(2) 线性同维变换

设 $\boldsymbol{Y}=\boldsymbol{AX}+\boldsymbol{b}$，其中 $\boldsymbol{X}=(X_1,\cdots,X_n)^{\mathrm{T}}$ 是 n 维随机变量，$\boldsymbol{Y}=(Y_1,\cdots,Y_m)^{\mathrm{T}}$ 是 m 维随机变量，$\boldsymbol{b}=(b_1,\cdots,b_m)^{\mathrm{T}}$ 是一个 m 维常数向量，$\boldsymbol{A}$ 是一个 $m\times n$ 的矩阵。根据等效事件等概率原理，有下式成立：

$$F_{\boldsymbol{Y}}(\boldsymbol{y})=P\{\boldsymbol{Y}\leqslant\boldsymbol{y}\}=P\{\boldsymbol{AX}+\boldsymbol{b}\leqslant\boldsymbol{y}\}=\int_{\boldsymbol{Ax}+\boldsymbol{b}\leqslant\boldsymbol{y}}f_{\boldsymbol{X}}(\boldsymbol{x})\mathrm{d}\boldsymbol{x} \tag{7.2.10}$$

当 $m=n$ 时，称上述线性变换为同维变换。

定理 7.2.4 同维变换时，若 $\det(\boldsymbol{A})\neq 0$，则有

$$f_{\boldsymbol{Y}}(\boldsymbol{y})=\frac{1}{|\det(\boldsymbol{A})|}f_{\boldsymbol{X}}(\boldsymbol{A}^{-1}(\boldsymbol{y}-\boldsymbol{b})) \tag{7.2.11}$$

证明：在式 (7.2.10) 中，令 $\boldsymbol{u}=\boldsymbol{Ax}+\boldsymbol{b}$，则有 $\boldsymbol{x}=\boldsymbol{A}^{-1}(\boldsymbol{u}-\boldsymbol{b})$，$\mathrm{d}\boldsymbol{x}=|\det(\boldsymbol{A}^{-1})|\mathrm{d}\boldsymbol{u}$。因此有

$$F_{\boldsymbol{Y}}(\boldsymbol{y})=\int_{\boldsymbol{u}\leqslant\boldsymbol{y}}f_{\boldsymbol{X}}(\boldsymbol{A}^{-1}(\boldsymbol{u}-\boldsymbol{b}))|\det(\boldsymbol{A}^{-1})|\mathrm{d}\boldsymbol{u}$$

对上式关于 $\boldsymbol{y}$ 求广义导数，则有式 (7.2.11) 成立。 □

例 7.2.20 设有一维随机变量 X 与 Y 都是独立同分布的标准正态一维随机变量，$U=X+Y$，$V=X-Y$，试求 (U,V) 的概率密度函数，并判断 U 与 V 是否独立。

解：根据题意知，(X,Y) 的联合概率密度函数为

$$f_{XY}(x,y)=\frac{1}{2\pi}\mathrm{e}^{-\frac{x^2+y^2}{2}}$$

由 $u=x+y$ 与 $v=x-y$ 解得 $x=\dfrac{u+v}{2}$，$y=\dfrac{u-v}{2}$，此外

$$\det\begin{pmatrix} 1 & 1 \\ 1 & -1 \end{pmatrix}=-2$$

所以

$$f_{UV}(u,v)=\frac{1}{4\pi}\mathrm{e}^{-\frac{u^2+v^2}{4}}$$

计算可得 U 和 V 的边界概率密度函数分别为

$$f_U(u)=\frac{1}{\sqrt{2\pi}\sqrt{2}}\mathrm{e}^{-\frac{u^2}{2}}$$

$$f_V(v) = \frac{1}{\sqrt{2\pi}\sqrt{2}}\mathrm{e}^{-\frac{v^2}{2}}$$

由于 $f_{UV}(u,v) = f_U(u)f_V(v)$，所以 U 和 V 相互独立。

在同维变换中，若 $\det(\boldsymbol{A}) = 0$，此时要根据 $F_Y(y)$ 得到 $f_Y(y)$ 的一般性的表达式，则情况比较复杂，需要视具体情况而定。这种情况的处理与下面所说的降维与升维变换的处理是一样的。

(3) 线性不同维变换

在多维随机变量的线性变换中，若 $m < n$，则称该变换为**降维变换**，若 $m > n$，则称该变换为**升维变换**。

线性降维变换类似于从多维到一维随机变量的变换，这里不再讨论。下面看一些升维变换的例子。

例 7.2.21 若 X 与 Y 是独立同分布的两个标准正态一维随机变量，设

$$\begin{cases} U = X + Y \\ V = X - Y \\ W = 2X - Y \end{cases}$$

则 (U, V, W) 的概率分布函数为

$$F_{UVW}(u,v,w) = \int_{\substack{x+y \leqslant u \\ x-y \leqslant v \\ 2x-y \leqslant w}} f_{XY}(x,y)\mathrm{d}x\mathrm{d}y$$

令 $\bar{u} = x + y$，$\bar{v} = x - y$，则 $2x - y = \dfrac{1}{2}(\bar{u} + 3\bar{v})$。所以，上述积分的区域为

$$\left\{(\bar{u},\bar{v})|\bar{u} \leqslant u, \bar{v} \leqslant v, \frac{1}{2}(\bar{u} + 3\bar{v}) \leqslant w\right\}$$

上述积分区域随 w 取值的变化如图7.2.4所示。

从例 7.2.22 可以看出，在同维变换时若 $\det(\boldsymbol{A}) = 0$，或者降维、升维变换时，矩阵 $\boldsymbol{A}$ 的行向量是线性相关的，则被积函数的积分区域就变得很复杂，需要具体讨论。

(4) 非线性同维变换

在同维变换时，有两种情况：一种是变换函数 $\boldsymbol{g}$ 存在唯一的反函数；一种是不存在唯一的反函数。

定理 7.2.5 设有两个同维随机变量 $\boldsymbol{X}$ 与 $\boldsymbol{Y}$ 的非线性变换 $\boldsymbol{Y} = \boldsymbol{g}(\boldsymbol{X})$，若变换 $\boldsymbol{g}$ 满足以下三个条件：

1) 对所有值域中的 $\boldsymbol{Y}$，存在唯一的反函数 $\boldsymbol{X} = \boldsymbol{g}^{-1}(\boldsymbol{Y})$；
2) $\boldsymbol{Y} = \boldsymbol{g}(\boldsymbol{X})$ 有连续的一阶偏导数；
3) Jacobi 行列式 $\det(\partial \boldsymbol{X}/\partial \boldsymbol{Y}) \neq 0$。

则有

$$f_{\boldsymbol{Y}}(\boldsymbol{y}) = f_{\boldsymbol{X}}(\boldsymbol{g}^{-1}(\boldsymbol{y}))\left|\det\left(\frac{\partial \boldsymbol{g}^{-1}(\boldsymbol{y})}{\partial \boldsymbol{y}}\right)\right| \tag{7.2.12}$$

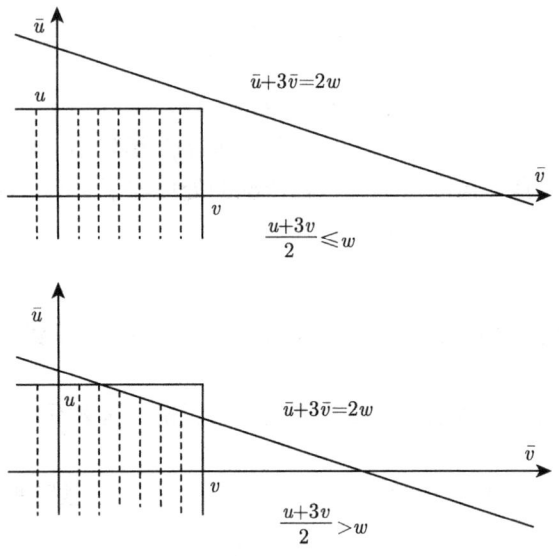

图 7.2.4 w 的取值不同，所造成的积分区域的差异

例 7.2.22 设有两个一维随机变量 X 与 Y 是独立同分布的正态一维随机变量，所以它们的联合概率密度函数为

$$f_{XY}(x,y) = \frac{1}{2\pi\sigma^2}e^{-\frac{x^2+y^2}{2\sigma^2}}$$

此外有

$$\begin{cases} R = \sqrt{X^2+Y^2} \\ \Theta = \arctan\frac{Y}{X} \end{cases}$$

可解得反函数为

$$\begin{cases} x = r\cos\theta \\ y = r\sin\theta \end{cases}$$

Jacobi 行列式 $|\boldsymbol{J}| = r$，由上述定理得

$$f_{R\Theta}(r,\theta) = \begin{cases} \dfrac{1}{2\pi\sigma^2}re^{-\frac{r^2}{2\sigma^2}}, & r > 0 \\ 0, & r \leqslant 0 \end{cases}$$

进一步计算可得边界概率函数为

$$f_R(r) = \begin{cases} \dfrac{r}{\sigma^2}e^{-\frac{r^2}{2\sigma^2}}, & r > 0 \\ 0, & r \leqslant 0 \end{cases}$$

$$f_\Theta(\theta) = \begin{cases} \dfrac{1}{2\pi}, & 0 \leqslant \theta \leqslant 2\pi \\ 0, & 其他 \end{cases}$$

如果 $\boldsymbol{Y} = \boldsymbol{g}(\boldsymbol{X})$ 不存在唯一的反函数，则有下面的定理。

定理 7.2.6 若 $\boldsymbol{y} = \boldsymbol{g}(\boldsymbol{x})$ 有一阶偏导数，则有

$$f_{\boldsymbol{Y}}(\boldsymbol{y}) = \sum_{n=1}^{N} \left[f_{\boldsymbol{X}}(\boldsymbol{x}) \left| \det\left(\frac{\partial \boldsymbol{x}}{\partial \boldsymbol{y}}\right) \right| \right]_{\boldsymbol{x}=\boldsymbol{x}^{(n)}} \tag{7.2.13}$$

式中，$\boldsymbol{x}^{(n)}$ 为 $\boldsymbol{y} = \boldsymbol{g}(\boldsymbol{x})$ 的 N 个实根，$\partial \boldsymbol{x}/\partial \boldsymbol{y}$ 为下列 Jacobi 矩阵：

$$\frac{\partial \boldsymbol{x}}{\partial \boldsymbol{y}} = \begin{pmatrix} \partial x_1/\partial y_1 & \partial x_1/\partial y_2 & \cdots & \partial x_1/\partial y_n \\ \partial x_2/\partial y_1 & \partial x_2/\partial y_2 & \cdots & \partial x_2/\partial y_n \\ \vdots & \vdots & & \vdots \\ \partial x_n/\partial y_1 & \partial x_n/\partial y_2 & \cdots & \partial x_n/\partial y_n \end{pmatrix} \tag{7.2.14}$$

若 $\boldsymbol{y} = \boldsymbol{g}(\boldsymbol{x})$ 无解，则 $f_{\boldsymbol{Y}}(\boldsymbol{y}) = 0$。

例 7.2.23 设有 $U = \cos(X+Y), V = \sin(X-Y)$，$X$ 与 Y 是独立同分布的标准正态一维随机变量，则

$$f_{XY}(x,y) = \frac{1}{2\pi} \mathrm{e}^{-\frac{x^2+y^2}{2}}$$

解得反函数为

$$\begin{cases} x = \dfrac{1}{2}(\arccos u + \arcsin v) + (k_1+k_2)\pi \\ y = \dfrac{1}{2}(\arccos u - \arcsin v) + (k_1-k_2)\pi \end{cases}, \quad k_1, k_2 \in \mathbb{Z}$$

式中，$\mathbb{Z}$ 是整数集。计算可得

$$\det \begin{pmatrix} \partial x/\partial u & \partial x/\partial v \\ \partial y/\partial u & \partial y/\partial v \end{pmatrix} = \begin{pmatrix} -\dfrac{1}{2\sqrt{1-u^2}} & \dfrac{1}{2\sqrt{1-v^2}} \\ -\dfrac{1}{2\sqrt{1-u^2}} & -\dfrac{1}{2\sqrt{1-v^2}} \end{pmatrix} = \frac{1}{2\sqrt{(1-u^2)(1-v^2)}}$$

所以

$$f_{UV}(u,v) = \frac{1}{2\pi} \frac{2}{\sqrt{(1-u^2)(1-v^2)}} \sum_{k_1,k_2 \in \mathbb{Z}} \exp\left\{-\frac{u_{k_1,k_2}^2 + v_{k_1,k_2}^2}{2}\right\} \tag{7.2.15}$$

式中

$$\begin{cases} u_{k_1,k_2} = \dfrac{1}{2}(\arccos u + \arcsin v) + (k_1+k_2)\pi \\ v_{k_1,k_2} = \dfrac{1}{2}(\arccos u - \arcsin v) + (k_1-k_2)\pi \end{cases}, \quad k_1, k_2 \in \mathbb{Z}$$

在同维非线性变换中，若 Jacobi 行列式为零，则情况也比较复杂，需要视具体情况而定。

习题 7.2

7.2.1 设 X 是标准正态一维随机变量，试求 $Y = X^3$ 的概率密度函数 $f_Y(y)$。

7.2.2 设 X 是标准正态一维随机变量，试求 $Y = |X|$ 的概率密度函数 $f_Y(y)$。

7.2.3 设 X 是 $(0,1)$ 上的均匀分布,试求 $Y = \ln X$ 的概率密度函数 $f_Y(y)$。

7.2.4 设 X 为 $(-\pi,\pi)$ 上的均匀分布,试求 $Y = \tan X$ 的概率密度函数 $f_Y(y)$。

7.2.5 设 X 是具有连续概率分布函数 $F_X(x)$ 的一个一维随机变量,若将概率分布函数 $F_X(x)$ 作为一个无记忆非线性系统的传输特性,试证明 $Y = F_X(X)$ 为 $(0,1)$ 上的均匀分布。

7.2.6 一维随机变量 X 和 Y 的联合概率密度函数为

$$f_{XY}(x,y) = 2\mathrm{e}^{-(x+y)}, \quad 0 \leqslant y \leqslant x < \infty$$

试求 $Z = X + Y$ 的概率密度函数。

7.2.7 已知多维随机变量 (X_1, X_2) 和多维随机变量 (Y_1, Y_2) 存在下列线性关系 $Y_1 = aX_1 + bX_2$,$Y_2 = cX_1 + dX_2$,这里 a、b、c、d 均为常数。若已知二维随机变量 (X_1, X_2) 的概率密度函数为 $f_{X_1 X_2}(x_1, x_2)$,试求二维随机变量 (Y_1, Y_2) 的概率密度函数 $f_{Y_1 Y_2}(y_1, y_2)$ 的表达式。

7.2.8 已知一维随机变量 $X_1, X_2, \cdots, X_n$ 相互独立,且其相应的概率密度函数分别为 $f_{X_1}(x_1)$,$f_{X_2}(x_2), \cdots, f_{X_n}(x_n)$,又已知 $Y_1 = X_1, Y_2 = X_1 + X_2, \cdots, Y_n = X_1 + X_2 + \cdots + X_n$,求证:多维随机变量 $(Y_1, Y_2, \cdots, Y_n)$ 的联合概率密度函数为

$$f_{Y_1 Y_2 \cdots Y_n}(y_1, y_2, \cdots, y_n) = f_{X_1}(y_1) f_{X_2}(y_2 - y_1) \cdots f_{X_n}(y_n - y_{n-1})$$

7.2.9 设 X, Y, Z 为相互独立的、零均值的、单位方差的 Gauss 一维随机变量,试求一维随机变量 $W = \sqrt{X^2 + Y^2 + Z^2}$ 的概率密度函数。

7.2.10 设一维随机变量 X_1 和 X_2 相互独立,其概率密度函数为

$$f_{X_1}(x_1) = \begin{cases} \dfrac{1}{2}\mathrm{e}^{-x_1/2}, & x_1 \geqslant 0 \\ 0, & x_1 < 0 \end{cases}, \quad f_{X_2}(x_2) = \begin{cases} \dfrac{1}{3}\mathrm{e}^{-x_2/3}, & x_2 \geqslant 0 \\ 0, & x_2 < 0 \end{cases}$$

试求一维随机变量 $Y = X_1 + X_2$ 的概率密度函数。

7.2.11 已知 X 与 Y 是两个独立同分布的标准正态一维随机变量,试求下列一维随机变量 Z 的概率密度函数 $f_Z(z)$:① $Z = X + Y$;② $Z = X - Y$;③ $Z = X/Y$;④ $Z = XY$;⑤ $Z = \sqrt{X^2 + Y^2}$;⑥ $Z = X^2 + Y^2$;⑦ $Z = \max\{X, Y\}$;⑧ $Z = \min\{X, Y\}$。

7.2.12 已知 X 与 Y 是两个独立同分布的标准正态一维随机变量,设 $U = X^2 + Y^2$,$V = X/Y$,求 (U, V) 的联合概率密度函数,并讨论 U 与 V 是否独立。

7.3 有限维和无限维随机变量之间的变换

无限维随机变量实际上就是随机变函或者随机过程的别名,所以有限维和无限维随机变量之间的变换实际上就是从有限维随机变量到随机过程的变换。

7.3.1 从有限维到无限维随机变量的变换

在应用中,大多数随机过程——无论是时间离散的,还是时间连续的,其样本函数往往是通过另外一个一维随机变量或多维随机变量样本点获得的,此时称该随机过程是由此一维随机变量或多维随机变量生成的。本节讨论如何从一维随机变量或多维随机变量的概率分布求解生成随机过程的概率分布。

设有多维随机变量 $\boldsymbol{X} = (X_1, \cdots, X_N)$,若多维随机变量 $\boldsymbol{X}$ 输出一个样本点 $\boldsymbol{x} = (x_1, \cdots, x_N)$,则可以得到离散时间随机过程 $Y[n]$ 的一个样本函数 $y[n] = g(x_1, \cdots, x_N; n)$,则称**随机过程 $Y[n]$ 由多维随机变量 $\boldsymbol{X}$ 生成**;若多维随机变量 $\boldsymbol{X}$ 输出一个样本点 $\boldsymbol{x} = (x_1, \cdots, x_N)$,则可以得到连续时间随机过程 $Y(t)$ 的一个样本函数 $y(t) = g(x_1, \cdots, x_N; t)$,则称**随机过程 $Y(t)$ 由多维随机变量 $\boldsymbol{X}$ 生成**。

第 7 章 随机变量的变换

多维随机变量生成随机过程可以看作多维随机变量变换的推广——由一个有限维的多维随机变量变换到一个无穷可数维的随机变量。

例 7.3.1 设 X 是 $[0,1]$ 上的均匀分布，则对 X 进行二进制展开得到

$$X = \sum_{n=0}^{\infty} a_n 2^{-n}$$

显然，离散时间随机过程 $\{a_n\}_{n=0}^{\infty}$ 是由 X 生成的。

例 7.3.2 设 X 是 $[0,1]$ 上的均匀分布，则离散时间随机过程 $Y[n] = X^n$ 是由 X 生成的。

例 7.3.3 设 (A,B,C) 是一个三维随机变量，则连续时间随机过程 $X(t) = A\cos(Bt+C)$ 是由多维随机变量 (A,B,C) 生成的。

例 7.3.4 设 (A,B) 是一个二维随机变量，则连续时间随机过程 $X(t) = A\cos\omega t + B\sin\omega t$ 是由多维随机变量 (A,B) 生成的。

若随机过程 $Y(t)$ 或 $Y[n]$ 是由多维随机变量 $(X_1,\cdots,X_N)$ 生成的，则其 K 维概率分布函数是 $(Y(t_1),\cdots,Y(t_K))$ 的联合概率分布函数，这实际上是如下两个多维随机变量的变换：

$$\begin{cases} Y(t_1) = g(X_1,\cdots,X_N;t_1) \\ Y(t_2) = g(X_1,\cdots,X_N;t_2) \\ \quad\vdots \\ Y(t_K) = g(X_1,\cdots,X_N;t_K) \end{cases} \tag{7.3.1}$$

K 维概率分布函数由式 (7.3.2) 得到

$$\begin{aligned} F_Y(y_1,\cdots,y_K;t_1,\cdots,t_K) &= P\{Y(t_1) \leqslant y_1,\cdots,Y(t_K) \leqslant y_K\} \\ &= \int_{\substack{g(x_1,\cdots,x_N;t_1) \leqslant y_1 \\ \vdots \\ g(x_1,\cdots,x_N;t_K) \leqslant y_K}} f_{X_1\cdots X_N}(x_1,\cdots,x_N)\mathrm{d}x_1\cdots\mathrm{d}x_N \end{aligned} \tag{7.3.2}$$

例 7.3.5 设有一维随机变量 X，其概率密度函数为 $f_X(x)$，则随机过程 $Y(t) = Xt$ 的 K 维概率分布函数为

$$\begin{aligned} F_Y(y_1,\cdots,y_K;t_1,\cdots,t_K) &= P\{Xt_1 \leqslant y_1,\cdots,Xt_K \leqslant y_K\} \\ &= \int_{\{x|xt_1 \leqslant y_1,\cdots,xt_K \leqslant y_K\}} f_X(x)\mathrm{d}x \end{aligned}$$

若所有的 $t_1,\cdots,t_K$ 都大于零，则积分区域为 $x \leqslant \min\{y_1/t_1,\cdots,y_K/t_K\}$。特别地，其一维概率密度函数为

$$f_Y(y;t) = f_X\left(\frac{y}{t}\right)\frac{1}{t}$$

例 7.3.6 设 A 与 B 是两个独立同分布的零均值正态一维随机变量，方差为 σ^2，则随机过程 $X(t) = A\cos\omega t + B\sin\omega t$ 的一维概率密度函数为

$$f_X(x;t) = \frac{1}{\sqrt{2\pi\sigma^2}} e^{-\frac{x^2}{2\sigma^2}}$$

二维概率分布函数为

$$F_X(x_1, x_2; t_1, t_2) = P\{X(t_1) \leqslant x_1, X(t_2) \leqslant x_2\}$$
$$= \int_{\substack{a\cos\omega t_1 + b\sin\omega t_1 \leqslant x_1 \\ a\cos\omega t_2 + b\sin\omega t_2 \leqslant x_2}} f_{AB}(a,b) \mathrm{d}a\mathrm{d}b$$

令

$$u = a\cos\omega t_1 + b\sin\omega t_1$$
$$v = a\cos\omega t_2 + b\sin\omega t_2$$

解得

$$a = \frac{u\sin\omega t_2 - v\sin\omega t_1}{\sin\omega(t_2 - t_1)}$$
$$b = \frac{u\cos\omega t_2 - v\cos\omega t_1}{\sin\omega(t_1 - t_2)}$$

计算可得 Jacobi 矩阵 $|\boldsymbol{J}| = |1/\sin\omega(t_1 - t_2)|$,所以

$$f_X(x_1, x_2; t_1, t_2) = f_{AB}\left(\frac{x_1\sin\omega t_2 - x_2\sin\omega t_1}{\sin\omega(t_2 - t_1)}, \frac{x_1\cos\omega t_2 - x_2\cos\omega t_1}{\sin\omega(t_1 - t_2)}\right) \left|\frac{1}{\sin\omega(t_1 - t_2)}\right|$$
$$= \frac{1}{2\pi\sigma^2|\sin\omega(t_1 - t_2)|} \exp\left[-\frac{x_1^2 + x_2^2 - 2x_1 x_2 \cos\omega(t_1 - t_2)}{2\sigma^2 \sin^2\omega(t_1 - t_2)}\right]$$

7.3.2 从无限维到有限维随机变量的变换

从无限维随机变量到有限维随机变量的变换实际上就是从随机过程到有限维随机变量的变换,以连续时间随机过程为例,可以表示为

$$Y_1 = g_1(X(t))$$
$$Y_2 = g_2(X(t))$$
$$\vdots$$
$$Y_M = g_M(X(t))$$

这种情况比较复杂,这里考虑其中几种简单情形。

(1) $M = 1$ 情形

在这种情况下,相当于一个随机过程变换到了一个一维随机变量,即 $Y = g(X(t))$,其中 g 是一个映射。按照等效事件等概率原则,$X(t)$ 取某个样本函数 $x_0(t)$ 的概率,就是一维随机变量 Y 取 $g(x_0(t))$ 的概率。

例 7.3.7 已知 $X(t)$ 是定义在 $[0, \pi/6]$ 上的一个随机过程,且只能取 $\sin t$ 和 $\cos t$ 这两个样本函数,而且取这两个样本函数的概率都是 $1/2$。试求 $Y = \int_0^{\pi/2} X(t)\mathrm{d}t$ 的概率密度函数。

解: 显然 $Y = \int_0^{\pi/6} \sin t dt = 1 - \sqrt{3}/2$ 的概率是 $1/2$, $Y = \int_0^{\pi/6} \cos t dt = 1/2$ 的概率也是 $1/2$, 也就是说 Y 是一个取值于 $\{1-\sqrt{3}/2, 1/2\}$ 的等概离散型随机变量, 其概率密度函数为

$$f_Y(y) = \frac{1}{2}\delta\left(y - 1 + \frac{\sqrt{3}}{2}\right) + \frac{1}{2}\delta\left(y - \frac{1}{2}\right)$$

(2) M 维采样

设 $X(t)$ 是一个随机过程, 则在 $t_1, \cdots, t_M$ 个固定时间点上的采样随机变量就是一个从随机过程到 M 维随机变量的变换, 此时这 M 维采样随机变量的概率密度函数就是 $X(t)$ 的 M 维概率密度函数。

(3) $X(t)$ 的样本函数为可数个

假设 $X(t)$ 的样本函数为可数个函数的集合 $S_{X(t)} = \{x_0(t), x_1(t), \cdots, x_n(t), \cdots\}$, 并且取这些样本函数的概率质量函数分别为 $P\{X(t) = x_n(t)\} = p_n$, 则按照等效事件等概率的原理, 如果 $Y_m = g_m(X(t))$ 是双射, $m = 1, 2, \cdots, M$, 则 $\boldsymbol{Y} = (Y_1, \cdots, Y_M)$ 的样本空间为

$$S_{\boldsymbol{Y}} = \{(g_1(x(t)), \cdots, g_M(x(t))) | x(t) = x_0(t), x_1(t), \cdots\}$$

$\boldsymbol{Y}$ 取这些样本点的概率质量函数也是 $\{p_n\}_{n=0}^{\infty}$。

如果 $Y_m = g_m(X(t))$ 是满射, 不是单射, 则此时 $S_{\boldsymbol{Y}}$ 中有些点是重复的, 只能算一个, 而该点的概率则由其像集的概率来确定。

> **习题 7.3**

7.3.1 已知 $X[n]$ 是零均值、单位方差的独立同分布一维随机变量序列, 试求和过程 $Y[m] = \frac{1}{m}\sum_{n=1}^{m} X[n]$ 的 K 维概率密度函数。

7.3.2 设随机过程 $X(t) = e^{-\xi t}$, 其中 ξ 是 $(0, 1)$ 上的均匀分布, 试求 $X(t)$ 的 K 维概率密度函数。

7.3.3 设随机过程 $X(t) = A\cos(\omega_0 t + \Theta)$, 其中 ω 为正常数, A 和 Θ 相互独立, 且 Θ 服从 $(0, 2\pi)$ 上的均匀分布, A 服从 $[0, 1]$ 上的均匀分布, 试求 $X(t)$ 的一维和二维概率密度函数。

7.4 可数无限维随机变量间的变换

可数无限维随机变量在本质上就是定义域离散的随机变函, 在定义域具有时间意义的情况下就是离散时间随机过程。本节针对离散时间随机过程来讨论可数无限维随机变量间的变换。

当一个离散时间随机过程的样本函数是由另外一个离散时间随机过程的样本函数变换得到时, 则称后一个离散时间随机过程是前一个离散时间随机过程的变换。当然, 这个变换分线性与非线性两种。本节介绍常见的线性变换, 并针对非线性变换讨论如何从"原像随机过程"的概率分布求解"像随机过程"的概率分布。

7.4.1 线性变换

(1) 定义

定义于时间指标集 $\mathbb{N}$ 或 $\mathbb{Z}$ 上的所有离散时间二阶矩过程组成一个线性空间 V[①]。所谓离散时间过程的变换是指从 V 到 V 的一个映射 T。若映射 T 对任意 $a, b \in \mathbb{R}$ 或 $\mathbb{C}$，任意样本函数 $x[n], y[n] \in V$ 满足下列性质：

$$T(ax[n] + by[n]) = aT(x[n]) + bT(y[n]) \tag{7.4.1}$$

则称该变换为离散时间过程的**线性变换**。在很多场景下，这个线性变换也称为**离散时间线性系统**。

(2) 核函数表示

实际上，已经证明：任意一个离散时间二阶矩过程的线性变换都可以通过核函数求和来实现，换句话说，对于任意一个离散时间二阶矩过程的线性变换 T，都存在唯一的核函数 $h[m, n]$ 使得该线性变换可以表示为下面所述的核函数求和形式。

设 V 是定义于 $\mathbb{Z}$ 上的离散时间二阶矩过程组成的线性空间，$h[m, n]$ 为定义于 $\mathbb{Z}^2$ 上的离散函数，该离散函数也称为**核函数**。设 $\{X[n]\}_{-\infty}^{\infty} \in V$，则 V 到自身的任意一个线性变换可以通过一个核函数定义为

$$Y[n] \stackrel{\mathrm{ms}}{=} \sum_{n=-\infty}^{\infty} h[m, n] X[m] \tag{7.4.2}$$

上面通过核函数求和定义的线性变换也称为**核函数求和变换**。

在信号处理中，若随机过程 $X[n]$ 是信号模型，则上面的线性变换称为一个**离散时间线性系统**；$X[n]$ 与 $Y[n]$ 分别称为该线性系统的输入与输出；核函数 $h[m, n]$ 称为线性系统的**冲激响应**；若核函数 $h[m, n]$ 是时不变的，其 z 变换称为该系统的**传递函数**。

若线性系统是时不变的，其冲激响应可以表示为 $h[n-m]$，输入与输出之间的关系可以表示为

$$Y[n] = \sum_{m=-\infty}^{\infty} h[n-m] X[m] = h[n] * X[n] \tag{7.4.3}$$

式中，"$*$"表示两个离散时间序列的离散卷积。

例 7.4.1 (有限阶时不变冲激响应线性系统)　设某时不变系统的冲激响应为 h_0, $h_1, \cdots, h_N$，则其输入与输出之间可以表示为

$$Y[n] = h_0 X[n] + h_1 X[n-1] + \cdots + h_N X[n-N] \tag{7.4.4}$$

例 7.4.2 (有限阶时变冲激响应线性系统)　有限阶时变线性系统的冲激响应可以表示为 $h_0[n], h_1[n], \cdots, h_N[n]$，则其输入与输出之间可以表示为

$$Y[n] = h_0[n] X[n] + h_1[n] X[n-1] + \cdots + h_N[n] X[n-N] \tag{7.4.5}$$

由此可见，时变系统对输入过程的响应 $h_0[n], h_1[n], \cdots, h_N[n]$ 随着时间在变化。

---
① 这个线性空间实际上就是用欧氏空间建模的样本空间。

(3) 差分方程定义的线性变换

虽然所有的线性变换都可以用核函数求和形式来表示，但在很多应用场景中，也用差分方程的形式来定义一个线性变换。

令 D 是**线性推移算子**，即 $D\{X[n]\} = X[n-1]$，记 $D^k\{X[n]\} = X[n-k]$，$D^0\{X[n]\} = X[n]$。

设有两个 N 和 M 阶的多项式算子：

$$P_N(D) = \sum_{n=0}^{N} a_n D^n, \quad Q_M(D) = \sum_{m=0}^{M} b_m D^m$$

若有任意二阶矩离散时间随机过程 $X[n]$，由下式得到另外一个离散时间二阶矩过程 $Y[n]$：

$$P_N(D)Y[n] = Q_M(D)X[n], \quad \forall n \in \mathbb{Z} \tag{7.4.6}$$

则称由式 (7.4.6) 定义的线性变换为**差分方程所定义的线性变换**。

式 (7.4.6) 等价于

$$a_0 Y[m] + a_1 Y[m-1] + \cdots + a_N Y[m-N] = b_0 X[m] + b_1 X[m-1] + \cdots + b_M X[m-M] \tag{7.4.7}$$

上述方程有时候也叫作**自回归滑动平均（ARMA）差分方程**。若 $a_0 \neq 0, a_1 = \cdots = a_N = 0$，上述方程称为**滑动平均 (MA) 方程**；若 $b_0 \neq 0, b_1 = \cdots = b_N = 0$，上述方程称为**自回归（AR）方程**。

引理 7.4.1 设多项式方程 $P_N(\lambda) = 0$ 有 l 个复根 $\lambda_1, \cdots, \lambda_l \in \mathbb{C}$，且其重数分别为 $s_1, \cdots, s_l$，$s_1 + \cdots + s_l = N$，则差分方程 $P_N(D)Y[n] = 0$ 有且仅有一个解，且解具有如下形式：

$$Y[n] = \sum_{l=0}^{N-1} A_l \zeta_l[n] \tag{7.4.8}$$

式中，$A_0, \cdots, A_{N-1}$ 是 N 个一维随机变量；$\zeta_0[n], \cdots, \zeta_{N-1}[n]$ 取值分别是下列函数

$$\lambda_1^n, n\lambda_1^n, \cdots, n^{s_1-1}\lambda_1^n; \lambda_2^n, n\lambda_2^n, \cdots, n^{s_2-1}\lambda_2^n; \cdots; \lambda_l^n, n\lambda_l^n, \cdots, n^{s_l-1}\lambda_l^n$$

证明：证明作为习题。□

定理 7.4.1 差分方程 (7.4.6) 的解具有如下形式：

$$Y[n] = Y_s[n] + Y_r[n] \tag{7.4.9}$$

式中，$Y_s[n]$ 被称为解的**奇异部分**或者零输入响应，满足 $P_N(D)Y[n] = 0$，且具有式 (7.4.8) 的表达；$Y_r[n]$ 被称为解的**正则部分**或者零状态响应，具有如下表达，即

$$Y_r[n] = h[n] * X[n] \tag{7.4.10}$$

式中，$h[n]$ 是传递函数 $H(z) = Q_M(z^{-1})/P_N(z^{-1})$ 的逆 z 变换，也是差分方程所定义的线性系统的冲激响应。

证明：证明作为习题。□

由上述定理可以看出，在本质上差分方程所定义的系统确实也可以表示为核函数求和形式。

例 7.4.3 设差分方程定义的一阶 AR 系统为

$$Y[n] + 2Y[n-1] = \zeta[n], \quad \forall n \tag{7.4.11}$$

试用冲激响应和输入过程的卷积形式表示该线性系统。

解：显然，系统的传递函数为

$$H(z) = \frac{1}{1+2z^{-1}} = \frac{z}{z+2}$$

所以，$h[n] = (-2)^n U[n]$，则输入和输出的关系为

$$Y[n] = \zeta[n] * h[n]$$

例 7.4.4 某线性系统由下列差分方程定义：

$$Y[n] - \frac{5}{6}Y[n-1] + \frac{1}{6}Y[n-2] = W[n] - W[n-1] \tag{7.4.12}$$

试求该系统的传递函数和冲激响应。

解：显然，传递函数为

$$H(z) = \frac{1-z^{-1}}{1-\frac{5}{6}z^{-1}+\frac{1}{6}z^{-2}} = \frac{4z}{z-\frac{1}{3}} - \frac{3z}{z-\frac{1}{2}}$$

因此，$h[n] = [4(1/3)^n - 3(1/2)^n]U[n]$，从而有 $Y[n] = h[n] * W[n]$。

(4) 离散时间线性系统的概率传输特性

对于离散时间线性系统的概率传输特性，有下列定理。

定理 7.4.2 若离散时间线性系统的输入过程是正态随机过程，则输出过程也是正态过程。

证明：设输入过程为 $X[n]$，输出过程为 $Y[n]$，则输入和输出的关系为

$$Y[n] = \sum_{m=-\infty}^{\infty} X[m]h[n,m]$$

由正态多维随机变量的线性变换仍是正态多维随机变量的结论知道，$(Y[n_1], \cdots, Y[n_K])$ 是 K 维正态多维随机变量。 □

定理 7.4.3 若离散时间线性系统的输入过程是独立同分布的随机过程，系统冲激响应的阶数很大，则输出过程是正态过程。

证明：结论由中心极限定理可得。 □

对于冲激响应是有限阶的离散时间线性系统，由于输出过程只是输入过程的一个线性函数，可以根据"多维随机变量到多维随机变量的线性变换"中介绍的方法来求解输出过程的概率函数。

例 7.4.5 设 $Y_n = h_0 X_n + h_1 X_{n-1} + h_{N-1} X_{n-N+1}$，且 X_n 是独立同分布序列，设其概率特征函数为 $\Phi_X(\omega)$，则 Y_n 的特征函数为

$$\Phi_Y(\omega) = \prod_{n=0}^{N-1} \Phi_X(h_n \omega)$$

设 X_n 服从 Cauchy 分布，则 $\Phi_X(\omega) = e^{-\alpha|\omega|}$，所以 $\Phi_Y(\omega) = e^{-\alpha(|h_0|+\cdots+|h_{N-1}|)|\omega|}$。从而 Y_n 的一维概率密度函数为

$$f_Y(y) = \frac{\beta/\pi}{x^2+\beta^2}, \quad \beta = \alpha(|h_0|+\cdots+|h_{N-1}|)$$

7.4.2 非线性变换

非线性变换分为无记忆与有记忆两种。本节分别介绍这两种非线性变换的概率函数的求解方法。

(1) 无记忆非线性变换

若随机过程 $Y[n]$ 的一个样本函数 $y[n]$ 的第 m 项只和随机过程 $X[n]$ 的样本函数 $x[n]$ 的第 m 项有关，则称该变换为**无记忆变换**，并表示为[①]

$$Y[n] = g(X[n]) \tag{7.4.13}$$

若已知 $X[n]$ 的 N 维概率密度函数为 $f_X(x_1,\cdots,x_N; n_1,\cdots,n_N)$，下面确定 $Y[n]$ 的 N 维概率密度函数 $f_Y(y_1,\cdots,y_N; n_1,\cdots,n_N)$。

记 $X[n_j] = X_j$，$Y[n_j] = Y_j$，$j = 1,2,\cdots,N$，则 $Y_j = g(X_j)$，令

$$\boldsymbol{y} = (y_1,\cdots,y_N), \quad \boldsymbol{x} = (x_1,\cdots,x_N)$$
$$\boldsymbol{Y} = (Y_1,\cdots,Y_N), \quad \boldsymbol{X} = (X_1,\cdots,X_N)$$

由式 (7.2.13) 知

$$f_{\boldsymbol{Y}}(y_1,\cdots,y_N; n_1,\cdots,n_N) = \sum_{i=1}^{m} f_{\boldsymbol{X}}(x_1,\cdots,x_N; n_1,\cdots,n_N)\left|\det\left(\frac{\partial \boldsymbol{x}}{\partial \boldsymbol{y}}\right)\right|_{\boldsymbol{x}=\boldsymbol{x}^{(i)}} \tag{7.4.14}$$

式中，$\boldsymbol{x}^{(i)}$ 为 $\boldsymbol{y} = (g(x_1),\cdots,g(x_N))$ 的 m 个实根。且由式 (7.2.14) 知

$$\det\left(\frac{\partial \boldsymbol{x}}{\partial \boldsymbol{y}}\right) = \frac{\partial g^{-1}(y_1)}{\partial y_1} \cdot \frac{\partial g^{-1}(y_2)}{\partial y_2} \cdot \cdots \cdot \frac{\partial g^{-1}(y_N)}{\partial y_N} \tag{7.4.15}$$

若对某 $\boldsymbol{y}$，$\boldsymbol{y} = g(\boldsymbol{x})$ 无解，则 $f_{\boldsymbol{Y}}(y_1,\cdots,y_N; n_1,\cdots,n_N) = 0$。

例 7.4.6 将一个均值为零、方差为 1 的独立同分布离散时间 Gauss 二阶矩过程输入一个非线性系统 $Y[n] = (X[n])^2$，则随机过程 $Y[n]$ 的 K 维概率分布函数为

$$F_Y(y_1,\cdots,y_K; n_1,\cdots,n_K) = \int_{x_1^2 \leqslant y_1,\cdots,x_K^2 \leqslant y_K} f_X(x_1,\cdots,x_K; n_1,\cdots,n_K)\mathrm{d}x_1\cdots\mathrm{d}x_K$$

[①] 下面的讨论可以毫无困难地推广到 $Y[n] = g(X[n], n)$ 情形。

式中，只要有一个 $y_k < 0$，被积函数的积分区域都是零，因而积分的结果为零。假设对所有 $k = 1, 2, \cdots, K$ 都有 $y_k \geqslant 0$，则积分变成

$$F_Y(y_1, \cdots, y_K; n_1, \cdots, n_K) = \int_{x_1 \leqslant \sqrt{y_1}, \cdots, x_K \leqslant \sqrt{y_K}} f_X(x_1, \cdots, x_K; n_1, \cdots, n_K) \mathrm{d}x_1 \cdots \mathrm{d}x_K$$

所以，K 维概率密度函数为

$$\begin{aligned} f_Y(y_1, \cdots, y_K; n_1, \cdots, n_K) &= f_X(\sqrt{y_1}, \cdots, \sqrt{y_K}; n_1, \cdots, n_K) \frac{1}{2^K \sqrt{y_1 \cdots y_K}} \\ &= \frac{1}{2^K \sqrt{y_1 \cdots y_K}} \frac{1}{(2\pi)^{K/2}} \exp\left\{-\frac{y_1 + \cdots + y_K}{2}\right\} \end{aligned}$$

例 7.4.7 设 $X[n]$ 是一个 iid 离散时间二阶矩过程，每一项都是 $(-\pi/2, \pi/2)$ 上的均匀分布，设有离散时间二阶矩过程 $Y[n] = \sin X[n]$，则 $Y[n]$ 的 K 维概率分布函数为

$$\begin{aligned} &F_Y(y_1, \cdots, y_K; n_1, \cdots, n_K) \\ &= \int_{\sin x_1 \leqslant y_1, \cdots, \sin x_K \leqslant y_K} f_X(x_1, \cdots, x_K; n_1, \cdots, n_K) \mathrm{d}x_1 \cdots \mathrm{d}x_K \\ &= \prod_{k=1}^{K} \int_{\sin x_k \leqslant y_k} f_X(x_k; n_k) \mathrm{d}x_k \\ &= \prod_{k=1}^{K} \frac{1}{\pi} \int_{\sin x_k \leqslant y_k} \mathrm{d}x_k \\ &= \frac{1}{\pi^K} \prod_{k=1}^{K} \int_{\sin x_k \leqslant y_k} \mathrm{d}x_k \end{aligned}$$

当 $y_k \geqslant 1$ 时，$\int_{\sin x_k \leqslant y_k} \mathrm{d}x_k = \pi$；当 $y_k \leqslant -1$ 时，$\int_{\sin x_k \leqslant y_k} \mathrm{d}x_k = 0$；当 $-1 \leqslant y_k \leqslant 1$ 时：

$$\int_{\sin x_k \leqslant y_k} \mathrm{d}x_k = \int_{x_k \leqslant \arcsin y_k} \mathrm{d}x_k = \arcsin y_k + \pi/2$$

即

$$F_Y(y_k; n_k) = \begin{cases} 1, & y_k \geqslant 1 \\ \arcsin y_k + \pi/2, & -1 < y_k < 1 \\ 0, & y_k \leqslant -1 \end{cases}$$

所以，$Y[n]$ 的 K 维概率密度函数为

$$f_Y(y_1, \cdots, y_K; n_1, \cdots, n_K) = \begin{cases} \dfrac{1}{\pi^K} \prod_{k=1}^{K} \dfrac{1}{\sqrt{1 - y_k^2}}, & -1 \leqslant y_k \leqslant 1 \\ 0, & \text{其他} \end{cases}$$

下面求 $Y[n]$ 的矩函数。显然，均值函数为

$$E\{Y[n]\} = \int_{-\infty}^{\infty} g(x) f_X(x;n) \mathrm{d}x \tag{7.4.16}$$

自相关函数为

$$R_Y[n_1, n_2] = E\{Y[n_1]Y[n_2]\} = E\{g(X_1)g(X_2)\}$$
$$= \int_{-\infty}^{\infty} \int_{-\infty}^{\infty} g(x_1)g(x_2) f_X(x_1, x_2; n_1, n_2) \mathrm{d}x_1 \mathrm{d}x_2 \tag{7.4.17}$$

例 7.4.8 在例7.4.6中，$Y[n]$ 的均值函数为

$$E\{Y[n]\} = \int_{-\infty}^{\infty} x^2 f_X(x;n) \mathrm{d}x$$
$$= 2\int_{0}^{\infty} x^2 \frac{1}{\sqrt{2\pi}} \mathrm{e}^{-x^2/2} \mathrm{d}x = 1$$

$Y[n]$ 的自相关函数为

$$R_Y[n_1, n_2] = E\{Y[n_1]Y[n_2]\} = \int_{-\infty}^{\infty} \int_{-\infty}^{\infty} x_1^2 x_2^2 \frac{1}{2\pi} \exp\left\{-\frac{x_1^2 + x_2^2}{2}\right\} \mathrm{d}x_1 \mathrm{d}x_2$$
$$= (E\{Y[n]\})^2 = 1$$

由此可见，$Y[n]$ 是宽平稳过程。

例 7.4.9 在例7.4.7中，$Y[n]$ 的均值函数为

$$E\{Y[n]\} = \int_{-\infty}^{\infty} \sin x f_X(x;n) \mathrm{d}x = \int_{-\pi/2}^{\pi/2} \sin x \frac{1}{\pi} \mathrm{d}x = 0$$

$Y[n]$ 的自相关函数为

$$R_Y(n_1, n_2) = E\{Y[n_1]Y[n_2]\} = \int_{-\pi/2}^{\pi/2} \int_{-\pi/2}^{\pi/2} \sin x_1 \sin x_2 \frac{1}{\pi^2} \mathrm{d}x_1 \mathrm{d}x_2 = 0$$

由此可见，$Y[n]$ 是宽平稳过程。

(2) 有记忆非线性变换

若离散时间随机过程 $X[n]$ 与 $Y[n]$ 之间存在关系：

$$Y[n] = g(X[n], X[n-1], \cdots, X[n-N]; n) \tag{7.4.18}$$

则称该从 $X[n]$ 到 $Y[n]$ 的非线性变换为**记忆长度为 N 的有记忆非线性变换**。

显然，要得到 $Y[n]$ 的一阶概率密度函数 $f_Y(y;n)$，需要知道 $X[n]$ 的 N 阶概率密度函数。一般地，若要得到 $(Y[n_1], \cdots, Y[n_m])$ 的联合概率密度函数，则需要求解下列多维随机变量之间的非线性变换：

$$Y[n_1] = g(X[n_1], X[n_1-1], \cdots, X[n_1-N]; n_1)$$

$$Y[n_2] = g(X[n_2], X[n_2-1], \cdots, X[n_2-N]; n_2)$$
$$\vdots$$
$$Y[n_m] = g(X[n_m], X[n_m-1], \cdots, X[n_m-N]; n_m)$$

例 7.4.10 将一个均值为零、方差为 1 的独立同分布离散时间 Gauss 二阶矩过程输入一个有记忆非线性系统 $Y[n] = (X[n] + X[n-1])^2$，则随机过程 $Y[n]$ 的一维概率分布函数为

$$F_Y(y; n) = \int_{(x_1+x_2)^2 \leqslant y} f_X(x_1, x_2; n_1, n_2) \mathrm{d}x_1 \mathrm{d}x_2$$

当 $y < 0$ 时，上述积分的积分区域为零，因而积分也为零；若 $y \geqslant 0$，则

$$F_Y(y; n) = \int_{-\sqrt{y} \leqslant x_1+x_2 \leqslant \sqrt{y}} f_X(x_1, x_2; n_1, n_2) \mathrm{d}x_1 \mathrm{d}x_2$$
$$= \int_{-\infty}^{\infty} \left(\int_{-\sqrt{y}-x_1}^{\sqrt{y}-x_1} \frac{1}{\sqrt{2\pi}} \mathrm{e}^{-x_2^2/2} \mathrm{d}x_2 \right) \frac{1}{\sqrt{2\pi}} \mathrm{e}^{-x_1^2/2} \mathrm{d}x_1$$

对上式关于 y 求导，得到一维概率密度函数为

$$f_Y(y; n) = \begin{cases} \dfrac{1}{2\sqrt{\pi y}} \mathrm{e}^{-y/4}, & y \geqslant 0 \\ 0, & y < 0 \end{cases}$$

对于二维概率密度函数，若 $n_1 - n_2 > 1$，由于 $Y[n_1]$ 与 Y_2 独立，所以有

$$f_Y(y_1, y_2; n_1, n_2) = f_Y(y_1; n_1) f_Y(y_2; n_2) = \begin{cases} \dfrac{1}{4\pi\sqrt{y_1 y_2}} \mathrm{e}^{-(y_1+y_2)/4}, & y_1 \geqslant 0, y_2 \geqslant 0 \\ 0, & \text{其他} \end{cases}$$

若 $n_1 - n_2 = 1$，则

$$F_Y(y_{n-1}, y_n; n-1, n)$$
$$= \int_{\substack{-\sqrt{y_{n-1}} \leqslant x_{n-1}+x_{n-2} \leqslant \sqrt{y_{n-1}} \\ -\sqrt{y_n} \leqslant x_n+x_{n-1} \leqslant \sqrt{y_n}}} f_X(x_{n-2}, x_{n-1}, x_n; n-2, n-1, n) \mathrm{d}x_{n-2} \mathrm{d}x_{n-1} \mathrm{d}x_n$$

令 $u = x_{n-1} + x_{n-2}$，$v = x_n + x_{n-1}$，$w = x_{n-1}$，则有 $x_{n-2} = u - w$，$x_{n-1} = w$，$x_n = v - w$，计算可得 Jacobi 矩阵 $\boldsymbol{J}$ 的行列式 $|\boldsymbol{J}| = 1$，所以

$$F_Y(y_{n-1}, y_n; n-1, n)$$
$$= \int_{\substack{-\sqrt{y_{n-1}} \leqslant u \leqslant \sqrt{y_{n-1}} \\ -\sqrt{y_n} \leqslant v \leqslant \sqrt{y_n}}} f_X(u-w, w, v-w; n-2, n-1, n) \mathrm{d}u \mathrm{d}v \mathrm{d}w$$

将上式关于 y_{n-1} 与 y_n 求导，得到二维概率密度函数为

$$f_Y(y_{n-1}, y_n; n-1, n) = \sqrt{\frac{\pi}{6 y_{n-1} y_n}} \mathrm{e}^{-(y_{n-1}+y_n)/3} \left(\mathrm{e}^{\sqrt{y_{n-1} y_n}/3} + \mathrm{e}^{-\sqrt{y_{n-1} y_n}/3} \right)$$

第 7 章 随机变量的变换

习题 7.4

7.4.1 验证引理7.4.1。

7.4.2 验证定理7.4.1。

7.4.3 已知和过程 $S[n] = X[0] + \cdots + X[n]$ 的 $X[n]$ 是独立同分布的 Poisson 过程，假设 Poisson 过程的平均到达率为 λ，试求 $S[n]$ 的 K 维概率质量函数。

7.4.4 已知 $X[n]$ 是独立同分布的 $[0,1]$ 上的均匀分布一维随机变量序列，求随机过程 $Y[n] = \mathrm{e}^{X[n]}$ 的 K 维概率密度函数。

7.4.5 已知 $X[n]$ 是独立同分布的标准正态一维随机变量序列，求随机过程 $Y[n] = (X[n])^3$ 的 K 维概率密度函数。

7.4.6 已知 $X[n]$ 是独立同分布的标准正态一维随机变量序列，求随机过程 $Y[n] = \sin(X[n]+X[n-1])$ 的一维和二维概率密度函数。

7.4.7 设 $X[n]$ 只有两个样本函数：一个是全 1 序列，一个是全 0 序列，并且这两个序列被取到的概率都是 $1/2$，试求随机过程 $Y[n] = \dfrac{1}{M}\sum\limits_{m=1}^{M}X[n]$ 的 K 维概率质量函数。

7.5 不可数无限维随机变量间的变换

不可数无限维随机变量在本质上就是定义域连续的随机变函，在定义域具有时间意义的情况下就是连续时间随机过程。本节针对连续时间随机过程来讨论不可数无限维随机变量间的变换。

当一个连续时间随机过程的样本函数是由另外一个连续时间随机过程的样本函数变换得到时，则称后一个连续时间随机过程是前一个连续时间随机过程的变换。当然，这个变换分线性与非线性两种。本节介绍常见线性变换，并针对无记忆非线性变换讨论如何从"原像随机过程"的概率分布求解"像随机过程"的概率分布。

7.5.1 线性变换

(1) 定义

这里的线性变换的定义与可数无限维情形类似，不再重复。

(2) 线性变换的核函数表示

已经证明，任意一个连续时间二阶矩过程的线性变换都存在一个核函数，使该线性变换可以用下面所示的核函数积分来表示。

设 $K(t,s)$ 是定义于集合 $\mathbb{T} \times \mathbb{T}'$ 上的一个函数，该函数被称为**核函数**，V、V' 是由定义于时间指标集 $\mathbb{T}$、$\mathbb{T}'$ 上的二阶矩过程组成的两个线性空间。设 $X(t) \in V$，从 $X(t)$ 到 $Y(t)$ 的积分变换定义为

$$Y(t) = \int_{\mathbb{T}} X(s)K(s,t)\mathrm{d}s \tag{7.5.1}$$

上述积分是均方积分。

当连续时间二阶矩过程是随机信号时，线性变换也称为**连续时间线性系统**，$X(t)$ 与 $Y(t)$ 分别称为该线性系统的输入与输出，核函数称为该系统的冲激响应。核函数若是时不变的，其 Fourier 变换称为该系统的传递函数。

例 7.5.1 (Fourier 变换) 定义于 $\mathbb{R}$ 上的连续时间随机过程 $X(t)$ 的 **Fourier 变换**定义为

$$\hat{X}(f) \stackrel{\text{ms}}{=} \int_{-\infty}^{\infty} X(t)\mathrm{e}^{-\mathrm{j}2\pi ft}\mathrm{d}t \tag{7.5.2}$$

此时核函数为定义于 $\mathbb{R}^2$ 上的 Fourier 函数 $\mathrm{e}^{-\mathrm{j}2\pi ft}$。一般来说，变量 f 具有频率的物理意义。

由通常 Fourier 变换的性质容易证明 **Fourier 逆变换**具有以下形式：

$$X(t) \stackrel{\text{ms}}{=} \int_{-\infty}^{\infty} \hat{X}(f)\mathrm{e}^{\mathrm{j}2\pi ft}\mathrm{d}f \tag{7.5.3}$$

例 7.5.2 (Hilbert 变换) 设 $X(t)$ 为定义于 $\mathbb{R}$ 上的随机过程，其 **Hilbert 变换**定义为

$$\check{X}(t) = \frac{1}{\pi}\int_{-\infty}^{\infty}\frac{X(\alpha)}{t-\alpha}\mathrm{d}\alpha = X(t) * \frac{1}{\pi t} \tag{7.5.4}$$

注意，上述积分是在 Cauchy 主值意义上的积分，即

$$\int_{-\infty}^{\infty}\frac{X(\alpha)}{t-\alpha}\mathrm{d}\alpha = \lim_{\substack{\varepsilon \to 0 \\ M \to \infty}}\left[\int_{-M}^{t-\varepsilon}\frac{X(\alpha)}{t-\alpha}\mathrm{d}\alpha + \int_{t+\varepsilon}^{M}\frac{X(\alpha)}{t-\alpha}\mathrm{d}\alpha\right] \tag{7.5.5}$$

Hilbert 变换有以下几条性质：

1) 若 $X(t)$ 的 Fourier 变换在 $f=0$ 点为零，则 $\check{\check{X}}(t) = -X(t)$。
2) 实宽平稳过程 $X(t)$ 的 Hilbert 变换 $\check{X}(t)$ 也是实的宽平稳过程，且 $R_X(\tau) = R_{\check{X}}(\tau)$。
3) $R_{\check{X}X}(\tau) = \check{R}_X(\tau)$。
4) $R_{X\check{X}}(0) = E\{X(t)\check{X}(t)\} = 0$，即 $X(t)$ 和 $\check{X}(t)$ 正交。
5) 若 $h(t)$ 为确定性函数，$X(t)$ 为随机过程，$Y(t) = h(t) * X(t)$，则 $\check{Y}(t) = \check{h}(t) * X(t) = h(t) * \check{X}(t)$。

例 7.5.3 试求确定性信号 $X(t) = \cos\omega t, \omega > 0$ 的 Hilbert 变换。

解：由 Hilbert 变换的定义知

$$\begin{aligned}\check{X}(t) &= \frac{1}{\pi}\int_{-\infty}^{\infty}\frac{\cos\omega\alpha}{t-\alpha}\mathrm{d}\alpha = \frac{1}{\pi}\int_{-\infty}^{\infty}\frac{\cos\omega(t+\alpha)}{-\alpha}\mathrm{d}\alpha \\ &= \frac{1}{\pi}\int_{-\infty}^{\infty}\left(-\frac{1}{\alpha}\cos\omega t\cos\omega\alpha + \frac{1}{\alpha}\sin\omega t\sin\omega\alpha\right)\mathrm{d}\alpha\end{aligned}$$

考虑到

$$\int_{-\infty}^{\infty}\frac{1}{\alpha}\cos\omega\alpha\mathrm{d}\alpha = 0$$

这是因为其被积函数为奇函数，故 Cauchy 积分主值为零。所以

$$\check{X}(t) = \frac{1}{\pi}\sin\omega t\int_{-\infty}^{\infty}\frac{1}{\alpha}\sin\omega\alpha\mathrm{d}\alpha = \sin\omega t$$

由此可见，Hilbert 变换的作用，相当于一个 90° 的移相器。

(3) 用微分算子表示的线性变换

在很多应用场景中，线性变换或线性系统往往会用微分方程来定义。

令 $D = \mathrm{d}/\mathrm{d}t$，$P(x)$ 为多项式：

$$P_N(x) = \sum_{i=0}^{N} a_i x^i, \quad a_N \neq 0 \tag{7.5.6}$$

通过简单计算可得 N 阶微分算子 $P_N(D)$ 的冲激响应为

$$P_N(D)\delta(t) = \sum_{i=0}^{N} a_i \frac{\mathrm{d}^i}{\mathrm{d}t^i} \delta(t) \tag{7.5.7}$$

其相应的传递函数为

$$P_N(\mathrm{j}2\pi f) = \sum_{i=0}^{N} a_i (\mathrm{j}2\pi f)^i \tag{7.5.8}$$

考虑下列微分方程：

$$P_N(D)Y(t) = Q_M(D)X(t), \quad t \in \mathbb{R} \tag{7.5.9}$$

式中，$Q_M(D) = \sum_{i=0}^{M} b_i D^i$ 是一个 M 阶的多项式微分算子，对上式做 Fourier 变换得

$$P_N(\mathrm{j}2\pi f)\hat{Y}(f) = Q_M(\mathrm{j}2\pi f)\hat{X}(f)$$

所以式 (7.5.9) 定义的线性系统实际上是传递函数为 $Q_M(\mathrm{j}2\pi f)/P_N(\mathrm{j}2\pi f)$ 的线性系统。$X(t)$ 是线性系统的输入，$Y(t)$ 是输出。

假设某时不变连续时间线性系统的传递函数为 $H(f)$，由逼近论的有关定理可知，总可以用一个多项式函数 $Q_M(\mathrm{j}2\pi f)/P_N(\mathrm{j}2\pi f)$ 来充分逼近 $H(f)$。所以，任意一个时不变线性系统都可以用形如式 (7.5.9) 的微分方程来近似。

引理 7.5.1 假设多项式方程 $P_N(\lambda) = 0$ 有复根 $\lambda_1, \lambda_2, \cdots, \lambda_l \in \mathbb{C}$，其重数分别为 $s_1, s_2, \cdots, s_l$，且 $s_1 + s_2 + \cdots + s_l = N$，则微分方程 $P(D)Y(t) = 0$ 有且仅有一个解，并且解具有如下形式，即

$$Y(t) = \sum_{k=0}^{N-1} A_k \zeta_k(t) \tag{7.5.10}$$

式中，$A_0, A_1, \cdots, A_{N-1}$ 是 N 个一维随机变量；$\zeta_0(t), \cdots, \zeta_{N-1}(t)$ 分别是如下函数：

$$\mathrm{e}^{\lambda_1 t}, t\mathrm{e}^{\lambda_1 t}, \cdots, t^{s_1-1}\mathrm{e}^{\lambda_1 t}; \mathrm{e}^{\lambda_2 t}, t\mathrm{e}^{\lambda_2 t}, \cdots, t^{s_2-1}\mathrm{e}^{\lambda_2 t}; \cdots; \mathrm{e}^{\lambda_l t}, t\mathrm{e}^{\lambda_l t}, \cdots, t^{s_l-1}\mathrm{e}^{\lambda_l t}$$

证明： 证明留作习题。 □

下列定理给出了微分方程 (7.5.9) 的解的表达。

定理 7.5.1 微分方程 (7.5.9) 的解 $Y(t)$ 可以表示为

$$Y(t) = Y_\mathrm{s}(t) + Y_\mathrm{r}(t) \tag{7.5.11}$$

式中，$Y_s(t)$ 被称为解的**奇异部分**，$Y_s(t)$ 满足 $P_N(D)Y_s(t) = 0$，且有式 (7.5.10) 的表达；$Y_r(t)$ 被称为解的**正则部分**，具有如下表达：

$$Y_r(t) = h(t) * X(t) \tag{7.5.12}$$

式中，$h(t)$ 是传递函数 $Q_M(j2\pi f)/P_N(j2\pi f)$ 的 Fourier 逆变换。

证明：证明留作习题。 □

微分方程 (7.5.9) 的解 $Y(t)$ 的奇异部分 $Y_s(t)$ 也称为线性系统的**零输入响应**，即 $Y_s(t)$ 满足 $P_N(D)Y_s(t) = 0$。$Y_s(t)$ 是系统本身固有的输出，这部分输出和输入 $X(t)$ 没有任何关系，并不是因为输入 $X(t)$ 引起的响应。在奇异部分 $Y_s(t)$ 的表达式 (7.5.10) 中，系数 $A_0, \cdots, A_{N-1}$ 需要 N 个初始条件才能确定：

$$Y_s(t_0) = B_0, Y_s^{(1)}(t_0) = B_1, \cdots, Y_s^{(N-1)}(t_0) = B_{N-1}$$

式中，$t_0 \in \mathbb{R}$；$B_0, \cdots, B_{N-1}$ 是 N 个一维随机变量。

微分方程 (7.5.9) 的解 $Y(t)$ 的正则部分 $Y_r(t)$ 也称为线性系统的**零状态响应**。所谓零状态就是系统固有的状态响应 $Y_s(t) = 0$，所以零状态响应就是在 $Y_s(t) = 0$ 的时候线性系统对输入 $X(t)$ 的响应。一般来说，在讨论微分方程 (7.5.9) 时，人们关心的是该微分方程的零状态响应。提到微分方程 (7.5.9) 所定义的线性系统也是指 $Y_r(t)$ 和输入 $X(t)$ 的关系。

例 7.5.4 如图7.5.1所示，有 RLC 串联谐振电路，设随机电压源为 $X(t)$，在 $t = 0$ 时电容器 C 上的电压 $Y(t)$ 的初始值为 $Y(0) = A_0, Y'(0) = A_1$，试给出 $Y(t)$ 的表达式。

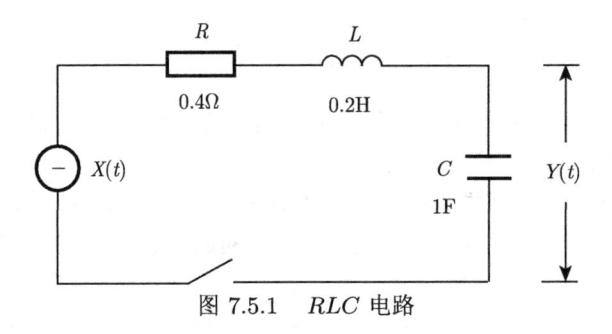

图 7.5.1 RLC 电路

解：由电路图可写出二阶随机微分方程为

$$Y''(t) + 2Y'(t) + 5Y(t) = 5X(t), \quad t \in \mathbb{R}$$

由定理知问题的解为

$$Y(t) = A_0\zeta_0(t) + A_1\zeta_1(t) + 5\int_{-\infty}^{\infty} h(t-\alpha)X(\alpha)d\alpha$$

解特征方程 $\lambda^2 + 2\lambda + 5 = 0$ 得一对复根 $\lambda_{1,2} = -1 \pm 2j$，所以

$$\zeta_0(t) = C_{01}e^{\lambda_1 t} + C_{02}e^{\lambda_2 t}, \quad \zeta_1(t) = C_{11}e^{\lambda_1 t} + C_{12}e^{\lambda_2 t}$$

由定理知满足初始条件：

$$\begin{cases} \zeta_0(0) = C_{01} + C_{02} = 1 \\ \zeta_0'(0) = C_{01}\lambda_1 + C_{02}\lambda_2 = 0 \end{cases}$$

$$\begin{cases} \zeta_1(0) = C_{11} + C_{12} = 0 \\ \zeta_1'(0) = C_{11}\lambda_1 + C_{12}\lambda_2 = 1 \end{cases}$$

从而得到两组常数：

$$\begin{cases} C_{01} = 1/2 - \mathrm{j}(1/4) \\ C_{02} = 1/2 + \mathrm{j}(1/4) \end{cases}, \quad \begin{cases} C_{11} = 1/(4\mathrm{j}) \\ C_{12} = -1/(4\mathrm{j}) \end{cases}$$

因此有

$$\begin{cases} \zeta_0(t) = \mathrm{e}^{-t}(\cos 2t + (1/2)\sin 2t) \\ \zeta_1(t) = (1/2)\mathrm{e}^{-t}\sin 2t \end{cases}$$

解得冲激响应 $h(t)$ 为

$$h(t) = \frac{1}{2}\mathrm{e}^{-t}\sin 2t$$

因此有

$$Y(t) = A_0\mathrm{e}^{-t}\left(\cos 2t + \frac{1}{2}\sin 2t\right) + A_1\frac{1}{2}\mathrm{e}^{-t}\sin 2t + \frac{5}{2}\int_{-\infty}^{\infty}\mathrm{e}^{-(t-\tau)}\sin 2(t-\tau)X(\tau)\mathrm{d}\tau$$

式中，第一、二项是由随机初始条件 A_0、A_1 产生在电容器两端的电压分量 $Y_\mathrm{s}(t)$，最后的积分项是由 $X(t)$ 作用产生在 C 上的电压分量 $Y_\mathrm{r}(t)$。

(4) 线性变换的概率函数传输特性

对于连续时间线性系统，如果知道输入过程的概率密度函数，求输出过程的概率密度函数是一件困难的事。因为线性系统是一个有记忆系统，它对输入过程的作用本质是将每一个时刻的输入乘以一个作用系数，然后连续求和输出。但有如下结论。

定理 7.5.2 如果一个连续时间线性系统的输入过程是正态过程，则输出也是正态过程。

证明：设输入过程为 $X(t)$，输出过程为 $Y(t)$，则输入和输出的关系为

$$Y(t) = \int_{-\infty}^{\infty} X(\tau)h(t;\tau)\mathrm{d}\tau$$

在下式中令 N 充分大，$\Delta\tau$ 充分小，上式可以被下面的 Daboux 和在均方意义上充分逼近：

$$Y(t) = \sum_{j=1}^{N} h(t;\tau_j)X(\tau_j)\Delta\tau$$

设 $\boldsymbol{Y} = (Y(t_1),\cdots,Y(t_M))$，$M > 0$，$\boldsymbol{X} = (X(\tau_1),\cdots,X(\tau_N))$，则有 $\boldsymbol{Y} = \boldsymbol{HX}$，其中 $\boldsymbol{H} = [h(t_i;\tau_j)]_{i\times j}$ 是一个矩阵。由正态多维随机变量的性质知道，$\boldsymbol{Y}$ 也是一个正态多维随机变量。从而可以知道，$Y(t)$ 是一个正态随机过程。 □

由于正态过程的概率密度函数由一阶矩和二阶矩完全确定，所以知道了输入过程的概率密度函数和系统的传递函数，就可以决定输出过程的一、二阶矩，从而确定输出过程的概率密度函数。

性质 7.5.1 任意概率分布的连续时间随机过程输入一个连续时间线性系统，若输入过程的样本函数变换缓慢——即自相关函数 $R_X(t_1,t_2)$ 随着 t_1-t_2 的增大下降得很慢，此外，线性系统的冲激响应函数 $h(t)$ 的支集很小，则线性系统的输出过程与输入过程具有近似相同的概率分布。

上述定理不是严格的结论，所以这里只简单地解释其含义。这是因为随机过程的样本函数变化缓慢，系统冲激响应的支集小，则输出过程和输入过程的特点几乎一样，所以其概率分布也几乎近似相同。

性质 7.5.2 任意概率分布的连续时间随机过程输入连续时间线性系统，若输入过程的样本函数变化很快，而且线性系统冲激响应 $h(t)$ 的支集较大，则线性系统的输出过程为正态过程。

解释：由于输入过程变化快，而且冲激响应的支集较大，于是线性系统输出是相关性不大的许多输入一维随机变量乘以一个系数后的和，由中心极限定理知道，这些和接近于一个正态分布。

7.5.2 非线性变换

非线性变换分为无记忆与有记忆两种。本节分别介绍这两种非线性变换的概率函数的求解方法。

(1) 无记忆非线性变换

连续时间随机过程的无记忆变换的定义及性质与离散时间随机过程的无记忆变换的定义及性质几乎一样，这里不再重复。下面是一些例子。

例 7.5.5 (全波平方律检波器) 全波平方律检波器是指传输特性为 $y=g(x)=bx^2$ 的检波器，其中 $b>0$。当输入随机过程为 $X(t)$ 时，则输出过程为 $Y(t)=bX^2(t)$。设输入过程为

$$X(t) = S(t) + N(t)$$

式中，$S(t)$ 为零均值严平稳随机信号；$N(t)$ 为零均值严平稳随机噪声，且 $S(t)$ 和 $N(t)$ 互相独立。

解： 令 $\tau = t_1 - t_2$，则有

$$\begin{aligned} R_Y(t_1,t_2) &= E\{Y(t_1)Y(t_2)\} = b^2 E\{X^2(t_1)X^2(t_2)\} \\ &= b^2 E\left\{\left[S(t_1)+N(t_1)\right]^2 \left[S(t_2)+N(t_2)\right]^2\right\} \\ &= b^2 \left[R_{S^2}(\tau) + 4R_S(\tau)R_N(\tau) + R_{N^2}(\tau) + 2\sigma_S^2\sigma_N^2\right] \end{aligned}$$

式中，σ_N^2 和 σ_S^2 分别是 $N(t)$ 和 $S(t)$ 的方差。其中用到了乘积的 Fourier 变换等于 Fourier 变换的卷积。

例 7.5.6 在例 7.5.5 中，若 $S(t)$ 为随机相位余弦信号，即

$$S(t) = a\cos(\omega_0 t + \theta)$$

式中，θ 为 $(0, 2\pi)$ 上的均匀分布。$N(t)$ 为宽平稳带通 Gauss 噪声，试求输出随机过程 $Y(t)$ 的自相关函数。

解： 显然，S 的自相关函数为

$$R_S(t_1,t_2) = E\{a^2\cos(\omega_0 t_1+\theta)\cos(\omega_0 t_2+\theta)\}$$
$$= \frac{a^2}{2}\cos\omega_0(t_2-t_1) + \frac{a^2}{2}\cdot\frac{1}{2\pi}\int_0^{2\pi}\cos\left[\omega_0(t_2+t_1)+2\theta\right]\mathrm{d}\theta$$
$$= \frac{a^2}{2}\cos\omega_0(t_2-t_1)$$

所以

$$R_S(\tau) = \frac{a^2}{2}\cos\omega_0\tau, \quad \sigma_S^2 = \frac{a^2}{2}$$

另外

$$R_{S^2}(\tau) = E\{S^2(t_1)S^2(t_2)\} = a^4 E\{\cos^2(\omega_0 t_1+\theta)\cos^2(\omega_0 t_2+\theta)\}$$
$$= \frac{a^4}{4} + \frac{a^4}{8}\cos 2\omega_0\tau$$

由于 $N(t)$ 为 Gauss 过程，可以证明有下式成立：

$$R_{N^2}(\tau) = \sigma_N^4 + 2R_N^2(\tau)$$

这样，就有

$$R_Y(\tau) = b^2\left[\left(\frac{a^2}{2}+\sigma_N^2\right)^2 + 2R_N^2(\tau) + 2a^2 R_N(\tau)\cos\omega_0\tau + \frac{a^4}{8}\cos 2\omega_0\tau\right]$$

正态随机过程的函数具有如下 Price 定理。

定理 7.5.3 (Price) 设 $X(t)$ 是零均值、单位方差的 Gauss 过程，其二维概率密度函数为

$$f_X(x_1,x_2;\rho(\tau)) = \frac{1}{2\pi\sqrt{1-\rho^2(\tau)}}\exp\left\{-\frac{x_1^2+x_2^2-2x_1x_2\rho(\tau)}{2[1-\rho^2(\tau)]}\right\}$$

设 $y=g(x)$ 是一个函数，对 $X(t)$ 进行变换得到输出 $Y(t)=g[X(t)]$，则知 $Y(t)$ 的自相关函数为

$$R_Y(\tau) = \int_{-\infty}^{\infty}\int_{-\infty}^{\infty}g(x_1)g(x_2)f_X[x_1,x_2;\rho(\tau)]\mathrm{d}x_1\mathrm{d}x_2$$

设 $\partial^k R_Y(\tau)/\partial\rho^k$ 为 $R_Y(\tau)$ 对 ρ 的 k 阶导数，则

$$\frac{\partial^k R_Y(\tau)}{\partial\rho^k} = \int_{-\infty}^{\infty}\int_{-\infty}^{\infty}g^{(k)}(x_1)g^{(k)}(x_2)f_X(x_1,x_2;\rho(\tau))\mathrm{d}x_1\mathrm{d}x_2$$

证明： 易求得 $X(t)$ 的二维特征函数为

$$\Phi_X(\omega_1,\omega_2;\rho(\tau)) = \exp\left\{-\frac{1}{2}[\omega_1^2+\omega_2^2+2\omega_1\omega_2\rho(\tau)]\right\}$$

则显然有

$$\frac{\partial^k \Phi_X}{\partial\rho^k} = (-1)^k(\omega_1\omega_2)^k\Phi_X(\omega_1,\omega_2;\rho(\tau))$$

设
$$f(\omega) = \int_{-\infty}^{\infty} g(x)\mathrm{e}^{-\mathrm{j}\omega x}\mathrm{d}x, \quad g(x) = \frac{1}{2\pi}\int_{-\infty}^{\infty} f(\omega)\mathrm{e}^{\mathrm{j}\omega x}\mathrm{d}\omega$$

因此
$$\frac{\mathrm{d}^k g(x)}{\mathrm{d}x^k} = \frac{1}{2\pi}\int_{-\infty}^{\infty} f(\omega)(\mathrm{j}\omega)^k \mathrm{e}^{\mathrm{j}\omega x}\mathrm{d}\omega$$

而
$$\begin{aligned}R_Y(\tau) &= \int_{-\infty}^{\infty}\int_{-\infty}^{\infty} g(x_1)g(x_2)f_X(x_1,x_2;\rho(\tau))\mathrm{d}x_1\mathrm{d}x_2 \\ &= \frac{1}{(2\pi)^2}\int_{-\infty}^{\infty}\int_{-\infty}^{\infty}\Big[\int_{-\infty}^{\infty} f(\omega_1)\mathrm{e}^{\mathrm{j}\omega_1 x_1}\mathrm{d}\omega_1\Big]\Big[\int_{-\infty}^{\infty} f(\omega_2)\mathrm{e}^{\mathrm{j}\omega_2 x_2}\mathrm{d}\omega_2\Big] \\ &\quad \times f_X(x_1,x_2;\rho(\tau))\mathrm{d}x_1\mathrm{d}x_2 \\ &= \frac{1}{(2\pi)^2}\int_{-\infty}^{\infty}\int_{-\infty}^{\infty} f(\omega_1)f(\omega_2)\Phi_X(\omega_1,\omega_2;\rho(\tau))\mathrm{d}\omega_1\mathrm{d}\omega_2\end{aligned}$$

所以
$$\begin{aligned}\frac{\partial^k R_Y(\tau)}{\partial \rho^k} &= \frac{1}{(2\pi)^2}\int_{-\infty}^{\infty}\int_{-\infty}^{\infty} f(\omega_1)f(\omega_2)(-\omega_1\omega_2)^k \Phi_X(\omega_1,\omega_2;\rho(\tau))\mathrm{d}\omega_1\mathrm{d}\omega_2 \\ &= \int_{-\infty}^{\infty}\int_{-\infty}^{\infty}\Big[\frac{1}{2\pi}\int_{-\infty}^{\infty} f(\omega_1)(\mathrm{j}\omega_1)^k \mathrm{e}^{\mathrm{j}\omega_1 x_1}\mathrm{d}\omega_1\Big] \\ &\quad \times \Big[\frac{1}{2\pi}\int_{-\infty}^{\infty} f(\omega_2)(\mathrm{j}\omega_2)^k \mathrm{e}^{\mathrm{j}\omega_2 x_2}\mathrm{d}\omega_2\Big]f_X(x_1,x_2;\rho(\tau))\mathrm{d}x_1\mathrm{d}x_2 \\ &= \int_{-\infty}^{\infty}\int_{-\infty}^{\infty} g^{(k)}(x_1)g^{(k)}(x_2)f_X(x_1,x_2;\rho(\tau))\mathrm{d}x_1\mathrm{d}x_2\end{aligned}$$

□

例 7.5.7 设无记忆传输系统的传输特性为
$$g(x) = \begin{cases} 1, & x \geqslant 0 \\ -1, & x < 0 \end{cases}$$
设其输入为零均值、单位方差的宽平稳 Gauss 过程，试求输出 $Y(t)$ 的自相关函数。

解：显然有
$$g'(x_1) = 2\delta(x_1), \quad g'(x_2) = 2\delta(x_2)$$
所以，由 Price 定理知
$$\begin{aligned}\frac{\partial R_Y(\tau)}{\partial \rho} &= \int_{-\infty}^{\infty}\int_{-\infty}^{\infty} \frac{4\delta(x_1)\delta(x_2)}{2\pi\sqrt{1-\rho^2}}\exp\Big[-\frac{x_1^2+x_2^2-2x_1x_2\rho}{2(1-\rho^2)}\Big]\mathrm{d}x_1\mathrm{d}x_2 \\ &= \frac{2}{\pi\sqrt{1-\rho^2}}\end{aligned}$$

此外
$$R_Y(\tau)\Big|_{\rho=0} = \int_{-\infty}^{\infty}\int_{-\infty}^{\infty} \frac{g(x_1)g(x_2)}{2\pi}\exp\Big(-\frac{x_1^2+x_2^2}{2}\Big)\mathrm{d}x_1\mathrm{d}x_2$$

$$= \left[\frac{1}{\sqrt{2\pi}} \int_{-\infty}^{\infty} g(x) e^{-x^2/2} dx\right]^2 = 0$$

上述积分为零是由于被积函数是奇函数。所以，进一步有

$$R_Y(\tau) = \int_0^\rho \frac{2}{\pi\sqrt{1-\rho^2}} d\rho = \frac{2}{\pi} \arcsin \rho(\tau)$$

(2) 有记忆非线性变换

若连续时间随机过程 $Y(t)$ 是从 $X(t)$ 的非线性变换得到的，而且 $Y(t)$ 与 $X(t')$ 有关，$t' < t$，则称该非线性变换为有记忆非线性变换。

连续时间随机过程的有记忆非线性变换很难有一般的通项表达。

例 7.5.8 设 $X(t)$ 是定义于 $[0,\infty)$ 上的连续时间随机过程，连续时间随机过程 $Y(t)$ 的定义如下：

$$Y(t) = \int_0^t g(X(\tau), \tau) d\tau$$

式中，$g(\cdot)$ 是一个非线性函数。显然，上式定义的非线性变换是一个有记忆非线性变换。

例 7.5.9 设 $X(t)$ 是定义于 $[0,\infty)$ 上的连续时间随机过程，连续时间随机过程 $Y(t)$ 的定义如下：

$$Y(t) = g\left(\int_0^t X(\tau) d\tau, t\right)$$

式中，$g(\cdot,\cdot)$ 是一个非线性函数。显然，上式定义的非线性变换是一个有记忆非线性变换。

习题 7.5

7.5.1 验证引理7.5.1。

7.5.2 验证定理7.5.1。

7.5.3 求解复合 Poisson 过程的 K 维概率密度函数。

7.5.4 已知 $N(t)$ 是定义在 $[0,\infty)$ 上的平均到达率为 λ 的 Poisson 过程，U_k 是一组 iid 一维随机变量序列，$k=1,2,\cdots$，它们都是 $[0,t)$ 内的均匀分布，试求 $X(t) = \sum_{k=1}^{N(t)} h(t-U_k)$ 的均值函数、自相关函数和一维概率密度函数，其中 $h(t)$ 是线性时不变系统的冲激响应。

7.5.5 设一维随机变量 ξ 是标准正态一维随机变量，$W(t)$ 是定义于 $[0,\infty)$ 上的方程为 σ^2 的 Wiener 过程，ξ 与 $W(t)$ 相互独立，设 $X(t) = \xi t + W(t)$，求 $X(t)$ 的一维、二维概率密度函数。

7.5.6 设非线性无记忆系统的传输特性为 $y = g(x) = be^x$，$b > 0$。设输入过程 $X(t)$ 是一个均值为 m_X、方程为 σ_X^2 的宽平稳 Gauss 过程。试求：输出过程 $Y(t)$ 的一维概率密度函数、均值及方差。

7.5.7 在上题中，若 $b=2$，且输入过程为零均值、方差为 σ^2 的宽平稳 Gauss 过程，试求输出过程的自相关函数。

7.5.8 设非线性无记忆系统的传输特性为

$$y = g(x) = \begin{cases} 2e^x, & x \geqslant 0 \\ 0, & x < 0 \end{cases}$$

设输入过程为零均值、方差为 1 的宽平稳 Gauss 过程，试求输出过程的自相关函数。

7.5.9 在均值为零、方差为 1 的宽平稳 Gauss 过程 $X(t)$ 的输入传输特性为

$$y = g(x) = \begin{cases} 2x, & x > 0 \\ 0, & x \leqslant 0 \end{cases}$$

的半线性设备中，试用 Price 定理求输出过程的自相关函数。

7.6 可数和不可数无限维随机变量间的变换

可数与不可数无限维随机变量间的变换实际上就是定义域离散的随机变函与定义域连续的随机变函之间的变换。

7.6.1 可数到不可数无限维随机变量的变换

(1) 线性变换

设 $X[n] \in \mathbb{V}_1$ 是一个离散时间随机过程，$Y(t) \in \mathbb{V}_2$ 是一个连续时间随机过程，假设存在从 $\mathbb{V}_1$ 到 $\mathbb{V}_2$ 的映射 T 对任意 $a,b \in \mathbb{R}$ 满足

$$T\{ax_1[n] + bx_2[n]\} = ay_1(t) + by_2(t) \tag{7.6.1}$$

则称 T 是一个从离散时间随机过程 $X[n]$ 到连续时间随机过程 $Y(t)$ 的一个线性变换，其中 $x_1[n]$ 和 $x_2[n]$ 是 $X[n]$ 的任意样本函数，$y_1(t) = T\{x_1[n]\}$，$y_2(t) = T\{x_2[n]\}$。

任意一个这样的线性变换，可以由定义在 $\mathbb{T} \times \mathbb{N}$ 上的核函数 $h(t,n)$ 来表示，其中 $\mathbb{T}$ 为某个连续指标集。设 V' 是定义于指标集 $\mathbb{T}$ 上的随机过程组成的线性空间，则从 V 到 V' 的线性变换可以写成

$$Y(t) \stackrel{\text{ms}}{=} \sum_{m=-\infty}^{\infty} h(t,m) X[m] \tag{7.6.2}$$

(2) 正交函数系变换

设 $\{h(t,m)\}_{m=1}^{\infty}$ 是 $L^2[a,b]$ 空间的一组正交函数系，则

$$Y(t) \stackrel{\text{ms}}{=} \sum_{m=1}^{\infty} h(t,m) X[m] \tag{7.6.3}$$

是由正交函数系 $\{h(t,m)\}_{m=1}^{\infty}$ 所定义的从离散时间随机过程 $X[m]$ 到连续时间随机过程 $Y(t)$ 的一个线性变换。

例 7.6.1 (离散 Fourier 变换) 定义离散时间随机过程 $\{X[n] \mid n = -\infty, \cdots, \infty\}$ 的 Fourier 变换为

$$\hat{X}(f) \stackrel{\text{ms}}{=} \sum_{n=-\infty}^{\infty} X[n] e^{-j 2\pi f n} \tag{7.6.4}$$

容易证明其逆变换为

$$X[n] \stackrel{\text{ms}}{=} \int_{-1/2}^{1/2} \hat{X}(f) e^{j 2\pi f n} df \tag{7.6.5}$$

在上述 Fourier 变换中，$\{e^{-j 2\pi f n}\}_{n=-\infty}^{\infty}$ 是正交函数系。

例 7.6.2 (采样变换) 可以验证下面的函数系：

$$h(t,n) = \frac{\sin \pi (f_0 t - n)}{\pi (f_0 t - n)}, \quad n = -\infty, \cdots, \infty$$

是一组正交函数系。设有离散时间二阶矩过程 $X[n]$，则可以用上述正交函数系定义如下变换：

$$Y(t) = \sum_{n=-\infty}^{\infty} X[n] \frac{\sin \pi(f_0 t - n)}{\pi(f_0 t - n)} \qquad (7.6.6)$$

上述变换常称为**采样变换**。在后续章节中，我们将会知道，当 $Y(t)$ 变化程度有限时，适当调整参数 f_0，就可以使 $X[n]$ 是 $Y(t)$ 的采样。

(3) z 变换

设有离散时间随机过程 $\{X[n] \mid n = -\infty, \cdots, \infty\}$，定义其**双边 z 变换**为

$$\hat{X}(z) \stackrel{\text{ms}}{=} \sum_{n=-\infty}^{\infty} X[n] z^{-n} \qquad (7.6.7)$$

式中，等号的意义是等式两端在均方意义上相等，即

$$\lim_{N \to \infty} E\left\{ \left| \hat{X}(z) - \sum_{n=-N}^{N} X[n] z^{-n} \right|^2 \right\} = 0 \qquad (7.6.8)$$

同样的道理，可以定义离散时间随机过程 $\{X[n] \mid n = 0, \cdots, \infty\}$ **单边 z 变换**为

$$\hat{X}(z) \stackrel{\text{ms}}{=} \sum_{n=0}^{\infty} X[n] z^{-n} \qquad (7.6.9)$$

式中，等号的意义仍是等式两端在均方意义上相等。

z 变换将一个离散时间二阶矩过程变换成一个"连续变量指标随机过程"，这个"连续变量指标随机过程"对每一个固定的 z，都是一个一维随机变量。

例 7.6.3 已知随机过程 $X[n] = s^n$，其中 s 是 $(0,1)$ 内的均匀分布，则其单边 z 变换为

$$\hat{X}(z) = \sum_{n=0}^{\infty} s^n z^{-n} = \frac{1}{1 - s/z}$$

例 7.6.4 设有随机过程 $X[n] = A \cos \omega n$，其中 ω 是正常数，则其单边 z 变换为

$$\hat{X}(z) = \sum_{n=0}^{\infty} A \cos \omega n \, z^{-n}$$
$$= \frac{A}{2} \left(\frac{1}{1 - e^{j\omega}/z} + \frac{1}{1 - e^{-j\omega}/z} \right)$$

(4) 非线性变换

从可数无限维随机变量到不可数无限维随机变量的非线性变换，即从离散时间随机过程到连续时间随机过程的非线性，与从有限维随机变量到连续时间随机过程的变换求解方法类似，这里不再重复，仅给出一些变换的例子。

例 7.6.5 $\{b_n\}_{n=0}^{\infty}$ 是一个一维随机变量序列,即一个离散时间随机过程,下列非线性变换都可以将其变换到一个连续时间随机过程:

$$X_1(t) = \sum_{n=0}^{\infty} \cos b_n t$$

$$X_2(t) = \sum_{n=0}^{\infty} e^{-b_n t}$$

$$X_3(t) = \sum_{n=0}^{\infty} e^{-j(b_n + b_{n+1})t}$$

7.6.2 不可数到可数无限维随机变量的变换

这种情况主要是时间连续型随机过程到时间离散型随机过程的变换。

(1) 线性变换

设 T 是从随机过程 $X(t)$ 到 $Y[n]$ 的映射,若对任意实数 $a,b \in \mathbb{R}$ 与任意 $X(t)$ 的样本函数 $x_1(t)$ 和 $x_2(t)$ 都有

$$T[ax_1(t) + bx_2(t)] = aT[x_1(t)] + bT[x_2(t)] \tag{7.6.10}$$

则称该映射 T 是线性的。

对于这样的线性映射,总可以用一个核函数 $h(t,s)$ 的积分来表示,其中 $h(n,s)$ 一个变量为连续时间变量,另外一个变量为离散整数变量,即

$$Y[n] = \int_a^b h(n,t)x(t)\mathrm{d}t, \quad n \in \mathbb{Z} \tag{7.6.11}$$

例 7.6.6 (正交函数分解) 所有的正交函数分解就是这样一种变换。设 $X(t)$ 是定义在时间区间 $[a,b]$ 上的一个随机过程,$\phi_n(t)_{n=0}^{\infty}$ 是一个给定的时间区间 $[a,b]$ 上的正交函数系,将 $X(t)$ 在这个正交函数系上进行正交分解,得到

$$X(t) = \sum_{n=0}^{\infty} V_n \phi_n(t) \tag{7.6.12}$$

式中

$$V_n = \frac{1}{b-a} \int_a^b X(t)\phi_n(t)\mathrm{d}t \tag{7.6.13}$$

这里 $\{V_n\}_{n=0}^{\infty}$ 就是一个从连续时间随机过程到离散时间随机过程的线性变换,完成变换的核函数就是 $\phi_n(t)$。

例 7.6.7 (离散时间采样序列) 对定义在 $[0,\infty)$ 上的随机过程 $X(t)$ 的样本函数进行等间隔离散时间采样,可以得到一个采样序列 $X(0), X(T_0), \cdots, X(nT_0), \cdots$,这也是一个从连续时间随机过程到离散时间随机过程的变换。

(2) 非线性变换

从连续时间随机过程到离散时间随机过程的非线性变换，类似于从连续时间随机过程到有限维随机变量的非线性变换。设 $X(t)$ 是一个定义在时间区间 $[a,b]$ 上的连续时间随机过程，无记忆非线性变换后的离散时间随机过程可以表示为

$$Y_1(X(t)), Y_2(X(t)), \cdots, Y_n(X(t)), \cdots$$

如果是有记忆非线性变换，则可以表示为

$$Y_1(X(t),t), Y_2(X(t),t), \cdots, Y_n(X(t),t), \cdots$$

习题 7.6

7.6.1 举一些从连续时间随机过程到离散时间随机过程的非线性变换的例子。

7.6.2 讨论一下：在从连续时间随机过程 $X(t)$ 到离散时间随机过程 $Y[n]$ 的变换中，若只知道 $X(t)$ 的 M 维概率密度函数，能否得到 $Y[n]$ 的一维概率密度函数？

第三篇 随机信号分析

第 8 章 离散时间信号分析

本章导读 当离散时间随机过程的样本函数是信号时,该离散时间随机过程被称为离散时间随机信号。本章介绍离散时间信号的基础知识,包括功率谱密度的概念与性质,通过离散时间线性系统的均值、二阶矩及功率谱传输特性,宽平稳随机信号的线性模型,宽平稳随机信号的功率谱估计等。这些基础知识对以后的科研与学习具有很重要的意义。

随机信号是一个具有取值概率的变函,对变函的某个取值做 Fourier 变换,不能从总体上反映变函的频谱特性。功率谱密度函数是所有样本函数的平均功率在频谱上的分布。通过功率谱密度函数这个指标,可以清楚地看到绝大多数样本函数的频谱特性。此外,对于宽平稳随机过程来说,功率谱密度函数是自相关函数的 Fourier 变换,因此其包含的信息与自相关函数等同。

随机信号通过线性系统之后,实际上是对所有样本函数进行了一个线性变换,该线性变换对均值函数、自相关函数和功率谱密度有比较好的传输特性。本章对离散时间线性系统的均值、自相关、功率谱传输特性进行详细的描述。

在实际应用中,人们往往无法得知产生某个随机信号的内部机制,已经证明:可以用一个白噪声通过线性系统来模拟任意一个宽平稳离散时间随机信号。这个线性系统可以是自回归、滑动平均、自回归滑动平均中的任意一个。本章对这三种线性模型及其等价性进行详细介绍。

随机信号的均值、自相关与功率谱是重要的性能指标,对于具有遍历特性的随机信号,在实际应用中常需要根据一段有限长采样数据来估计它们的取值。本章对如何从有限长数据采样估计这些特征给出了详细的描述。

8.1 功率谱密度

频率实际上是信号在时域上变化快慢程度的量度。一个确定信号的 Fourier 变换可以反映该确定信号包含各种频率成分的多少;而随机信号是按照一定概率在若干个确定信号集内取值的变函,要在总体上描述一个随机信号的所有样本信号所包含的频率成分,需要用"功率谱密度函数"的概念。

8.1.1 功率谱密度函数的定义与性质

设 $x[n]$ 是一个离散时间信号,若有

$$\sum_{n=-\infty}^{\infty} |x[n]| < \infty$$

则其离散时间 Fourier 变换为

$$\hat{x}(f) = \sum_{n=-\infty}^{\infty} x[n] e^{-j 2\pi n f} \tag{8.1.1}$$

显然,$\hat{x}(f)$ 是周期为 1 的周期函数,其 Fourier 逆变换为

$$x[n] = \int_{-1/2}^{1/2} \hat{x}(f) e^{j 2\pi n f} df \tag{8.1.2}$$

第 8 章 离散时间信号分析

由于信号的能量一定，所以其时域能量与频域能量相等，此即如下 Parseval 等式：

$$\sum_{n=-\infty}^{\infty} |x[n]|^2 = \int_{-1/2}^{1/2} |\hat{x}(f)|^2 \mathrm{d}f \tag{8.1.3}$$

若 $X[n]$ 是离散时间随机过程，则其平均功率 $\bar{P}$ 可以表示为

$$\bar{P} = E\left\{\lim_{N\to\infty} \frac{1}{2N+1} \sum_{n=-N}^{N} X^2[n]\right\} \tag{8.1.4}$$

由 Parseval 等式知

$$\bar{P} = E\left\{\lim_{N\to\infty} \frac{1}{2N+1} \sum_{n=-N}^{N} X^2[n]\right\} = \int_{-1/2}^{1/2} \left[\lim_{N\to\infty} \frac{1}{2N+1} E\left\{|\hat{X}_N(f)|^2\right\}\right] \mathrm{d}f$$

式中

$$\hat{X}_N(f) = \sum_{n=-N}^{N} X[n] \mathrm{e}^{-\mathrm{j}\,2\pi nf} \tag{8.1.5}$$

令

$$S_X(f) = \lim_{N\to\infty} \frac{1}{2N+1} E\left\{|\hat{X}_N(f)|^2\right\} \tag{8.1.6}$$

由于函数 $S_X(f)$ 描述了离散时间随机过程 $X[n]$ 的平均能量随频率 f 的变化率，并且它在频率上的积分为总平均功率，因此称该函数为 $X[n]$ 的**功率谱密度**。

定理 8.1.1 (Wiener-Khinchin 定理)　若离散时间过程 $X[n]$ 宽平稳，其自相关函数为 $R_X[m]$ 且有

$$\sum_{m=-\infty}^{\infty} |mR_X[m]| < \infty$$

则

$$S_X(f) = \sum_{m=-\infty}^{\infty} R_X[m] \mathrm{e}^{-\mathrm{j}m2\pi f} \tag{8.1.7}$$

$$R_X[m] = \int_{-1/2}^{1/2} S_X(f) \mathrm{e}^{\mathrm{j}m2\pi f} \mathrm{d}f \tag{8.1.8}$$

证明：由功率谱密度函数的定义知

$$\begin{aligned}
S_X(f) &= \lim_{N\to\infty} \frac{1}{2N+1} E\left\{|\hat{X}_N(f)|^2\right\} \\
&= \lim_{N\to\infty} \frac{1}{2N+1} E\left\{\left[\sum_{k=-N}^{N} X[k] \mathrm{e}^{-\mathrm{j}\,2\pi kf}\right] \left[\sum_{l=-N}^{N} X[l] \mathrm{e}^{-\mathrm{j}\,2\pi lf}\right]^*\right\} \\
&= \lim_{N\to\infty} \frac{1}{2N+1} \sum_{k=-N}^{N} \sum_{l=-N}^{N} R_X[k-l] \mathrm{e}^{-\mathrm{j}\,2\pi f(k-l)}
\end{aligned}$$

$$= \lim_{N\to\infty} \frac{1}{2N+1} \sum_{n=-2N}^{2N} (2N+1-|n|) R_X[n] \mathrm{e}^{-\mathrm{j}2\pi fn}$$

$$= \lim_{N\to\infty} \sum_{n=-2N}^{2N} \left(1 - \frac{|n|}{2N+1}\right) R_X[n] \mathrm{e}^{-\mathrm{j}2\pi fn}$$

$$= \sum_{n=-\infty}^{\infty} R_X[n] \mathrm{e}^{-\mathrm{j}2\pi fn}$$

因此知道式 (8.1.7) 成立。由 Fourier 逆变换公式，知道式 (8.1.8) 也成立。□

例 8.1.1 (离散时间白噪声过程) 设 $X[n]$ 为离散时间随机过程，且是独立同分布的随机变量序列，其均值为零，方差为 σ_X^2，该离散时间过程被称为离散时间白噪声过程[①]。

离散时间随机过程 $X[n]$ 的自相关函数为

$$R_X[k] = \begin{cases} \sigma_X^2, & k=0 \\ 0, & k \neq 0 \end{cases}$$

因此，功率谱密度函数为

$$S_X(f) = \sigma_X^2$$

例 8.1.2 (谐波过程) 谐波过程是指具有下列表达形式的随机信号波形：

$$X[n] = \sum_{k=1}^{K} A_k \cos(2\pi f_k n + \phi_k), \quad \phi_k \in [-\pi, \pi) \tag{8.1.9}$$

式中，A_k、f_k 为非零常数；ϕ_k 是相互独立的、在 $[-\pi, \pi)$ 上均匀分布的随机变量。计算谐波过程的均值和自相关函数分别为

$$m_X[n] = E\{X[n]\} = \sum_{k=1}^{K} A_k E\{\cos(2\pi f_k n + \phi_k)\} = 0$$

$$R_X[n, n+m] = E\{X[n]X[n+m]\}$$

$$= \sum_{k=1}^{K}\sum_{l=1}^{K} A_k A_l E\{\cos(2\pi f_k n + \phi_k)\cos(2\pi f_l(n+m) + \phi_l)\}$$

$$= \sum_{k=1}^{K} A_k^2 \frac{1}{2} E\{\cos(2\pi f_k(2n+m) + 2\phi_k) + \cos(m 2\pi f_k)\}$$

$$= \frac{1}{2}\sum_{k=1}^{K} A_k^2 \cos(m 2\pi f_k)$$

由此可见，谐波过程是宽平稳过程，由 Wiener-Xinchin 定理知道，其功率谱密度函数为

$$S_X(f) = \sum_{m=-\infty}^{\infty} \frac{1}{2} \sum_{k=1}^{K} A_k^2 \cos(m 2\pi f_k) \mathrm{e}^{-\mathrm{j}2\pi mf}$$

[①] 若该过程同时又是 Gauss 过程，则称为 Gauss 白噪声过程。

$$= \frac{1}{4}\sum_{m=-\infty}^{\infty}\sum_{k=1}^{K}A_k^2\left(e^{j2\pi mf_k}+e^{-j2\pi mf_k}\right)e^{-j2\pi mf}$$

$$= \frac{1}{4}\sum_{k=1}^{K}A_k^2\sum_{m=-\infty}^{\infty}\{\delta(f-f_k-m)+\delta(f+f_k-m)\}$$

所以，谐波过程的功率谱在 $[-1,1]$ 内由位于 $\pm f_k$ 的 $2K$ 的冲激组成。此外，谐波过程的平均功率为

$$\sigma_X^2 = R_X[0] = \frac{1}{2}\sum_{k=1}^{K}A_k^2$$

例 8.1.3 设 $Y[n]=X[n]+\alpha X[n-1]$，其中 $X[n]$ 为例8.1.1中的离散时间白噪声过程，试求 $S_Y(f)$。

解： 容易证明 $Y[n]$ 的自相关函数为

$$E\{Y[n]Y[n+k]\} = \begin{cases} (1+\alpha^2)\sigma_X^2, & k=0 \\ \alpha\sigma_X^2, & k=\pm 1 \\ 0, & \text{其他} \end{cases}$$

因此，功率谱密度为

$$S_Y(f) = (1+\alpha^2)\sigma_X^2 + \alpha\sigma_X^2(e^{j2\pi f}+e^{-j2\pi f})$$
$$= \sigma_X^2[(1+\alpha^2)+2\alpha\cos 2\pi f]$$

例 8.1.4 设 $Z[n]=X[n]+Y[n]$，其中 $X[n]$ 是要观测的宽平稳实随机信号，且对任意 n，$X[n]=A$，A 是一个均值为零且方差为 σ_A^2 的随机变量；$Y[n]$ 是零均值且平均功率为 σ_Y^2 的离散时间白噪声。此外，$X[n]$ 和 $Y[n]$ 相互独立。试求 $Z[n]$ 的功率谱密度。

解： 显然，$Z[n]$ 的均值 $E\{Z[n]\}=E\{A\}+E\{Y[n]\}=0$，自相关函数为

$$E\{Z[n+k]Z[n]\} = E\{(X[n+k]+Y[n+k])(X[n]+Y[n])\}$$
$$= E\{A^2\}+R_Y[k]$$

所以 $Z[n]$ 为宽平稳过程，因此其功率谱密度为

$$S_Z(f) = \sigma_A^2\delta(f)+S_Y(f)$$

性质 8.1.1 功率谱密度函数具有如下性质：

1) 功率谱密度函数 $S_X(f)$ 是一个周期为 1 的周期函数，所以只要知道它在一个周期内的取值即可。

2) 功率谱密度函数是实函数。

3) 功率谱密度函数是非负函数，即 $S_X(f)\geqslant 0$。

4) 若 $X[n]$ 为实平稳随机信号，则其功率谱密度函数为偶函数，即有 $S_X(-f)=S_X(f)$。此外，有如下表达式：

$$S_X(f) = \sum_{m=-\infty}^{\infty}R_X[m]\cos(m2\pi f) \tag{8.1.10}$$

5) 方差与功率谱密度函数之间有如下关系：

$$\sigma_X^2 = R_X[0] = \int_{-1/2}^{1/2} S_X(f) \mathrm{d}f \tag{8.1.11}$$

证明：证明比较简单，留给读者作为习题完成。 □

8.1.2 互功率谱密度函数的定义与性质

$X[n]$ 和 $Y[n]$ 的**互功率谱密度**定义为

$$S_{XY}(f) = \lim_{N\to\infty} \frac{1}{2N} E\left\{\left[\sum_{n=-N}^{N} X[n]\mathrm{e}^{-\mathrm{j}n2\pi f}\right]\left[\sum_{n=-N}^{N} Y[n]\mathrm{e}^{-\mathrm{j}n2\pi f}\right]^*\right\} \tag{8.1.12}$$

由定义知，功率谱密度和互功率谱密度是周期为 1 的函数。

定理 8.1.2 若 $X[n]$ 和 $Y[n]$ 联合宽平稳，互相关函数为 $R_{XY}[m]$，且 $\sum_{M=-\infty}^{\infty}|mR_{XY}[m]|<\infty$，则 $X[n]$ 和 $Y[n]$ 的互功率谱密度为

$$S_{XY}(f) = \sum_{m=-\infty}^{\infty} R_{XY}[m]\mathrm{e}^{-\mathrm{j}m2\pi f} \tag{8.1.13}$$

$$R_{XY}[m] = \int_{-1/2}^{1/2} S_{XY}(f)\mathrm{e}^{\mathrm{j}m2\pi f}\mathrm{d}f \tag{8.1.14}$$

性质 8.1.2 实平稳随机信号 $X[n]$ 和 $Y[n]$ 的互功率谱密度函数具有如下性质：

1) $S_{XY}(f) = S_{YX}(-f)$。
2) 因为 $R_{XY}[m]$ 不是偶函数，所以 $S_{XY}(f)$ 是复函数，其具有如下表达：

$$S_{XY}(f) = G_{XY}(f) - \mathrm{j}\,Q_{XY}(f) \tag{8.1.15}$$

式中，实部 $G_{XY}(f)$ 称为共谱；虚部 $Q_{XY}(f)$ 称为重谱。共谱是偶函数，重谱是奇函数，即

$$G_{XY}(f) = G_{XY}(-f) = \frac{1}{2}[S_{XY}(f) + S_{YX}(f)] \tag{8.1.16}$$

$$Q_{XY}(f) = -Q_{XY}(-f) = \frac{1}{2\mathrm{j}}[S_{YX}(f) - S_{XY}(f)] \tag{8.1.17}$$

有时候，为了衡量两个随机过程在频点 f 的相关性，可以定义如下**频率相关函数**：

$$\rho_{XY}(f) = \frac{|S_{XY}(f)|^2}{S_X(f)S_Y(f)} \tag{8.1.18}$$

很显然，频率相关函数的取值范围为 $0 \leqslant \rho_{XY}(f) \leqslant 1$。

8.1.3 宽平稳离散时间过程的 z 域谱

对于宽平稳离散时间随机信号 $X[n]$，有时候需要用到 z 域谱的概念。设 $X[n]$ 的自相关函数为 $R_X[m]$，则其 **z 域功率谱密度函数**定义为

$$\Gamma_X(z) = \sum_{m=-\infty}^{\infty} R_X[m]z^{-m}, \quad a < |z| < b \tag{8.1.19}$$

很显然，z 域功率谱密度函数 $\Gamma_X(z)$ 与通常的频域功率谱密度函数 $S_X(f)$ 的关系为

$$S_X(f) = \Gamma_X(z)|_{z=\mathrm{e}^{\mathrm{j}2\pi f}} \tag{8.1.20}$$

性质 8.1.3 z 域功率谱密度函数 $\Gamma_X(z)$ 具有如下性质：

1) 自相关函数 $R_X[m]$ 与 z 域功率谱密度函数 $\Gamma_X(z)$ 的关系如下：

$$R_X[m] = \frac{1}{2\pi\mathrm{j}} \oint_C \Gamma_X(z) z^{m-1} \mathrm{d}z \tag{8.1.21}$$

式中，C 是 $\Gamma_X(z)$ 收敛域内的一条逆时针方向的环绕圆点的闭合曲线。此外，还有

$$\sigma_X^2 = R_X[0] = \frac{1}{2\pi\mathrm{j}} \oint_C \Gamma_X(z) z^{-1} \mathrm{d}z \tag{8.1.22}$$

2) 由自协方差序列的共轭对称性知道

$$\Gamma_X(z) = \Gamma_X^*(1/z^*) \tag{8.1.23}$$

对于实平稳信号，则有

$$\Gamma_X(z) = \Gamma_X(1/z) \tag{8.1.24}$$

习题 8.1

8.1.1 试对具有下列自相关函数的宽平稳离散时间过程求其功率谱密度。

1) $R_X[k] = 4(1/2)^{|k|} + 16(1/4)^{|k|}$。
2) $|k| < N$ 时，$R_X(k) = 1 - |k|/N$；$|k| \geqslant N$ 时，$R_X(k) = 0$。

8.1.2 设 $D[n] = X[n] - X[n-d]$，其中 d 是一个正整数，$X[n]$ 是零均值的宽平稳随机过程。

1) 用 $R_X[k]$ 和 $S_X(f)$ 来表示 $R_D[k]$ 和 $S_D(f)$。
2) 求 $E\{D^2[n]\}$。

8.1.3 设 X_n 为离散时间零均值的带限白噪声，其功率谱密度为

$$S_X(f) = \begin{cases} 1, & |f| < f_c \\ 0, & |f| \geqslant f_c \end{cases}$$

试对 $f_c < 1/2$ 求自相关函数 $R_X[k]$，并对 $f_c = 1/4$ 给出 $R_X[k]$ 的值。

8.1.4 设 W_n 为离散时间零均值的白噪声序列，X_n 是一个独立于 W_n 的离散时间随机过程。

1) 证明 $Y_n = W_n X_n$ 是一个白噪声序列，并给出 σ_Y^2。
2) 设 X_n 是一个自相关函数为 $R_X[k] = (1/2)^{|k|}$ 的 Gauss 随机过程，试给出 $Y_n = W_n X_n$ 的 k 阶概率密度函数。

8.2 离散时间随机信号通过线性系统

离散时间随机信号通过线性系统，实际上是对所有的样本信号实施了一个线性变换。对所有样本信号实施线性变换之后，就得到一组新的样本信号，这些新的样本信号就是该线性系统的输出随机信号。本节首先介绍随机信号通过线性系统的表示，然后介绍均值函数、自相关函数和功率谱密度函数的传输特性。

8.2.1 离散时间随机过程通过线性系统的表示

当一个离散时间信号 $X[n]$ 通过一个离散时间线性系统时，其输出 $\{y[n]\}_{n=-\infty}^{\infty}$ 可以表示为

$$y[n] = \sum_{m=-\infty}^{\infty} x[m]h[n;m] \tag{8.2.1}$$

式中，$h[n;m] = L\{\delta[n-m]\}$ 是该线性系统的冲激响应。当式 (8.2.1) 中的离散时间信号具有取值概率时，就是一个随机过程，此时将式 (8.2.1) 改写为

$$Y[n] = \sum_{m=-\infty}^{\infty} X[m]h[n;m] \tag{8.2.2}$$

式中，$X[n]$ 和 $Y[n]$ 分别是线性系统的输入和输出过程，由于式 (8.2.2) 右端是无穷多个随机变量的和，等号是在均方收敛的意义上成立的。

显然，式 (8.2.2) 右端均方收敛，当且仅当对所有 $n \in \mathbb{N}$ 有

$$\sum_{k,l=0}^{\infty} h[n;k]h[n;l]R_X[k,l] = 常数 \tag{8.2.3}$$

式中，$R_X[k,l]$ 是输入过程的自相关函数。

若冲激响应 $h[n;m]$ 满足

$$h[n;m] = 0, \quad m > n \tag{8.2.4}$$

称该线性系统为**因果线性系统**。若一个线性系统是因果的，则在时刻 n 的输出 $Y[n]$ 只和时刻 n 前的输入有关，和时刻 n 后的输入无关。

若冲激响应 $h[n;m]$ 可以表示成形式为 $h[n-m]$ 的函数，则称系统是**时不变的**。时不变系统的物理意义是系统的冲激响应特性不随时间的变化而变化。若线性系统的冲激响应随时间的变化而变化，则称线性系统是**时变的**。

冲激响应的双边 z 变换 $H(z;n)$ 称为离散时间线性系统的**传递函数**：

$$H(z;n) = \sum_{m=-\infty}^{\infty} h[n;m]z^{-m} \tag{8.2.5}$$

时不变离散时间线性系统的传递函数和时间指标 n 无关，即

$$H(z) = \sum_{m=-\infty}^{\infty} h[m]z^{-m} \tag{8.2.6}$$

对于时不变系统，式 (8.2.2) 可以写成

$$Y[n] = \sum_{m=-\infty}^{\infty} X[m]h[n-m] = X[n] * h[n] \tag{8.2.7}$$

对式 (8.2.7) 做双边 z 变换得

$$\hat{Y}(z) = \hat{X}(z)H(z) \tag{8.2.8}$$

式中，$\hat{X}(z)$ 和 $H(z)$ 分别是随机序列 $X[n]$ 的 z 变换和线性系统的传递函数。

8.2.2 离散时间线性系统的二阶矩传输特性

(1) 均值传输特性

若输入过程 $X[n]$ 与输出过程 $Y[n]$ 的均值函数之间存在如下关系：

$$m_Y[n] = E\{Y[n]\} = \sum_{m=-\infty}^{\infty} E\{X[m]\}h[n;m]$$

则

$$m_Y[n] = \sum_{k=-\infty}^{\infty} m_X[k]h[n;k] \qquad (8.2.9)$$

若 $X[n]$ 为宽平稳过程，则有

$$m_Y[n] = m_X \sum_{k=-\infty}^{\infty} h[n;k] = m_X H(1,n) \qquad (8.2.10)$$

若线性系统是时不变的，则有

$$m_Y[n] = \sum_{k=-\infty}^{\infty} m_X[k]h[n-k] = m_X[n] * h[n] \qquad (8.2.11)$$

若 $X[n]$ 宽平稳，线性系统同时又是时不变的，则有

$$m_Y = m_X \sum_{k=-\infty}^{\infty} h[k] = m_X H(1) \qquad (8.2.12)$$

(2) 输入与输出的互相关特性

输入与输出过程之间的互相关函数为

$$R_{XY}[n_1,n_2] = E\{X[n_1]Y^*[n_2]\} = E\left\{X[n_1] \sum_{m=-\infty}^{\infty} X^*[m]h^*[n_2;m]\right\}$$

$$= \sum_{m=-\infty}^{\infty} R_X[n_1,m]h^*[n_2;m] \qquad (8.2.13)$$

若系统时不变，则有

$$R_{XY}[n_1,n_2] = \sum_{m=-\infty}^{\infty} R_X[n_1,m]h^*[n_2-m] = R_X[n_1,n_2] * h^*[n_2] \qquad (8.2.14)$$

若输入过程宽平稳，则有

$$R_{XY}[n_1,n_2] = \sum_{m=-\infty}^{\infty} R_X[n_1-m]h^*[n_2;m] = R_X[n_1] * h^*[n_2;n_1] \qquad (8.2.15)$$

若系统时不变，输入过程同时宽平稳，则有

$$R_{XY}[m] = R_X[m] * h^*[-m] \qquad (8.2.16)$$

另外

$$R_{YX}[n_1,n_2] = E\{Y[n_1]X^*[n_2]\} = \sum_{m=-\infty}^{\infty} R_X[n_2,m]h[n_1;m] \tag{8.2.17}$$

若系统时不变,则有

$$R_{YX}[n_1,n_2] = \sum_{m=-\infty}^{\infty} R_X[n_2,m]h[n_1-m] = R_X[n_2,n_1] * h[n_1] \tag{8.2.18}$$

若输入过程宽平稳,则有

$$R_{YX}[n_1,n_2] = \sum_{m=-\infty}^{\infty} R_X[n_2-m]h[n_1;m] = R_X[n_2] * h[n_1;n_2] \tag{8.2.19}$$

若系统时不变,输入过程同时宽平稳,则有

$$R_{YX}[m] = R_X[m] * h[m] \tag{8.2.20}$$

(3) 输入与输出的自相关传输特性

输出过程的自相关函数为

$$R_Y[n_1,n_2] = E\{Y[n_1]Y^*[n_2]\} = E\left\{\sum_{m=-\infty}^{\infty} X[m]h[n_1,m] \sum_{k=-\infty}^{\infty} X^*[k]h^*[n_2,k]\right\}$$

$$= \sum_{m=-\infty}^{\infty} \sum_{k=-\infty}^{\infty} R_X[m,k]h[n_1,m]h^*[n_2,k] \tag{8.2.21}$$

若系统是时不变的,则有

$$R_Y[n_1,n_2] = R_X[n_1,n_2] * h[n_1] * h^*[n_2] \tag{8.2.22}$$

若系统时不变,输入过程同时又是宽平稳的,则有

$$R_Y[m] = R_X[m] * h[m] * h^*[-m] \tag{8.2.23}$$

由上面的推导,可以得到如下结论。

性质 8.2.1 对于时不变线性系统来说,若输入过程是宽平稳的,则输出过程也是宽平稳的,并且输入过程的均值、自相关函数与输出过程的均值、自相关函数之间分别有式(8.2.12)和式(8.2.23)的关系。

(4) 输入与输出的功率谱传输特性

假设线性系统是时不变的,且输入过程是宽平稳的,则输出过程也是宽平稳的。下面来考虑时不变系统对宽平稳过程的功率谱密度函数的传输特性。

分别对式(8.2.16)、式(8.2.20)、式(8.2.23)做 Fourier 变换,得到

$$S_{XY}(f) = S_X(f)H^*(f) \tag{8.2.24}$$

$$S_{YX}(f) = S_X(f)H(f) \tag{8.2.25}$$
$$S_Y(f) = S_X(f)|H(f)|^2 \tag{8.2.26}$$

式中，$H(f) = H(z)\big|_{z=\mathrm{e}^{\mathrm{j}2\pi f}}$；$H(z)$ 是系统的传递函数。由上面的式子还可以得到

$$S_{XY}(f) = S_{YX}^*(f) \tag{8.2.27}$$
$$S_Y(f) = S_{XY}(f)H(f) \tag{8.2.28}$$
$$S_Y(f) = S_{YX}(f)H^*(f) \tag{8.2.29}$$

(5) 例子

例 8.2.1 已知宽平稳白噪声序列 $X[n]$ 的自相关函数为 $R_X[m] = q\delta[m]$，将其输入冲激响应为

$$h[n] = n\alpha^{-n}, \quad n \geqslant 0, \alpha > 1$$

的 RC 平滑滤波器，试求输出随机序列 $Y[n]$ 的自相关函数及功率谱密度。

解：由性质 8.2.1 知输出过程也为宽平稳过程，且有

$$\begin{aligned} R_Y[m] &= R_X[m] * h[m] * h^*[-m] \\ &= \sum_{k_1=0}^{\infty} \sum_{k_2=0}^{\infty} q\delta[m - k_1 + k_2]k_1\alpha^{-k_1}k_2\alpha^{-k_2} \\ &= q\sum_{k=m}^{\infty} k(k-m)\alpha^{-2k+m} \\ &= q\alpha^m \left(\sum_{k=m}^{\infty} k^2 \alpha^{-2k} - m\sum_{k=m}^{\infty} k\alpha^{-2k} \right) \end{aligned}$$

因为

$$\sum_{k=m}^{\infty} kx^k = \sum_{k=0}^{\infty} kx^k - \sum_{k=0}^{m-1} kx^k = \frac{mx^m - (m-1)x^{m+1}}{(1-x)^2}$$
$$\sum_{k=m}^{\infty} k^2 x^k = \frac{m^2 x^m - (2m^2 - 2m - 1)x^{m+1} + (m-1)^2 x^{m+2}}{(1-x)^3}$$

所以

$$R_Y[m] = q\alpha^2(|m| + 1)\frac{\alpha^2 - |m| + 1}{(\alpha^2 - 1)^3}\alpha^{-|m|}, \quad m = 0, \pm 1, \cdots$$

其传递函数为

$$\begin{aligned} H(f) &= \sum_{m=0}^{\infty} m\alpha^{-m}\mathrm{e}^{-\mathrm{j}m\omega} = \sum_{m=0}^{\infty} m\left(\frac{1}{\alpha \mathrm{e}^{\mathrm{j}\omega}}\right)^m \\ &= \frac{1/(\alpha \mathrm{e}^{\mathrm{j}\omega})}{(1 - 1/(\alpha \mathrm{e}^{\mathrm{j}\omega}))^2} = \frac{\alpha \mathrm{e}^{\mathrm{j}\omega}}{(\alpha \mathrm{e}^{\mathrm{j}\omega} - 1)^2}, \quad \omega = 2\pi f \end{aligned}$$

因此，输出过程的功率谱密度为

$$S_Y(f) = qH(f)H^*(f) = qH(f)H(-f)$$
$$= q\frac{\alpha e^{j\omega}}{(\alpha e^{j\omega}-1)^2}\frac{\alpha e^{-j\omega}}{(\alpha e^{-j\omega}-1)^2}$$
$$= \frac{q\alpha^2}{(\alpha^2 - 2\alpha\cos\omega + 1)^2}$$

例 8.2.2 m 阶二项式滤波器的冲激响应函数为

$$h[n] = \begin{cases} C_m^n, & 0 \leqslant n \leqslant m \\ 0, & \text{其他} \end{cases}$$

式中，m、n 为整数。若输入过程 $\{X[n]\}_{n=-\infty}^{\infty}$ 是均值函数为 $m_X[n] = (-1)^n$、自相关函数为 $R_X[n] = \sigma^2\delta[n]$ 的随机过程，试求该滤波器输出过程 $Y[n]$ 的均值函数 $m_Y[n]$ 和自相关函数 $R_Y[n]$。

解：虽然随机过程 $X[n]$ 的均值不是常数，但自相关函数仍满足性质 8.2.1 的结论。因此，有

$$m_Y[n] = \sum_{k=0}^{m} m_X[n-k]h[k] = \sum_{k=0}^{m}(-1)^{n-k}C_m^k$$
$$R_Y[n] = R_X[n] * h[n] * h^*[-n] = \sigma^2\delta[n] * h[n] * h^*[-n]$$
$$= \sigma^2 h[n] * h^*[-n] = \sigma^2 \sum_{k=0}^{m} h[n+k]h^*[k]$$
$$= \sigma^2 \sum_{k=0}^{m} C_m^{n+k}C_m^k$$

习题 8.2

8.2.1 将零均值的离散时间白噪声 $W[n]$ 输入冲激响应为 $g[n]$ 的线性系统，输出 $Y[n]$，将 $Y[n]$ 继续输入冲激响应为 $h[n]$ 的线性系统，设输出为 $Z[n]$。此外

$$g[n] = \left(\frac{1}{2}\right)^n U[n], \quad h[n] = \left(\frac{1}{4}\right)^n U[n]$$

式中，$U[n]$ 为离散 Heavyside 函数，即对 $n \geqslant 0$ 有 $U[n] = 1$，对 $n < 0$ 有 $U[n] = 0$。试求以下各量：$S_Y(f)$、$S_Z(f)$、$R_{WY}[k]$、$R_{WZ}[k]$、$S_{WY}(f)$、$S_{WZ}(f)$、$E\{Z^2[n]\}$。

8.2.2 设 $Y[n] = X[n] + \beta X[n-1]$，其中 $X[n]$ 是零均值的自相关函数为 $R_X[k] = \alpha^{|k|}\sigma^2$ 的随机序列，其中 $|\alpha| < 1$。试求以下各量：$R_{YX}[k]$、$S_{YX}(f)$、$S_Y(f)$、$R_Y[k]$、$E\{Y^2[n]\}$，并求出当 β 为何值时，$Y[n]$ 为白噪声。

8.2.3 已知 $Y[n] = (X[n+1] + X[n] + X[n-1])/3$，设 $X[n]$ 是自相关函数为 $R_X[k]$ 的宽平稳过程，试求 $R_Y[k]$、$S_Y(f)$ 和 $E\{Y^2[n]\}$。

8.2.4 在上题中，若 $X[n]$ 是一个 Gauss 白噪声，试求 $(Y[n], Y[n+1], Y[n+2])$ 的联合概率密度函数。

8.2.5 一个移动平均过程 $X[n]$ 定义如下:
$$X[n] = W[n] + \alpha_1 W[n-1] + \cdots + \alpha_p W[n-p]$$
式中，$W[n]$ 是零均值的白噪声。

1) 证明对 $|k| > p$ 有 $R_X[k] = 0$。
2) 通过计算 $E\{X[n+k]X[n]\}$ 给出 $R_X[k]$ 的表达式，然后按定义计算 $S_X(f)$。
3) 试给出该线性系统的冲激响应 $h[n]$ 和传递函数 $H(f)$。用传递函数及线性系统的性质给出 $S_X(f)$，并将结果和问题 2) 中比较。

8.2.6 设有二阶自回归过程 $Y[n]$ 定义如下：
$$Y[n] = \frac{3}{4}Y[n-1] - \frac{1}{8}Y[n-2] + W[n]$$
式中，$W[n]$ 为零均值的白噪声。试求该线性系统的冲激响应和传递函数，并求 $S_Y(f)$ 和 $R_Y[k]$。

8.3 宽平稳离散时间信号的特征估计

随机信号的特征——均值、方差、自相关函数与功率谱密度函数等，在实际应用中是非常重要的信号特征。这些特征不仅可以用于判断信号本身的特征，还可以用于信号检测、滤波器的设计等。本节讨论如何根据样本函数估计宽平稳离散时间信号的均值、方差、自相关函数与功率谱密度函数。

8.3.1 参数估计概论

(1) 估计子

设 a 是待估量，如均值、均方、方差、自相关函数、功率谱密度等，它们是未知的确定量，不是随机变量。$\hat{a}$ 是 a 的估计值，它是根据信号 $X[n]$ 的采样数据 $X[1], X[2], \cdots, X[N]$ 及某计算方法所得到的结果，将该计算方法表示为从 $X[1], X[2], \cdots, X[N]$ 到 $\hat{a}$ 的一个映射 ϕ，则有

$$\hat{a} = \phi(X[1], X[2], \cdots, X[N]) \tag{8.3.1}$$

函数 $\phi(X[1], X[2], \cdots, X[N])$ 被称为**估计子**。由于 $X[1], X[2], \cdots, X[N]$ 是随机向量，所以 $\hat{a}$ 是随机变量。

(2) 估计的偏差

估计的偏差：若 $E\{\hat{a}\} = a$，则称 $\hat{a}$ 为 a 的**无偏估计**；若 $E\{\hat{a}\} \neq a$，则称 $\hat{a}$ 为 a 的**有偏估计**；数值 $b_{\hat{a}} = E\{\hat{a}\} - a$ 称为**估计偏差**。若随着样本数目 N 的增大有 $\lim_{N \to \infty} b_{\hat{a}} = 0$，称该估计为**渐近无偏估计**。

(3) 估计的方差

估计的方差定义为

$$\sigma_{\hat{a}}^2 = E\{|\hat{a} - E\{\hat{a}\}|^2\} \tag{8.3.2}$$

$\sigma_{\hat{a}}^2$ 越小，表示各次估计值 $\hat{a}$ 越集中于 $E\{\hat{a}\}$。

评价一个估计的优劣，最常用的度量就是估计的偏差和方差。若一个估计是无偏估计，则说明进行多次估计后，各次估计值 $\hat{a}$ 的平均值接近于待估量 a 的真实值，但并不能保证

每次估计都接近于真实值,每次的估计值甚至会很分散。若估计的方差很小,则表明每次的估计值 $\hat{a}$ 都接近于 $E\{\hat{a}\}$,估计值很集中,但不能保证这些估计值集中于真实值 a 的附近。所以,只有偏差与方差同时接近于零,才能保证每次的估计值都集中于真实值附近,此时做一次估计就能得出足够准确的估计值。

有时候,偏差减小,方差就会增大;而方差减小,偏差就会增大。为了综合偏差与方差,常用两者相加的量 $D_{\hat{a}} = \sigma_{\hat{a}}^2 + |b_{\hat{a}}|^2$ 表示估计的好坏。

性质 8.3.1 上述综合偏差与方差的量 $D_{\hat{a}}$ 就是估计值的均方误差,即

$$D_{\hat{a}} = E\{|\hat{a} - a|^2\} \tag{8.3.3}$$

证明: 由下式可知

$$E\{|\hat{a} - a|^2\} = E\{|(\hat{a} - E\{\hat{a}\}) + (E\{\hat{a}\} - a)|^2\}$$
$$= E\{|\hat{a} - E\{\hat{a}\}|^2\} + E\{|E\{\hat{a}\} - a|^2\}$$

结论成立,上式中用到了 $E\{\hat{a} - E\{\hat{a}\}\} = 0$。 □

(4) 有效估计

如果用某一估计子得到的估计值与实际值间的均方误差小于任何其他估计子的均方误差,则称此估计子的估计为**有效估计**。即如果若干估计子所得出的估计值分别为 $\hat{a}_1, \cdots,\hat{a}_k, \cdots$,若对任意 $k \geqslant 2$ 有

$$E\{|\hat{a}_1 - a|^2\} \leqslant E\{|\hat{a}_k - a|^2\} \tag{8.3.4}$$

则 $\hat{a}_1$ 是有效估计。

(5) 一致估计

如果随着样本容量的增加,估计的均方误差趋于零,则称此估计为**一致估计**,即

$$\lim_{N \to \infty} E\{|\hat{a} - a|^2\} = 0 \tag{8.3.5}$$

8.3.2 均值和方差估计

(1) 均值估计

设 $X_0, \cdots, X_{N-1}$ 是观察得到的宽平稳离散时间信号 $X[n]$ 的一个有限长采样序列,则

$$\hat{m}_X = \frac{1}{N} \sum_{n=0}^{N-1} X_n \tag{8.3.6}$$

是均值的估计值。

可以证明如下性质。

性质 8.3.2 式(8.3.6)给出的均值估计是无偏的,若 $X[n]$ 是纯粹独立随机过程,则该估计又是一致的。

证明： 由下式可知

$$E\{\hat{m}_X\} = E\left\{\frac{1}{N}\sum_{n=0}^{N-1} X_n\right\} = \frac{1}{N}\sum_{n=0}^{N-1} E\{X_n\} = \frac{1}{N}\sum_{n=0}^{N-1} m_X = m_X$$

式（8.3.6）给出的均值估计是无偏的。此外，估计值的均方有如下表达：

$$E\{|\hat{m}_X|^2\} = E\left\{\left(\frac{1}{N}\sum_{n=0}^{N-1} X_n\right)\left(\frac{1}{N}\sum_{n=0}^{N-1} X_n\right)^*\right\}$$

$$= \frac{1}{N^2}\sum_{m=0}^{N-1}\sum_{n=0}^{N-1} E\{X_m X_n^*\}$$

$$= \frac{1}{N^2}\left[\sum_{n=0}^{N-1} E\{|X_n|^2\} + \sum_{m\neq n} E\{X_m\}E\{X_n^*\}\right] \quad （独立）$$

$$= \frac{1}{N}\psi_X^2 + \frac{N-1}{N}|m_X|^2$$

所以

$$\text{Var}\{\hat{m}_X\} = E\{|\hat{m}_X|^2\} - |m_X|^2 = \frac{1}{N}\psi_X^2 + \frac{N-1}{N}|m_X|^2 - |m_X|^2$$

$$= \frac{1}{N}\sigma_X^2 \to 0, \quad N \to \infty$$

所以，$\hat{m}_X$ 是一致估计。 □

(2) 方差估计

在均值的真实值已知的情况下，方差可按式（8.3.7）来估计①：

$$\hat{\sigma}_X^2 = \frac{1}{N}\sum_{n=0}^{N-1}(X_n - m_X)^2 \tag{8.3.7}$$

在均值的真实值未知的情况下，方差可按式（8.3.8）来估计：

$$\hat{\sigma}_X^2 = \frac{1}{N}\sum_{n=0}^{N-1}(X_n - \hat{m}_X)^2 \tag{8.3.8}$$

式中，$\hat{m}_X$ 是由式（8.3.6）得到的 m_X 估计值。

性质 8.3.3 式（8.3.7）所给出的估计是无偏且一致的；式（8.3.8）所给出的估计是有偏的，如果将式（8.3.8）校正为下式：

$$\hat{\sigma}_X^2 = \frac{1}{N-1}\sum_{n=0}^{N-1}(X_n - \hat{m}_X)^2 \tag{8.3.9}$$

则上式的估计是无偏的。

---

① 这里假设随机信号是实的，复形式的随机信号的方差估计以此类推。

证明：式（8.3.7）所示估计无偏且一致是很显然的。下面证明式（8.3.8）的估计是有偏的：

$$E\{\hat{\sigma}_X^2\} = \frac{1}{N}\sum_{n=0}^{N-1} E\{(X_n - \hat{m}_X)^2\}$$

$$= \frac{1}{N}\sum_{n=0}^{N-1}\left[E\{X_n^2\} + E\{\hat{m}_X^2\} - 2E\{X_n\hat{m}_X\}\right]$$

$$= \frac{N-1}{N}\sigma_2^X$$

所以，式（8.3.8）的估计是有偏的。由证明过程可以看出，若改用式（8.3.9）来估计，就可以得到无偏估计。 □

(3) 采样数据相关性对估计结果的影响

性质 8.3.4 当样本序列 X_n 之间的互相关系数为 $\rho_X[m]=C_X[m]/C_X[0]$ 时，式（8.3.6）的方差为

$$\sigma_{\hat{m}_X}^2 = \sigma_X^2 \frac{1 + 2\sum_{m=1}^{N-1}\left(\frac{N-m}{N}\right)\rho_X[m]}{N} \tag{8.3.10}$$

式（8.3.9）的均值为

$$E\{\hat{\sigma}_X^2\} = \sigma_X^2\left[1 - \frac{2\sum_{m=1}^{N-1}\left(\frac{N-m}{N}\right)\rho_X[m]}{N-1}\right] \tag{8.3.11}$$

证明：证明留作习题。 □

上述性质告诉我们，样本序列的相关性 $\rho_X[m]$ 越小，则均值估计的方差 $\sigma_{\hat{m}_X}^2$ 就越小，同时方差估计 $\hat{\sigma}_X^2$ 的均值就越接近于无偏。

8.3.3 自相关与互相关函数的估计

(1) 估计方法

当观察采样序列的长度为 N 时，自相关函数的估计公式是

$$\hat{R}_X[m] = \frac{1}{N}\sum_{n=0}^{N-|m|-1} X_n X_{n+m}, \quad m = 0, \pm 1, \cdots \tag{8.3.12}$$

注意：式 (8.3.12) 中的求和是 $N-|m|$ 项，这是因为数据的总长度是 N，当求和到 $N-|m|-1$ 时，$n+m$ 已经到达数据的终点 $N-1$。

性质 8.3.5 式 (8.3.12) 给出的自相关函数估计是有偏的，但是渐近无偏的。此外，当 $N \to \infty$ 时，估计的方差 $\mathrm{Var}\{\hat{R}_X[m]\}$ 趋于零，因此式 (8.3.12) 是一致估计。

证明： 由下式可知

$$E\{\hat{R}_X[m]\} = \frac{1}{N} \sum_{m=0}^{N-|m|-1} E\{X_n X_{n+m}\}$$

$$= \frac{N-|m|}{N} R_X[m] \to R_X[m], \quad N \to \infty$$

式 (8.3.12) 是有偏的，且是渐近无偏的。方差特性的分析比较复杂，这里省略，有兴趣的读者可以作为习题完成。□

此外，自协方差函数的估计如下：

$$\hat{C}_X[m] = \frac{1}{N} \sum_{n=0}^{N-|m|-1} (X_n - m_X)(X_{n+m} - m_X), \quad m = 0, \pm 1, \cdots \tag{8.3.13}$$

两个随机信号之间的互相关函数和互协方差函数的估计式如下：

$$\hat{R}_{XY}[m] = \frac{1}{N} \sum_{n=0}^{N-|m|-1} X_n Y_{n+m} \tag{8.3.14}$$

$$\hat{R}_{XY}[-m] = \frac{1}{N} \sum_{n=0}^{N-|m|-1} X_{n+m} Y_n, \quad m = 0, 1, \cdots, N-1 \tag{8.3.15}$$

$$\hat{C}_{XY}[m] = \frac{1}{N} \sum_{n=0}^{N-|m|-1} (X_n - m_X)(Y_{n+m} - m_Y) \tag{8.3.16}$$

$$\hat{C}_{XY}[-m] = \frac{1}{N} \sum_{n=0}^{N-|m|-1} (X_{n+m} - m_X)(Y_n - m_Y), \quad m = 0, 1, \cdots, N-1 \tag{8.3.17}$$

一般来说，要想得到比较精确的估计，则 N 的取值就比较大。由于上面的估计是卷积形式，所以可以利用卷积的乘法定理，将其转化为序列的离散 Fourier 变换 (DFT) 的乘积，然后再做逆 DFT（IDFT）得到最终结果。具体方法这里不再介绍。

(2) 应用举例

例 8.3.1 (检测信号) 自相关与互相关函数的估计常用于信号的检测。假设信号 S_n 被噪声 Z_n 淹没，即有接收信号：

$$X_n = S_n + Z_n \tag{8.3.18}$$

假设噪声是零均值的并且与信号无关，则有

$$R_{SX}[m] = R_S[m] \tag{8.3.19}$$

若有 S_n 的调制方式，就估计信号 S_n 与 X_n 的互相关函数，根据互相关函数 $R_{SX}[m]$ 是否有 $R_S[m]$ 的形式，就可以判断噪声中是否有信号存在。

若没有 S_n 的调制方式，就估计 X_n 的自相关函数：

$$R_X[m] = R_S[m] + R_Z[m] \tag{8.3.20}$$

一般来说，当 m 增大时噪声的自相关函数 $R_Z[m]$ 会迅速减少，而信号 S_n 一般是周期的，所以其自相关函数也将是周期的。所以，当 m 充分大时，就有 $R_X[m] \approx R_S[m]$，根据这个原理既可以判断有无信号，也可以判断信号的周期。

上述检测方法在扩频通信中得到了广泛的应用。

例 8.3.2 (波形延时估计)　若 Y_n 是 X_n 的延时，则使 $R_{XY}[m]$ 达到最大（相关峰）的 m_0 就是这两个波形的延时估计。在扩频通信中，就是通过信号的相关峰来估计信号的时延，从而使接收机与发送端的信号能够同步。

8.3.4　功率谱密度的估计

(1) 自相关法

自相关法基于 Wiener-Xinchin 定理，先对宽平稳过程 $X[n]$ 的 N 点数据按照前面所说的方法，给出自相关函数的估计 $\hat{R}_X[m]$，这样可得到 $2N-1$ 点估计值，然后这 $2N-1$ 个估计值做 Fourier 变换，便得到功率谱密度的估计：

$$\hat{S}_X(f) = \sum_{m=-(N-1)}^{N-1} \hat{R}_X[m] \mathrm{e}^{-\mathrm{j}\, m2\pi f} \tag{8.3.21}$$

(2) 周期图法

先求宽平稳过程 $X[n]$ 的 N 点采样数据的离散时间 Fourier 变换，再取其幅频特性的平方乘以 $1/N$ 作为功率谱估计，即

$$\hat{S}_X(f) = \frac{1}{N} |X_N(\mathrm{e}^{\mathrm{j}\, 2\pi f})|^2 \tag{8.3.22}$$

式中，$X_N(\mathrm{e}^{\mathrm{j}\, 2\pi f})$ 的表达式如下：

$$X_N(\mathrm{e}^{\mathrm{j}\, 2\pi f}) = \sum_{n=0}^{N-1} X_n \mathrm{e}^{-\mathrm{j}\, n2\pi f} \tag{8.3.23}$$

性质 8.3.6　在功率谱的周期图估计中，若令

$$X_n^N = \begin{cases} X_n, & n = 0, 1, \cdots, N-1 \\ 0, & \text{其他} \end{cases}$$

则对上述序列实施周期图功率谱估计的结果和自相关法所得结果是一样的。

证明：由自相关法所得的结果为

$$\hat{S}_X(f) = \mathrm{DFT}\{\hat{R}_X[m]\} = \mathrm{DFT}\left\{\frac{1}{N}\left(X_n^N * X_{-n}^N\right)\right\}$$

$$= \frac{1}{N} \mathrm{DFT}\{X_n^N\} \mathrm{DFT}\{X_{-n}^N\}$$

$$= \frac{1}{N} X_N(\mathrm{e}^{\mathrm{j}\, 2\pi f}) X_N^*(\mathrm{e}^{\mathrm{j}\, 2\pi f}) = \frac{1}{N} |X_N(\mathrm{e}^{\mathrm{j}\, 2\pi f})|^2$$

由此可知结论成立。　□

下面来分析周期图估计的均值。对式 (8.3.21) 两端求平均得到

$$E\{\hat{S}_X(f)\} = \sum_{m=-(N-1)}^{N-1} E\{\hat{R}_X[m]\} \mathrm{e}^{-\mathrm{j}\,m2\pi f}$$

进一步利用 $E\{\hat{R}_X[m]\} = R_X[m]\,(1-|m|/N)$ 得

$$E\{\hat{S}_X(f)\} = \sum_{m=-(N-1)}^{N-1} R_X[m]\,(1-|m|/N)\,\mathrm{e}^{-\mathrm{j}\,m2\pi f}$$

记

$$v_N[m] = \begin{cases} 1-|m|/N, & m \leqslant N-1 \\ 0, & \text{其他} \end{cases}$$

根据频域卷积定理知道

$$E\{\hat{S}_X(f)\} = \int_{-\infty}^{\infty} S_X(f)V_N(f-\lambda)\mathrm{d}\lambda$$

式中，$V_N(\cdot)$ 是 $v_N[m]$ 的离散时间 Fourier 变换，且有如下表达式：

$$V_N(f) = \frac{1}{N}\left(\frac{\sin N\pi f}{\sin \pi f}\right)^2$$

由此可见用周期图或自相关功率谱估计法，具有以下两个特点。

1) $\hat{S}_X(f)$ 是 $S_X(f)$ 的有偏估计。从时域上看，这是因为真实自相关函数被乘以窗口 $v_N[m]$ 而造成的；从频域上看，是由于真实功率谱函数被谱窗口 $V_N(f)$ 卷积而造成的。

2) 当 $N \to \infty$ 时，$V_N(f)$ 趋近于一个 δ 函数，而 δ 函数卷积上任意函数都等于这个函数本身，所以这个估计是渐近无偏的。

(3) Bartlett 平均周期图法

这种方法是周期图法的一种改进：将长度为 N 的数据分为 K 个部分，每个部分的长度为 $M = N/K$，对每个部分分别估计其功率谱密度函数，然后求所有部分的功率谱密度的平均值，作为最后功率谱密度函数的估计值。

显然，如果每个部分的数据是独立的，则求平均值之后的估计值的均值不变，仍等于每个部分的估计值的均值，但是却可以使估计值的方差减小到每个部分估计值方差的 $1/K$。

用 $\hat{S}_X^{\mathrm{AV}}(f)$ 表示平均后的功率谱密度函数，用 $\hat{S}_{X,i}^M(f)$ 表示第 i 部分用 M 点长的数据所得到的经典功率谱估计，则有

$$\hat{S}_X^{\mathrm{AV}}(f) = \frac{1}{K}\sum_{i=1}^{K}\hat{S}_{X,i}^M(f) \tag{8.3.24}$$

所以

$$E\{\hat{S}_X^{\mathrm{AV}}(f)\} = \frac{1}{K}\sum_{i=1}^{K} E\{\hat{S}_{X,i}^M(f)\} = E\{\hat{S}_{X,i}^M(f)\}$$

由前面的结论知道

$$E\{\hat{S}_{X,i}^M(f)\} = S_X(f) * V_M(f)$$

所以

$$E\{\hat{S}_X^{\mathrm{AV}}(f)\} = S_X(f) * V_M(f)$$

式中，$V_M(f)$ 是 $M = N/K$ 点三角窗口的频谱

$$V_M(f) = \frac{1}{M}\left(\frac{\sin M\pi f}{\sin \pi f}\right)^2$$

由此可见，平均周期图法的估计是有偏的，因为 $M < N$，所以偏差比直接用 N 点数据做周期图估计的偏差要大。

此外，如果各个部分的数据独立，则有

$$\mathrm{Var}\{\hat{S}_X^{\mathrm{AV}}(f)\} = \frac{1}{K}\mathrm{Var}\{\hat{S}_{X,i}^M(f)\}$$

可以证明

$$\mathrm{Var}\{\hat{S}_{X,i}^M(f)\} = \sigma_X^4\left[1 + \left(\frac{\sin M2\pi f}{M\sin 2\pi f}\right)^2\right] \tag{8.3.25}$$

所以

$$\mathrm{Var}\{\hat{S}_X^{\mathrm{AV}}(f)\} = \frac{\sigma_X^4}{K}\left[1 + \left(\frac{\sin M2\pi f}{M\sin 2\pi f}\right)^2\right] \tag{8.3.26}$$

由此可见，$K \to \infty$ 时，则方差趋于零，因此是一致估计。

(4) Welch 加窗修正周期图法

功率谱密度函数的加窗周期图估计为

$$\hat{S}_X^{\mathrm{SM}}(f) = \sum_{m=-(M-1)}^{M-1} w_M[m]\hat{R}_X[m]\mathrm{e}^{-\mathrm{j}\,m2\pi f} \tag{8.3.27}$$

式中，$\hat{R}_X[m]$ 是通过数据长度为 N 的序列得到的自相关函数估计，窗函数 $w_M[m]$ 是在 $-(M-1) \sim M-1$ 内取值的离散时间函数。式（8.3.27）的频域表示为

$$\hat{S}_X^{\mathrm{SM}}(f) = \hat{S}_X(f) * W_M(f) \tag{8.3.28}$$

式中

$$W_M(f) = \sum_{m=-(M-1)}^{M-1} w_M[m]\mathrm{e}^{-\mathrm{j}\,m2\pi f}$$

该估计的均值函数在时域与频域的表示分别为

$$E\{\hat{S}_X^{\mathrm{SM}}(f)\} = S_X(f) * V_N(f) * W_M(f) = \sum_{m=-(M-1)}^{M-1} R_X[m]v_N[m]w_M[m]\mathrm{e}^{-\mathrm{j}\,m2\pi f}$$

Welch 加窗修正周期图法等于将原来的周期图中的窗函数 $v_N[m]$ 修正为一个新的窗函数 $v_N[m]w_M[m]$，因为 $v_N[0] = 1$，所以只要 $w_M[0] = 1$ 就可以保证估计的渐近无偏性。

此外，加窗修正周期图法的估计方差要比周期图法小，这里不再证明。

以下是几种常见的窗函数。

矩形窗：
$$w_{\mathrm{r}}[m] = \begin{cases} 1, & |m| < M-1 \\ 0, & \text{其他} \end{cases}$$

$$W_{\mathrm{r}}(f) = \frac{\sin \pi f(2M-1)}{\sin \pi f}$$

三角窗：
$$w_{\mathrm{t}}[m] = \left[1 - \frac{|m|}{M-1}\right] w_{\mathrm{r}}[m]$$

$$W_{\mathrm{t}}(f) = \frac{\sin^2 \pi f M}{M \sin^2 \pi f}$$

Hanning 窗：
$$w_{\mathrm{Hn}}[m] = \frac{1}{2}\left(1 - \cos \frac{m\pi}{M-1}\right) w_{\mathrm{r}}[m]$$

$$W_{\mathrm{Hn}}(f) = \frac{1}{2}W_{\mathrm{r}}(f) + \frac{1}{4}W_{\mathrm{r}}\left(2\pi f + \frac{\pi}{M-1}\right) + \frac{1}{4}W_{\mathrm{r}}\left(2\pi f - \frac{\pi}{M-1}\right)$$

Hamming 窗：
$$w_{\mathrm{Hm}}[m] = \left(0.54 + 0.46 \cos \frac{m\pi}{M-1}\right) w_{\mathrm{r}}[m]$$

$$W_{\mathrm{Hm}}(f) = 0.46 W_{\mathrm{r}}(f) + 0.23 W_{\mathrm{r}}\left(2\pi f + \frac{\pi}{M-1}\right) + 0.23 W_{\mathrm{r}}\left(2\pi f - \frac{\pi}{M-1}\right)$$

(5) Welch 加窗修正平均周期图法

这种方法综合了"平均"与"加窗修正"两种技巧，也即把数据分成若干段，每段之上采用加窗法得到功率谱密度，然后再对每段之上得到的功率谱密度求平均。

具体步骤如下：

1) 将 N 点的数据分段，设每段数据的长度为 L：如果各段互不交叠，则 $K = N/L$；如果允许各段数据交叠，则段数 K 可以大于 N/L。

2) 对第 i 段数据用加窗法求其功率谱密度：将第 i 段上的数据 $X_i[n]$ 与 L 点窗函数相乘，得到 $X_i[n]w[n]$，然后对其做 DFT，得到功率谱的周期图估计为

$$S_{X,i}(f) = \frac{1}{M}|X_i(f)|^2$$

3) 求功率谱的最后估计值，即

$$\hat{S}_X^W(f) = \frac{1}{KW} \sum_{i=1}^{K} S_{X,i}(f) \tag{8.3.29}$$

式中，$W = \frac{1}{M}\sum_{m=0}^{M-1} w^2[m]$ 是归一化因子。

可以证明如下性质。

性质 8.3.7 Welch 加窗修正平均周期图估计法是渐近无偏估计，其均值为

$$E\{\hat{S}_X^W(f)\} = S_X(f) * W(f) \tag{8.3.30}$$

式中

$$W(f) = \frac{1}{MW} \left| \sum_{m=0}^{M-1} w[m] e^{-j\, m2\pi f} \right|^2 \tag{8.3.31}$$

证明： 证明留作习题。 □

习题 8.3

8.3.1 证明性质8.3.4。

8.3.2 证明式 (8.3.12) 给出的均值估计中，$\lim_{N\to\infty} \text{Var}\{\hat{R}_X[m]\} = 0$，即性质8.3.5成立。

8.3.3 证明式（8.3.25）。

8.3.4 证明性质8.3.7。

8.3.5 设有各次采样相互独立的随机信号 X_n，其前 10 次采样值 $X_1, X_2, \cdots, X_{10}$ 为 $1, 2, 1, 4, 3, 5, 1, 2, 3, 8$，计算其均值 $\hat{m}_X$ 和方差 $\hat{\sigma}_X^2$。

8.3.6 一般来说，长度为 $2N-1$ 的时间窗 $w_N[m]$ 有如下性质：① 偶序列；② $w_N[0] = 1$；③ $\lim_{N\to\infty} w_N[m] = 1$。试证明其对应谱窗函数 $W_N(f)$ 满足下列性质：

1) $\int_{-1/2}^{1/2} W_N(f) \mathrm{d}f = 1$。
2) $\lim_{N\to\infty} W_N(f) = \delta(f)$，$-1/2 \leqslant f \leqslant 1/2$。

8.3.7 求如下时域 Parzen 窗函数的频域窗函数：

$$w_N[m] = \begin{cases} 1 - 6(m/N)^2 + 6(|m|/N)^3, & |m| \leqslant N/2 \\ 2(1 - |m|/N)^3, & N/2 < |m| \leqslant N \\ 0, & \text{其他} \end{cases}$$

8.3.8 验证本节所给出的矩形窗、三角窗、Hanning 窗和 Hamming 窗的频域函数的正确性。

8.4 宽平稳离散时间随机信号的线性模型

对于具有任意自相关函数 $R_X[n]$ 或功率谱密度函数 $S_X(f)$ 的宽平稳离散时间过程 $X[n]$，都可以看作将白噪声序列通过一个线性系统得到，这实际上是宽平稳过程的一种建模方法。这种建模方法有以下作用：

1) 即便不知道产生某宽平稳离散时间随机信号的系统的内部机制，也可以通过观察足够多的输出信号，用白噪声序列通过一个线性系统来描述这个系统。

2) 一旦确定这个系统的冲激响应，就可以用这个线性系统来模拟生成这个随机信号。

此外，任意一个线性系统都可以用一个核函数 $h[n, m]$ 的求和形式来加以定义。对于时不变线性系统来说，其核函数具有 $h[n-m]$ 的形式，假设其传递函数为 $H(z)$，在数学上已经证明：对于任意连续函数 $H(z)$，都可以找到一个有理函数 $Q(z)$[①]来充分逼近，即对于任意 $H(z)$ 和任意精度要求 ε，都可以找到一个有理多项式 $Q(z)$，使得对任意的 z 都有 $|H(z) - Q(z)| < \varepsilon$ 成立。

---

① 可以表示为两个 z 的多项式的商，这样的函数称为有理函数。

所以，本节考虑如何用白噪声序列通过传递函数为有理多项式的线性系统来为一个具有给定自相关函数或功率谱密度函数的宽平稳过程建模。

8.4.1 滑动平均（MA）模型

(1) MA 模型的定义

若某随机信号 $X[n]$ 可以用下列 MA 差分方程来建模：

$$X[n] = W[n] + \sum_{k=1}^{q} b_k W[n-k] \tag{8.4.1}$$

式中，$W[n]$ 是零均值、方差为 σ_W^2 的白噪声序列；$b_1, \cdots, b_q$ 为一组实数，且 $b_q \neq 0$，则称该随机信号 $X[n]$ 为 MA **随机信号**[①]，上述给 $X[n]$ 建模的差分方程为 q 阶 MA **模型**。

(2) MA 模型的传递函数与冲激响应

对式（8.4.1）两边做 z 变换，得到

$$\hat{X}(z) = \hat{W}(z) + \sum_{k=1}^{q} b_k \hat{W}(z) z^{-k}$$

所以，MA(q) 模型的传递函数为

$$H(z) = \frac{\hat{X}(z)}{\hat{W}(z)} = 1 + \sum_{k=1}^{q} b_k z^{-k} \tag{8.4.2}$$

若特征方程 $1 + \sum_{k=1}^{q} b_k z^{-k} = 0$ 的所有复根 $z_1, \cdots, z_q$ 在单位圆内，即对所有 $k = 1, 2, \cdots, q$ 有 $|z_k| < 1$，则该 MA(q) 系统是可逆系统，逆系统的传递函数为 $1/H(z)$，其极点都在单位圆内，所以是稳定系统。

MA(q) 系统的冲激响应为

$$h[n] = \begin{cases} 1, & n = 0 \\ b_n, & n = 1, 2, \cdots, q \\ 0, & \text{其他} \end{cases} \tag{8.4.3}$$

(3) ARMA 信号的功率谱密度函数与自相关函数

由宽平稳过程通过线性系统的功率谱传输特性知道，MA(q) 信号的功率谱密度函数有下列表达：

$$S_X(f) = \sigma_W^2 |H(e^{j2\pi f})|^2 = \sigma_W^2 \left| 1 + \sum_{k=1}^{q} b_k e^{-jk2\pi f} \right|^2 = \sigma_W^2 \prod_{i=1}^{q} \left| e^{j2\pi f} - z_i \right|^2 \tag{8.4.4}$$

上述形式的功率谱密度函数有时也称为**全零功率谱**，这是由于该功率谱函数是有理函数，该有理函数只有零点，没有极点，而且零点也是呈"共轭对"出现的。当 $e^{j2\pi f}$ 接近零点 z_i

---
① 当 $X[n]$ 不是信号，而是任意随机序列时，则称该随机过程为 MA 过程。

时，$S_X(f)$ 会出现一个低谷，所以全零功率谱函数的特点就是这样：在其周期 $[-1/2, 1/2]$ 内会出现 q 个低谷。

MA(q) 信号的均值与自相关函数具有如下表达：

$$m_X = E\{X[n]\} = E\left\{W[n] + \sum_{k=1}^{q} b_k W[n-k]\right\} = 0 \tag{8.4.5}$$

$$R_X[m] = E\{X[n]X[n+m]\} = \begin{cases} \sigma_W^2 \sum_{k=m}^{q} b_k b_{k-m}, & 0 \leqslant |m| \leqslant q \\ 0, & |m| > q \end{cases} \tag{8.4.6}$$

其中，记 $b_0 = 1$。

(4) 例子

例 8.4.1 (MA(1) **信号**) MA(1) 信号具有如下表达：

$$X[n] = W[n] + bW[n-1] \tag{8.4.7}$$

式中，$W[n]$ 是零均值、方差为 σ_W^2 的白噪声序列。其传递函数为

$$H(z) = 1 + bz^{-1} \tag{8.4.8}$$

显然 $-b$ 是零点，为使 MA(1) 模型可逆，则要求 $|b| < 1$。MA(1) 模型的冲激响应为

$$h[n] = \begin{cases} 1, & n = 0 \\ b, & n = 1 \\ 0, & \text{其他} \end{cases} \tag{8.4.9}$$

MA(1) 随机信号的功率谱密度函数为

$$S_X(f) = \sigma_W^2 \left|1 + be^{-j2\pi f}\right|^2 = \sigma_W^2 (1 + 2b\cos 2\pi f + b^2) \tag{8.4.10}$$

其均值和自相关函数为

$$m_X = 0 \tag{8.4.11}$$

$$R_X[m] = \begin{cases} \sigma_W^2 (1 + b^2), & m = 0 \\ \sigma_W^2 b, & |m| = 1 \\ 0, & \text{其他} \end{cases} \tag{8.4.12}$$

8.4.2 自回归（AR）模型

(1) AR 模型的定义

若某随机信号 $X[n]$ 可以用下列 AR 差分方程来建模：

$$X[n] + \sum_{k=1}^{p} a_k X[n-k] = W[n] \tag{8.4.13}$$

式中，$W[n]$ 是零均值、方差为 σ_W^2 的白噪声序列；$a_1, \cdots, a_p$ 为一组实数，且 $a_p \neq 0$，则称该随机信号 $X[n]$ 为 AR **随机信号**[①]，上述给 $X[n]$ 建模的差分方程为 p 阶 AR **模型**。

[①] 同样，当 $X[n]$ 不是信号，而是任意随机序列时，则称该随机过程为 AR 过程。

(2) AR 模型的传递函数与冲激响应

对式（8.4.13）两边做 z 变换，得到

$$\hat{X}(z)\left(1+\sum_{k=1}^{p}a_k z^{-k}\right)=\hat{W}(z)$$

所以，AR(p) 模型的传递函数为

$$H(z)=\frac{\hat{X}(z)}{\hat{W}(z)}=\frac{1}{1+\sum_{k=1}^{p}a_k z^{-k}} \tag{8.4.14}$$

若特征方程 $1+\sum_{k=1}^{p}a_k z^{-k}=0$ 的所有复根 $z_1,\cdots,z_p$ 在单位圆内，即对所有 $k=1,2,\cdots,p$ 有 $|z_k|<1$，则该 AR(p) 系统是稳定的，逆系统的传递函数为 $1/H(z)$，其零点也都在单位圆内。

AR(p) 系统的冲激响应 $h[n]$ 可由求解式（8.4.15）得到

$$H(z)=\frac{1}{1+\sum_{k=1}^{p}a_k z^{-k}}=\sum_{n=0}^{\infty}h[n]z^{-n} \tag{8.4.15}$$

(3) AR 信号的功率谱密度函数与自相关函数

由宽平稳过程通过线性系统的功率谱传输特性知道，AR(p) 信号的功率谱密度函数有下列表达：

$$S_X(f)=\sigma_W^2|H(\mathrm{e}^{\mathrm{j}2\pi f})|^2=\frac{\sigma_W^2}{\left|1+\sum_{k=1}^{p}a_k\mathrm{e}^{-\mathrm{j}k2\pi f}\right|^2}=\frac{\sigma_W^2}{\prod_{i=1}^{p}\left|\mathrm{e}^{\mathrm{j}2\pi f}-z_i\right|^2} \tag{8.4.16}$$

上述形式的功率谱密度函数有时也称为**全极点功率谱**，这是由于该功率谱函数是有理函数，该有理函数只有极点，没有零点，而且极点也是呈"共轭对"出现的。当 $\mathrm{e}^{\mathrm{j}2\pi f}$ 接近极点 z_i 时，$S_X(f)$ 会出现一个峰值，所以全极点功率谱函数的特点就是这样：在其周期 $[-1/2,1/2]$ 内会出现 p 个峰值。

AR(p) 信号 $X[n]$ 的均值显然为零。下面来推导 AR(p) 信号 $X[n]$ 的自相关函数的表达式：

$$R_X[m]=E\left\{X[n]\left[-\sum_{k=1}^{p}a_k X[n+m-k]+w[n+m]\right]\right\} \tag{8.4.17}$$

$$=-\sum_{k=1}^{p}a_k R_X[m-k]+E\{X[n]W[n+m]\} \tag{8.4.18}$$

因为 $W[n]$ 是零均值、方差为 σ_W^2 的宽平稳白噪声序列，此外 $X[n]$ 只与 $W[n], W[n-1], \cdots$ 有关，因此

$$E\{X[n]W[n+m]\} = \begin{cases} 0, & m \geqslant 1 \\ \sigma_W^2, & m = 0 \end{cases} \tag{8.4.19}$$

这样一来，可以得到下列方程：

$$\begin{cases} R_X[0] + \sum_{k=1}^{p} a_k R_X[-k] = \sigma_W^2 \\ R_X[m] + \sum_{k=1}^{p} a_k R_X[m-k] = 0, \quad m \geqslant 1 \end{cases} \tag{8.4.20}$$

上式被称为 Yule-Waller 方程。

(4) 例子

例 8.4.2 (AR(1) 信号模型)   AR(1) 信号具有如下表达：

$$X[n] = aX[n-1] + W[n] \tag{8.4.21}$$

式中，$W[n]$ 是零均值、方差为 σ_W^2 的白噪声序列。将上式反复代入可得

$$\begin{aligned} X[n] &= W[n] + aW[n-1] + a^2 X[n-2] = \cdots \\ &= W[n] + aW[n-1] + \cdots + a^{n-1} W[1] \end{aligned} \tag{8.4.22}$$

由上式可以求得其均值与自相关函数分别为

$$m_X = 0 \tag{8.4.23}$$

$$R_X[n, n+m] = \sigma_W^2 \left(a^m + a^{m+2} + \cdots + a^{m+2(n-1)}\right)$$

$$= \begin{cases} \dfrac{1-a^{2n}}{1-a^2} a^m \sigma_W^2, & |a| \neq 1 \\ \sigma_W^2 n, & |a| = 1 \end{cases} \tag{8.4.24}$$

由式 (8.4.24) 可见 $R_X[n, n+m]$ 与 n 有关，所以 $X[n]$ 是非宽平稳的。当 $|a| < 1$ 时，$n \to \infty$ 时，有

$$R_X[n, n+m] = \frac{a^{|m|}}{1-a^2} \sigma_W^2 = R_X[m] \tag{8.4.25}$$

AR(1) 模型的传递函数为

$$H(z) = \frac{1}{1 - az^{-1}} \tag{8.4.26}$$

显然 a 是极点，为使 AR(1) 模型稳定，则要求 $|a| < 1$。AR(1) 模型的冲激响应为

$$h[n] = \begin{cases} a^n, & n \geqslant 0 \\ 0, & n < 0 \end{cases} \tag{8.4.27}$$

AR(1) 随机信号的功率谱密度函数为

$$S_X(f) = \frac{\sigma_W^2}{(1 - ae^{-j2\pi f})(1 - ae^{j2\pi f})} = \frac{\sigma_W^2}{1 - 2a\cos 2\pi f + a^2} \tag{8.4.28}$$

例 8.4.3 (AR(2) 信号模型) AR(2) 信号模型由下式定义：

$$X[n] + a_1 X[n-1] + a_2 X[n-2] = W[n], \quad a_2 \neq 0 \tag{8.4.29}$$

AR(2) 信号模型的传递函数为

$$H(z) = \frac{1}{1 + a_1 z^{-1} + a_2 z^{-2}} = \frac{1}{1 - z_1 z^{-1}} \frac{1}{1 - z_2 z^{-1}} \tag{8.4.30}$$

式中，z_1, z_2 是 $H(z)$ 的两个极点，是特征方程 $z^2 + a_1 z + a_2 = 0$ 的解。若这两个极点位于单位圆内，则该系统是稳定的。

对 $H(z)$ 进行如下分解：

$$H(z) = \frac{1}{z_1 - z_2} \left(\frac{z_1}{1 - z_1 z^{-1}} - \frac{z_2}{1 - z_2 z^{-1}} \right) = \sum_{n=0}^{\infty} \frac{z_1^{n+1} - z_2^{n+1}}{z_1 - z_2} z^{-n}$$

所以，AR(2) 信号模型的冲激响应为

$$h[n] = \frac{z_1^{n+1} - z_2^{n+1}}{z_1 - z_2} \tag{8.4.31}$$

输入和输出之间的关系可以表达为

$$X[n] = h[n] * W[n] = \sum_{k=0}^{\infty} \frac{z_1^{k+1} - z_2^{k+1}}{z_1 - z_2} W[n-k] \tag{8.4.32}$$

AR(2) 信号的自相关函数满足下列 Yule-Walker 方程：

$$R_X[0] + a_1 R_X[-1] + a_2 R_X[-2] = \sigma_W^2$$
$$R_X[m] + a_1 R_X[m-1] + a_2 R_X[m-2] = 0, \qquad m \geqslant 1$$

由于 $R_X[m]$ 是偶函数，所以有

$$\begin{cases} R_X[0] + a_1 R_X[1] + a_2 R_X[2] = \sigma_W^2 \\ R_X[1] + a_1 R_X[0] + a_2 R_X[1] = 0 \\ R_X[2] + a_1 R_X[1] + a_2 R_X[0] = 0 \end{cases} \tag{8.4.33}$$

解得

$$R_X[0] = \frac{(1 + a_2) \sigma_W^2}{(1 - a_2) [(1 + a_2)^2 - a_1^2]}$$
$$R_X[1] = \frac{a_1}{1 + a_2} R_X[0]$$
$$R_X[2] = \left(\frac{a_1^2}{1 + a_2} - a_2 \right) R_X[0]$$

进一步递推可以得到 $R_X[m]$，即

$$R_X[m] = \begin{cases} \dfrac{(1-z_2^2)z_1^{m+1} - (1-z_1^2)z_2^{m+1}}{(z_1-z_2)(1+z_1z_2)} R_X[0], & z_1 \neq z_2 \\ \left[1 + m\left(\dfrac{1-c^2}{1+c^2}\right)\right] c^m R_X[0], & z_1 = z_2 = c \end{cases} \tag{8.4.34}$$

当 z_1 和 z_2 为共轭复极点时，可进一步导出如下表达式：

$$R_X[m] = \frac{\sin(mu+v)}{\sin v} a_2^{m/2} R_X[0] \tag{8.4.35}$$

其中

$$\cos u = -\frac{a_1}{2\sqrt{a_2}}$$

$$\tan v = \frac{1+a_2}{1-a_2}\tan u$$

AR(2) 信号的功率谱密度函数为

$$S_X(f) = \frac{\sigma_W^2}{\left|1 + a_1 e^{-j2\pi f} + a_2 e^{-j2\pi f}\right|^2} = \frac{\sigma_W^2}{\left|(e^{j2\pi f} - z_1)(e^{j2\pi f} - z_2)\right|^2} \tag{8.4.36}$$

8.4.3 自回归滑动平均（ARMA）模型

(1) ARMA 模型的定义

若某随机信号 $X[n]$ 可以用下列 ARMA 差分方程来建模：

$$X[n] + \sum_{k=1}^{p} a_k X[n-k] = W[n] + \sum_{k=1}^{q} b_k W[n-k] \tag{8.4.37}$$

式中，$W[n]$ 是零均值、方差为 σ_W^2 的白噪声序列；$a_1, \cdots, a_p$ 与 $b_1, \cdots, b_q$ 为实数，且 $a_p \neq 0, b_q \neq 0$，则称该随机信号 $X[n]$ 为 MA 随机信号[①]，上述给 $X[n]$ 建模的差分方程为 (p,q) 阶 ARMA 模型，有时称作 ARMA(p,q) 模型。

(2) ARMA 模型的传递函数与冲激响应

对式（8.4.37）两边做 z 变换，得到

$$\hat{X}(z)\left(1 + \sum_{k=1}^{p} a_k z^{-k}\right) = \hat{W}(z)\left(1 + \sum_{k=1}^{q} b_k z^{-k}\right)$$

所以，ARMA(p,q) 模型的传递函数为

$$H(z) = \frac{\hat{X}(z)}{\hat{W}(z)} = \frac{1 + \displaystyle\sum_{k=1}^{q} b_k z^{-k}}{1 + \displaystyle\sum_{k=1}^{p} a_k z^{-k}} = \frac{\displaystyle\prod_{k=1}^{q}(1-z_k)}{\displaystyle\prod_{k=1}^{p}(1-\bar{z}_k)} \tag{8.4.38}$$

---

① 当 $X[n]$ 不是信号，而是任意随机序列时，则称该随机过程为 ARMA 过程。

式中，$z_1, \cdots, z_q$ 是 $H(z)$ 的零点；$\bar{z}_1, \cdots, \bar{z}_p$ 是 $H(z)$ 的极点。若要使系统稳定且可逆，一般要求所有极点与零点都在单位圆内。

ARMA(p, q) 系统的冲激响应可以通过求解式（8.4.39）得到

$$H(z) = \frac{1 + \sum_{k=1}^{q} b_k z^{-k}}{1 + \sum_{k=1}^{p} a_k z^{-k}} = \sum_{n=0}^{\infty} h[n] z^{-n} \tag{8.4.39}$$

(3) MA 信号的功率谱密度函数与自相关函数

由宽平稳过程通过线性系统的功率谱传输特性知道，ARMA(p, q) 信号的功率谱密度函数有下列表达：

$$S_X(f) = \sigma_W^2 |H(\mathrm{e}^{\mathrm{j}\,2\pi f})|^2 = \sigma_W^2 \left| \frac{1 + \sum_{k=1}^{q} b_k \mathrm{e}^{-\mathrm{j}\,k2\pi f}}{1 + \sum_{k=1}^{p} a_k \mathrm{e}^{-\mathrm{j}\,k2\pi f}} \right|^2 = \sigma_W^2 \left| \frac{\prod_{i=1}^{q} (\mathrm{e}^{\mathrm{j}\,2\pi f} - z_i)}{\prod_{i=1}^{p} (\mathrm{e}^{\mathrm{j}\,2\pi f} - \bar{z}_i)} \right|^2 \tag{8.4.40}$$

上述形式的功率谱密度函数是有理函数，该有理函数既有零点又有极点。当 $\mathrm{e}^{\mathrm{j}\,2\pi f}$ 接近零点 z_i 时，$S_X(f)$ 会出现一个低谷；而当 $\mathrm{e}^{\mathrm{j}\,2\pi f}$ 接近极点 $\bar{z}_i$ 时，$S_X(f)$ 会出现一个峰值。所以 ARMA(p, q) 信号功率谱函数的特点就是这样：在其周期 $[-1/2, 1/2]$ 内会出现 q 个低谷、p 个峰值。

简单推导可知 ARMA(p, q) 信号的均值为零。自相关函数满足下列推广的 Yule-Walker 方程：

$$R_X[m] = \begin{cases} -\sum_{k=1}^{p} a_k R_X[m-k] + \sigma_W^2 \sum_{k=m}^{q} b_k h[k-m], & 0 \leqslant m \leqslant q \\ -\sum_{k=1}^{p} a_k R_X[m-k], & m > q \end{cases} \tag{8.4.41}$$

式中，$h[k-m]$ 是 ARMA(p, q) 模型的冲激响应。

(4) 例子

例 8.4.4（ARMA$(p, p-1)$ 信号模型） 此时推广的 Yule-Walker 方程为

$$\begin{cases} R_X[m] + \sum_{k=1}^{p} a_k R_X[m-k] = \sigma_W^2 \sum_{k=m}^{p-1} b_k h[k-m], & 0 \leqslant m \leqslant p-1 \\ R_X[m] + \sum_{k=1}^{p} a_k R_X[m-k] = 0, & m > p-1 \end{cases}$$

设 $\lambda_1, \cdots, \lambda_p$ 是特征方程 $z^p + a_1 z^{p-1} + \cdots + a_p = 0$ 的解，$R_X[m]$ 为它们的指数函数的线性组合：

$$R_X[m] = \sum_{k=1}^{p} d_k \lambda_k^{|m|} \tag{8.4.42}$$

8.4.4 三种模型间的转换

上述三种信号模型之间是可以转换的，下面讨论各种可能的转换。

(1) AR(p) 模型转换为 MA(∞)

已知 AR(p) 系统模型的传递函数为

$$H(z) = \frac{1}{1 + \sum_{k=1}^{p} a_k z^{-k}}$$

并且其所有极点都在单位圆内。要想将该模型转换为 MA(∞) 模型，意味着求解下列方程：

$$H(z) = \frac{1}{1 + \sum_{k=1}^{p} a_k z^{-k}} = \sum_{k=0}^{\infty} b_k z^{-k}$$

上式等价于

$$\sum_{k=0}^{p} \sum_{l=0}^{\infty} a_k b_l z^{-(k+l)} = 1 \tag{8.4.43}$$

因此，$b_0, \cdots, b_n, \cdots$ 可以通过求解下列方程得到

$$\begin{cases} b_0 = 1 \\ b_1 + a_1 = 0 \\ b_2 + a_1 b_1 + a_2 = 0 \\ \quad \vdots \\ b_{p-1} + a_1 b_{p-2} + a_2 b_{p-3} + \cdots + a_{p-1} = 0 \end{cases} \tag{8.4.44}$$

$$b_k + a_1 b_{k-1} + \cdots + a_p b_{k-p} = 0, \quad k \geqslant p \tag{8.4.45}$$

假设 $\lambda_1, \cdots, \lambda_p$ 是特征方程 $z^p + a_1 z^{p-1} + \cdots + a_p = 0$ 的解，则

$$b_n = c_1 \lambda_1^n + \cdots + c_p \lambda_p^n \tag{8.4.46}$$

式中，$c_1, \cdots, c_p$ 是实常数，可以由式 (8.4.44) 的 p 个初始条件确定。

(2) MA(q) 模型转换为 AR(∞)

将 MA(q) 系统模型转换为 AR(∞) 模型，意味着求解下列方程：

$$H(z) = \sum_{k=0}^{q} b_k z^{-k} = \frac{1}{\sum_{k=0}^{\infty} a_k z^{-k}}$$

上式等价于

$$\sum_{k=0}^{q} \sum_{l=0}^{\infty} b_k a_l z^{-(k+l)} = 1 \tag{8.4.47}$$

因此，$b_0, \cdots, b_n, \cdots$ 可以通过求解下列方程得到

$$\begin{cases} a_0 = 1 \\ a_1 + b_1 = 0 \\ a_2 + b_1 a_1 + b_2 = 0 \\ \quad \vdots \\ a_{q-1} + b_1 a_{q-2} + b_2 a_{q-3} + \cdots + b_{q-1} = 0 \end{cases} \tag{8.4.48}$$

$$a_k + b_1 a_{k-1} + \cdots + b_q a_{k-q} = 0, \quad k \geqslant q \tag{8.4.49}$$

假设 $\lambda_1, \cdots, \lambda_q$ 是特征方程 $z^q + b_1 z^{q-1} + \cdots + b_q = 0$ 的解，则

$$a_n = c_1 \lambda_1^n + \cdots + c_q \lambda_q^n \tag{8.4.50}$$

式中，$c_1, \cdots, c_q$ 是实常数，可以由式 (8.4.48) 的 q 个初始条件确定。

(3) ARMA(p,q) 模型转换为 MA(∞)

将 ARMA(p,q) 系统模型转换为 MA(∞) 模型，意味着求解下列方程：

$$H(z) = \frac{\sum_{k=0}^{q} b_k z^{-k}}{\sum_{k=0}^{p} a_k z^{-k}} = \sum_{l=0}^{\infty} h_l z^{-l}$$

上式等价于

$$\sum_{l=0}^{q} b_l z^{-l} = \sum_{k=0}^{p} \sum_{i=0}^{\infty} a_k h_i z^{-(k+i)} = 1 \tag{8.4.51}$$

因此，$h_0, \cdots, h_n, \cdots$ 可以通过求解下列方程得到

$$\begin{cases} h_0 = 1 \\ h_1 + a_1 = b_1 \\ h_2 + a_1 h_1 + a_2 = b_2 \\ \quad \vdots \\ h_q + a_1 h_{q-1} + a_2 h_{q-2} + \cdots + a_q = b_q \\ h_{p+1} + a_1 h_p + a_2 h_{p-1} + \cdots + a_{q+1} = 0 \\ \quad \vdots \\ h_{p-1} + a_1 h_{p-2} + a_2 h_{p-3} + \cdots + a_{p-1} = 0 \end{cases} \tag{8.4.52}$$

$$h_n + a_1 h_{n-1} + \cdots + a_p h_{n-p} = 0, \quad n \geqslant p \tag{8.4.53}$$

假设 $\lambda_1, \cdots, \lambda_p$ 是特征方程 $z^p + a_1 z^{p-1} + \cdots + a_p = 0$ 的解，则

$$h_n = c_1 \lambda_1^n + \cdots + c_p \lambda_p^n \tag{8.4.54}$$

式中，$c_1, \cdots, c_p$ 是实常数，可以由式 (8.4.52) 的 q 个初始条件确定。

(4) ARMA(p,q) 模型转换为 AR(∞)

将 ARMA(p,q) 系统模型转换为 AR(∞) 模型, 意味着求解下列方程:

$$H(z)=\frac{\sum_{k=0}^{q}b_{k}z^{-k}}{\sum_{k=0}^{p}a_{k}z^{-k}}=\frac{1}{\sum_{l=0}^{\infty}h_{l}z^{-l}}$$

上式等价于

$$\sum_{l=0}^{p}a_{l}z^{-l}=\sum_{k=0}^{q}\sum_{i=0}^{\infty}b_{k}h_{i}z^{-(k+i)}=1 \tag{8.4.55}$$

因此, $h_0,\cdots,h_n,\cdots$ 可以通过求解下列方程得到 (设 $p>q$)

$$\begin{cases} h_0 = 1 \\ h_1 + b_1 = a_1 \\ h_2 + b_1 h_1 + b_2 = a_2 \\ \quad\vdots \\ h_{q-1} + b_1 h_{q-2} + \cdots + b_{q-1} = a_{q-1} \end{cases} \tag{8.4.56}$$

$$h_n + b_1 h_{n-1} + \cdots + b_q h_{n-q} = a_n, \quad q \leqslant n \leqslant p \tag{8.4.57}$$

$$h_n + b_1 h_{n-1} + \cdots + b_q h_{n-q} = 0, \quad n > p \tag{8.4.58}$$

(5) AR(m) 模型转换为 ARMA(p,q)

假设 $m > p+q$, $p \geqslant q$, AR(m) 模型的传递函数为

$$H_1(z) = \frac{1}{\sum_{i=0}^{m} c_i z^{-i}}$$

ARMA(p,q) 模型的传递函数为

$$H_2(z) = \frac{\sum_{k=0}^{q} b_k z^{-k}}{\sum_{k=0}^{p} a_k z^{-k}}$$

由 $H_1(z) = H_2(z)$ 得到

$$\sum_{l=0}^{q}\sum_{i=0}^{m} b_l c_i z^{-(l+i)} = \sum_{k=0}^{p} a_k z^{-k} \tag{8.4.59}$$

令式 (8.4.59) 中两端同幂次项的系数相等, 得到

$$\sum_{k=0}^{q} b_k c_{n-k} = a_n, \quad n = 0, 1, \cdots, p \tag{8.4.60}$$

$$\sum_{k=0}^{q} b_k c_{n-k} = 0, \quad n = p+1, \cdots, p+q \tag{8.4.61}$$

上面的式 (8.4.61) 等价于下列矩阵形式：

$$\begin{pmatrix} c_p & c_{p-1} & \cdots & c_{p-q+1} \\ c_{p+1} & c_p & \cdots & c_{p-q+2} \\ \vdots & \vdots & & \vdots \\ c_{p+q-1} & c_{p+q-2} & \cdots & c_p \end{pmatrix} \begin{pmatrix} b_1 \\ b_2 \\ \vdots \\ b_q \end{pmatrix} = \begin{pmatrix} c_{p+1} \\ c_{p+2} \\ \vdots \\ c_{p+q} \end{pmatrix} \tag{8.4.62}$$

由式 (8.4.62) 可以解得 $b_1, \cdots, b_q$，将其代入式 (8.4.60)，即

$$\begin{pmatrix} c_1 & c_0 & 0 & \cdots & 0 \\ c_2 & c_1 & c_0 & \cdots & 0 \\ \vdots & \vdots & \vdots & & \vdots \\ c_p & c_{p-1} & \cdots & c_{p-q} & 0 \end{pmatrix} \begin{pmatrix} 1 \\ b_1 \\ \vdots \\ b_q \end{pmatrix} = - \begin{pmatrix} a_1 \\ a_2 \\ \vdots \\ a_p \end{pmatrix} \tag{8.4.63}$$

8.4.5 由功率谱密度函数构造线性模型

(1) 功率谱密度函数是非有理函数

假设信号 $X[n]$ 的功率谱密度函数为 $S_X(f)$，考虑如何构造该信号的线性模型。假设该线性模型具有传递函数 $H(z)$，则有

$$S_X(f) = \sigma_W^2 |H(\mathrm{e}^{\mathrm{j} 2\pi f})|^2 = \sigma_W^2 H(\mathrm{e}^{\mathrm{j} 2\pi f}) H^*(\mathrm{e}^{\mathrm{j} 2\pi f}) \tag{8.4.64}$$

如果 $H(\mathrm{e}^{\mathrm{j} 2\pi f})$ 能分解为一个因果序列 $\{h_n\}_{n=0}^{\infty}$ 的 Fourier 级数，即

$$H(\mathrm{e}^{\mathrm{j} 2\pi f}) = \sum_{n=0}^{\infty} h_n \mathrm{e}^{-\mathrm{j} 2\pi f n} \tag{8.4.65}$$

此时称 $X[n]$ 的功率谱密度函数具有**正则谱分解**。

定理 8.4.1 当 $X[n]$ 的传递函数 $H(\mathrm{e}^{\mathrm{j} 2\pi f})$ 满足下列 Paley-Wiener 条件时

1) $$\int_{-\infty}^{\infty} |H(\mathrm{e}^{\mathrm{j} 2\pi f})|^2 \mathrm{d}f < \infty \tag{8.4.66}$$

2) $$\int_{-\infty}^{\infty} \frac{|\ln |H(\mathrm{e}^{\mathrm{j} 2\pi f})||}{1 + (2\pi f)^2} \mathrm{d}f < \infty \tag{8.4.67}$$

$X[n]$ 的功率谱密度函数具有正则谱分解。

证明：证明参见有关文献，这里省略。 □

若 $X[n]$ 的功率谱密度函数具有正则谱分解，得到因果序列 $\{h_n\}_{n=0}^{\infty}$ 之后，可以用有限阶的 $\{g_k\}_{k=0}^{K}$ 来逼近 $\{h_n\}_{n=0}^{\infty}$，即令 $g_k = h_k$，使得

$$\sum_{k=p+1}^{\infty} (h_k - g_k)^2 \leqslant \varepsilon \tag{8.4.68}$$

式中，ε 是任意小的正数。

由于 AR(K) 可以转化为一个 ARMA(p,q) 模型，所以可以用 ARMA(p,q) 来给一个具有正则谱分解的 $X[n]$ 建模。

(2) 功率谱密度函数是有理函数

若 $S_X(f)$ 为有理函数,即

$$S_X(f) = \frac{Q(e^{j2\pi f})}{P(e^{j2\pi f})} \tag{8.4.69}$$

式中,$Q(z)$ 与 $P(z)$ 是多项式,假设它们的根都是成对出现的,即若 a_k 是一个根,则 $1/a_k$ 也是另外一个根,并且 $|a_k| < 1$。这意味着 $Q(z) = \bar{Q}(z)\bar{Q}(1/z)$,$P(z) = \bar{P}(z)\bar{P}(1/z)$,其中 $\bar{Q}(z)$ 与 $\bar{P}(z)$ 的根都在单位圆内,因此 $\bar{Q}(1/z)$ 与 $\bar{P}(1/z)$ 的根都在单位圆外。令 $H(Z) = \bar{Q}(z)/\bar{P}(z)$,则 $H(1/Z) = \bar{Q}(1/z)/\bar{P}(1/z)$,这样一来

$$S_X(f) = H(e^{j2\pi f})H(e^{-j2\pi f}) \tag{8.4.70}$$

就可以将 $H(e^{j2\pi f})$ 作为线性模型的传递函数。

习题 8.4

8.4.1 已知 AR(1) 模型为 $X[n] = aX[n-1] + W[n]$,其中 $W[n]$ 是零均值、方差为 σ_W^2 的白噪声,$0 < a < 1$,试求 $X[n]$ 的自相关函数和功率谱密度函数。

8.4.2 设有

$$X[n] = -a_1 X[n-1] - a_2 X[n-2] + Y[n]$$
$$Y[n] = -b_1 Y[n-1] - b_2 Y[n-2] + W[n]$$

式中,$W[n]$ 是零均值、方差为 σ_W^2 的白噪声序列,且 $\lambda^2 + a_1\lambda + a_2 = 0$ 和 $\lambda^2 + b_1\lambda + b_2 = 0$ 的根的绝对值都小于 1。试给出 $X[n]$ 的模型,并给出 $X[n]$ 的功率谱密度函数 $S_X(f)$。

8.4.3 已知实宽平稳序列 $\{X[n]\}$ 的均值为零,且功率谱密度函数为

$$S_X(f) = \sum_{m=-q}^{q} R_X[m] e^{-j2\pi fm}$$

式中,$R_X[m]$ 是 $\{X[n]\}$ 的自协方差函数,$R_X[q] \neq 0$,试证明:$X[n]$ 可以表示为

$$X[n] = \sum_{i=0}^{q} b_i W[n-i], \quad b_0 = 1$$

式中,$W[n]$ 为零均值、方差为 σ_W^2 的白噪声序列。

8.4.4 已知实宽平稳信号 $X[n]$ 的功率谱密度函数为

$$S_X(f) = \frac{5 - 4\cos 2\pi f}{10 - 6\cos 2\pi f}$$

试求利用单位方差、零均值白噪声序列 $W[n]$ 产生 $X[n]$ 的线性模型。

第 9 章 连续时间信号分析

本章导读 当连续时间随机过程的样本函数是信号时，该连续时间随机过程被称为连续时间随机信号。本章介绍连续时间信号的基础知识，包括功率谱密度的概念与性质，通过连续时间线性系统时的均值、二阶矩及功率谱传输特性，带限随机信号与窄带随机信号的概念以及性质。这些基础知识对以后的科研与学习具有很重要的意义。

连续时间随机信号的功率谱密度函数不仅可以反映所有样本函数变化的快慢程度，还可以反映样本函数所占带宽的范围。而离散时间随机信号的功率谱密度函数只能反映其样本序列变化的快慢程度，其频谱并没有实际的物理意义。

连续时间随机信号通过线性系统的均值、二阶矩以及功率谱密度的传输特性，与离散时间随机信号通过线性系统的传输特性相仿。

带通随机信号又称为基带信号。在通信系统中，一般待传输的信源信号都是带通信号，对于连续时间的带通信号，最重要的性质就是采样定理。

窄带随机信号是基带信号经过双边带调制之后得到的信号。所以，在通信系统中经过载波调制后的随机信号基本上都是窄带随机信号。本章介绍了窄带随机信号的表示形式、宽平稳的条件，以及窄带高斯宽平稳过程的包络过程与相位过程的一维概率密度函数的计算。

9.1 连续时间随机信号的功率谱密度函数

和离散时间随机信号一样，对连续时间随机信号同样可以定义其功率谱密度函数。本节在介绍连续时间随机信号功率谱密度函数的基础上，还介绍了连续时间随机信号带宽的界定。

9.1.1 定义

若 $X(t)$ 是一个定义于 $\mathbb{R}$ 上的连续时间随机过程，则 $[-T,T]$ 上的**平均功率**为

$$P_T = \frac{1}{2T}\int_{-T}^{T} E\{|X(t)|^2\}dt$$

利用 Fourier 变换的 Parseval 等式，可以得到 $X(t)$ 在 $(-\infty,\infty)$ 上的平均功率为

$$P = \lim_{T\to\infty} P_T = \int_{-\infty}^{\infty}\left[\lim_{T\to\infty} E\left\{\frac{1}{2T}\left|\int_{-T}^{T} X(t)e^{-j2\pi ft}dt\right|^2\right\}\right]df$$

从上式可以看出，式 (9.1.1) 所定义的关于频率 f 的函数：

$$S_X(f) = \lim_{T\to\infty} E\left\{\frac{1}{2T}\left|\int_{-T}^{T} X(t)e^{-j2\pi ft}dt\right|^2\right\} \tag{9.1.1}$$

反映了随机信号功率在单位频率上的分布情况，因此定义函数 $S_X(f)$ 为连续时间随机过程 $X(t)$ 的**功率谱密度**。

例 9.1.1 试确定下列数据信号的带宽：

$$X(t) = \sum_{i=-\infty}^{\infty} b_i P_c(t - ic) \tag{9.1.2}$$

式中，$\{b_i\}_{i=-\infty}^{\infty}$ 是一个独立同分布的随机变量序列，b_i 等概率地取 $+1$ 或 -1；$P_c(t)$ 是宽度为 c 的矩形脉冲函数。图 9.1.1 给出了该数据信号的一个样本函数。

由随机信号功率谱密度的定义知，$X(t)$ 的功率谱密度为

$$S_X(f) = \lim_{T \to \infty} \frac{1}{2T} E \left\{ \left| \int_{-T}^{T} \sum_{i=-\infty}^{\infty} b_i P_c(t - ic) \mathrm{e}^{-\mathrm{j}2\pi ft} \mathrm{d}t \right|^2 \right\}$$

展开上式，考虑到

$$E\{b_k b_l\} = \delta_{kl} = \begin{cases} 1, & k = l \\ 0, & k \neq l \end{cases}$$

得到

$$S_X(f) = \lim_{T \to \infty} \frac{1}{2T} \sum_{k=-\infty}^{\infty} \left[\int_{-T}^{T} P_c(t_1 - kc) \mathrm{e}^{-\mathrm{j}2\pi f t_1} \mathrm{d}t_1 \right]$$
$$\times \left[\int_{-T}^{T} P_c(t_2 - kc) \mathrm{e}^{\mathrm{j}2\pi f t_2} \mathrm{d}t_2 \right]$$

令 $T = ic$，在 $i \geqslant 1$ 时有

$$\sum_{k=-\infty}^{\infty} \left[\int_{-T}^{T} P_c(t_1 - kc) \mathrm{e}^{-\mathrm{j}2\pi f t_1} \mathrm{d}t_1 \right] \left[\int_{-T}^{T} P_c(t_2 - kc) \mathrm{e}^{\mathrm{j}2\pi f t_2} \mathrm{d}t_2 \right]$$
$$= \sum_{k=-\infty}^{\infty} \left[\int_{-ic}^{ic} P_c(t_1 - kc) \mathrm{e}^{-\mathrm{j}2\pi f t_1} \mathrm{d}t_1 \right] \left[\int_{-ic}^{ic} P_c(t_2 - kc) \mathrm{e}^{\mathrm{j}2\pi f t_2} \mathrm{d}t_2 \right]$$

因为 $P_c(t)$ 为矩形方波，所以 $0 \leqslant t_1 - kc \leqslant c$，此即 $-ic \leqslant kc \leqslant t_1 \leqslant (k+1)c \leqslant ic$，这等价于 $-i \leqslant k \leqslant i - c$，所以

$$\sum_{k=-\infty}^{\infty} \left[\int_{-ic}^{ic} P_c(t_1 - kc) \mathrm{e}^{-\mathrm{j}2\pi f t_1} \mathrm{d}t_1 \right] \left[\int_{-ic}^{ic} P_c(t_2 - kc) \mathrm{e}^{\mathrm{j}2\pi f t_2} \mathrm{d}t_2 \right]$$
$$= \sum_{k=-i}^{i-1} \left[\int_{0}^{c} P_c(t_1') \mathrm{e}^{-\mathrm{j}2\pi f(t_1' + kc)} \mathrm{d}t_1' \right] \left[\int_{0}^{c} P_c(t_2') \mathrm{e}^{\mathrm{j}2\pi f(t_2' + kc)} \mathrm{d}t_2' \right]$$
$$= \sum_{k=-i}^{i-1} \left[\int_{0}^{c} P_c(t_1) \mathrm{e}^{-\mathrm{j}2\pi f t_1} \mathrm{d}t_1 \right] \left[\int_{0}^{c} P_c(t_2) \mathrm{e}^{\mathrm{j}2\pi f t_2} \mathrm{d}t_2 \right]$$
$$= 2i \times \frac{\mathrm{e}^{-\mathrm{j}2\pi fc} - 1}{-\mathrm{j}2\pi f} \frac{\mathrm{e}^{\mathrm{j}2\pi fc} - 1}{\mathrm{j}2\pi f}$$
$$= 2ic^2 \frac{\sin^2 \pi fc}{(\pi fc)^2}$$

$$S_X(f) = c\left[\frac{\sin \pi f c}{\pi f c}\right]^2 \tag{9.1.3}$$

图9.1.2画出了数据信号的功率谱密度,可以看出信号的功率主要分布在一个窄的频带 $(-1/(2c), 1/(2c))$ 内。

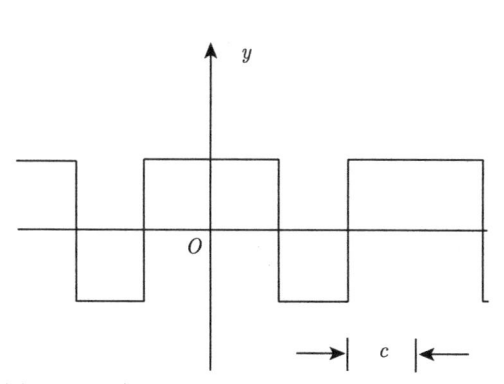

图 9.1.1　式 (9.1.2) 定义的数据信号的一个样本函数

图 9.1.2　数据信号的功率谱密度和带宽

例 9.1.2　设 $\phi(t)$ 是支集包含于 $[0, 1/f_0]$ 的一个波形,且对任意 $t \in [0, 1/f_0]$ 有 $\phi(t) \geqslant 0$,计算下列信号的带宽:

$$x(t) = \sin\left(2\pi f_0 t + \varepsilon \sum_{n=-\infty}^{\infty} b_n \phi(t - n/f_0)\right) \tag{9.1.4}$$

式中,ε 是一个很小的正数;$\{b_n\}_{n=-\infty}^{\infty}$ 是一个等概率地取值为 ± 1 的独立同分布序列。信号 $x(t)$ 的表达式中的 $\sum_{n=-\infty}^{\infty} b_n \phi(t-n/f_0)$ 实际上是一个脉冲调制信号,在符号周期 $[n/f_0, (n+1)/f_0]$ 上的极性由 b_n 确定。很显然,当 ε 很小时,$\sum_{n=-\infty}^{\infty} b_n \phi(t - n/f_0)$ 在每个周期上对 $\sin 2\pi f_0 t$ 形成了一个小扰动,使调制后的波形看起来与 $\sin 2\pi f_0 t$ 差不多。于是有人设想,当 ε 很小时信号 $x(t)$ 的频谱应该接近于 $\sin 2\pi f_0 t$,即包含 f_0 的一个很小的区间 $[f_0 - \delta, f_0 + \delta]$。下面先计算信号 $x(t)$ 的功率谱密度:

$$S_x(f) = \lim_{T\to\infty} \frac{1}{2T} E\left\{\left|\int_{-T}^{T} \sin\left(2\pi f_0 t + \varepsilon \sum_{n=-\infty}^{\infty} b_n \phi(t - n/f_0)\right) e^{-j 2\pi f t} dt\right|^2\right\}$$

令 $T = M/f_0$,其中 M 为正整数,则上式可以改写为

$$S_x(f) = \lim_{M\to\infty} \frac{f_0}{2M} E\left\{\left|\sum_{n=-(M-1)}^{M} \int_0^{1/f_0} \sin(2\pi f_0 t + \varepsilon b_n \phi(t)) e^{-j 2\pi f t} dt\right|^2\right\}$$

进一步计算可得

$$S_x(f) = \lim_{M\to\infty} \frac{f_0}{2M} \sum_{m=-(M-1)}^{M} \sum_{n=-(M-1)}^{M} \int_0^{1/f_0} \int_0^{1/f_0}$$

$$\cdot E\left\{\sin(2\pi f_0 t + \varepsilon b_m \phi(t))\sin(2\pi f_0 \tau + \varepsilon b_n \phi(\tau))\mathrm{e}^{-\mathrm{j}2\pi f(t-\tau)}\right\}\mathrm{d}t\mathrm{d}\tau$$

在 $m \neq n$ 时，由于 b_m 和 b_n 独立，所以有

$$E\left\{\sin(2\pi f_0 t + \varepsilon b_m \phi(t))\sin(2\pi f_0 \tau + \varepsilon b_n \phi(\tau))\right\}$$
$$= \frac{1}{4}[\sin(2\pi f_0 t + \varepsilon\phi(t))\sin(2\pi f_0 \tau + \varepsilon\phi(\tau)) + \sin(2\pi f_0 t - \varepsilon\phi(t))\sin(2\pi f_0 \tau - \varepsilon\phi(\tau))$$
$$+ \sin(2\pi f_0 t + \varepsilon\phi(t))\sin(2\pi f_0 \tau - \varepsilon\phi(\tau)) + \sin(2\pi f_0 t - \varepsilon\phi(t))\sin(2\pi f_0 \tau + \varepsilon\phi(\tau))]$$

适当选取 $\phi(t)$，可以使得在 $m \neq n$ 时这些项的积分为零。在 $m = n$ 时有

$$E\left\{\sin(2\pi f_0 t + \varepsilon b_m \phi(t))\sin(2\pi f_0 \tau + \varepsilon b_n \phi(\tau))\right\}$$
$$= \frac{1}{2}[\sin(2\pi f_0 t + \varepsilon\phi(t))\sin(2\pi f_0 \tau + \varepsilon\phi(\tau)) + \sin(2\pi f_0 t - \varepsilon\phi(t))\sin(2\pi f_0 \tau - \varepsilon\phi(\tau))]$$

于是

$$S_x(f) = \frac{f_0}{2}\left\{\left[\int_0^{1/f_0}\sin(2\pi f_0 t + \varepsilon\phi(t))\mathrm{e}^{-\mathrm{j}2\pi ft}\mathrm{d}t\right]^2 + \left[\int_0^{1/f_0}\sin(2\pi f_0 t - \varepsilon\phi(t))\mathrm{e}^{-\mathrm{j}2\pi ft}\mathrm{d}t\right]^2\right\} \tag{9.1.5}$$

9.1.2 性质

由式 (9.1.1) 显然可知，功率谱密度具有如下基本性质。

性质 9.1.1 设 $X(t)$ 是定义于 $\mathbb{R}$ 上的连续时间随机过程，$S_X(f)$ 是其功率谱密度，则有如下性质：

1) 功率谱密度在 $\mathbb{R}$ 上的积分为信号总功率，即 $P = \int_{-\infty}^{\infty} S_X(f)\mathrm{d}f$。

2) $S_X(f) \geqslant 0$，即 $S_X(f)$ 是一个非负实函数。

3) 实随机信号的功率谱密度是偶函数，如图 9.1.3 所示。

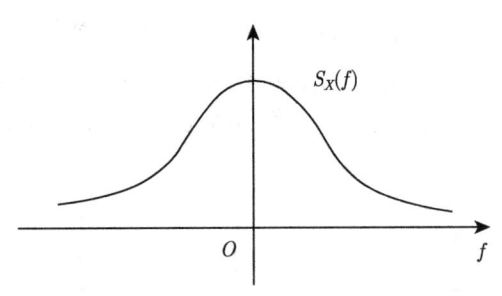

图 9.1.3 实随机信号的功率谱密度是非负偶函数

对于宽平稳过程来说，有下列 Wiener-Khinchin 定理。

定理 9.1.1 (Wiener-Khinchin 定理) 若 $X(t)$ 为 $\mathbb{R}$ 上的宽平稳过程，且其自相关函数 $R_X(\tau)$ 满足 $\int_{-\infty}^{\infty}|\tau R_X(\tau)|\mathrm{d}\tau < \infty$，则有

$$S_X(f) = \int_{-\infty}^{\infty} R_X(\tau)\mathrm{e}^{-\mathrm{j}2\pi f\tau}\mathrm{d}\tau \tag{9.1.6}$$

证明：由功率谱密度的定义式 (9.1.1) 知

$$S_X(f) = \lim_{T\to\infty} \frac{1}{2T} E\left\{\left[\int_{-T}^{T} X(t_1)e^{-j2\pi ft_1}dt_1\right]\left[\int_{-T}^{T} X(t_2)e^{-j2\pi ft_2}dt_2\right]^*\right\}$$

$$= \lim_{T\to\infty} \frac{1}{2T} E\left\{\int_{-T}^{T}\int_{-T}^{T} X(t_1)X^*(t_2)e^{-j2\pi f(t_1-t_2)}dt_1dt_2\right\}$$

$$= \lim_{T\to\infty} \frac{1}{2T} \int_{-T}^{T}\int_{-T}^{T} E\{X(t_1)X^*(t_2)\}e^{-j2\pi f(t_1-t_2)}dt_1dt_2$$

$$= \lim_{T\to\infty} \frac{1}{2T} \int_{-T}^{T}\int_{-T}^{T} R_X(t_1-t_2)e^{-j2\pi f(t_1-t_2)}dt_1dt_2$$

如图9.1.4所示，对积分区域做变换 $\tau = t_1 - t_2, t_2 = \sigma$，则

$$S_X(f) = \lim_{T\to\infty} \frac{1}{2T}\left\{\int_{-2T}^{0} R_X(\tau)e^{-j2\pi f\tau}d\tau \int_{-T-\tau}^{T} d\sigma + \int_{0}^{2T} R(\tau)e^{-j2\pi f\tau}d\tau \int_{-T}^{T-\tau} d\sigma\right\}$$

$$= \lim_{T\to\infty} \frac{1}{2T}\left\{\int_{-2T}^{0} R_X(\tau)e^{-j2\pi f\tau}(2T+\tau)d\tau + \int_{0}^{2T} R(\tau)e^{-j2\pi f\tau}(2T-\tau)d\tau\right\}$$

$$= \lim_{T\to\infty} \int_{-2T}^{2T} R_X(\tau)e^{-j2\pi f\tau}\left(1 - \frac{|\tau|}{2T}\right)d\tau$$

$$= \int_{-\infty}^{\infty} R_X(\tau)e^{-j2\pi f\tau}d\tau$$

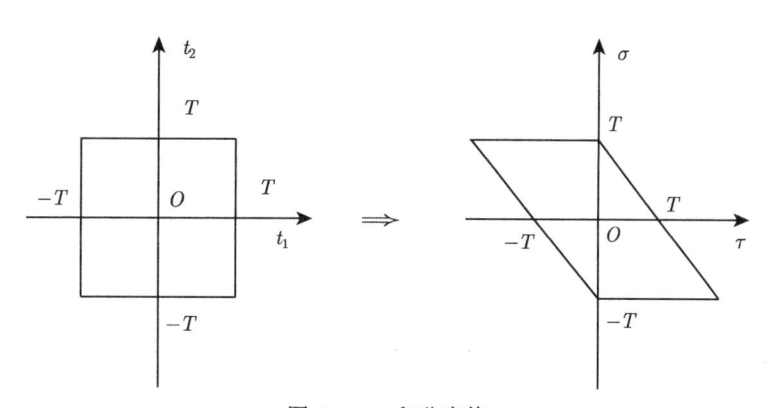

图 9.1.4　积分变换

于是定理得证。 □

在许多文献中，宽平稳过程的功率谱密度是直接用式 (9.1.6) 进行定义的。由式 (9.1.6) 可知，对于宽平稳过程，其功率谱密度是其自相关函数的 Fourier 变换，因此由 Fourier 逆变换公式有

$$R_X(\tau) = \int_{-\infty}^{\infty} S_X(f)e^{j2\pi f\tau}df \tag{9.1.7}$$

所以，对于宽平稳过程来讲，其自相关函数和功率谱密度是互相唯一确定的关系，一个是随机过程时域特性的反映，一个是随机过程频域特性的反映。此外由式 (9.1.7) 知，对于宽

平稳随机过程来说，平均功率为

$$R_X(0) = E\{|X(t)|^2\} = \int_{-\infty}^{\infty} S_X(f) \mathrm{d}f \tag{9.1.8}$$

若 $X(t)$ 为实随机过程，则其自相关函数为偶函数，即 $R_X(\tau) = R_X(-\tau)$，则

$$S_X(f) = \int_{-\infty}^{\infty} R_X(\tau) \cos 2\pi f\tau \mathrm{d}\tau$$

例 9.1.3 试求 Poisson 随机电报过程的功率谱密度。

解： Poisson 随机电报过程为宽平稳过程，其自相关函数为

$$R_X(\tau) = \mathrm{e}^{-2\alpha|\tau|}$$

式中，α 是信号平均传输速率。由 Wiener-Khinchin 定理知其功率谱密度为

$$\begin{aligned} S_X(f) &= \int_{-\infty}^{0} \mathrm{e}^{2\alpha\tau} \mathrm{e}^{-\mathrm{j}2\pi f\tau} \mathrm{d}\tau + \int_{0}^{\infty} \mathrm{e}^{-2\alpha\tau} \mathrm{e}^{-\mathrm{j}2\pi f\tau} \mathrm{d}\tau \\ &= \frac{1}{2\alpha - \mathrm{j}2\pi f} + \frac{1}{2\alpha + \mathrm{j}2\pi f} = \frac{4\alpha}{4\alpha^2 + 4\pi^2 f^2} \end{aligned}$$

例 9.1.4 设 $X(t)$ 是定义在 $\mathbb{R}$ 上的实随机过程，其功率谱密度为 $S_X(f)$。则 $X(t)$ 的解析过程 $Z(t) = X(t) + \mathrm{j}\check{X}(t)$ 的功率谱密度为 $S_Z(f) = 4S_X(f)U(f)$，其中 $U(f)$ 为 Heavyside 函数。

解： $Z(t)$ 的自相关函数为 $R_Z(\tau) = 2[R_X(\tau) + \mathrm{j}R_{\check{X}X}(\tau)]$，对其做 Fourier 变换，由

$$S_{\check{X}X}(f) = S_X(f)H(f) = -\mathrm{j}\mathrm{sgn}(f)S_X(f)$$

知 $S_Z(f) = 4S_X(f)U(f)$。所以，解析过程没有负功率谱密度。

例 9.1.5 试求随机相位余弦信号 $X(t) = a\cos(2\pi f_0 t + \Theta)$ 的功率谱密度 $S_X(f)$，其中 Θ 是 $(-\pi, \pi)$ 上的均匀分布。

解： 由例 4.4.15 知，$X(t)$ 为平稳过程，且其自相关函数为

$$R_X(\tau) = \frac{a^2}{2} \cos 2\pi f_0 \tau$$

则其功率谱密度为

$$\begin{aligned} S_X(f) &= \frac{a^2}{2} \int_{-\infty}^{\infty} \cos 2\pi f_0 \tau \mathrm{e}^{-\mathrm{j}2\pi f\tau} \mathrm{d}\tau \\ &= \frac{a^2}{4} \int_{-\infty}^{\infty} \mathrm{e}^{-\mathrm{j}2\pi(f-f_0)\tau} \mathrm{d}\tau + \frac{a^2}{4} \int_{-\infty}^{\infty} \mathrm{e}^{-\mathrm{j}2\pi(f+f_0)\tau} \mathrm{d}\tau \\ &= \frac{a^2}{4} \delta(f - f_0) + \frac{a^2}{4} \delta(f + f_0) \end{aligned}$$

其中用到了常数 1 的 Fourier 逆变换是 δ 函数的性质。由此可见，随机相位余弦信号 $X(t)$ 的功率集中于频点 $\pm f_0$。

例 9.1.6 (白噪声过程) 如图9.1.5所示，若宽平稳随机过程 $W(t)$ 的功率谱密度在任意频点上是常数，即 $S_W(f) = N_0/2$，则称 $W(t)$ 为**白噪声过程**，由 Wiener-Khinchin 定理知其自相关函数为

$$R_W(\tau) = \frac{N_0}{2}\delta(\tau) \tag{9.1.9}$$

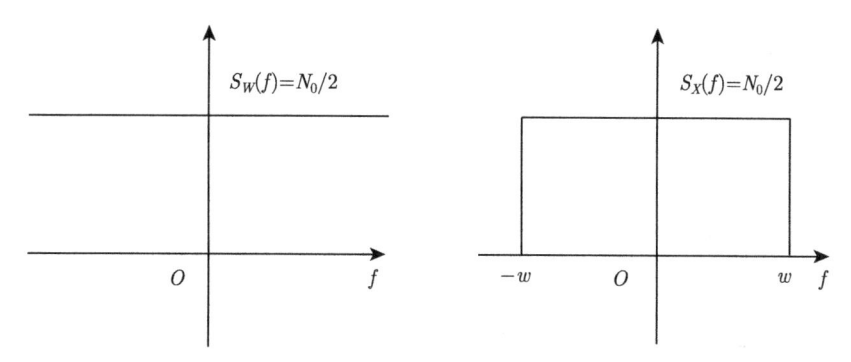

图 9.1.5 白噪声和带限白噪声的功率谱密度

若宽平稳随机过程 $X(t)$ 的功率谱密度为

$$S_X(f) = \begin{cases} N_0/2, & |f| \leqslant w \\ 0, & |f| > w \end{cases} \tag{9.1.10}$$

式中，w 为某个正常数，则称 $X(t)$ 为**带限白噪声过程**。该过程的平均功率为

$$E\{|X(t)|^2\} = \int_{-w}^{w} \frac{N_0}{2} \mathrm{d}f = N_0 w \tag{9.1.11}$$

自相关函数为

$$R_X(\tau) = \frac{N_0}{2}\int_{-w}^{w} \mathrm{e}^{\mathrm{j}2\pi f\tau}\mathrm{d}f = \frac{N_0 \sin(2\pi w\tau)}{2\pi\tau} \tag{9.1.12}$$

由式 (9.1.12) 可见，当 $\tau = \pm k/(2w), k = 1,2,\cdots$ 时，$X(t)$ 和 $X(t+\tau)$ 互相正交。

例 9.1.7 (线性数字调制信号) 线性数字调制信号的表达形式为

$$S(t) = \sum_{n=-\infty}^{\infty} I_n g(t - nT) \tag{9.1.13}$$

式中，T 是正常数，是传输符号所需要的时间；$g(t)$ 是一个支集为 $[0,T]$ 的波形；I_n 是取自某个调制星座集的宽平稳序列。显然 $S(t)$ 的自相关函数为

$$\begin{aligned} R_S(t+\tau,t) &= E\{S(t+\tau)S^*(t)\} \\ &= \sum_{n=-\infty}^{\infty}\sum_{m=-\infty}^{\infty} E\{I_n I_m^*\}g(t-nT)g^*(t+\tau-mT) \\ &= \sum_{n=-\infty}^{\infty}\sum_{m=-\infty}^{\infty} R_I[n-m]g(t-nT)g^*(t+\tau-mT) \end{aligned}$$

令 $n-m=k$，则 $n=m+k$，所以

$$R_S(t+\tau,t) = \sum_{k=-\infty}^{\infty} R_I[k] \sum_{m=-\infty}^{\infty} g(t-mT-kT)g^*(t+\tau-mT)$$

因为 $\sum_{m=-\infty}^{\infty} g(t-mT-kT)g^*(t+\tau-mT)$ 是以 T 为周期的函数，所以 $R_S(t+\tau,t)$ 也是以 T 为周期的函数，所以 $S(t)$ 是循环周期宽平稳随机过程。将 $R_S(t+\tau,t)$ 在一个周期上积分得到

$$\begin{aligned}
\bar{R}_S(\tau) &= \frac{1}{T}\int_{-T/2}^{T/2} R_S(t+\tau,t)\mathrm{d}t \\
&= \sum_{k=-\infty}^{\infty} R_I[k] \sum_{m=-\infty}^{\infty} \frac{1}{T}\int_{-T/2}^{T/2} g(t-mT-kT)g^*(t+\tau-mT)\mathrm{d}t \\
&= \sum_{k=-\infty}^{\infty} R_I[k] \sum_{m=-\infty}^{\infty} \frac{1}{T}\int_{-T/2-mT}^{T/2-mT} g(t-kT)g^*(t+\tau)\mathrm{d}t
\end{aligned}$$

定义 $g(t)$ 的时间自相关函数为

$$R_g(\tau) = \frac{1}{T}\int_{-\infty}^{\infty} g(t)g^*(t+\tau)\mathrm{d}t$$

这样就有

$$\bar{R}_S(\tau) = \frac{1}{T}\sum_{k=-\infty}^{\infty} R_I[k] R_g(\tau)$$

因此其功率谱密度函数为

$$S_S(f) = \frac{1}{T}|G(f)|^2 S_I(f) \tag{9.1.14}$$

式中，$G(f)$ 是 $g(t)$ 的 Fourier 变换；$S_I(f)$ 是 I_n 的功率谱密度函数，定义为

$$S_I(f) = \sum_{k=-\infty}^{\infty} R_I[k]\mathrm{e}^{-\mathrm{j}2\pi fkT} \tag{9.1.15}$$

9.1.3 互谱

若 $X(t)$ 和 $Y(t)$ 是两个随机过程，和随机信号功率谱密度的定义类似，可以定义 $X(t)$ 和 $Y(t)$ 的**互功率谱密度**为

$$S_{XY}(f) = \lim_{T\to\infty} \frac{1}{2T} E\left\{\left[\int_{-T}^{T} X(t)\mathrm{e}^{-\mathrm{j}2\pi ft}\mathrm{d}t\right]\left[\int_{-T}^{T} Y(t)\mathrm{e}^{-\mathrm{j}2\pi ft}\mathrm{d}t\right]^*\right\} \tag{9.1.16}$$

互谱也有如下 Wiener-Khinchin 定理。

定理 9.1.2 (Wiener-Khinchin 定理) 若 $X(t)$ 和 $Y(t)$ 为两个联合宽平稳的随机过程，且 $\int_{-\infty}^{\infty} |\tau R_{XY}(\tau)|\mathrm{d}\tau < \infty$，则有

$$S_{XY}(f) = \int_{-\infty}^{\infty} R_{XY}(\tau)\mathrm{e}^{-\mathrm{j}2\pi f\tau}\mathrm{d}\tau \tag{9.1.17}$$

$$R_{XY}(\tau) = \int_{-\infty}^{\infty} S_{XY}(f) e^{j2\pi f \tau} df \tag{9.1.18}$$

式中，$R_{XY}(\tau)$ 为 $X(t)$ 和 $Y(t)$ 的互相关函数。

证明：证明类似于连续时间宽平稳随机过程的 Wiener-Khinchin 定理，这里不再重复。□

此外，还可以证明互功率谱密度具有以下性质。

性质 9.1.2 若随机过程 $X(t)$ 与 $Y(t)$ 的功率谱密度函数分别是 $S_X(f)$ 与 $S_Y(f)$，它们的互谱是 $S_{XY}(f)$，则有如下性质：

1) $S_{XY}(f) = S_{YX}^*(f)$。
2) $|S_{XY}(f)|^2 \leqslant S_X(f) S_Y(f)$。

证明：证明作为练习。□

例 9.1.8 设 $X(t)$ 和 $Y(t)$ 是两个联合宽平稳过程，试给出 $Z(t) = X(t) + Y(t)$ 的功率谱密度。

解：$Z(t)$ 的自相关函数为

$$\begin{aligned} R_Z(\tau) &= E\{Z(t+\tau)Z^*(t)\} \\ &= E\{[X(t+\tau) + Y(t+\tau)][X(t)+Y(t)]^*\} \\ &= R_X(\tau) + R_{YX}(\tau) + R_{XY}(\tau) + R_Y(\tau) \end{aligned}$$

因此，$Z(t)$ 的功率谱密度为

$$\begin{aligned} S_Z(f) &= \int_{\infty}^{\infty} \big(R_X(\tau) + R_{YX}(\tau) + R_{XY}(\tau) + R_Y(\tau)\big) e^{-j2\pi f\tau} d\tau \\ &= S_X(f) + S_{YX}(f) + S_{XY}(f) + S_Y(f) \\ &= S_X(f) + S_Y(f) + 2\text{Re}[S_{XY}(f)] \end{aligned} \tag{9.1.19}$$

在信号分析中，常常要讨论两个联合宽平稳随机过程的和，从上述表达式可以看出，互相关函数及互功率谱密度的概念是必需的。

例 9.1.9 设联合宽平稳的两个随机过程 $X(t)$ 和 $Y(t)$ 的互功率谱密度为

$$S_{XY}(f) = \begin{cases} 1 + j2\pi f, & -1/(2\pi) < f < 1/(2\pi) \\ 0, & \text{其他} \end{cases}$$

则互相关函数为

$$\begin{aligned} R_{XY}(\tau) &= \int_{-1/(2\pi)}^{1/(2\pi)} (1 + j2\pi f) e^{j2\pi f\tau} df \\ &= \frac{(\sin\tau + \cos\tau)\tau - \sin\tau}{\pi\tau^2} \end{aligned}$$

9.1.4 连续时间随机信号的带宽

随机信号所占据的频带宽度称为**随机信号的带宽**。随机信号的带宽反映了随机信号的大量样本函数在统计意义上所占有的频带宽度。

由于随机信号功率谱密度函数的多样性，关于随机信号带宽的定义有很多种，这里给出几个常用的带宽定义。虽然这些定义有所差别，但是其基本思想是给出一个带宽，在该带宽上分布随机信号的主要功率。

设宽平稳随机信号 $X(t)$ 的功率谱密度为 $S_X(f)$，自相关函数为 $R_X(\tau)$，则有如下几种带宽形式[①]：

1) 若 $S_X(f)$ 的支集为 (f_1, f_2)，即在区间 (f_1, f_2) 外 $S_X(f)$ 为零，则称 $f_2 - f_1$ 为随机信号 $X(t)$ 的**绝对带宽**。

2) 设 $S_X(f)$ 在 f_0 取得最大值，f_1 是 $S_X(f)$ 在 $f < f_0$ 上的最大的一个零点，f_2 是 $S_X(f)$ 在 $f > f_0$ 上的最小的一个零点，称 $f_2 - f_1$ 为随机信号 $X(t)$ 的**零点到零点带宽**。

3) 设 $S_X(f)$ 在 f_0 取得最大值，若 $f_0 \in (f_1, f_2)$ 且 $S_X(f_1) = S_X(f_2) = S_X(f_0)/2$，则称 $f_2 - f_1$ 为随机信号 $X(t)$ 的 **3dB 带宽**，如图9.1.6所示。

4) 设 $S_X(f)$ 在 f_0 取得最大值，则称

$$B_{\text{eq}} = \frac{\int_0^\infty S_X(f) \mathrm{d}f}{S_X(f_0)} \tag{9.1.20}$$

为随机信号 $X(t)$ 的**等效 (噪声) 带宽**，如图9.1.7所示。

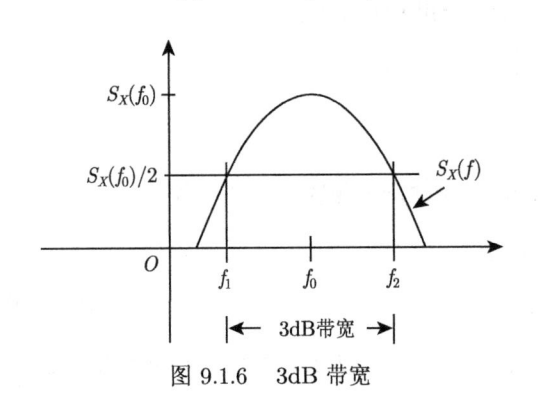

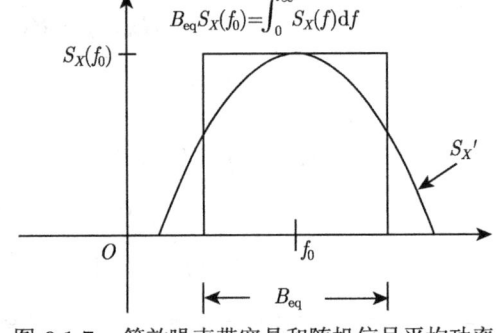

图 9.1.6　3dB 带宽

图 9.1.7　等效噪声带宽是和随机信号平均功率相等的带通白噪声的带宽

5) 若

$$\frac{\int_{f_1}^{f_2} S_X(f) \mathrm{d}f}{\int_0^\infty S_X(f) \mathrm{d}f} \geqslant 99\% \tag{9.1.21}$$

则称 $f_2 - f_1$ 为随机信号 $X(t)$ 的**功率带宽**。

6) 设

$$p_X(f) = \frac{S_X(f)}{\int_{-\infty}^\infty S_X(\lambda) \mathrm{d}\lambda}$$

---

① 以下定义的带宽是双边带带宽，单边带带宽只计算其中的一半，即 $f > 0$ 的部分。

为功率谱密度的归一化函数，称

$$\sigma_f^2 = \int_{-\infty}^{\infty} f^2 p_X(f) \mathrm{d}f = \frac{\int_{-\infty}^{\infty} f^2 S_X(f) \mathrm{d}f}{\int_{-\infty}^{\infty} S_X(\lambda) \mathrm{d}\lambda} \tag{9.1.22}$$

为 $X(t)$ 的**均方频率**，称 $B_{\mathrm{rms}} = \sqrt{\sigma_f^2}$ 为随机信号 $X(t)$ 的**均方根 (RMS) 带宽**。

7) 若 $\tau^* = \inf\{\tau > 0 | R_X(\tau) = 0\}$，则称 τ^* 为随机信号 $X(t)$ 的**去相关时间**，称 $B_{\mathrm{eff}} = 1/\tau^*$ 为随机信号 $X(t)$ 的**有效带宽**。

在实际应用中，常用功率谱密度的带宽给随机信号分类，如下面的带限随机信号、窄带随机信号等；此外，有些噪声也用功率谱密度给予分类，如白噪声、有色噪声等。

例 9.1.10 例9.1.1中，信号的零点到零点带宽为 $1/c$。

习题 9.1

9.1.1 若随机过程 $X(t)$ 的功率谱密度函数 $S_X(f)$ 在 $|f| > 1/2$ 时有 $S_X(f) = 0$，又对任意整数 m、n 有 $E\{X(m)X(n)\} = N\delta[m-n]$。试求 $X(t)$ 的功率谱密度。

9.1.2 若随机过程 $X(t)$ 的功率谱密度函数 $S_X(f)$ 对 $|f| > \sigma/(2\pi)$ 有 $S_X(f) = 0$，证明：$R_X(\tau) \geqslant R_X(0)\cos\sigma\tau$，$|\tau| < \pi/(2\sigma)$。

9.1.3 设 $g(x)$ 为如下定义的三角形脉冲函数：

$$g(x) = \begin{cases} x+1, & -1 \leqslant x < 0 \\ -x+1, & 0 \leqslant x \leqslant 1 \\ 0, & \text{其他} \end{cases}$$

1) 若宽平稳随机过程 $X(t)$ 的自相关函数为 $R_X(\tau) = g(\tau/T)$，T 为正常数，试求 $X(t)$ 的功率谱密度。

2) 若宽平稳随机过程 $X(t)$ 的功率谱密度为 $S_X(f) = g(f/W)$，W 为正常数，试求 $X(t)$ 的自相关函数。

9.1.4 若 $p(x)$ 为如下定义的矩形脉冲函数：

$$p(x) = \begin{cases} 1, & x \in [-1,1] \\ 0, & x \notin [-1,1] \end{cases}$$

试问是否存在一个宽平稳随机过程，其自相关函数为 $R_X(\tau) = p(\tau/T)$？

9.1.5 若 $R_X(\tau)$ 是某宽平稳过程 $X(t)$ 的自相关函数，设随机过程 $Y(t)$ 的自相关函数为 $R_X(\tau)\cos(2\pi f_0 \tau)$，试求 $Y(t)$ 的功率谱密度 $S_Y(f)$。

9.1.6 若宽平稳过程 $X(t)$ 的功率谱密度 $S_X(f)$ 为

$$S_X(f) = \begin{cases} B, & |f| \leqslant f_1, f_1 > 0 \\ A, & f_1 < |f| \leqslant f_2 \\ 0, & |f| > f_2 \end{cases}$$

式中，A 和 B 为正常数。试求 $X(t)$ 的自相关函数。

9.1.7 设 $Y(t) = X(t) - X(t-d)$，若 $X(t)$ 是自相关函数为 $R_X(\tau)$、功率谱密度为 $S_X(f)$ 的宽平稳过程，试求 $R_{XY}(\tau)$、$S_{XY}(f)$、$R_Y(\tau)$、$S_Y(f)$。

9.1.8 设 $X(t)$ 和 $Y(t)$ 是两个相互独立的宽平稳过程，定义 $Z(t) = X(t)Y(t)$：① 证明 $Z(t)$ 是宽平稳过程；② 求 $R_Z(\tau)$ 和 $S_Z(f)$。

9.1.9 设 $X(t)$ 是一个宽平稳随机过程，其功率谱密度为 $S_X(f)$，试求 $X(t)$ 的解析过程 $Z(t) = X(t) + \mathrm{j}\check{X}(t)$ 的功率谱密度。

9.1.10 计算 Poisson 随机电报过程的 3dB 带宽和等效带宽。

9.1.11 计算下列随机信号的功率谱密度，并给出零点到零点带宽：

$$X(t) = \sum_{n=-\infty}^{\infty} \Pi(t - n2\pi)\cos(2\pi t + b_n), \quad \Pi(t) = \begin{cases} 1, & 0 \leqslant t < 2\pi \\ 0, & \text{其他} \end{cases}$$

b_n 是等概率取值于 ± 1 的独立同分布随机变量序列。

9.2 连续时间随机信号通过线性系统

和离散时间随机信号通过线性系统一样，连续时间随机信号通过线性系统时，其均值函数、自相关函数以及功率谱密度都具有相应的传输特性。

9.2.1 连续时间随机过程通过线性系统的表示

设 $x(t)$ 是一个定义于 $\mathbb{R}$ 上的确定性信号，将其输入冲激响应为 $h(t;\tau)$ 的线性系统，由确定性信号的知识知道，该线性系统的输出 $y(t)$ 也是一个定义于 $\mathbb{R}$ 上的确定性信号，且有

$$y(t) = \int_{-\infty}^{\infty} x(\tau) h(t;\tau) \mathrm{d}\tau \tag{9.2.1}$$

在观察大量确定性信号输入某个特定线性系统的统计特性时，如果线性系统每次的输入信号 $x(t)$ 是某个随机过程 $X(t)$ 的样本函数，则称将**随机过程 $X(t)$ 输入线性系统**。显然，当 $x(t)$ 在其样本空间中变动时，相应的输出 $y(t)$ 也形成一个随机过程 $Y(t)$，为了表示 $x(t)$ 等具有取值概率，将式 (9.2.1) 改写为下式，即

$$Y(t) = \int_{-\infty}^{\infty} X(\tau) h(t;\tau) \mathrm{d}\tau \tag{9.2.2}$$

式中，$X(t)$ 是线性系统的输入随机过程；$Y(t)$ 是输出随机过程。由于 $X(t)$ 是随机过程，上式右端的积分规定为均方积分。

由均方积分收敛准则知，式 (9.2.2) 右端的均方积分收敛当且仅当 $X(\tau)h(t;\tau)$ 的自相关函数 $h(t;\tau_1)h(t;\tau_2)R_X(\tau_1,\tau_2)$ 对所有的 $t \in \mathbb{R}$ 在 $(\tau_1,\tau_2) \in \mathbb{R}^2$ 上可积。

若线性系统的冲激响应 $h(t;\tau)$ 满足

$$h(t;\tau) = 0, \quad \tau > t \tag{9.2.3}$$

则称该线性系统是**因果的**。如果一个线性系统是因果的，则在时刻 t 的输出 $Y(t)$ 只和时刻 t 前的输入有关，和时刻 t 后的输入无关。若冲激响应 $h(t;\tau)$ 可以表示为形式为 $h(t-\tau)$ 的函数，则称系统是时不变的。时不变系统的物理意义是系统的冲激响应特性不随时间的变化而变化。反之，若线性系统的冲激响应特性随时间的变化而变化，则称该线性系统是**时变的**。冲激响应 $h(t;\tau)$ 的 Fourier 变换：

$$H(t;f) = \int_{-\infty}^{\infty} h(t;\tau) \mathrm{e}^{-\mathrm{j}2\pi f\tau} \mathrm{d}\tau \tag{9.2.4}$$

称为时变线性系统的**传递函数**。

时不变系统的传递函数和时间 t 无关，即

$$H(f) = \int_{-\infty}^{\infty} h(\tau) e^{-j2\pi f\tau} d\tau$$

对于时不变系统，式 (9.2.2) 变为

$$Y(t) = \int_{-\infty}^{\infty} X(\tau) h(t-\tau) d\tau = \int_{-\infty}^{\infty} X(t-\tau) h(\tau) d\tau = X(t) * h(t) \tag{9.2.5}$$

对式 (9.2.5) 做 Fourier 变换得

$$\hat{Y}(f) = \hat{X}(f) H(f) \tag{9.2.6}$$

式中，$\hat{X}(f)$ 和 $H(f)$ 分别是随机过程 $X(t)$ 和函数 $h(t)$ 的 Fourier 变换。

例 9.2.1 $X(t)$ 的 Hilbert 变换可以看成将 $X(t)$ 通过一个冲激响应为 $h(t) = 1/(\pi t)$ 的线性系统，计算可得该系统的传递函数为

$$H(f) = \int_{-\infty}^{\infty} \frac{1}{\pi t} e^{-j2\pi ft} dt = -j\frac{2}{\pi} \int_0^{\infty} \frac{\sin 2\pi ft}{t} dt$$

$$= -j\mathrm{sgn}(f) = \begin{cases} -j, & f > 0 \\ 0, & f = 0 \\ j, & f < 0 \end{cases} \tag{9.2.7}$$

式中，利用了积分恒等式

$$\int_0^{\infty} \frac{\sin ax}{x} dx = \begin{cases} \pi/2, & a > 0 \\ 0, & a = 0 \\ -\pi/2, & a < 0 \end{cases}$$

9.2.2 连续时间线性系统的二阶矩传输特性

本节给出时不变线性系统的"二阶矩传输特性"，关于时变线性系统的"二阶矩传输特性"类似可得，读者不妨作为练习。这里指的"二阶矩传输特性"是指均值函数、自相关函数和功率谱密度的传输特性，因为均值函数是不超过二阶的矩，而功率谱密度是二阶矩的 Fourier 变换，所以将它们的输入和输出关系称为二阶矩传输特性。

定理 9.2.1 设 $X(t)$ 为线性时不变因果系统 L 的输入过程，已知 $X(t)$ 的均值函数为 $m_X(t)$，自相关函数为 $R_X(t_1, t_2)$，L 的冲激响应为 $h(t)$。设输出过程为 $Y(t)$，其均值函数为 $m_Y(t)$，自相关函数为 $R_Y(t_1, t_2)$，则有

$$m_Y(t) = \int_0^{\infty} m_X(t-\alpha) h(\alpha) d\alpha = m_X(t) * h(t) \tag{9.2.8}$$

$$R_Y(t_1, t_2) = \int_0^{\infty} \int_0^{\infty} R_X(t_1-\alpha, t_2-\beta) h(\alpha) h^*(\beta) d\alpha d\beta$$

$$= R_X(t_1, t_2) * h(t_1) * h^*(t_2) \tag{9.2.9}$$

$$R_{XY}(t_1, t_2) = \int_0^{\infty} R_X(t_1, t_2-\beta) h^*(\beta) d\beta$$

$$= R_X(t_1, t_2) * h^*(t_2) \tag{9.2.10}$$

$$R_{YX}(t_1, t_2) = \int_0^\infty R_X(t_1 - \alpha, t_2) h(\alpha) \mathrm{d}\alpha$$

$$= R_X(t_1, t_2) * h(t_1) \tag{9.2.11}$$

证明：因为 $h(t)$ 是因果系统，所以

$$Y(t) = \int_{-\infty}^t X(\tau) h(t-\tau) \mathrm{d}\tau = \int_0^\infty X(t-\tau) h(\tau) \mathrm{d}\tau$$

因此

$$m_Y(t) = E\left\{ \int_0^\infty X(t-\tau) h(\tau) \mathrm{d}\tau \right\} = \int_0^\infty E\{X(t-\tau)\} h(\tau) \mathrm{d}\tau$$

$$= \int_0^\infty m_X(t-\tau) h(\tau) \mathrm{d}\tau = m_X(t) * h(t)$$

此外

$$R_Y(t_1, t_2) = E\{Y(t_1) Y^*(t_2)\}$$

$$= E\left\{ \int_0^\infty X(t_1 - \alpha) h(\alpha) \mathrm{d}\alpha \int_0^\infty X^*(t_2 - \beta) h^*(\beta) \mathrm{d}\beta \right\}$$

$$= \int_0^\infty \int_0^\infty E\{X(t_1 - \alpha) X^*(t_2 - \beta)\} h(\alpha) h^*(\beta) \mathrm{d}\alpha \mathrm{d}\beta$$

$$= \int_0^\infty \int_0^\infty R_X(t_1 - \alpha, t_2 - \beta) h(\alpha) h^*(\beta) \mathrm{d}\alpha \mathrm{d}\beta$$

$$= R_X(t_1, t_2) * h(t_1) * h^*(t_2)$$

类似于式 (9.2.9) 的证明，可得式 (9.2.10) 和式 (9.2.11)。因此知定理成立。   □

性质 9.2.1 若输入过程 $X(t)$ 是宽平稳过程，则输出过程 $Y(t)$ 也为宽平稳过程，且 $X(t)$ 和 $Y(t)$ 联合宽平稳。此外有

$$m_Y = m_X \int_{-\infty}^\infty h(\tau) \mathrm{d}\tau = m_X H(0) \tag{9.2.12}$$

$$R_Y(\tau) = \int_0^\infty \int_0^\infty R_X(\tau - \alpha + \beta) h(\alpha) h^*(\beta) \mathrm{d}\alpha \mathrm{d}\beta$$

$$= R_X(\tau) * h(\tau) * h^*(-\tau) \tag{9.2.13}$$

$$R_{YX}(\tau) = \int_0^\infty R_X(\tau - \alpha) h(\alpha) \mathrm{d}\alpha = R_X(\tau) * h(\tau) \tag{9.2.14}$$

$$R_{XY}(\tau) = \int_0^\infty R_X(\tau + \beta) h^*(\beta) \mathrm{d}\beta = R_X(\tau) * h^*(-\tau) \tag{9.2.15}$$

$$S_Y(f) = |H(f)|^2 S_X(f) \tag{9.2.16}$$

$$S_{YX}(f) = H(f) S_X(f) = S_{XY}^*(f) \tag{9.2.17}$$

式中，$H(f)$ 为系统 L 的传递函数；$S_X(f)$、$S_Y(f)$、$S_{XY}(f)$、$S_{YX}(f)$ 分别为 $X(t)$、$Y(t)$ 的功率谱密度及互功率谱密度。

证明：式 (9.2.12)~式 (9.2.15) 由定理9.2.1的结论立得。对式 (9.2.14) 两端做 Fourier 变换，有

$$S_{YX}(f) = \int_{-\infty}^{\infty} R_{YX}(\tau) e^{-j2\pi f \tau} d\tau = S_X(f)H(f)$$

上式利用了"卷积的 Fourier 变换等于 Fourier 变换的乘积"这一性质。又由 $R_{YX}(\tau) = R_{XY}^*(-\tau)$ 知 $S_{XY}^*(f) = S_{YX}(f)$，因此知式 (9.2.17) 成立。

又由式 (9.2.13) 和式 (9.2.14) 知

$$R_Y(\tau) = R_{YX}(\tau) * h^*(-\tau) \tag{9.2.18}$$

同样，对式 (9.2.18) 做 Fourier 变换有

$$S_Y(f) = S_{YX}(f)H^*(f) = |H(f)|^2 S_X(f) \tag{9.2.19}$$

因此知式 (9.2.16) 成立。证毕。 □

例 9.2.2 微分器是一个线性系统，其输出过程为输入过程的均方导数，即

$$Y(t) = L[X(t)] = \frac{d}{dt} X(t) \tag{9.2.20}$$

已知 $X(t)$ 的均值和自相关函数分别为 $m_X(t)$、$R_X(t_1, t_2)$，试求输出过程的均值 $m_Y(t)$ 和自相关函数 $R_Y(t_1, t_2)$。当输入过程为宽平稳过程时，功率谱密度为 $S_X(f)$，试求输出过程的功率谱密度 $S_Y(f)$。

解：由均方导数可以和积分交换次序的性质知

$$m_Y(t) = \frac{d}{dt} m_X(t) \tag{9.2.21}$$

此外，由例 6.3.3 知

$$R_Y(t_1, t_2) = \frac{\partial^2 R_X(t_1, t_2)}{\partial t_1 \partial t_2}, \quad R_{XY}(t_1, t_2) = \frac{\partial R_X(t_1, t_2)}{\partial t_2}$$

当 $X(t)$ 为宽平稳过程时，$m_X(t)$ 为常数，因此 $m_Y(t)=0$。此外，由于 $R_X(t_1,t_2)=R_X(\tau)$，$\tau = t_1 - t_2$，有

$$\frac{\partial R_X(t_1-t_2)}{\partial t_2} = -\frac{dR_X(\tau)}{d\tau}, \quad \frac{\partial^2 R_X(t_1-t_2)}{\partial t_1 \partial t_2} = -\frac{d^2 R_X(\tau)}{d\tau^2}$$

因此

$$R_{XY}(\tau) = -\frac{dR_X(\tau)}{d\tau}, \quad R_Y(\tau) = -\frac{d^2 R_X(\tau)}{d\tau^2}$$

另外，微分器的冲激响应为 $\delta'(t)$，其 Fourier 变换为

$$H(f) = \int_{-\infty}^{\infty} \delta'(t) e^{-j2\pi f t} dt = -\int_{-\infty}^{\infty} \delta(t) \left(\frac{\partial}{\partial t} e^{-j2\pi f t} \right) dt$$

$$= j2\pi f \int_{-\infty}^{\infty} \delta(t) e^{-j2\pi f t} dt = j2\pi f$$

因此知

$$S_Y(f) = S_X(f) |H(f)|^2 = (2\pi f)^2 S_X(f) \tag{9.2.22}$$

例 9.2.3 设有自相关函数为 $R_X(\tau) = (N_0/2)\delta(\tau)$ 的宽平稳白噪声，将其输入冲激响应为
$$h(t) = \mathrm{e}^{-ct}U(t)$$
的线性时不变因果系统，其中 c 为正常数，$U(t)$ 为 Heavyside 函数。试求输出过程 $Y(t)$ 的自相关函数 $R_Y(\tau)$ 和功率谱密度 $S_Y(f)$。

解： 由前述可知
$$\begin{aligned}
R_Y(\tau) &= R_X(\tau) * h(\tau) * h^*(-\tau) \\
&= \frac{N_0}{2}\delta(\tau) * h(\tau) * h^*(-\tau) \\
&= \frac{N_0}{2}[h(\tau) * h^*(-\tau)] \\
&= \frac{N_0}{2}\int_{-\infty}^{\infty} \mathrm{e}^{-c(\tau-s)}U(\tau-s)\mathrm{e}^{cs}U(-s)\mathrm{d}s \\
&= \frac{N_0}{2}\mathrm{e}^{-c\tau}\int_{-\infty}^{\infty} \mathrm{e}^{2cs}U(\tau-s)U(-s)\mathrm{d}s \\
&= \begin{cases} \dfrac{N_0}{2}\mathrm{e}^{-c\tau}\int_{-\infty}^{\tau} \mathrm{e}^{2cs}\mathrm{d}s, & \tau \leqslant 0 \\ \dfrac{N_0}{2}\mathrm{e}^{-c\tau}\int_{-\infty}^{0} \mathrm{e}^{2cs}\mathrm{d}s, & \tau > 0 \end{cases} \\
&= \frac{N_0}{4c}\mathrm{e}^{-c|\tau|}
\end{aligned}$$

对 $R_Y(\tau)$ 做 Fourier 变换，查 Fourier 积分变换表知
$$S_Y(f) = \frac{N_0}{2} \times \frac{1}{c^2 + (2\pi f)^2} \tag{9.2.23}$$

另外，查 Fourier 变换表知系统的传递函数为 $1/(c + \mathrm{j}2\pi f)$，故
$$S_Y(f) = S_X(f)|H(f)|^2 = \frac{N_0}{2} \times \frac{1}{c^2 + (2\pi f)^2}$$

这和式 (9.2.23) 的结果是一致的。

例 9.2.4 (理想低通滤波器) 设 $Z(t) = X(t) + Y(t)$，其中 $X(t)$ 和 $Y(t)$ 是相互独立的宽平稳随机过程，且 $E\{Y(t)\} = 0$。另外，$X(t)$ 和 $Y(t)$ 的功率谱密度分别为 $S_X(f)$ 和 $S_Y(f)$，且 $S_X(f)$ 的支集包含于 $[-W, W]$，$S_Y(f)$ 的支集包含于 $\{f \in \mathbb{R} \,|\, |f - f_0| \leqslant W_1\}$，又有 $[-W, W] \subset [-f_0 + W_1, f_0 - W_1]$。设系统 L 的传递函数为
$$H(f) = \begin{cases} 1, & f \in [-W, W] \\ 0, & f \notin [-W, W] \end{cases} \tag{9.2.24}$$

如图9.2.1所示。让 $Z(t)$ 通过系统 L，设输出为 $W(t)$，试证明 $E\{|W(t) - X(t)|^2\} = 0$。这样的线性系统通常称为低通滤波器，它的作用是将频谱较高的噪声过程 $Y(t)$ 过滤掉，而让频谱较低的有用信号 $X(t)$ 通过。

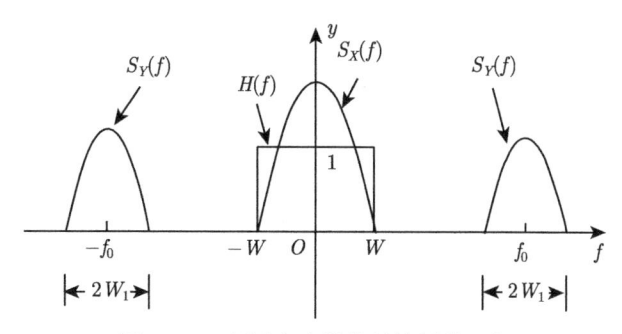

图 9.2.1 低通和窄带信号的频谱示意

解：考虑到 $X(t)$ 和 $Y(t)$ 的独立性及 $Y(t)$ 的均值为零的条件，可推出

$$S_Z(f) = S_X(f) + S_Y(f)$$

又由 $S_W(f) = S_Z(f)|H(f)|^2$ 及 $H(f)$ 的支集为 $[-W, W]$，可知

$$S_W(f) = |H(f)|^2[S_X(f) + S_Y(f)] = S_X(f)$$

令 $D(t) = W(t) - X(t)$，容易证明

$$R_D(\tau) = R_W(\tau) - R_{WX}(\tau) - R_{XW}(\tau) + R_X(\tau)$$

因此，相应的功率谱密度为

$$\begin{aligned} S_D(f) &= S_W(f) - S_{WX}(f) - S_{XW}(f) + S_X(f) \\ &= S_X(f) - H(f)S_X(f) - H^*(f)S_X(f) + S_X(f) \\ &= 0 \end{aligned}$$

从而有 $R_D(\tau) = 0$，所以 $R_D(0) = E\{|W(t) - X(t)|^2\} = 0$。

例 9.2.5 将 Poisson 随机电报信号通过一个传递函数为

$$H(f) = \frac{\beta}{\beta + \mathrm{j}2\pi f}$$

的 RC 低通滤波器，其中 $\beta = 1/(RC)$ 是常数。试求输出过程的功率谱密度及自相关函数。

解：由例9.1.3知，传输速率为 α 的随机电报信号的功率谱密度为

$$S_X(f) = \frac{4\alpha}{4\alpha^2 + 4\pi^2 f^2}$$

因此

$$\begin{aligned} S_Y(f) &= \frac{\beta^2}{\beta^2 + 4\pi^2 f^2} \frac{4\alpha}{4\alpha^2 + 4\pi^2 f^2} \\ &= \frac{4\alpha\beta^2}{\beta^2 - 4\alpha^2}\left(\frac{1}{4\alpha^2 + 4\pi^2 f^2} - \frac{1}{\beta^2 + 4\pi^2 f^2}\right) \end{aligned}$$

上式的 Fourier 逆变换为

$$R_Y(\tau) = \frac{1}{\beta^2 - 4\alpha^2}(\beta^2 \mathrm{e}^{-2\alpha|\tau|} - 2\alpha\beta \mathrm{e}^{-\beta|\tau|})$$

习题 9.2

9.2.1 已知线性系统由微分方程 $Y'(t) + 2Y(t) = X(t), t \geq 0$ 和初始条件 $Y(0) = 0$ 定义。设输入过程为 $X(t)$,试求输出过程 $Y(t)$ 的表达式。若 $X(t)$ 的自相关函数为 $R_X(\tau) = e^{-|\tau|}$,试求 $Y(t)$ 的自相关函数 $R_Y(t_1, t_2)$。

9.2.2 设在 RC 电路系统中输入电压为 $X(t) = X_0 + \cos(2\pi t + \Phi)$,其中 X_0 是在 $(0,1)$ 上均匀分布的随机变量,Φ 是与 X_0 相互独立且在 $(0, 2\pi)$ 上均匀分布的随机变量,试求输出电压 $Y(t)$ 的表达式和自相关函数。

9.2.3 设 $Y(t)$ 为 $X(t)$ 的积分平均,即

$$Y(t) = \frac{1}{T} \int_{t-T}^{t} X(\zeta) d\zeta$$

若已知宽平稳过程 $X(t)$ 的功率谱密度为 $S_X(f)$,试求 $S_Y(f)$;又若 $X(t)$ 的自相关函数为

$$R_X(\tau) = \begin{cases} 1 - |\tau|/T, & |\tau| < T \\ 0, & |\tau| \geq T \end{cases}$$

试给出 $S_Y(f)$ 和 $E\{Y^2(t)\}$。

9.2.4 将零均值且功率谱密度为 $N_0/2$ 的白噪声输入一个传递函数为 $H(f) = 1/(1 + j2\pi f)$ 的线性系统,试求 $R_{YX}(\tau)$、$S_{YX}(f)$、$R_Y(\tau)$ 和 $S_Y(f)$。

9.2.5 设将 $X(t)$ 输入冲激响应为 $h(t)$ 的线性系统得到输出 $Y(t)$。若 $X(t)$ 是白噪声,则试给出 $R_{YX}(\tau)$ 的表达式。试解释如何用该结果来估计线性系统的冲激响应。

9.2.6 设有均值为 m、方差为 σ^2 的 Gauss 过程 $X(t)$,分别输入冲激响应为 $h_1(t)$ 和 $h_2(t)$ 的线性系统,输出分别为 $Y_1(t)$ 和 $Y_2(t)$,试求 $Y_1(t)$ 和 $Y_2(t)$ 的联合概率密度函数。

9.2.7 设 $Y(t) = h(t) * X(t)$,$Z(t) = X(t) - Y(t)$,试用 $S_X(f)$ 表示 $S_Z(f)$ 和 $E\{Z^2(t)\}$。

9.2.8 设 $X(t)$ 是一个定义于 $\mathbb{R}$ 上的均方连续的宽平稳过程,$R_X(\tau)$ 绝对可积,设 $Y(t) = X(t) + X(t+T)$,其中 T 为常数。试证明:$S_Y(f) = 2(1 + \cos 2\pi fT)S_X(f)$,其中 $S_X(f)$、$S_Y(f)$ 分别表示 $X(t)$ 和 $Y(t)$ 的功率谱密度。

9.2.9 设 $X(t)$ 为 $\mathbb{R}$ 上的实宽平稳过程,其功率谱密度为 $S_X(f)$。

1) 证明对任意 $h > 0, Y(t) = X(t+h) - X(t)$ 为宽平稳过程。
2) 求 $Y(t)$ 的功率谱密度。

9.2.10 已知宽平稳过程 $X(t)$ 的自相关函数为 $R_X(\tau) = e^{-\alpha|\tau|}(1+\alpha|\tau|)$,$\alpha > 0$,求 $X(t)$ 的功率谱密度 $S_X(f)$。

9.2.11 设系统输入随机过程 $X(t), t \in [0, \infty)$,输出 $Y(t), t \in [0, \infty)$,它们之间有下列关系:

$$Y(t) = \int_{-\infty}^{t} X(u) du - \int_{-\infty}^{t} X(u-T) du$$

式中,T 为正常数,试求:

1) 系统的传递函数 $H(f)$;
2) 当输入功率谱密度为 $S_X(f) = q$ 的白噪声时,求输出 $Y(t)$ 的平均功率。$\left(\text{提示}: \int_0^{\infty} (\sin \alpha x/x)^2 dx = |\alpha|\frac{\pi}{2}\right)$

9.2.12 将定义于 $[0, \infty)$ 上的、自相关函数为 $R_X(\tau) = \delta(\tau)$ 的随机过程 $X(t)$ 输入冲激响应为 $h(t)$ 的时不变线性系统,设输出为 $Y(t)$。分别对

① $h(t) = \begin{cases} 1, & 0 < t < T \\ 0, & \text{其他} \end{cases}$; ② $h(t) = \begin{cases} te^{-2t}, & t > 0 \\ 0, & \text{其他} \end{cases}$

求 $Y(t)$ 的自相关函数、功率谱密度及 $X(t)$ 和 $Y(t)$ 的互功率谱密度。

9.3 带限随机信号

带限随机信号，也称为基带信号，本节介绍其定义及其性质。

9.3.1 定义

若随机信号 $X(t)$ 的功率谱密度 $S_X(f)$ 在 $f=0$ 点不为零，且其支集包含于零点的一个邻域 $(-w,w)$ 内，则称随机信号 $X(t)$ 为**带限随机信号**或**基带随机信号**，如图9.3.1所示。

9.3.2 性质

带限过程有下列几条性质。

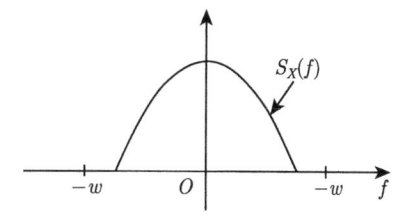

图 9.3.1　带限随机信号的功率谱密度

(1) Nyquist 采样定理

定理 9.3.1 (Nyquist 采样定理)　若 $X(t)$ 是带宽为 $(-B,B)$ 的带限过程，则有

$$X(t) \stackrel{\text{ms}}{=} \sum_{n=-\infty}^{\infty} X(nT_\text{s}) \frac{\sin 2\pi B(t-nT_\text{s})}{2\pi B(t-nT_\text{s})} \tag{9.3.1}$$

式中，$T_\text{s} = 1/(2B)$ 称为 **Nyquist 抽样间隔**。

证明：Nyquist 抽样定理可看作带限随机过程 $X(t)$ 在下列正交函数系下的正交分解，即

$$\psi_n(t) = \frac{\sin \pi f_\text{s}[t-n/f_\text{s}]}{\pi f_\text{s}[t-n/f_\text{s}]}, \quad n \in \mathbb{Z} \tag{9.3.2}$$

恰当选取参数 f_s，可以使展开系数刚好是带限过程 $X(t)$ 的采样。

先验证式 (9.3.2) 定义的函数系的正交性。设 $\Psi_n(f)$ 为 $\psi_n(t)$ 的 Fourier 变换，查表知，有

$$\Psi_n(f) = \mathcal{F}[\psi_n(t)] = \frac{1}{f_\text{s}} \Pi\left(\frac{f}{f_\text{s}}\right) \text{e}^{-\text{j}2\pi(nf/f_\text{s})} \tag{9.3.3}$$

式中，$\Pi\left(\dfrac{f}{f_\text{s}}\right)$ 为单位方波：

$$\Pi\left(\frac{f}{f_\text{s}}\right) = \begin{cases} 1, & |f| \leqslant \dfrac{f_\text{s}}{2} \\ 0, & |f| > \dfrac{f_\text{s}}{2} \end{cases} \tag{9.3.4}$$

由 Parseval 等式知

$$\int_{-\infty}^{\infty} \psi_n(t)\psi_m^*(t)\text{d}t = \int_{-\infty}^{\infty} \Psi_n(f)\Psi_m^*(f)\text{d}f \tag{9.3.5}$$

所以

$$\int_{-\infty}^{\infty} \psi_n(t)\psi_m^*(t)\text{d}t = \frac{1}{(f_\text{s})^2} \int_{-\infty}^{\infty} \left[\Pi\left(\frac{f}{f_\text{s}}\right)\right]^2 \text{e}^{-\text{j}2\pi(n-m)f/f_\text{s}}\text{d}f$$

$$= \frac{1}{(f_s)^2} \int_{-f_s/2}^{f_s/2} e^{-j2\pi(n-m)(f/f_s)} df$$
$$= \frac{1}{f_s} \delta_{nm} \tag{9.3.6}$$

因此，由随机过程正交分解系数的确定和 Parseval 等式知

$$V_n = f_s \int_{-\infty}^{\infty} X(t)\psi_n^*(t) dt = f_s \int_{-\infty}^{\infty} \hat{X}(f)\Psi_n^*(f) df \tag{9.3.7}$$

式中，$\hat{X}(f)$ 是 $X(t)$ 的 Fourier 变换。将式 (9.3.3) 代入式 (9.3.7) 得

$$V_n = \int_{-f_s/2}^{f_s/2} \hat{X}(f) e^{-j2\pi f(n/f_s)} df \tag{9.3.8}$$

因为 $X(t)$ 的带限是 $(-B, B)$，所以 $\hat{X}(f)$ 在 $(-B, B)$ 外的均方为零。若 $f_s/2 \geqslant B$，则上述均方积分的上、下限可以拓展为 $(-\infty, \infty)$，而积分值为 $X(t)$ 在 $t = n/f_s$ 的取样，即 $V_n = X(n/f_s) = X(nT_s)$，即有式 (9.3.1) 成立。 □

由证明可见，采样定理实际上是将带限随机信号在一组正交函数下分解。

(2) 线性系统频率传输特性

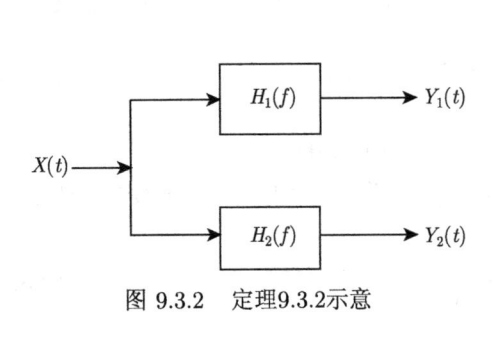

定理 9.3.2 设带限过程 $X(t)$ 的带宽为 $(-B, B)$，将 $X(t)$ 同时输入两个线性系统 L_1 和 L_2，设其传递函数分别为 $H_1(f)$ 和 $H_2(f)$，两系统的输出分别为 $Y_1(t)$ 和 $Y_2(t)$，如图9.3.2所示。若两系统的传递函数在带限 $(-B, B)$ 内相等，即

$$H_1(f) = H_2(f), \quad \forall f \in (-B, B) \tag{9.3.9}$$

则有

$$Y_1(t) \stackrel{\text{ms}}{=} Y_2(t) \tag{9.3.10}$$

图 9.3.2 定理9.3.2示意

证明：设两系统相应的冲激响应分别为 $h_1(t)$ 和 $h_2(t)$，则知

$$Y_1(t) = h_1(t) * X(t), \quad Y_2(t) = h_2(t) * X(t)$$

从而

$$Y_1(t) - Y_2(t) = [h_1(t) - h_2(t)] * X(t)$$

令 $Y(t) = Y_1(t) - Y_2(t)$，则 $Y(t)$ 是将 $X(t)$ 输入冲激响应为 $h_1(t) - h_2(t)$ 的系统的输出。显然，该系统的传递函数为 $H(f) = H_1(f) - H_2(f)$，由前述定理知

$$S_Y(f) = S_X(f)|H(f)|^2$$

又

$$E\{|Y_1(t) - Y_2(t)|^2\} = R_Y(0) = \int_{-\infty}^{\infty} S_Y(f)\mathrm{d}f = \int_{-\infty}^{\infty} S_X(f)|H_1(f) - H_2(f)|^2 \mathrm{d}f$$

由条件知 $S_X(f)$ 的支集和 $|H_1(f) - H_2(f)|^2$ 的支集互不重叠，因此其乘积的积分为零。所以定理9.3.2的结论成立。 □

定理9.3.2是说，一个带限过程输入线性系统，其输出只和系统传递函数在带限内的取值有关，和传递函数在带限外的取值无关。

(3) 均方连续与解析

性质 9.3.1 若 $X(t)$ 是带限为 $(-B, B)$ 的实带限过程，则有

$$E\{[X(t+\tau) - X(t)]^2\} = 2[R_X(0) - R_X(\tau)] \leqslant 4\pi^2 B^2 R_X(0)\tau^2 \tag{9.3.11}$$

式 (9.3.11) 表明带限过程是均方连续的，且均方变化有一致的界。式 (9.3.11) 也表明，若带限过程均方可导，则其均方导数有一致的界。

证明：实平稳过程的自相关函数 $R_X(\tau)$ 是实的偶函数，且

$$R_X(\tau) = \int_{-\infty}^{\infty} S_X(f) \cos 2\pi f\tau \mathrm{d}f$$

因此

$$\begin{aligned} R_X(0) - R_X(\tau) &= \int_{-B}^{B} S_X(f)(1 - \cos 2\pi f\tau)\mathrm{d}f = \int_{-B}^{B} S_X(f) 2\sin^2 \pi f\tau \mathrm{d}f \\ &\leqslant \int_{-B}^{B} S_X(f) 2\pi^2 f^2 \tau^2 \mathrm{d}f \leqslant 2\pi^2 B^2 \tau^2 \int_{-B}^{B} S_X(f)\mathrm{d}f = 2\pi^2 B^2 \tau^2 R_X(0) \end{aligned}$$

从而知该性质成立。 □

性质 9.3.2 带限过程必均方解析，即

$$X(t+\tau) \stackrel{\mathrm{ms}}{=} \sum_{n=0}^{\infty} X^{(n)}(t) \frac{\tau^n}{n!} \tag{9.3.12}$$

式 (9.3.12) 表明带限过程必均方可预测。

证明：首先，证明 $X(t)$ 通过传递函数为 $\mathrm{e}^{\mathrm{j}2\pi f\tau}$ 的线性系统，其输出为 $X(t+\tau)$。设 $X(t)$ 的 Fourier 变换为 $\hat{X}(f)$，输出 $Y(t)$ 的 Fourier 变换为 $\hat{Y}(f)$，则 $\hat{Y}(f) = \hat{X}(f)\mathrm{e}^{\mathrm{j}2\pi f\tau}$，所以

$$\begin{aligned} Y(t) &= \int_{-\infty}^{\infty} (\hat{X}(f)\mathrm{e}^{\mathrm{j}2\pi f\tau})\mathrm{e}^{\mathrm{j}2\pi ft}\mathrm{d}f \\ &= \int_{-\infty}^{\infty} \hat{X}(f)\mathrm{e}^{\mathrm{j}2\pi f(\tau+t)}\mathrm{d}f \\ &= X(t+\tau) \end{aligned}$$

其次，证明 $X(t)$ 通过传递函数为 $(j2\pi f)^n$ 的系统，其输出为 $X^{(n)}(t)$。同样的道理：

$$Y(t) = \int_{-\infty}^{\infty} (\hat{X}(f)(j2\pi f)^n) e^{j2\pi ft} df = \int_{-\infty}^{\infty} \hat{X}(f) \frac{d^n}{dt^n} e^{j2\pi ft} df$$
$$= \frac{d^n}{dt^n} \int_{-\infty}^{\infty} \hat{X}(f) e^{j2\pi ft} df = \frac{d^n}{dt^n} X(t)$$

因此，知道 $X(t)$ 通过传递函数为 $\sum_{n=0}^{\infty} (j2\pi f)^n \frac{\tau^n}{n!}$ 的系统，其输出为 $\sum_{n=0}^{\infty} X^{(n)}(t) \frac{\tau^n}{n!}$。又知道，在 $|f| < B$ 内，有下式成立：

$$e^{j2\pi f\tau} = \sum_{n=0}^{\infty} (j2\pi f)^n \frac{\tau^n}{n!}$$

由定理9.3.2知该性质成立。 □

习题 9.3

9.3.1 设宽平稳带限过程 $X(t)$，其抽样 $X(n\pi/\sigma)$ 互不相关，若 $E\{X(t)\} = \eta$，$E\{X^2(t)\} = 1$，试求 $X(t)$ 的功率谱密度 $S_X(f)$。

9.3.2 设 $X(t)$ 是带限过程，且 $\Delta = 2\pi/\sigma$，试证明：

$$X(t) = 4\sin^2 \frac{\sigma t}{2} \sum_{n=-\infty}^{\infty} \left[\frac{X(n\Delta)}{(\sigma t - 2n\pi)^2} + \frac{X'(n\Delta)}{\sigma(\sigma t - 2n\pi)} \right]$$

9.3.3 证明：若 $X(t)$ 是带限的，则当 $|\tau| < \pi/\sigma$ 时，有

$$\frac{2\tau^2}{\pi^2} |R_X''(0)| \leqslant R_X(0) - R_X(\tau) \leqslant \frac{\tau^2}{2} R_X''(0)$$

且

$$E\{|X(t+\tau) - X(t)|^2\} \geqslant \frac{4\tau^2}{\pi^2} E\{|X'(t)|^2\}$$

式中，$R_X(\tau)$ 是 $X(t)$ 的自相关函数；$R_X''(0)$ 是 $R_X(\tau)$ 的二阶导数。

9.3.4 若有带限过程 $X(t)$ 的功率谱密度 $S_X(f)$ 在 $|f| > \sigma/(2\pi)$ 时为零，试证明：当 $|\tau| < \pi/(2\sigma)$ 时，有 $R_X(\tau) \geqslant R_X(0) \cos \sigma\tau$。

9.4 窄带随机信号

窄带随机信号实际上是基带信号经过双边带调制之后所得到的信号。本节介绍其定义及常见性质。

9.4.1 窄带随机信号的定义

如图 9.4.1 所示，若随机过程 $X(t)$ 的功率谱密度 $S_X(f)$ 的支集包含于频带：

$$\{f \in \mathbb{R} \mid f_0 - B \leqslant |f| \leqslant f_0 + B\}, \quad f_0 \gg B > 0$$

则称 $X(t)$ 为窄带随机信号。其中频率 f_0 称为**载波频率**。

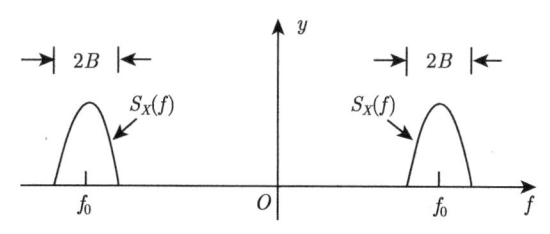

图 9.4.1 窄带随机信号的功率谱密度

9.4.2 窄带随机信号的表示

性质 9.4.1 任何一个窄带随机信号可以表示为

$$X(t) = \text{Re}\{g(t)e^{j\omega_0 t}\} \tag{9.4.1}$$

式中，Re 表示一个复数的实部；$g(t)$ 叫作 $X(t)$ 的**复包络**；$\omega_0 = 2\pi f_0$。此外，带通过程还有如下两个等价表示，即

$$X(t) = R(t)\cos\left[\omega_0 t + \Phi(t)\right] \tag{9.4.2}$$

$$X(t) = a(t)\cos\omega_0 t - b(t)\sin\omega_0 t \tag{9.4.3}$$

式中

$$g(t) = a(t) + jb(t) = R(t)e^{j\Phi(t)} \tag{9.4.4}$$

$$a(t) = \text{Re}\{g(t)\} = R(t)\cos\Phi(t) \tag{9.4.5}$$

$$b(t) = \text{Im}\{g(t)\} = R(t)\sin\Phi(t) \tag{9.4.6}$$

$$R(t) = |g(t)| = \sqrt{a^2(t) + b^2(t)} \tag{9.4.7}$$

$$\Phi(t) = \arctan\left[\frac{b(t)}{a(t)}\right] \tag{9.4.8}$$

$g(t)$、$a(t)$、$b(t)$、$R(t)$ 和 $\Phi(t)$ 都是带限为 $(-B, B)$ 的基带随机信号。

证明： 对随机信号 $X(t)$ 在区间 $(-T_0/2, T_0/2)$ 上进行 Fourier 级数正交展开，$T_0 \to \infty$，可以得到

$$X(t) = \sum_{n=-\infty}^{\infty} C_n e^{jn\omega t}, \quad \omega = 2\pi/T_0$$

式中，C_n 是随机变量序列。因为 $X(t)$ 是实随机过程，因此 $C_{-n} = C_n^*$，所以

$$X(t) = \text{Re}\left\{C_0 + 2\sum_{n=1}^{\infty} C_n e^{jn\omega t}\right\}$$

因为 $X(t)$ 是窄带信号，C_n 的二阶矩在 $n = 0$ 附近为零，特别地，$C_0 = 0$ 的概率为 1。此外，对任意 f_0，有

$$X(t) = \text{Re}\left\{\left(2\sum_{n=1}^{\infty} C_n e^{j(n\omega - \omega_0)t}\right)e^{j\omega_0 t}\right\}$$

因此有式 (9.4.1)，且

$$g(t) = 2\sum_{n=1}^{\infty} C_n e^{j(n\omega - \omega_0)t}$$

因为 $X(t)$ 是窄带随机信号，其功率谱密度分布在频率 $f = f_0$ 附近，对满足 $n\omega/(2\pi) \in (f_0 - B, f_0 + B)$ 的那些 n，Fourier 展开系数 C_n 以概率 1 不为零，而对其他 n，C_n 以概率 1 为零。所以 $g(t)$ 的功率谱密度包含在 $(-B, B)$ 内。将 $g(t)$ 用复函数 $g(t) = a(t) + jb(t)$ 的形式表示，则得式 (9.4.3)。 □

式 (9.4.3) 又称为带通过程的**双调幅式表示**。关于双调幅式过程有以下定理。

9.4.3 窄带随机信号的性质

定理 9.4.1 设 $a(t)$ 和 $b(t)$ 为两个联合宽平稳随机过程，式 (9.4.3) 表示的双调幅式过程为宽平稳过程的充分必要条件如下：

1) $E\{a(t)\} = E\{b(t)\} = 0$。
2) $R_a(\tau) = R_b(\tau)$。
3) $R_{ab}(\tau) = -R_{ba}(\tau)$。

此外，当式 (9.4.3) 表示的双调幅式过程宽平稳时，其均值函数和自相关函数分别为

$$E\{X(t)\} = 0 \tag{9.4.9}$$

$$R_X(\tau) = R_a(\tau)\cos\omega_0\tau + R_{ab}(\tau)\sin\omega_0\tau \tag{9.4.10}$$

证明：由

$$E\{X(t)\} = E\{a(t)\}\cos\omega_0 t - E\{b(t)\}\sin\omega_0 t$$

知道，要使 $E\{X(t)\}$ 为常数，当且仅当 $E\{a(t)\} = E\{b(t)\} = 0$，此时 $E\{X(t)\} = 0$。此外，计算可得

$$\begin{aligned}2R_X(t+\tau, t) =& [R_a(t+\tau, t) + R_b(t+\tau, t)]\cos\omega_0\tau \\ & + [R_{ab}(t+\tau, t) - R_{ba}(t, t+\tau)]\sin\omega_0\tau \\ & + [R_a(t+\tau, t) - R_b(t+\tau, t)]\cos\omega_0(2t+\tau) \\ & - [R_{ba}(t+\tau, t) + R_{ab}(t, t+\tau)]\sin\omega_0(2t+\tau)\end{aligned}$$

显然，要使 $R_X(t+\tau, t)$ 只和时移 τ 有关，当且仅当 $a(t)$ 和 $b(t)$ 联合宽平稳，且

$$R_a(\tau) = R_b(\tau), \quad R_{ab}(\tau) = -R_{ba}(\tau)$$

此时

$$R_X(\tau) = R_a(\tau)\cos\omega_0\tau + R_{ab}(\tau)\sin\omega_0\tau \tag{9.4.11}$$

□

性质 9.4.2 设某宽平稳随机过程 $X(t)$ 具有式 (9.4.3) 的双调幅式表示，且 $a(t)$ 和 $b(t)$ 是带宽为 $(-B, B)$ 的带限宽平稳过程，且其联合带宽也为 $(-B, B)$，即 $S_{ab}(f)$ 的支集包含于 $(-B, B)$。若 $f_0 = \omega_0/(2\pi) \gg B$，则 $X(t)$ 为带通过程。

证明：对式 (9.4.11) 做 Fourier 变换有

$$\begin{aligned}S_X(f) &= \int_{-\infty}^{\infty}[R_a(\tau)\cos\omega_0\tau + R_{ab}(\tau)\sin\omega_0\tau]\mathrm{e}^{-\mathrm{j}2\pi f\tau}\mathrm{d}\tau \\ &= \frac{1}{2}\int_{-\infty}^{\infty}R_a(\tau)(\mathrm{e}^{\mathrm{j}2\pi f_0\tau}+\mathrm{e}^{-\mathrm{j}2\pi f_0\tau})\mathrm{e}^{-\mathrm{j}2\pi f\tau}\mathrm{d}\tau \\ &\quad + \frac{1}{2\mathrm{j}}\int_{-\infty}^{\infty}R_{ab}(\tau)(\mathrm{e}^{\mathrm{j}2\pi f_0\tau}-\mathrm{e}^{-\mathrm{j}2\pi f_0\tau})\mathrm{e}^{-\mathrm{j}2\pi f\tau}\mathrm{d}\tau \\ &= \frac{1}{2}[S_a(f-f_0)+S_a(f+f_0)] + \frac{1}{2\mathrm{j}}[S_{ab}(f-f_0)-S_{ab}(f+f_0)]\end{aligned}$$

因为 $S_a(f)$、$S_b(f)$ 和 $S_{ab}(f)$ 的支集都包含于 $(-B,B)$，因此 $S_X(f)$ 的支集包含于 $\{f\in\mathbb{R}\,|\,f_0-B\leqslant|f|\leqslant f_0+B\}$，所以 $X(t)$ 为带通过程。 □

9.4.4 窄带随机信号的 Rice 表示

为了得到双调幅式随机信号的解析过程表达式，需要证明下列引理。

引理 9.4.1 设实随机过程 $A(t)$ 功率谱密度的支集包含于区间 $(-B,B)$，B 为正常数，若 $\omega_0>2\pi B$，则 $\mathcal{H}\{A(t)\cos\omega_0 t\}=A(t)\sin\omega_0 t$，$\mathcal{H}\{A(t)\sin\omega_0 t\}=-A(t)\cos\omega_0 t$，其中 $\mathcal{H}$ 表示 Hilbert 变换。

证明：由 Hilbert 变换的定义知

$$\mathcal{H}\{A(t)\cos\omega_0 t\}=\frac{1}{\pi t}*[A(t)\cos\omega_0 t]$$

考虑到 $1/(\pi t)$ 的 Fourier 变换为 $-\mathrm{j}\,\mathrm{sgn}(f)$ (参见例 9.2.1)，对上式两端做 Fourier 变换得

$$\mathcal{F}[\mathcal{H}\{A(t)\cos\omega_0 t\}]=\frac{1}{2}[\mathrm{j}\,\hat{A}(f+f_0)-\mathrm{j}\,\hat{A}(f-f_0)]$$

式中，$f_0=\omega_0/(2\pi)$；$\hat{A}(f)$ 是 $A(t)$ 的 Fourier 变换。对上式两端继续做 Fourier 逆变换得

$$\mathcal{H}\{A(t)\cos\omega_0 t\}=A(t)\sin\omega_0 t$$

同理可证 $\mathcal{H}\{A(t)\sin\omega_0 t\}=-A(t)\cos\omega_0 t$。 □

由引理 9.4.1 可得到双调幅带通过程式 (9.4.3) 的解析过程的表达式。

性质 9.4.3 双调幅带通过程式 (9.4.3) 的解析过程具有如下表达：

$$Z(t)=[a(t)+\mathrm{j}b(t)]\mathrm{e}^{\mathrm{j}\omega_0 t} \qquad (9.4.12)$$

证明：由引理 9.4.1 知 $X(t)$ 的 Hilbert 变换为

$$\check{X}(t)=a(t)\sin\omega_0 t+b(t)\cos\omega_0 t$$

因此，其解析过程为

$$\begin{aligned}Z(t)&=X(t)+\mathrm{j}\check{X}(t)=[a(t)\cos\omega_0 t-b(t)\sin\omega_0 t]+\mathrm{j}[a(t)\sin\omega_0 t+b(t)\cos\omega_0 t]\\ &=[a(t)+\mathrm{j}b(t)]\mathrm{e}^{\mathrm{j}\omega_0 t}\end{aligned}$$

□

设有实宽平稳过程 $X(t)$,设 ω_0 为任意给定的正常数,则称
$$X(t) = i_X(t)\cos\omega_0 t - q_X(t)\sin\omega_0 t \tag{9.4.13}$$
为实宽平稳过程 $X(t)$ 的 **Rice 表示**,其中
$$i_X(t) = X(t)\cos\omega_0 t + \check{X}(t)\sin\omega_0 t \tag{9.4.14}$$
$$q_X(t) = \check{X}(t)\cos\omega_0 t - X(t)\sin\omega_0 t \tag{9.4.15}$$
分别称为 $X(t)$ 的**同相分量**和**正交分量**。值得注意的是,当选定不同的 ω_0 时,有不同的 Rice 表示。

在实际应用中,可以针对不同的准则,选定最佳的 ω_0。

定理 9.4.2 试证明 $X(t)$ 的 Rice 表示的复包络 $W(t) = i_X(t) + jq_X(t)$ 的平均变化率 $E\{|W'(t)|^2\}$ 最小的充要条件是

$$f_0 = \frac{\omega_0}{2\pi} = \frac{\int_0^\infty f S_X(f)\mathrm{d}f}{\int_0^\infty S_X(f)\mathrm{d}f} \tag{9.4.16}$$

这里 $W'(t)$ 为 $W(t)$ 的均方导数。

证明:令 $Z(t)$ 为 $X(t)$ 的解析过程,即
$$Z(t) = X(t) + \mathrm{j}\check{X}(t)$$
则有
$$Z(t) = W(t)\mathrm{e}^{\mathrm{j}\omega_0 t}, \quad W(t) = Z(t)\mathrm{e}^{-\mathrm{j}\omega_0 t}$$
因此
$$R_W(\tau) = E\{Z(t+\tau)Z^*(t)\}\mathrm{e}^{-\mathrm{j}\omega_0\tau} = R_Z(\tau)\mathrm{e}^{-\mathrm{j}\omega_0\tau}$$
对上式做 Fourier 变换有 $S_W(f) = S_Z(f+f_0)$。又因为求导算子的传递函数为 $\mathrm{j}2\pi f$,所以
$$S_{W'}(f) = S_W(f)|\mathrm{j}2\pi f|^2 = (2\pi f)^2 S_Z(f+f_0)$$
所以
$$M = E\{|W'(t)|^2\} = R_{W'}(0) = \int_{-\infty}^\infty S_{W'}(f)\mathrm{d}f$$
$$= \int_{-\infty}^\infty (2\pi f)^2 S_Z(f+f_0)\mathrm{d}f$$
$$= \int_{-\infty}^\infty 4\pi^2(f-f_0)^2 S_Z(f)\mathrm{d}f$$

因此,要使 M 最小,当且仅当 $\mathrm{d}M/\mathrm{d}f_0 = 0$,即
$$f_0 = \frac{\int_{-\infty}^\infty f S_Z(f)\mathrm{d}f}{\int_{-\infty}^\infty S_Z(f)\mathrm{d}f}$$

又由解析过程的性质可知 $S_Z(f) = 4S_X(f)U(f)$,从而有式 (9.4.16) 成立。 □

一般来说，带通过程是由对带限过程进行调制得到的。设有双调幅式过程

$$X(t) = R(t)\cos\left[2\pi f_0 t + \lambda \Phi(t) + \Theta\right]$$

$R(t)$、$\Phi(t)$ 为随机过程；Θ 为 $(0, 2\pi)$ 上的均匀分布；λ、f_0 为常数。若随机过程 $R(t)$ 为带限随机信号，$\Phi(t)$ 为常数，则称 $X(t)$ 为**调幅过程**；当 $R(t)$ 为非零常数，$\Phi(t)$ 为随机信号时，称 $X(t)$ 为**调相过程**；当 $R(t)$ 为非零常数，$\Phi'(t)$ 为随机信号时，称 $X(t)$ 为**调频过程**，λ 称为**调频指数**。其中 f_0 称为**载频**，$\cos(2\pi f_0 t)$ 称为**载波**。

例 9.4.1 (振幅调制 (AM)) 若 $A(t)$ 是带宽为 $(-B, B)$ 的带限随机信号，考虑下列调幅过程：

$$X(t) = A(t)\cos(2\pi f_0 t + \Theta) \tag{9.4.17}$$

式中，Θ 为 $(0, 2\pi)$ 上的均匀分布，且 $A(t)$ 和 Θ 统计独立。容易计算 $X(t)$ 的自相关函数为

$$R_X(\tau) = \frac{1}{2} R_A(\tau) \cos(2\pi f_0 \tau)$$

因此，其功率谱密度为

$$\begin{aligned} S_X(f) &= \mathcal{F}\left\{\frac{1}{2} R_A(\tau) \cos(2\pi f_0 \tau)\right\} \\ &= \frac{1}{4} S_A(f + f_0) + \frac{1}{4} S_A(f - f_0) \end{aligned} \tag{9.4.18}$$

因此，上述调制过程是一个双边带的带通过程。它将原来随机信号 $A(t)$ 的频率范围 $(-B, B)$ 进行了双边线性平移，平移后的频率范围为 $(-B+f_0, B+f_0)$ 和 $(-B-f_0, B-f_0)$，且平移后保持信号的功率谱密度的构形。在接收端，先用载波乘以 $X(t)$，即

$$Y(t) = X(t)\cos(2\pi f_0 t + \Theta) \tag{9.4.19}$$

同样地，有

$$\begin{aligned} S_Y(f) &= \frac{1}{2} S_X(f + f_0) + \frac{1}{2} S_X(f - f_0) \\ &= \frac{1}{8}[S_A(f + 2f_0) + S_A(f)] + \frac{1}{8}[S_A(f) + S_A(f - 2f_0)] \end{aligned}$$

因此，让 $Y(t)$ 通过一个例9.2.4定义的理想低通滤波器，只允许通过频率位于 $(-B, B)$ 内的随机信号，这样得到的信号记为 $Z(t)$，显然 $S_Z(f) = \frac{1}{4} S_A(f)$。由例9.2.4知 $Z(t) = \frac{1}{4} A(t)$。

9.4.5 窄带高斯过程

(1) 包络过程和相位过程的一维概率分布

若 $X(t)$ 是高斯过程，同时又是宽平稳窄带过程，则称为**窄带高斯过程**。

性质 9.4.4 若 $X(t)$ 是窄带高斯过程，则其同相分量过程 $i_X(t)$ 与正交分量过程 $q_X(t)$ 也是高斯过程。

证明：因为 $X(t)$ 是高斯的，由高斯过程的线性变换仍是高斯过程的结论知道，其 Hilbert 变换 $\check{X}(t)$ 也是高斯过程。又由 $X(t)$ 和 $\check{X}(t)$ 知道，它们彼此正交，此外知道 $\check{X}(t)$ 的均值为零，所以 $X(t)$ 和 $\check{X}(t)$ 互不相关。对于两个高斯随机变量来说，不相关与独立是等价

的，所以 $X(t)$ 和 $\check{X}(t)$ 相互独立。又由相互独立的高斯随机过程的线性组合仍为高斯过程知道，由下式定义的同相分量过程 $i_X(t)$ 与正交分量过程 $q_X(t)$ 也是高斯过程：

$$i_X(t) = X(t)\cos\omega_0 t + \check{X}(t)\sin\omega_0 t$$
$$q_X(t) = \check{X}(t)\cos\omega_0 t - X(t)\sin\omega_0 t$$

□

将宽平稳窄带高斯过程 $X(t)$ 写成如下形式：

$$X(t) = A(t)\cos[\omega_0 t + \phi(t)] \tag{9.4.20}$$

下面来求包络过程 $A(t)$ 以及相位过程 $\phi(t)$ 的概率密度函数。

同相分量过程 $i_X(t)$、正交分量过程 $q_X(t)$ 与包络过程 $A(t)$、相位过程 $\phi(t)$ 之间有如下关系：

$$i_X(t) = A(t)\cos\phi(t) \tag{9.4.21}$$
$$q_X(t) = A(t)\sin\phi(t) \tag{9.4.22}$$

此外，由同相分量与正交分量的独立性知道，它们的 $1+1$ 联合互概率密度函数为

$$f_{\mathrm{IQ}}(t,x_i;t,x_q) = f_{\mathrm{I}}(t,x_i)f_{\mathrm{Q}}(t,x_q) = \frac{1}{2\pi\sigma^2}\mathrm{e}^{-\frac{x_i^2+x_q^2}{2\sigma^2}} \tag{9.4.23}$$

分别用自变量 x_i、x_q、a、ϕ 表示 $i_X(t)$、$q_X(t)$、$A(t)$、$\phi(t)$ 在时刻 t 的取值，则有 $x_i = a\cos\phi, x_q = a\sin\phi$，其 Jacobi 矩阵为

$$|\boldsymbol{J}| = \left|\frac{\partial(x_i,x_q)}{\partial(a,\phi)}\right| = a$$

由前述章节的例子知道

$$f_{A\phi}(t,a;t,\phi) = f_{\mathrm{IQ}}(t,x_i;t,x_q)|\boldsymbol{J}| = \begin{cases} \dfrac{a}{2\pi\sigma^2}\exp\left\{-\dfrac{a^2}{2\sigma^2}\right\}, & a\geqslant 0, 0\leqslant\phi\leqslant 2\pi \\ 0, & \text{其他} \end{cases} \tag{9.4.24}$$

由此，可求出包络过程 $A(t)$ 的一维概率密度函数为

$$f_A(a) = \int_0^{2\pi} f_{A\phi}(t,a;t,\phi)\mathrm{d}\phi = \frac{a}{\sigma^2}\exp\left\{-\frac{a^2}{2\sigma^2}\right\}, \quad a\geqslant 0 \tag{9.4.25}$$

相位过程 $\phi(t)$ 的一维概率密度函数为

$$f_\phi(t,\phi) = \int_0^\infty f_{A\phi}(t,a;t,\phi)\mathrm{d}a = \frac{1}{2\pi}, \quad 0\leqslant\phi\leqslant 2\pi \tag{9.4.26}$$

(2) 余弦信号与窄带高斯过程之和的概率分布

设 $S(t)$ 是一个随机相位余弦波过程，具有如下表示：

$$S(t) = B\cos(\omega_0 t + \Theta) \tag{9.4.27}$$

式中，B、ω_0 是常数；Θ 是 $[0, 2\pi]$ 上的均匀分布。此外，$N(t)$ 是一个均值为零、方差为 σ^2 的窄带宽平稳高斯过程，其 Rice 表示为

$$N(t) = i_N(t) \cos \omega_0 t - q_N(t) \sin \omega_0 t \tag{9.4.28}$$

下面考虑随机过程：

$$X(t) = S(t) + N(t)$$

的包络过程和相位过程的一维概率密度函数。

显然，$X(t)$ 有如下表示：

$$X(t) = [B \cos \Theta + i_N(t)] \cos \omega_0 t - [B \sin \Theta + q_N(t)] \sin \omega_0 t$$

分别令

$$A_\mathrm{c}(t) = B \cos \Theta + i_N(t)$$
$$A_\mathrm{s}(t) = B \sin \Theta + q_N(t)$$

则 $X(t) = A(t) \cos(\omega_0 t + \phi(t))$ 的包络过程 $A(t)$ 和相位过程 $\phi(t)$ 具有如下表达：

$$A(t) = \left[A_\mathrm{c}^2(t) + A_\mathrm{s}^2(t) \right]^{1/2}$$
$$\phi(t) = \arctan \frac{A_\mathrm{s}(t)}{A_\mathrm{c}(t)}$$

因为 $i_N(t)$ 和 $q_N(t)$ 是两个相互独立的高斯过程，所以在 Θ 已知的条件下，$A_\mathrm{c}(t)$ 与 $A_\mathrm{s}(t)$ 也是相互独立的高斯过程，计算可得

$$E\{A_\mathrm{c}(t) | \Theta = \theta\} = B \cos \theta$$
$$E\{A_\mathrm{s}(t) | \Theta = \theta\} = B \sin \theta$$
$$\mathrm{Var}\{A_\mathrm{c}(t) | \Theta = \theta\} = \mathrm{Var}\{A_\mathrm{s}(t) | \Theta = \theta\} = \sigma^2$$

所以有

$$f_{A_\mathrm{c} A_\mathrm{s} | \Theta}(t, a_\mathrm{c}; t, a_\mathrm{s} | \theta) = \frac{1}{2\pi\sigma^2} \exp\left\{ -\frac{1}{2\sigma^2} \left[(a_\mathrm{c} - B \cos \theta)^2 + (a_\mathrm{s} - B \sin \theta)^2 \right] \right\} \tag{9.4.29}$$

同样，分别用 a_c、a_s、a、ϕ 表示 $A_\mathrm{c}(t)$、$A_\mathrm{s}(t)$、$A(t)$、$\phi(t)$ 在时刻 t 的取值，则有 $a_\mathrm{c} = a \cos \phi, a_\mathrm{s} = a \sin \phi$，其 Jacobi 矩阵为

$$|\boldsymbol{J}| = \left| \frac{\partial(a_\mathrm{c}, a_\mathrm{s})}{\partial(a, \phi)} \right| = a$$

则在 $\Theta = \theta$ 的条件下，$A(t)$ 与 $\phi(t)$ 的条件联合概率密度函数为

$$f_{A\phi|\Theta}(t, a; t, \phi | \theta) = |\boldsymbol{J}| f_{A_\mathrm{c} A_\mathrm{s}}(t, a_\mathrm{c}; t, a_\mathrm{s} | \theta)$$
$$= \frac{a}{2\pi\sigma^2} \exp\left\{ -\frac{1}{2\sigma^2} \left[a^2 + B^2 - 2aB \cos(\theta - \phi) \right] \right\},$$
$$a \geqslant 0, 0 \leqslant \theta, \phi \leqslant 2\pi \tag{9.4.30}$$

对上式 ϕ 积分得到条件边界概率密度函数为

$$f_{A|\Theta}(t,a|\theta) = \int_0^{2\pi} f_{A\phi|\Theta}(t,a;t,\phi|\theta)\mathrm{d}\phi$$
$$= \frac{a}{\sigma^2}\exp\left\{-\frac{a^2+B^2}{2\sigma^2}\right\}I_0\left(\frac{aB}{\sigma^2}\right), \quad a \geqslant 0$$

式中，$I_0(\cdot)$ 是第一类修正贝塞尔函数。以上等式右端不含 θ，因此包络 $A(t)$ 的一维概率密度函数为

$$f_A(t,a) = f_{A|\Theta}(t,a|\theta) = \frac{a}{\sigma^2}\exp\left\{-\frac{a^2+B^2}{2\sigma^2}\right\}I_0\left(\frac{aB}{\sigma^2}\right), \quad a \geqslant 0 \qquad (9.4.31)$$

相位过程 $\phi(t)$ 的一维条件概率密度函数为

$$f_{\phi|\Theta}(t,\phi|\theta) = \int_0^{\infty} f_{A\phi|\Theta}(t,a;t,\phi|\theta)\mathrm{d}a$$
$$= \exp\left\{-\frac{B^2}{2\sigma^2}\sin^2(\phi-\theta)\right\}\int_0^{\infty}\frac{a}{2\pi\sigma^2}\exp\left\{-\frac{1}{2\sigma^2}[a-B\cos(\phi-\theta)]^2\right\}\mathrm{d}a$$
$$= \frac{1}{2\pi}\exp\left\{-\frac{B^2}{2\sigma^2}\right\}$$
$$+ \frac{B\cos(\phi-\theta)}{\sqrt{2\pi}\sigma}\exp\left\{-\frac{B^2\sin^2(\phi-\theta)}{2\sigma^2}\right\}\left\{\frac{1}{2}+\psi\left[\frac{B\cos(\phi-\theta)}{\sigma}\right]\right\}$$

式中

$$\psi(x) = \frac{1}{\sqrt{2\pi}}\int_0^x \mathrm{e}^{-u^2/2}\mathrm{d}u$$

习题 9.4

9.4.1 设随机过程 $a(t)$ 的 Fourier 变换为 $A(f)$，且对 $|f|>B$ 有 $A(f)=0$。若 $f_0 \gg B$，试求下列三组过程的 Fourier 变换，并比较每组的结果：

1) $a(t)\cos 2\pi f_0 t$ 和 $a(t)\mathrm{e}^{\mathrm{j}2\pi f_0 t}/2$；
2) $a(t)\sin 2\pi f_0 t$ 和 $-\mathrm{j}a(t)\mathrm{e}^{\mathrm{j}2\pi f_0 t}/2$；
3) $a(t)\cos 2\pi f_0 t$ 和 $a(t)\sin 2\pi f_0 t$。

9.4.2 若 $s(t) = \mathrm{Sa}(\pi t/\tau)\mathrm{e}^{\mathrm{j}2\pi f_0 t}$ 为一个解析信号，其中 $\mathrm{Sa}(x) = \sin x/x$，试求 τ 和 f_0 应满足的关系。

9.4.3 窄带宽平稳过程 $Y(t)=A(t)\cos 2\pi f_0 t - B(t)\sin 2\pi f_0 t$ 的 Hilbert 变换为 $\check{Y}(t)=A(t)\sin 2\pi f_0 t + B(t)\cos 2\pi f_0 t$，试证明：

1) $R_A(\tau) = R_Y(\tau)\cos 2\pi f_0\tau + \check{R}_Y(\tau)\sin 2\pi f_0\tau$；
2) $R_A(\tau) = R_B(\tau)$；
3) $R_{AB}(\tau) = R_Y(\tau)\sin 2\pi f_0\tau - \check{R}_Y(\tau)\cos 2\pi f_0\tau$。

9.4.4 对于窄带宽平稳过程 $Y(t) = A(t)\cos 2\pi f_0 t - B(t)\sin 2\pi f_0 t$，若其均值为零，功率谱密度为

$$S_Y(f) = \begin{cases} W\cos(f-f_0)\pi/B, & -1/2 \leqslant (f-f_0)/B \leqslant 1/2 \\ W\cos(f+f_0)\pi/B, & -1/2 \leqslant (f+f_0)/B \leqslant 1/2 \\ 0, & 其他 \end{cases}$$

式中，W、B 及 f_0 都是正常数，且 $f_0 \gg B$。试求：

第 9 章 连续时间信号分析

1) $Y(t)$ 的平均功率；
2) $A(t)$ 的功率谱密度 $S_A(f)$；
3) 互相关函数 $R_{AB}(\tau)$。

9.4.5 分别求宽平稳窄带高斯过程的包络过程以及相位过程的二维概率密度函数。

9.4.6 设 $S(t)$ 是一个随机相位余弦波过程，具有如下表示：

$$S(t) = B\cos(\omega_0 t + \Theta)$$

式中，B、ω_0 是常数；Θ 是 $[0, 2\pi]$ 上的均匀分布。$N(t)$ 是一个均值为零、方差为 σ^2 的窄带宽平稳高斯过程，其 Rice 表示为

$$N(t) = i_N(t)\cos\omega_0 t - q_N(t)\sin\omega_0 t$$

试求 $X(t) = S(t) + N(t)$ 的包络平方的自相关函数。

第四篇 信号的统计推断

第 10 章 信号检测

本章导读 信号的统计推断又称为统计信号处理，是指根据观察数据与待推断数据之间的先验统计关联信息（如联合概率密度函数、条件概率密度函数等），由观察数据的情况来推断另一个与之关联的数据情况。本章介绍通信与信息工程中最常见的统计推断问题——随机信号检测问题。

假设检验是指根据观察数据与"假设"之间的先验关联信息，由观察数据的取值来推断是哪个"假设"导致了目前的观察数据。由于先验联合概率密度函数是概率性的，所以推断也一定具有错误概率。当假设检验的对象是信号时，这种假设检验被称为信号检测。

假设检验方法的关键是给出观察空间的一个分割，有了这个分割之后，就可以根据观察数据落在哪个子空间来推断哪个"假设"为真。假设检验最常见的判决准则有 Bayes 准则、最小化最大风险准则、最小错误概率准则、最大似然准则、最大后验概率准则等，根据这些判决准则都可以给出观察空间的判决分割。

本章列举了两种最典型的信号检测问题：一种是连续信号的最优接收问题；一种是离散时间信号的检测。此外本章还简要介绍了复合假设检验与序贯假设检验的概念。

10.1 假设检验与信号检测

假设检验是数理统计学的一个重要研究课题，主要目的是从一个可观察的现象来推断另外一个不可观察的现象。假设检验的基本依据就是这两个现象之间的联合概率函数是稳定的，因此过去观察到的联合概率函数模型可以用来对未来的现象进行推断。当待推断对象是随机信号时，这种假设检验就是信号检测。

10.1.1 假设检验

(1) 假设检验问题

设有不可直接观察的随机现象，其样本空间为

$$\mathcal{H} = \{H_0, H_1, \cdots, H_{N-1}\}$$

$H_0, H_1, \cdots, H_{N-1}$ 可以是一维数、多维向量或者函数，并被称为**假设**；而可直接观察随机现象的样本空间为 $\mathcal{O}$，$\mathcal{O}$ 中的元素也可以是数、多维变量或者函数。

所谓**假设检验**，就是在已知 $\mathcal{H}$ 和 $\mathcal{O}$ 的联合概率函数（如联合概率质量函数、联合概率密度函数或联合概率分布函数等）的条件下，根据当前所观察到的 $\mathcal{O}$ 的取值，来推断到底是 $\mathcal{H}$ 中的哪一个"假设"导致了目前的观察值，如图10.1.1所示。

一般来说，一个假设检验问题包含三个要素。

1) 假设：即随机现象 $\mathcal{H}$ 的所有可能的假设 $H_0, H_1, \cdots, H_{N-1}$。这些假设的概率质量函数 $P(H_0) = p_0, \cdots, P(H_{N-1}) = p_{N-1}$ 被称为这些假设的**先验概率**。一个假设检验中，先验概率可以是已知的，也可以是未知的。若先验概率已知，则检验的准确性较高；若先验概率未知，则检验的准确性会降低。

2) 观测空间 $\mathcal{O}$：它是可直接观察的。某次观察所获得的属于 $\mathcal{O}$ 的样本被称为**观测值**。

3) 待检验现象与可直接观察现象之间的联合概率函数。

第 10 章 信号检测

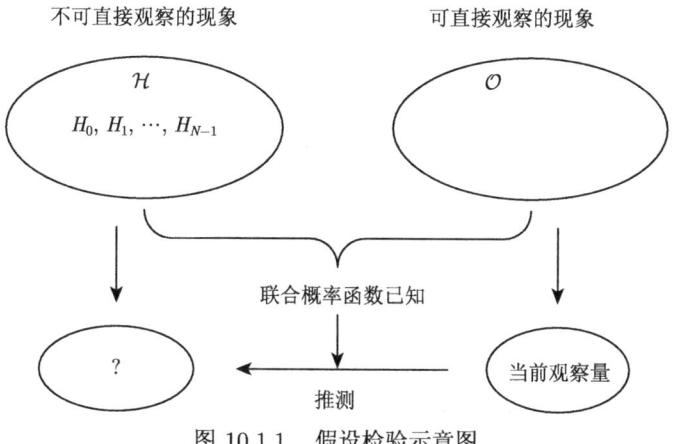

图 10.1.1 假设检验示意图

在第 1 章我们曾经指出：概率的作用就在于通过获得非确知系统过去输出样本频率的经验，来预测未来样本输出的频率信息。假设检验就是其中一个典型的应用。在进行假设检验之前，必须有待检验现象 $\mathcal{H}$ 与可直接观察的现象 $\mathcal{O}$ 之间的联合概率，获得这个联合概率之后，由于输出这个联合概率的非确知系统具有内部微观结构的稳定性，将来该非确知系统的输出联合频率仍接近先前所观察到的联合频率。

为什么通过联合概率可以进行假设检验呢？原因是"联合概率"里面蕴含着两个边界事件共同出现的频率信息。根据边界事件联合出现的频率，从一个边界事件的发生来推断另外一个边界事件的发生，虽然不能保证每次的推断都一定正确，但是当推断的次数增加时，正确性是可以得到一定程度的满足的。

例 10.1.1 例如，当人体内有炎症时，大多数人体内血液中的白细胞数量就会显著增加。但这个规律也不是绝对的，也有白细胞数量较多，但体内没有炎症的情况。假设每毫升血液中白细胞的数量在 $[a,b]$ 区间变动，将 $[a,b]$ 分成 5 个区间段：$[a,b] = [a,x_1] \cup [x_1,x_2] \cup \cdots \cup [x_4,b]$，分别用 1、2、3、4、5 表示这五个区间，随机变量 X 表示这个随机变量；用 $Y=1$ 表示有炎症，$Y=0$ 表示无炎症。已知概率质量函数 $P(X=m,Y=n)$ 如下：

$$P(1,0) = 0.27, \quad P(1,1) = 0.03$$
$$P(2,0) = 0.275, \quad P(2,1) = 0.025$$
$$P(3,0) = 0.12, \quad P(3,1) = 0.08$$
$$P(4,0) = 0.01, \quad P(4,1) = 0.09$$
$$P(5,0) = 0.009, \quad P(5,1) = 0.091$$

根据上述联合概率质量函数表，就可以从一个人每毫升血液中所含白细胞的数量来推断此人体内是否有炎症。这种推断不能保证一定正确，但是却有一定的正确率，即当被诊断者的数量增多时，诊断正确的比例是有一定保证的。

(2) 假设检验问题的求解

假设检验问题的求解最终归结于观察空间分割。将观察空间 $\mathcal{O}$ 分割为 N 个互不相交的子集 $\mathcal{O}_0, \cdots, \mathcal{O}_{N-1}$，即

1) $\mathcal{O} = \mathcal{O}_0 \cup \cdots \cup \mathcal{O}_{N-1}$；
2) 对任意 $i \neq j$，有 $\mathcal{O}_i \cap \mathcal{O}_j = \varnothing$。

在此分割之下，如果某次观察的观察量为 $\mathcal{O}$ 中的 X，若 $X \in \mathcal{O}_n$，则推断待检验的假设为 $\mathcal{H}$ 中的 H_n。此时，将 $\mathcal{O}_n$ 称为假设 H_n 的**判决区域**。

10.1.2 信号检测的定义与要素

信号检测是假设检验的一种，当观察空间是信号，待检验空间也是信号时，这种假设检验就叫作**信号检测**。

信号检测虽然是假设检验的一种应用特例，但是却具有如下共同特征（图10.1.2）：

1) 需要知道接收信号与发射信号之间的函数关系式，这个函数关系式中一般都有加性或乘性噪声。接收信号可能是数、向量、序列、函数之中的一种，发射信号也可能是数、向量、序列、函数中的一种，接收信号与发射信号的形式未必是一样的。

2) 对接收信号进行信号处理，形成最终的判决信号；也有不需要对接收信号进行处理，接收信号本身就是判决信号的情况。

3) 需要根据接收信号与发射信号之间的函数关系式，计算判决信号与发射信号之间的联合概率密度函数。

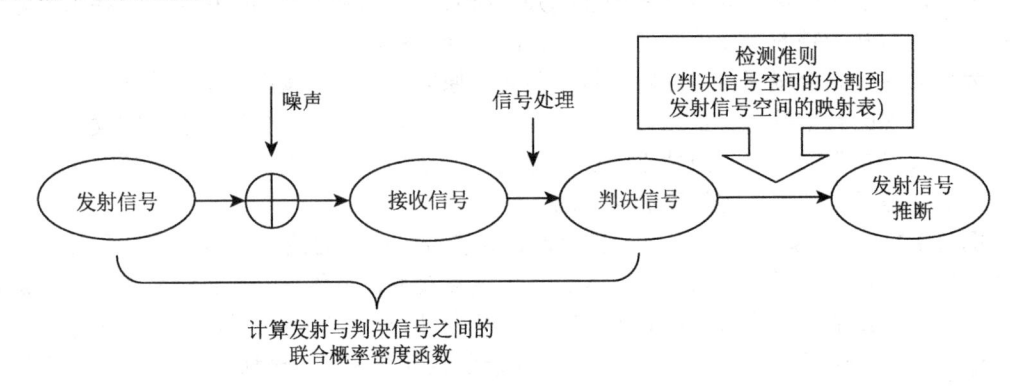

图 10.1.2 信号检测示意图

同样，信号检测问题实际上是对判决信号空间进行分割的问题，即根据发射信号与判决信号之间的联合概率密度函数，将分割之后的判决信号子空间与发射信号集之间建立映射，这个映射表就是判决依据。有了这个映射表，就可以开始进行信号检测了——每得到一个接收信号，就根据信号处理过程将其加工成判决信号，然后通过查映射表，推断发射信号最可能是发射信号集中的哪一个。

下面看一些发射信号与接收信号具有相同形式的例子。

例 10.1.2 设发射信号 S 是等概率取值于 $\{+1, -1\}$ 的 BPSK 调制信号，接收信号 R 与发射信号之间的关系为

$$R = aHS + N$$

式中，a 是一个正实常数；H 是一个零均值、方差为 σ_h^2 的实高斯随机变量；N 也是一个零均值、方差为 σ_n^2 的实高斯随机变量，并且 H 与 N 独立。这样一来，有

$$f_{R|S}(r|s) = \int_{-\infty}^{\infty} f_N(r - ahs) f_H(h) \mathrm{d}h$$

$$= \frac{1}{2\pi\sigma_n\sigma_h} \int_{-\infty}^{\infty} \exp\left\{-\frac{(r-ahs)^2}{2\sigma_n^2} - \frac{h^2}{2\sigma_h^2}\right\} \mathrm{d}h$$

有了条件概率函数，由于 S 的概率密度函数是已知的，所以联合概率密度函数就可以得到。通过联合概率密度函数，就可以确定信号空间的判决分割。

例 10.1.3 设发射信号 S 是等概率取值于某个调制星座的信号，接收信号 R 与发射信号之间的关系为

$$R = aHS + N$$

式中，a 是一个正实常数；H 是一个复高斯随机变量，其实部和虚部独立同分布，都是零均值、方差为 σ_h^2 的高斯随机变量；N 也是一个复高斯随机变量，其实部和虚部独立同分布，都是零均值、方差为 σ_n^2 的高斯随机变量，并且 H 与 N 独立。此时，令

$$R = R_1 + \mathrm{j}R_2, \quad H = H_1 + \mathrm{j}H_2$$
$$S = S_1 + \mathrm{j}S_2, \quad N = N_1 + \mathrm{j}N_2$$

则有

$$R_1 = a(H_1S_1 - H_2S_2) + N_1$$
$$R_2 = a(H_1S_2 + H_2S_1) + N_2$$

写成矩阵形式有

$$\begin{pmatrix} R_1 \\ R_2 \end{pmatrix} = a \begin{pmatrix} H_1 & -H_2 \\ H_2 & H_1 \end{pmatrix} \begin{pmatrix} S_1 \\ S_2 \end{pmatrix} + \begin{pmatrix} N_1 \\ N_2 \end{pmatrix}$$

记 $\boldsymbol{R} = (R_1, R_2)^{\mathrm{T}}$，$\boldsymbol{S} = (S_1, S_2)^{\mathrm{T}}$，$\boldsymbol{N} = (N_1, N_2)^{\mathrm{T}}$

$$\boldsymbol{H} = \begin{pmatrix} H_1 & -H_2 \\ H_2 & H_1 \end{pmatrix}$$

则

$$f_{\boldsymbol{R}|\boldsymbol{S}}(\boldsymbol{r}|\boldsymbol{s}) = \int_{\boldsymbol{h}\in\mathbb{R}^2} f_{\boldsymbol{N}}(\boldsymbol{r} - a\boldsymbol{h}\boldsymbol{s}) f_{\boldsymbol{H}}(\boldsymbol{h}) \mathrm{d}\boldsymbol{h} = \frac{1}{(2\pi)^2\sigma_n^2\sigma_h^2} \times \int_{-\infty}^{\infty}\int_{-\infty}^{\infty}$$
$$\exp\left\{-\frac{[r_1 - a(h_1s_1 - h_2s_2)]^2 + [r_2 - a(h_2s_1 + h_1s_2)]^2}{2\sigma_n^2} - \frac{h_1^2 + h_2^2}{2\sigma_h^2}\right\} \mathrm{d}h_1\mathrm{d}h_2$$

有了上面的条件概率，也可以进行信号空间的分割了。

下面是一个接收信号与发射信号形式不一致，但通过信号处理，使最终的判决信号与接收信号形式一致的例子。

例 10.1.4 已知 $\psi_1(t), \cdots, \psi_K(t)$ 是定义在 $[0, T]$ 上的 K 个函数，它们满足

$$\int_0^T \psi_i(t)\psi_j(t)\mathrm{d}t = \rho_{ij} = \begin{cases} 1, & i = j \\ \rho_{ij}, & 0 < \rho_{ij} < 1 \end{cases}$$

已知 $b_1, \cdots, b_K$ 是 K 个 BPSK 调制信号，它们相互独立，且等概率地取值于 $\{+1, -1\}$。接收信号 $r(t)$ 为

$$r(t) = \sum_{k=1}^{K} A_k b_k \psi_k(t) + N(t), \quad t \in [0, T)$$

式中，A_k 是信号的振幅。显然，接收信号 $r(t)$ 是一个函数，而待检测信号 $b_1,\cdots,b_K$ 是一个向量。通过如下 K 次信号处理得到 K 个新的判决量：

$$y_k = \int_0^T r(t)\psi_k(t)\mathrm{d}t = \sum_{l=1}^K \rho_{kl}A_l b_l + z_k$$

式中，$z_k = \int_0^T n(t)\psi_k(t)\mathrm{d}t$。令

$$\boldsymbol{y} = (y_1,\cdots,y_K)^{\mathrm{T}}$$
$$\boldsymbol{b} = (b_1,\cdots,b_K)^{\mathrm{T}}$$
$$\boldsymbol{z} = (z_1,\cdots,z_K)^{\mathrm{T}}$$
$$\boldsymbol{A} = \mathrm{diag}[A_1,\cdots,A_K]$$
$$\boldsymbol{R} = (\rho_{ij})_{K\times K}$$

于是有

$$\boldsymbol{y} = \boldsymbol{RAb} + \boldsymbol{z}$$

$\boldsymbol{z}$ 的每一个分量都是均值为零、方差为常数（设为 N_0）的高斯随机变量，这些高斯随机变量之间的相关矩为

$$E\{z_i z_j\} = E\left\{\int_0^T n(t_1)\psi_i(t_1)\mathrm{d}t_1 \int_0^T n(t_2)\psi_i(t_2)\mathrm{d}t_2\right\}$$
$$= \int_0^T \int_0^T N_0\delta(t_1-t_2)\psi_i(t_1)\psi_j(t_2)\mathrm{d}t_1\mathrm{d}t_2$$
$$= N_0\rho_{ij}$$

所以 $\boldsymbol{z}$ 的联合概率密度函数为

$$f_{\boldsymbol{z}}(\boldsymbol{z}) = \frac{1}{(2\pi)^{K/2}\det(\boldsymbol{R})^{-1/2}}\exp\left\{-\frac{\boldsymbol{z}^{\mathrm{T}}\boldsymbol{R}^{-1}\boldsymbol{z}}{2}\right\}$$

因此

$$f_{\boldsymbol{y}|\boldsymbol{b}}(\boldsymbol{y}|\boldsymbol{b}) = f_{\boldsymbol{z}}(\boldsymbol{y}-\boldsymbol{RAb})$$
$$= \frac{1}{(2\pi)^{K/2}\det(\boldsymbol{R})^{-1/2}}\exp\left\{-\frac{(\boldsymbol{y}-\boldsymbol{RAb})^{\mathrm{T}}\boldsymbol{R}^{-1}(\boldsymbol{y}-\boldsymbol{RAb})}{2}\right\}$$

总之，信号检测往往需要从已知的信号接收表达式中，推导出用来判决的信号与发射信号之间的联合概率密度函数或转移概率密度函数。

习题 10.1

10.1.1 举一个假设检验的例子。
10.1.2 举一个信号检测的例子。

第 10 章 信号检测

10.2 常见判决准则

假设检验准则在本质上就是观察空间的分割方法，这种分割方法也称为**判决准则**。判决准则的一般形式是 Bayes 形式，最小化最大风险准则、最小错误概率准则、最大似然准则、最大后验概率准则等都是 Bayes 形式的特例。

10.2.1 Bayes 判决准则

Bayes 判决准则是最一般形式的判决准则，其他所有的判决准则都是它的特例。

如果输入"假设"为 $H_0, H_1, \cdots, H_{N-1}$，设 c_{ji} 为将 H_i 判定为 H_j 的代价，所谓 Bayes **判决准则**就是观测空间的一个判决分割 $\pi_{\mathcal{O}}: \mathcal{O}_0, \mathcal{O}_1, \cdots, \mathcal{O}_{N-1}$，这种判决分割使下列**风险函数**达到最小，即

$$R(\pi_{\mathcal{O}}) = \sum_{i,j=0}^{N-1} c_{ji} P(H_j|H_i) P(H_i) \tag{10.2.1}$$

式中，$P(H_j|H_i)$ 为在判决分割 $\pi_{\mathcal{O}}$ 下，将 H_i 判决为 H_j 的概率。

Bayes 判决准则实际上是一种使平均风险达到最小的判决方式。对于 Bayes 判决准则来说，先验概率 $P(H_i)$、转移概率 $P(H_j|H_i)$ 和代价 c_{ji} 必须是已知的。Bayes 判决准则有时也称为**最小平均风险准则**。

Bayes 准则检测问题的求解实际上就是寻找观测空间 $\mathcal{O}$ 的一个判决分割 $\pi_{\mathcal{O}}$，使式 (10.2.1) 达到最小，用数学表达式可以表示为

$$\hat{\pi}_{\mathcal{O}} = \arg \left\{ \min_{\pi_{\mathcal{O}}} R(\pi_{\mathcal{O}}) \right\} \tag{10.2.2}$$

式中，符号 arg 是英文单词 argument 的缩写，意为"满足……条件的那个指标"，这里意为使 $R(\pi_{\mathcal{O}})$ 达到最小的指标 $\pi_{\mathcal{O}}$，满足这个条件的指标被记为 $\hat{\pi}_{\mathcal{O}}$。

特别地，在观察空间 $\mathcal{O}$ 为 n 维欧氏空间 $\mathbb{R}^n$ 子集的条件下，由于

$$P(H_j|H_i) = \int_{\mathcal{O}} P(\boldsymbol{x}|H_i) \mathrm{d}\boldsymbol{x} \tag{10.2.3}$$

式中，$P(\boldsymbol{x}|H_i)$ 是条件概率，则式 (10.2.1) 具有如下表示：

$$R(\pi_{\mathcal{O}}) = \sum_{i,j=0}^{N-1} c_{ji} P(H_i) \int_{\mathcal{O}_j} P(\boldsymbol{x}|H_i) \mathrm{d}\boldsymbol{x} \tag{10.2.4}$$

定理 10.2.1 (二择一 Bayes 检测) 所谓二择一 Bayes 检测，就是只有两个"假设"的 Bayes 检测，代价满足 $c_{10} > c_{00}$，$c_{01} > c_{11}$。设两个"假设"分别为 H_0、H_1，观测空间 $\mathcal{O} \subset \mathbb{R}^n$，设观察向量为 $\boldsymbol{x}$，记

$$\lambda(\boldsymbol{x}) = \frac{P(\boldsymbol{x}|H_1)}{P(\boldsymbol{x}|H_0)}, \qquad \lambda_{\mathrm{B}} = \frac{P(H_0)(c_{10}-c_{00})}{P(H_1)(c_{01}-c_{11})} \tag{10.2.5}$$

则 H_1 的 Bayes 判决区域为 $\mathcal{O}_1 = \{\boldsymbol{x} \in \mathcal{O} \mid \lambda(\boldsymbol{x}) \geqslant \lambda_{\mathrm{B}}\}$，$H_0$ 的判决区域为 $\mathcal{O}_0 = \{\boldsymbol{x} \in \mathcal{O} \mid \lambda(\boldsymbol{x}) < \lambda_{\mathrm{B}}\}$。这里 $\lambda(\boldsymbol{x})$ 被称为似然比，λ_{B} 被称为门限似然比。

证明：当只有两个假设时，式 (10.2.1) 变为

$$R(\pi_{\mathcal{O}}) = \sum_{i,j=0}^{1} c_{ji} P(H_j|H_i) P(H_i) = \sum_{i,j=0}^{1} c_{ji} P(H_i) \int_{\mathcal{O}_j} P(\boldsymbol{x}|H_i) \mathrm{d}\boldsymbol{x}$$

考虑到 $P(H_1|H_1) = 1 - P(H_0|H_1)$ 和 $P(H_1|H_0) = 1 - P(H_0|H_0)$，所以

$$R(\pi_{\mathcal{O}}) = c_{10} P(H_0) + c_{11} P(H_1)$$
$$+ \int_{\mathcal{O}_0} [P(H_1)(c_{01} - c_{11}) P(\boldsymbol{x}|H_1) - P(H_0)(c_{10} - c_{00}) P(\boldsymbol{x}|H_0)] \mathrm{d}\boldsymbol{x}$$

上式中前两项的和 $c_{10}P(H_0) + c_{11}P(H_1)$ 是常数，要想选择区域 $\mathcal{O}_0$ 使 $R(\pi_{\mathcal{O}})$ 达到最小，$\mathcal{O}_0$ 应当是那些所有使被积函数为负值的 $\boldsymbol{x}$ 的集合，即

$$P(H_1)(c_{01} - c_{11}) P(\boldsymbol{x}|H_1) - P(H_0)(c_{10} - c_{00}) P(\boldsymbol{x}|H_0) < 0$$

对上式整理得到

$$\frac{P(\boldsymbol{x}|H_1)}{P(\boldsymbol{x}|H_0)} < \frac{P(H_0)(c_{10} - c_{00})}{P(H_1)(c_{01} - c_{11})}$$

此即 $\lambda(\boldsymbol{x}) < \lambda_{\mathrm{B}}$。因此知道，$\mathcal{O}_1$ 的判决区域应该是 $\lambda(\boldsymbol{x}) \geqslant \lambda_{\mathrm{B}}$。 □

例 10.2.1 (Neyman-Pearson 准则)　　Neyman-Pearson 准则是二择一 Bayes 检测的一个特例，也被简称为 NP **准则**。NP 准则常用于雷达信号的检测。

在雷达信号检测中，往往需要检测信号的有无，无信号记为"假设"H_0，有信号记为"假设"H_1。"无信号"但检测结果为"有信号"的条件概率 $P(H_1|H_0)$ 称为**虚警概率**，"有信号"时检测结果为"有信号"的条件概率 $P(H_1|H_1)$ 称为**检测概率**，"有信号"时检测结果为"无信号"的条件概率 $P(H_0|H_1)$ 称为**漏检概率**。

NP 准则是观测空间 $\mathcal{O}$ 的判决分割 $\pi_{\mathcal{O}}$，这种判决分割使得在虚警概率 $P(H_1|H_0)$ 为常数的约束条件下，检测概率 $P(H_1|H_1)$ 达到最大。所以，NP 准则有时也被称为**恒虚警检测**。

可以证明：NP 准则是二择一 Bayes 准则在下列情况下的一个特例，即

$$P(H_1)(c_{01} - c_{11}) = 1, \quad P(H_0)(c_{10} - c_{00}) = \lambda_{\mathrm{NP}} \tag{10.2.6}$$

式中，λ_{NP} 是常数，此时

$$\lambda_{\mathrm{B}} = \frac{P(H_0)(c_{10} - c_{00})}{P(H_1)(c_{01} - c_{11})} = \lambda_{\mathrm{NP}}$$

当

$$\lambda(\boldsymbol{x}) = \frac{P(\boldsymbol{x}|H_1)}{P(\boldsymbol{x}|H_0)} < \lambda_{\mathrm{NP}}$$

时，有假设 H_0 成立；反之，当 $\lambda(\boldsymbol{x}) \geqslant \lambda_{\mathrm{NP}}$ 时，有假设 H_1 成立。

证明留作习题。

10.2.2 最小错误概率准则

在代价函数取值相等的条件下，Bayes 准则退化为最小错误概率准则。

设 $\pi_{\mathcal{O}}: \mathcal{O}_0, \cdots, \mathcal{O}_{N-1}$ 是观测空间 $\mathcal{O}$ 的一个判决分割，显然其平均判决错误概率为

$$P_{\mathrm{e}} = \sum_{i=0}^{N-1} P(H_i)P(\hat{H}_i \neq H_i|H_i) = \sum_{i=0}^{N-1} P(H_i)P(\boldsymbol{r} \in \mathcal{O}_i^{\mathrm{c}}|H_i)$$

式中，$\hat{H}_i$ 是"假设"为 H_i 时的实际判决值，这个实际判决值可能是 N 个"假设"中的任意一个；$\boldsymbol{r}$ 是观测值；$\mathcal{O}_i^{\mathrm{c}}$ 是 $\mathcal{O}_i$ 在 $\mathcal{O}$ 中的补集，即 $\mathcal{O}_i^{\mathrm{c}} = \mathcal{O} \setminus \mathcal{O}_i$。若判决分割 $\pi_{\mathcal{O}}$ 使上述错误概率达到最小，则称该检测准则为**最小错误概率准则**。

假定观测空间 D 是 $\mathbb{R}^n$ 的一个子集，则

$$P\{\boldsymbol{r} \in \mathcal{O}_i^{\mathrm{c}}|H_i\} = \int_{\mathcal{O}_i^{\mathrm{c}}} f(\boldsymbol{r}|H_i)\mathrm{d}\boldsymbol{r}$$

式中，$f(\boldsymbol{r}|H_i)$ 是条件概率密度函数。因此平均错误概率可以写为

$$P_{\mathrm{e}} = \sum_{i=0}^{N-1} p_i \int_{\mathcal{O}_i^{\mathrm{c}}} f(\boldsymbol{r}|H_i)\mathrm{d}\boldsymbol{r} \tag{10.2.7}$$

基于最小错误概率准则的检测，其观测空间可以按照下列定理进行判决分割。

定理 10.2.2 若观测值 $\boldsymbol{r}$ 使 $p_i f(\boldsymbol{r}|H_i)$ 比其他 $p_k f(\boldsymbol{r}|H_k), k \neq i$ 大，则 $\boldsymbol{r} \in \mathcal{O}_i$。

证明：仅对两个"假设"的情形加以证明，多个"假设"情形的证明通过假定 $H_1, \cdots, H_{N-1}$ 为一个"假设" $\tilde{H}_1$ 的方法，逐步递推得到。设根据定理10.2.2，可以得到一个分割 $\mathcal{O}_0$、$\mathcal{O}_1$，假定这样一个分割产生的错误概率为 P。若这个分割不能得到最小错误概率，则存在这个分割的扰动 $\Delta \subset \mathcal{O}_0$，使分割 $\mathcal{O}_0 - \Delta, \mathcal{O}_1 + \Delta$ 产生的错误概率 P' 严格小于 P。因为

$$P' = P + \int_{\Delta} [p_0 f(\boldsymbol{r}|H_0) - p_1 f(\boldsymbol{r}|H_1)]\mathrm{d}\boldsymbol{r}$$

考虑到 $p_0 f(\boldsymbol{r}|H_0) \geqslant p_1 f(\boldsymbol{r}|H_1)$，所以 $P' \geqslant P$。因此，这样的扰动是不存在的，故而证明分割 $\mathcal{O}_0$、$\mathcal{O}_1$ 是最优的。 $\square$

上述定理既提供了一个确定观测空间的判决分割方法，同时又提供了一个简单可行的最小错误概率判定法：对观测到的 $\boldsymbol{r}$，直接对 $i = 0, 1, \cdots, N-1$ 计算 $p_i f(\boldsymbol{r}|H_i)$，若 $p_{i_0} f(\boldsymbol{r}|H_{i_0})$ 是 N 个值中最大的，则判断输入"假设"为 H_{i_0}，写为表达式为

$$H_{i_0} = \arg\left\{\max_{H_i}[p_i f(\boldsymbol{r}|H_i)]\right\} \tag{10.2.8}$$

10.2.3 最大后验概率

$P(H_i|\boldsymbol{r})$ 是在观测值为 $\boldsymbol{r}$ 时，发送端发送 H_i 的条件概率，这个条件概率也被称为**后验概率**。如果判决分割 $\pi_{\mathcal{O}}$ 按照下列准则给出：若观测值 $\boldsymbol{r}$ 使 $P(H_i|\boldsymbol{r})$ 比其他 $P(H_k|\boldsymbol{r}), k \neq i$ 大，则 $\boldsymbol{r} \in \mathcal{O}_i$。这样的判决准则称为**最大后验概率 (MAP) 准则**。写成数学表达式为

$$\hat{H}_{i_0} = \arg\left\{\max_{H_i}[P(H_i|\boldsymbol{r})]\right\}$$

事实上，最大后验概率准则和最小错误概率准则是两个等价的准则，这是因为根据 Bayes 公式可以得到

$$P(H_i|\boldsymbol{r}) = \frac{p_i f(\boldsymbol{r}|H_i)}{f(\boldsymbol{r})} \tag{10.2.9}$$

由于式 (10.2.9) 右端分母是一个和 H_i 无关的量，因此关于 H_i 最大化式 (10.2.9) 左端等价于最大化式 (10.2.9) 右端的分子。

10.2.4 最大似然准则

$f(\boldsymbol{r}|H_i)$ 是在条件为 H_i 时观测值为 $\boldsymbol{r}$ 的条件概率密度函数，这个密度函数也被称为**似然函数**。如果判决分割 $\pi_{\mathcal{O}}$ 按照下列准则给出：若观测值 $\boldsymbol{r}$ 使似然函数 $f(\boldsymbol{r}|H_i)$ 比其他 $f(\boldsymbol{r}|H_k), k \neq i$ 大，则 $\boldsymbol{r} \in \mathcal{O}_i$。这样的判决准则称为**最大似然 (ML) 准则**。写成数学表达式为

$$\hat{H}_{i_0} = \arg\left\{\max_{H_i}[f(\boldsymbol{r}|H_i)]\right\}$$

显然，如果先验概率 $p_0 = \cdots = p_{N-1}$，则上式等价于式 (10.2.8)，所以此时最小错误概率 (或最大后验概率) 准则等价于最大似然准则。

很显然，如果先验概率相等，则最大后验概率检测和最大似然检测具有相同的错误概率。但是，如果先验概率不等，则这两种检测所产生的错误概率是不等的。由于最大后验概率检测使用了先验概率的信息，而最大似然检测并不需要先验概率的信息，所以最大后验概率检测产生的错误概率要小于最大似然检测的错误概率。

10.2.5 最小化最大风险准则

最小化最大风险准则是 Bayes 准则在未知先验概率 $P(H_0), \cdots, P(H_{N-1})$ 情况下的推广。假设先验概率 $P(H_0), \cdots, P(H_{N-1})$ 未知，则式 (10.2.1) 定义的 Bayes 风险函数就不能确定。但是，在各种可能的先验概率的取值中，肯定有一组 $P(H_0), \cdots, P(H_{N-1})$ 的取值，使 Bayes 风险函数达到最大值，这个最大值可以表示为

$$R_M(\pi_{\mathcal{O}}) = \max_{\substack{p_0+\cdots+p_{N-1}=1 \\ 0 \leqslant p_0, \cdots, p_{N-1} \leqslant 1}} \left[\sum_{i,j=0}^{N-1} c_{ji} p_i P(H_j|H_i)\right] \tag{10.2.10}$$

如果 $\mathcal{O}$ 的判决分割 $\pi_{\mathcal{O}}$ 是通过最小化式 (10.2.11) 中的 $R_M(\pi_{\mathcal{O}})$ 得到的，则称该准则为**最小化最大风险准则**。通过最小化最大风险准则得到的判决分割为

$$\hat{\pi}_{\mathcal{O}} = \arg\left\{\min_{\pi_{\mathcal{O}}} R_M(\pi_{\mathcal{O}})\right\} \tag{10.2.11}$$

由于最小化最大风险准则是通过最小化最大风险函数得到的，所以有时候也被称为**安全平均风险准则**。最小化最大风险准则和 Bayes 准则的差异是前者不知道先验概率 $p_0, \cdots, p_{N-1}$，而后者知道先验概率。在最小化最大风险准则中，实际的先验概率可能和达到最大平均风险的先验概率有很大的差别。但由于不知道实际的先验概率，所以只能用最保守的先验概率的方案，即将平均风险达到最大的先验概率作为判决依据，所以说最小化最大风险准则是安全平均风险准则。

第 10 章 信号检测

习题 10.2

10.2.1 验证例10.2.1的结论。

10.2.2 某二元检测系统，H_1 假设和 H_0 假设的先验概率分别为 1/3 和 2/3。在假设 H_1 条件下一次观测样值 x 是均值为 $\sqrt{3}$、方差为 4 的 Gauss 随机变量；在假设 H_0 下观测样值是零均值、方差为 1 的 Gauss 随机变量。假定正确判决不付出代价，而错误判决付出代价为 $c_{10} = 1$ 和 $c_{01} = 4/e$。试求判决域和 Bayes 风险，并画出判决域示意图。

10.2.3 用最小化最大风险检测对下面的假设做判断：

$$H_1 : r(t) = n(t); \qquad H_0 : r(t) = 1 + n(t)$$

式中，$n(t)$ 为零均值、方差为 σ^2 的 Gauss 噪声。已知代价函数 $c_{00} = c_{11} = 0$，$c_{10} = c_{01} = 1$。求两个假设的判决区域，并给出此时每个假设的先验概率。

10.2.4 考虑如下二元假设检验问题：

$$H_1 : X = S + N; \qquad H_0 : X = N$$

式中，S 和 N 是独立随机变量，概率密度函数分别为

$$f_S(s) = ae^{-as}, s \geq 0; \qquad f_N(n) = be^{-bn}, n \geq 0$$

试给出最大似然检测的判决区域分割。

10.2.5 某个二元假设检验问题中，两种假设下接收到的信号是

$$H_1: Y = X_1^2 + X_2^2; \qquad H_0: Y = X_1$$

式中，X_1 和 X_2 是相互独立又有相同分布的 Gauss 随机变量，均值为零，方差为 1。试求 Bayes 准则的最佳判决。

10.2.6 某通信系统，所观测的随机变量在三种假设下皆具有 Gauss 概率密度函数：

$$f(x|H_i) = \frac{1}{\sqrt{2\pi}\sigma_i} \exp\left[-\frac{(x-m_i)^2}{2\sigma_i^2}\right], \qquad i = 1,2,3, \qquad x \in \mathbb{R}$$

其中三种假设下的各参数分别为

$$H_1: m_1 = 0, \sigma_1 = \sigma_a$$
$$H_1: m_2 = m > 0, \sigma_2 = \sigma_a$$
$$H_2: m_3 = 0, \sigma_3 = \sigma_b > \sigma_a$$

上述三种假设是等概率的。
1) 试给出最小错误概率判决准则的判决区域。
2) 对于给定条件 $\sigma_b^2 = 2\sigma_a^2$，$\sigma_a = m$，在 $\mathbb{R}$ 上画出判决区域。
3) 在 2) 的条件下计算最小错误概率。

10.2.7 考虑三元假设检验问题，各假设条件下的接收信号波形为

$$H_0: X(t) = N(t)$$
$$H_2: X(t) = 1 + N(t)$$
$$H_3: X(t) = -1 + N(t)$$

式中，$N(t)$ 是均值为零、方差为 σ^2 的 Gauss 噪声，若 $P(H_0) = P(H_1) = P(H_2)$，且代价函数为 $c_{ii} = 0$，$c_{ij} = c$，$i \neq j$，其中 c 为常数。现对该波形进行 M 次独立观测，若采用统计量 $\bar{x} = \frac{1}{M}\sum_{m=1}^{M} X(t_m)$ 进行判决，试给出 $\bar{x}$ 的 Bayes 判决区域。

10.2.8 设某简单通信系统等概率发送两个信号 S_0 和 S_1,$S_0 = (-1, -1, -1)$,$S_1 = (1, 1, 1)$。接收端的接收信号为 $\boldsymbol{r} = (r_1, r_2, r_3) = S_i + \boldsymbol{n}$,$\boldsymbol{n} = (n_1, n_2, n_3)$ 的每个分量是相互独立的零均值、单位方差的 Gauss 随机变量。试给出 S_0 和 S_1 的极大似然估计检测,给出观测空间的判决分割,并计算最大似然估计检测的判决错误概率。

10.2.9 试推导例10.3.1给出的信号接收模型的最大后验概率接收器。

10.2.10 考虑检测问题:

$$H_0 : X(t) = B\cos(\omega_2 t + \phi) + N(t)$$
$$H_1 : X(t) = A\cos\omega_1 t + B\cos(\omega_2 t + \phi) + N(t)$$
,$0 \leqslant t \leqslant T$

式中,A、B、ω_1、ω_2 为已知常数;$N(t)$ 是 Gauss 白噪声;ϕ 在 $(0, 2\pi)$ 上均匀分布。如果

$$\int_0^T \cos\omega_1 t \cos\omega_2 t \mathrm{d}t = \int_0^T \cos\omega_1 t \sin\omega_2 t \mathrm{d}t = 0$$

证明:最佳接收机可用 $\int_0^T X(t)\cos\omega_1 t \mathrm{d}t$ 作为检验统计量并对此加以讨论。

10.2.11 有二元假设检验问题:

$$H_0 : X(t) = s(t) + N(t)$$
$$H_1 : X(t) = N(t)$$
,$0 \leqslant t \leqslant T$

式中,$s(t)$ 是确知信号;$N(t)$ 是零均值、自相关函数为 $R_N(\tau) = \sigma_0^2 \mathrm{e}^{-\alpha|\tau|}$ 的 Gauss 噪声。利用 K-L 展开,求最小错误概率检测器及其错误概率。

10.3 应用举例

本节给出信号检测的两个例子:一个是确定波形的检测,另外一个是离散随机信号的检测。

10.3.1 确定波形的检测

在通信系统中,常常要考虑下面这样一个检测问题:

$$r(t) = s_m(t) + n(t), \quad 0 \leqslant t \leqslant T \tag{10.3.1}$$

式中,$s_m(t)$ 是定义于时间区间 $[0, T]$ 上的 M 个等概率确定波形之一,$m = 1, 2, \cdots, M$;$n(t)$ 是自相关函数为 $R(t_1, t_2)$ 的 Gauss 噪声。

设 $\{\Phi_i(t)\}_{i=1}^{\infty}$ 是 Gauss 噪声 $n(t)$ 的 Karhunen-Loève 正交分解函数系,相应的特征值序列为 $\{\lambda_i\}_{i=1}^{\infty}$。对于白噪声,可以验证任何一组 $L^2[0, T]$ 上的标准正交函数系都是 Gauss 白噪声的 Karhunen-Loève 正交分解。下面对白噪声情形进行讨论,此时 $R(t_1, t_2) = (N_0/2)\delta(t_1 - t_2)$。对一般情形类似可得,读者可自行验证。因此

$$n(t) = \sum_{i=1}^{\infty} n_i \Phi_i(t)$$

式中,$n_i = \int_0^T n(t)\Phi_i(t)\mathrm{d}t$。根据 Gauss 过程通过线性系统的性质知道,$n_i$ 是一个 Gauss 随机变量,且两两互不相关,即有 $E\{n_i n_j\} = \lambda_i \delta[i - j]$。在这样一个正交函数系下,有分

第 10 章 信号检测

解

$$s_m(t) = \sum_{i=1}^{N} s_{mi}\Phi_i(t) + \sum_{i=N+1}^{\infty} s_{mi}\Phi_i(t)$$

$$r(t) = \sum_{i=1}^{N} r_i\Phi_i(t) + \sum_{i=N+1}^{\infty} r_i\Phi_i(t)$$

在上式中，只要取 N 为充分大，右端第一项就充分逼近左端，因此，用 $\boldsymbol{r} = (r_1, \cdots, r_N)$ 和 $\boldsymbol{s}_m = (s_{m1}, \cdots, s_{mN})$ 近似描述 $r(t)$ 和 $s_m(t)$。此外，还有

$$r_i = s_{mi} + n_i, \quad i = 1, 2, \cdots \tag{10.3.2}$$

采用最小错误概率准则，即选择

$$\hat{\boldsymbol{s}}_m = \arg\Big\{\max_{s_m}[p_m f(\boldsymbol{r}|\boldsymbol{s}_m)]\Big\}$$

这实际上就是要最大化

$$\max_m \left[p_m \prod_{i=1}^{N} \frac{1}{(\pi N_0)^{1/2}} e^{-(r_i - s_{mi})^2 / N_0} \right]$$

注意到对数函数的单调性，上述最大化问题等价于

$$\max_m \left[\ln p_m - \frac{N}{2}\ln(\pi N_0) - \frac{1}{N_0}\sum_{i=1}^{N}(r_i - s_{mi})^2 \right]$$

展开上式中的二次项，去掉和 m 无关的项，得到

$$\max_m \left[\ln p_m + \frac{2}{N_0}\sum_{i=1}^{N} r_i s_{mi} - \frac{1}{N_0}\sum_{i=1}^{N} s_{mi}^2 \right]$$

进一步分析上面的项，发现当 $N \to \infty$ 时，有

$$\lim_{N \to \infty} \sum_{i=1}^{N} s_{mi}^2 = E_m = \int_0^T s_m^2(t)\mathrm{d}t$$

$$\lim_{N \to \infty} \sum_{i=1}^{N} r_i s_{mi} = \int_0^T r(t) s_m(t)\mathrm{d}t$$

因此，得到最大后验概率检测为

$$\max_m \left[\ln p_m + \frac{2}{N_0}\int_0^T r(t)s_m(t)\mathrm{d}t - \frac{1}{N_0}\int_0^T s_m^2(t)\mathrm{d}t \right] \tag{10.3.3}$$

在等概率和等信号功率的情况下或 $\ln p_m = E_m/N_0$ 的情况下，式 (10.3.3) 就等价于

$$\max_m \left[\int_0^T r(t)s_m(t)\mathrm{d}t \right] \tag{10.3.4}$$

这种情形的检测器的结构如图10.3.1所示。在最大后验概率检测器中，需要比较下面的量，即

$$y_m = \int_0^T r(t)s_m(t)\mathrm{d}t, \quad m = 1, 2, \cdots, M \tag{10.3.5}$$

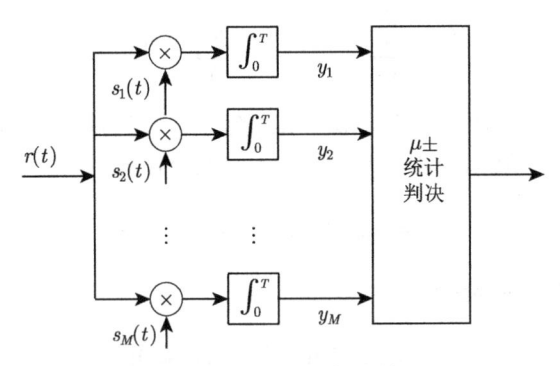

图 10.3.1 最大后验概率检测器

10.3.2 离散随机信号的检测

在实际应用中，常会遇到各种离散随机信号的检测问题。即发送序列是一个离散时间随机过程 $\{b_n\}_{n=1}^N$，其中任意 b_n 可能是定义在一个有限集上的随机变量，如 b_n 可能是二进制信号 0, 1。此外，N 可以趋向于无穷大。

假设观测向量为 $\boldsymbol{r} = (r_1, r_2, \cdots, r_M)$，信道对输入信号的记忆长度也是有限的，即每一个 r_m 只和有限个输入随机变量 b_n 有关，即 r_m 可以表示为

$$r_m = f_m(b_1, \cdots, b_N) + z_m, \quad m = 1, 2, \cdots \tag{10.3.6}$$

式中，$f_m(b_1, \cdots, b_N)$ 是一个函数；z_m 是一个 Gauss 噪声。

例 10.3.1（CDMA 同步信号接收模型） 如图10.3.2所示，在码分多址通信系统中，每一个用户使用一个**身份信号波形**传送二进制比特符号。设某系统共有 K 个用户，第 k 个用户使用的身份信号波形为 $s_k(t)$，$s_k(t)$ 为定义于符号周期 $[0, T)$ 上的函数，$\rho_{ij} = \int_0^T s_i(t)s_j(t)\mathrm{d}t$ 为用户 i 和用户 j 的身份波形的相关系数，且 $\rho_{ii} = 1$。设第 k 个用户发送的符号为 b_k，则在接收端用户接收到的信号为

$$r(t) = \sum_{k=1}^K \sqrt{E_k} b_k s_k(t) + n(t) \tag{10.3.7}$$

式中，$n(t)$ 是定义于 $[0, T)$ 上的功率谱密度为 $N_0/2$ 的 Gauss 白噪声。由 10.2 节的确定信号的最优接收知道，当分别用身份波形进行匹配滤波时，得到

$$y_k = \int_0^T r(t)s_k(t)\mathrm{d}t = \sum_{j=1}^K \sqrt{E_j} b_j \rho_{jk} + n_k \tag{10.3.8}$$

式中，$n_k = \int_0^T n(t)s_k(t)\mathrm{d}t$。记 $\boldsymbol{y} = (y_1, \cdots, y_K)^{\mathrm{T}}$，$\boldsymbol{b} = (b_1, \cdots, b_K)^{\mathrm{T}}$，$\boldsymbol{H} = (\rho_{ij})_{K \times K}$，

$E = \mathrm{diag}(\sqrt{E_1}, \cdots, \sqrt{E_K})$ 是对角方阵，$n = (n_1, \cdots, n_K)^\mathrm{T}$，于是有

$$y = HEb + n \tag{10.3.9}$$

在式 (10.3.9) 中，发送信号为 b；观测向量为 y；n 为 Gauss 噪声，且自相关函数为 $E\{nn^\mathrm{T}\} = (N_0/2)H$。

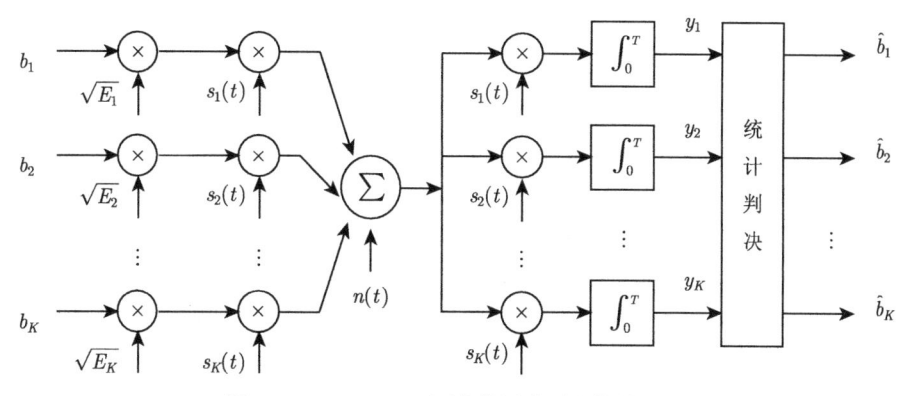

图 10.3.2 CDMA 同步信号发送和接收原理

例 10.3.2 (多天线无记忆信道) 在无记忆多天线发送、多天线接收系统中，信号被分成 K 路，在 K 个天线上发送，接收端用 M 个天线接收，每个天线上的接收信号为

$$y_m = \sum_{k=1}^{K} \sqrt{E_k} b_k h_{km} + z_m, \quad m = 1, 2, \cdots, M \tag{10.3.10}$$

式中，E_k 为第 k 个发送信号的功率；h_{km} 为第 k 个发送天线到第 m 个接收天线的信道衰落系数；z_m 为第 m 个接收天线上的 Gauss 噪声，一般可以假设不同的 z_m 是相互独立的。记

$$y = (y_1, \cdots, y_M)^\mathrm{T}$$
$$b = (b_1, \cdots, b_K)^\mathrm{T}$$
$$H = (h_{ij})_{M \times K}$$
$$E = \mathrm{diag}(\sqrt{E_1}, \cdots, \sqrt{E_K})$$
$$z = (z_1, \cdots, z_M)^\mathrm{T}$$

于是有

$$y = HEb + z \tag{10.3.11}$$

例 10.3.3 (卷积编码信道和符号间干扰信道) 在卷积编码信道和符号间干扰信道中，接收信号可以表示为

$$r_k = \sum_{m=1}^{M} h_m I_{k-m} + z_k, \quad k = 1, 2, \cdots \tag{10.3.12}$$

式中，$h_1, \cdots, h_M$ 为非零常数；I_k 为信道的输入随机二进制等概率信号；z_k 为 Gauss 噪声。

下面以例10.3.3为例，介绍其最大似然接收器。设观察向量为 $\boldsymbol{r} = (r_1, \cdots, r_K)$，则与之相关的输入信号为

$$\boldsymbol{I} = (I_{1-M}, \cdots, I_0; \cdots; I_{K-M}, \cdots, I_{K-1})$$

因为输入信号的先验概率相等，所以最大后验概率接收和最大似然估计接收具有相同的错误概率。假设 z_k，$k = 1, 2, \cdots, K$ 是均值为零、方差为 σ^2 的独立同分布随机向量，则

$$P(\boldsymbol{r}|\boldsymbol{I}) = \left(\frac{1}{\sqrt{2\pi\sigma^2}}\right)^K \exp\left(-\frac{1}{2\sigma^2}\sum_{k=1}^{K}\left|r_k - \sum_{m=1}^{M} h_m I_{k-m}\right|^2\right) \tag{10.3.13}$$

使上面的 $P(\boldsymbol{r}|\boldsymbol{I})$ 达到最大，等价于取 $\boldsymbol{I}$，使得

$$J(\boldsymbol{I}) = \sum_{k=1}^{K}\left|r_k - \sum_{m=1}^{M} h_m I_{k-m}\right|^2 \tag{10.3.14}$$

达到最小。上述问题实际上是一个数学上的组合优化问题，关于这个问题可以由经典的 Viterbi 算法加以解决。由于这一算法本身并非本书的主题，故读者可参阅有关文献。

习题 10.3

10.3.1　在假设背景噪声为非白噪声的条件下，利用 K-L 展开，推导本节所示的确定波形的最优检测。

10.3.2　推导式 (10.3.9) 中待检测量与观察量的条件概率，并给出最大似然检测所对应的数学优化问题的表达式。

10.3.3　推导式 (10.3.11) 中待检测量与观察量的条件概率，并给出最大似然检测所对应的数学优化问题的表达式。

10.4　复合假设检验

前面的假设检验假定了"假设"是确定性的，不随某个参量的变化而变化。但是，在实际应用中，"假设"常常会依赖于某些随机参数的变化而变化，虽然如此，其基本结构会保持不变。本节讨论这种情况下的假设检验问题。

10.4.1　复合假设检验问题

设假设 $H_0, H_1, \cdots, H_{N-1}$ 依赖于一组随机向量参数 $\boldsymbol{\theta}_0, \boldsymbol{\theta}_1, \cdots, \boldsymbol{\theta}_{N-1}$，这些随机向量的维数为 M [①]，即

$$\boldsymbol{\theta}_n = (\theta_{n,1}, \theta_{n,2}, \cdots, \theta_{n,M}), \qquad n = 0, 1, \cdots, N-1 \tag{10.4.1}$$

随机向量 $\boldsymbol{\theta}_0, \boldsymbol{\theta}_1, \cdots, \boldsymbol{\theta}_{N-1}$ 的概率密度函数分别为 $f_0(\boldsymbol{\theta}_0), f_0(\boldsymbol{\theta}_1), \cdots, f_{N-1}(\boldsymbol{\theta}_{N-1})$。

在这种情况下，通过观察量 $\boldsymbol{x} \in \mathbb{R}^w$ 来检验哪个假设为真，这样的假设检验称为**复合假设检验**。

与非复合假设检验相比，复合假设检验的假设 $H_0, \cdots, H_{N-1}$ 等实际上在一个集合内变动，即

$$\mathcal{H}_n = \{H_n(\boldsymbol{\theta}_n) \mid \boldsymbol{\theta}_n \in \Theta_n\}, \quad n = 0, 1, \cdots, N-1 \tag{10.4.2}$$

---

① 也可以假设它们的维数不同。

第 10 章 信号检测

式中，Θ_n 是随机向量 $\boldsymbol{\theta}_n$ 的样本空间；$\mathcal{H}_n(\boldsymbol{\theta}_n)$ 是随机向量 $\boldsymbol{\theta}_n$ 所对应的 H_n。所以，复合假设检验在本质上是样本空间 $\mathcal{H}_0, \cdots, \mathcal{H}_{N-1}$ 的假设检验。

例 10.4.1 已知有一组假设 $H_0, \cdots, H_{N-1}$，它们对应 $0 \leqslant t < T$ 上的一组信号：

$$H_0 : A_0 \cos(\omega_0 t + \phi_0)$$
$$H_1 : A_1 \cos(\omega_1 t + \phi_1)$$
$$\vdots$$
$$H_{N-1} : A_{N-1} \cos(\omega_{N-1} t + \phi_{N-1})$$

式中，$\omega_0, \cdots, \omega_{N-1}$ 是一组互不相等的已知正常数；$A_0, \cdots, A_{N-1}$ 是一组振幅随机变量；$\phi_0, \cdots, \phi_{N-1}$ 是一组 $[0, 2\pi)$ 上的独立同分布的随机相位。这里，假设 $H_0, \cdots, H_{N-1}$ 分别依赖于二维随机向量参数 $(A_0, \phi_0), \cdots, (A_{N-1}, \phi_{N-1})$。设 $z(t)$ 是零均值的高斯白噪声，根据观察数据 $x(t) = A_n \cos(\omega_n t + \phi_n) + z(t)$ 来判断到底是哪个假设导致了 $x(t)$，就是一个复合假设检验。

10.4.2 常见复合假设检验准则

(1) Bayes 最小平均风险准则

假设观察数据 $\boldsymbol{x} \in \mathbb{R}^w$，$P(H_n)$ 是 H_n 的先验概率，$f_n(\boldsymbol{x}|\boldsymbol{\theta}_n)$ 是 H_n 为真、$\boldsymbol{\theta}_n$ 为条件时观察样本 $\boldsymbol{x}$ 的条件概率密度函数，$f_n(\boldsymbol{\theta}_n)$ 是随机参量 $\boldsymbol{\theta}_n$ 的概率密度函数，$c_{ij}(\boldsymbol{\theta}_j)$ 是将 H_j 误判为 H_i 的代价，假设它是 $\boldsymbol{\theta}_j$ 的函数。此时，平均风险的表达式为

$$R(\pi_\mathcal{O}) = \sum_{i=0}^{M-1} \sum_{j=0}^{M-1} P(H_j) \int_{\Theta_j} \left[\int_{\mathcal{O}_i} f_j(\boldsymbol{x}|\boldsymbol{\theta}_j) c_{ij}(\boldsymbol{\theta}_j) \mathrm{d}\boldsymbol{x} \right] f_j(\boldsymbol{\theta}_j) \mathrm{d}\boldsymbol{\theta}_j \tag{10.4.3}$$

式中，$\mathcal{O}_0, \cdots, \mathcal{O}_{N-1}$ 是观察空间 $\mathcal{O} \in \mathbb{R}^w$ 的一个分割 $\pi_\mathcal{O}$，即它们两两互斥，当 $i \neq j$ 时有 $\mathcal{O}_i \cap \mathcal{O}_j = \emptyset$，且有 $\mathcal{O} = \bigcup_{i=0}^{N-1} \mathcal{O}_i$。

所谓 Bayes 最小平均风险检测，就是找到一个观察空间 $\mathcal{O}$ 的分割 $\pi_\mathcal{O}$，使得

$$\hat{\pi}_\mathcal{O} = \arg \left\{ \min_{\pi_\mathcal{O}} R(\pi_\mathcal{O}) \right\} \tag{10.4.4}$$

对于二择一 Bayes 复合假设检验可以证明如下定理。

定理 10.4.1 (二择一 Bayes 复合假设检验) 定义观察数据 $\boldsymbol{x}$ 的似然比为

$$\lambda(\boldsymbol{x}) = \frac{\displaystyle\int_{\Theta_1} [c_{01}(\boldsymbol{\theta}_1) - c_{11}(\boldsymbol{\theta}_1)] f_1(\boldsymbol{x}|\boldsymbol{\theta}_1) f_1(\boldsymbol{\theta}_1) \mathrm{d}\boldsymbol{\theta}_1}{\displaystyle\int_{\Theta_0} [c_{10}(\boldsymbol{\theta}_0) - c_{00}(\boldsymbol{\theta}_0)] f_0(\boldsymbol{x}|\boldsymbol{\theta}_0) f_0(\boldsymbol{\theta}_0) \mathrm{d}\boldsymbol{\theta}_0} \tag{10.4.5}$$

判决门限定义为 $\lambda_\mathrm{B} = P(H_0)/P(H_1)$。当 $\lambda(\boldsymbol{x}) \geqslant \lambda_\mathrm{B}$ 时，判 H_1 为真；当 $\lambda(\boldsymbol{x}) < \lambda_\mathrm{B}$ 时，判 H_0 为真。

证明：证明留作习题。 □

(2) 最小平均错误概率准则

在式 (10.4.3) 中，假设对所有 $i = 0, 1, \cdots, N-1$ 有 $c_{ii}(\boldsymbol{\theta}_i) \equiv 0$，对所有 $i \neq j$ 有 $c_{ji}(\boldsymbol{\theta}_i) \equiv 1$，则式 (10.4.3) 所定义的 Bayes 风险函数就成为平均错误概率，即

$$E(\pi_{\mathcal{O}}) = \sum_{\substack{i,j=0 \\ i \neq j}}^{M-1} P(H_j) \int_{\Theta_j} \left[\int_{\mathcal{O}_i} f_j(\boldsymbol{x}|\boldsymbol{\theta}_j) \mathrm{d}\boldsymbol{x} \right] f_j(\boldsymbol{\theta}_j) \mathrm{d}\boldsymbol{\theta}_j \tag{10.4.6}$$

所谓最小平均错误概率检测，就是找到一个观察空间 $\mathcal{O}$ 的分割 $\pi_{\mathcal{O}}$，使得

$$\hat{\pi}_{\mathcal{O}} = \arg\left\{ \min_{\pi_{\mathcal{O}}} E(\pi_{\mathcal{O}}) \right\} \tag{10.4.7}$$

对于二择一复合最小平均错误概率假设检验可以证明如下定理。

定理 10.4.2 (二择一复合最小错误概率假设检验) 定义观察数据 $\boldsymbol{x}$ 的似然比为

$$\lambda(\boldsymbol{x}) = \frac{\int_{\Theta_1} f_1(\boldsymbol{x}|\boldsymbol{\theta}_1) f_1(\boldsymbol{\theta}_1) \mathrm{d}\boldsymbol{\theta}_1}{\int_{\Theta_0} f_0(\boldsymbol{x}|\boldsymbol{\theta}_0) f_0(\boldsymbol{\theta}_0) \mathrm{d}\boldsymbol{\theta}_0} \tag{10.4.8}$$

判决门限定义为 $\lambda_B = P(H_0)/P(H_1)$。当 $\lambda(\boldsymbol{x}) \geqslant \lambda_B$ 时，判 H_1 为真；当 $\lambda(\boldsymbol{x}) < \lambda_B$ 时，判 H_0 为真。

证明：证明留作习题。 □

> **习题 10.4**
>
> 10.4.1 证明定理10.4.1。
> 10.4.2 证明定理10.4.2。
> 10.4.3 试表述基于 Neyman-Pearson 准则的二择一复合假设检验问题，并给出问题的解。

10.5 序贯检验

在前面所述的检测中，观察数据的长度是一定的，即当观察数据是定义在连续时间区间上时，观察数据就取一个固定时间周期 T 上的观察值 $x(t)$；而当观察数据是离散时间数据时，就取固定长度 w。序贯检验是不固定观察数据长度的一种假设检验。序贯检验在有些文献中也称为序列检验或者 Wold 检验。当待检验对象是信号时，序贯检验就叫作序贯检测。

10.5.1 序贯检验的定义

以二择一检验为例说明序贯检验的概念。设观察样本离散，并设为

$$\boldsymbol{x}_i = (x_1, x_2, \cdots, x_i), \quad i = 1, 2, \cdots$$

式中，$x_1, x_2, \cdots$ 为一维观察数据。定义观察数据的似然比为

$$\lambda(\boldsymbol{x}_i) = \frac{f(\boldsymbol{x}_i|H_1)}{f(\boldsymbol{x}_i|H_0)}$$

式中，$f(\boldsymbol{x}_i|H_1)$ 是条件概率密度函数。设 λ_0 和 λ_1 分别是两个正常数，且 $\lambda_0 < \lambda_1$，λ_0 被称为下门限，λ_1 被称为上门限。

在序贯假设检验中，若 $\lambda(\boldsymbol{x}_i) > \lambda_1$，则判 H_1 为真；若 $\lambda(\boldsymbol{x}_i) < \lambda_0$，则判 H_0 为真；而当 $\lambda_0 < \lambda(\boldsymbol{x}_i) < \lambda_1$ 时，此时并不判决，而是将观察样本的维数从 i 增加到 $i+1$，重新计算似然比，即

$$\lambda(\boldsymbol{x}_{i+1}) = \frac{f(\boldsymbol{x}_{i+1}|H_1)}{f(\boldsymbol{x}_{i+1}|H_0)}$$

若 $\lambda(\boldsymbol{x}_{i+1}) > \lambda_1$，则判 H_1 为真；若 $\lambda(\boldsymbol{x}_{i+1}) < \lambda_0$，则判 H_0 为真；而当 $\lambda_0 < \lambda(\boldsymbol{x}_{i+1}) < \lambda_1$ 时，将观察样本的维数从 $i+1$ 增加到 $i+2$，再计算似然比。这样一直继续下去，直到给出判决为止。

由此可见，序贯检验是将维数为 n 的观察空间 $\mathcal{O}^n \in \mathbb{R}^n$ 分为三个判决空间 $\mathcal{O}_0^n, \mathcal{O}_1^n, \mathcal{O}_2^n$，其中

$$\mathcal{O}_0^n = \{\boldsymbol{x}_n \mid \lambda(\boldsymbol{x}_n) \leqslant \lambda_0\}$$
$$\mathcal{O}_1^n = \{\boldsymbol{x}_n \mid \lambda(\boldsymbol{x}_n) \geqslant \lambda_1\}$$
$$\mathcal{O}_2^n = \{\boldsymbol{x}_n \mid \lambda_0 < \lambda(\boldsymbol{x}_n) < \lambda_1\}$$

若 $\boldsymbol{x}_n \in \mathcal{O}_0^n$，则判 H_0 为真；若 $\boldsymbol{x}_n \in \mathcal{O}_1^n$，则判 H_1 为真；若 $\boldsymbol{x}_n \in \mathcal{O}_2^n$，则不判决，而是增加观察样本维数，重新计算似然比，再次判决；这样的过程一直继续下去，直到给出最终判决为止。

10.5.2 上下门限的确定

令

$$\lambda^{(i)} = \lambda(\boldsymbol{x}_i) = \frac{f(\boldsymbol{x}_i|H_1)}{f(\boldsymbol{x}_i|H_0)}$$

则二择一假设检验的虚警概率为

$$\begin{aligned}
\alpha &= P\{(\lambda^{(1)} \geqslant \lambda_1)|H_0\} \\
&= P\{(\lambda_0 < \lambda^{(1)} < \lambda_1, \lambda^{(2)} \geqslant \lambda_1)|H_0\} \\
&= P\{(\lambda_0 < \lambda^{(1)} < \lambda_1, \lambda_0 < \lambda^{(2)} < \lambda_1, \lambda^{(3)} \geqslant \lambda_1)|H_0\} \\
&= \cdots
\end{aligned}$$

漏警概率为

$$\begin{aligned}
\beta &= P\{(\lambda^{(1)} \leqslant \lambda_0)|H_0\} \\
&= P\{(\lambda_0 < \lambda^{(1)} < \lambda_1, \lambda^{(2)} \leqslant \lambda_0)|H_0\} \\
&= P\{(\lambda_0 < \lambda^{(1)} < \lambda_1, \lambda_0 < \lambda^{(2)} < \lambda_1, \lambda^{(3)} \leqslant \lambda_0)|H_0\} \\
&= \cdots
\end{aligned}$$

原理上来说，二择一序贯假设检验的上下门限应该根据给定的允许虚警概率 α 与漏警概率 β，根据上面的两个式子来求解 λ_0 和 λ_1。

一般来说，可以采用如下近似来确定 λ_0 和 λ_1：

$$\lambda_0 \leqslant \frac{\beta}{1-\alpha} \tag{10.5.1}$$

$$\lambda_1 \geqslant \frac{1-\beta}{\alpha} \tag{10.5.2}$$

证明：留作习题。

10.5.3 终止判决的平均样本数

假设观察样本 $x_1, x_2, \cdots$ 独立，则有

$$\lambda(\boldsymbol{x}_i) = \frac{P(\boldsymbol{x}_i|H_1)}{P(\boldsymbol{x}_i|H_0)} = \prod_{n=1}^{i} \frac{P(x_n|H_1)}{P(x_n|H_0)} \tag{10.5.3}$$

所以有

$$\lambda(\boldsymbol{x}_i) = \lambda(x_i)\lambda(\boldsymbol{x}_{i-1}) \tag{10.5.4}$$

定理 10.5.1 设 N 为序贯假设检验的次数，α 与 β 分别为虚警概率与漏警概率，且假设观察样本 $x_1, x_2, \cdots$ 独立，则有

$$E\{N|H_0\} = \frac{\alpha \ln \lambda_1 + (1-\alpha) \ln \lambda_0}{E\{\ln \lambda(x)|H_0\}} \tag{10.5.5}$$

$$E\{N|H_1\} = \frac{(1-\beta) \ln \lambda_1 + \beta \ln \lambda_0}{E\{\ln \lambda(x)|H_1\}} \tag{10.5.6}$$

$$E\{N\} = P(H_0)E\{N|H_0\} + P(H_1)E\{N|H_1\} \tag{10.5.7}$$

式中

$$E\{\ln \lambda(x)|H_i\} = \int_{-\infty}^{\infty} \ln \lambda(x) f(x|H_i) \mathrm{d}x, \quad i=0,1 \tag{10.5.8}$$

证明：留作习题。 □

习题 10.5

10.5.1 证明 λ_0 和 λ_1 可用式（10.5.1）和式（10.5.2）来确定。

10.5.2 证明定理10.5.1。

10.5.3 设有如下两个假设：$H_1 : A\cos(\omega t + \theta), H_0 : 0$，其中 A、ω 是两个常数，θ 是 $[0, 2\pi)$ 上的均匀分布的相位，试根据 $[0, 2\pi)$ 上的接收数据 $x(t) = A\cos(\omega t + \theta) + n(t)$ 或者 $x(t) = n(t)$ 来给出复合二择一最小错误概率假设检验，其中 $n(t)$ 是零均值的高斯白噪声。（提示：可以通过等间隔采样，将 $x(t)$ 转化为有限维向量来考虑。）

第 11 章 信号参数估计

本章导读 估计与假设检验并无本质性的差别，只是待推断的对象分别是"离散"和"连续"的差别。假设检验的推断对象只有离散的可能，而估计的推断对象一般来说是连续的。

估计与假设检验都需要利用两个随机现象之间的关联信息，从观测值推断另外一个不能直接观察的随机现象的取值。信号的估计按照其待估计的对象可以分为"信号参数估计"与"信号波形估计"这两类。信号参数估计，是在已知信号的数学表达的情况下，估计信号的某个参数，如相位、振幅、频率等；而信号波形估计，则是估计信号的波形。本章介绍信号的参数估计，信号的波形估计在第 12 章介绍。

信号的参数估计模型中一般具有以下几个要素：带参数的发射信号、接收信号、判决统计量、判决统计量与待估参数之间的联合概率、估计准则。

常见的估计准则有 Bayes 估计、最大后验概率估计、最大似然估计、最小均方误差准则、线性最小均方误差准则、最小二乘估计、最小化最大风险估计等。

信号参数的主要类型有振幅、频率、相位等，本章给出了这三种参数估计的例子。

11.1 信号参数估计概述

11.1.1 信号参数估计模型

如图11.1.1所示，一个信号参数估计模型一般包含以下几个要素。

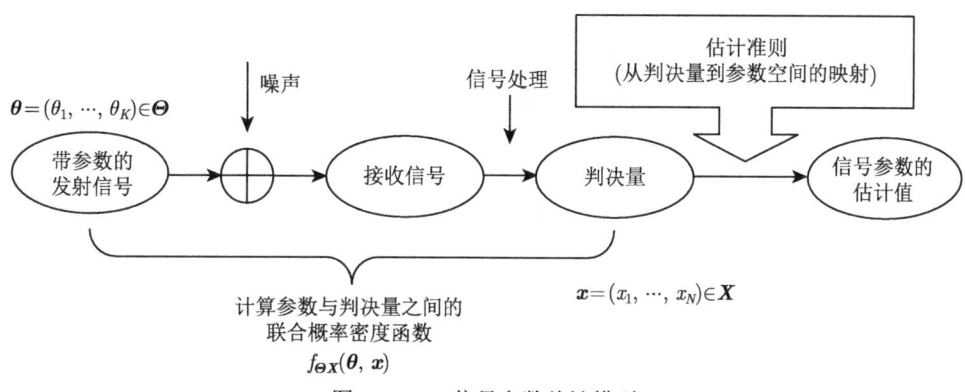

图 11.1.1 信号参数估计模型

1) 带参数的发射信号：待估参数 $\boldsymbol{\theta} = (\theta_1, \cdots, \theta_K)$ 是随机变量 $\boldsymbol{\Theta}$ 的样本点，这些参数构成信号的参量，例如，发射信号可以是定义在时间区间 $t \in [0, T)$ 上的带参数 $\boldsymbol{\theta}$ 的信号 $s(t, \boldsymbol{\theta})$。

2) 接收信号：接收信号是发射信号的一个变换，这个变换中往往有加性或乘性噪声的作用。

3) 判决统计量：接收信号经过恰当的信号处理之后，就可以作为判决统计量。用于判决的统计量一般是一个多维向量，记为 $\boldsymbol{x} = (x_1, \cdots, x_N)$，所有判决统计量组成的集合记为 $\boldsymbol{X}$。

4) **联合概率**：参数 $\boldsymbol{\theta}$ 和判决量 $\boldsymbol{x}$ 之间所满足的条件概率或联合概率等，如条件概率密度函数 $f(\boldsymbol{x}|\boldsymbol{\theta})$ 或条件概率质量函数 $P(\boldsymbol{x}|\boldsymbol{\theta})$ 等。

5) **估计准则**：根据判决量来估计参数真值的准则，设 $\boldsymbol{\theta}$ 的估计值为 $\hat{\boldsymbol{\theta}}$，则估计准则可以表示为观测值 $\boldsymbol{x}$ 的一个函数 $\hat{\boldsymbol{\theta}} = \phi(\boldsymbol{x})$，函数 $\phi(\boldsymbol{x})$ 也称为 $\boldsymbol{\theta}$ 的**估计子**。

11.1.2 充分统计量

设 $\boldsymbol{\theta} \in \boldsymbol{\Theta}$ 是待估参数，$\boldsymbol{o} \in \boldsymbol{O}$ 是预测值。有时候，预测值 $\boldsymbol{o}$ 的维数较大，不利于对参数 $\boldsymbol{\theta}$ 进行估计，此时需要对预测值 $\boldsymbol{o}$ 进行降维处理，得到一个新的低维统计量 $\boldsymbol{x} \in \boldsymbol{X}$，设从预测值 $\boldsymbol{o}$ 到新的统计量 $\boldsymbol{x}$ 之间的映射记为

$$\boldsymbol{O} \ni \boldsymbol{o} \to \boldsymbol{x} = \xi(\boldsymbol{o}) \in \boldsymbol{X} \tag{11.1.1}$$

在对 $\boldsymbol{o}$ 的所有降维处理中，怎样的降维处理才不会损失 $\boldsymbol{\theta}$ 的信息呢？当且仅当 $\boldsymbol{x} = \xi(\boldsymbol{o})$ 是 $\boldsymbol{\theta}$ 的**充分统计量**时——即条件概率密度函数 $f(\boldsymbol{x}|\boldsymbol{o})$ 与 $\boldsymbol{\theta}$ 无关。

定理 11.1.1 (Neyman 分解定理)　设预测值 $\boldsymbol{o}$ 与待估参数 $\boldsymbol{\theta}$ 之间的联合概率密度函数为 $f_{\boldsymbol{\theta o}}(\boldsymbol{\theta}, \boldsymbol{o})$，若变换 $\boldsymbol{x} = \xi(\boldsymbol{o})$ 使得 $f_{\boldsymbol{\theta o}}(\boldsymbol{\theta}, \boldsymbol{o})$ 具有下列形式：

$$f_{\boldsymbol{\theta o}}(\boldsymbol{\theta}, \boldsymbol{o}) = \psi(\boldsymbol{o}) g(\boldsymbol{\theta}, \boldsymbol{x}) \tag{11.1.2}$$

式中，$\psi(\boldsymbol{o})$ 是一个与 $\boldsymbol{\theta}$ 无关的函数，则变换 $\boldsymbol{x} = \xi(\boldsymbol{o})$ 是 $\boldsymbol{\theta}$ 的一个充分统计量。

证明：因为 $\boldsymbol{x} = \xi(\boldsymbol{o})$ 的维数小于 $\boldsymbol{o}$ 的维数，引入函数 $\boldsymbol{y} = \xi'(\boldsymbol{o})$，使得

1) $\boldsymbol{x}$ 的维数加上 $\boldsymbol{y}$ 的维数等于 $\boldsymbol{o}$ 的维数；
2) $\boldsymbol{o}$ 到 $\boldsymbol{z} = (\boldsymbol{x}, \boldsymbol{y})$ 的映射是双射。

不妨记 $\boldsymbol{z} = W(\boldsymbol{o}) = (\xi(\boldsymbol{o}), \xi'(\boldsymbol{o}))$，则有 $\boldsymbol{o} = W^{-1}(\boldsymbol{z})$。假设 $\boldsymbol{\theta}$ 与 $\boldsymbol{z} = (\boldsymbol{x}, \boldsymbol{y})$ 之间的联合概率密度函数为 $f_{\boldsymbol{\theta z}}(\boldsymbol{\theta}, \boldsymbol{z})$，则 $\boldsymbol{\theta}$ 与 $\boldsymbol{x}$ 之间的联合概率密度函数 $f_{\boldsymbol{\theta x}}(\boldsymbol{\theta}, \boldsymbol{x})$ 有下列表达：

$$\begin{aligned} f_{\boldsymbol{\theta x}}(\boldsymbol{\theta}, \boldsymbol{x}) &= \int_{\boldsymbol{y}} f_{\boldsymbol{\theta z}}(\boldsymbol{\theta}, \boldsymbol{x}, \boldsymbol{y}) \mathrm{d}\boldsymbol{y} = \int_{\boldsymbol{y}} f_{\boldsymbol{\theta o}}(\boldsymbol{\theta}, \boldsymbol{o})\Big|_{\boldsymbol{o} = W^{-1}(\boldsymbol{z})} \left|\det\left(\frac{\partial W^{-1}(\boldsymbol{z})}{\partial \boldsymbol{z}}\right)\right| \mathrm{d}\boldsymbol{y} \\ &= g(\boldsymbol{\theta}, \boldsymbol{x}) \int_{\boldsymbol{y}} \psi(\boldsymbol{o})\Big|_{\boldsymbol{o} = W^{-1}(\boldsymbol{z})} \left|\det\left(\frac{\partial W^{-1}(\boldsymbol{z})}{\partial \boldsymbol{z}}\right)\right| \mathrm{d}\boldsymbol{y} \end{aligned}$$

因此

$$\begin{aligned} f_{\boldsymbol{o}|\boldsymbol{x}}(\boldsymbol{o}|\boldsymbol{x}) &= \frac{f_{\boldsymbol{\theta o}}(\boldsymbol{\theta}, \boldsymbol{o})}{f_{\boldsymbol{\theta x}}(\boldsymbol{\theta}, \boldsymbol{x})} = \frac{\psi(\boldsymbol{o}) g(\boldsymbol{\theta}, \boldsymbol{x})}{g(\boldsymbol{\theta}, \boldsymbol{x}) \displaystyle\int_{\boldsymbol{y}} \psi(\boldsymbol{o})\Big|_{\boldsymbol{o} = W^{-1}(\boldsymbol{z})} \left|\det\left(\dfrac{\partial W^{-1}(\boldsymbol{z})}{\partial \boldsymbol{z}}\right)\right| \mathrm{d}\boldsymbol{y}} \\ &= \frac{\psi(\boldsymbol{o})}{\displaystyle\int_{\boldsymbol{y}} \psi(\boldsymbol{o})\Big|_{\boldsymbol{o} = W^{-1}(\boldsymbol{z})} \left|\det\left(\dfrac{\partial W^{-1}(\boldsymbol{z})}{\partial \boldsymbol{z}}\right)\right| \mathrm{d}\boldsymbol{y}} \end{aligned}$$

上面的 $f_{\boldsymbol{o}|\boldsymbol{x}}(\boldsymbol{o}|\boldsymbol{x})$ 的表达式是与 $\boldsymbol{\theta}$ 无关的函数，所以由定义知道 $\boldsymbol{x} = \xi(\boldsymbol{o})$ 是 $\boldsymbol{\theta}$ 的充分统计量。　　□

11.1.3 参数估计的 Cramer-Rao 下界

定理 11.1.2 如果 $\hat{\theta}$ 是一维参数 θ 的一个无偏估计,观测值 $\boldsymbol{x}=(x_1,\cdots,x_N)$ 为 $\mathbb{R}^N$ 空间的元素,$f(\boldsymbol{x}|\theta)$ 是待估参数 θ 和观测值 $\boldsymbol{x}$ 之间的条件概率密度函数,且导数 $\partial f(\boldsymbol{x}|\theta)/\partial \theta$ 存在,则有

$$\mathrm{Var}(\hat{\theta}) = E\{(\hat{\theta}-\theta)^2\} \geqslant \left[\int_{\mathbb{R}^N} \left(\frac{\partial}{\partial \theta} \ln f(\boldsymbol{x}|\theta)\right)^2 f(\boldsymbol{x}|\theta)\mathrm{d}\boldsymbol{x}\right]^{-1} \tag{11.1.3}$$

证明: 因为 $\hat{\theta}$ 是无偏估计,所以

$$\int_{\mathbb{R}^N} (\hat{\theta}-\theta) f(\boldsymbol{x}|\theta)\mathrm{d}\boldsymbol{x} = 0$$

上式两边关于变量 θ 求导得

$$\int_{\mathbb{R}^N} (\hat{\theta}-\theta) \frac{\partial}{\partial \theta} f(\boldsymbol{x}|\theta)\mathrm{d}\boldsymbol{x} = 1$$

上式可以改写成

$$\int_{\mathbb{R}^N} \left[(\hat{\theta}-\theta)\sqrt{f(\boldsymbol{x}|\theta)}\right] \left[\frac{\partial}{\partial \theta} \ln f(\boldsymbol{x}|\theta)\sqrt{f(\boldsymbol{x}|\theta)}\right] \mathrm{d}\boldsymbol{x} = 1$$

对上式左边利用积分 Schwartz 不等式,即得 Cramer-Rao 不等式 (11.1.3)。 □

习题 11.1

11.1.1 分别举一个信号一维、二维、三维参数估计的例子。
11.1.2 试举一个例子,从预测值与待估量之间的联合概率密度函数的分解中构造一个充分统计量。
11.1.3 设待估量 θ 是随机变量,且 $\hat{\theta}$ 是无偏估计,则

$$E\{[\hat{\theta}-\theta]^2\} \geqslant E\left\{\left[\frac{\partial \ln f(\boldsymbol{x},\theta)}{\partial \theta}\right]^2\right\}^{-1}$$

式中,$f(\boldsymbol{x},\theta)$ 是预测值 $\boldsymbol{x}$ 与待估量 θ 之间的联合概率密度函数。

11.2 常见估计准则

11.2.1 Bayes 估计

(1) Bayes 估计的定义

和检测一样,所有估计的一般形式就是 Bayes 形式,具有 Bayes 形式的估计也称为 Bayes 估计。

设 $\boldsymbol{\theta}$ 为 K 维待估参数,$\hat{\boldsymbol{\theta}}$ 是其估计值,用 $c(\boldsymbol{\theta},\hat{\boldsymbol{\theta}})$ 表示当待估参数的真值为 $\boldsymbol{\theta}$ 而估计值为 $\hat{\boldsymbol{\theta}}$ 时的**代价函数**,于是可以定义如下 Bayes **风险函数**为

$$R(\hat{\boldsymbol{\theta}}) = \int_{\boldsymbol{X}} \int_{\boldsymbol{\Theta}} c(\boldsymbol{\theta},\hat{\boldsymbol{\theta}}) f_{\boldsymbol{\Theta}\boldsymbol{X}}(\boldsymbol{\theta},\boldsymbol{x})\mathrm{d}\boldsymbol{x}\mathrm{d}\boldsymbol{\theta} \tag{11.2.1}$$

式中,$\boldsymbol{X} \subset \mathbb{R}^N$ 是判决空间;$\boldsymbol{\Theta} \subset \mathbb{R}^K$ 是参数空间;$f_{\boldsymbol{\Theta}\boldsymbol{X}}(\boldsymbol{\theta},\boldsymbol{x})$ 是判决空间随机向量与参数空间随机向量之间的联合概率密度函数。

如果有一个 $\boldsymbol{\theta}$ 的估计值 $\hat{\boldsymbol{\theta}}_{\text{bayes}}$ 使得上述 Bayes 风险函数 $R(\hat{\boldsymbol{\theta}})$ 达到最小，则称该估计为 **Bayes 估计**，可以写成如下数学表达式：

$$\hat{\boldsymbol{\theta}}_{\text{bayes}} = \arg\left[\min_{\hat{\boldsymbol{\theta}}} R(\hat{\boldsymbol{\theta}})\right] \tag{11.2.2}$$

同样可以定义如下**条件 Bayes 风险函数**：

$$R(\hat{\boldsymbol{\theta}}|\boldsymbol{x}) = \int_{\Theta} c(\boldsymbol{\theta},\hat{\boldsymbol{\theta}}) f_{\Theta|\boldsymbol{X}}(\boldsymbol{\theta}|\boldsymbol{x}) \mathrm{d}\boldsymbol{\theta} \tag{11.2.3}$$

式中，$f_{\Theta|\boldsymbol{X}}(\boldsymbol{\theta}|\boldsymbol{x})$ 是以判决空间随机向量为条件的参数空间随机向量的条件概率密度函数。如果有一个 $\boldsymbol{\theta}$ 的估计值 $\hat{\boldsymbol{\theta}}_{\text{c-bayes}}$ 使得上述条件 Bayes 风险函数 $R(\hat{\boldsymbol{\theta}}|\boldsymbol{x})$ 达到最小，则称该估计为**条件 Bayes 估计**，可以写成如下数学表达式：

$$\hat{\boldsymbol{\theta}}_{\text{c-bayes}} = \arg\left[\min_{\hat{\boldsymbol{\theta}}} R(\hat{\boldsymbol{\theta}}|\boldsymbol{x})\right] \tag{11.2.4}$$

(2) 常见代价函数

设待估参数 $\boldsymbol{\theta}$ 是 K 维向量，记 $\tilde{\boldsymbol{\theta}} = \hat{\boldsymbol{\theta}} - \boldsymbol{\theta}$ 是估计值和真值之间的误差向量。不同误差产生的不良后果是不同的，这种不良后果可以用代价函数 $c(\boldsymbol{\theta},\hat{\boldsymbol{\theta}})$ 来描述。为记号上的方便，令 $C(\tilde{\boldsymbol{\theta}}) = c(\boldsymbol{\theta},\hat{\boldsymbol{\theta}})$，最常用的代价函数有以下两种：

均匀代价函数：
$$C(\tilde{\boldsymbol{\theta}}) = \begin{cases} 0, & \|\tilde{\boldsymbol{\theta}}\|_{\boldsymbol{S}} < \varepsilon/2 \\ 1/V_{\varepsilon}, & \|\tilde{\boldsymbol{\theta}}\|_{\boldsymbol{S}} \geqslant \varepsilon/2 \end{cases} \tag{11.2.5}$$

平方代价函数：
$$C(\tilde{\boldsymbol{\theta}}) = \|\tilde{\boldsymbol{\theta}}\|_{\boldsymbol{S}}^2 \tag{11.2.6}$$

式中，$\|\tilde{\boldsymbol{\theta}}\|_{\boldsymbol{S}}$ 是由一个已知非负定对称矩阵 $\boldsymbol{S}$ 所定义的范数，即

$$\|\tilde{\boldsymbol{\theta}}\|_{\boldsymbol{S}}^2 = \tilde{\boldsymbol{\theta}} \boldsymbol{S} \tilde{\boldsymbol{\theta}}^{\mathrm{T}}$$

V_{ε} 是区域 $\{\tilde{\boldsymbol{\theta}} \in \mathbb{R}^K \mid \|\tilde{\boldsymbol{\theta}}\|_{\boldsymbol{S}} < \varepsilon/2\}$ 的体积，即

$$V_{\varepsilon} = \int_{\|\tilde{\boldsymbol{\theta}}\|_{\boldsymbol{S}} < \varepsilon/2} \mathrm{d}\tilde{\boldsymbol{\theta}}$$

上面的均匀代价函数和平方代价函数在一维情形下退化为

一维均匀代价函数：
$$C(\tilde{\theta}) = \begin{cases} 0, & |\tilde{\theta}| < \varepsilon/2 \\ 1/\varepsilon, & |\tilde{\theta}| \geqslant \varepsilon/2 \end{cases} \tag{11.2.7}$$

一维平方代价函数：
$$C(\tilde{\theta}) = \tilde{\theta}^2 \tag{11.2.8}$$

11.2.2 最大后验概率估计

最大后验概率估计就是用使后验概率质量函数 $P(\boldsymbol{\theta}|\boldsymbol{x})$ 或后验概率密度函数 $f(\boldsymbol{\theta}|\boldsymbol{x})$ 达到最大值的 $\hat{\boldsymbol{\theta}}_{\text{MAP}}$ 作为 $\boldsymbol{\theta}$ 的估计值，写成数学表达式就是

$$\hat{\boldsymbol{\theta}}_{\text{MAP}} = \arg\left[\max_{\boldsymbol{\theta}} f(\boldsymbol{\theta}|\boldsymbol{x})\right] \tag{11.2.9}$$

一般来说，假设后验概率函数的所有一阶偏导数存在，则最大后验概率估计 $\hat{\boldsymbol{\theta}}_{\mathrm{MAP}}$ 是下列线性方程组的解：

$$\frac{\partial}{\partial \boldsymbol{\theta}} f(\boldsymbol{\theta}|\boldsymbol{x}) = 0 \qquad (11.2.10)$$

当将条件 Bayes 估计中的代价函数取为均匀代价函数时，条件 Bayes 估计就是最大后验概率估计。设 $\Theta_\varepsilon = \{\boldsymbol{\theta} \in \mathbb{R}^K \mid |\hat{\boldsymbol{\theta}} - \boldsymbol{\theta}| < \varepsilon/2\}$ 则

$$R(\hat{\boldsymbol{\theta}}|\boldsymbol{x}) = \int_{\mathbb{R}^K \setminus \Theta_\varepsilon} \frac{1}{V_\varepsilon} f(\boldsymbol{\theta}|\boldsymbol{x}) \mathrm{d}\boldsymbol{\theta} = 1 - \int_{\Theta_\varepsilon} \frac{1}{V_\varepsilon} f(\boldsymbol{\theta}|\boldsymbol{x}) \mathrm{d}\boldsymbol{\theta} = 1 - c_\varepsilon f(\hat{\boldsymbol{\theta}}|\boldsymbol{x}) \qquad (11.2.11)$$

式中，c_ε 是某个和 $\hat{\boldsymbol{\theta}}$ 无关的正常数。因此，要使 $R(\hat{\boldsymbol{\theta}}|\boldsymbol{x})$ 达到最小，等价于使 $f(\hat{\boldsymbol{\theta}}|\boldsymbol{x})$ 达到最大。

11.2.3 最大似然估计

设观测值为 $\boldsymbol{x}$，待估参数为 $\boldsymbol{\theta}$，**最大似然估计**就是用使条件概率密度函数 $f(\boldsymbol{x}|\boldsymbol{\theta})$[①]达到最大值的 $\hat{\boldsymbol{\theta}}_{\mathrm{ML}}$ 作为 $\boldsymbol{\theta}$ 的估计值，写成数学表达式就是

$$\hat{\boldsymbol{\theta}}_{\mathrm{ML}} = \arg\left[\max_{\boldsymbol{\theta}} f(\boldsymbol{x}|\boldsymbol{\theta})\right] \qquad (11.2.12)$$

该条件概率密度 $f(\boldsymbol{x}|\boldsymbol{\theta})$ 又称为**似然函数**。假设似然函数的所有一阶偏导数存在，则最大似然估计 $\hat{\boldsymbol{\theta}}_{\mathrm{ML}}$ 是下列线性方程组的解：

$$\frac{\partial}{\partial \boldsymbol{\theta}} f(\boldsymbol{x}|\boldsymbol{\theta}) = 0 \qquad (11.2.13)$$

性质 11.2.1 当待估参量 $\boldsymbol{\theta}$ 是均匀分布时，最大后验概率估计与最大似然估计等价，即 $\hat{\boldsymbol{\theta}}_{\mathrm{MAP}} = \hat{\boldsymbol{\theta}}_{\mathrm{ML}}$。

11.2.4 最小均方误差估计

这里假设参数 $\boldsymbol{\theta} \in \mathbb{R}^K$，用以估计的观察值 $\boldsymbol{x} \in \mathbb{R}^N$。参数空间与判决量空间为复数空间的情形可类推。

设有观测值 $\boldsymbol{x}$，若通过某估计子 $\hat{\boldsymbol{\theta}} = \phi(\boldsymbol{x})$ 得到了一个参数 $\boldsymbol{\theta}$ 的估计值 $\hat{\boldsymbol{\theta}}$，该估计值 $\hat{\boldsymbol{\theta}}$ 可以使下面的**均方误差**达到最小：

$$\begin{aligned} E(\boldsymbol{\theta}, \hat{\boldsymbol{\theta}}) &= E\{\|\boldsymbol{\theta} - \hat{\boldsymbol{\theta}}\|^2\} \\ &= \int_\Theta \int_X \|\boldsymbol{\theta} - \phi(\boldsymbol{x})\|^2 f_{\boldsymbol{\Theta}\boldsymbol{X}}(\boldsymbol{\theta}, \boldsymbol{x}) \mathrm{d}\boldsymbol{\theta} \mathrm{d}\boldsymbol{x} \end{aligned} \qquad (11.2.14)$$

式中，$\|\cdot\|$ 是欧几里得范数；$f_{\boldsymbol{\Theta}\boldsymbol{X}}(\boldsymbol{\theta}, \boldsymbol{x})$ 是参数随机向量 $\boldsymbol{\Theta}$ 与观察随机向量 $\boldsymbol{X}$ 之间的联合概率密度函数。

将 $\boldsymbol{\theta}$ 的最小均方误差估计记为 $\hat{\boldsymbol{\theta}}_{\mathrm{MMSE}}$，则有

$$\hat{\boldsymbol{\theta}}_{\mathrm{MMSE}} = \arg\left[\min_{\hat{\boldsymbol{\theta}}} E(\boldsymbol{\theta}, \hat{\boldsymbol{\theta}})\right] \qquad (11.2.15)$$

下面来寻找最小均方误差估计子 $\hat{\boldsymbol{\theta}} = \phi(\boldsymbol{x})$ 的具体表达式。

---

① 完整的记号表达应为 $f_{\boldsymbol{X}|\boldsymbol{\Theta}}(\boldsymbol{x}|\boldsymbol{\theta})$。

定理 11.2.1 使均方误差达到最小的估计子具有如下表达式：

$$\hat{\boldsymbol{\theta}}_{\mathrm{MMSE}} = \phi(\boldsymbol{x}) = \int_{\Theta} \boldsymbol{\theta} f_{\Theta|\boldsymbol{X}}(\boldsymbol{\theta}|\boldsymbol{x}) \mathrm{d}\boldsymbol{\theta} \tag{11.2.16}$$

而且最小均方误差估计是无偏估计，即

$$E\{\hat{\boldsymbol{\theta}}_{\mathrm{MMSE}}\} = E\{\boldsymbol{\theta}\} \tag{11.2.17}$$

证明：用类似于第 3 章中条件数字特征性质中的证明方法可以得到结论，这里证明从略。 □

当在条件 Bayes 估计中，将代价函数取为平方代价函数时，条件 Bayes 估计就是最小均方误差估计。此时条件 Bayes 风险函数为

$$R(\hat{\boldsymbol{\theta}}|\boldsymbol{x}) = \int_{\mathbb{R}^K} (\hat{\boldsymbol{\theta}} - \boldsymbol{\theta}) \boldsymbol{S} (\hat{\boldsymbol{\theta}} - \boldsymbol{\theta})^{\mathrm{T}} f(\boldsymbol{\theta}|\boldsymbol{x}) \mathrm{d}\boldsymbol{\theta} \tag{11.2.18}$$

两边对向量 $\hat{\boldsymbol{\theta}}$ 求导得到

$$\frac{\partial}{\partial \hat{\boldsymbol{\theta}}} R(\hat{\boldsymbol{\theta}}|\boldsymbol{x}) = \int_{\mathbb{R}^K} 2\boldsymbol{S}(\hat{\boldsymbol{\theta}} - \boldsymbol{\theta}) f(\boldsymbol{\theta}|\boldsymbol{x}) \mathrm{d}\boldsymbol{\theta} \tag{11.2.19}$$

当且仅当上式为零向量时，风险函数取得最小值，即

$$\int_{\mathbb{R}^K} 2\boldsymbol{S}(\hat{\boldsymbol{\theta}} - \boldsymbol{\theta}) f(\boldsymbol{\theta}|\boldsymbol{x}) \mathrm{d}\boldsymbol{\theta} = 0$$

由于 $\boldsymbol{S}$ 是非负定对称矩阵，所以由上式可得

$$\hat{\boldsymbol{\theta}} \int_{\mathbb{R}^K} f(\boldsymbol{\theta}|\boldsymbol{x}) \mathrm{d}\boldsymbol{\theta} = \int_{\mathbb{R}^K} \boldsymbol{\theta} f(\boldsymbol{\theta}|\boldsymbol{x}) \mathrm{d}\boldsymbol{\theta}$$

考虑到 $\int_{\mathbb{R}^K} f(\boldsymbol{\theta}|\boldsymbol{x}) \mathrm{d}\boldsymbol{\theta} = 1$，所以得到最优估计 $\hat{\boldsymbol{\theta}}_{\mathrm{MMSE}}$ 的表达式为

$$\hat{\boldsymbol{\theta}}_{\mathrm{MMSE}} = \int_{\mathbb{R}^K} \boldsymbol{\theta} f(\boldsymbol{\theta}|\boldsymbol{x}) \mathrm{d}\boldsymbol{\theta} \tag{11.2.20}$$

由此可见，若代价函数为平方代价函数，则该 Bayes 估计就是最小均方误差估计。

例 11.2.1 观察样本 $\boldsymbol{x} = (x_1, \cdots, x_N)$，对 $n = 1, 2, \cdots, N$ 有如下表达式 $x_n = s + z_n$，其中 $z_1, \cdots, z_N$ 是独立同分布的零均值、方差为 σ_z^2 的高斯随机变量，参数 s 也是零均值、方差为 σ_s^2 的高斯随机变量。假设 $\sigma_z^2 = \sigma_s^2 = \sigma^2$，求 s 的最小均方误差估计 $\hat{s}_{\mathrm{MMSE}}$。

解：由前述定理知 $\hat{s}_{\mathrm{MMSE}} = \int_{\mathbb{R}} s f_{S|\boldsymbol{X}}(s|\boldsymbol{x}) \mathrm{d}s$，为了计算该积分，先求条件概率密度函数 $f_{S|\boldsymbol{X}}(s|\boldsymbol{x})$。由题意知

$$f_{\boldsymbol{X}|S}(\boldsymbol{x}|s) = \frac{1}{(2\pi)^{N/2} \sigma_z^N} \exp\left[-\sum_{n=1}^{N} \frac{(x_n - s)^2}{2\sigma_z^2}\right] \tag{11.2.21}$$

所以

$$f_{S|\boldsymbol{X}}(s|\boldsymbol{x}) = \frac{f_{\boldsymbol{X}S}(\boldsymbol{x},s)}{f_{\boldsymbol{X}}(\boldsymbol{x})} = \frac{f_{\boldsymbol{X}|S}(\boldsymbol{x}|s)f_S(s)}{f_{\boldsymbol{X}}(\boldsymbol{x})} = \frac{f_{\boldsymbol{X}|S}(\boldsymbol{x}|s)f_S(s)}{\int_{\mathbb{R}} f_{\boldsymbol{X}|S}(\boldsymbol{x}|s)f_S(s) \mathrm{d}s} \tag{11.2.22}$$

将式 (11.2.21) 代入式 (11.2.22) 计算可得

$$f_{S|\boldsymbol{X}}(s|\boldsymbol{x}) = \frac{(N+1)^{1/2}}{\sqrt{2\pi\sigma^2}} \exp\left\{-\frac{1}{2\sigma^2}(N+1)\left[s - \frac{1}{N+1}\sum_{n=1}^{N} x_n\right]^2\right\} \tag{11.2.23}$$

这样计算可得

$$\hat{s}_{\text{MMSE}} = \frac{1}{N+1}\sum_{n=1}^{N} x_n$$

11.2.5 线性最小均方误差估计

设观测值为 L 维的向量 $\boldsymbol{x} = (x_1, \cdots, x_L)^{\text{T}}$，如果限定了估计值 $\hat{\boldsymbol{\theta}} = (\hat{\theta}_1, \cdots, \hat{\theta}_K)^{\text{T}}$ 和观测值 $\boldsymbol{x}$ 之间具有如下线性关系：

$$\hat{\boldsymbol{\theta}} = \boldsymbol{A}\boldsymbol{x} + \boldsymbol{b} \tag{11.2.24}$$

式中，$\boldsymbol{b} = (b_1, \cdots, b_K)^{\text{T}}$ 为 K 维向量；$\boldsymbol{A} = (a_{kl})_{K \times L}$ 为 $K \times L$ 的矩阵，所谓**线性最小均方误差 (LMMSE) 估计**就是确定线性估计子 $\hat{\boldsymbol{\theta}} = \boldsymbol{A}\boldsymbol{x} + \boldsymbol{b}$ 中的参数 $\boldsymbol{A}$ 和 $\boldsymbol{b}$，使下列均方误差达到最小：

$$e(\boldsymbol{A}, \boldsymbol{b}) = E\{(\boldsymbol{\theta} - \boldsymbol{A}\boldsymbol{x} - \boldsymbol{b})^{\text{T}}(\boldsymbol{\theta} - \boldsymbol{A}\boldsymbol{x} - \boldsymbol{b})\} \tag{11.2.25}$$

记

$$\frac{\partial e}{\partial \boldsymbol{A}} = \left(\frac{\partial e}{\partial a_{kl}}\right)_{K \times L}, \quad \frac{\partial e}{\partial \boldsymbol{b}} = \left(\frac{\partial e}{\partial b_k}\right)_{K \times 1}$$

则

$$\frac{\partial e}{\partial \boldsymbol{b}} = -2E\{\boldsymbol{\theta}\} + 2\boldsymbol{A}E\{\boldsymbol{x}\} + 2\boldsymbol{b}$$

$$\frac{\partial e}{\partial \boldsymbol{A}} = -2E\{\boldsymbol{\theta}\boldsymbol{x}^{\text{T}}\} + 2\boldsymbol{A}E\{\boldsymbol{x}\boldsymbol{x}^{\text{T}}\} + 2\boldsymbol{b}E\{\boldsymbol{x}^{\text{T}}\}$$

要使 $e(\boldsymbol{A}, \boldsymbol{b})$ 达到最小，则 $\frac{\partial e}{\partial \boldsymbol{b}}$ 应当为零向量，$\frac{\partial e}{\partial \boldsymbol{A}}$ 应当是零矩阵。因此，可以解得

$$\boldsymbol{b} = E\{\boldsymbol{\theta}\} - C_{\boldsymbol{\theta}\boldsymbol{x}} C_{\boldsymbol{x}}^{-1} E\{\boldsymbol{x}\} \tag{11.2.26}$$

$$\boldsymbol{A} = C_{\boldsymbol{\theta}\boldsymbol{x}} C_{\boldsymbol{x}}^{-1} \tag{11.2.27}$$

式中

$$C_{\boldsymbol{\theta}\boldsymbol{x}} = (E\{(\theta_k - E\{\theta_k\})(x_l - E\{x_l\})\})_{K \times L}$$

$$C_{\boldsymbol{x}} = (E\{(x_k - E\{x_k\})(x_l - E\{x_l\})\})_{L \times L}$$

可以求得最小均方误差估计为

$$\hat{\boldsymbol{\theta}}_{\text{LMMSE}} = \boldsymbol{A}\boldsymbol{x} + \boldsymbol{b} = E\{\boldsymbol{\theta}\} + C_{\boldsymbol{\theta}\boldsymbol{x}} C_{\boldsymbol{x}}^{-1}[\boldsymbol{x} - E\{\boldsymbol{x}\}] \tag{11.2.28}$$

此时最小均方误差为

$$E\{\|\boldsymbol{\theta} - \hat{\boldsymbol{\theta}}_{\text{LMMSE}}\|^2\} = C_{\boldsymbol{\theta}} - C_{\boldsymbol{\theta}\boldsymbol{x}} C_{\boldsymbol{x}}^{-1} C_{\boldsymbol{x}\boldsymbol{\theta}} \tag{11.2.29}$$

线性最小均方误差具有如下性质。

性质 11.2.2 $\hat{\boldsymbol{\theta}}$ 是线性最小均方误差估计,当且仅当其估计误差与观测数据正交,即
$$E\{(\boldsymbol{\theta}-\hat{\boldsymbol{\theta}})\boldsymbol{x}^\mathrm{T}\} = 0 \tag{11.2.30}$$

例 11.2.2 设观测样本 $\boldsymbol{x}$ 与待估参数 $\boldsymbol{\theta}$ 之间有如下线性观测方程的表达式:
$$\boldsymbol{x} = \boldsymbol{H}\boldsymbol{\theta} + \boldsymbol{z} \tag{11.2.31}$$

式中,$\boldsymbol{\theta} = (\theta_1, \cdots, \theta_M)^\mathrm{T}$;$\boldsymbol{H}$ 是一个 $M \times M$ 的矩阵;$\boldsymbol{z} = (z_1, \cdots, z_M)^\mathrm{T}$ 是零均值的观测噪声向量,假设观测噪声向量 $\boldsymbol{z} = (z_1, \cdots, z_M)^\mathrm{T}$ 与 $\boldsymbol{\theta}$ 彼此不相关,此外 $E\{\boldsymbol{\theta}\} = \boldsymbol{\theta}_0$。该线性观测方程的最小线性误差估计为
$$\hat{\boldsymbol{\theta}}_\mathrm{LMMSE} = \boldsymbol{A}\boldsymbol{x} + \boldsymbol{b} \tag{11.2.32}$$

则有
$$\boldsymbol{A} = \boldsymbol{C}_{\boldsymbol{\theta}}\boldsymbol{H}^\mathrm{T}\left(\boldsymbol{H}\boldsymbol{C}_{\boldsymbol{\theta}}\boldsymbol{H}^\mathrm{T} + \boldsymbol{R}_{\boldsymbol{z}}\right)^{-1}$$
$$\boldsymbol{b} = \boldsymbol{\theta}_0 - \boldsymbol{C}_{\boldsymbol{\theta}}\boldsymbol{H}^\mathrm{T}\left(\boldsymbol{H}\boldsymbol{C}_{\boldsymbol{\theta}}\boldsymbol{H}^\mathrm{T} + \boldsymbol{R}_{\boldsymbol{z}}\right)^{-1}\boldsymbol{H}\boldsymbol{\theta}_0$$

式中,$\boldsymbol{R}_{\boldsymbol{z}} = E\{\boldsymbol{z}\boldsymbol{z}^\mathrm{T}\}$;$\boldsymbol{C}_{\boldsymbol{\theta}} = E\{(\boldsymbol{\theta} - \boldsymbol{\theta}_0)(\boldsymbol{\theta} - \boldsymbol{\theta}_0)^\mathrm{T}\}$。

11.2.6 最小二乘估计

假设观测值 $\boldsymbol{x} = (x_1, \cdots, x_L)^\mathrm{T}$ 和待估参数 $\boldsymbol{\theta} = (\theta_1, \cdots, \theta_K)^\mathrm{T}$ 之间具有如下线性关系:
$$\boldsymbol{x} = \boldsymbol{B}\boldsymbol{\theta} + \boldsymbol{\varepsilon} \tag{11.2.33}$$

式中,$\boldsymbol{B} = (b_{ij})_{L \times K}$ 是一个已知矩阵;$\boldsymbol{\varepsilon}$ 是一个未知噪声向量。所谓**最小二乘估计**就是将使下列函数达到最小值的 $\hat{\boldsymbol{\theta}}$ 作为 $\boldsymbol{\theta}$ 的估计值:
$$T(\boldsymbol{\theta}) = (\boldsymbol{x} - \boldsymbol{B}\boldsymbol{\theta})^\mathrm{T}(\boldsymbol{x} - \boldsymbol{B}\boldsymbol{\theta}) \tag{11.2.34}$$

通过求导,可以很容易解得
$$\hat{\boldsymbol{\theta}}_\mathrm{LS} = (\boldsymbol{B}^\mathrm{T}\boldsymbol{B})^{-1}\boldsymbol{B}^\mathrm{T}\boldsymbol{x} \tag{11.2.35}$$

性质 11.2.3 最小二乘估计有如下性质:

1) 若 $E\{\boldsymbol{\varepsilon}\} = 0$,则最小二乘估计是无偏估计;
2) 最小二乘估计的均方误差为
$$E\left\{\|\boldsymbol{\theta} - \hat{\boldsymbol{\theta}}_\mathrm{LS}\|^2\right\} = (\boldsymbol{B}^\mathrm{T}\boldsymbol{B})^{-1}\boldsymbol{B}^\mathrm{T}\boldsymbol{R}_{\boldsymbol{\varepsilon}}\boldsymbol{B}(\boldsymbol{B}^\mathrm{T}\boldsymbol{B})^{-1} \tag{11.2.36}$$

式中,$\boldsymbol{R}_{\boldsymbol{\varepsilon}} = E\{\boldsymbol{\varepsilon}\boldsymbol{\varepsilon}^\mathrm{T}\}$。

上述最小二乘估计可以推广为加权最小二乘估计,就是将使下列函数达到最小值的 $\hat{\boldsymbol{\theta}}$ 作为 $\boldsymbol{\theta}$ 的估计值:
$$T_{\boldsymbol{W}}(\boldsymbol{\theta}) = (\boldsymbol{x} - \boldsymbol{B}\boldsymbol{\theta})^\mathrm{T}\boldsymbol{W}(\boldsymbol{x} - \boldsymbol{B}\boldsymbol{\theta}) \tag{11.2.37}$$

式中,$\boldsymbol{W}$ 是一个对称正定的矩阵,也称为**加权矩阵**。同样,通过求导可以解得
$$\hat{\boldsymbol{\theta}}_\mathrm{LS} = (\boldsymbol{B}^\mathrm{T}\boldsymbol{W}\boldsymbol{B})^{-1}\boldsymbol{B}^\mathrm{T}\boldsymbol{W}\boldsymbol{x} \tag{11.2.38}$$

性质 11.2.4 加权最小二乘估计有如下性质:

1) 若 $E\{\boldsymbol{\varepsilon}\} = 0$,则加权最小二乘估计是无偏估计;
2) 加权最小二乘估计的均方误差为
$$E\left\{\|\boldsymbol{\theta} - \hat{\boldsymbol{\theta}}_\mathrm{LS}\|^2\right\} = (\boldsymbol{B}^\mathrm{T}\boldsymbol{W}\boldsymbol{B})^{-1}\boldsymbol{B}^\mathrm{T}\boldsymbol{W}\boldsymbol{R}_{\boldsymbol{\varepsilon}}\boldsymbol{W}\boldsymbol{B}(\boldsymbol{B}^\mathrm{T}\boldsymbol{W}\boldsymbol{B})^{-1} \tag{11.2.39}$$

式中,$\boldsymbol{R}_{\boldsymbol{\varepsilon}} = E\{\boldsymbol{\varepsilon}\boldsymbol{\varepsilon}^\mathrm{T}\}$。

11.2.7 最小化最大风险估计

在 Bayes 估计中，如果待估参数 $\boldsymbol{\theta}$ 的先验概率密度函数 $f(\boldsymbol{\theta})$ 未知，而只知道条件概率密度函数 $f(\boldsymbol{x}|\boldsymbol{\theta})$，则无法确定 Bayes 风险函数。假设有一种 $\boldsymbol{\theta}$ 的先验概率密度函数 $f(\boldsymbol{\theta})$，使 Bayes 风险函数达到了最大值，则最小化这个最大风险函数，就是一种安全风险估计，这种估计也称为**最小化最大风险估计**。此时，最大风险函数可以表达为

$$R_M(\hat{\boldsymbol{\theta}}) = \max_{f(\boldsymbol{\theta})} \int_{\mathbb{R}^{K+L}} C(\tilde{\boldsymbol{\theta}}) f(\boldsymbol{x}|\boldsymbol{\theta}) f(\boldsymbol{\theta}) \mathrm{d}\boldsymbol{x} \mathrm{d}\boldsymbol{\theta} \tag{11.2.40}$$

式中，$C(\tilde{\boldsymbol{\theta}})$ 是代价函数。最小化最大风险估计可以表达为

$$\hat{\boldsymbol{\theta}} = \arg\left[\min_{\hat{\boldsymbol{\theta}}} R_M(\hat{\boldsymbol{\theta}})\right] \tag{11.2.41}$$

习题 11.2

11.2.1 证明最小线性误差估计是无偏估计。

11.2.2 已知 K 维观察数据 $\boldsymbol{y}$ 与 L 维待估参数 $\boldsymbol{x}$ 之间的关系为 $\boldsymbol{y} = \boldsymbol{A}\boldsymbol{x} + \boldsymbol{z}$，其中 $\boldsymbol{y}$、$\boldsymbol{x}$、$\boldsymbol{z}$ 都是列向量，$\boldsymbol{A}$ 是 $K \times L$ 的矩阵，此外 $\boldsymbol{z}$ 的 K 个分量是独立同分布的零均值、方差为 σ^2 的高斯噪声随机变量，已知噪声随机向量与 $\boldsymbol{x}$ 独立，试分别求 $\boldsymbol{x}$ 的最小均方误差估计 $\hat{\boldsymbol{x}}_{\mathrm{MMSE}}$ 和最小线性均方误差估计 $\hat{\boldsymbol{x}}_{\mathrm{LMMSE}}$。

11.2.3 在参数 λ 条件下观测样本 y 的条件概率质量函数为

$$P\{y=n|\lambda\} = \frac{\lambda^n}{n!}\mathrm{e}^{-\lambda}, \quad n = 0, 1, 2, \cdots$$

已知待估参量 λ 的概率密度函数为 $f(\lambda) = \mathrm{e}^{-\lambda}$，$\lambda \geqslant 0$。试证明：

1) λ 的最小均方误差估计为 $\hat{\lambda}_{\mathrm{ms}} = (n+1)/(\lambda+1)$。
2) 最大后验概率估计为 $\hat{\lambda}_{\mathrm{map}} = n/(\lambda+1)$。

11.2.4 观测值 $y = ab + n$，a、b 和 n 是均值为零，均方差分别为 σ_a^2、σ_b^2 和 σ_n^2 的统计独立 Gauss 随机变量。

1) 若 a 为待估量，求 $\hat{a}_{\mathrm{map}}$。
2) 若对 a、b 同时进行估计，求 $\hat{a}_{\mathrm{map}}$ 和 $\hat{b}_{\mathrm{map}}$。

11.2.5 已知观测样本 $x(t)$ 的观测方程为 $x(t) = A\cos\omega_0 t + N(t)$，式中 $N(t)$ 是零均值、方差为 σ_N^2 的 Gauss 白噪声，将 $x(t)$ 采样，限定用线性方法处理样本去估计随机变量 A，即 $\hat{A} = h_1 x(t_1) + h_2 x(t_2)$，$t_2 > t_1$ 且 $\omega_0(t_2 - t_1) \neq 2k\pi$，$k$ 为任意大于零的整数，求使 $E\{(A - \hat{A})^2\}$ 达到最小的系数 h_1 和 h_2。

11.2.6 有 N 个观测量 y_i，$i = 1, 2, \cdots, N$，y_i 的取值为 1 或 0，取值为 1 的概率为 α。令 $y = \sum_{i=1}^{N} y_i$，因此 y 满足二项分布

$$P(y|\alpha) = \binom{N}{y} \alpha^y (1-\alpha)^{N-y}, \quad y = 0, 1, \cdots, N$$

试求 $\hat{\alpha}_{\mathrm{ml}}$ 及其估计均方误差。

11.3 应用举例

这里以通信系统中 Gauss 白噪声信道中单参量信号的参数估计为例，说明参数估计的应用。

11.3.1 观察信号的表达式

假定信号 $s(t,A)$ 在 Gauss 白噪声信道内传输,则到达接收端的波形将叠加上噪声,即

$$x(t) = s(t,A) + N(t), \quad 0 \leqslant t \leqslant T \tag{11.3.1}$$

式中,$s(t,A)$ 中的参量 A 是未知的待估单参量;$N(t)$ 是功率谱密度为 $N_0/2$ 的 Gauss 白噪声。

可以类似于前面的确定波形的最优检测器的推导过程,将 $X(t)$ 在噪声 $N(t)$ 的自相关函数上进行 K-L 展开,这里为了记号上的简略,直接用 $f(x(t)|A)$ 表示 $x(t)$ 的展开系数 $v_1, v_2, \cdots$ 的条件概率 $f(v_1, v_2, \cdots |A)$。

11.3.2 最大似然估计与最大后验概率估计

(1) 最大似然估计

显然似然函数可以写为

$$f(x(t)|A) = F \exp\left\{-\frac{1}{N_0}\int_0^t [x(t) - s(t,A)]^2 \,\mathrm{d}t\right\} \tag{11.3.2}$$

式中,F 是一个和 A 无关的常数。对式 (11.3.2) 求对数得

$$\ln f(x(t)|A) = \ln F - \frac{1}{N_0}\int_0^t [x(t) - s(t,A)]^2 \,\mathrm{d}t$$

进一步对 A 求导得

$$\frac{\partial \ln f(x(t)|A)}{\partial A} = \frac{2}{N_0}\int_0^t [x(t) - s(t,A)]\frac{\partial s(t,A)}{\partial A}\mathrm{d}t$$

所以,A 的最大似然估计 $\hat{A}_{\mathrm{ML}}$ 满足下列方程:

$$\left\{\int_0^t [x(t) - s(t,A)]\frac{\partial s(t,A)}{\partial A}\mathrm{d}t\right\}_{A=\hat{A}_{\mathrm{ML}}} = 0 \tag{11.3.3}$$

(2) 最大后验概率估计

当参量 A 是已知先验概率的随机变量时,可以采用 Bayes 估计。在 Gauss 信道中,Bayes 估计实际上等效于最大后验概率估计,即满足下列方程:

$$\frac{\partial \ln f(A|x(t))}{\partial A} = \frac{\partial \ln f(x(t)|A)}{\partial A} + \frac{\partial \ln f(A)}{\partial A} = 0$$

所以最大后验概率估计 $\hat{A}_{\mathrm{MAP}}$ 满足下列方程:

$$\left\{\int_0^t [x(t) - s(t,A)]\frac{\partial s(t,A)}{\partial A}\mathrm{d}t + \frac{\partial \ln f(A)}{\partial A}\right\}_{A=\hat{A}_{\mathrm{MAP}}} = 0 \tag{11.3.4}$$

11.3.3 参数估计举例

(1) 信号幅度估计

当待估参量是信号的幅度时,信号波形可以写成

$$s(t,A) = As(t) \tag{11.3.5}$$

式中，$s(t)$ 是确知信号；A 是待估参量。由式 (11.3.3) 得

$$\left\{\int_0^t [x(t) - As(t)] s(t) \mathrm{d}t\right\}_{A=\hat{A}_{\mathrm{ML}}} = 0$$

所以

$$\hat{A}_{\mathrm{ML}} = \frac{\int_0^t x(t) s(t) \mathrm{d}t}{\int_0^t s^2(t) \mathrm{d}t} = \int_0^t x(t) \left[\frac{s(t)}{\int_0^t s^2(t) \mathrm{d}t}\right] \mathrm{d}t \tag{11.3.6}$$

因此，若 $s(t)$ 满足归一化条件，则式 (11.3.6) 可直接写成 $\hat{A}_{\mathrm{ML}} = \int_0^t x(t) s(t) \mathrm{d}t$。这实际上相当于最大似然检测中的统计检验量。将 $x(t) = As(t) + N(t)$ 代入式 (11.3.6)，容易看出上述估计是无偏的，且估计方差为

$$\mathrm{Var}\{\hat{A}_{\mathrm{ML}} - A\} = \int_0^t \int_0^t R_N(t,\tau) s(t) s(\tau) \mathrm{d}t \mathrm{d}\tau$$

(2) 信号相位估计

假定传输信号具有如下形式：

$$s(t,\theta) = A\sin(\omega_0 t + \theta) \tag{11.3.7}$$

式中，幅度 A 和角频率 ω_0 为常数，但相位 θ 是待估参量。此时，由式 (11.3.3) 得最大似然相位估计为

$$\left\{\int_0^t [x(t) - A\sin(\omega_0 t + \theta)] A\cos(\omega_0 t + \theta) \mathrm{d}t\right\}_{\theta=\hat{\theta}_{\mathrm{ML}}} = 0$$

通常，由于 $\omega_0 T \gg 1$，所以上式第二项可以近似忽略不计，于是上式变为

$$A \int_0^t x(t) \cos(\omega_0 t + \hat{\theta}_{\mathrm{ML}}) \mathrm{d}t = 0$$

展开上式，求得

$$\hat{\theta}_{\mathrm{ML}} = \arctan\left[\frac{\int_0^t x(t) \cos\omega_0 t \mathrm{d}t}{\int_0^t x(t) \sin\omega_0 t \mathrm{d}t}\right] \tag{11.3.8}$$

(3) 信号的频率估计

若传输信号具有形式：

$$s(t,\omega) = A\sin(\omega t + \theta)$$

式中，幅度 A 和相位 θ 为常数；ω 是待估参量。假设 θ 是 $[0, 2\pi)$ 上的均匀分布，此问题的似然函数为

$$f(x(t)|\omega) = \int_0^{2\pi} \frac{1}{2\pi} F \exp\left\{-\frac{1}{N_0} \int_0^t [x(t) - A\sin(\omega t + \theta)]^2 \mathrm{d}t\right\} \mathrm{d}\theta$$
$$= K I_0\left(\frac{2A}{N_0} v\right)$$

式中，K 是一个与 v 无关的常数，v 具有表达式：
$$v^2(\omega) = \left[\int_0^t x(t)\sin\omega t\, \mathrm{d}t\right]^2 + \left[\int_0^t x(t)\cos\omega t\, \mathrm{d}t\right]^2 \tag{11.3.9}$$
$I_0(x)$ 是 x 的单调递增函数。所以要最大化 $f(x(t)|\omega)$，就等效于最大化 v 或 v^2，即
$$\hat{\omega}_{\mathrm{ML}} = \arg\left[\max_\omega v^2(\omega)\right] \tag{11.3.10}$$

(4) 信号时延估计

此时接收信号具有如下形式：
$$x(t) = s(t,\tau) + N(t) = A\sin[\omega_0(t-\tau) + \theta] + N(t) \tag{11.3.11}$$
待估参数是时延 τ。

1) 假设相位 θ 已知的情况下，由式 (11.3.3) 可知，τ 的最大似然估计满足下列方程：
$$\int_0^t [x(t) - s(t-\tau)]\frac{\partial s(t-\tau)}{\partial \tau}\mathrm{d}t = 0$$
假设信号 $s(t)$ 的能量为常数，则上式可以写为
$$\int_0^t x(t)\frac{\partial s(t-\tau)}{\partial \tau}\mathrm{d}t = 0$$
考虑到
$$\frac{\partial s(t-\tau)}{\partial \tau} = -\frac{\partial s(t-\tau)}{\partial t}$$
所以，$\hat{\tau}_{\mathrm{ML}}$ 满足下列方程：
$$\left[\int_0^t x(t)\frac{\partial s(t-\tau)}{\partial t}\mathrm{d}t\right]_{\tau=\hat{\tau}_{\mathrm{ML}}} = 0 \tag{11.3.12}$$

2) 在相位 θ 未知，并假设为 $[0, 2\pi)$ 上的均匀分布的情况下，可以仿照频率估计的情形，计算对数似然函数得
$$\ln f(x(t)|\tau) = \ln K + \frac{2A}{N_0}v$$
式中，K 是与 v 无关的常数，v 具有表达式：
$$v^2 = \left[\int_0^t x(t-\tau)\cos\omega_0 t\, \mathrm{d}t\right]^2 + \left[\int_0^t x(t-\tau)\sin\omega_0 t\, \mathrm{d}t\right]^2 \tag{11.3.13}$$

习题 11.3

11.3.1 举一个假设检验的例子。

11.3.2 接收信号 $x(t) = A\sin(\omega_0 t + \theta) + N(t)$，其中 $N(t)$ 是 Gauss 白噪声，θ 在 $(0, 2\pi)$ 内均匀分布，试给出振幅 A 的最大似然估计。

11.3.3 接收信号 $x(t) = A[1 + \cos\omega_0(t-\tau)] + N(t)$，其中 $N(t)$ 是功率谱密度为 $N_0/2$ 的 Gauss 白噪声，A、ω_0 皆为已知常数，试求时延 τ 的 Bayes 估计。

11.3.4 考虑信号
$$x(t) = A\cos(\omega_1 t + \theta) + B\cos(\omega_2 t + \phi) + N(t), \quad 0 \leqslant t \leqslant T$$
式中，A、B 为已知常数；相位 θ、ϕ 统计独立，且都是 $[0, 2\pi)$ 上的均匀分布；$N(t)$ 是功率谱密度为 $N_0/2$ 的 Gauss 白噪声。假设
$$\int_0^T \cos(\omega_1 t + \theta)\cos(\omega_2 t + \phi)\mathrm{d}t = 0$$
试求最大似然接收机的 ω_1 和 ω_2 的取值。

第 12 章 信号波形估计

本章导读 信号的波形是指描述信号的函数。信号的波形估计与参数估计的差别在于：参数估计是估计信号的参数，在这种情况下信号波形的基本结构是确定的，只需要进一步对该波形的一些参数，如相位、频率、振幅等进行确定；而波形估计则是要对信号的波形进行整体估计。

此外，参数估计的待估参量往往是有限维的；而波形估计的待估对象可以是有限维，也可以是无限维的，这是因为待估波形可能是离散时间序列，或者是连续时间函数。

对离散时间信号波形进行估计时，如果波形的长度是有限的，其本质就完全等同于参数估计了。如果待估波形的长度是无穷的，则和参数估计就有了维数上的差别。本章主要介绍以均方误差为主的 Wiener 滤波和 Kalman 滤波。

连续时间波形的估计与离散时间波形的估计有一定差别，传统的对待估参数求导的运算无法实施，需要借助于变分法来解决。本章主要介绍一些线性滤波器，如匹配滤波、白化滤波、Wiener 滤波以及 Kalman 滤波。

12.1 波形估计

本节介绍信号波形估计的定义及分类。

12.1.1 波形估计的定义

波形估计是指从观测信号中估计出待估信号的波形。波形估计也称为**滤波**，这是因为观测信号往往是待估信号与噪声的叠加，波形估计就好像一个将噪声过滤掉，只留下有用信号的"过滤器"。

如图12.1.1所示，一个波形估计模型一般包含以下几个要素：

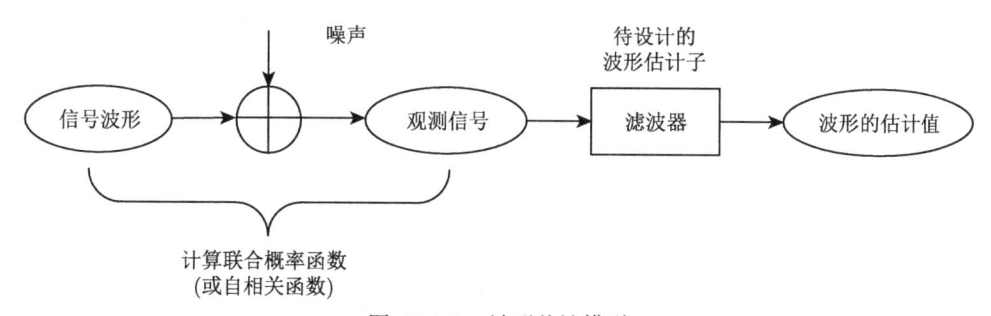

图 12.1.1 波形估计模型

1) 待估信号：待估信号可能是离散时间随机信号的样本函数，也可能是连续时间信号的样本函数。

2) 噪声：一般来说考虑信号的加性噪声，在有些情况下还需要考虑信号的乘性噪声。

3) 观测信号：即接收信号，从数学模型的角度看，可以将观测信号看成待估信号的一个变换，这个变换中有加性或乘性噪声的作用。

4) 联合概率函数或相关函数：进行波形估计之前，需要根据观测信号与待估信号之间的函数关系式计算观测信号与待估信号之间的联合概率函数或者相关函数等。

5) 滤波器：滤波器实际上是一个波形估计子，它是根据各种估计准则设计出来的一个从观测信号到波形估计值的映射。常见的波形估计准则与参数估计的准则基本上类似，如 Bayes 准则、最大似然准则、最大后验准则、最小均方误差准则等。

12.1.2 波形估计的分类

按照待估波形的维数，可以将波形估计分为有限维波形估计和无限维波形估计两种，而无限维波形估计按照维数的可数与不可数可以分为可数无限维波形估计和不可数无限维波形估计两种。

按照待估波形是时间离散还是时间连续波形，波形估计还可以分为**离散时间信号波形估计**和**连续时间信号波形估计**。离散时间信号波形估计包括有限维信号波形估计与可数无限维信号波形估计这两类，而连续时间信号波形估计就是不可数无限维信号波形估计。

例 12.1.1 已知待估信号为 N 维向量 $\boldsymbol{X} = (X_1, \cdots, X_N)^{\mathrm{T}}$，它被一个 $N \times N$ 的矩阵 $\boldsymbol{A} = (a_{ij})_{N \times N}$ 进行线性变换之后，再叠加一个 N 维的高斯白噪声 $\boldsymbol{Z} = (Z_1, \cdots, Z_N)^{\mathrm{T}}$，得到接收信号

$$\boldsymbol{Y} = \boldsymbol{A}\boldsymbol{X} + \boldsymbol{Z}$$

现在要从接收信号 $\boldsymbol{Y}$ 中估计出信号向量 $\boldsymbol{X}$，这是一个有限维的波形估计问题，也是离散时间信号波形估计。

例 12.1.2 已知观测信号 $Y[n]$ 具有如下表达式：

$$Y[n] = a_0 X[n] + a_1 X[n-1] + \cdots + a_N X[n-N] + Z[n], \quad \forall n \in \mathbb{Z}^+ \tag{12.1.1}$$

式中，$a_0, \cdots, a_N$ 是一组非零实数；$\{X[n]\}_{n=1}^{\infty}$ 是待估信号；$\{Z[n]\}_{n=1}^{\infty}$ 是均值为零、方差为 σ^2 的独立同分布白噪声。现在需要根据观测到的数据 $\{Y[n]\}_{n=1}^{\infty}$ 估计出待估信号波形 $\{X[n]\}_{n=1}^{\infty}$。这是一个无限维信号波形的估计，也是离散时间信号波形估计。

例 12.1.3 已知观测信号 $R(t)$ 与待估信号 $S(t)$ 之间具有如下函数关系式：

$$R(t) = \int_0^t S(\tau)\mathrm{d}\tau + N(t), \quad t \geqslant 0 \tag{12.1.2}$$

式中，$N(t)$ 是定义在 $[0, \infty)$ 上的零均值、方差为 σ^2 的高斯白噪声。现在要从接收信号 $R(t)$ 中估计出信号 $S(t)$，这是一个连续时间信号波形估计问题，即不可数无限维信号波形估计。

> **习题 12.1**

12.1.1 试比较信号的波形估计与参数估计之间的差别。
12.1.2 试比较信号的波形估计与信号检测之间的区别与联系。
12.1.3 试举一些有限维信号波形估计的例子。
12.1.4 试举一些无限维离散时间信号波形估计的例子。
12.1.5 试举一些连续时间信号波形估计的例子。

12.2 离散时间信号波形估计

本节介绍离散时间信号波形的估计，重点介绍 Wiener 滤波和 Kalman 滤波。

12.2.1 离散时间信号波形估计的定义

当待估信号波形是一个有限维向量或者可数无限维向量时,这种波形估计被称为离散时间信号波形估计。有限维待估信号可以表示为

$$\boldsymbol{X} = (X_1, X_2, \cdots, X_N)$$

而可数无限维待估信号可以表示为

$$\boldsymbol{X} = (X_1, X_2, \cdots, X_n, \cdots)$$

对于有限维信号波形的估计,其估计方法与信号的参数估计并无本质差别,同样可以有 Bayes 估计、最大后验概率估计、最大似然估计、最小均方误差估计等,这里不再重复介绍。

例 12.2.1 (最大似然估计) 已知接收信号 $\boldsymbol{Y} = (Y_1, \cdots, Y_N)^{\mathrm{T}}$ 与待估计信号 $\boldsymbol{X} = (X_1, \cdots, X_N)^{\mathrm{T}}$ 之间具有如下关系:

$$\boldsymbol{Y} = \boldsymbol{AX} + \boldsymbol{Z}$$

式中,$\boldsymbol{A} = (a_{ij})_{N \times N}$ 是一个 $N \times N$ 的矩阵;$\boldsymbol{Z} = (Z_1, \cdots, Z_N)^{\mathrm{T}}$ 是概率密度函数为 $f_{\boldsymbol{Z}}(\boldsymbol{z})$ 的噪声向量。显然,似然函数 $f_{\boldsymbol{Y}|\boldsymbol{X}}(\boldsymbol{y}|\boldsymbol{x})$ 可以计算如下:

$$f_{\boldsymbol{Y}|\boldsymbol{X}}(\boldsymbol{y}|\boldsymbol{x}) = f_{\boldsymbol{Z}}(\boldsymbol{y} - \boldsymbol{Ax})$$

所以,波形 $\boldsymbol{X}$ 的最大似然估计就是满足下列条件的向量:

$$\hat{\boldsymbol{X}}_{\mathrm{ML}} = \arg \left\{ \max_{\boldsymbol{x} \in \mathbb{R}^N} f_{\boldsymbol{Z}}(\boldsymbol{y} - \boldsymbol{Ax}) \right\}$$

例 12.2.2 (MMSE 估计) 考虑例 12.2.1 中所述问题的 MMSE 估计。记 MMSE 估计子为 $\hat{\boldsymbol{X}}_{\mathrm{MMSE}} = \phi(\boldsymbol{Y})$,它可以使下列均方误差最小:

$$E\{\|\boldsymbol{X} - \phi(\boldsymbol{Y})\|^2\} = \int_{\mathbb{R}^{2N}} \|\boldsymbol{x} - \phi(\boldsymbol{y})\|^2 f_{\boldsymbol{XY}}(\boldsymbol{x}, \boldsymbol{y}) \mathrm{d}\boldsymbol{x} \mathrm{d}\boldsymbol{y}$$

将 $\phi(\boldsymbol{y})$ 当作一个变量求导,并令导数为零,可以解得

$$\phi(\boldsymbol{y}) = \int_{\mathbb{R}^N} \boldsymbol{x} f_{\boldsymbol{X}|\boldsymbol{Y}}(\boldsymbol{x}|\boldsymbol{y}) \mathrm{d}\boldsymbol{x} = \int_{\mathbb{R}^N} \boldsymbol{x} f_{\boldsymbol{Z}}(\boldsymbol{y} - \boldsymbol{Ax}) \mathrm{d}\boldsymbol{x}$$

对于可数无穷维离散时间信号波形的估计,其原理也与有限维离散时间信号波形的估计一致,但由于维数增加到无穷,所以在数学处理上比有限维离散时间信号波形的估计稍微显得复杂一点。下面介绍可数无限维离散时间信号波形的 MMSE 估计。

12.2.2 离散时间信号的 Wiener 滤波

本节介绍可数无限维离散时间信号波形的线性 MMSE 估计。

(1) 问题表述

考虑让离散时间观测信号：

$$X[n] = S[n] + N[n], \quad n \in \mathbb{Z} \tag{12.2.1}$$

通过一个冲激响应为 $h[n]$ 的离散时间线性系统，使输出 $Y[n]$ 和待估信号 $S[n]$ 的均方误差 $E\{|Y[n] - S[n]|^2\}$ 达到最小，这是待估信号波形的线性 MMSE 估计，也称为 Wiener **滤波**。

上述 Wiener 滤波的推广形式是：设计一个滤波器 $h[n]$ 使得将 $X[n]$ 输入该滤波器之后，输出信号 $Y[n]$ 与待估信号 $S[n]$ 的一个已知线性变换 $W[n] = L\{S[n]\}$ 的均方误差 $E\{|Y[n] - W[n]|^2\}$ 达到最小。

(2) 问题的求解

离散时间线性滤波器的输入与输出之间的关系可以表示为

$$Y[n] = \sum_{k=-\infty}^{\infty} X[n-k]h[k] \tag{12.2.2}$$

显然，使均方误差 $E\{(W[n] - Y[n])^2\}$ 达到最小的冲激响应 $\{h[n]\}_{n=-\infty}^{\infty}$ 应该满足"均方误差对任意 $h[m]$ 求导后的导数为零"，这等价于

$$E\left\{\left(W[n] - \sum_{k=-\infty}^{\infty} X[n-k]h[k]\right)X[n-m]\right\} = 0 \tag{12.2.3}$$

由式 (12.2.3) 得

$$R_{WX}[m] = \sum_{k=-\infty}^{\infty} R_X[m-k]h[k], \quad \forall m \in \mathbb{Z} \tag{12.2.4}$$

上述方程称为离散形式的 Wiener-Hopf **方程**。解上述方程就可得到最佳的 $h[n]$。

对式 (12.2.4) 做 z 变换得

$$S_{WX}(z) = S_X(z)H(z)$$

式中，$S_{WX}(z)$、$S_X(z)$ 和 $H(z)$ 分别为 $R_{WX}[m]$、$R_X[m]$ 和 $h[m]$ 的 z 变换。因此，最佳滤波器的系统函数为

$$H(z) = \frac{S_{WX}(z)}{S_X(z)} \tag{12.2.5}$$

这样决定的 $h[m]$，使最小误差为

$$\min\left(E\{(W[n] - Y[n])^2\}\right) = R_W[0] - \sum_{k=-\infty}^{\infty} R_{WX}[k]h[k] \tag{12.2.6}$$

(3) 因果问题的求解

上述 Wiener 滤波问题考虑在因果范围内求解时，即用以滤波的线性系统的冲激响应 $h[n]$ 对所有的 $n < 0$ 满足 $h[n] = 0$。

类似于上面非因果系统的推导过程，可以得到下面的 Wiener-Hopf 方程：

$$R_{WX}[m] = \sum_{k=0}^{\infty} R_X[m-k]h[k], \quad \forall m \geqslant 0 \tag{12.2.7}$$

令
$$a[m] = R_{WX}[m] - \sum_{k=0}^{\infty} R_X[m-k]h[k] \tag{12.2.8}$$

则有 $a[m]$ 是反因果序列的，即对任意 $m \geqslant 0$ 有 $a[m] = 0$。因此问题转化为：找到因果序列 $h[m]$ 使式 (12.2.8) 定义的 $a[m]$ 为反因果序列。

设 $A(z)$ 为 $a[m]$ 的 z 变换，则 $A(z)$ 在 $|z| < 1$ 内解析，$H(z)$ 为 $h[m]$ 的 z 变换，则 $H(z)$ 在 $|z| \geqslant 1$ 内解析。对式 (12.2.8) 做 z 变换得

$$A(z) = S_{WX}(z) - S_X(z)H(z) \tag{12.2.9}$$

分三步求满足上述条件的 $A(z)$ 和 $H(z)$。

第一步：对 $S_X(z)$ 进行因式分解，即

$$S_X(z) = M^+(z)M^-(z) \tag{12.2.10}$$

式中，$M^+(z)$ 为最小相位函数，即 $M^+(z)$ 和 $1/M^+(z)$ 在区域 $|z| \geqslant 1$ 内解析，函数 $M^-(z)$ 在 $|z| < 1$ 内解析。如果 $S_X(z)$ 为有理函数，则规定其所有在单位圆外的零点和极点属于 $M^-(z)$，在单位圆内的零点和极点属于 $M^+(z)$。

第二步：构造比值 $S_{WX}(z)/M^-(z)$，将其写成和式，即

$$\frac{S_{WX}(z)}{M^-(z)} = N^+(z) + N^-(z) \tag{12.2.11}$$

这里 $N^+(z)$ 在 $|z| \geqslant 1$ 内解析，$N^-(z)$ 在 $|z| < 1$ 内解析。

第三步：未知函数 $H(z)$ 由下式给出，即

$$H(z) = \frac{N^+(z)}{M^+(z)} \tag{12.2.12}$$

证明：显然 $H(z)$ 对 $|z| \geqslant 1$ 解析。只需证明，将式 (12.2.12) 定义的 $H(z)$ 代入式 (12.2.9)，所得 $A(z)$ 在 $|z| < 1$ 内解析即可。应用式 (12.2.10) $\sim$ 式 (12.2.12) 可知

$$A(z) = M^-(z)N^-(z)$$

因此，由 $M^-(z)$ 和 $N^-(z)$ 在 $|z| < 1$ 内解析知 $A(z)$ 也在 $|z| < 1$ 内解析。从而结论得证。□

例 12.2.3 设 $X[n] = S[n] + N[n]$，其中 $S[n]$ 是自相关函数为

$$R_S[m] = a^{|m|}, \quad 0 < a < 1$$

的一阶过程；$N[n]$ 是均值为零、自相关函数为

$$R_N[m] = N_0\delta[m]$$

的白噪声，且 $S[n]$ 和 $N[n]$ 相互独立。试分别确定非因果及因果离散线性滤波器，使输入 $X[n]$ 的输出 $Y[n]$ 和 $S[n]$ 的均方误差达到最小，即使 $E\{(S[n] - Y[n])^2\}$ 达到最小。

解：显然白噪声 $N[n]$ 的自相关函数的 z 变换为 $S_N(z) = N_0$，而 $R_S[m]$ 的 z 变换为

$$S_S(z) = \sum_{m=-\infty}^{\infty} a^{|m|} z^{-m} = \sum_{m=-\infty}^{0} a^{-m} z^{-m} + \sum_{m=1}^{\infty} a^m z^{-m}$$
$$= \frac{1}{1-az} + \frac{az^{-1}}{1-az^{-1}} = \frac{a - a^{-1}}{(z+z^{-1}) - (a+a^{-1})}$$

另外，此时 $W[n] = S[n]$, $S_{WX}(z) = S_S(z)$, $S_X(z) = S_S(z) + S_N(z)$。因此可知非因果滤波器的系统函数为

$$H(z) = \frac{a - a^{-1}}{(a - a^{-1}) + N_0(z+z^{-1}) - N_0(a+a^{-1})}$$
$$= \frac{(a - a^{-1})/N_0}{(z+z^{-1}) - (b+b^{-1})} \tag{12.2.13}$$

式中
$$b + b^{-1} = a + a^{-1} + \frac{1}{N_0}(a^{-1} - a), \quad 0 < b < 1$$

因此，冲激响应为
$$h[n] = \frac{a^{-1} - a}{N_0(b^{-1} - b)} b^{|n|} \tag{12.2.14}$$

下面来求因果解。第一步，有
$$S_X(z) = \frac{a^{-1} - a}{(a + a^{-1}) - (z + z^{-1})} + N_0$$
$$= N_0 \frac{(b + b^{-1}) - (z + z^{-1})}{(a + a^{-1}) - (z + z^{-1})}$$
$$= N_0 \frac{(b - z)(1 - b^{-1} z^{-1})}{(a - z)(1 - a^{-1} z^{-1})}$$

因此
$$M^+(z) = \frac{z - b}{z - a}, \quad M^-(z) = N_0 \frac{z - b^{-1}}{z - a^{-1}}$$

第二步，有
$$\frac{S_{WX}(z)}{M^-(z)} = \frac{(a^{-1} - a)z}{N_0(a - z)(z - b^{-1})} = \frac{cz}{z - a} - \frac{cz}{z - b^{-1}}, \quad c = \frac{1}{N_0} \frac{a^{-1} - 1}{b^{-1} - a}$$

因此
$$N^+(z) = \frac{cz}{z - a}, \quad N^-(z) = \frac{-cz}{z - b^{-1}}$$

第三步，有
$$H(z) = \frac{N^+(z)}{M^+(z)} = \frac{cz}{z - b}, \quad h[n] = cb^n U[n]$$

12.2.3 Kalman 滤波

(1) 标量信号的 Kalman 滤波

标量信号的 Kalman 滤波问题可以表述为：待估信号序列 $S[k]$ 是下列一阶自回归线性系统的输出，即
$$S[k] = aS[k-1] + W[k-1], \quad k \in \mathbb{N} \cup \{0\} \tag{12.2.15}$$

式中，a 是一个非零常数；$W[k]$ 是一个零均值、方差为 σ_W^2 的白噪声，与待估信号 $S[k]$ 相互独立。观测数据 $X[k]$ 与待估信号 $S[k]$ 之间的关系为

$$X[k] = hS[k] + N[k], \quad k \in \mathbb{N} \cup \{0\} \tag{12.2.16}$$

式中，h 是一个非零常数；$N[k]$ 是一个零均值、方差为 σ_N^2 的白噪声，且与 $W[k]$、$S[k]$ 相互独立。现在要通过前 $k+1$ 个观察数据 $X[0], X[1], \cdots, X[k]$ 的线性组合来得到 $S[k]$ 的 MMSE 估计，即确定系数 $d_0, \cdots, d_k$ 使估计子

$$\hat{S}[k] = \sum_{l=0}^{k} d_l X[l] \tag{12.2.17}$$

与 $S[k]$ 的均方误差 $E\{|S[k] - \hat{S}[k]|^2\}$ 最小。

问题求解：将估计子 (12.2.17) 改写成下面的递推表达式

$$\hat{S}[k] = \alpha_k \hat{S}[k-1] + \beta_k X[k] \tag{12.2.18}$$

对 $E\{|S[k] - \hat{S}[k]|^2\}$ 分别关于 α_k 和 β_k 求导，并令其为零得到

$$-2E\left\{\left(S[k] - \alpha_k \hat{S}[k-1] - \beta_k X[k]\right) \hat{S}[k-1]\right\} = 0$$

$$-2E\left\{\left(S[k] - \alpha_k \hat{S}[k-1] - \beta_k X[k]\right) X[k]\right\} = 0$$

进一步推导可以得到

$$\alpha_k = a(1 - h\beta_k) \tag{12.2.19}$$

所以，估计子有下列形式的递推表达，即

$$\hat{S}[k] = a\hat{S}[k-1] + \beta_k \left(X[k] - ah\hat{S}[k-1]\right) \tag{12.2.20}$$

式中，β_k 称为 Kalman 增益，进一步求解可以得到 β_k 满足下面的递推公式

$$\beta_k = \frac{hA + a^2 \beta_{k-1}}{1 + h^2 A + ha^2 \beta_{k-1}} \tag{12.2.21}$$

式中，$A = \sigma_W^2 / \sigma_N^2$。上式的详细推导留给读者作为习题完成。

(2) 向量值信号的 Kalman 滤波

向量值信号的 Kalman 滤波问题可以表述为：待估信号波形是一个 N 维的向量值函数

$$\boldsymbol{S}[k] = (S_1[k], S_2[k], \cdots, S_N[k])^{\mathrm{T}}, \quad k \in \mathbb{Z}^+ \cup \{0\}$$

该向量值函数满足如下**状态递推方程**：

$$\boldsymbol{S}[k+1] = \boldsymbol{A}\boldsymbol{S}[k] + \boldsymbol{W}[k] \tag{12.2.22}$$

式中，$\boldsymbol{A}$ 是一个 $N \times N$ 的矩阵；$\boldsymbol{W}[k]$ 是均值为零的 N 维白噪声向量。

用来估计的数据是 M 维观测向量 $\boldsymbol{X}[k]$，与待估信号波形 $\boldsymbol{S}[k]$ 之间满足下列观测方程

$$\boldsymbol{X}[k] = \boldsymbol{H}\boldsymbol{S}[k] + \boldsymbol{N}[k] \tag{12.2.23}$$

式中，$\boldsymbol{H}$ 是 $M \times N$ 的矩阵；$\boldsymbol{N}[k]$ 是均值为零的 M 维白噪声。

对于状态方程和观测方程中的噪声向量 $\boldsymbol{W}[k]$ 和 $\boldsymbol{N}[k]$，这里假设它们相互独立，且协方差矩阵分别为

$$E\{\boldsymbol{W}[k]\boldsymbol{W}^{\mathrm{T}}[l]\} = \boldsymbol{Q}_k \delta_{kl}$$

$$E\{\boldsymbol{N}[k]\boldsymbol{N}^{\mathrm{T}}[l]\} = \boldsymbol{R}_k \delta_{kl}$$

$$E\{\boldsymbol{W}[k]\boldsymbol{N}^{\mathrm{T}}[l]\} = 0$$

式中，δ_{kl} 是离散时间 δ 函数；$\boldsymbol{Q}_k$ 是对称非负定矩阵；$\boldsymbol{R}_k$ 是对称正定矩阵。现在要根据观测向量序列 $\boldsymbol{X}[0], \boldsymbol{X}[1], \cdots, \boldsymbol{X}[k]$ 的一个线性组合得到待估向量 $\boldsymbol{S}[k]$ 的估计值 $\hat{\boldsymbol{S}}[k]$，即

$$\hat{\boldsymbol{S}}[k] = \sum_{l=0}^{k} d_l \boldsymbol{X}[l] \tag{12.2.24}$$

使得均方误差 $E\{\|\boldsymbol{S}[k] - \hat{\boldsymbol{S}}[k]\|^2\}$ 最小。

类似于标量情况下的推导过程，可以得到如下结论：Kalman 滤波器 $\hat{\boldsymbol{S}}[k]$ 满足下列递推方程，即

$$\hat{\boldsymbol{S}}[k] = \boldsymbol{A}\hat{\boldsymbol{S}}[k-1] + \boldsymbol{K}[k]\left(\boldsymbol{X}[k] - \boldsymbol{H}\boldsymbol{A}\hat{\boldsymbol{S}}[k-1]\right) \tag{12.2.25}$$

式中，矩阵 $\boldsymbol{K}[k]$ 称为 **Kalman 增益矩阵**，由下式定义，即

$$\boldsymbol{K}[k] = \boldsymbol{P}_1[k]\boldsymbol{H}^{\mathrm{T}}\left(\boldsymbol{H}\boldsymbol{P}_1[k]\boldsymbol{H}^{\mathrm{T}} + \boldsymbol{R}_k\right)^{-1} \tag{12.2.26}$$

式中，$\boldsymbol{P}_1[k]$ 是预测误差协方差矩阵，具有如下表达式：

$$\boldsymbol{P}_1[k] = \boldsymbol{A}\boldsymbol{P}[k-1]\boldsymbol{A}^{\mathrm{T}} + \boldsymbol{Q}_k \tag{12.2.27}$$

式中，$\boldsymbol{P}[k-1]$ 是 $k-1$ 时刻的误差矩阵

$$\boldsymbol{P}[k-1] = E\left\{\left(\boldsymbol{S}[k-1] - \hat{\boldsymbol{S}}[k-1]\right)\left(\boldsymbol{S}[k-1] - \hat{\boldsymbol{S}}[k-1]\right)^{\mathrm{T}}\right\} \tag{12.2.28}$$

上述结论的证明留给读者作为练习完成。

习题 12.2

12.2.1 对离散时间随机过程讨论用最大似然准则设计因果、非因果线性滤波器。

12.2.2 设有白 Gauss 卷积信道：

$$y_n = \sum_{l=0}^{L-1} x_{n-l} h_l + z_n$$

式中，z_n 是 Gauss 白噪声；x_n 和 y_n 分别为输入和输出过程，试设计一定长度的输入信号 x_n，讨论用不同的估计准则对卷积信道的冲激响应 h_l 进行估计。

12.2.3 详细推导标量 Kalman 滤波器推导过程中的式 (12.2.19) 和式 (12.2.21)。

12.2.4 证明本节中所给出的向量 Kalman 滤波器的结论。

12.2.5 已知 $X[n] = S[n] + N[n]$，信号 $S[n]$ 和噪声 $N[n]$ 相互独立，且有

$$R_S[k] = 5 \times 0.8^{|k|}, \quad R_N[k] = 5\delta[k], \quad R_{SN}[k] = 0$$

试求非因果和因果均方信号复原滤波器的传递函数，分别给出最小均方误差并进行比较。

12.2.6 考虑连续时间系统的 Kalman 滤波问题。假定对标量信号 $s(t)$ 而言,其运动方程及观测方程为

$$\dot{s}(t) = As(t) + u(t)$$
$$r(t) = s(t) + n(t)$$

式中,A 为常数;$u(t)$ 为状态噪声;$n(t)$ 为观测噪声,且有

$$E\{u(t)\} = E\{n(t)\} = 0$$
$$E\{u(t)u(\tau)\} = V_u(t)\delta(t-\tau)$$
$$E\{n(t)n(\tau)\} = V_n(t)\delta(t-\tau)$$
$$E\{u(t)n(t)\} = 0$$

试推导 Kalman 滤波方程。

12.2.7 设有系统方程为

$$s[k+1] = \boldsymbol{\Phi}s[k] + u[k]$$
$$x[k+1] = \boldsymbol{C}s[k+1] + n[k+1]$$

式中

$$\boldsymbol{\Phi} = \begin{bmatrix} 1 & 1 \\ 0 & 1 \end{bmatrix}, \quad \boldsymbol{C} = [1, 0]$$

$\{u[k]\}_{k=0}^{\infty}$ 和 $\{n[k+1]\}_{k=0}^{\infty}$ 是均值为零的白噪声序列,与 $s[0]$ 独立,且有

$$\text{Var}\{u[k]\} = \boldsymbol{Q} = \begin{bmatrix} 1 & 0 \\ 0 & 1 \end{bmatrix}$$
$$\text{Var}\{n[k+1]\} = r[k+1] = 2 + (-1)^{k+1}$$

而初始状态的方差阵 $\boldsymbol{R}_s[0] = \begin{bmatrix} 5 & 0 \\ 0 & 10 \end{bmatrix}$,求 Kalman 增益 $\boldsymbol{K}[k]$。

12.3 连续时间波形估计

本节介绍连续时间波形的估计,主要有匹配滤波、白化滤波、Wiener 滤波、连续时间 Kalman 滤波。

12.3.1 匹配滤波

设 $s(t)$ 是定义在一个时间区间 $[0,T)$ 内的信号波形,在 $[0,T]$ 内的观测信号 $r(t)$ 为 $s(t)$ 和噪声 $n(t)$ 的叠加,即

$$r(t) = s(t) + n(t), \quad t \in [0,T) \tag{12.3.1}$$

现在要设计一个冲激响应为 $h(t)$ 的滤波器,使得在下列输出信号中

$$Y(t) = Y_s(t) + Y_n(t)$$

信号 $s(t)$ 的输出成分 $Y_s(t)$ 和噪声 $n(t)$ 的输出成分 $Y_n(t)$,在 $t = T$ 时的功率之比,即信噪比达到最大,这样的滤波器叫作**匹配滤波器**。

定理 12.3.1 设在匹配滤波问题中噪声 $n(t)$ 是功率谱密度为 N_0 的白噪声，则匹配滤波器的冲激响应为 $h(t) = cs(T-t)$，其中 c 是任意一个非零常数。

证明：滤波器在时刻 t 的输出信噪比为

$$R(t) = \frac{|Y_s(t)|^2}{E\{Y_n^2(t)\}} \tag{12.3.2}$$

设 $h(t)$ 的 Fourier 变换为 $H(f)$，$S(f)$ 为 $s(t)$ 的 Fourier 变换，则

$$Y_s(t) = \int_{-\infty}^{\infty} S(f)H(f)\mathrm{e}^{\mathrm{j}2\pi ft}\mathrm{d}f \tag{12.3.3}$$

而 $Y_n(t)$ 是 $n(t)$ 的输出，所以 $Y_n(t)$ 的平均功率为

$$E\{Y_n^2(t)\} = \int_{-\infty}^{\infty} S_n(f)|H(f)|^2\mathrm{d}f \tag{12.3.4}$$

此时

$$R(T) = \frac{\left|\int_{-\infty}^{\infty} S(f)H(f)\mathrm{e}^{\mathrm{j}2\pi fT}\mathrm{d}f\right|^2}{N_0\int_{-\infty}^{\infty}|H(f)|^2\mathrm{d}f} \leqslant \frac{\int_{-\infty}^{\infty}|S(f)|^2\mathrm{d}f \int_{-\infty}^{\infty}|H(f)|^2\mathrm{d}f}{N_0\int_{-\infty}^{\infty}|H(f)|^2\mathrm{d}f}$$

$$= \frac{1}{N_0}\int_{-\infty}^{\infty}|S(f)|^2\mathrm{d}f = \frac{1}{N_0}\int_{-\infty}^{\infty}|s(t)|^2\mathrm{d}t$$

上式中，所用不等式为 Schwartz 积分不等式，取等号的条件当且仅当

$$H(f) = cS^*(f)\mathrm{e}^{-\mathrm{j}2\pi fT} \tag{12.3.5}$$

式中，c 为任意非零常数，所以系统的冲激响应为

$$h(t) = cs(T-t) \tag{12.3.6}$$

$\square$

上述结论可以推广到有色噪声的情形，即定理 12.3.2。

定理 12.3.2 在定理 12.3.1 中，若噪声 $n(t)$ 是有色噪声，即 $S_n(f)$ 是任意非负函数，则匹配滤波器的传递函数为

$$H(f) = c\frac{S^*(f)}{S_n(f)}\mathrm{e}^{-\mathrm{j}2\pi fT} \tag{12.3.7}$$

式中，c 是任意非零常数；$S(f)$ 是 $s(t)$ 的 Fourier 变换。

证明：留给读者作为练习完成。$\square$

12.3.2 白化滤波

设 $X(t)$ 是一个宽平稳过程，将其输入冲激响应为 $h(t)$ 的线性时不变系统 L，若输出过程是功率谱密度为常数的白噪声过程 $N(t)$，则称系统 L 为随机过程 $X(t)$ 的**白化滤波器**，称 $N(t)$ 为 $X(t)$ 的**新息过程**。将 $N(t)$ 输入 L 的逆系统 L^{-1}，则得到原来的过程 $X(t)$，此时称 L^{-1} 为**新息滤波器**，如图 12.3.1 所示。显然，白化滤波器和新息滤波器互为逆滤波器。

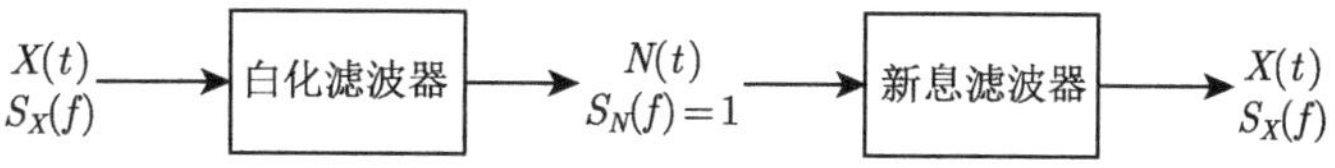

```
         X(t)                         N(t)                    X(t)
        ─────→ ┌─白化滤波器─┐ ─────→ ┌─新息滤波器─┐ ─────→
        S_X(f)  └─────────┘  S_N(f)=1 └─────────┘   S_X(f)
```

图 12.3.1 白化滤波器和新息滤波器

设 $X(t)$ 的功率谱密度为 $S_X(f)$，其白化滤波器的传递函数为 $H(f)$，则由线性系统的性质知

$$S_X(f)|H(f)|^2 = 1$$

所以

$$\frac{1}{S_X(f)} = H(f)H^*(f) \tag{12.3.8}$$

上式要求对功率谱密度进行因式分解，若能将 $S_X(f)$ 因式分解为 $S_X(f) = S(f)S^*(f)$，则 $H(f) = 1/S(f)$ 便是白化滤波器的传递函数。

若 $X(t)$ 是实过程，$S_X(f)$ 是正有理函数，可以通过下述过程得到最小相位白化滤波器的传递函数。因为 $X(t)$ 是实过程，所以 $S_X(f) = S_X(-f)$，因此 $S_X(f)$ 可以表示为

$$S_X(f) = \frac{A\left[(2\pi f)^2\right]}{B\left[(2\pi f)^2\right]}$$

设 $S(s)$ 为 $R_X(\tau)$ 的 Laplace 变换，则

$$S(s) = \frac{A(-s^2)}{B(-s^2)}$$

分别将 $A(-s^2)$ 和 $B(-s^2)$ 进行分解，即

$$A(-s^2) = A^+(s)A^-(s), \quad B(-s^2) = B^+(s)B^-(s)$$

式中，$A^+(s)$ 和 $B^+(s)$ 的零点全在复平面的左半平面；$A^-(s)$ 和 $B^-(s)$ 的零点全位于复平面的右半平面。则

$$S(s) = S^+(s)S^-(s) = \left[\frac{A^+(s)}{B^+(s)}\right]\left[\frac{A^-(s)}{B^-(s)}\right]$$

因此，令 $H(f) = 1/S^+(j2\pi f)$，此即最小相位白化滤波器的传递函数。

例 12.3.1 设随机过程 $X(t)$ 的功率谱密度为

$$S_X(f) = \frac{2k}{k^2 + (2\pi f)^2}, \quad k > 0$$

试求 $X(t)$ 的最小相位白化滤波器的传递函数。

解：相应的 $R_X(\tau)$ 的自相关函数的 Laplace 变换为

$$S_X\left(\frac{s}{j2\pi}\right) = \frac{2k}{k^2 - s^2} = \frac{\sqrt{2k}}{k+s} \times \frac{\sqrt{2k}}{k-s}$$

因此，最小相位白化滤波器的传递函数为

$$H(f) = \frac{k + j2\pi f}{\sqrt{2k}}$$

对于离散系统，同样可定义白化滤波器和新息滤波器。同样，要得到白化滤波器的传递函数，需要对离散随机过程的功率谱密度进行因式分解。若正有理函数 $G(z)$ 可分解为 $G(z) = L(z)L(1/z)$，其中 $L(z)$ 的极点和零点都在单位圆内，则最小相位白化滤波器的传递函数为 $H(f) = 1/L(e^{j2\pi fT})$。

例 12.3.2 若离散时间过程 $X[n]$ 的功率谱密度为
$$S_X(f) = \frac{5 - 4\cos 2\pi fT}{10 - 6\cos 2\pi fT}$$
试求其最小相位白化滤波器的传递函数。

解：因为
$$\cos 2\pi fT = \frac{1}{2}(e^{j2\pi fT} + e^{-j2\pi fT})$$
所以，$X[n]$ 的自相关函数的 z 变换为
$$G(z) = \frac{5 - 2(z + z^{-1})}{10 - 3(z + z^{-1})}$$
解得 $G(z)$ 有两个零点 $1/2$ 和 2，两个极点 $1/3$ 和 3。因此
$$L(z) = \frac{2z - 1}{3z - 1}, \quad H(f) = \frac{1}{L(e^{j2\pi fT})} = \frac{3e^{j2\pi fT} - 1}{2e^{j2\pi fT} - 1}$$

12.3.3 Wiener 滤波

(1) 非因果 Wiener 滤波

连续时间 Wiener 滤波是让连续时间观测信号 $X(t) = S(t) + N(t)$ 通过一个冲激响应为 $h(t)$ 的连续时间线性系统，使输出 $Y(t)$ 和期望信号 $W(t)$ 的均方误差 $E\{|Y(t) - W(t)|^2\}$ 达到最小。

定理 12.3.3 假设 $S(t)$ 和 $N(t)$ 是实的宽平稳过程，且相互联合宽平稳，观测信号 $X(t)$ 和期望信号 $W(t)$ 的自相关函数和互相关函数分别为 $R_X(\tau)$、$R_W(\tau)$ 和 $R_{WX}(\tau)$，功率谱密度函数及其互功率谱密度函数分别为 $S_X(f)$、$S_W(f)$ 和 $S_{WX}(f)$，则 $X(t)$ 的非因果 Wiener 滤波器的冲激响应满足下列 **Wiener-Hopf 方程**，即

$$\int_{-\infty}^{\infty} R_X(\xi - \eta) h^*(\eta) d\eta = R_{WX}(\xi) \tag{12.3.9}$$

所以，非因果 Wiener 滤波器的传递函数为

$$H^*(f) = \frac{S_{WX}(f)}{S_X(f)} \tag{12.3.10}$$

滤波器的输出和期望信号的最小均方误差为

$$\min E\{|Y(t) - W(t)|^2\} = R_W(0) - \int_{-\infty}^{\infty} R_{WX}(\alpha) h^*(\alpha) d\alpha \tag{12.3.11}$$

证明：滤波器的输出信号和期望信号的均方误差可以表示为

$$E\{|Y(t) - W(t)|^2\} = E\left\{\left|\int_{-\infty}^{\infty} X(\alpha) h(t - \alpha) d\alpha - W(t)\right|^2\right\}$$
$$= R_W(0) - 2\int_{-\infty}^{\infty} R_{WX}(\alpha) h(\alpha) d\alpha$$
$$+ \int_{-\infty}^{\infty} \int_{-\infty}^{\infty} R_X(\xi - \eta) h(\xi) h(\eta) d\xi d\eta$$

将 $E\{|Y(t)-W(t)|^2\}$ 看作 $h(t)$ 的一个泛函，即

$$J(h(t)) = E\{|Y(t)-W(t)|^2\}$$

设 $h^*(t)$ 是使 $J(h(t))$ 达到最小的函数，则由变分法原理知，对任意函数 $h(t)$ 有

$$\left\{\frac{\mathrm{d}}{\mathrm{d}\lambda}J\big[h^*(t)+\lambda h(t)\big]\right\}\Big|_{\lambda=0} = 0 \tag{12.3.12}$$

计算可得

$$J\big(h^*(t)+\lambda h(t)\big) = A + 2B\lambda + C\lambda^2$$

式中

$$A = J\big(h^*(t)\big)$$
$$B = -\int_{-\infty}^{\infty} R_{WX}(\alpha)h(\alpha)\mathrm{d}\alpha + \int_{-\infty}^{\infty}\int_{-\infty}^{\infty} R_X(\xi-\eta)h(\xi)h^*(\eta)\mathrm{d}\xi\mathrm{d}\eta$$
$$C = \int_{-\infty}^{\infty}\int_{-\infty}^{\infty} R_X(\xi-\eta)h(\xi)h(\eta)\mathrm{d}\xi\mathrm{d}\eta$$

由式 (12.3.12) 知 $B=0$，即

$$-\int_{-\infty}^{\infty} R_{WX}(\alpha)h(\alpha)\mathrm{d}\alpha + \int_{-\infty}^{\infty}\int_{-\infty}^{\infty} R_X(\xi-\eta)h(\xi)h^*(\eta)\mathrm{d}\xi\mathrm{d}\eta = 0$$

所以有

$$\int_{-\infty}^{\infty} h(\xi)\Big[\int_{-\infty}^{\infty} R_X(\xi-\eta)h^*(\eta)\mathrm{d}\eta - R_{WX}(\xi)\Big]\mathrm{d}\xi = 0$$

对任意 $h(t)$ 成立，因此必有式 (12.3.9) 成立。将上述必要条件代入 $J(h^*(t))$ 发现

$$J_{\min}\big(h^*(t)\big) = R_W(0) - \int_{-\infty}^{\infty} R_{WX}(\alpha)h^*(\alpha)\mathrm{d}\alpha \tag{12.3.13}$$

对式 (12.3.9) 做 Fourier 变换得

$$S_X(f)H^*(f) = S_{WX}(f)$$

因此，滤波器 T 的传递函数为式 (12.3.10)。 □

(2) 因果 Wiener 滤波

对于上面所述的连续时间 Wiener 滤波问题，如果在因果函数的范围内确定冲激响应，则不难发现，冲激响应应该满足

$$\int_{0}^{\infty} R_X(\xi-\eta)h^*(\eta)\mathrm{d}\eta = R_{WX}(\xi), \quad \xi > 0 \tag{12.3.14}$$

令

$$a(\xi) = R_{WX}(\xi) - \int_{0}^{\infty} R_X(\xi-\eta)h^*(\eta)\mathrm{d}\eta \tag{12.3.15}$$

则显然有 $a(\xi)=0$ 对 $\xi>0$ 成立，$h^*(\xi)=0$ 对 $\xi<0$ 成立。因此只要找到因果函数 $h^*(\xi)$ 使式 (12.3.15) 定义的 $a(\xi)$ 为反因果函数。

设 $A(s)$ 和 $H(s)$ 分别为 $a(\xi)$ 和 $h^*(\xi)$ 的 Laplace 变换,由前述定理可知,$A(s)$ 在 $\mathrm{Re}(s) < 0$ 上解析,而 $H(s)$ 在 $\mathrm{Re}(s) \geqslant 0$ 上解析。

将式 (12.3.15) 两边取 Laplace 变换则得

$$A(s) = S_{WX}\left(-\frac{\mathrm{j}s}{2\pi}\right) - S_X\left(-\frac{\mathrm{j}s}{2\pi}\right) H(s) \tag{12.3.16}$$

式中,$S_{WX}\left(-\dfrac{\mathrm{j}s}{2\pi}\right)$ 和 $S_X\left(-\dfrac{\mathrm{j}s}{2\pi}\right)$ 分别为 $R_{WX}(\tau)$ 和 $R_X(\tau)$ 的 Laplace 变换。分下述三个步骤求解。

第一步:将 $S_X\left(-\dfrac{\mathrm{j}s}{2\pi}\right)$ 表示为乘积,即

$$S_X\left(-\frac{\mathrm{j}s}{2\pi}\right) = M^+(s) M^-(s) \tag{12.3.17}$$

式中,$M^+(s)$ 为最小相位函数,即 $M^+(s)$ 和 $1/M^+(s)$ 在复平面的右半平面 $\mathrm{Re}(s) \geqslant 0$ 上解析;此外,函数 $M^-(s)$ 和 $1/M^-(s)$ 在复平面的左半平面 $\mathrm{Re}(s) < 0$ 上解析。如果 $S_X(f)$ 是有理函数,则将 $S_X\left(-\dfrac{\mathrm{j}s}{2\pi}\right)$ 进行因式分解,规定所有左半平面的零点和极点属于 $M^+(s)$,所有右半平面的零点和极点属于 $M^-(s)$。

第二步:构造比值 $S_{WX}(-\mathrm{j}s/(2\pi))/M^-(s)$,并将其表示为和式

$$\frac{S_{WX}\left(-\dfrac{\mathrm{j}s}{2\pi}\right)}{M^-(s)} = N^+(s) + N^-(s) \tag{12.3.18}$$

式中,$N^+(s)$ 在 $\mathrm{Re}(s) \geqslant 0$ 上解析;$N^-(s)$ 在 $\mathrm{Re}(s) < 0$ 上解析。

第三步:未知函数 $H(s)$ 由下式给出

$$H(s) = \frac{N^+(s)}{M^+(s)} \tag{12.3.19}$$

证明:根据 $M^+(s)$ 和 $N^+(s)$ 的性质,可知 $H(s)$ 必在 $\mathrm{Re}(s) \geqslant 0$ 上解析,故 $H(s)$ 是因果系统函数。只需将式 (12.3.19) 代入式 (12.3.16) 验证所得 $A(s)$ 在 $\mathrm{Re}(s) < 0$ 上解析即可。将式 (12.3.17)~式 (12.3.19) 代入式 (12.3.16) 得

$$\begin{aligned} A(s) &= [N^+(s) + N^-(s)] M^-(s) - \frac{M^+(s) M^-(s) N^+(s)}{M^+(s)} \\ &= M^-(s) N^-(s) \end{aligned}$$

又从函数 $M^-(s)$ 和 $N^-(s)$ 的构造知 $A(s)$ 必在 $\mathrm{Re}(s) < 0$ 上解析。从而知 $a(t)$ 为反因果函数。 □

例 12.3.3 设 $X(t) = S(t) + N(t)$,其中 $S(t)$ 是功率谱密度为

$$S_S(f) = \frac{k}{\alpha^2 + (2\pi f)^2}$$

的随机信号，$N(t)$ 是均值为零、功率谱密度为 N_0 的白噪声，且 $S(t)$ 和 $N(t)$ 相互独立。试分别确定使 $E\{|S(t)-Y(t)|^2\}$ 达到最小的非因果线性滤波器及因果滤波器的传递函数和冲激响应，其中 $Y(t)$ 为输入 $X(t)$ 后线性滤波器的输出。

解： 先来考虑非因果解。此时在式 (12.3.10) 中，$W(t)=S(t)$，由 $S(t)$ 和 $N(t)$ 的独立性，有

$$S_X(f) = S_S(f) + S_N(f) = \frac{k}{\alpha^2 + (2\pi f)^2} + N_0$$

而 $S_{WX}(f) = S_S(f)$，因此由式 (12.3.10) 知

$$H(f) = \frac{k}{k + N_0[\alpha^2 + (2\pi f)^2]} = \frac{k/N_0}{\beta^2 + (2\pi f)^2}$$

式中

$$\beta^2 = \alpha^2 + \frac{k}{N_0}$$

查 Fourier 变换表知冲激响应为

$$h(t) = \frac{k}{2N_0\beta} \mathrm{e}^{-\beta|t|}$$

下面考虑因果解。第一步，有

$$S_X\left(-\frac{\mathrm{j}s}{2\pi}\right) = \frac{k}{\alpha^2 - s^2} + N_0 = N_0 \frac{\beta^2 - s^2}{\alpha^2 - s^2}$$

$$= \left[\sqrt{N_0}\frac{\beta+s}{\alpha+s}\right] \times \left[\sqrt{N_0}\frac{\beta-s}{\alpha-s}\right]$$

$$= M^+(s)M^-(s)$$

第二步，有

$$\frac{S_{WX}\left(-\dfrac{\mathrm{j}s}{2\pi}\right)}{M^-(s)} = \frac{k(\alpha-s)}{(\alpha^2-s^2)\sqrt{N_0}(\beta-s)}$$

$$= \frac{(\beta-\alpha)\sqrt{N_0}}{\alpha+s} + \frac{(\beta-\alpha)\sqrt{N_0}}{\beta-s}$$

$$= N^+(s) + N^-(s)$$

所以，第三步得

$$H(s) = \frac{N^+(s)}{M^+(s)} = \frac{\beta-\alpha}{\beta+s}$$

因此，传递函数为

$$H(f) = [H(s)]_{s=\mathrm{j}2\pi f} = \frac{\beta-\alpha}{\beta+\mathrm{j}2\pi f}$$

查 Fourier 变换表得系统的冲激响应为

$$h(t) = (\beta-\alpha)\mathrm{e}^{-\beta t}U(t)$$

12.3.4 连续时间 Kalman 滤波

这里直接考虑向量值函数的 Kalman 滤波。和离散时间 Kalman 滤波类似，连续时间 Kalman 滤波的待估信号波形是一个 n 维的向量函数：

$$\boldsymbol{x}(t) = [x_1(t), x_2(t), \cdots, x_n(t)]^{\mathrm{T}}$$

该向量函数满足状态方程：

$$\dot{\boldsymbol{x}}(t) = \boldsymbol{A}(t)\boldsymbol{x}(t) + \boldsymbol{w}(t) \tag{12.3.20}$$

式中，$\dot{\boldsymbol{x}}(t)$ 表示向量关于变量 t 的一阶导数；$\boldsymbol{A}(t)$ 是 $n \times n$ 的矩阵；$\boldsymbol{w}(t)$ 是均值为零的 n 维白噪声向量。状态方程描述了待估波形 $\boldsymbol{x}(t)$ 满足的运动规律。

观测方程具有如下表示：

$$\boldsymbol{z}(t) = \boldsymbol{H}(t)\boldsymbol{x}(t) + \boldsymbol{v}(t) \tag{12.3.21}$$

式中，$\boldsymbol{z}(t)$ 是 m 维观测向量；$\boldsymbol{H}(t)$ 是 $m \times n$ 的矩阵；$\boldsymbol{v}(t)$ 是均值为零的 m 维白噪声。

假定 $\boldsymbol{w}(t)$ 和 $\boldsymbol{v}(t)$ 相互独立，它们的协方差矩阵为

$$E\{\boldsymbol{w}(t)\boldsymbol{w}^{\mathrm{T}}(\tau)\} = \boldsymbol{Q}(t)\delta(t-\tau) \tag{12.3.22}$$

$$E\{\boldsymbol{v}(t)\boldsymbol{v}^{\mathrm{T}}(\tau)\} = \boldsymbol{R}(t)\delta(t-\tau) \tag{12.3.23}$$

$$E\{\boldsymbol{w}(t)\boldsymbol{v}^{\mathrm{T}}(\tau)\} = 0 \tag{12.3.24}$$

式中，$\delta(t-\tau)$ 是 δ 函数；$\boldsymbol{Q}(t)$ 是对称非负定矩阵；$\boldsymbol{R}(t)$ 是对称正定矩阵。矩阵 $\boldsymbol{Q}(t)$ 和 $\boldsymbol{R}(t)$ 关于 t 都可导。

Kalman 滤波问题可以表述为：如何根据时间区间 $[t_0, t]$ 内的观测向量 $\boldsymbol{z}(t)$，得到待估波形 $\boldsymbol{x}(t)$ 的最优线性估计 $\hat{\boldsymbol{x}}(t)$，使得：① 估计值 $\hat{\boldsymbol{x}}(t)$ 是 $\boldsymbol{z}(\tau)$ 的线性函数，$t_0 \leqslant \tau \leqslant t$；② 均方误差 $E\{[\boldsymbol{x}(t) - \hat{\boldsymbol{x}}(t)]^{\mathrm{T}}[\boldsymbol{x}(t) - \hat{\boldsymbol{x}}(t)]\}$ 达到最小。

关于上述连续时间 Kalman 滤波问题，有下列定理。

定理 12.3.4 连续时间 Kalman 滤波问题的解 $\hat{\boldsymbol{x}}(t)$ 满足下列常微分方程：

$$\frac{\mathrm{d}}{\mathrm{d}t}\hat{\boldsymbol{x}}(t) = \boldsymbol{A}(t)\hat{\boldsymbol{x}}(t) + \boldsymbol{K}(t)[\boldsymbol{z}(t) - \boldsymbol{H}(t)\hat{\boldsymbol{x}}(t)] \tag{12.3.25}$$

式中，$\boldsymbol{K}(t)$ 是 Kalman 增益矩阵，具有表达式：

$$\boldsymbol{K}(t) = \boldsymbol{P}(t)\boldsymbol{H}^{\mathrm{T}}(t)\boldsymbol{R}^{-1}(t) \tag{12.3.26}$$

式中，$\boldsymbol{P}(t)$ 由下面的常微分方程决定，即

$$\frac{\mathrm{d}}{\mathrm{d}t}\boldsymbol{P}(t) = \boldsymbol{A}(t)\boldsymbol{P}(t) + \boldsymbol{P}(t)\boldsymbol{A}^{\mathrm{T}}(t) - \boldsymbol{P}(t)\boldsymbol{H}^{\mathrm{T}}(t)\boldsymbol{R}^{-1}(t)\boldsymbol{H}(t)\boldsymbol{P}(t) + \boldsymbol{Q}(t) \tag{12.3.27}$$

证明：取 Δt 足够小，考虑到

$$\dot{\boldsymbol{x}}(t) \simeq \frac{\boldsymbol{x}(t + \Delta t) - \boldsymbol{x}(t)}{\Delta t}$$

可以将连续时间的状态方程转化为离散时间的状态方程，即

$$\boldsymbol{x}(t + \Delta t) = (\Delta t \boldsymbol{A}(t) + \boldsymbol{I})\boldsymbol{x}(t) + \Delta t \boldsymbol{w}(t)$$

在上式中令 $\boldsymbol{x}[k+1] = \boldsymbol{x}(t + \Delta t)$，$\boldsymbol{x}[k] = \boldsymbol{x}(t)$ 即得离散时间状态方程。利用离散时间 Kalman 滤波的结论，并在结论中令 $\Delta t \to 0$，即得定理结论。具体过程读者可以作为练习完成，这里不再详细叙述。 □

习题 12.3

12.3.1 接收信号 $x(t) = s(t) + n(t)$，其中 $n(t)$ 是功率谱密度为 $N_0/2$ 的 Gauss 白噪声，信号 $s(t) = \begin{cases} e^{-t}, & t \geqslant 0 \\ 0, & t < 0 \end{cases}$，求匹配滤波器的传递函数及其冲激响应，并判断该匹配滤波器是否物理可实现？

12.3.2 证明定理 12.3.2。

12.3.3 设某有色噪声 $N(t)$ 的功率谱密度为

$$S_N(f) = N_0 \frac{(2\pi f)^2 + 2}{(2\pi f)^2 + 4}$$

试求其最小相位白化滤波器和相应的新息滤波器的传递函数及冲激响应。

12.3.4 设 $X_1(t) = S(t) + N_1(t)$，$X_2(t) = S(t) + N_2(t)$，其中 $S(t)$ 为随机信号，$N_1(t)$ 和 $N_2(t)$ 为随机噪声。将 $X_1(t)$ 和 $X_2(t)$ 分别输入冲激响应为 $h_1(t)$ 和 $h_2(t)$ 的线性时不变系统，分别得到输出 $Y_1(t)$ 和 $Y_2(t)$，设 $S^*(t) = Y_1(t) + Y_2(t)$。试确定 $h_1(t)$ 和 $h_2(t)$ 所满足的积分方程，使得 $E\{|S(t+\alpha) - S^*(t)|^2\}$ 最小。

12.3.5 在上题中，假设输入信号 $S(t)$ 和输入噪声 $N_1(t)$ 及 $N_2(t)$ 互不相关且有零均值，试给出非因果解 $h_1(t)$ 和 $h_2(t)$。在 $\alpha = 0$ 的情况下，对具有下列功率谱密度的 $S(t)$、$N_1(t)$ 和 $N_2(t)$，给出非因果传递函数 $H_1(f)$ 和 $H_2(f)$：

$$S_{N_1}(f) = \begin{cases} q_1, & |f| < a \\ 0, & |f| \geqslant a \end{cases}, \quad S_{N_2}(f) = \begin{cases} q_2, & a < |f| < 2a \\ 0, & \text{其他} \end{cases}$$

$$S_S(f) = \begin{cases} A^2, & |f| < 2a \\ 0, & |f| \geqslant 2a \end{cases}$$

式中，q_1、q_2、A、a 都是正常数。

12.3.6 在上题中，对下列功率谱密度求解：

$$S_{N_1}(f) = \frac{N_0(2\pi f)^2}{a^2 + (2\pi f)^2}, \quad S_{N_2}(f) = \frac{N_0(a)^2}{a^2 + (2\pi f)^2}$$

$$S_S(f) = \begin{cases} A^2, & |2\pi f| < 2a \\ 0, & |2\pi f| \geqslant 2a \end{cases}$$

12.3.7 设 $S^*(t) = \int_{-\infty}^{\infty} S(t-\tau)h(\tau)\mathrm{d}\tau + N(t)$，其中 $S(t)$ 为随机信号，$N(t)$ 为随机噪声。试确定 $h(t)$ 所满足的积分方程，使 $E\{|S(t+\alpha) - S^*(t)|^2\}$ 达到最小。

12.3.8 一个低通滤波器具有传递函数 $H(f) = 1/(1+\mathrm{j}2\pi fT)$。将 $X(t) = S(t) + N(t)$ 输入该滤波器得到输出 $S^*(t)$，其中 $S(t)$ 和 $N(t)$ 互不相关，且具有功率谱密度：

$$S_S(f) = \frac{A^2}{(2\pi f)^2 + 2a^2}, \quad S_N(f) = \frac{2}{5}\frac{A^2}{(2\pi f)^2 + a^2}$$

试确定 T 的值，使 $E\{|S(t) - S^*(t)|^2\}$ 最小。

12.3.9 已知 $X(t) = S(t) + N(t)$，$S(t)$ 和 $N(t)$ 互不相关，且

$$S_S(f) = \frac{1}{1+(2\pi f)^2}, \quad S_N(f) = \frac{2(2\pi f)^2}{1+(2\pi f)^4}$$

试求其最小均方预测滤波器的因果解。

12.3.10 已知 $X(t) = S(t) + N(t)$，$S(t)$ 和 $N(t)$ 互不相关，试对下面两组功率谱密度分别求最小均方信号复原滤波器的因果解：

1) $$S_S(f) = \frac{(2\pi f)^2}{[1+(2\pi f)^2]^2}, \quad S_N(f) = \frac{1}{16}$$

2) $$S_S(f) = \frac{1}{(2\pi f)^2 + 8}, \quad S_N(f) = \frac{(2\pi f)^2 + 1}{(2\pi f)^2 + 16}$$

第五篇 Markov链与排队论

第 13 章 离散时间 Markov 链

本章导读 离散时间 Markov 链是状态数可数的离散时间 Markov 过程。Markov 链是对随机现象进行状态分析的有力手段。

离散时间 Markov 链具有状态方程,特别当其转移概率只和时移有关,和时间起点无关时,该 Markov 链称为齐次 Markov 链,若状态概率平稳,则称为平稳 Markov 链。

通过等价关系,可以对 Markov 链的状态进行分类。总的来说,Markov 链的状态可以分为常返和瞬过两种。在一个 Markov 链的样本序列中,常返状态是那些经过无穷多步之后仍然要返回来的状态,而瞬过状态则是经过足够大的步数之后,就不会再返回来的状态。周期是常返状态返回到自身的步长。通过常返和瞬过,可以对 Markov 链的状态进行分类。常返状态可以分为正常返和零常返两种情况,此外还可讨论其周期和遍历性。

本章还介绍了常见的离散时间 Markov 链,如嵌入 Markov 链、分支过程、Markov 决策过程、隐 Markov 链等。

最后还介绍了通信与信息系统中应用 Markov 链对系统性能进行分析的两个例子:Aloha 传输协议和停-等系统。

13.1 定义和状态方程

13.1.1 定义

第 4 章介绍过,离散时间 Markov 过程是具有一阶记忆特性的离散时间随机过程,而**离散时间 Markov 链**则是状态离散的 Markov 过程。所谓状态离散,就是 Markov 过程的状态集合 S 只有可数个元素,也就是说 S 中元素的个数要么是有限个,要么是可数无限个。设 X_n 是一个离散时间 Markov 链,则转移概率质量函数满足

$$P\{X_{n+1}=a_{n+1}|X_n=a_n,\cdots,X_0=a_0\} = P\{X_{n+1}=a_{n+1}|X_n=a_n\} \qquad (13.1.1)$$

式中,$a_{n+1}, a_n, \cdots, a_0$ 都是状态集合 S 中的元素。

离散时间 Markov 链是看待事物运动变化的一种眼光,这是因为事物的运动和变化往往可以看作在若干个状态之间迁移,而且具有一定的记忆特性。对于那些即便是样本点连续分布的样本空间,也可以根据需要,将样本空间分割为可数个子集的并,即若干个状态。通过分析这些状态的概率转移特性,就可以对任意一个随机过程的性质进行分析。

例 13.1.1 (有限状态机) 所谓有限状态机(finite-state machine,FSM)是指具有有限个状态的设备,设备的运行过程就是在有限个状态之间迁移变化的过程。例如,手机就可以看作一个有限状态机,其状态大致可以分为以下六个:关机、开机、待机、呼叫、通信、通信退出,手机的运作过程就是在这六个状态中切换的过程。

实际上,绝大多数电子设备都可以看作一个有限状态机。将电子设备看作一个有限状态机,非常便于"自顶向下"地进行设计,因为状态机在状态之间的切换过程设计就是电子设备最顶层的设计。

例 13.1.2 (MIMO 预编码信道状态分类) 已知某多输入多输出（MIMO）移动通信系统的发射机和接收机的天线数分别为 M 和 N，信道矩阵表示为 $\boldsymbol{H} = (h_{nm})_{N \times M}$，其中 h_{nm} 是第 m 个发射天线到第 n 个接收天线的信道增益。假设接收机可以对这个信道矩阵进行估计并将估计结果反馈给发送端，便于发送端进行预编码发送。但是由于反馈信道的速率与资源是有限的，只能反馈信道的有限信息，此时需要将信道 $\boldsymbol{H}$ 进行分类，假设可以分类为 $K = 2^L$ 种 $\mathcal{H}_1, \cdots, \mathcal{H}_K$，此时接收机只需要反馈 L 比特的信息，发射机得到这个反馈信息，就可以判断此时的信道类型。假设判定结果是信道矩阵 $\boldsymbol{H} \in \mathcal{H}_k$，于是就在预编码矩阵集合 $\mathcal{C} = \{\boldsymbol{C}_1, \cdots, \boldsymbol{C}_K\}$ 中选择与该信道类型 $\mathcal{H}_k$ 最匹配的编码矩阵 $\boldsymbol{C}_k$ 对信号进行编码发送。

要设计这样一个 MIMO 传输系统，需要对信道矩阵 $\boldsymbol{H}$ 的分布特性进行研究分析，分类之后的状态概率以及每个状态所对应的编码矩阵，都要很好地进行最佳设计。

例 13.1.3 某移动蜂窝系统可以接入两种业务：语音业务和数据业务。语音业务的最大接入数目为 V，数据业务的最大接入数目为 D，该蜂窝系统的服务状态可以分为 $(V+1) \times (D+1)$ 种，用 (v, d) 表示 v 个语音业务和 d 个数据业务正在进行服务的状态，则 $0 \leqslant v \leqslant V, 0 \leqslant d \leqslant D$。于是该蜂窝系统的服务状态就可以解析为这 $(V+1) \times (D+1)$ 种。

如果掌握了这些状态的停留概率以及每种状态的系统性能，就可以对该蜂窝系统的宏观性能进行分析。例如，假设状态 (v, d) 的停留概率为 $p(v, d)$，而状态 (v, d) 时的系统频谱效率为 $\eta(v, d)$，则系统的总频谱效率就可以表示为

$$\eta = \sum_{v=0}^{V} \sum_{d=0}^{D} p(v, d) \eta(v, d)$$

式中，$p(v, d)$ 满足

$$\sum_{v=0}^{V} \sum_{d=0}^{D} p(v, d) = 1$$

总之，Markov 链是分析系统宏观运动状态的一种方法，对分析系统宏观运动的性能具有很重要的作用。

13.1.2 状态方程

设 X_n 为离散时间 Markov 链，S 为其离散状态集。这里考虑 S 含有限个元素的情形，即 $S = \{1, 2, \cdots, N\}$，对于状态无限的情形，实际上令 $N = \infty$ 即可，这里叙述从略。

记 $p_i(n) = P\{X_n = i\}$ 为 Markov 过程 X_n 在时刻 n 出现状态 i 的概率，称为 X_n 的**状态概率**。称

$$\boldsymbol{P}(n) = (p_1(n), \cdots, p_N(n)) \tag{13.1.2}$$

为 Markov 过程 X_n 的**状态概率矢量**，显然

$$\sum_{i=1}^{N} p_i(n) = 1 \tag{13.1.3}$$

记 $\pi_{ij}(m, n) = P\{X_n = j | X_m = i\}$ 表示在时刻 m 时状态为 i 的条件下，到时刻 n 状态为 j 的条件概率，称为 Markov 链 X_n 的**转移概率**。称矩阵

$$\boldsymbol{\Pi}(m,n) = \left[\pi_{ij}(m,n)\right]_{N\times N}$$
$$= \begin{bmatrix} \pi_{11}(m,n) & \pi_{12}(m,n) & \cdots & \pi_{1N}(m,n) \\ \pi_{21}(m,n) & \pi_{22}(m,n) & \cdots & \pi_{2N}(m,n) \\ \vdots & \vdots & & \vdots \\ \pi_{N1}(m,n) & \pi_{N2}(m,n) & \cdots & \pi_{NN}(m,n) \end{bmatrix} \quad (13.1.4)$$

为从时刻 m 到时刻 n 的**状态转移矩阵**。显然矩阵的每一个元素都非负且每行的和为 1, 即

$$\pi_{ij}(m,n) \geqslant 0, \quad \sum_{j=1}^{N} \pi_{ij}(m,n) = 1 \quad (13.1.5)$$

显然, 由全概率公式知

$$\boldsymbol{P}(n) = \boldsymbol{P}(m)\boldsymbol{\Pi}(m,n) \quad (13.1.6)$$

若 $n > r > m$, 则由 $\boldsymbol{P}(n) = \boldsymbol{P}(r)\boldsymbol{\Pi}(r,n)$ 和 $\boldsymbol{P}(r) = \boldsymbol{P}(m)\boldsymbol{\Pi}(m,r)$ 知

$$\boldsymbol{\Pi}(m,n) = \boldsymbol{\Pi}(m,r)\boldsymbol{\Pi}(r,n) \quad (13.1.7)$$

式 (13.1.7) 实际上是 **Chapman-Kolmogorov(简称 C-K) 方程**在离散时间 Markov 链下的表现, 式中, 左边矩阵中的第 i 行第 j 列的元素为

$$\pi_{ij}(m,n) = \sum_{k=1}^{N} \pi_{ik}(m,r)\pi_{kj}(r,n) \quad (13.1.8)$$

图 13.1.1 形象地说明了 C-K 方程的意义: 从第 m 步的 i 状态转移到第 n 步的 j 状态的转移概率, 等于所有可能转移路径的转移概率的和。

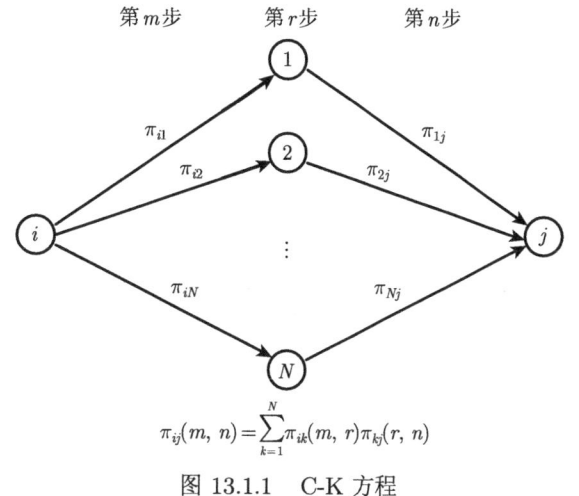

图 13.1.1　C-K 方程

13.1.3 齐次与平稳 Markov 链

(1) 齐次 Markov 链

在 Markov 链中, 若有 $\pi_{ij}(m,n) = \pi_{ij}(n-m)$ 对任意 i 和 j 成立, 即转移概率 $\pi_{ij}(m,n)$ 只和时间间隔 $n-m$ 有关, 和起点时刻 m 无关, 则称此 Markov 链为**齐次 Markov 链**。

显然, 齐次 Markov 链的状态转移概率只和相对时移 $n-m$ 有关, 等价于其状态转移矩阵只和相对时移有关, 即 $\boldsymbol{\Pi}(m,n) = \boldsymbol{\Pi}(n-m)$。在式 (13.1.7) 中, 令 $r-m = u$, $n-r = v$, 则有

$$\boldsymbol{\Pi}(u+v) = \boldsymbol{\Pi}(u)\boldsymbol{\Pi}(v) \quad (13.1.9)$$

进一步, 设 $\boldsymbol{\Pi} = \boldsymbol{\Pi}(1)$ 为一步状态转移矩阵, 则有

$$\boldsymbol{\Pi}(n) = \boldsymbol{\Pi}^n \quad (13.1.10)$$

因此, 对于齐次 Markov 链, 由式 (13.1.6) 知

$$\boldsymbol{P}(n) = \boldsymbol{P}(m)\boldsymbol{\Pi}^{n-m} \quad (13.1.11)$$

(2) 平稳 Markov 链

当齐次 Markov 链的状态概率矢量 $\boldsymbol{P}(n) = \boldsymbol{P}$ 为常矢量时，该 Markov 链为严平稳过程，简称**平稳 Markov 链**。

对于平稳 Markov 链，有

$$\boldsymbol{P} = \boldsymbol{P}\boldsymbol{\Pi} \tag{13.1.12}$$

若已知状态转移矩阵，则将上述方程组和

$$\sum_{i=1}^{N} p_i = 1 \tag{13.1.13}$$

联立，可求出平稳状态概率矢量 $\boldsymbol{P}$。由此可见，对于平稳 Markov 链来说，其状态概率完全由转移概率矩阵唯一确定了。

每一个平稳 Markov 链可以用一个状态转移图来表示。所谓平稳 Markov 链的**状态转移图**，就是由一些节点与带箭头的连接节点的连线组成的有向图，节点对应 Markov 链的状态，而带箭头的连线表示状态之间的转移可能性，连线上面标以转移概率，代表转移可能性的大小。

例 13.1.4 如果某平稳 Markov 链的状态转移矩阵为

$$\begin{array}{c} \\ 0 \\ 1 \\ 2 \end{array} \begin{array}{ccc} 0 & 1 & 2 \\ \begin{pmatrix} 1/2 & 1/2 & 0 \\ 0 & 1/3 & 2/3 \\ 1/4 & 1/4 & 1/2 \end{pmatrix} \end{array}$$

其对应的状态转移图为图 13.1.2。一般来说，状态转移图具有如下特征：①如果从某个状态到另外一个状态的状态转移概率为零，则该箭头省略；②从一个状态出去的所有箭头上所标示的概率之和为 1。

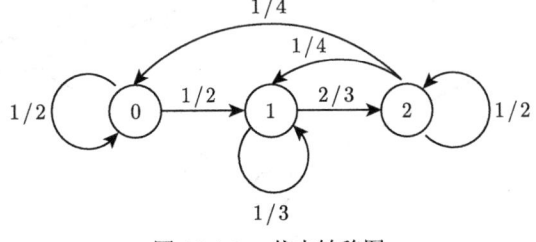

图 13.1.2 状态转移图

例 13.1.5 在一维随机游动或质点运动中，$X[n] = X_n$，$n = 1, 2, \cdots$，是随机游动第 n 步的位置。设 X_n 可能的位置为 $s_1 = -2, s_2 = -1, s_3 = 0, s_4 = 1, s_5 = 2$，在 s_1 和 s_5 两端设置反射墙，即当质点处于 s_1 时，向 s_2 游动的概率是 1，当质点处于 s_5 时，向 s_4 游动的概率是 1；在 s_2、s_3、s_4 位置时，向前后游动的概率都是 1/2。显然，质点所处的位置构成一个齐次 Markov 链。试确定初始状态概率矢量，使得该 Markov 链平稳。

解：由题意，可以写出一步状态转移矩阵，即

$$\boldsymbol{\Pi} = \begin{pmatrix} 0 & 1 & 0 & 0 & 0 \\ 1/2 & 0 & 1/2 & 0 & 0 \\ 0 & 1/2 & 0 & 1/2 & 0 \\ 0 & 0 & 1/2 & 0 & 1/2 \\ 0 & 0 & 0 & 1 & 0 \end{pmatrix}$$

并可以画出如图 13.1.3 所示的状态转移图：由式 (13.1.12) 和式 (13.1.13) 知

$$\begin{cases} p_2/2 = p_1 \\ p_1 + p_3/2 = p_2 \\ p_2/2 + p_4/2 = p_3 \\ p_3/2 + p_5 = p_4 \\ p_1 + p_2 + p_3 + p_4 + p_5 = 1 \end{cases}$$

解得

$$p_1 = p_5 = \frac{1}{8}, \quad p_2 = p_3 = p_4 = \frac{1}{4}$$

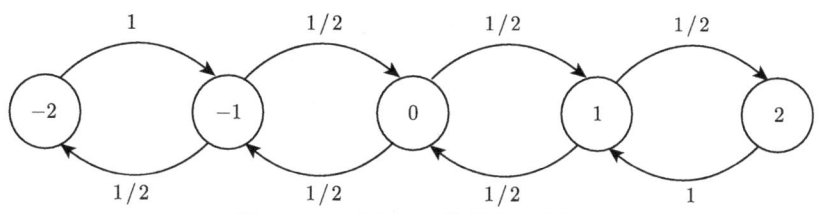

图 13.1.3　例13.1.5的状态转移图

例 13.1.6　某房间内有两个电灯泡。每天坏掉一个灯泡的概率为 p，一个也不坏的概率为 $q = 1-p$。设 X_n 为第 n 天该房间所剩下的好灯泡的个数。试证明当 $n \to \infty$ 时，X_n 的状态概率为 $(1,0,0)$。

证明：显然，状态集 $S = \{0,1,2\}$，其转移概率的状态转移图如图 13.1.4 所示。

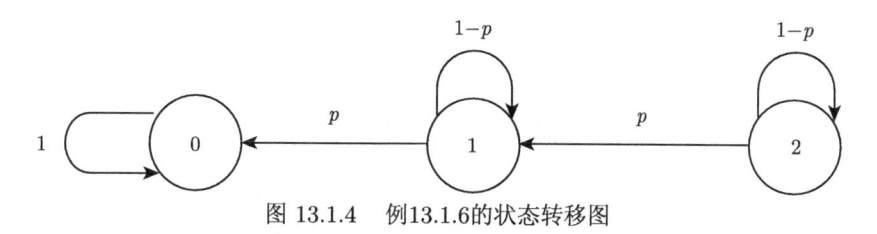

图 13.1.4　例13.1.6的状态转移图

据此状态转移图，可得其一步状态转移矩阵：

$$\boldsymbol{\Pi} = \begin{bmatrix} 1 & 0 & 0 \\ p & q & 0 \\ 0 & p & q \end{bmatrix}$$

由于该 Markov 链是齐次的，所以

$$\boldsymbol{\Pi}(n) = \boldsymbol{\Pi}^n = \begin{bmatrix} 1 & 0 & 0 \\ 1-q^n & q^n & 0 \\ 1-q^n-npq^{n-1} & npq^{n-1} & q^n \end{bmatrix}$$

由于 $q < 1$，当 $n \to \infty$ 时，有

$$\boldsymbol{\Pi}(n) \to \begin{bmatrix} 1 & 0 & 0 \\ 1 & 0 & 0 \\ 1 & 0 & 0 \end{bmatrix}$$

此外，由于 $\boldsymbol{P}(0) = [p_0(0), p_1(0), p_2(0)] = (0,0,1)$，所以

$$\boldsymbol{P}(n) = \boldsymbol{P}(0)\boldsymbol{\Pi}(n) \to (0,0,1) \begin{bmatrix} 1 & 0 & 0 \\ 1 & 0 & 0 \\ 1 & 0 & 0 \end{bmatrix} = (1,0,0)$$

由此可见，开始时有两个灯泡，当经过的天数充分大时，房间里将没有好灯泡。

习题 13.1

13.1.1 考虑状态 0、1、2 上的一个齐次 Markov 链 X_n，$n \geqslant 0$，它的一步转移概率矩阵为

$$\boldsymbol{\Pi} = \begin{bmatrix} 0.1 & -0.2 & 0.7 \\ 0.9 & 0.1 & 0 \\ 0.1 & 0.8 & 0.1 \end{bmatrix}$$

初始概率分布为 $p_0 = 0.3$、$p_1 = 0.4$、$p_2 = 0.3$，试求概率 $P\{X_0 = 0, X_1 = 1, X_2 = 2\}$。

13.1.2 设 $M[n]$ 是独立同分布序列 $X[n]$ 的样本平均：

$$M[n] = \frac{X[1] + X[2] + \cdots + X[n]}{n}$$

试证明 $M[n]$ 是 Markov 过程，并求状态转移概率密度函数 $f_{M_n}(x|M_{n-1} = y)$。

13.1.3 袋中有 5 个黑球、5 个白球。重复做下列试验：从袋中随机取一个球，若球是白色的，则放回袋中；若球是黑色的，则不放回。设 $X[n]$ 是第 n 次取球后，袋中所剩下黑球的数目。问 $X[n]$ 是否为 Markov 过程？如果是，试给出状态转移概率。状态转移概率和 n 有关吗？

13.1.4 Brown 过程是独立增量过程，因而是 Markov 过程。试给出 Brown 过程的状态转移概率密度函数。

13.1.5 设 X_n 为独立同分布的 Bernoulli 过程，试证明向量过程 $Z_n = (X_n, X_{n-1})$ 是一个 Markov 过程。

13.1.6 若 X_n 是独立同分布的随机变量序列，证明自回归过程 $Y_n = rY_{n-1} + X_n$，$Y_0 = 0$ 是一个 Markov 过程。

13.1.7 袋中有 5 个黑球、5 个白球。重复做下列试验：从袋中随机取一个球，若球是白色的，则放回袋中；若球是黑色的，则不放回。设 $X[n]$ 是第 n 次取球后，袋中所剩下黑球的数目。

1) 试给出 X_n 的一步状态转移矩阵 $\boldsymbol{\Pi}(1)$。

2) 试给出两步状态转移矩阵 $\boldsymbol{\Pi}(2) = \boldsymbol{\Pi}^2(1)$，计算 $\pi_{54}(2)$，验证和用一步状态转移矩阵的乘方得到的结果是否一致。

3) 当 $n \to \infty$ 时，X_n 的概率分布将如何？证明你的猜想。

13.1.8 设 X_n 为独立同分布的 Bernoulli 过程，向量过程 $Z_n = (X_n, X_{n-1})$ 有 4 个状态，所以它实际上等效于具有四个状态 $\{0,1,2,3\}$ 的 Markov 链。

1) 试求一步状态转移矩阵 $\boldsymbol{\Pi}$。

2) 通过计算 $\boldsymbol{\Pi}^2$ 得到两步状态转移矩阵，计算从状态 $(0,1)$ 通过两步转移到 $(1,0)$ 的状态转移概率，和 $\boldsymbol{\Pi}^2$ 中元素比较，看是否一致。

3) 证明对任意 $n > 2$ 有 $\boldsymbol{\Pi}^n = \boldsymbol{\Pi}^2$，说明为什么有这样的结果？

4) 求出该过程的稳态状态概率矢量。

13.1.9 A 和 B 两人做游戏：当抛均匀硬币出现正面时，A 付给 B\$1；若抛硬币出现反面时，B 付给 A\$1。游戏直到一方无钱可付终止。设开始时，A 有 \$1，B 有 \$2。因此，最终赢的一方共有 \$3。设 X_n 是 A 在抛 n 次硬币之后所具有的钱数。

1) 证明 X_n 是 Markov 链。

2) 画出 X_n 的状态转移图，并给出一步状态转移矩阵 $\boldsymbol{\Pi}$。

3) 据状态转移图证明当 $n = 2k$ 为偶数时有

$$\pi_{ii}(n) = \left(\frac{1}{2}\right)^n, \quad i = 1, 2$$

$$\pi_{10}(n) = \frac{2}{3}\left[1 - \left(\frac{1}{4}\right)^k\right] = \pi_{23}(n)$$

4) 求 $n = 2k$ 步状态转移矩阵。

5) 计算 $\boldsymbol{\Pi}^n$ 当 $n \to \infty$ 的极限。

6) 分别求 A 和 B 最终赢的概率。

13.1.10 某系统的某个部件的状态有两个：正常工作和故障修理。已知正常工作的该部件在某天出故障的概率为 a，该部件处于故障修理状态在某天恢复正常工作的概率为 b。设 X_n 是第 n 天该部件的状态。

1) 证明 X_n 是一个两状态的 Markov 链，并给出 X_n 的一步状态转移矩阵 $\boldsymbol{\Pi}$。

2) 求出 X_n 的 n 步状态转移矩阵 $\boldsymbol{\Pi}^n$。

3) 试求出 X_n 的稳态状态概率矢量。

13.1.11 设某车间有两个独立工作的机器，且每个机器有两个状态：正常工作和故障修理。已知正常工作的机器在某天出故障的概率为 a，机器处于故障修理状态在某天恢复正常工作的概率为 b。设 X_n 是第 n 天该车间正常工作的机器数。

1) 证明 X_n 是一个三状态的 Markov 链，并给出一步状态转移矩阵 $\boldsymbol{\Pi}$。

2) 证明该 Markov 链的稳态状态概率是参数为 $p = b/(a+b)$ 的二项分布。

3) 若车间里有 n 台机器，则稳态概率是什么？

13.2 平稳 Markov 链的状态分类

本节讨论平稳 Markov 链的状态分类。

13.2.1 状态的互达

若存在 $n \geqslant 0$，使 $\pi_{ij}(n) > 0$，则称状态 j 是从状态 i **可达的** (accessible)，记作 $i \to j$，它表示从状态 i 经过有限步的转移可以到达状态 j。两个互相可达的状态 i 和 j 称为是**互达的** (communicate)，记作 $i \leftrightarrow j$。互达性是数学上的一种等价关系，即满足自反性、对称性和传递性，即有下列定理成立：

定理 13.2.1 互达性是等价关系，即满足

1) 自反性：$i \leftrightarrow i$。

2) 对称性：若 $i \leftrightarrow j$，则 $j \leftrightarrow i$。

3) 传递性：若 $i \leftrightarrow j$，且 $j \leftrightarrow k$，则 $i \leftrightarrow k$。

证明：1) 和 2) 由互达性的定义可立得，现仅证明 3)。因为 $i \to j$，所以存在 $n \geqslant 0$，使 $\pi_{ij}(n) > 0$；又因为 $j \to k$，所以存在 $m \geqslant 0$，使 $\pi_{jk}(m) > 0$，因此由 Chapman-Kolmogorov 方程知

$$\pi_{ik}(n+m) = \sum_{l=1}^{N} \pi_{il}(n)\pi_{lk}(m) \geqslant \pi_{ij}(n)\pi_{jk}(m) > 0$$

类似可证明存在 $h \geqslant 0$，使 $\pi_{ki}(h) > 0$。由定义知 $i \leftrightarrow k$。 □

在集合 S 中，所有和 i 等价的元素构成 S 的子集，称为一个**等价类**，记为 $\bar{i}$。由于互达性是一个等价关系，它将集合 S 划分成若干互不相交的等价类。

若 Markov 链 X_n 的所有状态都属于同一个等价类，即所有状态都是互达的，则称该 Markov 链是**不可约的** (irreducible)。反之，则称为**可约的** (reducible)。

例 13.2.1 某 Markov 链有状态 $\{1,2,3,4,5\}$，其一步状态转移矩阵为

$$\boldsymbol{\Pi} = \begin{bmatrix} 1/4 & 3/4 & 0 & 0 & 0 \\ 1/2 & 1/2 & 0 & 0 & 0 \\ 0 & 0 & 0 & 1 & 0 \\ 0 & 0 & 1/2 & 0 & 1/2 \\ 0 & 0 & 0 & 1 & 0 \end{bmatrix}$$

读者可根据上面的状态转移矩阵画出状态转移图如图 13.2.1 所示，并能明显看出 $\{1,2\}$ 和 $\{3,4,5\}$ 是状态在互达意义下的两个等价类。这个链是可约的，可以将其分成两个链来研究。

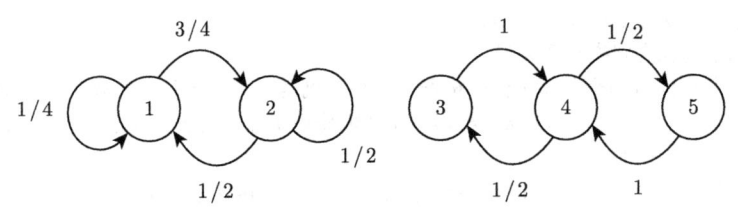

图 13.2.1 例 13.2.1 的状态转移图

13.2.2 状态的常返和瞬过

(1) 状态常返与瞬过的定义

称从状态 i 出发经 n 步转移后首次到达状态 j 的概率为从状态 i 到状态 j 的 **n 步首达概率**，记为 $f_{ij}(n)$：

$$f_{ij}(n) = P\{X_{n+k} = j, X_{n+k-1} \neq j, \cdots, X_{k+1} \neq j | X_k = i\} \tag{13.2.1}$$

显然，当 $i \neq j$ 时有 $f_{ij}(0) = 0$。记

$$f_{ij} = \sum_{n=1}^{\infty} f_{ij}(n)$$

它表示从状态 i 出发，经一步、二步乃至任意多步，迟早要到达状态 j 的概率，简称**迟早到达概率**，它显然满足

$$0 \leqslant f_{ij}(n) \leqslant f_{ij} \leqslant 1$$

特别地，当 $i = j$ 时，f_{ii} 表示从状态 i 出发，迟早返回 i 的概率。

关于迟早到达概率，有如下性质。

性质 13.2.1 $i \to j$ 当且仅当 $f_{ij} > 0$。所以，$i \leftrightarrow j$ 当且仅当 $f_{ij} > 0$ 且 $f_{ji} > 0$。

证明：($\Longrightarrow$) 设 $i \to j$，则根据定义可知，存在 $n \geqslant 1$，使 $\pi_{ij}(n) > 0$。考虑到

$$\pi_{ij}(n) = \sum_{l=1}^{n} f_{ij}(l) \pi_{jj}(n-l) > 0$$

因此，$f_{ij}(1), f_{ij}(2), \cdots, f_{ij}(n)$ 中至少有一个是大于零的，于是

$$f_{ij} = \sum_{n=1}^{\infty} f_{ij}(n) > 0$$

(⟸) 设 $f_{ij} > 0$, 则由 $\sum_{n=1}^{\infty} f_{ij}(n) > 0$ 知至少存在一个 $n \geqslant 1$ 使 $f_{ij}(n) > 0$, 因此有

$$\pi_{ij}(n) = \sum_{l=1}^{n} f_{ij}(l) \pi_{jj}(n-l) \geqslant f_{ij}(n) \pi_{jj}(0) = f_{ij}(n) > 0$$

因此, $i \to j$。 □

若 $f_{ii} = 1$, 则称状态 i 是**常返的**; 否则, 若 $f_{ii} < 1$, 则称状态 i 为**瞬过的**。

下面的定理描述了常返和瞬过状态的特征。

定理 13.2.2 若状态 i 是常返的, 则从状态 i 出发, Markov 链将以概率 1 无穷次返回状态 i; 若状态 i 是瞬过的, 则从状态 i 出发, Markov 链无穷多次返回状态 i 的概率是 0, 即 Markov 链只能有限次地返回状态 i。

证明: 设 $Q_{ii}(m)$ 表示从状态 i 出发, 有 m 次返回状态 i 的概率, 则 $Q_{ii} = \lim_{m \to \infty} Q_{ii}(m)$ 就表示从状态 i 出发无穷次返回状态 i 的概率。又由定义知 $Q_{ii}(1) = f_{ii}$ 且

$$Q_{ii}(m+1) = \sum_{n=1}^{\infty} f_{ii}(n) Q_{ii}(m) = Q_{ii}(m) f_{ii}$$

递推可知 $Q_{ii}(m) = f_{ii}^m$, 因此

$$Q_{ii} = \lim_{m \to \infty} f_{ii}^m = \begin{cases} 1, & f_{ii} = 1 \\ 0, & f_{ii} < 1 \end{cases}$$

因此结论成立。 □

(2) 常返与瞬过状态的性质

定理 13.2.3 (常返或瞬过判别准则) 状态 i 是常返的充要条件是

$$\sum_{n=1}^{\infty} \pi_{ii}(n) = \infty \tag{13.2.2}$$

与此等价, 状态 i 是瞬过的充要条件为

$$\sum_{n=1}^{\infty} \pi_{ii}(n) < \infty \tag{13.2.3}$$

证明: 这里对瞬过判别准则进行证明。

(⟹) 设状态 i 是瞬过的。这时过程 X_n 从 i 出发返回 i 一次的概率为 f_{ii} 且 $f_{ii} < 1$。因为过程是 Markov 的, 一旦回到 i 以后的发展只依赖于当前, 因此从 i 出发回到 i 两次的概率为 f_{ii}^2。令随机变量 K 为过程返回 i 的次数, 则在 $X_0 = i$ 的条件下有

$$P\{K = k | X_0 = i\} = f_{ii}^k, \quad k = 1, 2, \cdots$$

因此

$$E\{K | X_0 = i\} = \sum_{k=1}^{\infty} k P\{K = k | X_0 = i\} = \sum_{k=1}^{\infty} k f_{ii}^k = \frac{f_{ii}}{(1 - f_{ii})^2} < \infty$$

此外, 设随机变量序列 I_n 为

$$I_n = \begin{cases} 1, & X_n = i \\ 0, & X_n \neq i \end{cases}$$

显然 $K = \sum\limits_{n=1}^{\infty} I_n$。所以

$$\sum_{n=1}^{\infty} \pi_{ii}(n) = \sum_{n=1}^{\infty} P\{X_n = i | X_0 = i\} = \sum_{n=1}^{\infty} E\{I_n | X_0 = i\}$$
$$= E\left\{\sum_{n=1}^{\infty} I_n \Big| X_0 = i\right\} = E\{K | X_0 = i\} < \infty$$

上式中用到了

$$E\{I_n | X_0 = i\} = 1 \cdot P\{X_n = i | X_0 = i\} + 0 \cdot P\{X_n \neq i | X_0 = i\}$$

($\Longleftarrow$) 反之, 若 $\sum\limits_{n=1}^{\infty} \pi_{ii}(n) < \infty$, 则状态 i 必是瞬过的; 否则, 若 i 是常返的, 则从 i 出发最终回到 i 的概率为 1。由 Markov 过程以后的状态只和当前状态有关的性质可知, 过程 X_n 不断地以概率 1 返回状态 i, 因此返回的次数是无穷大。即 $E\{K | X_0 = i\} = \infty$, 这与 $\sum\limits_{n=1}^{\infty} \pi_{ii}(n)$ 收敛是矛盾的。 □

下面的定理指出, 常返和瞬过是等价类性质, 即同一个等价类中的状态, 要么全是常返, 要么全是瞬过的。

定理 13.2.4 设 $i \leftrightarrow j$, 若 i 是常返的, 则 j 也为常返的。

证明: 因为 $i \leftrightarrow j$, 所以存在 m、n 使 $\pi_{ji}(m) > 0$ 和 $\pi_{ij}(n) > 0$。于是对任何 $h > 0$ 有

$$\pi_{jj}(m + h + n) \geqslant \pi_{ji}(m)\pi_{ii}(h)\pi_{ij}(n)$$

所以

$$\sum_{h=1}^{\infty} \pi_{jj}(m + h + n) \geqslant \sum_{h=1}^{\infty} \pi_{ji}(m)\pi_{ii}(h)\pi_{ij}(n) = \pi_{ji}(m)\pi_{ij}(n) \sum_{h=1}^{\infty} \pi_{ii}(h) = \infty$$

因此 $\sum\limits_{h=1}^{\infty} \pi_{jj}(h) = \infty$。所以, j 为常返状态。 □

下面的性质说明, 从任何一个状态出发, 到达一个瞬过状态的概率, 随着步数的增大而趋于零。

性质 13.2.2 若状态 j 是瞬过的, 则对任意 $i \in S$, 均有

$$\lim_{n \to \infty} \pi_{ij}(n) = 0$$

证明: 因为

$$\pi_{ij}(n) = \sum_{l=1}^{n} f_{ij}(l)\pi_{jj}(n-l) \leqslant \sum_{l=1}^{n'} f_{ij}(l)\pi_{jj}(n-l) + \sum_{l=n'+1}^{n} f_{ij}(l)$$

对于充分大的一个固定的 $n' < n$, 当 $n \to \infty$ 时, 上式两边取极限得

$$\lim_{n \to \infty} \pi_{ij}(n) \leqslant \sum_{l=n'+1}^{\infty} f_{ij}(l)$$

这是收敛级数的余项，故当 $n' \to \infty$ 时，有
$$\lim_{n \to \infty} \pi_{ij}(n) = 0$$

□

例 13.2.2 已知 Markov 过程有 4 个状态 $S = \{1,2,3,4\}$，它的一步状态转移矩阵为

$$\boldsymbol{\Pi} = \begin{bmatrix} 1/2 & 0 & 1/4 & 1/4 \\ 0 & 9/10 & 1/10 & 0 \\ 0 & 1/5 & 4/5 & 0 \\ 0 & 0 & 0 & 1 \end{bmatrix}$$

可以画出如图13.2.2所示的状态转移图。

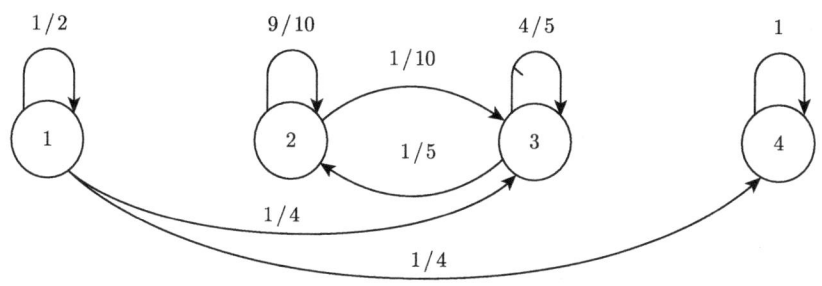

图 13.2.2　例13.2.2状态转移图

该 Markov 链的状态有三个等价类 $\{1\}$、$\{2,3\}$ 和 $\{4\}$，且 $\pi_{11}(n) = (1/2)^n$，所以

$$\sum_{n=1}^{\infty} \pi_{11}(n) = \frac{1}{2} + \left(\frac{1}{2}\right)^2 + \left(\frac{1}{2}\right)^3 + \cdots = 1 < \infty$$

因此，由定理知状态 1 是瞬过的。

若过程从状态 2 开始，则仅考虑由等价类 $\{2,3\}$ 两个状态组成的 Markov 链，其状态转移矩阵为

$$\boldsymbol{\Pi} = \begin{bmatrix} 9/10 & 1/10 \\ 1/5 & 4/5 \end{bmatrix}$$

计算可知

$$\pi_{22}(n) = \frac{2}{3} + \frac{1}{3}\left(\frac{7}{10}\right)^n$$

显然

$$\sum_{n=1}^{\infty} \pi_{22}(n) = \sum_{n=1}^{\infty} \left[\frac{2}{3} + \frac{1}{3}\left(\frac{7}{10}\right)^n\right] = \infty$$

所以，状态 2 是常返的。

(3) 状态空间分解

设 C 是 Markov 链的状态空间 S 的一个子集，即 $C \subseteq S$，如果对任意的状态 $i \in C$，状态 $j \notin C$，均有 $\pi_{ij}(1) = 0$，则称状态集合 C 为**闭集**。

用数学归纳法可以证明，若 C 是闭集，则对任意状态 $i \in C, j \notin C$，有 $\pi_{ij}(n) = 0$ 对任意正整数 n 成立。

闭集的特点是若一个 Markov 链进入闭集的某个状态，则以后将永远在该闭集的状态内转移，不会跑出该闭集。显然，整个状态空间组成一个最大的闭集。而若某状态是闭集，该状态是吸收状态，因为 Markov 链将停留在该状态。

定理 13.2.5　所有常返状态构成闭集。

证明：若状态 i 常返且 $i \to j$，则必有 $j \to i$，即 $i \leftrightarrow j$。这可以用反证法证明：若否，即 $j \not\to i$，则该链从状态 i 转移到 j 后再也不能转回到 i，这和 i 为常返状态矛盾。

又由常返是等价类性质知，j 也常返。以上说明一个链从常返状态只能到达常返状态，不能到达瞬过状态，即所有常返状态构成一个闭集。　□

定理 13.2.6 (状态空间分解定理)　状态空间 S 必可分解为

$$S = N \cup C_1 \cup C_2 \cup \cdots \cup C_k \cup \cdots$$

式中，N 是瞬过状态的集合；$C_1, C_2, \cdots, C_k, \cdots$ 是两两互不相交的由常返状态组成的闭集，且满足如下条件：

1) 对每个 k，C_k 内任意两个状态是互达的。
2) 对任意 $k \neq l$，以及任意 $i \in C_k$ 和 $j \in C_l$，i 和 j 互不可达。

证明：显然，可将状态空间中的状态按瞬过和常返分成两类 $S = N \cup C$。在 C 中任取一个状态 i_1，所有和 i_1 互达的状态组成一个集合，记为 C_1；若 $C \setminus C_1$ 非空，再从 $C \setminus C_1$ 中任取一个状态 i_2，凡与 i_2 互达的状态记为 C_2，如此继续，直到 $C \setminus C_1 \setminus C_2 \setminus \cdots \setminus C_k \setminus \cdots$ 为空集为止。显然，这样的状态分解满足条件 1) 和 2)。　□

例 13.2.3　设状态空间 $S = \{0, 1, 2, 3\}$ 的齐次 Markov 链的一步转移概率矩阵为

$$\boldsymbol{P} = \begin{bmatrix} 1/2 & 1/2 & 0 & 0 \\ 1/2 & 1/2 & 0 & 0 \\ 1/4 & 1/4 & 1/4 & 1/4 \\ 0 & 0 & 0 & 1 \end{bmatrix}$$

试对状态空间 S 进行分解。

解：可画出如图13.2.3所示的状态转移图。

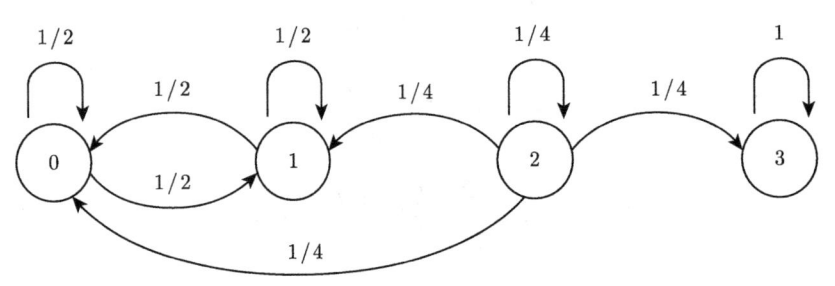

图 13.2.3　例13.2.3的状态转移图

由于 $\pi_{30} = \pi_{31} = \pi_{32} = 0$，$\pi_{33} = 1$，因此状态 3 是一个闭集，它是吸收状态。显然，由状态 3 不可能到达任何其他状态。又由于 $\sum\limits_{n=1}^{\infty} \pi_{33}(n) = \infty$，所以它为常返状态。

从状态 2 出发可以到达 0、1、3 三个状态。但从 0、1、3 三个状态的任一状态出发都不能到达状态 2。所以状态 0 和 1 都和状态 2 不互达。而状态 0 和 1 互达，故构成一个闭

集，它们是常返状态。又因为 $\sum_{n=1}^{\infty} \pi_{22}(n) = 1/3$，故状态 2 为瞬过状态。于是状态空间可分解为

$$S = \{2\} \cup \{0, 1\} \cup \{3\}$$

13.2.3 常返状态的性质

(1) 正常返和零常返

如果一个状态是常返的，则在 Markov 链的样本序列中，这个状态将无穷次地出现。虽然无穷次地出现，但存在两种情况：一种是返回自身所需要的步数为无穷大；一种是返回自身的步数是一个有限数。前者称为零常返，后者称为正常返。

对常返状态 i，定义 T_i 为首次返回状态 i 需要的步数。记 $m_i = E\{T_i\}$，则

$$m_i = \sum_{n=1}^{\infty} n f_{ii}(n) \tag{13.2.4}$$

显然，m_i 是首次返回状态 i 的期望步数，称为状态 i 的**平均常返时**。

若 $m_i = \infty$，称状态 i 是**零常返的**；当 $m_i < \infty$ 时，称状态 i 是**正常返的**。

零常返和正常返有以下判别定理。

定理 13.2.7 若状态 i 是常返状态，且平均常返时为 m_i，则

$$\lim_{n \to \infty} \pi_{ii}(n) = \frac{c}{m_i} \tag{13.2.5}$$

式中，c 是一个常数。因此，若 $\lim_{n \to \infty} \pi_{ii}(n) = 0$，则状态 i 是零常返；若 $\lim_{n \to \infty} \pi_{ii}(n) = C > 0$，则状态 i 是正常返的。

证明：证明作为练习完成。 □

下面的定理告诉我们，零常返状态只能出现在状态数无限的离散时间 Markov 链中，状态数有限的离散时间 Markov 链中只有正常返状态，不可能出现零常返状态。

定理 13.2.8 若 Markov 链的状态空间有限，则

1) 所有瞬过状态组成的集合不可能是闭集。
2) 没有零常返状态。
3) 必有正常返状态；故不可约有限状态 Markov 链只有正常返状态。
4) 其状态空间可分解为

$$S = N \cup C_1 \cup C_2 \cup \cdots \cup C_k$$

式中，N 是瞬过状态的集合；$C_i (i = 1, 2, \cdots, k)$ 是由正常返状态组成的互不相交的有限闭集。

证明：1) 用反证法。若 N 是闭集，由闭集的性质，对任何 $i \in N$ 有 $\sum_{j \in N} \pi_{ij}(n) = 1$。又因为 N 是由瞬过状态组成的有限集，因此 $\lim_{n \to \infty} \pi_{ij}(n) = 0$，于是有

$$0 = \sum_{j \in N} \lim_{n \to \infty} \pi_{ij}(n) = 1$$

这是一个矛盾。因此 N 不可能是闭集。

2) 用反证法。如果有某个零常返状态 i 存在，且它属于某个基本闭集 C_k，由闭集的性质知
$$\sum_{j \in C_k} \pi_{ij}(n) = 1 \tag{13.2.6}$$
又由于状态 $i, j \in C_k$，所以 $i \leftrightarrow j$。此外，当 i 为零常返状态时，j 也为零常返状态。由零常返判别定理知
$$\lim_{n \to \infty} \pi_{ij}(n) = 0$$
对式 (13.2.6) 两边令 $n \to \infty$，又因为 C_k 是有限集，因此有
$$0 = \sum_{j \in C_k} \lim_{n \to \infty} \pi_{ij}(n) = 1$$
这是一个矛盾。因此有限 Markov 链不可能存在零常返状态。

3) 由转移概率性质知
$$\sum_{j \in S} \pi_{ij}(n) = 1$$
因为 S 是有限集合，所以求和号与极限号可交换，于是
$$\lim_{n \to \infty} \sum_{j \in S} \pi_{ij}(n) = \sum_{j \in S} \lim_{n \to \infty} \pi_{ij}(n) = 1$$
这说明不可能对一切的 j 都有 $\lim_{n \to \infty} \pi_{ij}(n) = 0$。设对状态 k 有
$$\lim_{n \to \infty} \pi_{ik}(n) \neq 0$$
那么状态 k 就是正常返的。

4) 由前面的分解定理显然可得。 □

(2) 常返状态的周期

设 i 为 Markov 链的一个常返状态，使 $\pi_{ii}(n) > 0$ 的所有 n 的最大公约数称作状态 i 的周期，记为 $d(i)$。若对所有 $n \geqslant 1$，都有 $\pi_{ii}(n) = 0$，则约定 i 的周期为 ∞；若 $d(i) = 1$，则称状态 i 为非周期的。

周期性的概念揭示了常返状态返回自身的周期规律。例如，过程从状态 i 出发，若只有当 $n = 2, 4, 6, \cdots$ 时，过程有可能返回状态 i，那么 $2, 4, 6, \cdots$ 的最大公约数 2 是状态 i 的周期。若 i 是周期为 $d(i)$ 的状态，则当且仅当 $n \in \{0, d(i), 2d(i), 3d(i), \cdots\}$ 时，才存在 $\pi_{ii}(n) > 0$；或者说，对任意 $n \notin \{0, d(i), 2d(i), 3d(i), \cdots\}$，则 $\pi_{ii}(n) = 0$。

例 13.2.4 Markov 链有一步状态转移矩阵为
$$\boldsymbol{\Pi} = \begin{bmatrix} 0 & 1 & 0 & 0 \\ 0 & 0 & 1 & 0 \\ 0 & 0 & 0 & 1 \\ 1/2 & 0 & 1/2 & 0 \end{bmatrix}$$
试求状态 1 的周期。

解：状态转移图如图13.2.4所示。直接计算可得 $\pi_{11}(1) = \pi_{11}(2) = \pi_{11}(3) = \pi_{11}(5) = \pi_{11}(2n+1) = 0$；而 $\pi_{11}(4) = 1/2$, $\pi_{11}(6) = 1/4$, $\pi_{11}(8) = 3/8$, $\cdots$，而 $\{4, 6, 8, \cdots\}$ 的最大公约数为 2，所以 $d(1) = 2$。

上例中其他状态的周期是多少呢？事实上，周期性是整个等价类所具有的性质。即处于同一个等价类的状态具有相同的周期。这样，只需计算等价类中的一个元素的周期，即得整个等价类中的所有元素的周期。下面来证明该结论。

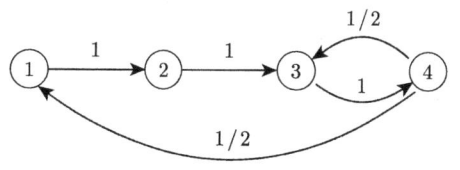

图 13.2.4　例 13.2.4 的状态转移图

定理 13.2.9　若 $i \leftrightarrow j$，则 $d(i) = d(j)$。

证明：由 $i \leftrightarrow j$ 知，存在 m, n 使得 $\pi_{ji}(m) > 0$ 和 $\pi_{ij}(n) > 0$。由 Chapman-Kolmogorov 方程知

$$\pi_{jj}(n+m) \geqslant \pi_{ji}(m)\pi_{ij}(n) > 0$$

设有 $k > 0$ 使得 $\pi_{ii}(k) > 0$，则同样由 Chapman-Kolmogorov 方程知

$$\pi_{jj}(m+k+n) \geqslant \pi_{ji}(m)\pi_{ii}(k)\pi_{ij}(n) > 0$$

由定义知，$d(j)$ 必同时整除 $m+n$ 和 $m+k+n$。所以，$d(j)$ 必整除 k。而 $d(i)$ 能整除使 $\pi_{ii}(k) > 0$ 的所有 k 的数中最大的数，因而 $d(j)$ 必可整除 $d(i)$。

同样的道理，$d(i)$ 也可整除 $d(j)$。因此 $d(i) = d(j)$。　□

下面讨论周期性的基本性质。

性质 13.2.3　若状态 i 有周期 $d(i)$，则存在整数 M，使得对所有 $n > M$ 恒有 $\pi_{ii}[nd(i)] > 0$。

证明：该性质的证明主要依赖于一个数论上的事实，即若正整数 $n_1, n_2, \cdots, n_k$ 的最大公约数为 d，则存在正整数 M，使得对所有 $n > M$，都能找到非负整数 c_i，使得

$$nd = \sum_{i=1}^{k} c_i n_i$$

对状态 i，令 $n_1, n_2, \cdots, n_k$ 是使 $\pi_{ii}(n_1), \cdots, \pi_{ii}(n_k) > 0$ 的正整数，由周期的定义知，$d(i)$ 是它们的最大公约数。由上述数论中的结论可知，对任意 $n > M$ 有

$$\pi_{ii}[nd(i)] = \pi_{ii}\left(\sum_{j=1}^{k} c_j n_j\right) \geqslant \prod_{j=1}^{k} \left[\pi_{ii}(n_j)\right]^{c_j} > 0$$

性质证毕。　□

(3) 常返状态的遍历

在 Markov 链中，若 i 是非周期的正常返状态，则称 i 是**遍历的**。显然，一个非周期的不可约 Markov 链，如果有一个状态是正常返的，则它的所有状态都是遍历的。

下列定理留作练习。

定理 13.2.10　若状态 i 是遍历的，则有

$$\lim_{n \to \infty} \pi_{ii}(n) = \frac{1}{m_i} > 0 \tag{13.2.7}$$

若状态 t 是周期为 d 的正常返状态，则

$$\lim_{n \to \infty} \pi_{ii}(n) = \frac{d}{m_i} \tag{13.2.8}$$

式中，m_i 为平均常返时。

下面的定理描述了遍历状态的性质。

定理 13.2.11 若不可约 Markov 链的所有状态 $1, 2, \cdots$ 都是遍历的，另外 $\lim\limits_{n\to\infty} \pi_{ij}(n)$ 存在且与 i 独立，则 $p_j = \lim\limits_{n\to\infty} \pi_{ij}(n)$，$k = 1, 2, \cdots$，是下列方程组的唯一非负解

$$\begin{cases} p_j = \sum_{i=1}^{\infty} \pi_{ij} p_i \\ \sum_{j=1}^{\infty} p_j = 1 \end{cases} \tag{13.2.9}$$

证明：若所有状态都是遍历的，则由定理13.2.7知，对所有状态，极限

$$\lim_{n\to\infty} \pi_{ij}(n) = \frac{1}{m_j}$$

都存在。由 Chapman-Kolmogorov 方程

$$\varpi_{ij}(n) = \sum_{k=1}^{\infty} \pi_{ik}(n-1) \pi_{kj}(1)$$

知

$$\frac{1}{m_j} = \sum_{k=1}^{\infty} \frac{1}{m_k} \pi_{kj}(1)$$

又由 $\sum_{j=1}^{N} \pi_{ij}(n) = 1$ 知

$$\sum_{j=1}^{\infty} \frac{1}{m_j} = 1$$

由此可见，$(1/m_1, \cdots, 1/m_n, \cdots)$ 实际上是该 Markov 链的平稳状态概率矢量，因此 $p_j = 1/m_j$。 □

例 13.2.5 考虑只有两个状态 $\{1, 2\}$ 的 Markov 链 X_n。其状态转移矩阵为

$$\boldsymbol{\Pi} = \begin{bmatrix} 1-\alpha & \alpha \\ \beta & 1-\beta \end{bmatrix}, \quad 0 < \alpha, \beta < 1$$

显然该 Markov 链是不可约的。此外，解得其平稳状态概率矢量为

$$\boldsymbol{P} = (p_1, p_2) = \left(\frac{\beta}{\alpha+\beta}, \frac{\alpha}{\alpha+\beta} \right)$$

因此，知道该链的所有状态是遍历的，且

$$\lim_{n\to\infty} \pi_{11}(n) = \lim_{n\to\infty} \pi_{21}(n) = \frac{\beta}{\alpha+\beta}$$
$$\lim_{n\to\infty} \pi_{12}(n) = \lim_{n\to\infty} \pi_{22}(n) = \frac{\alpha}{\alpha+\beta}$$

事实上，上式也可通过直接的计算得到验证。令

$$\boldsymbol{A} = \begin{bmatrix} \beta & \alpha \\ \beta & \alpha \end{bmatrix}, \quad \boldsymbol{B} = \begin{bmatrix} \alpha & -\alpha \\ -\beta & \beta \end{bmatrix}$$

因此
$$\boldsymbol{\Pi} = \frac{1}{\alpha+\beta}\boldsymbol{A} + \frac{1-\alpha-\beta}{\alpha+\beta}\boldsymbol{B}$$

由归纳法可以证明
$$\boldsymbol{\Pi}^n = \frac{1}{\alpha+\beta}\boldsymbol{A} + \frac{(1-\alpha-\beta)^n}{\alpha+\beta}\boldsymbol{B}$$

这是因为
$$\begin{aligned}\boldsymbol{\Pi}^n\boldsymbol{\Pi} &= \frac{1}{\alpha+\beta}[\boldsymbol{A}+(1-\alpha-\beta)^n\boldsymbol{B}]\boldsymbol{\Pi} \\ &= \frac{1}{\alpha+\beta}[\boldsymbol{A}\boldsymbol{\Pi}+(1-\alpha-\beta)^n\boldsymbol{B}\boldsymbol{\Pi}] \\ &= \frac{1}{\alpha+\beta}[\boldsymbol{A}+(1-\alpha-\beta)^{n+1}\boldsymbol{B}]\end{aligned}$$

又由 $0<\alpha,\beta<1$ 知
$$\lim_{n\to\infty}|1-\alpha-\beta|^n = 0$$

所以
$$\lim_{n\to\infty}\boldsymbol{\Pi}^n = \frac{1}{\alpha+\beta}\begin{bmatrix}\beta & \alpha \\ \beta & \alpha\end{bmatrix}$$

这和通过定理直接求极限所得的结果是一致的。

习题 13.2

13.2.1 画出具有下列状态转移矩阵的 Markov 链的状态转移图，并给出该 Markov 链的等价类，指出它们是常返的还是瞬过的，写出状态分解：

(a) $\begin{pmatrix}0 & 1 & 0 \\ 1/2 & 0 & 1/2 \\ 1 & 0 & 0\end{pmatrix}$ (b) $\begin{pmatrix}1 & 0 & 0 \\ 0 & 0 & 1 \\ 0 & 1 & 0\end{pmatrix}$

(c) $\begin{pmatrix}0 & 1/2 & 1/2 & 0 \\ 0 & 0 & 1 & 0 \\ 0 & 0 & 1 & 0 \\ 1 & 0 & 0 & 0\end{pmatrix}$ (d) $\begin{pmatrix}1/2 & 1/2 & 0 & 0 \\ 1 & 0 & 0 & 0 \\ 1/2 & 0 & 1/4 & 1/4 \\ 0 & 1/4 & 1/4 & 1/2\end{pmatrix}$

13.2.2 设齐次 Markov 链的转移矩阵为
$$\boldsymbol{P} = \begin{bmatrix}1/3 & 1/3 & 1/3 & 0 \\ 1/2 & 1/2 & 0 & 0 \\ 1/4 & 1/4 & 0 & 1/2 \\ 0 & 1/2 & 0 & 1/2\end{bmatrix}$$

1) 问该 Markov 链有几个状态？分别判定它们是常返的还是瞬过的。
2) 试给出所有状态的分解。

13.2.3 设 $X[n]$ 是状态有限的 Markov 链，试证明：任何常返状态必定是正常返的。

13.2.4 考虑状态集 $\{0,1,\cdots,M\}$ 上的随机游走，设状态转移概率为
$$\pi_{01}=1, \pi_{M,M-1}=1, p_{i,i-1}=q, \pi_{i,i+1}=p, \quad i=1,2,\cdots,M-1$$
试求每个状态的周期，并求 $n\to\infty$ 时 $\pi_{ii}(n)$ 的极限。

13.2.5 在上题中，若有 $\pi_{01}=p, \pi_{00}=q, \pi_{M,M-1}=q, \pi_{MM}=p$，其他状态转移概率不变，试对上题的问题求解。

13.3 常见离散时间 Markov 链

本节介绍一些常见的离散时间 Markov 链,包括嵌入 Markov 链、分支 Markov 过程、Markov 决策过程、隐 Markov 链等。

13.3.1 嵌入 Markov 链

设 $X(t)$ 是定义于时间区间 $[0,\infty)$ 上的离散状态的随机过程,则一般来说 $X(t)$ 不一定是一个连续时间 Markov 过程,即任意取时间点 $t_{n-1} < t_n < t_{n+1}$,式 (13.3.1) 不一定成立

$$P\{X(t_{n+1}) = s_{n+1} | X(t_n) = s_n\}$$
$$= P\{X(t_{n+1}) = s_{n+1} | X(t_n) = s_n, X(t_{n-1}) = s_{n-1}\} \quad (13.3.1)$$

但是,存在一些特殊的时间点 $t_1, t_2, \cdots$,使式 (13.3.1) 成立,这是可能的。

设 $X(t)$ 是定义于时间区间 $[0,\infty)$ 上的离散状态的随机过程,若存在时间点序列 $\{t_n\}_{n=1}^{\infty}$,使得在这些点上的取样序列 $\{X(t_n)\}_{n=1}^{\infty}$ 是一个离散时间 Markov 链,即有式 (13.3.1) 成立,则称取样序列 $\{X(t_n)\}_{n=1}^{\infty}$ 为随机过程 $X(t)$ 的**嵌入 Markov 过程**。时间点 $\{t_n\}_{n=1}^{\infty}$ 称为**再生点**或**嵌入点**。

嵌入 Markov 链可以使人们用一个离散时间 Markov 链去分析一个时间连续的非 Markov 型的随机过程。这在排队论中有着非常广泛的应用。

例 13.3.1 若 $X(t)$ 是 Markov 链,则任意时刻的采样序列都是嵌入 Markov 过程。一个连续时间 Markov 过程 $X(t)$ 可以和一个离散时间 Markov 过程 X_n 及一个时间随机变量序列 $T[n]$ 相对应,其中 X_n 是一个取值于状态集 S 的 Markov 链,$T[n]$ 是一个服从指数分布的随机变量序列且 $T[0] = 0$,将 $T[n]$ 前后相接。$X(t)$ 在时间段 $\left[\sum_{k=0}^{n-1} T[k], T[n] + \sum_{k=1}^{n-1} T[k]\right]$ 内的取值为 X_n,若 $X_n = i$,则 $T[n] = T_i$ 且 T_i 服从指数分布。显然 X_n 为 $X(t)$ 的嵌入 Markov 链。

例 13.3.2 在 G/M/1 排队系统中,顾客的到达是一个任意分布的离散状态的随机过程,而窗口 (一个) 对任意一个顾客的服务时间是指数分布的随机变量,离去过程是一个 Markov 过程。设在任意时刻的排队顾客数为 $X(t)$,由于到达过程的一般性,$X(t)$ 一般不是 Markov 过程,因而 G/M/1 排队问题的解决变得困难。然而,若选择时间点 t_n 为第 n 个顾客的到达时刻,$X(t_n)$ 为系统中的排队顾客数,则由于在时间 $t_n - t_{n-1}$ 的间隔内系统人数的减少完全取决于无后效性的指数服务时间规律,可以证明 $X(t_n)$ 是一个 Markov 链。因此,在时点 t_n 的取样 $X(t_n)$ 是一个嵌入 Markov 链。

例 13.3.3 在 M/G/1 排队系统中,顾客的离去是一个任意分布的离散状态的随机过程,即窗口 (一个) 对任意一个顾客的服务时间是任意分布的随机变量,而到达过程是一个 Markov 过程。设在任意时刻的排队顾客数为 $X(t)$,则由于离去过程的一般性,$X(t)$ 一般不是 Markov 过程,因而 M/G/1 排队问题的解决变得困难。然而,若选择时间点 t_n 为第 n 个顾客的离去时刻,$X(t_n)$ 为系统中的排队顾客数,则由于在时间 $t_n - t_{n-1}$ 的间隔内系统人数的增加完全取决于无后效性的指数到达规律,可以证明 $X(t_n)$ 是一个 Markov 链。因此,在时点 t_n 的取样 $X(t_n)$ 是一个嵌入 Markov 链。

13.3.2 分支 Markov 过程

分支 Markov 过程，简称**分支过程**，是一类离散时间 Markov 链，在生物学、社会学以及工程科学中，有着广泛的应用，其定义如下，X_n 表示第 n 代个体的数量，$n = 0, 1, 2, \cdots$，X_n 按照如下法则得到：X_n 中的所有个体相互独立地以概率 q_j 产生 j 个后代，$j \geqslant 0$，个体一旦产生后代后即灭亡；第 n 代个体产生的后代构成第 $n+1$ 代个体。第 n 代个体产生的后代以及后代的后代组成的集合称为一个家族。

定理 13.3.1 对于 $q_0 > 0$ 分支过程，在 $n \to \infty$ 时，总体或者灭绝，或者趋于无穷。

证明：由于 $\pi_{00} = 1$，所以 0 必是常返状态。此外，若 $q_0 > 0$，则其他状态都是暂态，这是因为 $\pi_{i0} = q_0^i$，它表明开始有 i 个个体时存在一个至少为 q_0^i 的正概率使得最终不再有后代。此外，由于暂态的任意有限集 $\{1, 2, \cdots, n\}$ 只能被有限次地访问，这就得到了定理的结论。 □

定理 13.3.2 记单个个体产生后代数的均值和方差分别为

$$\mu = \sum_{j=0}^{\infty} j q_j, \quad \sigma^2 = \sum_{j=0}^{\infty} (j - \mu)^2 q_j$$

则有

$$E\{X_n | X_{n-1}\} = X_{n-1} \mu \tag{13.3.2}$$

$$\mathrm{Var}\{X_n | X_{n-1}\} = X_{n-1} \sigma^2 \tag{13.3.3}$$

$$\mathrm{Var}\{X_n\} = \begin{cases} \sigma^2 \mu^{n-1} \left(\dfrac{1 - \mu^n}{1 - \mu} \right), & \mu \neq 1 \\ n \sigma^2, & \mu = 1 \end{cases} \tag{13.3.4}$$

证明：留给读者作为练习完成（习题13.3.1）。 □

定理 13.3.3 设 $X_0 = 1$，记总体最终必定灭绝的概率为 π_0，即

$$\pi_0 = \lim_{n \to \infty} P\{X_n = 0 | X_0 = 1\}$$

则 π_0 是下列方程的最小正解：

$$\pi_0 = \sum_{j=0}^{\infty} \pi_0^j q_j \tag{13.3.5}$$

证明：首先，若 $\mu < 1$，则 $\pi_0 = 1$，这是因为

$$\mu^n = E\{X_n\} = \sum_{j=1}^{\infty} j P\{X_n = j\} \geqslant \sum_{j=1}^{\infty} 1 \times P\{X_n = j\} = P\{X_n \geqslant j\}$$

当 $\mu < 1$ 时，$\mu^n \to 0$，所以 $P\{X_n \geqslant j\} \to 0$，因此 $P\{X_n = 0\} \to 1$。

此外，当 $\mu = 1$ 时也可以证明 $\pi_0 = 1$。当 $\mu > 1$ 时有 $\pi_0 < 1$，且有

$$\pi_0 = P\{总体灭绝\} = \sum_{j=0}^{\infty} P\{总体灭绝 | X_1 = j\} q_j$$

给定 $X_1 = j$，总体最终灭绝当且仅当从第一代个体开始的 j 个家族中的每一个都灭绝。由于每个家族假定为独立行动，并且由于每个特殊家族灭绝的概率正是 π_0，这就导致

$$P\{总体灭绝 | X_1 = j\} = \pi_0^j$$

从而 π_0 满足式 (13.3.5)。 □

13.3.3 Markov 决策过程

Markov 决策过程 X_n 取值于 M 个状态：$1, 2, \cdots, M$，它按照如下规则在状态间转移，即如果过程 X_n 在时刻 n 处在状态 i，此时需要在动作集 A 中选择一个动作 a，X_n 在 $n+1$ 时刻转移到 j 的概率取决于 i 和 a，记为 $\pi_{ij}(a)$。由于下一个时刻转移到下一个状态的概率只和当前状态以及当前动作有关，与以前的状态和动作无关，所以 X_n 是一个 Markov 链。实际上，Markov 决策过程与传统 Markov 非决策过程的差别只在于转移概率与动作 a 有关。

将 Markov 决策过程选择动作的规则称为**策略**。下面的随机选择策略是常见的策略选择方法，随机选择策略的基本原则如下：

1) 在时刻 n 所选择的动作只与当前状态 i 有关，不依赖于 n 之前的任何状态；
2) 以概率 $\beta_i(a)$ 选取动作集 A 中的动作 a，$\beta_i(a)$ 满足 $\sum_{a \in A} \beta_i(a) = 1$ 和 $0 \leqslant \beta_i(a) \leqslant 1$。

因为策略决定下面的概率集合：

$$\beta = \{\beta_i(a) | a \in A, i = 1, 2, \cdots, M\}$$

所以索性直接将上述集合称为策略。

在给定策略 β 的条件下，X_n 当然是一个 Markov 链，其转移概率 $\pi_{ij}(\beta)$ 为

$$\pi_{ij}(\beta) = P_\beta\{X_{n+1} = j | X_n = i\} = \sum_{a \in A} \pi_{ij}(a) \beta_i(a) \tag{13.3.6}$$

用 p_{ia} 表示在使用了策略 β 时，过程在状态 i 并且选取动作 a 时的极限概率，即

$$p_{ia} = \lim_{n \to \infty} P_\beta\{X_n = i, a_n = a\}$$

式中，a_n 是在 n 时刻的动作序列，则 p_{ia} 显然满足下面三个条件：

1) 对所有 $i = 1, 2, \cdots, M$ 和 $a \in A$，都有 $p_{ia} \geqslant 0$；
2) $\sum_{i=1}^{M} \sum_{a \in A} p_{ia} = 1$；
3) 对所有 $j = 1, 2, \cdots, M$ 有 $\sum_{a \in A} p_{ja} = \sum_{i=1}^{M} \sum_{a \in A} p_{ia} \pi_{ij}(a)$。

定理 13.3.4 假设决策 Markov 链的每个状态都是遍历的，给定任意一个策略 β，存在一个满足上述三个条件的向量 $\boldsymbol{p} = (p_{ia})$，$p_{ia}$ 等于使用策略 β 时过程在状态 i 并且动作 a 时的稳态概率；反之，对于满足上述三个条件的任意向量 $\boldsymbol{p} = (p_{ia})$，也存在策略 β，使得选用该策略之后，过程在状态 i 并且选取动作 a 时的稳态概率等于 p_{ia}。

证明： 在 β 给定时，存在 p_{ia} 的证明，由前面遍历过程的定理可知成立；反过来，若给定 p_{ia}，则定义

$$\beta_i(a) = \frac{p_{ia}}{\sum_{a \in A} p_{ia}}$$

即可得策略 β。 □

假设 $R(i, a)$ 是在状态 i 并且选择动作 a 时赚得的报酬，则使平均报酬达到最大化的策略应该是下列优化问题的解：

第 13 章 离散时间 Markov 链

$$\max_{\boldsymbol{p}=(p_{ia})} \sum_i \sum_a p_{ia} R(i,a)$$

$$\text{s.t.} \quad p_{ia} \geqslant 0, \forall i, a$$

$$\sum_{i=1}^M \sum_{a \in A} p_{ia} = 1$$

$$\sum_{a \in A} p_{ja} = \sum_{i=1}^M \sum_{a \in A} p_{ia} \pi_{ij}(a), \forall j$$

上述问题是一个线性规划问题。

13.3.4 隐 Markov 链

假设有一个可观测的现象（或信号）集合 S 以及不可观测的离散时间 Markov 链 X_n，$n \geqslant 0$，若 Markov 链 X_n 在时刻 n 进入状态 j，则现象（或信号）序列 S_n 发生 s 的概率为

$$p(s|j) = P\{S_n = s | X_n = j\}, \quad \sum_{s \in S} p(s|j) = 1$$

且满足

$$p(s|j) = P\{S_n = s | X_n = j\} = P\{S_n = s | X_n = j; X_{n-1}, S_{n-1}; \cdots ; X_1, S_1\} \qquad (13.3.7)$$

此时称离散时间 Markov 链为**隐 Markov 链**。

令 $\boldsymbol{S}_n = (S_1, \cdots, S_n)$，$\boldsymbol{s}_n = (s_1, \cdots, s_n)$，$F_n(j) = P\{\boldsymbol{S}_n = \boldsymbol{s}_n, X_n = j\}$，则在给定 $\boldsymbol{S}_n = \boldsymbol{s}_n$ 的条件下 $X_n = j$ 的条件概率为

$$P\{X_n = j | \boldsymbol{S}_n = \boldsymbol{s}_n\} = \frac{P\{\boldsymbol{S}_n = \boldsymbol{s}_n, X_n = j\}}{P\{\boldsymbol{S}_n = \boldsymbol{s}_n\}} = \frac{F_n(j)}{\sum_i F_n(i)}$$

此外

$$\begin{aligned}
F_n(j) &= P\{\boldsymbol{S}_{n-1}, S_n = s_n, X_n = j\} \\
&= \sum_i P\{\boldsymbol{S}_{n-1}, X_{n-1} = i, X_n = j, S_n = s_n\} \\
&= \sum_i F_{n-1}(i) P\{X_n = j, S_n = s_n | \boldsymbol{S}_{n-1} = \boldsymbol{s}_{n-1}, X_{n-1} = i\} \\
&= \sum_i F_{n-1}(i) P\{X_n = j, S_n = s_n | X_{n-1} = i\} \\
&= \sum_i F_{n-1}(i) \pi_{ij} p(s_n|j) \\
&= p(s_n|j) \sum_i F_{n-1}(i) \pi_{ij}
\end{aligned}$$

即

$$F_n(j) = p(s_n|j) \sum_i F_{n-1}(i) \pi_{ij} \qquad (13.3.8)$$

通过上面的递推式以及以下初始条件:
$$F_1(i) = p_i P(s_1|i) \tag{13.3.9}$$
就可以确定函数 $F_2(i), F_3(i), \cdots, F_n(i)$，于是有
$$P\{\boldsymbol{S}_n = \boldsymbol{s}_n\} = \sum_i F_n(i) \tag{13.3.10}$$

习题 13.3

13.3.1 完成分支过程的定理13.3.2的证明。

13.4 信息与通信系统中的两个应用例子

13.4.1 Aloha 传输协议分析

考察一个通信设备，在每个时间段 $n = 1, 2, \cdots$ 到达的数据包个数是独立同分布的，记到达 i 个数据包的概率为 α_i，并假设 $\alpha_0 + \alpha_1 < 1$。每个到达的数据包将在它到达的时间段结束时被传送。

1) 如果此时恰好只有一个数据包需要传送，那么这个传送就可以成功进行，此数据包即可从等待序列中清除。

2) 如果此时有两个或更多的数据包同时需要传送，那么认为发生了碰撞，此时发生碰撞的这些数据包就被保留在系统中，并在另外附加的一个时段内独立地以概率 p 被传送。

这就是所谓的 **Aloha 传输协议**。

以 X_n 记在第 n 个时段开始时设备中的数据包的个数，显然 $X_n, n \geqslant 0$ 是一个 Markov 链。定义
$$I_k = \begin{cases} 1, & \text{若链首次离开状态 } k \text{ 时直接到状态 } k-1 \\ 0, & \text{其他情形} \end{cases}$$
则有
$$E\left\{\sum_{k=0}^{\infty} I_k\right\} = \sum_{k=0}^{\infty} P\{I_k = 1\} \leqslant \sum_{k=0}^{\infty} P\{I_k = 1 | \text{最终到达} k\} \tag{13.4.1}$$
式中，$P\{I_k = 1 | \text{最终到达} k\}$ 是离开状态 k 后下一个状态是 $k-1$ 的概率，即给定它不回到 k 的条件下，从 k 到 $k-1$ 传送的条件概率，所以
$$P\{I_k = 1 | \text{最终到达} k\} = \frac{\pi_{k,k-1}}{1 - \pi_{kk}}$$
显然有
$$\pi_{k,k-1} = \alpha_0 k p (1-p)^{k-1}, \quad \pi_{kk} = \alpha_0 [1 - kp(1-p)^{k-1}] + \alpha_1 (1-p)^k$$
这是因为，如果某时段内有 k 个数据包出现，则

1) 下一个时段有 $k-1$ 个数据包，如果这个数据包内没有新数据包到达，则在此 k 个数据包中恰有一个被传送；

2) 下一个时段有 k 个数据包：①没有新数据包到达，在此 k 个数据包中并不是恰有一个被传送；②恰有一个新数据包，它自动被传送，而在另外 k 个数据包中没有被传送的。

于是将上式代入式 (13.4.1) 得到

$$E\left\{\sum_{k=0}^{\infty} I_k\right\} = \sum_{k=0}^{\infty} \frac{\alpha_0 kp(1-p)^{k-1}}{1-\alpha_0[1-kp(1-p)^{k-1}]-\alpha_1(1-p)^k} < \infty$$

$E\left\{\sum_{k=0}^{\infty} I_k\right\} < \infty$ 说明 $\sum_{k=0}^{\infty} I_k < \infty$ 的概率为 1。这意味着 Aloha 系统只有有限个成功传送的概率为 1。

13.4.2 停 - 等 ARQ 系统分析

停 - 等 (stop-and-wait) ARQ **差错控制**是通信系统中一类重要的差错控制方法，其差错控制机制可以用离散时间 Markov 链进行描述。

(1) 工作机制

停 - 等 ARQ 差错控制的基本原理如下：发送端发送一个码字后便停止发送，等待回执信号的到达。如果接收到收端返回的应答是 ACK，则表示接收端已经正确接收，则继续发送下一个码字；若接收到收端返回的应答是 NACK，表示接收端未正确接收，则将继续重发原来的码字，直到返回 ACK 为止。

在停 - 等 ARQ 差错控制系统中，接收端收到发送端发送的码字有三种可能，A：正确接收；B：出现可检错误；C：出现不可检错误。假设这三种可能的概率分别为 P_A、P_B、P_C，则有 $P_A + P_B + P_C = 1$。

但在接收端，在出现 A 和 C 两种情况下，由于接收端已经对符号进行判决，认为已经正确接收，所以接收端将返回 ACK 回执；而在 B 情况下，接收端确信没有正确接收，所以将返回 NACK 回执。

接收端回复发送端的信号有两种可能：ACK 和 NACK，用 X 表示"回复信号被正确接收"，Y 表示"回复信号被错误接收"，其事件 X 和 Y 概率分别为 P_X 和 P_Y，则 $P_X + P_Y = 1$。

(2) 状态的定义

这样，可以用如下七个状态所定义的离散时间 Markov 链来描述停-等 ARQ 系统的传输状态。

1) 状态 0：表示系统发送一个新码字。

2) 状态 1：表示系统发生事件 AX，即接收端正确接收，回复 ACK，且发送端正确收到回执 ACK；这一事件将导致系统发送新的码字。

3) 状态 2：表示系统发生事件 AY，即接收端正确接收，回复 ACK，但由于反向信道的传输错误，发送端收到回执 NACK；这一事件的发生会造成码字重传，于是会导致"加字"或"正确接收"两种可能，到底是哪一种还要取决于后续事件的发生。

4) 状态 3：表示系统发生事件 BX，由于接收端收到"可检错误码字"，形成回执 NACK，该信号通过反向信道时没有出错，发送端正确收到 NACK 后，将重发上一码字；这属于正常重发。

5) 状态 4：表示系统发生事件 BY，由于接收端收到"可检错误码字"，形成回执 NACK，但由于反向信道的传输错误，发送端收到 ACK 回复，致使发送端发送下一个码字。这种情形，由于接收端没有收到正确码字就转发下一个码字，结果导致漏字。

6) 状态 5：表示系统发生事件 CX，接收端收到"不可检错误码字"，但误认为正确接收，形成回执 ACK，发送端正确接收到 ACK 后，将继续发送新码字。这一事件将导致误字。

7) 状态 6：表示系统发生事件 CY，接收端收到"不可检错误码字"，但误认为正确接收，形成回执 ACK，由于反向传输的错误，发送端收到 NACK，于是将重发原来的码字，这将导致加字和误字，到底哪一种将发生还取决于后续事件的发生。

(3) 状态转移概率

状态 1~6 所代表事件的发生概率分别为

$$f_1 = P_A P_X, \quad f_2 = P_A P_Y, \quad f_3 = P_B P_X, \quad f_4 = P_B P_Y, \quad f_5 = P_C P_X, \quad f_6 = P_C P_Y$$

仔细分析可以发现以下几点：

1) 从状态 1~6 中的任何一种状态转移到 0 状态的转移概率要么是 1，要么是 0。
2) 从状态 0 转移到状态 1~6 的转移概率分别为 f_1、f_2、f_3、f_4、f_5、f_6。
3) 在状态 1~6 范围内，从任何一种状态转移到状态 i 的转移概率要么为 f_i，要么为 0，$i = 1, 2, \cdots, 6$。

进一步分析可得到该齐次 Markov 链的一步状态转移矩阵为

$$\boldsymbol{\Pi} = \begin{pmatrix} 0 & f_1 & f_2 & f_3 & f_4 & f_5 & f_6 \\ 1 & 0 & 0 & 0 & 0 & 0 & 0 \\ 0 & f_1 & f_2 & f_3 & f_4 & f_5 & f_6 \\ 0 & f_1 & f_2 & f_3 & f_4 & f_5 & f_6 \\ 1 & 0 & 0 & 0 & 0 & 0 & 0 \\ 1 & 0 & 0 & 0 & 0 & 0 & 0 \\ 0 & f_1 & f_2 & f_3 & f_4 & f_5 & f_6 \end{pmatrix} \tag{13.4.2}$$

(4) Markov 链

该 Markov 链起始工作时处于 0 状态，即 $X(0) = 0$。从 0 状态转移到其他状态，则系统发送一个新码字。从 $i \neq 0$ 状态一步转移到 0 状态，则系统发完一个码字。从 $i \neq 0$ 一步转移到 $j \neq 0$ 状态，则系统重发已经发送的码字。

如果在一个状态序列中 $X(0) = 0$，$X(n) = 0$，并且在此序列中 0 状态出现了 i 次，$i \geqslant 2$，则共发送了 $i - 1$ 个新码字。

下面通过离散时间 Markov 链来求停-等 ARQ 系统的正确接收概率、误字率、漏字率、加字率以及系统的平均重传次数。

当系统处于状态 3 时，都将正常重发，该重发对系统的正确接收、误字、加字和漏字都不会产生直接的影响，所以可以将状态 3 合并到其他状态中，并修改转移概率，这样可使问题简化。

通过观察可知，当 $i = 0, 2, 6$ 时，有 $\pi_{i3} = f_3$，当 $j \neq 0$ 时，有 $\pi_{3j} = f_j$，所以对这些状态有 $\pi_{ij} = f_j$。

用 π'_{ij} 表示将状态 3 合并到其他状态之后的一步转移概率,则

$$\pi'_{ij} = \pi_{ij} + P\{\text{从 } i \text{ 仅经过状态 3 转移到 } j\}$$

$$= f_j + \sum_{m=1}^{\infty} P\{X(k) = i, \overbrace{X(k+1) = 3, \cdots, X(k+m) = 3}^{m}, X(k+m+1) = j\}$$

$$= f_j + \sum_{m=1}^{\infty} f_3^m f_j = \frac{f_j}{1 - f_3} \stackrel{\text{Def}}{=} f'_j$$

1) 系统正确接收概率。当 Markov 链中出现如下两个事件时,则停-等 ARQ 系统正确接收:

$$\{X(k) = 0, X(k+1) = 1, X(k+2) = 0\}$$
$$\{X(k) = 0, X(k+1) = 2, X(k+2) = 4, X(k+3) = 0\}$$

所以,正确接收概率为

$$P_c = P\{X(k) = 0, X(k+1) = 1, X(k+2) = 0\}$$
$$+ P\{X(k) = 0, X(k+1) = 2, X(k+2) = 4, X(k+3) = 0\}$$
$$= f'_1 + f'_2 f'_4 = \frac{f_1(1 - f_3) + f_2 f_4}{(1 - f_3)^2} \tag{13.4.3}$$

2) 系统误字率。误字率是下列两个事件的概率:

$$\{X(k) = 0, X(k+1) = 5, X(k+2) = 0\}$$
$$\{X(k) = 0, X(k+1) = 6, X(k+2) = 4, X(k+3) = 0\}$$

所以,误字率为

$$P_e = P\{X(k) = 0, X(k+1) = 5, X(k+2) = 0\}$$
$$+ P\{X(k) = 0, X(k+1) = 6, X(k+2) = 4, X(k+3) = 0\}$$
$$= f'_5 + f'_6 f'_4 = \frac{f_5(1 - f_3) + f_6 f_4}{(1 - f_3)^2} \tag{13.4.4}$$

3) 系统的漏字率。漏字率为

$$P_l = P\{X(k) = 0, X(k+1) = 4, X(k+2) = 0\} = f'_4 = \frac{f_4}{1 - f_3} \tag{13.4.5}$$

4) 系统的加字率。因为系统正确接收、误字、漏字和加字的概率之和为 1,所以加字率为

$$P_j = 1 - P_c - P_e - P_l$$

5) 设停-等 ARQ 系统的平稳状态概率为 $\boldsymbol{P} = (p_0, p_1, \cdots, p_6)$。平稳状态概率满足方程

$$\boldsymbol{P} = \boldsymbol{P}\boldsymbol{\Pi}$$

$$p_0 + p_1 + p_2 + p_3 + p_4 + p_5 + p_6 = 1$$

解得
$$p_0 = \frac{f_1 + f_4 + f_5}{1 + f_1 + f_4 + f_5}$$
$$p_i = \frac{f_i}{1 + f_1 + f_4 + f_5}, \quad i = 1,2,3,4,5,6$$

p_0 是系统处于状态 0 的概率，也是系统发送新码的概率，而码重发的概率为 $1 - p_0$。每一个码字重发的概率为
$$\frac{1 - p_0}{p_0} = \frac{1}{f_1 + f_4 + f_5}$$

习题 13.4

13.4.1 证明停-等系统具有式 (13.4.2) 所示转移矩阵。

13.4.2 画出停-等系统的状态转移图，并根据图说明为什么状态 3 可以和其他状态进行合并。画出合并之后的状态转移图。

第 14 章 连续时间 Markov 链

本章导读 本章介绍连续时间 Markov 链的定义、性质及其应用。

连续时间 Markov 链是状态数可数的连续时间 Markov 过程，或者说是一个任意采样过程都是离散时间 Markov 链的连续时间过程。与离散时间 Markov 链一样，它也是一种给随机现象建模的方法。可以将纷繁复杂的现象归类为可数个状态，从而简化问题的分析。

连续时间 Markov 链在某个状态的停留时间是一个指数分布的随机变量，连续时间 Markov 链状态概率刻画了 Markov 链的状态转移与停留状况。状态概率满足的方程称为状态方程。

生灭过程是一种特殊的连续时间 Markov 链。

14.1 定义和状态方程

14.1.1 定义

状态数可数的连续时间 Markov 过程称为**连续时间 Markov 链**。

性质 14.1.1 设有某个连续时间随机过程 $X(t)$ 是连续时间 Markov 链，当且仅当其任意离散时间采样随机过程 $X(t_n)$ 都是离散时间 Markov 链。

证明：若 $X(t)$ 是连续时间 Markov 链，则显然其任意采样都是离散时间 Markov 链。反之，若其任意时间采样都是 Markov 链，但 $X(t)$ 却不是 Markov 链，这就意味着存在某个采样序列不满足 Markov 性，这与任意采样都是 Markov 链矛盾。 □

和离散时间 Markov 链一样，定义其在时刻 t 的**状态概率**为

$$p_i(t) = P\{X(t) = i\}$$

状态概率矢量为

$$\boldsymbol{P}(t) = (p_1(t), p_2(t), \cdots, p_N(t))$$

状态转移概率为

$$\pi_{ij}(t_1, t_2) = P\{X(t_2) = j | X(t_1) = i\}$$

很显然，状态概率矢量与状态转移概率之间满足关系：

$$p_i(t_2) = \sum_{j=1}^{N} p_j(t_1) \pi_{ji}(t_1, t_2) \tag{14.1.1}$$

写成向量形式有

$$\boldsymbol{P}(t_2) = \boldsymbol{P}(t_1) \boldsymbol{\Pi}(t_1, t_2) \tag{14.1.2}$$

和离散情形类似，对于任意 $t_1 < t_2 < t_3$，有如下 Chapman-Kolmogorov 方程成立：

$$\boldsymbol{\Pi}(t_1, t_3) = \boldsymbol{\Pi}(t_1, t_2) \boldsymbol{\Pi}(t_2, t_3) \tag{14.1.3}$$

若 $\pi_{ij}(t_1, t_2) = \pi_{ij}(t_2 - t_1)$，即转移概率只和时移有关，和时间起点无关，则称该连续时间 Markov 过程是**齐次的**。

对于齐次连续时间 Markov 链,可以定义**状态转移矩阵**为

$$\boldsymbol{\Pi}(t) = \left(\pi_{ij}(t)\right)_{N\times N}$$

因为 $\pi_{ii}(0) = 1$ 且当 $i \neq j$ 时 $\pi_{ij}(0) = 0$,所以 $\boldsymbol{\Pi}(0) = \boldsymbol{I}$,$\boldsymbol{I}$ 为恒同矩阵。显然有

$$\pi_{ij}(t) \geqslant 0, \quad \sum_{j=1}^{N} \pi_{ij}(t) = 1 \tag{14.1.4}$$

且 Chapman-Kolmogorov 方程表现为

$$\boldsymbol{\Pi}(u+v) = \boldsymbol{\Pi}(u)\boldsymbol{\Pi}(v), \quad u,v \in \mathbb{R}^+ \cup \{0\} \tag{14.1.5}$$

这等价于

$$\pi_{ij}(u+v) = \sum_{k=1}^{N} \pi_{ik}(u)\pi_{kj}(v) \tag{14.1.6}$$

例 14.1.1 (Poisson 过程) Poisson 过程 $X(t)$ 是一个独立增量过程,因而是齐次 Markov 链。其状态是可列无穷个,其状态转移概率为

$$\pi_{ij}(t) = P\{\text{在 } t \text{ 时间内事件发生了} j-i \text{次}\}$$
$$= \pi_{0,j-i}(t) = \frac{(\alpha t)^{j-i}}{(j-i)!}\mathrm{e}^{-\alpha t}, \quad j \geqslant i$$

所以

$$\boldsymbol{\Pi}(t) = \begin{pmatrix} \mathrm{e}^{-\alpha t} & \alpha t\mathrm{e}^{-\alpha t} & (\alpha t)^2\mathrm{e}^{-\alpha t}/2! & \cdots & \cdots \\ 0 & \mathrm{e}^{-\alpha t} & \alpha t\mathrm{e}^{-\alpha t} & (\alpha t)^2\mathrm{e}^{-\alpha t}/2! & \cdots \\ 0 & 0 & \mathrm{e}^{-\alpha t} & \alpha t\mathrm{e}^{-\alpha t} & \cdots \\ \vdots & \vdots & \vdots & \vdots & \vdots \end{pmatrix}$$

这里,由于状态是可列无穷个,因而状态转移矩阵也是可列无穷阶的。

例 14.1.2 (随机电报过程) 在随机电报过程中,若 Poisson 过程的事件发生一次,则 $X(t)$ 改变一次状态,状态转移概率为

$$P\{X(t) = a | X(0) = a\} = P\{N(t) = \text{偶数}\} = \frac{1}{2}(1 + \mathrm{e}^{-2\alpha t})$$
$$P\{X(t) = a | X(0) = b\} = P\{N(t) = \text{奇数}\} = \frac{1}{2}(1 - \mathrm{e}^{-2\alpha t}), \quad a \neq b$$

所以,其状态转移矩阵为

$$\boldsymbol{\Pi}(t) = \begin{pmatrix} \frac{1}{2}(1+\mathrm{e}^{-2\alpha t}) & \frac{1}{2}(1-\mathrm{e}^{-2\alpha t}) \\ \frac{1}{2}(1-\mathrm{e}^{-2\alpha t}) & \frac{1}{2}(1+\mathrm{e}^{-2\alpha t}) \end{pmatrix}$$

将连续时间 Markov 链与离散时间 Markov 链进行比较,其共同点是"都有一阶记忆性,都是可数个状态",不同点是:一个是连续时间随机过程,一个是离散时间随机过程。连续时间 Markov 链的条件比较苛刻,要求所有的采样序列都是离散时间 Markov 链。

一个连续时间过程本身可能不是 Markov 链,但其某个采样序列可能是离散时间 Markov 链。可以用这个离散时间 Markov 链来描述连续时间过程的极限行为。

14.1.2 状态停留时间

由 Markov 过程的定义知道,连续时间 Markov 链具有时间上的一阶记忆性,这种记忆性体现在 Markov 链在某一个状态具有一定的停留时间。下面考虑 Markov 链在某一个状态停留的时间满足的概率特性。

在随机电报过程中,当 Poisson 过程的一个事件发生时,随机电报过程就改变一次极性 (状态),由 Poisson 间隔服从指数分布可知,随机电报过程停留在每个状态的时间是一个指数随机变量。事实上,这是所有连续时间 Markov 链所具有的性质。

定理 14.1.1 设 $X(t)$ 是齐次连续时间的 Markov 链,则 $X(t)$ 停留于某一给定状态的时间是一个指数型随机变量。

证明:设 T_i 是过程停留于状态 i 的时间。设 $P\{T_i > t\}$ 为停留时间超过 t 秒的概率。设过程已经在状态 i 停留了 s 秒,则继续停留 t 秒的概率为

$$P\{T_i > t+s | T_i > s\} = P\{T_i > t+s | X(s') = i, 0 \leqslant s' \leqslant s\}$$

由过程的 Markov 性可知,可以将该过程看作从 s 时刻 i 状态重新开始的一个过程,该过程和 $s' < s$ 的状态无关,因此有

$$P\{T_i > t+s | T_i > s\} = P\{T_i > t\}$$

由概率论的知识可知,只有指数分布才满足上面的无记忆性。因此

$$P\{T_i > t\} = \mathrm{e}^{-\nu_i t} \tag{14.1.7}$$

式中,$1/\nu_i$ 是过程在状态 i 的**平均停留时间**。 □

一般来说该平均停留时间对每个状态来讲是不一样的。

14.1.3 状态方程

齐次连续时间 Markov 过程在时间段 h 内保持在状态 i 的概率为

$$\pi_{ii}(h) = P\{T_i > h\} = \mathrm{e}^{-\nu_i h} = 1 - \nu_i h + o(h)$$

因此在时间段 h 内离开状态 i 的概率为

$$1 - \pi_{ii}(h) = \nu_i h + o(h) \tag{14.1.8}$$

从式 (14.1.8) 可以看出,Markov 链离开状态 i 的概率和时间近似成正比,比例系数 ν_i 称为**状态率**。

齐次连续时间 Markov 链从状态 i 到状态 j 的**状态转移率**定义为

$$\mu_{ij} = \pi'_{ij}(0) = \lim_{h \to 0} \frac{\pi_{ij}(h) - \pi_{ij}(0)}{h} = \begin{cases} \lim_{h \to 0} \dfrac{\pi_{ii}(h) - 1}{h}, & i = j \\ \lim_{h \to 0} \dfrac{\pi_{ij}(h)}{h}, & i \neq j \end{cases} \tag{14.1.9}$$

式 (14.1.9) 用到了

$$\pi_{ij}(0) = \begin{cases} 1, & i = j \\ 0, & i \neq j \end{cases}$$

事实上，当 $i=j$ 时，状态转移率 $\mu_{ii}=-\nu_i$。由全概率公式得到

$$p_j(t+h) = \sum_i \pi_{ij}(h)p_i(t)$$

两边同时减去 $p_j(t)$ 并除以 h，令 $h \to 0$，得到

$$p'_j(t) = \sum_{i \in S} \mu_{ij} p_i(t), \quad j \in S \qquad (14.1.10)$$

式 (14.1.10) 称为连续时间 Markov 链的 Chapman-Kolmogorov **状态微分方程**，简称 C-K **方程**。

要得到 C-K 状态微分方程的解，必须给定初始状态概率，即

$$\boldsymbol{P}(0) = (p_1(0), p_2(0), \cdots)$$

若该齐次连续时间 Markov 链存在稳态概率，即 $\lim_{t \to \infty} p'_j(t) = 0$，此时将稳态概率记作 $\boldsymbol{P} = (p_1, p_2, \cdots)$，则由式（14.1.10）得到线性方程组

$$\sum_{i \in S} \mu_{ij} p_i = 0, \quad j \in S \qquad (14.1.11)$$

若该连续时间 Markov 链的状态数有限，设为 N，则此时暂态方程为

$$\frac{\mathrm{d}}{\mathrm{d}t} \boldsymbol{P}(t) = \boldsymbol{P}(t) \boldsymbol{Q} \qquad (14.1.12)$$

式中，矩阵 $\boldsymbol{Q}$ 具有如下表达

$$\boldsymbol{Q} = (\mu_{ij})_{N \times N} \qquad (14.1.13)$$

而稳态概率满足下列线性方程组

$$\boldsymbol{PQ} = \boldsymbol{0} \qquad (14.1.14)$$

例 14.1.3 某无线信道用来传送语音信号，信道的状态有两个：0 和 1。0 代表信道处于空闲状态，无语音被传送，空闲时间是一个均值为 $1/\alpha$ 的指数分布；1 代表信道处于非空闲传输信号状态，非空闲时间也是一个指数分布，其均值为 $1/\beta$。试用初始状态概率 $p_0(0)$ 和 $p_1(0)$ 表示状态概率 $p_0(t)$ 和 $p_1(t)$。

解： 由题意可知，从状态 0 到状态 1 的转移率为 α，从状态 1 到状态 0 的转移率为 β，即

$$\mu_{00} = -\alpha, \quad \mu_{01} = \alpha$$
$$\mu_{10} = \beta, \quad \mu_{11} = -\beta$$

因此，C-K 微分方程为

$$p'_0(t) = -\alpha p_0(t) + \beta p_1(t)$$
$$p'_1(t) = \alpha p_0(t) - \beta p_1(t)$$

因为 $p_0(t) + p_1(t) = 1$，第一个方程变为

$$p'_0(t) = -\alpha p_0(t) + \beta[1 - p_0(t)]$$

即
$$p_0'(t) + (\alpha+\beta)p_0(t) = \beta, \quad p_0(0) = p_0$$

上述一阶微分方程的通解为
$$p_0(t) = \frac{\beta}{\alpha+\beta} + \left[p_0(0) - \frac{\beta}{\alpha+\beta}\right]\mathrm{e}^{-(\alpha+\beta)t}$$

进一步可以得到
$$p_1(t) = \frac{\alpha}{\alpha+\beta} + \left[p_1(0) - \frac{\alpha}{\alpha+\beta}\right]\mathrm{e}^{-(\alpha+\beta)t}$$

稳态概率满足下列稳态方程：
$$0 = -\alpha p_0 + \beta p_1$$
$$0 = \alpha p_0 - \beta p_1$$

解上述方程得
$$p_0 = \frac{\beta}{\alpha+\beta}, \quad p_1 = \frac{\alpha}{\alpha+\beta}$$

这和通过在非平稳解中令 $t \to \infty$ 所得结果是一致的。

例 14.1.4 根据状态微分方程给出 Poisson 过程的状态概率矢量，即一阶概率质量函数。

解： Poisson 过程只以状态转移率 α 从状态 i 转移到状态 $i+1$，因此
$$\mu_{ii} = -\alpha, \quad \mu_{i,i+1} = \alpha$$

所以，C-K 微分方程为
$$p_0'(t) = -\alpha p_0(t)$$
$$p_i'(t) = -\alpha p_i(t) + \alpha p_{i-1}(t), \quad i \geqslant 1$$

微分方程的初始条件为 $p_0(0) = 1$，因此解得
$$p_0(t) = \mathrm{e}^{-\alpha t}$$

关于 $p_1(t)$ 的微分方程为
$$p_1'(t) = -\alpha p_1(t) + \alpha \mathrm{e}^{-\alpha t}, \quad p_1(0) = 0$$

解得
$$p_1(t) = \frac{\alpha t}{1!}\mathrm{e}^{-\alpha t}$$

由数学归纳法可以证明
$$p_j(t) = \frac{(\alpha t)^j}{j!}\mathrm{e}^{-\alpha t}$$

注意到对任何 j，当 $t \to \infty$ 时，$p_j(t) \to 0$。这和 Poisson 过程是一个单调递增的过程是吻合的。

习题 14.1

14.1.1 设某机器的某关键部件能正常工作的时间是参数为 α 的指数分布。设开始有 n 个备用关键部件，用 $N(t)$ 表示在时刻 t 剩下的备用关键部件。

1) 求 $\pi_{ij}(t) = P\{N(s+t) = j|N(s) = i\}$。
2) 给出状态转移矩阵。
3) 求 $P_j(t) = P\{N(t) = j\}$。

14.1.2 设某车间内有 n 个独立工作的机器，每台机器能正常工作的时间是参数为 α 的指数分布。设 $N(t)$ 是在时刻 t 正常工作的机器的台数。试重复上题的 1)、2) 和 3)，并证明 $N(t)$ 是参数为 $p = \mathrm{e}^{-\alpha t}$ 的二项分布随机变量。

14.1.3 某车间内有 n 台独立工作的机器和一个修理机械师。每台机器能正常工作的时间是参数为 μ 的指数分布。修理机械师每次只能修理一台机器，而且修理好一台机器的时间是参数为 α 的指数分布。设 $X(t)$ 是在时刻 t 正常工作的机器的台数。

1) 证明若 $X(t) = k$，则直到下一台机器出故障的时间是参数为 $k\mu$ 的指数分布。
2) 试求状态转移矩阵 $\mathbf{\Pi}$，并画出 $X(t)$ 的状态转移图。
3) 写出平稳状态方程，并求出平稳状态概率矢量。

14.1.4 设某说话者的状态有两个：说话和沉默。设说话状态的时间是参数为 α 的指数分布，沉默的时间是参数为 β 的指数分布。设有 n 个独立的说话者，$N(t)$ 是在时刻 t 处于说话状态的说话者的数目。

1) 画出状态转移图并写出状态转移矩阵。
2) 写出平稳状态方程，并求出平稳状态概率矢量。

14.2 生灭过程

生灭过程是一类重要的齐次连续时间 Markov 链，在排队系统中有着重要的作用，因此本节介绍其定义和有关性质。

14.2.1 状态数无穷情形

(1) 定义

设齐次连续时间 Markov 过程 $X(t)$ 的状态集为 $S = \{0, 1, 2, \cdots\}$，其状态转移概率 $\pi_{ij}(t) = P\{X(t+u) = j|X(u) = i\}$ 和 u 无关，若 $\pi_{ij}(t)$ 满足以下条件，则称 $X(t)$ 为**生灭过程**。

1) $\pi_{i,i+1}(h) = \lambda_i h + o(h), i \geqslant 0$。
2) $\pi_{i,i-1}(h) = \mu_i h + o(h), i \geqslant 1$。
3) $\pi_{ii}(h) = 1 - (\lambda_i + \mu_i)h + o(h)$。
4) $\pi_{ii}(0) = 1; \pi_{ij}(0) = 0, i \neq j$。
5) $\mu_0 = 0$；对 $i \geqslant 1$ 有 $\mu_i \geqslant 0$；对 $i \geqslant 0$ 有 $\lambda_i \geqslant 0$。

条件 1) 中的 λ_i 叫作**新生率**；条件 2) 中的 μ_i 叫作**死亡率**；条件 3) 说明当过程处于状态 i 时，只能转移到 $i+1$ 或 $i-1$，或停留于 i，转移到其他状态的概率和转移到这三种状态的概率相比，可以忽略不计。转移到状态 $i+1$ 叫新生，而转移到 $i-1$ 叫死亡。

(2) 暂态方程

显然，生灭过程 $X(t)$ 的状态概率 $p_i(t)$ 满足下列微分方程组：

$$\begin{cases} p_i'(t) = \lambda_{i-1}p_{i-1}(t) - (\lambda_i+\mu_i)p_i(t) + \mu_{i+1}p_{i+1}(t), & i \geqslant 1 \\ p_0'(t) = -\lambda_0 p_0(t) + \mu_1 p_1(t) \end{cases} \tag{14.2.1}$$

式 (14.2.1) 也可以写作

$$\frac{\mathrm{d}}{\mathrm{d}t}\boldsymbol{P}(t) = \boldsymbol{P}(t)\boldsymbol{Q} \tag{14.2.2}$$

式中，$\boldsymbol{P}(t) = (p_0(t), p_1(t), \cdots)$，无穷维矩阵 $\boldsymbol{Q}$ 具有如下形式：

$$\boldsymbol{Q} = \begin{pmatrix} -\lambda_0 & \lambda_0 & 0 & 0 & 0 & 0 & \cdots \\ \mu_1 & -(\lambda_1+\mu_1) & \lambda_1 & 0 & 0 & 0 & \cdots \\ 0 & \mu_2 & -(\lambda_2+\mu_2) & \lambda_2 & 0 & 0 & \cdots \\ 0 & 0 & \mu_3 & -(\lambda_3+\mu_3) & \lambda_3 & 0 & \cdots \\ 0 & 0 & 0 & \mu_4 & -(\lambda_4+\mu_4) & \lambda_4 & \cdots \\ \vdots & \vdots & \vdots & \vdots & \vdots & \vdots & \end{pmatrix} \tag{14.2.3}$$

例 14.2.1 (纯生过程和纯灭过程)　**纯生过程**是只有出生没有灭亡的生灭过程，即在生灭过程的定义中，对所有的 $i \geqslant 0$，死亡率 $\mu_i = 0$；同样的道理，若对所有的 $i \geqslant 0$，新生率 $\lambda_i = 0$，则称该生灭过程为**纯灭过程**。由纯生过程的定义知，其状态概率应满足下列微分方程：

$$\begin{cases} p_i'(t) = \lambda_{i-1}p_{i-1}(t) - \lambda_i p_i(t), & i \geqslant 1 \\ p_0'(t) = -\lambda_0 p_0(t) \end{cases} \tag{14.2.4}$$

设初始状态概率矢量为 $p_0(0) = 1$，对所有 $n \geqslant 1$，$p_n(0) = 0$。则其中第二个方程的解为

$$p_0(t) = \mathrm{e}^{-\lambda_0 t}, \quad t > 0 \tag{14.2.5}$$

记 $q_n(t) = \mathrm{e}^{\lambda_n t}p_n(t)(n \geqslant 1)$，由第一个方程知 $q_n'(t) = \mathrm{e}^{\lambda_n t}\lambda_{n-1}p_{n-1}(t)$。又因为 $q_n(0) = p_n(0) = 0$，因此

$$q_n(t) = \int_0^t \mathrm{e}^{\lambda_n x}\lambda_{n-1}p_{n-1}(x)\mathrm{d}x$$

此即

$$p_n(t) = \lambda_{n-1}\mathrm{e}^{-\lambda_n t}\int_0^t \mathrm{e}^{\lambda_n x}p_{n-1}(x)\mathrm{d}x, \quad n = 1, 2, \cdots \tag{14.2.6}$$

若 $\lambda_1 \neq \lambda_0$，则有

$$p_1(t) = \lambda_0\left(\frac{1}{\lambda_1-\lambda_0}\mathrm{e}^{-\lambda_0 t} + \frac{1}{\lambda_0-\lambda_1}\mathrm{e}^{-\lambda_1 t}\right)$$

若 $\lambda_1 = \lambda_0$，则有

$$p_1(t) = \lambda_0 t \mathrm{e}^{-\lambda_0 t}$$

逐次迭代，则对一般的 $p_n(t)$ 的表达式，在 λ_j 两两不相等时，有

$$p_n(t) = \prod_{j=0}^{n-1}\lambda_j\left(\sum_{l=0}^n c_{ln}\mathrm{e}^{-\lambda_l t}\right) \tag{14.2.7}$$

式中

$$c_{jn} = \frac{1}{\prod_{k \neq j}(\lambda_k - \lambda_j)}$$

例 14.2.2 Poisson 过程是一类特殊的纯生过程,即新生率和随机过程的状态数无关,是一个常数 λ,即 $\lambda_0 = \lambda_1 = \cdots \equiv \lambda$。设初始概率状态矢量 $(p_0(0), p_1(0), p_2(0), \cdots) = (1, 0, 0, \cdots)$,则由递推式 (14.2.6) 可得

$$p_n(t) = \frac{(\lambda t)^n}{n!} e^{-\lambda t}, \quad n = 0, 1, 2, \cdots$$

这和将 Poisson 过程看作近似二项计数过程,求极限所得的概率质量函数是一致的。

纯灭过程所满足的微分方程及其解和纯生过程的推导相类似,留给读者作为练习。

例 14.2.3 (人口生灭模型) 在生灭过程中,取 $\lambda_n = \lambda n + a, \mu_n = \mu n$,其中 $\lambda, \mu, a > 0$。这在人口问题中是常见的。$E\{X(t)\}$ 是在时刻 t 的期望人口数,试给出其表达式。

解: 利用微分方程式 (14.2.1),将 λ_i 和 μ_i 代入得

$$\begin{cases} p_0'(t) = -ap_0(t) + \mu p_1(t) \\ p_j'(t) = [\lambda(j-1) + a]p_{j-1}(t) - [(\lambda+\mu)j + a]p_j(t) + \mu(j+1)p_{j+1}(t), \quad j \geqslant 1 \end{cases}$$

记 $m(t) = E\{X(t)\} = \sum_{j=0}^{\infty} jp_j(t)$,则 $m(t)$ 满足方程

$$m'(t) = a + (\lambda - \mu)m(t)$$

若设初始条件 $X(0) = i$,则 $m(0) = i$。当 $\lambda = \mu$ 时,可得 $m(t) = at + i$,当 $\lambda \neq \mu$ 时,有

$$m(t) = \frac{a}{\lambda - \mu}(e^{(\lambda-\mu)t} - 1) + ie^{(\lambda-\mu)t}$$

当 $\lambda > \mu$ 时,若 $t \to \infty$,$m(t) \to \infty$;而当 $\lambda < \mu$ 时,$m(t)$ 的极限为 $a/(\mu - \lambda)$。

例 14.2.4 在某生灭过程中,新生率和随机过程的状态数无关,是一个常数,即 $\lambda_j \equiv \lambda$;而死亡率和状态数 j 成正比,即 $\mu_j = j\mu$,$\mu > 0$ 为一个常数。设系统的初始状态概率为 $(p_0(0), p_1(0), p_2(0), \cdots) = (1, 0, 0, \cdots)$。试求该生灭过程在任意时刻 t 的状态概率矢量。

解: 由生灭过程满足的微分方程式 (14.2.1),知道该生灭过程的概率矢量满足以下微分方程

$$\begin{cases} p_i'(t) = \lambda p_{i-1}(t) - (\lambda + i\mu)p_i(t) + (i+1)\mu p_{i+1}(t), \quad i \geqslant 1 \\ p_0'(t) = -\lambda p_0(t) + \mu p_1(t) \end{cases} \quad (14.2.8)$$

对上式两端乘以 z^i,并就 $i = 0, 1, \cdots, \infty$ 求和,令 t 时刻的状态概率矢量的概率生成函数为

$$G(z, t) = \sum_{i=0}^{\infty} z^i p_i(t) \quad (14.2.9)$$

考虑到

$$\frac{\partial}{\partial z}G(z, t) = \sum_{i=0}^{\infty}(i+1)z^i p_{i+1}(t)$$

则得到概率生成函数满足的偏微分方程为

$$\frac{\partial}{\partial t}G(z, t) = \mu(1-z)\frac{\partial}{\partial z}G(z, t) - \lambda(1-z)G(z, t) \quad (14.2.10)$$

由初始条件 $p_0(0) = 1$ 得该偏微分方程关于时间 t 的初始条件为 $G(z, 0) = 1$;关于 z 的初始条件为 $G(1, t) = 1$。解上述一阶偏微分方程得

$$G(z,t) = \exp\left[(\lambda/\mu)(1-e^{-\mu t})(z-1)\right]$$
$$= \sum_{j=0}^{\infty} \frac{[(\lambda/\mu)(1-e^{-\mu t})]^j}{j!} e^{-(\lambda/\mu)(1-e^{-\mu t})} z^j \tag{14.2.11}$$

从上述生成函数可以看出，$G(z,t)$ 是参数为

$$\Lambda(t) = (\lambda/\mu)(1-e^{-\mu t})$$

的 Poisson 分布的生成函数，因此任意时刻的状态概率矢量为

$$p_j(t) = \frac{[\Lambda(t)]^j}{j!} e^{-\Lambda(t)}, \quad j = 0, 1, \cdots, \infty \tag{14.2.12}$$

(3) 稳态方程

对于某个生灭过程，若状态概率矢量 $\boldsymbol{P}(t) = [p_0(t), p_1(t), \cdots]$ 在 $t \to \infty$ 时的极限存在，则称该生灭过程存在**平稳状态**。

对于一个生灭过程，不同的新生率和死亡率及初始状态概率，其解的极限状态会大不一样。有些存在平稳状态，有些并不存在平稳状态。不存在平稳状态的生灭过程的状态概率往往表现出随时间的发散性或周期性的振荡。

例 14.2.5 判断例14.2.4定义的生灭过程是否存在平稳状态？若存在，则求出其平稳状态概率矢量。

解：由例14.2.4所求得的式 (14.2.12) 知

$$\lim_{t \to \infty} p_j(t) = \frac{(\lambda/\mu)^j}{j!} e^{-\lambda/\mu}, \quad j = 0, 1, 2, \cdots$$

因此例14.2.4定义的生灭过程存在平稳状态，其平稳状态概率矢量如上式所定义。

另外一种更为简洁的解法是解平稳状态概率所满足的方程组，即

$$\lambda p_{i-1}(t) - (\lambda + i\mu) p_i(t) + (i+1)\mu p_{i+1}(t) = 0, \quad i \geqslant 1 \tag{14.2.13}$$
$$-\lambda p_0(t) + \mu p_1(t) = 0 \tag{14.2.14}$$

由式 (14.2.14) 知

$$p_1 = \frac{\lambda}{\mu} p_0$$

将上式代入式 (14.2.13) 中 $i=1$ 的式子，得

$$p_2 = \frac{(\lambda/\mu)^2}{2!} p_0$$

进一步依次递推，可得

$$p_i = \frac{(\lambda/\mu)^i}{i!} p_0$$

利用条件 $\sum_{i=0}^{\infty} p_i = 1$，可得 $p_0 = e^{-\lambda/\mu}$。因此得平稳状态概率为

$$p_i = \frac{(\lambda/\mu)^i}{i!} e^{-\lambda/\mu}, \quad i = 0, 1, 2, \cdots$$

下面对一般生灭过程的平稳状态的存在性进行讨论。先假设方程式 (14.2.1) 所定义的生灭过程存在平稳状态，则平稳状态概率必满足下列方程组：

$$\lambda_{i-1}p_{i-1} - (\lambda_i + \mu_i)p_i + \mu_{i+1}p_{i+1} = 0, \quad i \geqslant 1 \qquad (14.2.15)$$

$$-\lambda_0 p_0 + \mu_1 p_1 = 0 \qquad (14.2.16)$$

由式 (14.2.16)，可得

$$p_1 = \frac{\lambda_0}{\mu_1} p_0$$

将上式代入式 (14.2.15) 中 $i=1$ 时的式子，得

$$p_2 = \frac{\lambda_0 \lambda_1}{\mu_1 \mu_2} p_0$$

进一步将上式代入式 (14.2.15) 中 $i=2$ 时的式子，得

$$p_3 = \frac{\lambda_0 \lambda_1 \lambda_2}{\mu_1 \mu_2 \mu_3} p_0$$

一般地，可以得到

$$p_i = \frac{\lambda_0 \lambda_1 \lambda_2 \cdots \lambda_{i-1}}{\mu_1 \mu_2 \mu_3 \cdots \mu_i} p_0, \quad i = 1, 2, 3, \cdots \qquad (14.2.17)$$

由条件 $\sum_{i=0}^{\infty} p_i = 1$ 知

$$\sum_{i=1}^{\infty} \frac{\lambda_0 \lambda_1 \lambda_2 \cdots \lambda_{i-1}}{\mu_1 \mu_2 \mu_3 \cdots \mu_i} + 1 = 1/p_0 \qquad (14.2.18)$$

由式 (14.2.18) 即得 p_0 的表达式。将式 (14.2.18) 改写为

$$\sum_{i=1}^{\infty} \frac{\lambda_0 \lambda_1 \lambda_2 \cdots \lambda_{i-1}}{\mu_1 \mu_2 \mu_3 \cdots \mu_i} = 1/p_0 - 1 \qquad (14.2.19)$$

由于决定一个生灭过程的参数 $\{\lambda_i, \mu_{i+1}\}_{i=0}^{\infty}$，即新生率 λ_i 和死亡率 μ_i 总是非负数，因而式 (14.2.19) 左端的级数若收敛，则必收敛到一个正数，因此 p_0 总有取值于 $[0,1]$ 的解。在这种情况下，该生灭过程是存在平稳状态的，其稳态概率由式 (14.2.17) 决定。若式 (14.2.19) 左端的级数不收敛，则显然该生灭过程没有平稳状态。将上述结论进行归纳得到以下性质。

性质 14.2.1 若生灭过程的参数 $\{\lambda_i, \mu_{i+1}\}_{i=0}^{\infty}$ 使式 (14.2.19) 左边的级数收敛，则该生灭过程存在平稳状态,且稳态概率由式 (14.2.17) 决定；若参数 $\{\lambda_i, \mu_{i+1}\}_{i=0}^{\infty}$ 使式 (14.2.19) 左边的级数发散，则该生灭过程不存在平稳状态。

由上述性质立即可得到下面的结论：若生灭过程的状态数有限，则必存在平稳状态。纯灭过程的状态数是有限的，因而存在平稳状态。纯生过程不存在平稳状态，因为对于纯生过程来讲，死亡率 $\mu_i \equiv 0$，故而式 (14.2.19) 左端的级数发散。

类似于平稳离散时间 Markov 链的状态转移图，将带箭头连线上的转移概率替换成齐次平稳连续时间 Markov 链的状态转移率，并将到自身的转移带线箭头省略，就得到连续时间 Markov 链的**状态转移率图**。特别地，由于生灭过程的转移率矩阵只有主对角与两个副对角元素非零，所以只有相邻状态之间有带箭头连线，如图14.2.1所示。

生灭过程的稳态概率方程可以根据状态转移率图以及"每个状态的总到达率和总离去率相等"的原则得到。例如，对于状态 i，总离去率为 $(\lambda_i + \mu_i)p_i$，总到达率为 $\lambda_{i-1}p_{i-1} + \mu_{i+1}p_{i+1}$，这两者相等，因此对状态 i 有

$$(\lambda_i + \mu_i)p_i = \lambda_{i-1}p_{i-1} + \mu_{i+1}p_{i+1}$$

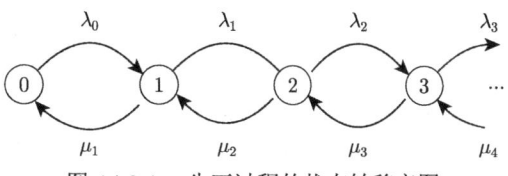

图 14.2.1 生灭过程的状态转移率图

对每一个状态都建立这样的方程，所得到的方程组即为稳态方程组。

14.2.2 状态数有限情形

在实际应用中，有时候会遇到状态数有限的生灭过程。特别在排队系统中，若规定有限排队长度，即当排队顾客数超过一个固定的常数时，新来的顾客即被拒绝，不能进入排队。只有当排队长度没有超过该固定常数时，才允许新到的顾客进入排队。

设有限状态的生灭过程 $X(t)$ 的状态集为 $S = \{0, 1, 2, \cdots, K\}$，其新生率 λ_i 在 $i \geqslant K$ 时为零，死亡率 μ_i 在 $i > K$ 时为零，因此有如下状态方程

$$\begin{cases} p_0'(t) = -\lambda_0 p_0(t) + \mu_1 p_1(t), & i = 0 \\ p_i'(t) = \lambda_{i-1}p_{i-1}(t) - (\lambda_i + \mu_i)p_i(t) + \mu_{i+1}p_{i+1}(t), & 1 \leqslant i \leqslant K-1 \\ p_K'(t) = \lambda_{K-1}p_{K-1}(t) \, \mu_K p_K(t), & i = K \end{cases} \quad (14.2.20)$$

令 $\boldsymbol{Q}$ 为下列矩阵：

$$\boldsymbol{Q} = \begin{pmatrix} -\lambda_0 & \lambda_0 & 0 & \cdots & 0 & 0 \\ \mu_1 & -(\lambda_1 + \mu_1) & \lambda_1 & \cdots & 0 & 0 \\ \vdots & \vdots & \vdots & & \vdots & \vdots \\ 0 & 0 & 0 & \cdots & -(\lambda_{K-1} + \mu_{K-1}) & \lambda_{K-1} \\ 0 & 0 & 0 & \cdots & \mu_K & -\mu_K \end{pmatrix}$$

所以

$$\frac{\mathrm{d}}{\mathrm{d}t}\boldsymbol{P}(t) = \boldsymbol{P}(t)\boldsymbol{Q} \quad (14.2.21)$$

由常微分方程的理论知道，上述方程的解为

$$\boldsymbol{P}(t) = \boldsymbol{P}(0)\mathrm{e}^{\boldsymbol{Q}t} \quad (14.2.22)$$

式中，$\boldsymbol{P}(0)$ 为状态概率矢量的初始值；$\mathrm{e}^{\boldsymbol{Q}t}$ 的定义为

$$\mathrm{e}^{\boldsymbol{Q}t} = \boldsymbol{I} + \frac{\boldsymbol{Q}t}{1!} + \frac{[\boldsymbol{Q}t]^2}{2!} + \frac{[\boldsymbol{Q}t]^3}{3!} + \cdots \quad (14.2.23)$$

通过表达式 (14.2.22) 来分析有限状态生灭过程的渐进行为，即在 $t \to \infty$ 时的极限行为。由矩阵 $\boldsymbol{Q}$ 的表达式可以知道 $\boldsymbol{Q}$ 是一个三对角的矩阵，而且非对角元具有相同的正负性。因此，存在一个对称矩阵 $\hat{\boldsymbol{Q}}$，对角元和 $\boldsymbol{Q}$ 一样，非对角元为

$$\hat{q}_{i,i+1} = \sqrt{q_{i,i+1}q_{i+1,i}}, \quad i = 0, 1, \cdots, K-1$$

使得

$$\hat{Q} = W^{-1}QW \tag{14.2.24}$$

式中

$$W = \text{diag}\left(1, \sqrt{\frac{q_{1,0}}{q_{0,1}}}, \sqrt{\frac{q_{1,0}}{q_{0,1}}\frac{q_{2,1}}{q_{1,2}}}, \cdots, \sqrt{\frac{q_{1,0}}{q_{0,1}}\frac{q_{2,1}}{q_{1,2}}\cdots\frac{q_{K,K-1}}{q_{K-1,K}}}\right)$$

式中，$q_{i,j}$ 是矩阵 Q 的第 i 行的第 j 个元素。

可以证明矩阵 $\hat{Q}$ 是半负定的，因此 $\hat{Q}$ 的特征值非正。此外，由于 Q 的所有列向量的和是一个零向量，因此 Q 的特征值必有一个为零。上述事实意味着 $\lim_{t\to\infty} P(t)$ 存在，并且收敛到极限的速度由最大负特征值决定。

若 Q 的特征值互不相同，则存在非奇异矩阵 M 使得

$$Q = M\text{diag}(\sigma_0, \sigma_1, \cdots, \sigma_K)M^{-1} \tag{14.2.25}$$

式中，σ_i 是 Q 的第 i 个特征值，并且

$$0 = \sigma_0 > \sigma_1 > \cdots > \sigma_K$$

此外 M 的第 i 列是对应于 σ_i 的 Q 的特征向量。因此，可以将式 (14.2.22) 表示为

$$P(t) = P(0)M\text{diag}(e^{\sigma_0 t}, e^{\sigma_1 t}, \cdots, e^{\sigma_K t})M^{-1} \tag{14.2.26}$$

由式 (14.2.26) 可以看出，由于所有特征值的非正性，$P(t)$ 必收敛到一个常向量，收敛速度由 σ_1 决定。

由状态微分方程可知，当有限状态的生灭过程存在稳态解 $\lim_{t\to\infty} P(t) = P$ 时，稳态解满足如下线性方程组，即

$$0 = PQ$$

设 m_0 是 $\sigma_0 = 0$ 所对应的左特征向量，即

$$m_0 Q = \sigma_0 m_0 = 0$$

因此 P 和 m_0 成正比。这说明，有限状态生灭过程的稳态解和矩阵 Q 的对应于 0 特征值的左特征向量成正比，即稳态解可以通过标准化该特征向量获得。

例 14.2.6 假设一个两状态的生灭过程 ($K=1$)，$\lambda_0 = \lambda$，$\mu_1 = \mu$，则其状态微分方程为

$$\frac{d}{dt}[p_0(t), p_1(t)] = [p_0(t), p_1(t)]\begin{pmatrix} -\lambda & \lambda \\ \mu & -\mu \end{pmatrix} \tag{14.2.27}$$

可以解得 Q 的特征值为 0 和 $-(\lambda+\mu)$，对应的特征向量分别为 $(1,1)^T$ 和 $(-\lambda, \mu)^T$。因此

$$P(t) = [p_0(0), p_1(0)]\begin{pmatrix} 1 & -\lambda \\ 1 & \mu \end{pmatrix}\begin{pmatrix} 1 & 0 \\ 0 & e^{-(\lambda+\mu)t} \end{pmatrix}\begin{pmatrix} \mu/(\lambda+\mu) & \lambda/(\lambda+\mu) \\ -1/(\lambda+\mu) & 1/(\lambda+\mu) \end{pmatrix}$$

从上式中，可以得到稳态概率为

$$\lim_{t\to\infty} P(t) = [p_0(0), p_1(0)]\begin{pmatrix} 1 & -\lambda \\ 1 & \mu \end{pmatrix}\begin{pmatrix} 1 & 0 \\ 0 & 0 \end{pmatrix}\begin{pmatrix} \mu/(\lambda+\mu) & \lambda/(\lambda+\mu) \\ -1/(\lambda+\mu) & 1/(\lambda+\mu) \end{pmatrix}$$

习题 14.2

14.2.1 设 $X(t)$ 为纯生过程，且

$$P\{X(t+h) - X(t) = 1 | X(t) \text{为奇数}\} = \alpha h + o(h)$$
$$P\{X(t+h) - X(t) = 1 | X(t) \text{为偶数}\} = \beta h + o(h)$$

及 $X(0) = 0$。试分别求事件"$X(t)$ 为偶数"及"$X(t)$ 为奇数"的概率。

14.2.2 考虑状态 $\{0, 1, \cdots, N\}$ 上的纯生过程 $X(t)$，假定 $X(0) = 0$ 及 $\lambda_k = (N-k)\lambda$，$k = 0, 1, \cdots, N$。其中 λ_k 满足

$$P\{X(t+h) - X(t) = 1 | X(t) = k\} = \lambda_k h + o(h)$$

试求 $P_n(t) = P\{X(t) = n\}$。这是新生率受群体总数反馈作用的例子。

14.2.3 两个通信卫星放入轨道。每一个卫星的工作寿命是以 μ 为参数的指数分布，一旦失效就再放一个新卫星替换它，所需的准备及发射时间是以 λ 为参数的指数分布。设 $X(t)$ 是时刻 t 时在轨道中正常工作的卫星数目，显然这是一个状态为 $\{0, 1, 2\}$ 的连续时间 Markov 链的模型。试给出 C-K 状态微分方程并求稳态解。

14.2.4 推导纯灭过程满足的状态微分方程并求解。

第 15 章 排队论初步

本章导读 当若干个用户依次到达并按照一定规则分享系统资源时，就形成了一个排队系统。本章介绍排队系统的基本组成，并对常见的 M/M 型、M/G/1 型和 G/M/1 型排队系统进行介绍。

对于 M/M 型排队系统，用户数随时间变化的随机过程是一个状态数有限的生灭过程，通过状态转移率图可以得到稳态概率所满足的方程，从而可以得到稳态概率的表达式。得到用户数的稳态概率之后，还可以进一步得到等待时间的概率分布。

对于 M/G/1 和 G/M/1 这两类排队过程，用户数随时间变化的随机过程不能构成 Markov 过程，但是可以通过在特殊时间点采样得到嵌入 Markov 过程，通过嵌入 Markov 过程的用户数的稳态概率以及时间参量分析，可以得知 M/G/1 和 G/M/1 排队过程的性质。

15.1 排队系统简介

15.1.1 定义及基本要素

(1) 排队系统的定义

所谓**排队系统**，是指多个用户按次序到达并按照一定的规则使用系统资源完成任务的系统。排队系统在很多领域是一种常见的现象。在电子与信息领域，一些较为昂贵的系统资源，如计算机资源、通信网资源等，通常都是被多个用户分享。用户发出需要使用资源请求的时刻是随机的，需要使用资源的时间长度也是随机的。当一个请求发出时，资源常常正被其他用户占用，因此必须让发出使用请求的用户按一定规则排队，然后按次序为用户提供服务，这就构成了一个排队系统。

如图 15.1.1 所示，一个排队系统一般需要从以下四个方面加以定义：用户到达时间规律、

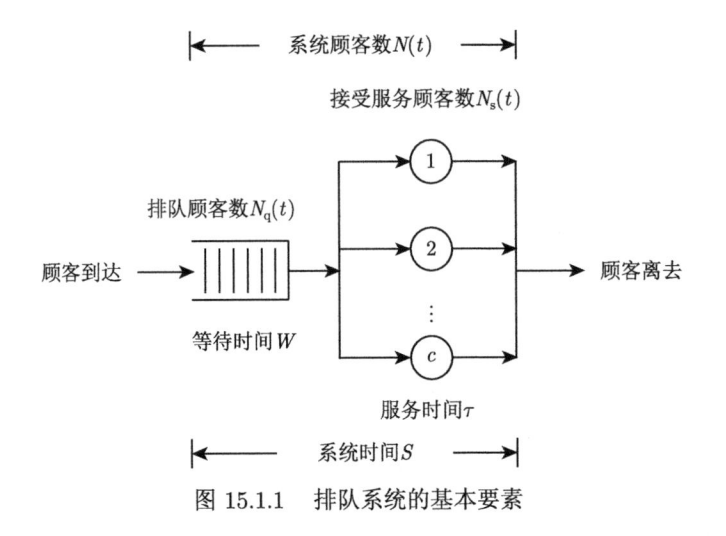

图 15.1.1 排队系统的基本要素

用户服务时间规律、资源窗口数及其结构、排队规则,用记号表示为 $A/B/C/D$,其中 A 代表用户到达时间规律,B 表示用户服务时间规律,C 表示资源窗口数及其结构,D 表示排队规则。

例 15.1.1 某蜂窝移动通信系统的每个基站有 30 个信道为移动用户提供传输服务。假设某蜂窝中的用户以一定的呼叫到达规律发起呼叫,基站为这些发起呼叫的用户分配信道提供服务,每个用户最多只能占用一个信道,当 30 个信道被完全占用时,可以允许有 5 个用户处于等待状态。若有用户完成了传输离开系统,基站就将空余出来的信道分配给等待用户中的一个用户使用。如果等待用户已经达到 5 个,若有新用户发生呼叫则拒绝。这样一个系统就是排队系统。

(2) 用户到达时间规律

设在时刻 t_k 有 N_k 个顾客到达,则称 $t_1 < t_2 < \cdots < t_i < \cdots$ 为**到达时点**,随机变量 $T_k = t_{k+1} - t_k$ 称为**到达间隔**。若 T_k 是独立同分布,则称 $E\{T_k\}$ 为**平均到达间隔**。若顾客在 $[0,t)$ 内的到达数目为 $a(t)$,则称 $a(t)/t$ 为该区间上的**到达率**。在 $N_k = 1$ 的情况下,常见的到达规律有以下几种。

1) **一般到达**:T_k 为独立同分布的随机变量序列,其分布规律任意。

2) **Poisson 到达**:T_k 为独立同分布的随机变量序列,且其分布为指数分布,即其概率密度函数为 $f_T(t) = \lambda e^{-\lambda t}, t \geqslant 0$,其中 $1/\lambda$ 为指数分布的期望,即平均到达间隔。显然,其倒数 λ 为平均到达率。由 Poisson 过程理论知,此时

$$P\{a(t) = n\} = \frac{(\lambda t)^n}{n!} e^{-\lambda t}, \quad n = 0, 1, 2, \cdots$$

3) **Erlang 到达**:T_k 为独立同分布的随机变量序列,其概率密度函数满足 Erlang 分布,即

$$f_T(t) = \frac{(\lambda t)^{k-1}}{(k-1)!} \lambda e^{-\lambda t}, \quad t \geqslant 0$$

4) **Bernoulli 到达**:顾客的到达仅限于某一固定时间 T 的整数倍的时点。在各个时点顾客到达与否是以概率 P 的 Bernoulli 试验来决定的。Bernoulli 到达的一个特例就是**等间隔到达**,即顾客在固定时点 nT 上一定到达。

(3) 用户服务时间规律

设服务员对第 i 个用户的**服务时间**为 τ_i,则 τ_i 是一个随机变量序列。若该序列是独立同分布的,则它的期望 $E\{\tau_i\}$ 是平均服务时间,其倒数为**平均服务率**。当独立同分布的 τ_i 的概率分布分别满足一般分布、指数分布、Erlang 分布、定常分布时,则相应的服务称为**一般服务**、**指数服务**、**Erlang 服务**、**定常服务**等。

(4) 资源窗口数及其结构

在排队系统中,为用户提供服务的资源常被建模为若干个服务窗口。按照窗口的个数,服务系统可以分为**单窗口服务系统**和**多窗口服务系统**两种。

多窗口服务系统,也称为**网络服务系统**。网络服务系统的特征是用户首先以一定概率选择所有窗口中的一个接受服务,然后又以一定概率在剩下的窗口中选择窗口接受服务,这

样依次选择窗口接受若干次服务之后,完成任务离开系统。有些需要依次选择完所有窗口接受服务之后才能完成任务,有些则不需要依次选择完所有窗口即可完成任务。

在网络系统中,有两类比较简单的服务系统:串联排队系统和并联排队系统。所谓**串联排队系统**,是指用户必须依次接受 N 个窗口的服务之后才能完成任务离开的服务系统;**并联排队系统**,是指每个用户只要使用 N 个窗口中的任意一个进行服务即可完成任务而离开的服务系统。

例 15.1.2 假设某计算机网络共有 N 个路由器,每个路由器同时能传输的数据量是一定的。用户传输数据时,首先以概率选择其中的一个路由器传输,然后再以概率选择下一个路由,若干次选择之后,数据到达目的地,即完成传输服务。像这样一个排队系统,就是网络排队系统。

(5) 排队规则

排队规则是指从等待服务的用户中规定用户进入服务的次序。一般来说,排队规则有两个要素:

1) 系统所允许的最大排队用户数。

2) 从排队队列中进入服务的次序,有先来先服务 (FCFS)、后来先服务 (LCFS)、随机选择服务 (RSS)、优先权服务 (PR)、批量服务 (Ba) 等。

(6) 排队系统的常见指标

假设第 i 个用户的**等待时间**为 W_i,则 W_i 也是一个随机变量序列。顾客从到达到离开系统所花的时间称为**系统时间**。显然,第 i 个用户的系统时间 S_i 为等待时间和服务时间之和,即

$$S_i = W_i + \tau_i \tag{15.1.1}$$

系统在时刻 t 的总用户数 $N(t)$ 称为**系统用户数**。系统用户数可分为两类:排队用户数和正在接受服务的用户数,记排队用户数为 $N_q(t)$,接受服务的用户数为 $N_s(t)$,则

$$N(t) = N_q(t) + N_s(t)$$

系统用户数所能容许的最大值称为**系统容量**。当请求服务的用户数超过系统容量时,则被拒绝进入系统,系统单位时间内被拒绝的用户平均数称为系统的**平均拒绝率**,记为 λ_b。

设系统共有 m 个窗口,时刻 t 被占用的窗口数为 $r(t)$,则此时排队系统的**窗口利用率**定义为

$$\eta = \frac{E\{r(t)\}}{m} \tag{15.1.2}$$

通常用记号 $a/b/m/K$ 表征一个排队系统,其中 a 表示用户到达规律,b 表示服务时间规律,m 表示窗口数目,K 表示系统容量。a,b 通常可以取以下值:

M:表示 T_i 或 τ_i 为指数分布,M 是 Markov 的第一个字母。

D:表示 T_i 或 τ_i 为固定常数,D 是 Deterministic 的第一个字母。

G:表示 T_i 或 τ_i 为一般分布,G 是 General 的第一个字母。

E:表示 T_i 或 τ_i 为 Erlang 分布,E 是 Erlang 的第一个字母。

15.1.2 Little 定理

设 $A(t)$ 为在 $[0,t)$ 时间区间内到达系统的用户数,则**用户平均到达率**为

$$\lambda = \lim_{t\to\infty} \frac{A(t)}{t} \tag{15.1.3}$$

$D(t)$ 为在 $[0,t)$ 内离开系统的用户数,则系统用户数为 $N(t) = A(t) - D(t)$,则**系统平均用户数**为

$$n = \lim_{t\to\infty} \frac{1}{t} \int_0^t N(x)\mathrm{d}x \tag{15.1.4}$$

记 S_i 为第 i 个用户的系统时间,则用户**平均系统时间**为

$$s = \lim_{t\to\infty} \frac{1}{A(t)} \sum_{i=1}^{A(t)} S_i \tag{15.1.5}$$

定理 15.1.1 (Little 定理)   设排队系统的平均用户数、平均到达率和平均系统时间分别为 n、λ 和 s,则有

$$n = \lambda s \tag{15.1.6}$$

证明:设 $I_i(t)$ 为第 i 个用户的**系统时间函数**,即若用户 i 在时刻 t 处于等待状态或被服务状态,$I_i(t) = 1$,否则 $I_i(t) = 0$。因此第 i 个用户的系统时间可以表示为

$$S_i = \int_0^\infty I_i(t)\mathrm{d}t$$

而在 t 时刻的系统总用户数为

$$N(t) = \sum_{i=1}^{A(t)} I_i(t)$$

设 $U(t)$ 为在 t 时刻以前到达者的累积系统时间,所以

$$U(t) = \sum_{i=1}^{A(t)} \int_0^t I_i(x)\mathrm{d}x = \int_0^t N(x)\mathrm{d}x$$

在 $\dfrac{U(t)}{t} = \dfrac{A(t)}{t} \times \dfrac{U(t)}{A(t)}$ 中,令 $t \to \infty$,考虑到

$$\lim_{t\to\infty} \frac{U(t)}{A(t)} = \lim_{t\to\infty} \frac{1}{A(t)} \sum_{i=1}^{A(t)} \int_0^t I_i(x)\mathrm{d}x = s$$

得到结论 $n = \lambda s$。   □

若一个随机过程达到稳态时 (或一个宽平稳随机过程),其样本函数的时间平均以概率 1 收敛于该随机过程的均值,则称该随机过程具有**均值遍历性**。

Little 定理中 n 和 s 虽然是随机过程 $N(t)$ 和 $S(t)$ 的样本函数的时间平均,但如果这两个随机过程具有均值各态遍历性,即

$$\lim_{t\to\infty} \frac{1}{t} \int_0^t N(x)\mathrm{d}x = E\{N(t)\} \tag{15.1.7}$$

$$\lim_{t\to\infty} \frac{1}{A(t)} \sum_{i=1}^{A(t)} S_i = E\{S(t)\} \tag{15.1.8}$$

则 Little 定理也可以写成集平均的形式，即

$$E\{N\} = \lambda E\{S\}$$

在实际系统中，当系统达到稳态时，其时间平均可以在概率 1 的意义上等于统计平均，即 $n = E\{N\}$，$s = E\{S\}$，S 是系统时间随机变量，λ 为到达过程时间间隔随机变量 T 的统计平均的倒数，即 $\lambda = 1/E\{T\}$，则有

$$E\{N\} = \lambda E\{S\} \tag{15.1.9}$$

事实上，从 Little 公式 (15.1.6) 的证明中可以看出，若将排队用户看作一个"系统"的用户，则 Little 公式变为

$$E\{N_q\} = \lambda E\{W\} \tag{15.1.10}$$

式中，N_q 为排队用户长度随机变量；W 为等待时间。若将服务用户也看作一个"系统"的用户，则有

$$E\{N_s\} = \lambda E\{\tau\} \tag{15.1.11}$$

式中，N_s 为接受服务用户数随机变量；τ 为服务时间。

例 15.1.3 有一个容量为 N 的具有 K 个窗口的排队系统，$N \geqslant K$，假定系统始终是满容量的，即有一个用户离开，立即就有一个用户进入。设每个用户的平均服务时间为 X，试求用户的平均系统时间 T。

解：设进入系统的用户到达率为 λ，由 Little 定理知 $N = \lambda T$，对服务窗口也应用 Little 定理有 $K = \lambda X$。所以，可以解得 $T = NX/K$。

习题 15.1

15.1.1 某排队系统在 $t = 0$ 时，系统总用户数为零。设前 6 个用户的到达时刻为 1、3、4、7、8、15，且它们的服务时间分别为 3.5、4、2、1、1.5、4。试对 $i = 1, 2, \cdots, 5$ 给出 S_i、τ_i、W_i 和 T_i；试画出系统总用户数过程 $n(t)$ 的图；针对"先来先服务""后来先服务""需要的服务时间最短先服务"这三种服务方式验证 Little 公式。

15.1.2 某数据通信线路每 10μs 传来一个数据包。一个解码器检查传来的数据包是否有错误，并对错误进行纠正。解码器判断一个数据包是否有错需 1μs；若数据包有一个错误，则解码器需花费 5μs 来纠正该错误；若数据包有两个或两个以上的错误，则解码器需花费 20μs 来纠正这些错误。当解码器正在工作时，到达的数据包将在队列中等待。设等待队列初始长度为零，到达的前 10 个数据包的错误数目为 0、1、3、1、0、4、0、1、0、0。

1) 画出系统总用户数随时间的函数。
2) 求出平均系统总用户数。
3) 试求出解码器空闲时间所占总时间的百分比。

15.1.3 在上题中，设数据包有 0、1、1 个以上错误的概率分别为 p_0、p_1、p_2，试用 Little 公式求出队列的平均长度。

15.2 M/M 型排队系统

M/M 型排队系统是指到达过程和服务过程都是连续时间 Markov 过程的排队系统。实际上，M/M 型排队系统是一个生灭过程。本节对 M/M 型排队系统的用户数和常见时间参量所满足的分布进行分析。

15.2.1 用户数分析

所谓用户数分析，就是分析排队系统的系统用户数 $N(t)$、排队用户数 $N_q(t)$ 及服务用户数 $N_s(t)$ 的概率分布。事实上，M/M 型排队系统是生灭过程，所以 $N(t)$ 的概率质量函数可以由描述生灭过程的微分方程式来描述。下面分析几种常见的 M/M 型排队系统的系统用户数 $N(t)$ 的概率分布。

(1) M/M/c/K 排队系统

M/M/c/K 排队系统有 c 个窗口，每个窗口的服务率均为 μ，到达率为 λ，截止系统总用户数为 K，这里显然 $K \geqslant c$。窗口未占满时，用户到达后立即接受服务；窗口占满时，用户依先到先服务规则等待，任一窗口有空即被服务；当系统总用户数达到 K 时，新来的用户即被拒绝。

下面对 M/M/c/K 排队系统的离去率进行分析。

1) 当有 $k \leqslant c$ 个窗口处于忙期时，其离去率为 $k\mu$，这是因为从 k 个窗口处于忙期至下一个用户离去的时间可以表示为 $X = \min(\tau_1, \tau_2, \cdots, \tau_k)$，这里 τ_i 是参数为 μ 的独立同分布的指数分布，因此

$$\begin{aligned}
P\{X > t\} &= P\{\min(\tau_1, \cdots, \tau_k) > t\} \\
&= P\{\tau_1 > t, \tau_2 > t, \cdots, \tau_k > t\} \\
&= P\{\tau_1 > t\}P\{\tau_2 > t\} \cdots P\{\tau_k > t\} \\
&= \mathrm{e}^{-\mu t}\mathrm{e}^{-\mu t}\cdots\mathrm{e}^{-\mu t} = \mathrm{e}^{-k\mu t}
\end{aligned}$$

所以随机变量 X 的均值为 $1/(k\mu)$，因而其离去率为 $k\mu$。

2) 当 $k > c$ 时，所有的 c 个窗口都处于忙期，因而其离去率为 $c\mu$。

所以，设系统的总用户数为 $N(t)$，它有 $K+1$ 个状态 $\{0, 1, 2, \cdots, K\}$。$N(t)$ 增加 1 的转移概率为 λ，减 1 的转移概率和 $N(t)$ 的状态有关：当 $N(t) < c$ 时，用户被服务后的离去率为 $\mu N(t)$；当 $K \geqslant N(t) \geqslant c$ 时，c 个窗口均被占满，则离去率为 $c\mu$。状态转移率图如图 15.2.1 所示。

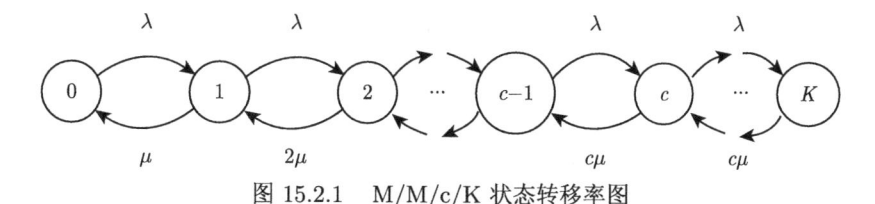

图 15.2.1 M/M/c/K 状态转移率图

根据状态转移率图，可以写出下列稳态解方程：

$$\begin{cases}
\mu p_1 = \lambda p_0, \quad k = 0 \\
\lambda p_{k-1} + (k+1)\mu p_{k+1} = (\lambda + k\mu)p_k \quad k = 1, 2, \cdots, c-1 \\
\lambda p_{k-1} + c\mu p_{k+1} = (\lambda + c\mu)p_k, \quad K > k \geqslant c \\
\lambda p_{k-1} = c\mu p_k, \quad k = K
\end{cases} \tag{15.2.1}$$

令 $\rho = \lambda/(c\mu)$，$\rho < 1$ 是系统稳定的充分条件。由上述方程解得

$$p_k = \frac{(c\rho)^k}{k!}p_0, \quad 0 \leqslant k \leqslant c$$

$$p_k = \frac{c^c}{c!}\rho^k p_0, \quad c \leqslant k \leqslant K$$

$$p_k = 0, \quad k > K$$

又因为

$$1 = \sum_{k=0}^{K} p_k = p_0 \left(\sum_{i=0}^{c-1} \frac{(c\rho)^i}{i!} + \frac{c^c}{c!} \sum_{i=c}^{K} \rho^r \right)$$

则

$$p_0 = \left(\sum_{i=0}^{c-1} \frac{(c\rho)^i}{i!} + \frac{(c\rho)^c}{c!} \frac{1-\rho^{K-c+1}}{1-\rho} \right)^{-1} \tag{15.2.2}$$

从上面的表达式可得以下几种特例。

1) M/M/1/K 排队系统：此时 $c=1$，则

$$p_0 = \frac{1-\rho}{1-\rho^{K+1}}$$

令 $\rho = \lambda/\mu$，不难得出当 $\rho < 1$ 或 $\rho > 1$ 时，有

$$p_j = \frac{(1-\rho)\rho^j}{1-\rho^{K+1}}, \quad j=0,1,2,\cdots,K \tag{15.2.3}$$

当 $\rho = 1$ 时，各个状态是等概率的，即 $p_0 = p_1 = \cdots = p_K = 1/(K+1)$。当 $\rho < 1$ 时 p_k 是 k 的减函数，而当 $\rho > 1$ 时，p_k 是 k 的增函数。

2) M/M/1 排队系统：此时 $K \to \infty$，$c=1$。令 $\rho = \lambda/\mu$，ρ 称为**排队强度**，用递推法不难得到方程的通解为

$$p_k = \rho^k p_0 \tag{15.2.4}$$

考虑到

$$1 = \sum_{k=0}^{\infty} p_k = p_0 \sum_{k=0}^{\infty} \rho^k = \frac{p_0}{1-\rho}$$

知 ρ 必小于 1，且有

$$\begin{cases} p_0 = 1-\rho \\ p_k = (1-\rho)\rho^k \end{cases} \tag{15.2.5}$$

3) M/M/c 排队系统：此时 $K \to \infty$，则

$$p_0 = \left(\sum_{i=0}^{c-1} \frac{(c\rho)^i}{i!} + \frac{(c\rho)^c}{c!(1-\rho)} \right)^{-1}$$

$$p_j = \frac{a^j}{j!}p_0, \quad j=1,2,\cdots,c$$

$$p_j = \rho^{j-c}p_c = \frac{\rho^{j-c}a^c}{c!}p_0, \quad j=c,c+1,\cdots$$

式中，$a = \lambda/\mu$; $\rho = \lambda/(c\mu) = a/c$。最后，由标准化条件得

$$1 = \sum_{j=0}^{\infty} p_j = p_0 \left\{ \sum_{j=0}^{c-1} \frac{a^j}{j!} + \frac{a^c}{c!} \sum_{j=c}^{\infty} \rho^{j-c} \right\}$$

显然，当花括号内第二项收敛时，系统有一个稳定状态。收敛的条件为 $\rho < 1$，即

$$\lambda < c\mu$$

上式的意义是用户的到达率小于 c 个窗口同时工作时所能达到的用户离去率。此时，系统最终将趋于平稳，并有

$$p_0 = \left\{ \sum_{j=0}^{c-1} \frac{a^j}{j!} + \frac{a^c}{c!} \sum_{j=c}^{\infty} \rho^{j-c} \right\}^{-1} \tag{15.2.6}$$

图 15.2.2~图 15.2.4 是几种排队系统的状态转移率图。

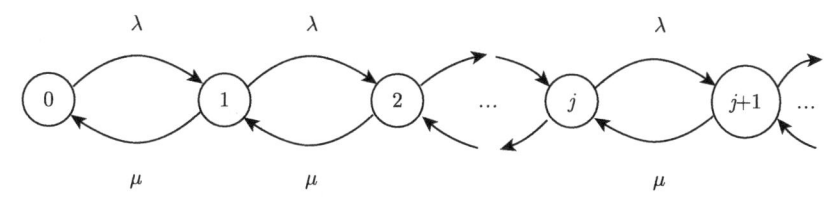

图 15.2.2　M/M/1 排队系统的状态转移率图

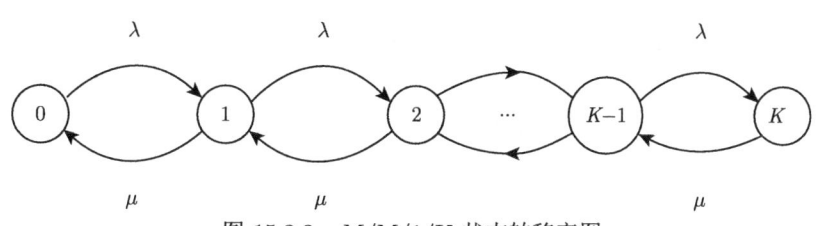

图 15.2.3　M/M/1/K 状态转移率图

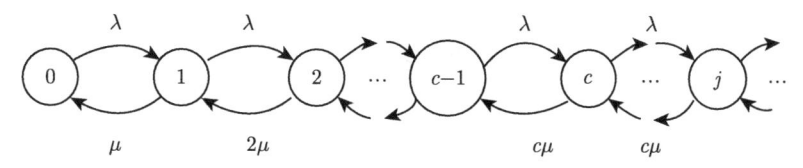

图 15.2.4　M/M/c 排队系统的状态转移率图

(2) 有限源单窗口排队系统

所谓有限源排队系统是指排队系统所服务的对象是有限个指定的用户。这一类问题在实际应用中常会遇到。K 个固定终端向主机发出业务请求；某车间的 K 台机器，当其中的某台出故障的时候，需要机修工修理等。图15.2.5是一个有限源单窗口排队系统的示意。

设总用户数为 K，用户源无服务请求的时间间隔是一个指数分布的随机变量，均值为 $1/\alpha$，因而在时间 $(t, t+h)$ 内产生服务请求的概率为 $\alpha h + o(h)$。如果系统的状态为 $N(t) = k$，则无服务请求的用户有 $K - k$ 个，因而服务请求产生率为 $(K - k)\alpha$。假设每个

用户所需要的服务时间也是一个指数分布的随机变量,均值为 $1/\mu$。因此,系统的状态转移率图如图15.2.6所示。

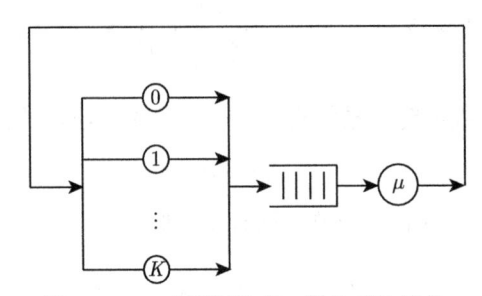

图 15.2.5 有限源单窗口排队系统示意

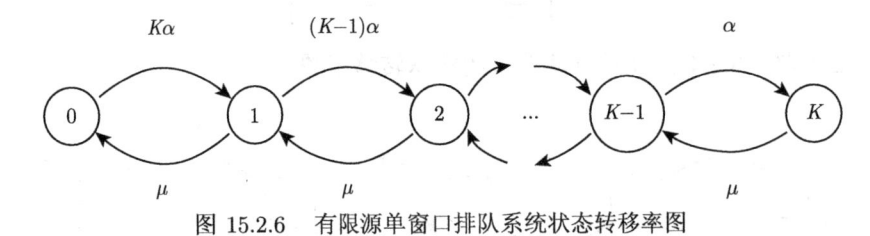

图 15.2.6 有限源单窗口排队系统状态转移率图

这实际上是一个新生率参数为 $\lambda_0 = K\alpha, \lambda_1 = (K-1)\alpha, \cdots, \lambda_{K-1} = \alpha$,死亡率参数为 $\mu_1 = \cdots = \mu_K = \mu$ 的有限状态生灭过程,容易求得稳态解为

$$p_k = \frac{K!}{(K-k)!}\left(\frac{\alpha}{\mu}\right)^k p_0, \quad k = 0, 1, \cdots, K \tag{15.2.7}$$

式中

$$p_0 = \left\{\sum_{k=0}^{K}\frac{K!}{(K-k)!}\left(\frac{\alpha}{\mu}\right)^k\right\}^{-1} \tag{15.2.8}$$

15.2.2 时间分析

所谓排队系统的时间分析,就是对排队系统的一些时间参量的统计特性进行分析,给出其概率分布或均值、方差等。常见的排队系统时间参量有等待时间、服务时间、忙期和闲期等。排队系统内无用户的持续时间称为闲期,有用户的持续时间称为忙期。

本节以 M/M/1 系统为例,分析其等待时间以及忙期和闲期所满足的概率分布。

(1) M/M/1 排队系统的等待时间分析

等待时间是排队系统的一个重要参量。当某一用户到达时,系统总用户数为 k,则此用户必须等 k 个用户被服务完毕以后才能被服务,因此该用户要等待的时间 W_{k+1} 是 k 个服务时间之和,即

$$W_{k+1} = \tau_1 + \tau_2 + \cdots + \tau_k \tag{15.2.9}$$

因为 τ_i 是独立同分布的随机变量,其分布服从指数分布,概率密度函数和特征函数分别为

$$f_\tau(x) = \mu e^{-\mu x}, \quad x \geqslant 0$$

$$\Phi_\tau(z) = \int_0^\infty \mu e^{-\mu x} e^{jzx} dx = \frac{\mu}{\mu - jz}$$

在条件 $N(t) = k$ 下,W_{k+1} 的特征函数为

$$\Phi_{W_{k+1}}(z) = \left(\frac{\mu}{\mu - \mathrm{j}z}\right)^k$$

因此由全概率公式知,每个用户的等待时间 W 的特征函数为

$$\Phi_W(z) = \sum_{k=0}^{\infty} \Phi_{W_{k+1}}(z) p_k = (1-\rho)\left(1 + \frac{\mu\rho}{\mu(1-\rho) - \mathrm{j}z}\right)$$

对上式进行 Fourier 逆变换,得到 W 的概率密度函数为

$$\begin{aligned} f_W(w) &= \frac{1}{2\pi} \int_{-\infty}^{\infty} \Phi_W(z) \mathrm{e}^{-\mathrm{j}zw} \mathrm{d}z \\ &= (1-\rho)\delta(w) + (1-\rho)\lambda \mathrm{e}^{-\mu(1-\rho)w} \end{aligned} \tag{15.2.10}$$

得到等待时间 W 的概率分布之后,就很容易得到均值和方差分别为

$$E\{W\} = \int_0^{\infty} w f_W(w) \mathrm{d}w = \frac{\rho}{\mu(1-\rho)}$$

$$\sigma_W^2 = \int_0^{\infty} w^2 f_W(w) \mathrm{d}w - (E\{W\})^2 = \frac{\rho(2-\rho)}{\mu^2(1-\rho)^2}$$

此外,由于系统时间 $S = W + \tau$,所以其概率密度函数为

$$f_S(s) = f_W(s) * f_\tau(s) = \mu(1-\rho) \mathrm{e}^{-\mu(1-\rho)s} \tag{15.2.11}$$

系统时间的均值和方差分别为

$$E\{S\} = \int_0^{\infty} s f_S(s) \mathrm{d}s = \frac{1}{\mu(1-\rho)}$$

$$\sigma_S^2 = \int_0^{\infty} s^2 f_S(s) \mathrm{d}s - (E\{S\})^2 = \frac{1}{\mu^2(1-\rho)^2}$$

(2) M/M/1 排队系统闲期和忙期分析

闲期 I 定义为系统中无用户的持续时间,**忙期** B 为系统中有用户的持续时间,两者均为连续非负随机变量。

闲期 I 是系统处于无用户状态后到有一个用户到达之间的时间,因而与用户到达规律一样,因此

$$f_I(i) = \lambda \mathrm{e}^{-\lambda i} \tag{15.2.12}$$

其均值为

$$E\{I\} = \frac{1}{\lambda} \tag{15.2.13}$$

系统处于忙期的情况有很多种:1 个用户接受服务,在其接受服务的前后系统处于闲期;2 个用户首尾相连接受服务,在这之前和之后系统都处于闲期;一般情况下,n 个用户首尾相连,在这之前和之后系统都处于闲期。这里 $n = 1, 2, \cdots$。

先考虑由 n 个用户首尾相连组成的忙期，设该忙期的时长为 B。如图15.2.7所示，设 $n+1$ 个用户的到达时刻分别为 $t_1,\cdots,t_{n+1}$，它们的到达时间间隔为 $T_1,T_2,\cdots,T_n$，前 n 个用户被服务时间为 $\tau_1,\tau_2,\cdots,\tau_n$。要想形成一个由 n 个用户首尾相连组成的忙期，必须满足以下条件：①第 1 个用户到达之前的时间，系统处于闲期；②前 n 个用户的到达间隔和服务时间满足下列关系，即

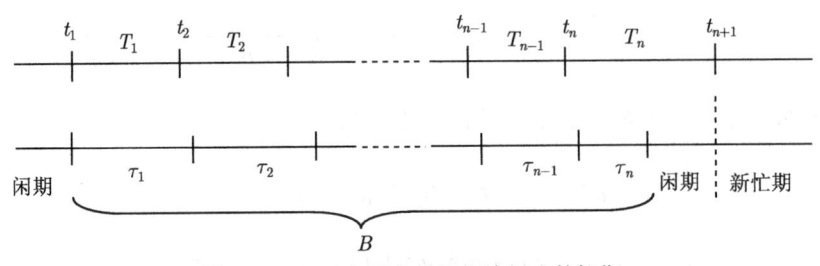

图 15.2.7 n 个用户首尾相连组成的忙期

$$T_1 < \tau_1$$
$$T_1 + T_2 < \tau_1 + \tau_2$$
$$\vdots$$
$$T_1 + T_2 + \cdots + T_{n-1} < \tau_1 + \tau_2 + \cdots + \tau_{n-1}$$
$$T_1 + T_2 + \cdots + T_n > \tau_1 + \tau_2 + \cdots + \tau_n = B$$

显然 $(T_1,\cdots,T_n,\tau_1,\cdots,\tau_n)$ 是一个 $2n$ 维随机变量，用 D 表示上述条件所定义的区域，则 B 的概率等于该区域的概率。由于该 $2n$ 维随机变量的分量相互独立，因此

$$f_{T_1\cdots T_n \tau_1 \cdots \tau_n}(t_1,\cdots,t_n,\tau_1,\cdots,\tau_n) = \lambda^n \mu^n \mathrm{e}^{-\lambda(t_1+\cdots+t_n)} \mathrm{e}^{-\mu(\tau_1+\cdots+\tau_n)}$$

因此，出现由 n 个用户首尾相连且时长为 B 的忙期的概率 $F(n,B)$ 为

$$F(n,B) = \int_D \lambda^n \mu^n \mathrm{e}^{-\lambda(t_1+\cdots+t_n)} \mathrm{e}^{-\mu(\tau_1+\cdots+\tau_n)} \mathrm{d}t_1 \cdots \mathrm{d}t_n \mathrm{d}\tau_1 \cdots \mathrm{d}\tau_n$$

对区域 D 进行变量变换，即

$$x_r = \sum_{i=1}^{r} t_i, \quad y_r = \sum_{i=1}^{r} \tau_i$$

设区域 D 变为 Q，则 Q 由下式定义

$$x_1 < y_1, x_2 < y_2, \cdots, x_{n-1} < y_{n-1}, x_n > y_n = B$$

上述变换的 Jacobi 行列式为

$$|\boldsymbol{J}| = \begin{vmatrix} \partial(x_1,\cdots,x_n)/\partial(t_1,\cdots,t_n) & \partial(x_1,\cdots,x_n)/\partial(\tau_1,\cdots,\tau_n) \\ \partial(y_1,\cdots,y_n)/\partial(t_1,\cdots,t_n) & \partial(y_1,\cdots,y_n)/\partial(\tau_1,\cdots,\tau_n) \end{vmatrix}$$

容易算得

第 15 章 排队论初步

$$\left|\frac{\partial(x_1,\cdots,x_n)}{\partial(t_1,\cdots,t_n)}\right|=\left|\frac{\partial(y_1,\cdots,y_n)}{\partial(\tau_1,\cdots,\tau_n)}\right|=(-1)^{n-1}$$

$$\left|\frac{\partial(x_1,\cdots,x_n)}{\partial(\tau_1,\cdots,\tau_n)}\right|=\left|\frac{\partial(y_1,\cdots,y_n)}{\partial(t_1,\cdots,t_n)}\right|=0$$

因此 $|\boldsymbol{J}|=1$，从而

$$F(n,B)=\int_{\boldsymbol{Q}}\lambda^n\mu^n\mathrm{e}^{-\lambda x_n}\mathrm{e}^{-\mu y_n}\mathrm{d}x_1\cdots\mathrm{d}x_n\mathrm{d}y_1\cdots\mathrm{d}y_n$$

总的来说，出现时长为 B 的忙期的概率应该是

$$F_B(B)=\sum_{n=1}^{\infty}F(n,B)$$

对上式关于 B 求导，可以得到 B 的概率密度函数。先求 $F(n,B)$ 关于 B 的导数 $f(n,B)$

$$f(n,B)=\lambda^n\mu^n\mathrm{e}^{-\mu B}\int_B^{\infty}\mathrm{e}^{-\lambda x_n}\mathrm{d}x_n\int_0^B\mathrm{d}y_1\int_0^{y_1}\mathrm{d}x_1$$
$$\times\int_{y_1}^B\mathrm{d}y_2\int_{x_1}^{y_2}\mathrm{d}x_2\cdots\int_{y_{n-2}}^B\mathrm{d}y_{n-1}\int_{x_{n-2}}^{y_{n-1}}\mathrm{d}x_{n-1}$$

逐步计算可得

$$\int_{y_1}^B\mathrm{d}y_2\int_{x_1}^{y_2}\mathrm{d}x_2\cdots\int_{y_{n-2}}^B\mathrm{d}y_{n-1}\int_{x_{n-2}}^{y_{n-1}}\mathrm{d}x_{n-1}$$
$$=\frac{(B-y_1)^{n-2}(B-x_1)^{n-2}}{(n-2)!(n-2)!}-\frac{(B-y_1)^{n-1}(B-x_1)^{n-3}}{(n-1)!(n-3)!}$$

进一步计算得

$$f(n,B)=\lambda^{n-1}\mu^n\mathrm{e}^{-(\lambda+\mu)B}\frac{B^{2n-2}}{n!(n-1)!} \tag{15.2.14}$$

所以忙期 B 的概率密度函数为

$$f_B(B)=\sum_{n=1}^{\infty}f(n,B)=\frac{1}{B\sqrt{\lambda/\mu}}\mathrm{e}^{-(\lambda+\mu)B}\mathrm{I}_1(2\sqrt{\lambda\mu}B) \tag{15.2.15}$$

式中，$\mathrm{I}_1(x)$ 为一阶修正 Bessel 函数。

由此，查定积分表，可求得忙期的平均长度为

$$E\{B\}=\int_0^{\infty}bf_B(b)\mathrm{d}b=\frac{1}{\mu-\lambda} \tag{15.2.16}$$

例 15.2.1 试求忙期中有 n 个用户的概率及忙期的平均用户数。

解：忙期有 n 个用户的概率为

$$p_n=\int_0^b f(n,b)\mathrm{d}b=\frac{(2n-2)!}{n!(n-1)!}\frac{\rho^{n-1}}{(1+\rho)^{2n-1}} \tag{15.2.17}$$

所以，忙期的平均用户数为

$$E\{N\} = \sum_{n=1}^{\infty} np_n = \frac{1}{1+\rho} \sum_{n=1}^{\infty} \frac{(2n-2)!}{(n-1)!(n-1)!} \left(\frac{\rho}{(1+\rho)^2}\right)^{n-1}$$

$$= \frac{1}{1+\rho} \left(1 - \frac{4\rho}{(1+\rho)^2}\right)^{-1/2} = \frac{1}{1-\rho} \tag{15.2.18}$$

上述忙期的平均用户数也可从平均系统总用户数得到：因为忙的概率为 ρ，忙期的平均系统总用户数和平均用户数之比 $\rho = m_N/E\{N\}$ 即为忙的概率，即

$$E\{N\} = \frac{1}{1-\rho}$$

则同样可得式 (15.2.18) 的结论。

习题 15.2

15.2.1 在 M/M/1 排队系统中，求出 $P\{n(t) \geq k\}$；设系统的服务率为 μ，若需要限制 $P\{n(t) \geq 10\} \leq 10^{-3}$，则系统允许的最大到达率是多少？

15.2.2 在某排队系统 M/M/1 中，设每到达一个用户系统将盈利人民币 5 元，而每个用户在系统中每停留一个单位时间将消耗系统人民币 1 元。若要使系统能盈利，则到达率应处于什么范围？

15.2.3 考虑一个到达率为 λ(用户/秒) 的 M/M/1 排队系统，要使平均系统总顾客数为 5 个用户，则服务率应为多少？

15.2.4 设某 M/M/1 排队系统的服务率为 2(用户/秒)，若要使 90% 的用户的等待时间不超过 3s，则允许的最大到达率是多少？

15.2.5 给出 M/M/c/c 排队系统的稳态解。

15.2.6 给出 M/M/∞ 排队系统的稳态解。

15.2.7 对一个 M/M/1/K 排队系统，证明

$$P\{n = k | n < K\} = \frac{P\{n = k\}}{1 - P\{n = K\}}, \quad 0 \leq k < K$$

式中，n 为到达稳态时的系统总用户数。

15.2.8 在某 M/M/1 排队系统中，设有两类用户各自独立地以 $\lambda/2$ 的到达率到达，两类用户的服务时间都是以 μ 为参数的指数分布。设第一类用户总是可以进入队列排队，而第二类用户在系统总用户数小于等于 K 时可以进入队列排队，而当系统总用户数超过 K 时，被拒绝离去。试画出系统总用户数 $N(t)$ 的状态转移图，并求出 $N(t)$ 的稳态概率质量函数。

15.2.9 在 M/M/c 排队系统中，求 $P\{n \geq c+k\}$，其中 n 为稳态系统总用户数。

15.2.10 用户以 12(人/小时) 的 Poisson 过程到达某店，该店有两个服务员为用户服务。设每个服务员为每个用户服务的时间是均值为 5min 的指数分布。

1) 求出用户到达后必须等待的概率。
2) 求出平均系统总用户数。
3) 求出系统总用户数超过 4 的概率。

15.2.11 某问讯处的问讯请求以 10(个/min) 的 Poisson 过程到达，且每个服务员解答一个问讯的时间是均值为 2min 的指数分布，若要使每个问讯请求在问讯室内平均停留的时间 (平均等待时间 + 平均问讯时间) 不超过 4min，且 90% 的问讯请求等待时间不超过 8min，则至少需要多少服务员？

15.2.12 设某 M/M/c 排队系统的用户到达率是均值为 λ 的 Poisson 过程，当用户数大于零时，系统的总服务率总是 $c\mu$，试画出状态转移图并求出系统总用户数的稳态概率质量函数。

第 15 章 排队论初步

15.2.13 任务以均值为 λ 的 Poisson 过程到达某机器，机器对每个任务的服务时间是均值为 $1/\mu$ 的指数分布。机器在为用户服务时有出故障的概率。若机器为某任务服务的时间为 t，则出 k 次故障的概率满足均值为 αt 的 Poisson 分布。修复一次故障所需的时间是均值为 $1/\beta$ 的指数分布。设机器开始一个任务时总是正常工作的。

1) 试求机器完成一个任务所需时间的均值和方差。
2) 试求任务的平均系统时间。

15.3 M/G/1 排队系统

本节用嵌入 Markov 链求解 M/G/1 排队系统的用户数的稳态概率以及等待时间、忙期的概率分布。

15.3.1 M/G/1 排队系统的定义

在 M/G/1 排队系统中，窗口只有一个，系统用户数可以无界，用户的到达过程是 Markov 过程，但所有用户的服务时间是任意分布的独立同分布随机变量序列。

设 M/G/1 排队系统的用户到达率为 λ，服务时间是概率密度函数为 $b(t)$ 的随机变量，不同用户的服务时间是相互独立的，到达时间和服务时间也相互独立。

15.3.2 用户数分析

(1) 嵌入 Markov 链的递推关系

设 M/G/1 排队系统在 t 时刻的系统用户数为 $N(t)$，则 $N(t)$ 一般不是 Markov 过程。但是在一些特殊时点，对 $N(t)$ 取样所得的离散时间过程却可以是一个离散时间 Markov 链，用这个嵌入 Markov 链的概率特性，可以近似描述 $N(t)$ 的概率特性。

如图15.3.1所示，设 D_i 为第 i 个用户的离去时刻，D_{i+1} 为第 $i+1$ 个用户的离去时刻，τ_{i+1} 为第 $i+1$ 个用户的服务时间。设 n_i 为第 i 个用户离去时系统内的用户数，则 n_{i+1} 和 n_i 之间有如下递推关系：

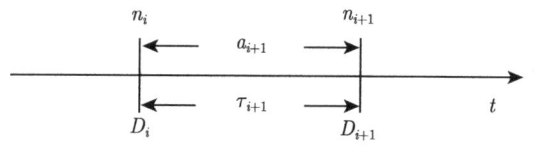

图 15.3.1 M/G/1 排队系统的嵌入 Markov 链

$$n_{i+1} = \begin{cases} n_i + a_{i+1} - 1, & n_i > 0 \\ a_{i+1}, & n_i = 0 \end{cases} = n_i + a_{i+1} + \delta(n_i) - 1 \tag{15.3.1}$$

式中，a_{i+1} 为第 $i+1$ 个用户被服务期间到达的用户数；$\delta(n_i)$ 为离散变量 δ 函数，即

$$\delta(n_i) = \begin{cases} 1, & n_i = 0 \\ 0, & n_i \neq 0 \end{cases}$$

(2) 嵌入 Markov 链的稳态方程推导

由于用户的到达是均值为 λ 的 Poisson 过程，因此在服务时间 τ 内到达 a 个用户的概率为

$$P\{a(\Delta t) = a | \Delta t = \tau\} = \frac{(\lambda \tau)^a}{a!} e^{-\lambda \tau}$$

由于随机变量 τ 的概率密度函数为 $b(\tau)$，因此在一个用户的服务期内到达 a 个用户的概率为

$$q_a = \int_0^\infty \frac{(\lambda\tau)^a}{a!} e^{-\lambda\tau} b(\tau) d\tau \tag{15.3.2}$$

由式 (15.3.1) 知，系统内人数的转移概率为

$$P\{n_{i+1} = j | n_i = 0\} = q_j \tag{15.3.3}$$

$$P\{n_{i+1} = j | n_i = k\} = q_{j-k+1} \tag{15.3.4}$$

令 $p_k(i)$ 为第 i 个用户离去时系统内有 k 个用户的概率，则

$$\begin{cases} p_0(i+1) = p_0(i)q_0 + p_1(i)q_0 \\ p_1(i+1) = p_0(i)q_1 + p_1(i)q_1 + p_2(i)q_0 \\ \quad \vdots \\ p_k(i+1) = p_0(i)q_k + p_1(i)q_k + p_2(i)q_{k-1} + \cdots + p_{k+1}(i)q_0 \\ \quad \vdots \end{cases} \tag{15.3.5}$$

达到平稳状态后，$p_k(i)$ 将和 i 无关，因此记 $p_k(i) = p_k$，式 (15.3.5) 变为

$$\begin{cases} p_0 = p_0 q_0 + p_1 q_0 \\ p_1 = p_0 q_1 + p_1 q_1 + p_2 q_0 \\ \quad \vdots \\ p_k = p_0 q_k + p_1 q_k + p_2 q_{k-1} + \cdots + p_{k+1} q_0 \\ \quad \vdots \end{cases} \tag{15.3.6}$$

式 (15.3.6) 为 M/G/1 排队系统嵌入 Markov 链 n_i 的**稳态概率方程**，简称**稳态方程**。

(3) 稳态方程的求解

用概率生成函数来求解稳态方程：令

$$P(z) = \sum_{k=0}^\infty p_k z^k$$

将上述方程组第 k 个方程乘以 z^k，再求和得

$$\begin{aligned} P(z) &= p_0 \sum_{k=0}^\infty q_k z^k + p_1 \sum_{k=0}^\infty q_k z^k + p_2 z \sum_{k=0}^\infty q_k z^k + \cdots \\ &= \frac{1}{z}(p_0 z + p_1 z + p_2 z^2 + p_3 z^3 + \cdots) \sum_{k=0}^\infty q_k z^k \\ &= \frac{1}{z}\left((z-1)p_0 + P(z)\right) \sum_{k=0}^\infty q_k z^k \end{aligned}$$

又由式 (15.3.2) 知

$$\sum_{k=0}^{\infty} q_k z^k = \int_0^{\infty} \left(\sum_{k=0}^{\infty} \frac{(\lambda \tau z)^k}{k!} \right) \mathrm{e}^{-\lambda \tau} b(\tau) \mathrm{d}\tau = \int_0^{\infty} \mathrm{e}^{\lambda \tau (z-1)} b(\tau) \mathrm{d}\tau$$

设 $B(s)$ 是 $b(\tau)$ 的 Laplace 变换，即

$$B(s) = \int_0^{\infty} b(\tau) \mathrm{e}^{-s\tau} \mathrm{d}\tau$$

因此

$$P(z) = \frac{1}{z} \left((z-1) p_0 + P(z) \right) B(\lambda - \lambda z)$$

解得 p_k 的生成函数为

$$P(z) = \frac{(z-1) p_0 B(\lambda - \lambda z)}{z - B(\lambda - \lambda z)}$$

下面求 p_0：在上式中令 $z = 1$，则得

$$1 = \sum_{k=0}^{\infty} p_k = P(1) = \left(\frac{(z-1) p_0 B(\lambda - \lambda z)}{z - B(\lambda - \lambda z)} \right)_{z=1}$$

由微积分的 L'hospital 法则，知

$$1 = p_0 \left(\frac{B(\lambda - \lambda z) - (z-1) \lambda B'(\lambda - \lambda z)}{1 + \lambda B'(\lambda - \lambda z)} \right)_{z=1}$$

此即

$$1 = \frac{p_0 B(0)}{1 + \lambda B'(0)}$$

此外，由 Laplace 变换的公式知

$$B(0) = 1$$
$$B'(0) = -\int_0^{\infty} \tau b(\tau) \mathrm{d}\tau = -E\{\tau\}$$

定义排队强度为 $\rho = \lambda E\{\tau\}$，则

$$p_0 = 1 - \lambda E\{\tau\} = 1 - \rho \tag{15.3.7}$$

所以

$$P(z) = \frac{(1-\rho)(z-1) B(\lambda - \lambda z)}{z - B(\lambda - \lambda z)} \tag{15.3.8}$$

上述表达式被称为 **Pollaczek-Khinchin 公式**。在该公式中，当任意分布 $b(\tau)$ 已经给定时，可求得相应的 $B(s)$ 代入上式。若能将 $P(z)$ 展成关于 z 的幂级数，则 z^k 的系数就是 p_k。

例 15.3.1 试通过 $P(z)$ 求 M/G/1 系统用户数 N 的均值和方差。

解：由 Laplace 变换的性质知

$$B^{(r)}(0) = \int_0^{\infty} (-\tau)^r b(\tau) \mathrm{d}\tau = (-1)^r E\{\tau^r\}$$

令 $m_r = E\{\tau^r\}$ 为 τ 的 r 阶原点矩，则平均系统总用户数为

$$E\{N\} = \sum_{k=0}^{\infty} k p_k = (P'(z))_{z=1} = \rho + \frac{\lambda^2 m_2}{2(1-\rho)}$$

而

$$E\{N^2\} = \sum_{k=0}^{\infty} k^2 p_k = P''(1) + P'(1)$$

$$= \rho + \frac{3\lambda^2 m_2}{2(1-\rho)} + \frac{(\lambda^2 m_2)^2}{2(1-\rho)^2} + \frac{\lambda^3 m_3}{3(1-\rho)}$$

因此，系统用户数的方差为

$$\sigma_N^2 = E\{N^2\} - (E\{N\})^2$$

$$= \rho(1-\rho) + \frac{\lambda^2 m_2(3-2\rho)}{2(1-\rho)} + \frac{(\lambda^2 m_2)^2}{4(1-\rho)^2} + \frac{\lambda^3 m_3}{3(1-\rho)} \tag{15.3.9}$$

在 M/M/1 系统中，$b(\tau) = \mu e^{-\mu\tau}$，$m_1 = 1/\mu$，$m_2 = 2/\mu^2$，则

$$E\{N\} = \rho + \frac{\rho^2}{1-\rho} = \frac{\rho}{1-\rho}$$

这与前面所得结果是一致的。

例 15.3.2 试用 Pollaczek-Khinchin 公式求 M/M/1 排队系统用户数 $N(t)$ 的概率质量函数。

解： 均值为 $1/\mu$ 的指数概率质量函数的 Laplace 变换为

$$B(s) = \frac{\mu}{s+\mu}$$

因此，Pollaczek-Khinchin 公式为

$$P_N(z) = \frac{(1-\rho)(z-1)\big(\mu/(\lambda(1-z)+\mu)\big)}{z - \big(\mu/(\lambda(1-z)+\mu)\big)}$$

$$= \frac{(1-\rho)(z-1)\mu}{(\lambda - \lambda z + \mu)z - \mu} = \frac{1-\rho}{1-\rho z}$$

将 $P_N(z)$ 用幂级数展开，得

$$P_N(z) = \sum_{k=0}^{\infty} (1-\rho)\rho^k z^k = \sum_{k=0}^{\infty} P\{N=k\} z^k$$

因此知道

$$P\{N=k\} = (1-\rho)\rho^k, \quad k = 0, 1, 2, \cdots$$

上述结果和前面 M/M/1 的分析结果是一致的。

例 15.3.3 (M/H$_2$/1 排队系统)　M/H$_2$/1 排队系统是用户到达率为 λ 的指数过程,而用户服务时间是二阶超指数分布随机变量,如图15.3.2所示。该二阶超指数分布服务时间的意义是,用户的服务时间是均值为 $1/\lambda$ 的指数随机变量的概率为 $1/9$,用户的服务时间是均值为 $1/(2\lambda)$ 的指数随机变量的概率为 $8/9$。这样的排队模型常适用于存在两种不同种类指数服务时间用户的排队系统。试求该 M/H$_2$/1 排队系统用户数的概率质量函数。

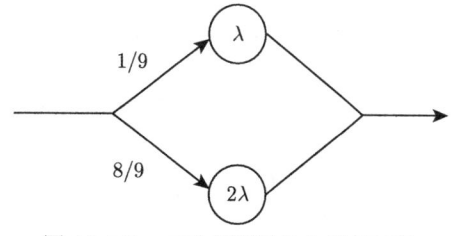

图 15.3.2　二阶超指数分布服务时间

解:显然,服务时间的概率密度函数为

$$f_\tau(x) = \frac{1}{9}\lambda e^{-\lambda x} + \frac{8}{9}2\lambda e^{-2\lambda x}, \quad x > 0$$

平均服务时间为

$$E\{\tau\} = \frac{1}{9\lambda} + \frac{8}{9(2\lambda)} = \frac{5}{9\lambda}$$

服务窗口的利用率为 $\rho = \lambda E\{\tau\} = 5/9$。$f_\tau(x)$ 的 Laplace 变换为

$$B(s) = \frac{1}{9}\frac{\lambda}{s+\lambda} + \frac{8}{9}\frac{2\lambda}{s+2\lambda} = \frac{18\lambda^2 + 17\lambda s}{9(s+\lambda)(s+2\lambda)}$$

因此 Pollaczek-Khinchin 公式为

$$\begin{aligned}P_N(z) &= \frac{(1-\rho)(z-1)(18\lambda^2 + 17\lambda^2(1-z))}{9(\lambda-\lambda z+\lambda)(\lambda-\lambda z+2\lambda)z - (18\lambda^2 + 17\lambda^2(1-z))}\\ &= \frac{(1-\rho)(35-17z)(z-1)}{9(z-1)(z-7/3)(z-5/3)}\\ &= (1-\rho)\left(\frac{1/3}{1-3z/7} + \frac{2/3}{1-3z/5}\right)\\ &= (1-\rho)\left(\frac{1}{3}\sum_{k=0}^\infty \left(\frac{3}{7}\right)^k z^k + \frac{2}{3}\sum_{k=0}^\infty \left(\frac{3}{5}\right)^k z^k\right)\end{aligned}$$

因为 z^k 的系数为 $P\{N=k\}$,$\rho = 5/9$,所以

$$P\{N=k\} = \frac{4}{27}\left(\frac{3}{7}\right)^k + \frac{8}{27}\left(\frac{3}{5}\right)^k, \quad k = 0, 1, 2, \cdots$$

15.3.3　等待时间和系统时间分析

下面来求 M/G/1 排队系统的等待时间 W 的概率分布。令 W_i 是第 i 个用户的等待时间,τ_i 是第 i 个用户的服务时间,T_i 是第 i 个用户和第 $i+1$ 个用户的到达时间间隔。显然,有如下关系式:

$$W_{i+1} = \begin{cases} W_i + \tau_i - T_i, & T_i < W_i + \tau_i \\ 0, & T_i \geqslant W_i + \tau_i \end{cases} \tag{15.3.10}$$

当过程进入平稳状态时，W_i 的分布和 i 无关。将 W_i 和 W_{i+1} 的概率密度函数都记为 $p(w)$，由上述关系知

$$p(w) = P\{x+\tau-t>0\}\Big|_{x+\tau-t=w} + P\{w=0\} \times \delta(w) \quad (x\text{为对应于}W_i\text{的自变量})$$

$$= \int_{w=x+\tau-t>0} p(x)b(\tau)a(t)\mathrm{d}\tau\mathrm{d}t + \delta(w)\int_{t\geqslant x+\tau} p(x)b(\tau)a(t)\mathrm{d}x\mathrm{d}t\mathrm{d}\tau$$

$$= \int_0^\infty \int_0^{w+t} p(w+t-\tau)b(\tau)\lambda\mathrm{e}^{-\lambda t}\mathrm{d}t\mathrm{d}\tau$$

$$+ \delta(w)\int_0^\infty \int_0^\infty \int_{x+\tau}^\infty p(x)b(\tau)\lambda\mathrm{e}^{-\lambda t}\mathrm{d}\tau\mathrm{d}x\mathrm{d}t$$

进一步令 $u = w+t$ 得

$$p(w) = \int_w^\infty \int_0^u p(u-\tau)b(\tau)\lambda\mathrm{e}^{-\lambda(u-w)}\mathrm{d}\tau\mathrm{d}u$$
$$+\delta(w)\int_0^\infty \int_0^\infty p(x)\mathrm{e}^{-\lambda x}b(\tau)\mathrm{e}^{-\lambda\tau}\mathrm{d}\tau\mathrm{d}x \tag{15.3.11}$$

令 $b(\tau)$ 和 $p(w)$ 的 Laplace 变换分别为 $B(s)$ 和 $L(s)$，即

$$B(s) = \int_0^\infty b(\tau)\mathrm{e}^{-s\tau}\mathrm{d}\tau$$

$$L(s) = \int_0^\infty p(w)\mathrm{e}^{-sw}\mathrm{d}w$$

对式 (15.3.11) 做 Laplace 变换得

$$L(s) = \frac{\lambda}{s-\lambda}\int_0^\infty \mathrm{e}^{-\lambda u}\mathrm{d}u \int_0^u p(u-\tau)b(\tau)\mathrm{d}\tau$$
$$- \frac{\lambda}{s-\lambda}\int_0^\infty \mathrm{e}^{-sw}\mathrm{d}w \int_0^w p(w-\tau)b(\tau)\mathrm{d}\tau + L(\lambda)B(\lambda)$$
$$= \frac{\lambda}{s-\lambda}L(\lambda)B(\lambda) - \frac{\lambda}{s-\lambda}L(s)B(s) + L(\lambda)B(\lambda)$$

对上式整理得到

$$L(s) = \frac{sL(\lambda)B(\lambda)}{s-\lambda+\lambda B(s)}$$

又由 $L(0) = 1$ 知

$$L(\lambda)B(\lambda) = \left\{1 - \frac{\lambda(1-B(s))}{s}\right\}_{s=0} = 1 + \lambda B'(0)$$

因此

$$L(\lambda)B(\lambda) = 1 - \lambda m_1 = 1 - \rho$$

事实上，$L(\lambda)B(\lambda)$ 是 $W = 0$ 的概率。这样得到

$$L(s) = \frac{s(1-\rho)}{s-\lambda+\lambda B(s)} \tag{15.3.12}$$

上式也称为 **Pollaczek-Khinchin 公式**。对式 (15.3.12) 做 Laplace 逆变换，即可得 $p(w)$ 的表达式。

考虑到 $S = W + \tau$，以及 W 和 τ 的独立性，有 $Z(s) = L(s)B(s)$，其中 $Z(s)$ 是 S 的概率密度函数的 Laplace 变换。因此有

$$Z(s) = \frac{s(1-\rho)B(s)}{s - \lambda + \lambda B(s)} \tag{15.3.13}$$

下面来求 W 的均值和方差。均值为

$$E\{W\} = -L'(0) = \frac{\lambda m_2}{2(1-\rho)} \tag{15.3.14}$$

而方差为

$$\sigma_W^2 = E\{W^2\} - (E\{W\})^2 = L''(0) - (-L'(0))^2$$
$$= \frac{\lambda m_3}{3(1-\rho)} + \frac{\lambda^2 m_2^2}{4(1-\rho)^2} \tag{15.3.15}$$

例 15.3.4 试用 Pollaczek-Khinchin 公式 (15.3.12) 求 M/M/1 排队系统的等待时间和系统时间的概率密度函数。

解：将服务时间的概率密度函数的 Laplace 变换 $B(s) = \mu/(s+\mu)$ 代入式 (15.3.13) 得

$$Z(s) = \frac{(1-\rho)s\mu}{(s+\mu)(s-\lambda) + \lambda\mu} = \frac{(1-\rho)\mu}{s - (\lambda - \mu)}$$

由上式得到

$$f_S(x) = \mu(1-\rho)\mathrm{e}^{-\mu(1-\rho)x}, \quad x > 0 \tag{15.3.16}$$

同样，由式 (15.3.12) 可得

$$L(s) = \frac{(1-\rho)s}{s - \lambda + \lambda\mu/(s+\mu)} = (1-\rho)\frac{s+\mu}{s+\mu-\lambda}$$
$$= (1-\rho)\left(1 + \frac{\lambda}{s+\mu-\lambda}\right)$$

因此，可以得到

$$f_W(x) = (1-\rho)\delta(x) + \lambda(1-\rho)\mathrm{e}^{-\mu(1-\rho)x}, \quad x > 0$$

例 15.3.5 试求例15.3.3中定义的 M/H$_2$/1 排队系统的等待时间的概率密度函数。

解：将例15.3.3中的服务时间的概率密度函数的 Laplace 变换代入式 (15.3.12) 得到

$$L(s) = \frac{9s(1-\rho)(s+\lambda)(s+2\lambda)}{9(s-\lambda)(s+\lambda)(s+2\lambda) + \lambda(18\lambda^2 + 17\lambda s)}$$
$$= \frac{(1-\rho)(s+\lambda)(s+2\lambda)}{s^2 + 2\lambda s + 8\lambda^2/9}$$
$$= (1-\rho)\frac{9s^2 + 27\lambda s + 18\lambda^2}{9s^2 + 18\lambda s + 8\lambda^2}$$
$$= (1-\rho)\left(1 + \frac{2\lambda/3}{s + 2\lambda/3} + \frac{\lambda/3}{s + 4\lambda/3}\right)$$

因此，求其 Laplace 逆变换得到

$$f_W(x) = \frac{4}{9}\left(\delta(x) + \frac{2\lambda}{3}\mathrm{e}^{-2\lambda x/3} + \frac{1}{4}\frac{4\lambda}{3}\mathrm{e}^{-4\lambda x/3}\right), \quad x > 0$$

15.3.4 忙期分析

类似于 M/M/1 排队系统的忙期分析，先考虑由 n 个用户首尾相连组成的忙期，设该忙期的时长为 t。仍设 $n+1$ 个用户的到达时刻分别为 $t_1, \cdots, t_{n+1}$，它们的到达时间间隔为 $T_1, T_2, \cdots, T_n$，前 n 个用户被服务时间为 $\tau_1, \tau_2, \cdots, \tau_n$。要想形成一个由 n 个用户首尾相连组成的忙期，必须满足以下条件：①第 1 个用户到达之前的时间，系统处于闲期；②前 n 个用户的到达间隔和服务时间满足下列关系，即

$$T_1 < \tau_1$$
$$T_1 + T_2 < \tau_1 + \tau_2$$
$$\vdots$$
$$T_1 + T_2 + \cdots + T_{n-1} < \tau_1 + \tau_2 + \cdots + \tau_{n-1}$$
$$T_1 + T_2 + \cdots + T_n > \tau_1 + \tau_2 + \cdots + \tau_n = t$$

显然 $(T_1, \cdots, T_n, \tau_1, \cdots, \tau_n)$ 是一个 $2n$ 维随机变量，用 D 表示上述条件所定义的区域，则 t 的概率等于该区域的概率。由于该 $2n$ 维随机变量的分量相互独立，因此

$$f_{T_1 \cdots T_n \tau_1 \cdots \tau_n}(t_1, \cdots, t_n, \tau_1, \cdots, \tau_n) = \lambda^n e^{-\lambda(t_1 + \cdots + t_n)} b_n(t)$$

式中

$$b_n(t) = \overbrace{b(t) * b(t) * \cdots * b(t)}^{n}$$

令 $B(t, n)$ 为由 n 次首尾相连的服务组成忙期且其长为 t 的概率，则使用类似于 M/M/1 忙期求解中的变量变换过程计算可得

$$B(t, n) = \int_0^t e^{-\lambda s} \frac{(\lambda s)^{n-1}}{n!} b_n(s) ds \tag{15.3.17}$$

将忙期长度的概率分布函数记为 $B(t)$，则 $B(t) = \sum_{n=1}^{\infty} B(t, n)$，所以

$$B(t) = \sum_{n=1}^{\infty} \int_0^t e^{-\lambda s} \frac{(\lambda s)^{n-1}}{n!} b_n(s) ds \tag{15.3.18}$$

忙期的概率密度函数为

$$B'(t) = e^{-\lambda t} \sum_{n=1}^{\infty} \frac{(\lambda t)^{n-1}}{n!} b_n(t) \tag{15.3.19}$$

习题 15.3

15.3.1 用户以均值为 λ 的 Poisson 过程到达某排队系统，其中 $0 < \alpha < 1$ 部分用户需要固定服务时间 d，$1 - \alpha$ 部分用户需要的服务时间是均值为 $1/\mu$ 的指数分布，试求该 M/G/1 系统的平均等待时间。

15.3.2 M/E_r/1 排队系统是一种特殊的 M/G/1 排队系统，其中 E_r 表示 r 阶 Erlang 分布，即用户的服务时间是 r 阶 Erlang 分布。试给出 M/E_r/1 排队系统用户数的稳态概率，以及达到稳态时的等待时间和忙期所满足的概率分布。

15.3.3 给出 M/H_r/1 排队系统达到稳态时的忙期所满足的概率分布。

15.3.4 给出 M/G/1 排队系统达到稳态时的闲期所满足的概率分布。

15.3.5 证明：在 M/G/1 排队系统中，当系统达到稳态时，一个用户离开时看到系统中有 n 个用户的概率与一个用户到达时发现系统中有 n 个用户的概率是相等的。

15.3.6 给出 M/D/1 排队系统的用户数达到稳态时所满足的概率分布，其中 D 表示服务时间为定长时间。

15.3.7 给出 M/U/1 排队系统的稳态用户数所满足的概率分布，其中 U 表示均匀分布。

15.4 G/M/1 排队系统

本节给出 G/M/1 排队系统的用户数、等待时间所满足的概率分布。

15.4.1 定义

在 G/M/1 排队系统中，到达过程的时间间隔为任意分布的独立同分布随机变量序列，而所有用户的服务时间则是指数分布的随机变量序列。类似于 M/G/1 排队系统，G/M/1 排队系统也可以用嵌入 Markov 链来分析。

15.4.2 用户数分析

设 n_i 是第 i 个用户到达时刻的系统用户数，$i=0,1,2,\cdots$，则

$$n_{i+1} = n_i + 1 - v_i \tag{15.4.1}$$

式中，v_i 是第 i 个到达间隔期间完成服务后离开的用户数。根据上式可以得到

$$\begin{cases} P\{n_{i+1}=0\} = \sum_{k=0}^{\infty} P\{n_i=k\}P\{v_i=k+1|n_i=k\} \\ P\{n_{i+1}=1\} = \sum_{k=0}^{\infty} P\{n_i=k\}P\{v_i=k|n_i=k\} \\ P\{n_{i+1}=2\} = \sum_{k=1}^{\infty} P\{n_i=k\}P\{v_i=k-1|n_i=k\} \\ \quad\vdots \\ P\{n_{i+1}=K\} = \sum_{k=K-1}^{\infty} P\{n_i=k\}P\{v_i=k-(K-1)|n_i=k\} \\ \quad\vdots \end{cases} \tag{15.4.2}$$

记式 (15.4.2) 中第 1 个式子中的转移概率 $P\{v_i=k+1|n_i=k\} = q_k$，q_k 为系统中的 $n_i+1=k+1$ 个用户在第 $i+1$ 个用户到达之前已经被服务完毕，在第 $i+1$ 个用户到达时发现系统中没有用户在等待（即 $n_{i+1}=0$）的概率，这个概率应该等于"$k+1$ 个指数分布服务时间之和小于到达时间间隔 T 的概率"，因为 $k+1$ 个独立指数分布之和的概率分布为 $k+1$ 阶 Erlang 分布，于是

$$q_k = P\left\{\sum_{i=1}^{k+1} X_i < T\right\} = \int_0^\infty P\left\{\sum_{i=1}^{k+1} X_i < T \Big| T=\tau\right\} b(\tau)\mathrm{d}\tau$$
$$= \int_0^\infty \frac{\mu(\mu\tau)^k}{k!}\mathrm{e}^{-\mu\tau} b(\tau)\mathrm{d}\tau \tag{15.4.3}$$

式中，$X_1,\cdots,X_{k+1}$ 分别是 $k+1$ 个用户的服务时间，它们独立同分布；$b(\tau)$ 是 T 的概率密度函数。

式 (15.4.2) 中第 2 个式子开始，需要考虑 $n_{i+1} \neq 0$ 且 $v_i = k$ 的概率。定义 q_k' 是 $n_{i+1} \neq 0$ 时 $v_i = k$ 的概率，这个概率与第 1 个式子中的概率不同，应该是在到达间隔 T 内发生 k 次 Poisson 事件的概率，即

$$q_k' = \int_0^\infty \frac{(\mu\tau)^k}{k!} \mathrm{e}^{-\mu\tau} b(\tau) \mathrm{d}\tau \tag{15.4.4}$$

于是 G/M/1 嵌入 Markov 过程 n_i 的一步转移矩阵为

$$\boldsymbol{\Pi} = \begin{pmatrix} q_0 & q_0' & 0 & 0 & 0 & 0 & \cdots \\ q_1 & q_1' & q_0' & 0 & 0 & 0 & \cdots \\ q_2 & q_2' & q_1' & q_0' & 0 & 0 & \cdots \\ q_3 & q_3' & q_2' & q_1' & q_0' & 0 & \cdots \\ q_4 & q_4' & q_3' & q_2' & q_1' & q_0' & \cdots \\ \vdots & \vdots & \vdots & \vdots & \vdots & \vdots & \end{pmatrix} \tag{15.4.5}$$

定义稳态概率 $\boldsymbol{P} = (p_0, p_1, p_2, \cdots)$，其中 $p_k = \lim_{i\to\infty} P\{n_i = k\}$，根据方程组 (15.4.2) 可以得到 G/M/1 排队系统嵌入 Markov 链 n_i 的稳态解 $\boldsymbol{P}$ 满足下列方程组

$$\begin{cases} \boldsymbol{P} = \boldsymbol{P}\boldsymbol{\Pi} \\ \sum_{i=0}^\infty p_i = 1 \end{cases} \tag{15.4.6}$$

关于上述方程的解有下列定理。

定理 15.4.1 方程组 (15.4.6) 具有如下形式，即

$$p_i = (1-\omega)\omega^i, \quad i = 0, 1, 2, \cdots \tag{15.4.7}$$

式中，ω 是以下方程在单位圆内的唯一实根：

$$\omega = B\big(\mu(1-\omega)\big)$$

$B(s)$ 是 $b(\tau)$ 的 Laplace 变换。

证明：首先可以验证

$$\sum_{i=0}^\infty p_i = \sum_{i=0}^\infty (1-\omega)\omega^i = (1-\omega)\sum_{i=0}^\infty \omega^i = 1$$

其次可以验证

$$\begin{aligned} \sum_{k=0}^\infty p_k q_k &= \sum_{k=0}^\infty \int_0^\infty (1-\omega) \frac{\mu(\mu\tau)^k}{k!} \mathrm{e}^{-\mu\tau} \omega^k b(\tau) \mathrm{d}\tau \\ &= (1-\omega)\mu \int_0^\infty \mathrm{e}^{-\mu(1-\omega)\tau} b(\tau) \mathrm{d}\tau \\ &= 1 - B\big(\mu(1-\omega)\big) = 1 - \omega = p_0 \end{aligned}$$

再次可以验证

$$\sum_{k=0}^{\infty} p_k q'_{k+n-1} = \sum_{k=0}^{\infty} \int_0^{\infty} (1-\omega) \frac{(\mu\tau)^k}{k!} e^{-\mu\tau} \omega^{k+n-1} b(\tau) d\tau$$
$$= (1-\omega)\omega^{n-1} B(\mu(1-\omega))$$
$$= (1-\omega)\omega^{n-1}\omega = (1-\omega)\omega^n = p_n, \quad n \geqslant 1$$

□

15.4.3 等待时间分析

在系统中至少有一个用户的条件下，任意一个到达用户的等待时间是独立同分布的指数随机变量之和，因此等待时间 W 满足

$$P\{W > t\} = \sum_{k=1}^{\infty} P\left\{\sum_{i=1}^{k} X_i > t\right\} p_k$$
$$= \sum_{k=1}^{\infty} \int_t^{\infty} \mu \frac{(\mu\tau)^{k-1}}{(k-1)!} e^{-\mu\tau} d\tau (1-\omega)\omega^k$$
$$= \omega \int_t^{\infty} \mu(1-\omega) e^{-\mu(1-\omega)\tau} d\tau$$
$$= \omega e^{-\mu(1-\omega)t}$$

习题 15.4

15.4.1 下列系统是 G/M/1 排队系统的特例：$E_r/M/1$、$H_r/M/1$、$D/M/1$、$U/M/1$，试分别对上述排队系统进行用户数分析和时间分析。

第六篇　随机数的计算机模拟

第 16 章　随机变量的计算机模拟

计算机仿真是在计算机上用所编写的计算机程序语言模拟实际系统的行为，通过观察和分析计算机模拟系统的性能，从而达到对实际系统性能的分析和了解。计算机仿真在信息与通信工程的科学研究中已经成了不可缺少的实验手段。而信息与通信工程中存在着大量的随机变量，因此学会随机变量的计算机模拟，对从事信息与通信工程的科学研究具有很重要的意义。

本章介绍随机变量计算机模拟的基本方法。

16.1　随机变量计算机模拟的作用与定义

16.1.1　随机变量计算机模拟的作用

(1) 通信与信息系统的计算机仿真

为了观察通信与信息系统的运动规律，计算机仿真已经成了信息领域必不可少的实验手段。

问题：科学研究的最终目的是要从"已知"来揭示"未知"。在"未知"还没有被人们了解之前，"未知"就构成了一个问题。在通信与信息系统中，问题常常表现为通信与信息系统中的量与量之间的关系。例如，对于通信系统的设计者，很想知道某个通信链路的误码率性能和某些链路参数之间的函数关系。由于通信链路所涉及的物理量太多，它们之间的关系太复杂，所以常常根本无法从系统物理量之间的已知关系推导出误码率性能和这些链路参数之间的函数关系。理论上不能推导出来，并不意味着系统量与量之间的关系不存在。我们可以借助实验的手段直接地观测值与量之间的关系。

计算机仿真实验：要观察某个通信与信息系统的运动规律（或者说量与量之间的关系），不一定非要构建真实的系统来观察。因为这样做不仅代价大，而且没有必要。构建一个真实的通信与信息系统需要很高的成本和代价，如果仅仅为了做实验而构建，则在实验做完之后，可能就根本没有用了，因为从实验的角度所建立的系统往往是盲目的、不成熟的，所以很难被应用起来。如果能够在计算机中模拟通信与信息系统的运动行为，则可以大大节省实验开销。

计算机仿真实验的一般步骤：

1) 提炼问题所涉及的所有物理量。任何一个问题都涉及一些物理量，在做计算机仿真的时候，我们需要提炼出所有和问题相关的这些物理量。

2) 将所有物理量用数学变量来表示。对于提炼出来的所有这些物理量，需要用相应的数学符号来表示，这些数学符号当然是物理量的一个对应。

3) 物理量的已知关系描述。用相应的数学符号表示这些物理量之后，需要通过观察，将这些物理量之间的已知关系用相应的数学关系式进行描述。

4) 计算机仿真程序的编写。将物理量所对应的数学符号以及这些物理量之间的关系，在计算机中用程序语言反映出来。不仅如此，还要在这些量中找出主动变化的量，让这个主动变化的量按照其运动规律运作，这样其他变量就会按照数学关系而变化。

5) 量与量之间关系的观察。通过计算机仿真程序的运行，就能通过统计的方法观察出待观测值之间的关系。这就是计算机实验的输出。

(2) 随机变量的模拟在通信与信息系统的计算机仿真中不可避免

在通信与信息系统的计算机仿真中，不可避免地会涉及一些用随机变量来进行描述的物理量。所以，知道如何在计算机中生成这些随机变量，对于通信与信息系统的计算机仿真来说是不可或缺的。

16.1.2 随机变量计算机模拟的定义

所谓随机变量的计算机模拟，是指用某种方法在计算机中生成具有指定要求的随机变量的样本点。

(1) 一维随机变量的计算机模拟

离散型一维随机变量的生成：设离散型一维随机变量 X 的样本空间是 $S_X = \{x_1, \cdots, x_N, \cdots\}$，其概率质量函数分别是 $p_1, p_2, \cdots$ 且有 $\sum\limits_{i=1}^{\infty} p_i = 1$。所谓 X 的计算机模拟，就是每次让计算机输出一个 X 的样本点，使所有这些样本点的频率等于各自的概率 p_i，即

$$\frac{T(x_i)}{N} \simeq p_i, \quad N充分大 \tag{16.1.1}$$

例 16.1.1 在计算机中模拟 $p = 0.1$ 的 Bernoulli 分布。这需要让计算机按照某种方法每次输出 0 或 1，而且使输出序列中，1 的比例等于 0.1，0 的比例为 0.9。

例 16.1.2 用计算机模拟掷骰子试验所得到的随机变量。这需要让计算机按照某种方法每次输出 1、2、3、4、5、6 中的一个，并且使其中任意一个数字在所输出的序列中出现的频率为 1/6。

我们知道，计算机所能表示的数的位数是有一定上限的，这意味着计算机所能输出的数只能是有限个。设这有限个数组成的集合为

$$\Phi = \{\xi_0, \xi_1, \cdots, \xi_n, \cdots, \xi_M\}$$

式中，$\xi_0 < \xi_1 < \cdots < \xi_M$，并且 $\xi_{m+1} = \xi_m + \varepsilon_0$，$m = 0, 1, \cdots, M-1$，$\varepsilon_0$ 是该计算机机器精度所能分辨的最小数。当然，这里的 M 是一个很大的数，以至于我们通常所用到的数，在集合 Φ 中都能找到一个数与之充分接近。

假设离散型随机变量 X 的样本点 $x_1, \cdots, x_N$ 不能用 Φ 中的数表示，则在集合 Φ 中找到距离 x_i 最近的数，记为 $\hat{x}_i$，可以用新的样本空间 $\hat{S}_X = \{\hat{x}_1, \cdots, \hat{x}_N\}$ 代替原来的样本空间 $S_X = \{x_1, \cdots, x_N\}$，在计算机中按照某种方法每次输出 $\hat{S}_X$ 中的一个样本点，并且使这些样本点出现的频率分别等于 $p_1, \cdots, p_N$。

连续型随机变量的生成：设连续型随机变量 X 的样本空间为 $[a,b]$（这里要求 $a \geqslant \xi_0$，$b \leqslant \xi_M$，否则计算机将无法模拟），概率密度函数为 $f_X(x)$。在计算机中模拟这个连续型随机变量等价于模拟样本空间为 $S_X = [a,b] \cap \Phi$ 的离散型随机变量。设 S_X 中的元素分别为

$$x_1 < x_2 < \cdots < x_N$$

样本点 x_i 出现的频率 p_i 为

$$p_i = \int_{x_i-\varepsilon_0/2}^{x_i+\varepsilon_0/2} f_X(x)\mathrm{d}x \tag{16.1.2}$$

所以，连续型随机变量的模拟总是转化为一个离散型随机变量的模拟。

例 16.1.3 生成 $[a,b]$ 上的均匀分布。设 $S_X = [a,b] \cap \Phi = \{x_1,\cdots,x_N\}$，则 x_i 的频率为 $1/N$。在计算机上模拟离散型随机变量 X 的生成即可。

例 16.1.4 用计算机模拟标准正态随机变量。设该计算机所能表示的最大与最小数分别为 U 与 $-U$，在区间 $[-U,U]$ 内机器所能表示的数为 $x_1,\cdots,x_N$，则 x_1 的概率 p_1 可以如下计算：

$$p_1 = \int_{-\infty}^{x_1+\varepsilon_0/2} f_X(x)\mathrm{d}x$$

则 x_N 的概率 p_N 可以如下计算：

$$p_N = \int_{x_N-\varepsilon_0/2}^{\infty} f_X(x)\mathrm{d}x$$

其他 x_n 的概率 p_n 如下计算：

$$p_n = \int_{x_n-\varepsilon_0/2}^{x_n+\varepsilon_0/2} f_X(x)\mathrm{d}x \tag{16.1.3}$$

在精度要求不高的情况下，可以降低 N，即在一定范围内取若干个离散的取值即可。

混合型随机变量的计算机模拟与上面所说的离散型与连续型类似。读者可以思考一下，如何将其转化为一个离散型随机变量的模拟。总之，有以下结论。

性质 16.1.1 由于计算机数表示精度的限制，或者计算机模拟精度的要求，无论是离散型、连续型还是混合型随机变量的模拟，实际上最后都是一个离散型随机变量的模拟的问题，而且这个离散型随机变量的样本点必须是该计算机所能表示的机器数。

设原始的随机变量为 X，其样本空间为 S_X，按照实验者的精度要求或者机器精度的限制将 S_X 转化为由有限个机器数组成的样本空间 $S_{\hat{X}} = \{x_1,\cdots,x_N\}$，并按照上面所述的方法得到 $x_1,\cdots,x_N$ 的概率 $p_1,\cdots,p_N$。这里，机器所能表示的离散型随机变量 $\hat{X}$

$$\hat{X} = \begin{pmatrix} x_1 & \cdots & x_n & \cdots & x_N \\ p_1 & \cdots & p_n & \cdots & p_N \end{pmatrix}$$

称为**随机变量 X 的计算机模拟**。

(2) 随机向量（多维随机变量）的计算机模拟

随机向量的计算机模拟与随机变量的计算机模拟类似。

首先，对于离散型随机向量，如果其样本点是机器可以表示的，则不用转化；如果有些是机器不可表示的，则需要用与之误差较小的机器可表示的向量代替。

对于连续型随机向量，需要按照实验精度要求或者机器精度要求，将样本空间转化为离散个机器可表示的向量。然后，根据积分原理，将离散向量周围邻域的概率作为该样本向量的概率。

混合型的随机向量也是如此,需要对样本空间重新生成,然后计算样本空间内所有样本点的概率。

设原始的随机向量为 $\boldsymbol{X}$,其样本空间为 $S_{\boldsymbol{X}}$,按照实验者的精度要求或者机器精度的限制将 $S_{\boldsymbol{X}}$ 转化为由有限个机器数组成的样本空间 $S_{\hat{\boldsymbol{X}}} = \{\boldsymbol{x}_1, \cdots, \boldsymbol{x}_N\}$,并按照上面所述的方法——$\boldsymbol{X}$ 落在 $\boldsymbol{x}_n$ 周围某个邻域 $U(\boldsymbol{x}_n)$ 的概率记为 $\boldsymbol{x}_n$ 的概率,得到 $\boldsymbol{x}_1, \cdots, \boldsymbol{x}_N$ 的概率 $p_1, \cdots, p_N$。当然,所有这些邻域要满足以下条件:

$$S_{\boldsymbol{X}} = \bigcup_{n=1}^{N} U(\boldsymbol{x}_n), \quad U(\boldsymbol{x}_m) \cap U(\boldsymbol{x}_n) = \varnothing, \forall m \neq n \tag{16.1.4}$$

这里,机器所能表示的离散型随机向量 $\hat{\boldsymbol{X}}$

$$\hat{\boldsymbol{X}} = \begin{pmatrix} \boldsymbol{x}_1 & \cdots & \boldsymbol{x}_n & \cdots & \boldsymbol{x}_N \\ p_1 & \cdots & p_n & \cdots & p_N \end{pmatrix}$$

称为**随机向量 $\boldsymbol{X}$ 的计算机模拟**。

复随机变量、随机矩阵与复随机矩阵的计算机模拟与随机向量的计算机模拟类似,这里不再重复。

(3) 随机过程的计算机模拟

时间离散型随机过程的模拟:设有时间离散型随机过程 $X_1, \cdots, X_n, \cdots$,其 N 维联合概率密度函数为 $f_X(x_1, \cdots, x_N; n_1, \cdots, n_N)$,$N = 1, 2, \cdots$。

一般来说,在计算机内并不能模拟一个无限长的序列,而是用一个维数 N 充分大的随机向量来模拟:

$$\boldsymbol{X} = (X_1, \cdots, X_N)$$

由于机器精度或实验精度的限制,这个随机向量的每个分量 X_n 只能是离散型随机变量,其样本点也是机器可表示的,设 X_n 的样本点组成的样本空间为 $S_{X_n} = \{x_n^{(1)}, \cdots, x_n^{(m_n)}\}$,设在第 n 维的空间分割邻域为

$$U(x_n^{(1)}), U(x_n^{(2)}), \cdots, U(x_n^{(m_n)})$$

当然,它们满足

$$\mathbb{R} = \bigcup_{i=1}^{m_n} U(x_n^{(i)}), \quad U(x_n^{(i)}) \cap U(x_n^{(j)}) = \varnothing, \forall i \neq j \tag{16.1.5}$$

这样,样本点 $(x_1^{(i_1)}, \cdots, x_N^{(i_N)})$ 的概率为

$$p(x_1^{(i_1)}, \cdots, x_N^{(i_N)}) = \int_{U(x_1^{(i_1)})} \cdots \int_{U(x_1^{(i_N)})} f_X(x_1, \cdots, x_N) \mathrm{d}x_1 \cdots \mathrm{d}x_N \tag{16.1.6}$$

连续时间随机过程的模拟:由于连续时间并不能在计算机中模拟,一般只是设定采样间隔之后,对其进行采样。而采样随机过程就是离散时间的随机过程。因此在计算机中模拟一个连续时间随机过程,除了设定采样间隔之外,其余都与离散时间随机过程的模拟一样。

> **习题 16.1**

16.1.1 解释如何将一个混合型随机变量的计算机模拟转化为一个离散型随机变量的模拟。

16.1.2 解释如何将一个离散时间随机过程的计算机模拟转化为一个离散型随机向量的模拟。

16.1.3 举出一些通信与信息系统的仿真中经常需要用到的随机变量的例子。

16.2 均匀分布一维随机变量的计算机生成

实际上所有随机变量的计算机模拟都是一个离散型随机变量或向量的模拟,而离散型随机变量或向量的模拟都依赖于均匀分布的随机变量的计算机模拟。

模拟均匀分布的随机变量有两个方法:一是线性移位寄存器法;二是权残余法。

16.2.1 移位寄存器法

这是一种生成等概 0 与 1 序列的方法,利用这个序列可以生成其他形式的均匀分布。

(1) 伪随机数的性质

如果将硬币的正面对应 1,反面对应 0,做连续抛硬币试验,就会得到一个独立同分布的随机序列,这个随机序列被认为具有理想的随机特性。一般来说,**理想随机序列**具有如下三个性质。

1) 平衡性质:0 和 1 出现的频率相等,都为 1/2。

2) 游程性质:0 和 1 连续出现的特征称为**游程**,连续出现的次数称为**游程长度**。0 的游程和 1 的游程各占一半,游程长度为 n 的游程,占总游程数的 $1/2^n$。

3) 自相关性质:若将给定的二进制随机序列任意位移 $n \neq 0$ 位,则所得序列和原来的序列相比,有一半元素相同,一半元素不同。

所谓 **(二进制) 伪随机** (pseudo-random) **序列** 又称为伪噪声 (pseudo-noise, PN) 序列,是一个由 0 和 1 组成的周期序列,它具有近似于上述连续抛硬币试验所得理想随机序列的三条性质。伪随机序列在扩频通信系统中具有很重要的应用,本节介绍随机序列的生成及其有关性质。

(2) 移位寄存器

在实际应用中,伪随机序列是由线性移位寄存器 (linear shift register, LSR) 生成的。如图 16.2.1 所示,移位寄存器由 r 个寄存器和模 2 加法器构成,图中 c_i 分别取值为 1 或 0,取值为 1 时表示有连接,取值为 0 时表示无连接。设移位寄存器的初始值为 $a_0, a_1, \cdots, a_r$,则每个时钟周期,移位寄存器的数字向右移动一位,因此 a_n 可以通过下面的递推式产生,即

$$a_n = c_1 a_{n-1} + c_2 a_{n-2} + \cdots + c_r a_{n-r} = \sum_{i=1}^{r} c_i a_{n-i} \tag{16.2.1}$$

式中,c_i 和 a_i 取值要么是 0,要么是 1,乘法遵循通常的乘法规律,而加法则是模 2 加,即

$$0 + 1 = 1 + 0 = 1, \quad 0 + 0 = 1 + 1 = 0$$

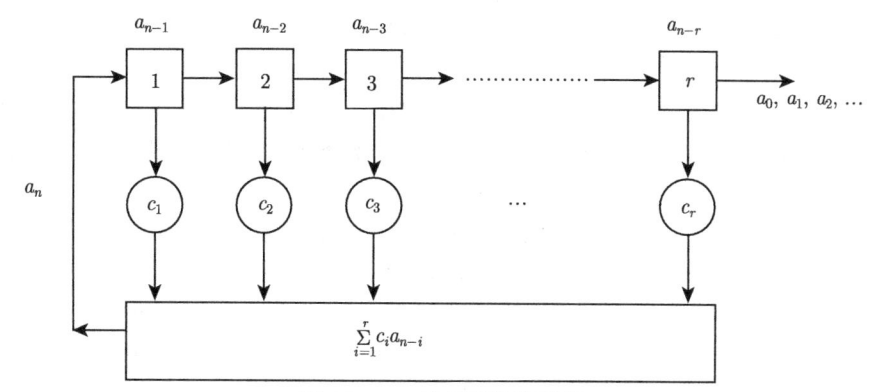

图 16.2.1 线性移位寄存器

定义序列 $\{a_n\} = (a_0, a_1, a_2, \cdots)$ 的**生成函数**为

$$G(D) = a_0 + a_1 D + a_2 D^2 + \cdots = \sum_{n=0}^{\infty} a_n D^n \qquad (16.2.2)$$

式中，D 是延迟操作；$a_n D^n$ 表示将 a_n 延迟 n 个移位寄存器的时钟单位，从向量的角度理解就是 a_n 应成为向量 $(a_0, a_1, a_2, \cdots)$ 中相对于 a_0 向后位移 n 位的分量。

将式 (16.2.1) 代入式 (16.2.2)，则可以得到生成函数的有限递归关系，即

$$\begin{aligned} G(D) &= \sum_{n=0}^{\infty} a_n D^n = \sum_{n=0}^{\infty} \sum_{i=1}^{r} c_i a_{n-i} D^n \\ &= \sum_{i=1}^{r} c_i D^i \left(\sum_{n=0}^{\infty} a_{n-i} D^{n-i} \right) \\ &= \sum_{i=1}^{r} c_i D^i \left[a_{-i} D^{-i} + \cdots + a_{-1} D^{-1} + G(D) \right] \end{aligned}$$

因此，$G(D)$ 可以表示成两个有限多项式的商，即

$$G(D) = \frac{\sum_{i=1}^{r} c_i D^i (a_{-i} D^{-i} + \cdots + a_{-1} D^{-1})}{1 - \sum_{i=1}^{r} c_i D^i} \qquad (16.2.3)$$

分别定义分子和分母的多项式为

$$g(D) = \sum_{i=1}^{r} c_i D^i (a_{-i} D^{-i} + \cdots + a_{-1} D^{-1}) \qquad (16.2.4)$$

$$f(D) = 1 - \sum_{i=1}^{r} c_i D^i \qquad (16.2.5)$$

称式 (16.2.5) 定义的多项式 $f(D)$ 为该移位寄存器的**特征多项式**。显然特征多项式 $f(D)$ 由移位寄存器的连接系数 $c_1, \cdots, c_r$ 唯一确定。而式 (16.2.4) 定义的多项式 $g(D)$ 由移位

寄存器中的初始数据 $a_{-r}, a_{-r-1}, \cdots, a_{-1}$ 唯一确定，这些数据是移位寄存器输入 a_0 前的输出。

从特征多项式 $f(D)$ 和初始数据多项式 $g(D)$ 可以看出，系数 c_r 应该取值为 1，即 $c_r = 1$，否则若取值为零，则这两个多项式的阶数要降低，这从移位寄存器的结构显然可以看出这一点。

称线性移位寄存器生成的序列为 **LSR 序列**。下面来讨论 LSR 序列的周期。如果初始向量为零向量，显然以后的输出都是零，其周期为 1。若初始向量非零，因为移位寄存器的个数为 r，所以其所寄存的 r 阶非零初始向量共有 $2^r - 1$ 种。时钟周期每过一个单位，寄存器中的向量就变化一次，输出 LSR 序列中的一个元素，因为移位寄存器中所有可能的向量共有 $2^r - 1$ 种，时钟周期最多跳过 $2^r - 1$ 次，移位寄存器中的向量必然重复到以前的某个向量。因为初始向量确定，则以后的序列必然确定，因此可以断定，LSR 序列的最大周期为 $2^r - 1$。

下面的定理给出了确定一个 LSR 序列的周期的方法。

定理 16.2.1 若式 (16.2.4) 定义的多项式 $g(D)$ 和式 (16.2.5) 定义的特征多项式 $f(D)$ 互素，即没有公共多项式因子，则生成多项式 $G(D)$ 所对应的 LSR 序列的周期为 p，p 是能被 $f(D)$ 整除的所有 $1 - D^p$ 中的最小的 p，即

$$p = \arg\left\{\min_p [1 - D^p | f(D)]\right\}$$

证明：先证明，若 $G(D)$ 的周期为 p，则 $f(D)$ 可以整除 $1 - D^p$。显然，若 $G(D)$ 有周期 p，则有

$$\begin{aligned} G(D) = \frac{g(D)}{f(D)} &= (a_0 + a_1 D + \cdots + a_{p-1} D^p) \\ &\quad + D^p(a_0 + a_1 D + \cdots + a_{p-1} D^p) \\ &\quad + D^{2p}(a_0 + a_1 D + \cdots + a_{p-1} D^p) + \cdots \\ &= \frac{a_0 + a_1 D + \cdots + a_{p-1} D^p}{1 - D^p} \end{aligned}$$

因此，有

$$(1 - D^p)g(D) = (a_0 + a_1 D + \cdots + a_{p-1} D^{p-1}) f(D)$$

由 $f(D)$ 和 $g(D)$ 互素可知，$f(D)$ 必能整除 $1 - D^p$。

反之，若 $f(D)$ 可以整除 $1 - D^p$，则

$$\frac{1 - D^p}{f(D)} = w(D)$$

式中，$w(D)$ 为一个阶数不超过 $p-1$ 的多项式，因此

$$G(D) = \frac{g(D)}{f(D)} = \frac{g(D) w(D)}{1 - D^p} = (1 + D^p + D^{2p} + \cdots) w(D) g(D)$$

所以 $G(D)$ 必然是一个周期为 p 的多项式。证毕。

(3) m 序列及其性质

一般来说，周期越长的 LSR 序列，具有越好的随机性的特征。称达到周期 $2^r - 1$ 的序列为**最大长度移位寄存器 (MLSR) 序列**，简称 m 序列。

从定理16.2.1可以看出，若特征多项式 $f(D)$ 可以进行多项式因子分解，则总存在初始向量 $(a_1, \cdots, a_r)$ 决定的多项式 $g(D)$，使 $f(D)$ 和 $g(D)$ 不是互素的。此时，生成的 LSR 序列将不是最大长度的，即其周期将小于 $2^r - 1$。

下面给出移位寄存器生成 m 序列的一个必要条件。

定理 16.2.2 移位寄存器生成 m 序列的一个必要条件是 $f(D)$ 为不可约多项式 (即不能进行多项式分解)。

证明：用反证法证明，设 $G(D)$ 是一个 m 序列，其周期为 $2^r - 1$，但特征多项式 $f(D)$ 是可约的。不妨假设 $g(D) = 1$，即初始向量为 $100\cdots00$，因为若 $G(D)$ 是 m 序列，则有周期 $2^r - 1$，因此任意一个长度为 r 的非零向量在某个时刻必定会出现在移位寄存器中，所以任意一个长度为 r 的非零向量都可以作为初始向量。

如果 $f(D)$ 是可约的，则存在多项式 $s(D)$ 和 $t(D)$，使得 $f(D) = s(D)t(D)$，设 r_s 和 r_t 分别为 $s(D)$ 和 $t(D)$ 的阶数，则 $r = r_s + r_t$ 且 $r_s \geqslant 1$，$r_t \geqslant 1$。因此有

$$G(D) = \frac{1}{f(D)} = \frac{\alpha(D)}{s(D)} + \frac{\beta(D)}{t(D)}$$

显然生成函数为 $\alpha(D)/s(D)$ 的 LSR 序列的周期小于等于 $2^{r_s} - 1$，而生成函数为 $\beta(D)/t(D)$ 的 LSR 序列的周期小于等于 $2^{r_t} - 1$。因此这两个 LSR 序列的和的周期小于等于它们各自周期的乘积，因而更小于等于

$$(2^{r_s} - 1)(2^{r_t} - 1) = 2^r - 2^{r_s} - 2^{r_t} + 1 \leqslant 2^r - 3$$

这和 $G(D)$ 是一个 m 序列矛盾，因此若 $G(D)$ 是 m 序列，则 $f(D)$ 不可能是一个可约多项式。证毕。

上述定理给出的仅仅是生成序列是 m 序列的一个必要条件，不是充分条件，下面是一个反例：设 $r = 4$，特征多项式为 $f(D) = 1 + D + D^2 + D^3 + D^4$，显然这是一个不可约多项式，且它能整除 $1 - D^5$，因此，生成的 LSR 序列的周期为 5，而不是 $2^4 - 1 = 15$。要得到一个周期为 15 的 m 序列，可以令特征多项式为 $f(D) = 1 + D + D^4$，它不仅能整除 $1 - D^{15}$，而且对任意小于 15 的 k，它不能整除 $1 - D^k$。

能生成周期为 $2^r - 1$ 的 m 序列的 r 阶不可约多项式称为**本原多项式**，在相关文献中有关于本原多项式的详细讨论和列表，这里不打算详细讨论。对于 $r > 1$，已经证明都存在本原多项式，且阶数为 r 的本原多项式的个数有下列表示

$$N_p(r) = \frac{2^r - 1}{r} \prod_{i=1}^{J} \frac{P_i - 1}{P_i} \tag{16.2.6}$$

式中，$P_i, i = 1, 2, \cdots, J$ 是 $2^r - 1$ 的素数分解，即

$$2^r - 1 = \prod_{i=1}^{J} P_i^{e_i}$$

式中，e_i 是一个正整数。根据式 (16.2.6) 可以知道 r 阶本原多项式的个数。

关于本原多项式有一个性质，即本原多项式 $f(D)$ 的**互反多项式**：

$$f'(D) = D^n f(D) \tag{16.2.7}$$

也是本原多项式。且两个互反多项式产生的序列为倒序序列。例如，$f(D) = 1 + D + D^4$ 是本原多项式，则其互反多项式为

$$f'(D) = D^4(D^{-4} + D^{-1} + 1) = 1 + D^3 + D^4$$

也是本原多项式。表 16.2.1 列出了 $r = 2, 3, 4, 5, 6, 7, 8$ 的本原多项式，另外一半可根据互反多项式得到，故省略。表中 [1,2] 表示本原多项式 $f(D) = 1 + D + D^2$，[1,2,5,6] 表示 $f(D) = 1 + D + D^2 + D^5 + D^6$，[2,3,4,7] 表示 $f(D) = 1 + D^2 + D^3 + D^4 + D^7$ 等。

表 16.2.1 m 序列的本原多项式

r	$N_p(r)$	$f(D)$
2	1	[1, 2]
3	2	[1, 3]
4	2	[1, 4]
5	6	[2, 5], [2, 3, 4, 5], [1, 2, 4, 5]
6	6	[1, 6], [1, 2, 5, 6], [2, 3, 5, 6]
7	18	[3, 7][1, 2, 3, 7][1, 2, 4, 5, 6, 7][2, 3, 4, 7][1, 7] [1, 2, 3, 4, 5, 7][2, 4, 6, 7][1, 3, 6, 7][2, 5, 6, 7]
8	16	[2, 3, 4, 8][3, 5, 6, 8][1, 2, 5, 6, 7, 8][1, 3, 5, 8] [2, 5, 6, 8][1, 5, 6, 8][1, 2, 3, 4, 6, 8][1, 6, 7, 8]

下面讨论 m 序列的随机特性。将证明 m 序列几乎具有本节开头所叙述的随机序列的性质。

1) **平衡性质**。m 序列是周期最长的序列，设移位寄存器中 r 个寄存器内容组成的向量为 $\boldsymbol{x} = (x_1, x_2, \cdots, x_r)$，其中 x_i 取值为 0 或者 1。对于 m 序列，每个时钟周期，向量 $\boldsymbol{x}$ 将变化一次，而且取遍除了零向量之外的所有可能。如果将零向量也加在内，则 0 和 1 出现的次数将完全相等，2^r 个数字中，各自出现的次数分别为 2^{r-1}。而实际的 m 序列中是不包括零向量的，将零向量去掉之后，则 0 的次数刚好比 1 少了一次，因此 m 序列中 0 出现的次数为 $2^{r-1} - 1$，而 1 出现的次数则为 2^{r-1}，因此在 m 序列中 0 和 1 出现的概率分别为

$$P(0) = \frac{2^{r-1} - 1}{2^r - 1} = \frac{1}{2}\left(1 - \frac{1}{P}\right)$$

$$P(1) = \frac{2^{r-1}}{2^r - 1} = \frac{1}{2}\left(1 + \frac{1}{P}\right)$$

因此，在 m 序列中 0 和 1 的不平衡性由上式中的 $1/P$ 来衡量，当 $r = 10$、30、50 时，$1/P$ 分别大约为 10^{-3}、10^{-9}、10^{-15}。

2) **游程性质**。先考虑长度为 $1 \leqslant n \leqslant r - 2$ 的游程。观察移位寄存器中如下两种形式的序列：

$$0x_1 x_2 \cdots x_n 0, \quad 1 x_1 x_2 \cdots x_n 1$$

在上述两种情况中，$x_1x_2\cdots x_n$ 的可能性为 2^n，而第一种情况中连续出现 n 个 1 的情况只有 1 种，而第二种情况中连续出现 n 个 0 的情况只有 1 种。因此，可以得到结论，当 $1 \leqslant n \leqslant r-2$ 时，长度为 n 的游程出现的概率为 $1/2^n$。下面考虑 $n = r-1$，若游程长度为 $r-1$，则此时移位寄存器的内容必定为下面两种情况中的一种：

$$\underbrace{00\cdots0}_{r-1}1, \qquad \underbrace{11\cdots1}_{r-1}0$$

显然上述第一种状态是 2^r-1 个所有可能状态中的一个，因此 0 的 $r-1$ 游程出现的概率为 $1/2^{r-1}$；同样 1 的游程出现的概率也为 $1/2^{r-1}$。最后，0 的游程长度显然不可能大于等于 r；而 1 的游程长度为 r 的概率显然为 $1/2^r$，但 1 的游程长度不可能大于 r，否则序列将是全 1 序列。

3) **自相关性质**。在讨论自相关性质前，证明一个定理，这个定理叫移位相加定理。

定理 16.2.3 一个 m 序列

$$\boldsymbol{a} = (a_0, a_1, a_2, \cdots)$$

和它的一个移位序列

$$\boldsymbol{a}' = (a_l, a_{l+1}, a_{l+2}, \cdots)$$

相加，仍旧是该序列的移位序列，其中 $l \neq 0 (\mathrm{mod}\ \ 2^r - 1)$。

证明：假定序列 $\{a_n\}$ 满足反馈关系

$$a_n = \sum_{i=1}^{r} c_i a_{n-i}$$

则其移位序列必定满足

$$a_{n+l} = \sum_{i=1}^{r} c_i a_{n+l-i}$$

因此两个序列的和满足

$$a_n + a_{n+l} = \sum_{i=1}^{r} c_i(a_{n-i} + a_{n+l-i})$$

令 $b_n = a_n + a_{n+l}$，则 $b_{n-i} = a_{n-i} + a_{n+l-i}$，因此

$$b_n = \sum_{i=1}^{r} c_i b_{n-i}$$

当 l 能被 2^r-1 整除时，即 $l = 0(\mathrm{mod}\ \ 2^r-1)$，则所有 b_n 为零序列，当 $l \neq 0(\mathrm{mod}\ \ 2^r-1)$ 时，由平衡性质知道 b_n 不是零序列，且序列 $\{b_n\}$ 和 $\{a_n\}$ 满足相同的反馈关系，因而它们必然是互相移位的关系。证毕。

将序列 $\boldsymbol{a} = (a_1, a_2, a_3, \cdots)$ 进行变换，将 a_n 映射到 $x_n = (-1)^{a_n}$，这样序列中原来是 0 的映射到 1，原来是 1 的映射到 -1，得到的新序列记为 $\boldsymbol{x} = (x_1, x_2, \cdots)$。定义序列 $\boldsymbol{x}$ 的自相关函数为

$$\theta_{\boldsymbol{x}}[l] = \sum_{i=1}^{2^r-1} x_i x_{i+l} \tag{16.2.8}$$

式中，r 为生成 m 序列 $\boldsymbol{a}$ 的移位寄存器的个数。

定理 16.2.4 若 a 是 m 序列, 有结论:

$$\theta_{\boldsymbol{x}}[l] = \begin{cases} 2^r - 1, & l = 0 (\mathrm{mod} \quad 2^r - 1) \\ -1, & l \neq 0 (\mathrm{mod} \quad 2^r - 1) \end{cases} \tag{16.2.9}$$

证明: 由自相关函数的定义式 (16.2.8) 知

$$\theta_{\boldsymbol{x}}[l] = \sum_{i=1}^{2^r-1} x_i x_{i+l} = \sum_{i=1}^{2^r-1} (-1)^{a_i + a_{i+l}}$$

由移位性质知道当 $l \neq 0 (\mathrm{mod} \quad 2^r - 1)$ 时, $a_i + a_{i+l}$ 仍是该 m 序列的一个移位。由平衡性质知道, 在一个周期中, 1 出现的次数比 0 多了一次, 因此最后的和为 -1; 而 $l = 0 (\mathrm{mod} \quad 2^r - 1)$ 时, $a_i + a_{i+l}$ 是一个全零序列, 因此和为 $2^r - 1$。 □

根据上面关于 m 序列平衡性质、游程性质和自相关性质的讨论知道, m 序列具有几乎理想随机序列的特点。在 0 和 1 出现平衡性方面, 和理想随机序列的平衡性相比, 相差一个偏差 $1/P$; 在游程性质上, 当游程长度不超过 $r - 1$ 时, 和理想随机序列是一样的; 在自相关性方面, 和理想随机序列只有一位的偏差。因此, 伪随机序列是理想随机序列的一个很好的近似, 特别当伪随机序列的周期非常大时, 就几乎接近理想随机序列的特性。这就是用伪随机序列代替理想随机序列的原因。

16.2.2 权残余法

这里讨论如何用计算机生成一个在区间 [0,1) **均匀分布的随机变量**。理论上, 在区间 [0,1) 内有不可数无穷多个点, 由于在计算机内数的表示是有一定的精度范围的, 所以计算机所能表示的数实际上是 [0,1) 内的有限多个离散的有理数。因此在计算机上完全精确地仿真理论上的均匀分布是不可能的, 在实际的应用中也是没有必要的。设序列

$$0 \leqslant a_1 < a_2 < a_3 < \cdots < a_{n-1} < a_n < 1$$

为计算机所能表示的 [0,1) 内的一串等间隔分布的有理数序列 (即等差序列)。如果 n 充分大, 则该序列将在 [0,1) 内充分"稠密"。因此, 问题的本质实际上相当于生成一个等概率分布的离散随机变量集 $\{a_j\}_{j=1}^n$。如果这一件事能办到, 则将该等概率离散随机变量看成对 [0,1) 上均匀分布的随机变量的一个近似。

实际上, 可以取 $a_j = j/n$, 若能生成 $\{0, 1, 2, \cdots, n-1\}$ 上的等概率分布, 则将上述整数等概率随机变量除以 n 即得所需。n 越大, 则该分布越接近 [0,1) 上的均匀分布。不过由于机器数的精度范围, n 是有一定上限的。

如何才能得到 $\{0, 1, 2, \cdots, n-1\}$ 上的一个等概率分布呢? 当然可以有许多办法。例如, 取 $n = 2^m$, 则 $\{0, 1, 2, \cdots, n-1\}$ 内的任何一个数都可以用一个相应的 m 位二进制数表示。该二进制数的每一位取 0 或 1。因此, 只要等概率地生成 0 或 1, 则 m 次重复生成 0 或 1, 就可以得到一个概率为 $1/2^m$ 的 m 位二进制数。这在本质上又将问题转化成了 $\{0,1\}$ 等概率随机变量的生成。这是生成均匀分布的一种方法, 下面的移位寄存器法就可以生成这样的序列。

这里先介绍权残余法。事实上, 一般用下述迭代法在计算机内快速有效地生成 $\{0, 1, 2, \cdots, n-1\}$ 上的一个等概率分布:

$$Z_k = \alpha Z_{k-1} \quad \mathrm{mod} \quad n \tag{16.2.10}$$

式中，α 是一个经过仔细挑选的严格大于 1 且小于 n 的数；n 是一个素数 p 或者是一个素数的幂 p^m。上述迭代法叫作**权残余法** (power residue method)。显然所得序列 $\{Z_k\}_{k=0}^{\infty}$ 是取值于 $0 \sim n-1$ 的数。

例 16.2.1 分别对 $n=11, \alpha=7, Z_0=1$；$n=11, \alpha=3, Z_0=1$；$n=2^2, \alpha=2, Z_0=1$ 这三种情况考虑所得序列。

解：经简单的运算分别可得序列为

$$1,7,5,2,3,10,4,6,9,8,1,7,5,2,3,10,4,6,9,8,\cdots$$
$$1,3,9,5,4,1,3,9,5,4,1,\cdots$$
$$1,2,0,0,\cdots$$

从上例中显然可以发现 (并可严格证明)，当 α 能整除 n 时，最后序列总会收敛到零。当 α 不能整除 n 时，则所得序列是周期序列，且最大周期为 $n-1$。为了使周期达到最大，α 必须是 "n 的素根"，有兴趣的读者可参看有关数论的文献，在这里不做详细讨论。从例16.2.1看出，序列实际上是周期序列，而非真正的随机序列。通常这样的序列叫作**伪随机序列**。事实上，当将 n 取得非常大的时候，在仿真中只需要一个周期就足够了。

由迭代式 (16.2.10) 得到的各种序列的统计性质已经得到了广泛的研究。只有少数序列被认为具有足够好的统计特性。当用权残余法生成随机数序列时，通常下列参数的迭代生成的序列具有良好的统计特性，一般建议采用：

$$Z_k = 7^5 Z_{k-1} \mod (2^{31}-1) \tag{16.2.11}$$

上述参数中 $\alpha = 7^5 = 16807$，它能生成一个周期长度为 $n-1 = 2^{31}-2 = 2147483646$ 的序列。Z_0 被称作随机数生成的**种子** (seed)，它决定了序列的起始点。

根据迭代式 (16.2.11) 用任何一种计算机语言编写程序不是困难的事。值得一提的是，在这样的程序中，最主要的时间花在了用大数 n 去除序列上。因此，许多降低运算时间的算法被提了出来。

在许多仿真工具中，随机数的产生已经被做成库函数供人们方便地使用。

习题 16.2

16.2.1 给出计算机生成任意区间 $[a,b]$ 上均匀分布的方法。

16.2.2 证明本原多项式的互反多项式也是本原多项式。

16.3 具有给定分布的一维随机变量的模拟

用计算机仿真任何一个随机现象时，必然涉及生成一个给定概率分布的随机变量。例如，在仿真排队系统时，顾客的到达时间和服务时间都是满足一定分布的随机变量。一旦这些随机变量所满足的概率分布函数被选定，则必须有生成该给定概率分布的随机变量的算法，才能在计算机内得到这样的随机变量。本节介绍一些生成具有任意分布的随机变量的方法。所有这些方法都基于 $[0,1)$ 上的均匀分布的随机变量生成。

16.3.1 变换法

设 U 是区间 $[0,1]$ 上的均匀分布。设 $F(x)$ 是要生成的随机变量 X 的概率分布函数。令 $X = F^{-1}(U)$，则有结论：**随机变量 X 的概率分布函数为 $F(x)$**。

现在来证明这一结论。X 的概率分布函数为

$$P\{X \leqslant x\} = P\{F^{-1}(U) \leqslant x\} = P\{U \leqslant F(x)\}$$

上式最后一个等式是因为 $F(x)$ 是一个单调不减的函数且 $0 \leqslant F(x) \leqslant 1$。又知道若 $0 \leqslant h \leqslant 1$ 则 $P\{U \leqslant h\} = h$，所以

$$P\{X \leqslant x\} = F(x)$$

因此，生成概率分布函数为 $F(x)$ 的随机变量 X 的方法如下：

1) 生成 $[0,1]$ 上的均匀分布随机变量 U。
2) 令 $X = F^{-1}(U)$，则随机变量 X 即为所需。

例 16.3.1 试生成一个概率分布函数为 $F_X(x) = 1 - e^{-\lambda x}$ 的随机变量 X。令 $u = F_X(x)$，则可解得

$$X = -\frac{1}{\lambda}\ln(1-U)$$

因为 $1-U$ 仍是 $[0,1]$ 上的一个均匀分布随机变量，因此可将表达式写为 $X = -\ln U/\lambda$。

例 16.3.2 试生成成功概率为 p 的一个 Bernoulli 随机变量，其概率分布函数为 $F(x) = (1-p)H(x) + pH(x-1)$，其中 $H(x)$ 为 Heavyside 函数。显然，其逆应为

$$X = \begin{cases} 0, & U \leqslant 1-p \\ 1, & U > 1-p \end{cases}$$

令 $V = 1 - U$，则 V 仍是 $[0,1)$ 上的均匀分布。因此上式可改写为

$$X = \begin{cases} 0, & V \geqslant p \\ 1, & V < p \end{cases}$$

从上式可看出，将区间 $[0,1)$ 分成了两部分 $[0,p]$ 和 $(p,1]$，其长度分别为 p 和 $1-p$。X 取 0 还是 1，取决于 V 落在哪一个区间。

例 16.3.3 生成参数 $n = 5$ 和 $p = 1/2$ 的一个二项分布随机变量。当然，可以连续生成 5 个参数为 $p = 1/2$ 的 Bernoulli 随机变量，然后令 Y 是这 5 个 Bernoulli 随机变量的和，则 Y 即为所求。此外，也可以直接求。因为该二项分布的概率分布函数为

$$F(x) = \sum_{i=0}^{n} C_n^i p^i (1-p)^{n-i} H(x-i)$$

式中，$H(x)$ 仍为 Heavyside 函数。显然，其逆是将区间 $[0,1]$ 分成 $n+1$ 个部分：

$$\left[0, C_n^0 p^0 (1-p)^n\right), \cdots, \left[\sum_{j=0}^{i} C_n^j p^j (1-p)^{n-j}, \sum_{j=0}^{i+1} C_n^j p^j (1-p)^{n-j}\right), \cdots,$$

$$\left[\sum_{j=0}^{n-1} C_n^j p^j (1-p)^{n-j}, \sum_{j=0}^{n} C_n^j p^j (1-p)^{n-j}\right)$$

当均匀分布 U 落在这些区间时，则 Y 依次取 $0, 1, 2, \cdots, n$。

16.3.2 拒绝法

当知道所需生成的随机变量的概率密度函数时，常用拒绝法来生成这样的随机变量。先看一个简单情况下的拒绝法。设要生成的随机变量 X 的概率密度函数为 $f_X(x)$，且满足以下条件：

1) $f_X(x)$ 仅在区间 $[0,a]$ 上非零，即为紧支集函数。
2) $f_X(x)$ 的值域为 $[0,b]$。

如图 16.3.1(a) 所示。则拒绝法生成随机变量 X 的过程如下：

1) 生成区间 $[0,a]$ 上的均匀分布 X_1。
2) 生成区间 $[0,b]$ 上的均匀分布 Y。
3) 若 $Y \leqslant f_X(X_1)$，则令 $X = X_1$；否则，拒绝 X_1 回到步骤 1)。

注意得到一个随机变量 X 的输出值需要执行上述步骤的次数是随机的。

(a) $f_X(x)$ 为紧支集函数

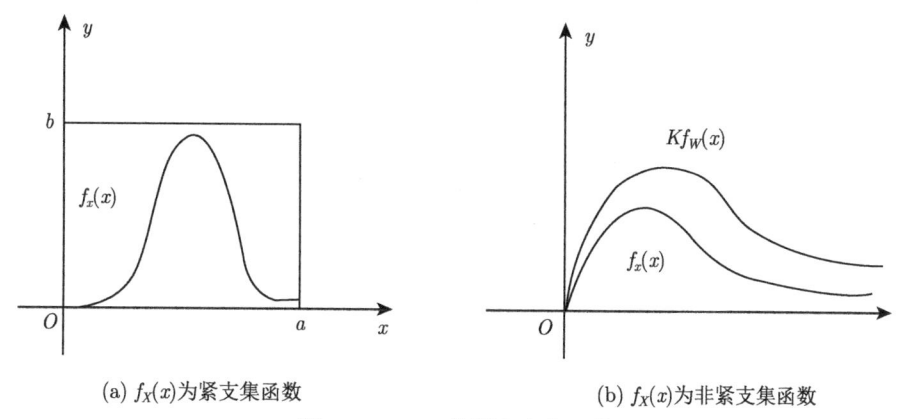

(b) $f_X(x)$ 为非紧支集函数

图 16.3.1 X 的概率密度函数

现在来证明：按上述步骤得到的随机变量 X 具有概率密度函数 $f_X(x)$。显然曲线 $f_X(x)$ 将长方形 $[0,a] \times [0,b]$ 分成两部分，因此 (X_1, Y) 落在曲线下方的概率应为曲线下方的面积和总面积 ab 的比。而落在曲线下方的面积为 1，因此每得一个点 (X_1, Y) 而不被拒绝的概率为 $1/(ab)$。考虑下列概率：

$$P\{x \leqslant X_1 < x + \mathrm{d}x | X_1 被接受\}$$
$$= \frac{P\{(x \leqslant X_1 < x + \mathrm{d}x) \cap (X_1 被接受)\}}{P\{X_1 被接受\}}$$
$$= \frac{f_X(x)\mathrm{d}x/(ab)}{1/(ab)} = f_X(x)\mathrm{d}x$$

所以当 X_1 被接受时，其概率密度为 $f_X(x)$。因此，X 的概率密度函数为 $f_X(x)$。

在实际应用中，要生成的随机变量的概率密度函数往往未必满足上述算法所限制的两个条件。即函数 $f_X(x)$ 的定义域和值域都有可能是无界的。此时，需要对上述算法稍加改进：设随机变量 W 具有概率密度函数 $f_W(x)$，且较易生成，如可以通过变换法获得。若存在常数 $K > 1$ 使得 $Kf_W(x) \geqslant f_X(x)$ 对任意 x 都成立，如图 16.3.1(b) 所示，则可以通过以下步骤生成随机变量 X：

1) 生成具有概率密度函数为 $f_W(x)$ 的随机变量 X_1，定义 $B(X_1) = K f_W(X_1)$。

2) 生成区间 $[0, B(X_1)]$ 上的均匀分布 Y。

3) 若 $Y \leqslant f_X(X_1)$，则令 $X = X_1$；否则，拒绝 X_1 回到步骤 1)。

上述步骤生成概率密度函数为 $f_X(x)$ 的随机变量这一事实的证明，只需对简单情形的拒绝法的证明稍加改进即可，这里将其证明留给读者作为练习。

例 16.3.4 试用拒绝法生成 Γ 分布的随机变量 X，在该 Γ 分布的概率密度函数中，参数 $0 < \alpha < 1$ 且 $\lambda = 1$。

解：因为 Γ 分布具有概率密度函数

$$f_X(x) = \frac{\lambda(\lambda x)^{\alpha-1} e^{-\lambda x}}{\Gamma(\alpha)}, \quad x, \alpha, \lambda > 0$$

式中，$\Gamma(\alpha)$ 为 Γ 函数，即

$$\Gamma(\alpha) = \int_0^\infty e^{-t} t^{\alpha-1} dt$$

一般很容易找到一个函数 $f_W(x)$ 使得 $K f_W(x)$ 的曲线在 $f_X(x)$ 的上方，例如可取

$$f_X(x) = \frac{x^{\alpha-1} e^{-x}}{\Gamma(\alpha)} \leqslant K f_W(x) = \begin{cases} \dfrac{x^{\alpha-1}}{\Gamma(\alpha)}, & 0 \leqslant x \leqslant 1 \\ \dfrac{e^{-x}}{\Gamma(\alpha)}, & x > 1 \end{cases}$$

式中，相应的 $f_W(x)$ 有如下表示：

$$f_W(x) = \begin{cases} \dfrac{\alpha e x^{\alpha-1}}{\alpha + e}, & 0 \leqslant x \leqslant 1 \\ \dfrac{\alpha e \cdot e^{-x}}{\alpha + e}, & x > 1 \end{cases}$$

则 W 的概率分布函数为

$$F_W(x) = \begin{cases} \dfrac{e x^\alpha}{\alpha + e}, & 0 \leqslant x \leqslant 1 \\ 1 - \alpha e \dfrac{e^{-x}}{\alpha + e}, & x > 1 \end{cases}$$

显然 W 通过下列对均匀分布随机变量 U 的变换可得

$$F_W^{-1}(U) = \begin{cases} \left[\dfrac{(\alpha + e)U}{e}\right]^{1/\alpha}, & U \leqslant e/(\alpha + e) \\ -\ln\left[(\alpha + e)\dfrac{(1-U)}{\alpha e}\right], & U > e/(\alpha + e) \end{cases}$$

既然通过上述变换得到了 W，则进一步利用拒绝法可得参数为 $0 < \alpha < 1$ 且 $\lambda = 1$ 的 Γ 分布。

很显然，一旦有了生成随机变量 X 的方法，则可以方便地生成随机变量 $Y = g(X)$。更一般地，若有了生成 $X_1, X_2, \cdots, X_n$ 的办法，也可方便地生成随机变量 $Z = h(X_1, X_2, \cdots, X_n)$。

例 16.3.5 (Gauss 随机变量的生成) 考虑如何生成 Gauss 随机变量。首先考虑如何生成两个零均值单位方差且相互独立的 Gauss 随机变量 X 和 Y。显然

$$f_{XY}(x,y) = \frac{1}{2\pi}\mathrm{e}^{-(x^2+y^2)/2} = \frac{1}{\sqrt{2\pi}}\mathrm{e}^{-x^2/2}\frac{1}{\sqrt{2\pi}}\mathrm{e}^{-y^2/2} = f_X(x)f_Y(y)$$

考虑如下变换

$$R^2 = X^2 + Y^2, \quad \Theta = \angle(X,Y) = \arctan(Y/X)$$

则其逆变换为

$$X = R\cos\Theta, \quad Y = R\sin\Theta \tag{16.3.1}$$

容易计算该变换的 Jacobi 行列式为 $1/2$，所以 R^2 和 Θ 的联合概率密度函数为

$$f_{R^2\Theta}(s,t) = \frac{1}{4\pi}\mathrm{e}^{-s/2} = f_{R^2}(s)f_\Theta(t)$$

式中

$$f_{R^2}(s) = \frac{1}{2}\mathrm{e}^{-s/2}, \quad s > 0 \quad 且 \quad f_\Theta(t) = \frac{1}{2\pi}, \quad 0 < t < 2\pi$$

显见，R^2 是一个参数为 $1/2$ 的指数分布，而 Θ 是一个 $[0, 2\pi]$ 上均匀分布的随机变量。生成这两个随机变量可用均匀分布的变换法。得到分布 R^2 和 Θ 后，可以将其代入式 (16.3.1)，即得两个零均值单位方差且相互独立的 Gauss 随机变量 X 和 Y。因此，归纳起来，可按下列步骤生成 X 和 Y：

1) 生成两个相互独立的 $[0,1]$ 上的均匀分布 U_1 和 U_2。

2) 用变换法生成指数分布随机变量 $R^2 = -2\ln(1-U_1)$ 和均匀分布随机变量 $\Theta = 2\pi U_2$。

3) 令

$$X = R\cos\Theta = [-2\ln(1-U_1)]^{1/2}\cos 2\pi U_2$$
$$Y = R\sin\Theta = [-2\ln(1-U_1)]^{1/2}\sin 2\pi U_2$$

任取其中一个，即得零均值单位方差的 Gauss 随机变量。若要生成均值为 m、方差为 σ^2 的 Gauss 随机变量 Z，则令 $Z = \sigma X + m$ 即得。

16.3.3 合成法

例 16.3.6 (m-Erlang 随机变量的生成) 设 $X_1, X_2, \cdots, X_m$ 为独立同分布的参数为 λ 的指数分布随机变量，可以证明

$$Y = X_1 + X_2 + \cdots + X_m$$

是参数为 λ 的 m-Erlang 分布。因此，可以先生成 m 个独立同分布的指数随机变量，然后求它们的和即得 m-Erlang 分布。

例 16.3.7 设随机变量 X 有概率密度函数为

$$f_X(x) = pa\mathrm{e}^{-ax} + (1-p)b\mathrm{e}^{-bx}$$

式中，$0 < p < 1$。显然，上述随机变量是两个指数随机变量的混合。可以先生成一个参数为 p 的 Bernoulli 试验。如果 Bernoulli 试验成功，则利用变换法生成一个参数为 a 的指数随机变量；如果 Bernoulli 试验失败，则利用变换法生成一个参数为 b 的指数随机变量。令 X 为指数随机变量的输出，即得所需。

> **习题 16.3**

16.3.1 试证明一般情形的拒绝法生成的随机变量具有所规定的概率密度函数。

16.3.2 考虑如何生成参数 α 和 λ 任意的 Γ 分布。

16.3.3 试给出具有 Poisson 分布的随机序列的计算机生成方法。

16.3.4 设 $F_1(x),\cdots,F_N(x)$ 为 N 个随机变量的概率分布函数，$p_1,\cdots,p_N$ 是 N 个正数且和为 1，试给出生成具有概率分布 $F(x) = p_1F_1(x) + \cdots + p_NF_N(x)$ 的随机变量的方法。

16.4 具有给定特征的随机变量的模拟

本节讨论如何生成具有给定特征的随机过程，这些特征包括协相关函数、功率谱密度。

16.4.1 具有给定协相关矩阵的随机向量的模拟

在许多实际应用中，常常要得到相关的随机向量或随机变量的序列。当用计算机仿真这样的概率模型时就需要生成这样的随机向量或随机序列的算法。本节介绍生成具有给定协相关矩阵的随机向量的办法，并讨论联合 Gauss 随机向量的生成。

首先，介绍一个引理。

引理 16.4.1 若 $\boldsymbol{X} = (X_1, X_2, \cdots, X_n)^{\mathrm{T}}$ 是一个 n 维且每个分量相互独立的零均值单位方差的随机向量，$\boldsymbol{A}$ 是一个 $n \times n$ 的矩阵。若 $\boldsymbol{Y} = \boldsymbol{A}\boldsymbol{X}$，则随机向量 $\boldsymbol{Y}$ 的协相关矩阵为 $\boldsymbol{K} = \boldsymbol{A}\boldsymbol{A}^{\mathrm{T}}$。

证明：设 a_{ij} 为矩阵 $\boldsymbol{A}$ 的第 i 行、第 j 列元素，则 $\boldsymbol{Y}$ 的第 k 个分量 Y_k 为

$$Y_k = \sum_{j=1}^{n} a_{kj} X_j$$

显然，因为所有 X_k 的均值为零，所以 Y_k 的均值为零。因此 $\boldsymbol{Y}$ 的协相关矩阵 $E\{\boldsymbol{Y}^{\mathrm{T}}\boldsymbol{Y}\}$ 的第 i 行、第 j 列元素为

$$\begin{aligned} E\{Y_iY_j\} &= E\left\{\sum_{k=1}^{n} a_{ik} X_k \sum_{l=1}^{n} a_{jl} X_l\right\} \\ &= \sum_{k=1}^{n}\sum_{l=1}^{n} a_{ik} a_{jl} E\{X_k X_l\} \\ &= \sum_{k=1}^{n}\sum_{l=1}^{n} a_{ik} a_{jl} \delta_{kl} \\ &= \sum_{k=1}^{n} a_{ik} a_{jk} \end{aligned}$$

从上式可见，$E\{Y_iY_j\}$ 刚好是 $\boldsymbol{A}\boldsymbol{A}^{\mathrm{T}}$ 的第 i 行、第 j 列元素，即 $\boldsymbol{A}\boldsymbol{A}^{\mathrm{T}}$ 为 $\boldsymbol{Y}$ 的协相关矩阵。引理证毕。

用 16.2 节介绍的均匀分布的生成，不难得到 n 个相互独立且均值为零、方差为 1 的随机向量 $\boldsymbol{X} = (X_1, X_2, \cdots, X_n)$。从上述引理看出，若要生成具有给定协相关矩阵 $\boldsymbol{K}$ 的随机向量 $\boldsymbol{Y}$，只要找到矩阵 $\boldsymbol{A}$ 使得

$$\boldsymbol{A}\boldsymbol{A}^{\mathrm{T}} = \boldsymbol{K} \tag{16.4.1}$$

令 $Y = AX$，则 Y 即为所需。

下面，讨论如何从式 (16.4.1) 得到矩阵 A。一般地，可以证明：若 K 是某个随机向量的协相关矩阵，则 K 必是对称非负定矩阵，由矩阵理论知其特征值非负，且有如下分解：

$$K = P\Lambda P^{\mathrm{T}}$$

式中，Λ 为特征值组成的对角阵；P 是由相应标准特征向量为列组成的矩阵。既然特征值非负，则可定义 $\Lambda^{1/2}$ 为 Λ 的每个元素开平方所得的对角矩阵。因此

$$K = P\Lambda P^{\mathrm{T}} = P\Lambda^{1/2}\Lambda^{1/2}P^{\mathrm{T}} = AA^{\mathrm{T}}$$

式中，$A = P\Lambda^{1/2}$。

例 16.4.1 设 $X = (X_1, X_2)$ 由两个单位方差且互不相关的随机变量组成。试求矩阵 A，使得 $Y = AX$ 有协相关矩阵为

$$K = \sigma^2 \begin{bmatrix} 1 & \rho \\ \rho & 1 \end{bmatrix}$$

式中，$|\rho| < 1$。

解：由计算可得 K 的特征值和特征向量为

$$P = \frac{1}{\sqrt{2}} \begin{pmatrix} 1 & 1 \\ -1 & 1 \end{pmatrix}, \quad \Lambda^{1/2} = \begin{pmatrix} \sigma(1-\rho)^{1/2} & 0 \\ 0 & \sigma(1-\rho)^{1/2} \end{pmatrix}$$

所以

$$A = \sigma \begin{pmatrix} [(1-\rho)/2]^{1/2} & [(1+\rho)/2]^{1/2} \\ -[(1-\rho)/2]^{1/2} & [(1+\rho)/2]^{1/2} \end{pmatrix}$$

容易验证 $K = AA^{\mathrm{T}}$。

下面考虑联合 Gauss 分布的随机向量的生成。设 X 是一个联合 Gauss 分布的随机向量，且协相关矩阵为 K_X，则由 Gauss 分布的定理知 $Y = AX$ 也是一个协相关矩阵为 $K_Y = AK_XA^{\mathrm{T}}$ 的联合 Gauss 分布的随机向量。若 X 是单位方差且互不相关的 Gauss 分布随机向量，则 $K_X = I$，所以 $K_Y = AA^{\mathrm{T}}$。总结起来，生成协相关矩阵为 K_Y 的联合 Gauss 分布的随机向量的步骤如下：

1) 求 A 使得 $K_Y = AA^{\mathrm{T}}$。
2) 生成零均值、单位方差的相互独立的 n 个高斯随机变量 $X = (X_1, \cdots, X_n)$。
3) 令 $Y = AX$。

利用例 16.3.5 的办法，可以生成 n 个零均值、单位方差且互不相关的 Gauss 随机变量。

16.4.2 具有给定功率谱密度的随机过程的模拟

例 9.2.3 提供了一个生成具有任意功率谱密度 $S_Y(f)$ 的随机过程的办法。只需要让一个白噪声通过一个传递函数为 $H(f) = \sqrt{S_Y(f)}$ 的系统。一般来说，这个系统不一定是因果的。但是，通常可以通过分解 $S_Y(f) = H(f)H^*(f)$ 得到一个因果系统。例如，如果 $S_Y(f)$

是一个有理函数，则总可以将 $S_Y(f)$ 分解为如上形式，得到一个因果系统的冲激响应。如在例 9.2.3 中有

$$S_Y(f) = \frac{\sqrt{N_0/2}}{c - j2\pi f} \times \frac{\sqrt{N_0/2}}{c + j2\pi f} = S_Y^-(f)S_Y^+(f)$$

令系统的传递函数为

$$H(f) = S_Y^+(f) = \frac{\sqrt{N_0/2}}{c + j2\pi f}$$

则查表可知，相应的冲激响应为

$$h(t) = \sqrt{N_0/2}\,\mathrm{e}^{-ct}U(t)$$

于是，将功率谱密度为 1 的随机过程通过具有冲激响应为上述 $h(t)$ 的因果系统，则会产生功率谱密度为 $S_Y(f)$ 的一个随机过程。由于任意一个功率谱密度总可以用有理函数充分逼近，所以上述的分析对任意形式的功率谱密度是有效的。

因此，生成具有任意功率谱密度的随机过程需下列两个步骤：

1) 生成单位方差的白噪声序列。

2) 根据所需要的功率谱密度，求出滤波器的冲激响应，让 1) 生成的白噪声通过该滤波器，其输出即为所得。

关于如何生成单位方差的白噪声序列，留给读者思考。这里省略其讨论。

从 Wiener-Xinchin 定理知道，对于平稳过程来讲，功率谱密度和自相关函数是相互确定的关系。因而上面的办法，也是生成任意自相关函数的随机过程的办法。

习题 16.4

16.4.1 讨论如何生成具有任意自相关函数的随机过程。

16.4.2 给出生成具有给定自相关函数的 n 维 Gauss 随机向量的方法。

16.4.3 给出生成单位方差的白噪声序列的方法。

16.5 Monte Carlo 方法

16.5.1 Monte Carlo 仿真的定义

设有 n 个随机变量组成的随机向量 $\boldsymbol{X} = (X_1, X_2, \cdots, X_n)$，其联合概率密度函数设为 $f_X(x_1, \cdots, x_n)$。设 $Y = g(X_1, X_2, \cdots, X_n)$ 为 $\boldsymbol{X}$ 的一个函数，则 Y 的期望有如下表示，即

$$E\{Y\} = \int_{\mathbb{R}^n} g(x_1, x_2, \cdots, x_n) f_X(x_1, x_2, \cdots, x_n) \mathrm{d}x_1 \mathrm{d}x_2 \cdots \mathrm{d}x_n \tag{16.5.1}$$

在实际中应用，常常需要计算上面的积分。

设

$$\boldsymbol{x}^{(j)} = (x_1^{(j)}, x_2^{(j)}, \cdots, x_n^{(j)}), \quad j = 1, 2, \cdots, N$$

为 N 个 $\boldsymbol{X}$ 的观测值（或者是计算机模拟值），则式 (16.5.1) 定义的期望 $E\{Y\}$ 可用下式近似，即

$$E\{Y\} \approx \frac{1}{N} \sum_{j=1}^{N} g(x_1^{(j)}, x_2^{(j)}, \cdots, x_N^{(j)}) \tag{16.5.2}$$

式 (16.5.2) 称为 $E\{Y\}$ 的 **Monte Carlo 估计**。理论上可以证明，观测值 N 越多，则上述估计越精确。

16.5.2 Monte Carlo 仿真的例子

例 16.5.1 设移动台在小区 $\mathcal{D}$ 内移动，处在位置 $\boldsymbol{x} = (x_1, x_2) \in \mathcal{D}$ 的概率密度为 $f(\boldsymbol{x})$。此外，移动台处在位置 $\boldsymbol{x}$ 时，阴影衰落为 η，小尺度衰落为 ξ，则其吞吐量的表达式为 $T(\boldsymbol{x}, \eta, \xi)$。这样一来，这个移动台在整个小区内的平均吞吐量为

$$T = \int_{\mathcal{D}} \int_{S_\eta} \int_{S_\xi} T(\boldsymbol{x}, \eta, \xi) f(\boldsymbol{x}) g(\eta) h(\xi) \mathrm{d}\boldsymbol{x} \mathrm{d}\eta \mathrm{d}\xi \tag{16.5.3}$$

式中，$\mathcal{D}$、S_η、S_ξ 分别是随机变量 $\boldsymbol{x}$、η、ξ 的样本空间；$f(\boldsymbol{x})$、$g(\eta)$、$h(\xi)$ 分别是它们的概率密度函数。

要得到上述平均吞吐量 T 的取值，在通信与信息系统中往往采用 Monte Carlo 仿真得到：即让用户按照概率密度函数 $f(\boldsymbol{x})$ 取定一个位置 $\boldsymbol{x}$，然后按照概率密度函数 $g(\eta)$ 和 $h(\xi)$ 分别取定一个 η 和 ξ，再计算 $T(\boldsymbol{x}, \eta, \xi)$。将每一个 $(\boldsymbol{x}, \eta, \xi)$ 所对应的 $T(\boldsymbol{x}, \eta, \xi)$ 求和，当和值趋于稳定时，即得最终仿真结果。

习题 16.5

16.5.1 试用 Monte Carlo 方法编程估计零均值、单位方差的 Gauss 随机变量的四阶原点矩，并用数值法直接计算关于四阶原点矩的积分值，试比较两者的误差。

16.5.2 试用 Monte Carlo 方法估计圆周率 π 的值。

16.5.3 举出一个通信与信息系统中的 Monte Carlo 仿真的例子。

附录 A 集合的可数与不可数

A.1 集合及映射

一些被观察对象的全体称为**集合**，集合中单个的被观察对象称为**元素**。若 x 是集合 S 的一个元素，则称元素 x 属于集合 S，记为 $x \in S$。不含任何元素的集合称为**空集**，记为 $\varnothing$。

某个集合 A 的部分元素组成的集合 B 称为集合 A 的**子集**，A 称为 B 的**全集**。若集合 B 是集合 A 的子集，则称集合 A **包含**集合 B，记为 $B \subseteq A$。若集合 B 是集合 A 的子集，则属于 A 但不属于 B 的元素组成的集合称为 B 的**补集**，记为 $\overline{B}$。

所谓**映射**是指集合 A 到集合 B 的一个对应关系。若集合 A 中的元素 a 和集合 B 中的元素 b 具有对应关系，则称元素 a 为元素 b 的**原像**，元素 b 为 a 的**像**。

设 f 为从集合 A 到集合 B 的一个映射，若对于任意两个原像 $a_1, a_2 \in A$，其对应的像 $f(a_1)$ 和 $f(a_2)$ 满足 $f(a_1) \neq f(a_2)$，则称该映射 f 为**单射**；若对于 B 中任意元素 b，都在 A 中有一个原像 a 和它对应，即 $b = f(a)$，则称该映射为**满射**；若一个映射既是单射又是满射，则称为**双射**。如图 A.1 所示，单射、满射和双射的原像集合中的每一个元素，在像集中都有一个像与之对应；对于单射，一个原像只能对应一个像，不同的原像不能对应相同的像，因此有时也叫**一一映射**，但像集中可能有些元素没有原像；对于满射，或许几个原像同时对应一个像，且像集中所有的元素都有原像；对于双射，是一一映射，并且像集中所有的元素都存在原像。

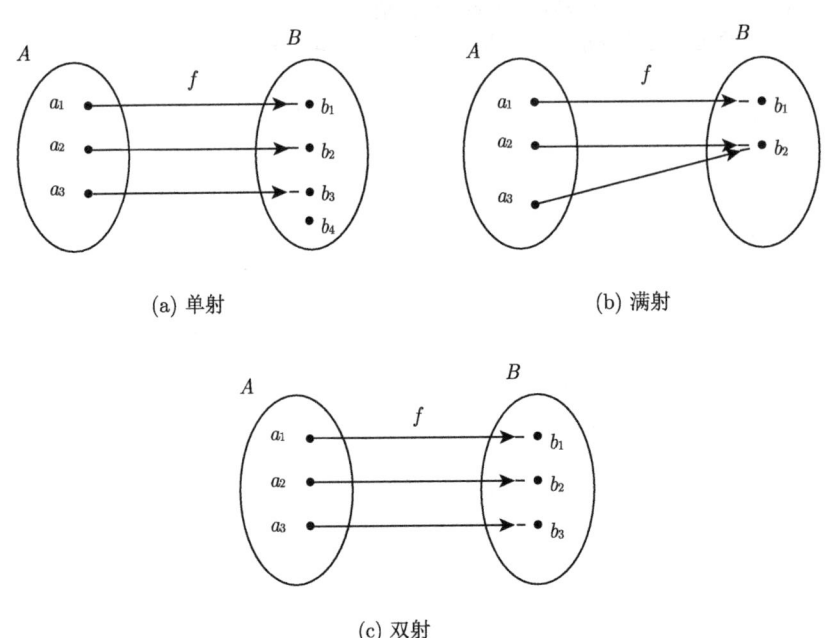

(a) 单射

(b) 满射

(c) 双射

图 A.1 单射、满射和双射的比较示意

A.2 可数和不可数集合

显然，若两个集合能建立双射关系，则可认为这两个集合具有"相同数目"的元素，否则可以认为其所包含的元素的个数不等。特别地，当人们面对无穷多个元素组成的集合时，这个准则显得非常重要。因为对于无穷集合，部分小于全体的概念不再成立。

若一个集合 S 可以和自然数集合 $\mathbb{N}$ 或者自然数集合的一个子集建立双射的关系，则认为该集合 S 是**可数的**，否则称该集合是**不可数的**。可数集合中，如果该集合是有限的则称为**有限可数**，如果是无限的则称为**无限可数**。在集合论的研究中，将能和自然数集合 $\mathbb{N}$ 建立双射关系的无穷称为 $\aleph_0$ 无穷，将能和实数集合 $\mathbb{R}$ 建立双射关系的无穷称为 $\aleph_1$ 无穷。已经证明，在 $\aleph_0$ 无穷和 $\aleph_1$ 无穷之间，不存在其他级别的无穷。$\aleph_1$ 无穷是不可数无穷中最小的无穷。在实际的科学研究中，人们一般不涉及高于 $\aleph_1$ 无穷的研究对象。因此，不可数集合一般指可以和实数集合 $\mathbb{R}$ 建立双射关系的不可数集合，本书所涉及的不可数集合也是指 $\aleph_1$ 无穷。

下面两个例子可以说明：对于无穷集合，部分小于全体的结论不再成立。

例 A.1 设 $\mathbb{E}$ 是所有自然数集合 $\mathbb{N}$ 中的偶数构成的集合，即 $\mathbb{E} = \{2k \mid k \in \mathbb{N}\}$。如图 A.1 所示，可以建立 $\mathbb{E}$ 和 $\mathbb{N}$ 间的双射 $f: \mathbb{E} \to \mathbb{N}, f(2k) = k$。显然映射 f 是一个双射。因此，$\mathbb{E}$ 和 $\mathbb{N}$ 具有相同的无穷大级别 $\aleph_0$。但 $\mathbb{E}$ 是 $\mathbb{N}$ 的一个真子集。

例 A.2 一个线段上所有点组成的集合已经被证明是 $\aleph_1$ 无穷的。如图 A.2 所示，线段 AB 是线段 CD 的一部分，按图中关系，将点 P 和点 Q 建立对应，则该对应是线段 AB 到 CD 的双射。因此，AB 和 CD 具有相同的无穷大级别 $\aleph_1$。但 AB 是 CD 的一个真子集。

在有些文献中，也称可数为**可列**，不可数为**不可列**。

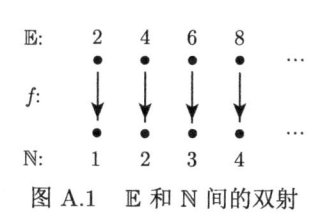

图 A.1 $\mathbb{E}$ 和 $\mathbb{N}$ 间的双射

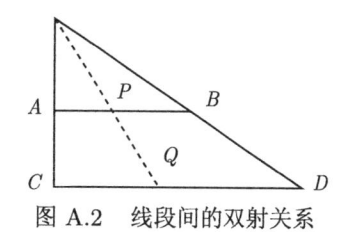

图 A.2 线段间的双射关系

A.3 无穷维向量与函数的等价性

一个无穷维向量可以与一个函数建立等价关系，也就是说，可以用无穷维向量的观点来看待函数，这样一个看待函数的观点对理解随机过程具有很大帮助。

假设有一个定义在 $\mathbb{N}$ 上的函数 $f(n)$，给定 n 就可以得到一个函数值 $f(n)$，这样就可以得到一个可数无穷维向量：

$$\boldsymbol{f} = (f(1), f(2), \cdots, f(n), \cdots)$$

上面这个可数无穷维向量 $\boldsymbol{f}$ 与函数 $f(n)$ 是等价关系，此时向量 $\boldsymbol{f}$ 的维数指标 n 相当于定义域中的自变量，而向量 $\boldsymbol{f}$ 在第 n 维坐标的取值 $f(n)$ 则对应着函数的取值。为了记号上的方便，可以将上述无穷维向量记作 $\{f(n)\}_{n \in \mathbb{N}}$。

一个定义在连续区间 $\mathbb{T}$ 上的函数 $f(t)$，可以看作一个不可数无穷维向量，记作 $\{f(t)\}_{t \in \mathbb{T}}$，其中 t 可以看作维数指标，而 $f(t)$ 则可以看作该维数下的坐标值，只是此时维数变成了不可数无穷维，这个不可数无穷维的维数指标就用集合 $\mathbb{T}$ 来表示。$\mathbb{T}$ 可以取 $[a, b]$ 或 $\mathbb{R}$ 等连续区间。

用向量的观点来看待函数，其实就是将函数的定义域看成无穷维空间的维数指标集而已，即函数自变量看成了维数指标，而每个自变量对应的函数值看成了对应维数上的坐标值。

习题 A

A.1　试证明：可以在整数集合 $\mathbb{Z}$ 和有理数集合 $\mathbb{Q}$ 之间建立双射关系。

A.2　试证明：两个半径不同的球体所包含的点集之间可以建立双射关系。

A.3　试证明：任意长度的区间 (a,b) 都可以和 $\mathbb{R}$ 建立双射关系，其中 $a<b$。

A.4　指出下列集合哪些是可数集合，哪些是不可数集合：① 整数集合 $\mathbb{Z}$；② 有理数集合 $\mathbb{Q}$；③ 在实数集合中除去所有的有理数，即 $\mathbb{R}\setminus\mathbb{Q}$；④ 区间 $[1,2]$；⑤ 区间 $(3,4)$；⑥ n 维的整数集合 $\mathbb{Z}^n$。

附录 B 一维广义函数及其导数

本节用到了一维广义函数及其导数的概念，这里对这两个概念加以解释。

B.1 一维广义函数的定义

我们知道，通常的一维函数是从 $\mathbb{R}$ 到 $\mathbb{R}$ 的一个映射，表示为 $f:\mathbb{R} \mapsto \mathbb{R}$。对于通常的一维函数来说，其定义域中的 x 和值域中的 $f(x)$ 都可以很大，但是不能取值为 ∞。

一维广义函数可以看成通常一维函数的一个推广。**一维广义函数**是从 $\mathbb{R}$ 到 $\mathbb{R} \cup \{\infty\}$ 的一个映射 f，且满足以下两个条件：

1) $f(x)$ 在可数个点 $x_1, \cdots, x_n, \cdots$ 上可以取到 ∞；
2) $f(x)$ 在任意一个取到 ∞ 的点 x_n 上的积分值可以不为零。

一维广义函数的这两个特点与通常的一维函数是不同的。通常的一维函数的值域不能取到 ∞，此外在任意单点上的积分值都为零。

仔细观察就知道，广义函数与通常函数的差别就在于引进了可数个"奇异点"，在这些"奇异点"上广义函数不仅可以取值为 ∞，而且它在这一点上的积分还可以不为零。这样的奇异点有没有其现实背景呢？是有的。

例如，观察下列函数序列 (图B.1)：

$$\delta_n(x) = \begin{cases} n, & x \in \left[-\dfrac{1}{2n}, \dfrac{1}{2n}\right] \\ 0, & x \notin \left[-\dfrac{1}{2n}, \dfrac{1}{2n}\right] \end{cases} \tag{B.1}$$

该函数序列当 $n \to \infty$ 时，就趋向于这样的"奇异点"——矩形面积保持为 1，但函数值为 ∞。在很多文献中，将这样一个函数序列的极限命名为 δ **函数**。这样一个模型可以表示一个没有体积的质量为 1 的质点的密度，也可以表示一个没有体积的电量为 1 的点电荷的电量密度。

具体来说，$\delta(x)$ 是这样一个广义函数，在 $x = 0$ 这一点取值为 ∞，在 $x \neq 0$ 的其他点上取值为 0，即

$$\delta(x) = \begin{cases} \infty, & x = 0 \\ 0, & x \neq 0 \end{cases} \tag{B.2}$$

此外，还满足以下三个等价条件中的任意一个：

1) $\int_{-\infty}^{\infty} \delta(x) \mathrm{d}x = 1$；
2) 对任意 $\varepsilon > 0$ 有 $\int_{-\varepsilon}^{\varepsilon} \delta(x) \mathrm{d}x = 1$；
3) 对任意函数 $\varphi(x) \in C_0^{\infty}(\mathbb{R})$，有 $\int_{-\infty}^{\infty} \delta(x)\varphi(x) \mathrm{d}x = \varphi(0)$，其中 $C_0^{\infty}(\mathbb{R})$ 是定义在 $\mathbb{R}$ 上的无穷阶可导并且具有紧支集[①]的一维函数。

---

① 一个函数 $f(x)$ 的支集 $\mathrm{supp}(f(x))$ 定义为集合 $\{x | f(x) \neq 0\}$ 与其所有边界点的并集。

B.2 一维广义函数的导数

有了广义导数的定义之后,我们甚至可以给通常情况下不能求导的函数 $f(x)$ 求导,当然求导之后的这个"导函数"不能是一个通常函数,而是一个广义导数。

设有任意一个一维广义函数 $f(x)$,若存在另外一个广义函数 $g(x)$,对任意函数 $\varphi(x) \in C_0^\infty(\mathbb{R})$,有下式成立:

$$\int_{-\infty}^{\infty} g(x)\varphi(x)\mathrm{d}x = -\int_{-\infty}^{\infty} f(x)\varphi'(x)\mathrm{d}x \tag{B.3}$$

式中,$\varphi'(x)$ 是函数 $\varphi(x)$ 在通常意义上的一阶导数,则称广义函数 $g(x)$ 是广义函数 $f(x)$ 的**一阶广义导数**,为方便起见,也将 $f(x)$ 的广义导数 $g(x)$ 记为 $f'(x)$、$f^{(1)}(x)$ 或 $\dfrac{\mathrm{d}f(x)}{\mathrm{d}x}$。

按照上述广义导数的定义,可递归地定义广义函数 $f(x)$ 的一阶导数、二阶导数乃至任意阶导数。具体地说,就是 $f^{(n)}(x)$ 的一阶导数定义为 $f(x)$ 的 n 阶导数。

下面来求单位阶跃函数[①]$U(x)$ (图B.2) 的导数。单位阶跃函数具有如下表达:

$$U(x) = \begin{cases} 0, & x < 0 \\ 1, & x \geqslant 0 \end{cases} \tag{B.4}$$

我们知道,这样一个函数在 $x = 0$ 之外的任意一点都能求导,而且导数是零;但是在 $x = 0$ 这一点上,由于函数不连续,就不能求导了。但是我们却可以在广义函数的范围内求广义导数。

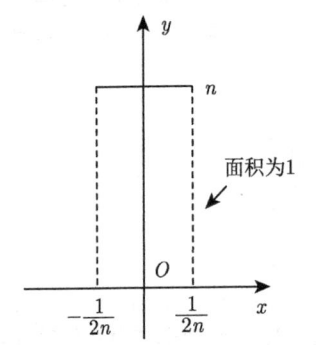

图 B.1　收敛到 δ 函数的函数序列

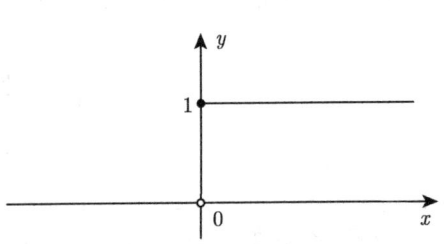

图 B.2　单位阶跃函数

按照广义导数的定义,$U(x)$ 的广义导数应该是这样一个广义函数 $g(x)$,它对任意函数 $\varphi(x) \in C_0^\infty(\mathbb{R})$,都有下式成立:

$$\int_{-\infty}^{\infty} g(x)\varphi(x)\mathrm{d}x = -\int_{-\infty}^{\infty} U(x)\varphi'(x)\mathrm{d}x$$

对上式右端进一步进行化简可得

$$\int_{-\infty}^{\infty} U(x)\varphi'(x)\mathrm{d}x = \int_{0}^{\infty} \varphi'(x)\mathrm{d}x = \varphi(0)$$

换句话说,$U(x)$ 的广义导数 $g(x)$ 应当对任意函数 $\varphi(x) \in C_0^\infty(\mathbb{R})$ 满足:

$$\int_{-\infty}^{\infty} g(x)\varphi(x)\mathrm{d}x = \varphi(0)$$

由上式以及 δ 函数的定义可知,$g(x) = \delta(x)$。所以,我们得到如下结论。

定理 B.1　单位阶跃函数 $U(x)$ 的一阶广义导数是 δ 函数。

---

① 有些文献中也称为 Heavyside 函数。

其实，不仅单位阶跃函数这样的在有些点上的函数值出现跳跃的函数可以求广义导数，即便对 δ 函数这样的广义函数，在 $x=0$ 这一点的取值出现了无穷大的跳跃，也可以求广义导数。下面来求 $\delta(x)$ 的广义导数。

按照广义导数的定义，$\delta(x)$ 的广义导数应该是这样一个广义函数 $\delta'(x)$，它对任意函数 $\varphi(x) \in C_0^\infty(\mathbb{R})$，都有下式成立：

$$\int_{-\infty}^{\infty} \delta'(x)\varphi(x)\mathrm{d}x = -\int_{-\infty}^{\infty} \delta(x)\varphi'(x)\mathrm{d}x = -\varphi'(0)$$

由上式可知，$\delta'(x)$ 是这样一个广义函数，它与任意函数 $\varphi(x) \in C_0^\infty(\mathbb{R})$ 相乘后积分，积分值等于 $\varphi(x)$ 在 $x=0$ 处的导数的相反数。

通过递归证明，进一步得到 $\delta(x)$ 的任意 n 阶广义导数应该是这样一个广义函数 $\delta^{(n)}(x)$，对任意函数 $\varphi(x) \in C_0^\infty(\mathbb{R})$ 满足：

$$\int_{-\infty}^{\infty} \delta^{(n)}(x)\varphi(x)\mathrm{d}x = (-1)^n \varphi^{(n)}(0)$$

B.3 一维广义函数的结构

比较一下 $\delta(x)$、$\delta'(x)$ 以及 $\delta^{(n)}(x)$ 可以发现，它们虽然在 $x=0$ 处取值 ∞，在 $x \neq 0$ 处都取值为零，但是在 $x=0$ 处所取的 ∞ 的"量级"不同。导数的阶数越高，其无穷大的量级就越高。

理解了 δ 函数及其各阶导数的上述性质，就可以完全掌握所有广义函数的特性了。这是因为，任意一个广义函数与通常函数的差别就在于：在通常函数的基础上，在若干个点上再叠加一些 δ 函数或者 δ 函数的某阶导数。也就是说，任意一个广义函数 $f(x)$ 可以分解为一个通常的函数 $g(x)$ 与可数个 δ 函数或其某阶导数的和，即有

$$f(x) = g(x) + \sum_{i \in I_0} p_{0i}\delta(x - x_{0i}) + \sum_{i \in I_1} p_{1i}\delta^{(1)}(x - x_{1i}) + \cdots + \sum_{i \in I_n} p_{ni}\delta(n)(x - x_{ni}) \tag{B.5}$$

式中，对任意 n，I_n 都是自然数集或者自然数集的任意一个子集。

广义函数还有另外一个表示定理就是：对于任意一个广义函数 $f(x)$，可以表示为若干个通常的 $L^2(\mathbb{R})$ 函数的某阶广义导数的和，即有

$$f(x) = f_0^{(0)}(x) + f_1^{(1)}(x) + \cdots + f_n^{(n)}(x) \tag{B.6}$$

式中，$f_0(x), \cdots, f_n(x)$ 都是通常的 $L^2(\mathbb{R})$ 函数。

上述两个广义函数的表示定理在本质上是等价的，因为对 $L^2(\mathbb{R})$ 函数求广义导数的结果必然是在有些不连续点上出现了 δ 函数的跳跃，如果多次求导就会在 δ 函数的基础上出现 δ 函数的导数。

掌握广义函数的上述结构，对理解广义函数有很大的帮助。

B.4 广义函数的 Fourier 变换

设 $f(x)$ 是一个一维广义函数，则其 Fourier 变换 $\hat{f}(\xi)$ 定义为一个广义函数，这个广义函数要求对任意函数 $\varphi(x) \in C_0^\infty(\mathbb{R})$ 满足：

$$\int_{-\infty}^{\infty} \hat{f}(\xi)\hat{\varphi}(\xi)\mathrm{d}\xi = \int_{-\infty}^{\infty} f(x)\varphi(x)\mathrm{d}x \tag{B.7}$$

式中，$\hat{\varphi}(\xi)$ 是函数 $\varphi(x)$ 的 Fourier 变换。

下面来求 $\delta(x)$ 的 Fourier 变换。设 $\hat{\delta}(\xi)$ 为 $\delta(x)$ 的 Fourier 变换，则根据定义，$\hat{\delta}(\xi)$ 对任意函数 $\varphi(x) \in C_0^\infty(\mathbb{R})$ 满足：

$$\int_{-\infty}^{\infty} \hat{\delta}(\xi)\hat{\varphi}(\xi)\mathrm{d}\xi = \int_{-\infty}^{\infty} \delta(x)\varphi(x)\mathrm{d}x = \varphi(0)$$

考虑到
$$\varphi(0) = \int_{-\infty}^{\infty} \hat{\varphi}(\xi) e^{j\, 2\pi\langle x,\xi\rangle} d\xi \Big|_{x=0} = \int_{-\infty}^{\infty} \hat{\varphi}(\xi) d\xi$$

所以，$\hat{\delta}(\xi) = 1$。

习题 B

B.1 试给出更多收敛到 δ 函数的函数序列的例子。

B.2 试证明 δ 函数三个条件的等价性。

B.3 试证明下列等式：

1) $\delta^{(m)}(ax+b) = \dfrac{1}{a^m|a|} \delta^{(m)}\left(x + \dfrac{b}{a}\right)$，其中 a、b 为非零常数；

2) $\delta(x^2 - a^2) = \dfrac{1}{2|a|} [\delta(x+a) + \delta(x-a)]$，其中 a 为常数；

3) $\delta(\sin x) = \sum_{k=-\infty}^{\infty} \delta(x - k\pi)$。

B.4 试求下列函数的 Fourier 变换：① 多项式函数 $P(x) = \sum_{n=0}^{N} a_n x^n$，其中 $a_N \neq 0$；② 指数函数 e^{bx}，其中 b 为常数。

附录 C 多维广义函数与多维广义导数

C.1 多维广义函数的定义

和一维广义函数一样，多维广义函数可以看成通常多维函数的一个推广。**多维广义函数**是从 $\mathbb{R}^n$ 到 $\mathbb{R} \cup \{\infty\}$ 的一个映射 f，且满足以下两个条件：

1) $f(\boldsymbol{x})$ 在可数个点 $\boldsymbol{x}_1, \cdots, \boldsymbol{x}_n, \cdots$ 上可以取到 ∞；
2) $f(\boldsymbol{x})$ 在任意一个取到 ∞ 的点 $\boldsymbol{x}_n$ 上的积分值可以不为零。

多维广义函数的这两个特点与通常的多维函数也不同，通常多维函数的值域不能取到 ∞，此外在任意单点上的积分值都为零。

理解多维广义函数的关键也是理解多维 Delta 函数。具体来说，多维 Delta 函数 $\delta(\boldsymbol{x})$ 是这样一个广义函数，在 $\boldsymbol{x}=\boldsymbol{0}$ 这一点取值为 ∞，在 $\boldsymbol{x} \neq \boldsymbol{0}$ 的其他点上取值为 0，即

$$\delta(\boldsymbol{x}) = \begin{cases} \infty, & \boldsymbol{x} = \boldsymbol{0} \\ 0, & \boldsymbol{x} \neq \boldsymbol{0} \end{cases} \tag{C.1}$$

此外，还满足以下三个等价条件中的任意一个：

1) $\int_{\mathbb{R}^n} \delta(\boldsymbol{x}) \mathrm{d}\boldsymbol{x} = 1$；
2) 对任意 $\varepsilon > 0$ 有 $\int_{U(\varepsilon)} \delta(\boldsymbol{x}) \mathrm{d}\boldsymbol{x} = 1$，其中 $U(\varepsilon)$ 是一个以零点为中心、半径为 ε 的球；
3) 对任意函数 $\varphi(\boldsymbol{x}) \in C_0^\infty(\mathbb{R}^n)$，有 $\int_{\mathbb{R}^n} \delta(\boldsymbol{x}) \varphi(\boldsymbol{x}) \mathrm{d}\boldsymbol{x} = \varphi(\boldsymbol{0})$，其中 $C_0^\infty(\mathbb{R}^n)$ 是定义在 $\mathbb{R}^n$ 上的无穷阶可导并且具有紧支集的 n 维函数。

C.2 多维广义函数的导数

设有任意一个 n 维广义函数 $f(\boldsymbol{x})$，若存在另外一个广义函数 $g(\boldsymbol{x})$，对任意函数 $\varphi(\boldsymbol{x}) \in C_0^\infty(\mathbb{R}^n)$，有下式成立：

$$\int_{\mathbb{R}^n} g(\boldsymbol{x}) \varphi(\boldsymbol{x}) \mathrm{d}\boldsymbol{x} = (-1)^{|\boldsymbol{\alpha}|} \int_{\mathbb{R}^n} f(\boldsymbol{x}) \varphi^{(\boldsymbol{\alpha})}(\boldsymbol{x}) \mathrm{d}\boldsymbol{x} \tag{C.2}$$

式中，$\varphi^{(\boldsymbol{\alpha})}(\boldsymbol{x})$ 是函数 $\varphi(\boldsymbol{x})$ 在通常意义上的 $\boldsymbol{\alpha}$ 阶导数，即 $\boldsymbol{\alpha} = (\alpha_1, \cdots, \alpha_n)$，$|\boldsymbol{\alpha}| = \alpha_1 + \cdots + \alpha_n$，且

$$\varphi^{(\boldsymbol{\alpha})}(\boldsymbol{x}) = \partial^{\boldsymbol{\alpha}} \varphi(\boldsymbol{x}) = \partial^{\alpha_1} \cdots \partial^{\alpha_n} \varphi(\boldsymbol{x})$$

则称广义函数 $g(\boldsymbol{x})$ 是广义函数 $f(\boldsymbol{x})$ 的 **$\boldsymbol{\alpha}$ 阶广义导数**，为方便起见，也将 $f(\boldsymbol{x})$ 的广义导数 $g(\boldsymbol{x})$ 记为 $f^{(\boldsymbol{\alpha})}(\boldsymbol{x})$ 或 $\dfrac{\partial^{\boldsymbol{\alpha}} f(\boldsymbol{x})}{\partial \boldsymbol{x}^{\boldsymbol{\alpha}}}$，其中 $\partial \boldsymbol{x}^{\boldsymbol{\alpha}} = \partial x_1^{\alpha_1} \cdots \partial x_n^{\alpha_n}$。

多维广义函数的结构类似于一维广义函数，这里不再重复。

> **习题 C**

C.1 求 n 维 Delta 函数 $\delta(\boldsymbol{x})$ 的 Fourier 变换。
C.2 求 n 维单位阶跃函数 $U(\boldsymbol{x})$ 的 $\boldsymbol{\alpha} = (\alpha_1, \cdots, \alpha_n)$ 阶广义导数。

附录 D 两个矩阵的 Kronecker 乘积

设矩阵 $\boldsymbol{A} = (a_{ij})_{m \times n}$, $\boldsymbol{B} = (b_{ij})_{p \times q}$, 则矩阵 $\boldsymbol{A}$ 与矩阵 $\boldsymbol{B}$ 的 Kronecker 乘积定义为

$$\boldsymbol{A} \otimes \boldsymbol{B} = \left(a_{ij}\boldsymbol{B}\right) = \begin{pmatrix} a_{11}\boldsymbol{B} & a_{12}\boldsymbol{B} & \cdots & a_{1n}\boldsymbol{B} \\ a_{21}\boldsymbol{B} & a_{22}\boldsymbol{B} & \cdots & a_{2n}\boldsymbol{B} \\ \vdots & \vdots & & \vdots \\ a_{m1}\boldsymbol{B} & a_{m2}\boldsymbol{B} & \cdots & a_{mn}\boldsymbol{B} \end{pmatrix}_{mp \times nq}$$

Kroneker 乘积有下列性质:

1) 若 α 是一个实数, 则 $(\alpha \boldsymbol{A}) \otimes \boldsymbol{B} = \boldsymbol{A} \otimes (\alpha \boldsymbol{B}) = \alpha(\boldsymbol{A} \otimes \boldsymbol{B})$。
2) $\boldsymbol{A} \otimes (\boldsymbol{B} + \boldsymbol{C}) = \boldsymbol{A} \otimes \boldsymbol{B} + \boldsymbol{A} \otimes \boldsymbol{C}$, $(\boldsymbol{B} + \boldsymbol{C}) \otimes \boldsymbol{A} = \boldsymbol{B} \otimes \boldsymbol{A} + \boldsymbol{C} \otimes \boldsymbol{A}$。
3) $\boldsymbol{A} \otimes (\boldsymbol{B} \otimes \boldsymbol{C}) = (\boldsymbol{A} \otimes \boldsymbol{B}) \otimes \boldsymbol{C}$。
4) $\boldsymbol{I}_{mn} = \boldsymbol{I}_m \otimes \boldsymbol{I}_n = \boldsymbol{I}_n \otimes \boldsymbol{I}_m$。
5) $(\boldsymbol{A} \otimes \boldsymbol{B})^{\mathrm{T}} = \boldsymbol{A}^{\mathrm{T}} \otimes \boldsymbol{B}^{\mathrm{T}}$。
6) $(\boldsymbol{A} \otimes \boldsymbol{B})(\boldsymbol{C} \otimes \boldsymbol{D}) = (\boldsymbol{A}\boldsymbol{C}) \otimes (\boldsymbol{B}\boldsymbol{D})$。
7) $(\boldsymbol{A} \otimes \boldsymbol{B})^{-1} = \boldsymbol{A}^{-1} \otimes \boldsymbol{B}^{-1}$。
8) $\mathrm{Tr}(\boldsymbol{A} \otimes \boldsymbol{B}) = \mathrm{Tr}(\boldsymbol{A})\mathrm{Tr}(\boldsymbol{B})$。
9) 若 $\boldsymbol{A}$ 与 $\boldsymbol{B}$ 分别是 $n \times n$ 与 $m \times m$ 的方阵, 则 $|\boldsymbol{A} \otimes \boldsymbol{B}| = |\boldsymbol{A}|^m |\boldsymbol{B}|^n$。

习题 D

证明附录中给出的 Kronecker 乘积的性质。

附录 E 离散时间随机过程的其他常见收敛

为了和均方收敛对照，这里给出几种常见的离散时间随机过程的收敛，它们分别是依分布收敛、依概率收敛、以 r 阶矩收敛、以概率 1 收敛。

E.1 依分布收敛

设 $\{X_n\}_{n=0}^{\infty}$ 是一个离散时间随机过程，$F_{X_n}(x)$ 是随机变量 X_n 的概率分布函数，$F_X(x)$ 是随机变量 X 的概率分布函数，若对于任意一点 $x \in \mathbb{R}$，有

$$\lim_{n \to \infty} F_{X_n}(x) = F_X(x) \tag{E.1}$$

则称随机变量序列 $\{X_n\}_{n=0}^{\infty}$ **依分布收敛**于 X，并记为 $X_n \xrightarrow{D} X$。

定理 E.1 (Lindeberg-Loève 中心极限定理) 若 $X_1, X_2, \cdots, X_n, \cdots$ 是一个独立同分布的随机变量序列，且

$$E\{X_k\} = m, \quad \text{Var}\{X_k\} = \sigma^2$$

式中，σ 为正常数，则随机变量

$$Y_n = \frac{1}{\sigma\sqrt{n}} \sum_{k=1}^{n} (X_n - m)$$

依分布收敛于标准正态随机变量，即

$$\lim_{n \to \infty} P\{Y_n \leqslant x\} = \frac{1}{\sqrt{2\pi}} \int_{-\infty}^{x} \mathrm{e}^{-t^2/2} \mathrm{d}t \tag{E.2}$$

证明：设 $X_n - m$ 的概率特征函数为 $\Phi(\omega)$，则 Y_n 的概率特征函数为 $\left[\Phi\left(\dfrac{\omega}{\sigma\sqrt{n}}\right)\right]^n$，由于 $E\{X_k\} = m$，$\text{Var}\{X_k\} = \sigma^2$，所以 $\Phi'(0) = 0$，$\Phi''(0) = -\sigma^2$，所以有

$$\Phi(\omega) = 1 - \frac{1}{2}\sigma^2 \omega^2 + o(\omega^2)$$

从而有

$$\left[\Phi\left(\frac{\omega}{\sigma\sqrt{n}}\right)\right]^n = \left[1 - \frac{1}{2n}\omega^2 + o\left(\frac{\omega^2}{n}\right)\right]^n \to \mathrm{e}^{-\omega^2/2}$$

由概率特征函数与概率密度函数的一一对应关系可以知道式 (E.2) 成立。 □

例 E.1 Lindeberg-Loève 中心极限定理常被用于计算机正态随机数的产生。在计算机里面很容易得到 $[0,1]$ 上一组均匀分布的随机数 X_n，将这些随机数相加得到 $Y_N = X_1 + \cdots + X_N$，若 N 充分大，则 Y_N 就非常接近正态随机数了。在实际中，一般取 $N = 12$，下式得到的数就已经非常精确地逼近一个标准正态随机变量了，即

$$\xi_{12} = \sum_{k=1}^{12} X_k - 6$$

E.2 依概率收敛

设 $\{X_n\}_{n=0}^{\infty}$ 是一个离散时间随机过程,如果对于任意的 $\varepsilon > 0$,有

$$\lim_{n \to \infty} P\{|X_n - X| \geqslant \varepsilon\} = 0 \tag{E.3}$$

称随机变量序列 $\{X_n\}_{n=0}^{\infty}$ **依概率收敛**于 X,记作 $X_n \xrightarrow{P} X$。

定理 E.2 若一个随机变量序列依概率收敛,则一定依分布收敛。

证明: 设该随机变量序列为 X_n,并依概率收敛于随机变量 X。设 $x' < x$ 为两个实数,则

$$\{X \leqslant x'\} = \{X_n \leqslant x, X < x'\} \cup \{X_n > x, X < x'\} \subseteq \{X_n \leqslant x\} \cup \{X_n > x, X < x'\}$$

所以有

$$F_X(x') \leqslant F_{X_n}(x) + P\{X_n \geqslant x, X < x'\}$$

因为 X_n 依概率收敛,所以上述表达式右边第 2 项在 $n \to \infty$ 的时候,有

$$P\{X_n \geqslant x, X < x'\} \leqslant P\{|X_n - X| \geqslant x - x'\} \to 0$$

所以有

$$F_X(x') \leqslant \varliminf_{n \to \infty} F_{X_n}(x)$$

仿照上述同样的方法,可以证明对 $x'' > x$ 有

$$\varlimsup_{n \to \infty} F_{X_n}(x) \leqslant F_X(x'')$$

所以对于 $x' < x < x''$ 有

$$F_X(x') \leqslant \varliminf_{n \to \infty} F_{X_n}(x) \leqslant \varlimsup_{n \to \infty} F_{X_n}(x) \leqslant F_X(x'')$$

令 x' 和 x'' 趋于 x 可得

$$F_X(x) = \lim_{n \to \infty} F_{X_n}(x)$$

□

由于不同的随机变量可以对应同一概率分布函数,因此一般由依分布收敛推不出依概率收敛。下例就说明了这个问题。

例 E.2 设随机变量 X 的样本空间为 $\{1, -1\}$,并且 $P(1) = P(-1) = 1/2$。定义随机变量序列为 $X_n = -X$,显然由于 X 和 $-X$ 具有相同的概率分布函数,所以 X_n 依分布收敛于 X。但是 $|X_n - X| = |2X| = 2$,所以对于任意 $0 < \varepsilon < 2$,都有 $P\{|X_n - X| \geqslant \varepsilon\} = 1$,所以 X_n 不依概率收敛于 X。

例 E.3 若离散时间随机过程 X_n 依分布收敛到一个常数 C,则该离散时间随机过程也依概率收敛到 C。因此在收敛到一个常数的条件下,依分布收敛和依概率收敛是等价的。事实上,对于任意的 $\varepsilon > 0$,有

$$P\{|X_n - C| \geqslant \varepsilon\} = P\{X_n \geqslant C + \varepsilon\} + P\{X_n \leqslant C - \varepsilon\}$$
$$= 1 - F_{X_n}(C + \varepsilon) + F_{X_n}(C - \varepsilon) \xrightarrow{n \to \infty} 1 - 1 + 0 = 0$$

上式中用到了概率分布函数的右连续性。

E.3 以 r 阶矩收敛

设离散时间随机过程 X_n 和随机变量 X 满足 $E\{|X_n|^r\} < \infty$ 和 $E\{|X|^r\} < \infty$,其中 r 是一个正常数,如果有下式成立:

$$\lim_{n \to \infty} E\{|X_n - X|^r\} = 0 \tag{E.4}$$

则称离散时间随机过程 X_n 以 **r 阶矩收敛于** X,并记为 $X_n \xrightarrow{r} X$。

均方收敛实际上是 $r = 2$ 以 r 阶矩收敛的一种特殊情形。

定理 E.3 若离散时间随机过程以 r 阶矩收敛,则一定依概率收敛。

证明: 结论可以由式 (E.5) 立即得到

$$P\{|X_n - X| \geqslant \varepsilon\} \leqslant \frac{1}{\varepsilon^r} E\{|X_n - X|^r\} \tag{E.5}$$

下面来证明式 (6.A.5)。设 $f_Y(y)$ 是随机变量 $Y = X_n - X$ 的概率密度函数,则

$$P\{|X_n - X| \geqslant \varepsilon\} = \int_{|y| \geqslant \varepsilon} f_Y(y)\mathrm{d}y \leqslant \int_{|y| \geqslant \varepsilon} \frac{|y|^r}{\varepsilon^r} f_Y(y)\mathrm{d}y$$

$$\leqslant \frac{1}{\varepsilon^r} \int_{\mathbb{R}} |y|^r f_Y(y)\mathrm{d}y = \frac{1}{\varepsilon^r} E\{|X_n - X|^r\}$$

□

下面的例子说明了依概率收敛不一定以 r 阶矩收敛。

例 E.4 设 X 是一个恒等于 0 的随机变量,即 $P\{X = 0\} = 1$。而离散时间随机过程 X_n 的概率质量函数为

$$\begin{pmatrix} n^{1/r} & 0 \\ 1/n & 1 - 1/n \end{pmatrix}$$

显然对任意 $\varepsilon > 0$,存在 $N > 0$,当 $n > N$ 时,有

$$P\{|X_n - X| \geqslant \varepsilon\} = 1/n \to 0$$

即 X_n 依概率收敛于 X。但是

$$E\{|X_n - X|^r\} = \left(n^{1/r}\right)^r \frac{1}{n} = 1$$

所以,X_n 并不以 r 阶矩收敛于 X。

E.4 以概率 1 收敛

设 $\{X_n\}_{n=0}^{\infty}$ 是一个离散时间随机过程,如果

$$P\left\{\lim_{n \to \infty} X_n = X\right\} = 1 \tag{E.6}$$

称离散时间随机过程 $\{X_n\}_{n=0}^{\infty}$ **以概率 1 收敛**于 X,或称 $\{X_n\}_{n=0}^{\infty}$ **几乎处处收敛于** X,记为 $X_n \xrightarrow{\text{a.e.}} X$。

以概率 1 收敛的意义是,随着 n 趋向于无穷,随机变量 X_n 和随机变量 X 相等的概率趋于 1。例如,例E.4中,序列 X_n 实际上也是几乎处处收敛于 X 的。因为

$$P\left\{\lim_{n \to \infty} X_n = X\right\} = 1 - \frac{1}{n} \to 1$$

从例E.4也知,以概率 1 收敛并不能推出以 r 阶矩收敛。

定理 E.4 若离散时间随机过程以概率 1 收敛,则一定依概率收敛。

证明：实际式 (E.6) 等价于

$$\lim_{k\to\infty} P\left\{\bigcap_{n=k}^{\infty}(|X_n - X| < \varepsilon)\right\} = 1$$

上式又等价于

$$\lim_{k\to\infty} P\left\{\bigcup_{n=k}^{\infty}(|X_n - X| \geqslant \varepsilon)\right\} = 0$$

由于

$$\{|X_k - X| \geqslant \varepsilon\} \subseteq \left\{\bigcup_{n=k}^{\infty}(|X_n - X| \geqslant \varepsilon)\right\}$$

所以

$$\lim_{k\to\infty} P\{|X_k - X| \geqslant \varepsilon\} = 0$$

□

下面的例子说明，一个离散时间随机过程依概率收敛不能推出以概率 1 收敛，且以 r 阶矩收敛也不能得出以概率 1 收敛。

例 E.5 设随机变量 X 为恒等于 0 的常数，而离散时间随机过程 X_n 概率质量函数定义如下：

$$\begin{pmatrix} 0 & 1/n \\ 1/2 & 1/2 \end{pmatrix}$$

显然，该离散时间随机过程是依概率收敛的，即 $X_n \xrightarrow{P} X$，因为对于任意 $\varepsilon > 0$，存在 $N > 0$，当 $n > N$ 时，有 $P\{|X_n - X| \geqslant \varepsilon\} = 0$。但是 $P\{X_n = X\} = 1/2$，所以 X_n 不以概率 1 收敛。

此外，因为

$$E\{|X_n - X|^r\} = \left(\frac{1}{n}\right)^r \times \frac{1}{2} \to 0$$

所以 X_n 以 r 阶矩收敛于 X。

综上所述，以概率 1 收敛和以 r 阶矩收敛不能互相推出，即若一个随机变量以概率 1 收敛，不一定以 r 阶矩收敛，若一个随机变量以 r 阶矩收敛，不一定以概率 1 收敛。但是从以概率 1 收敛和以 r 阶矩收敛，都可以导出依概率收敛，而依概率收敛则一定依分布收敛。上述关系可以用图 E.1 表示。

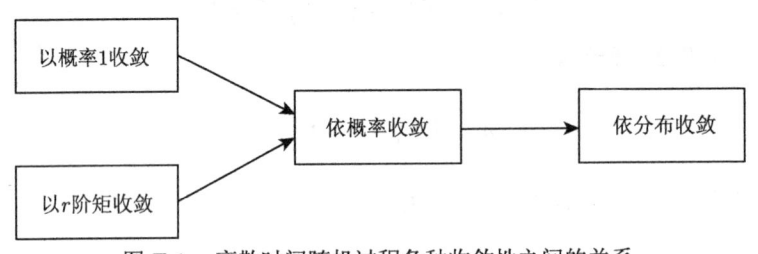

图 E.1　离散时间随机过程各种收敛性之间的关系

习题 E

E.1　试证明：若正态随机变量序列依概率收敛，则其均值和方差也收敛。

E.2　若 $\boldsymbol{X}_n$ 为正态随机向量，$\boldsymbol{X}_n \xrightarrow{P} \boldsymbol{X}$，试证明：$\boldsymbol{X}$ 为正态随机向量。

E.3　设 $X_n \xrightarrow{P} X$，f 是 $\mathbb{R}$ 上的连续函数，试证明：$f(X_n) \xrightarrow{P} f(X)$。

E.4　若 X_n 是单调下降的正态随机变量序列，且 $X_n \xrightarrow{P} 0$，试证明：$X_n \xrightarrow{a.e.} 0$。

参考文献

陈炳和, 1996. 随机信号处理. 北京: 国防工业出版社.

陈鑫林, 2000. 现代通信中的排队论. 北京: 电子工业出版社.

段凤增, 2001. 信号检测理论. 2 版. 哈尔滨: 哈尔滨工业大学出版社.

范金城, 吴可法, 2001. 统计推断导引. 北京: 科学出版社.

复旦大学, 1988. 概率论. 第一册概率论基础. 北京: 高等教育出版社.

龚光鲁, 钱敏平, 2004. 应用随机过程教程及在算法和智能计算中的随机模拟. 北京: 清华大学出版社.

华兴, 1987. 排队论与随机服务系统. 上海: 上海翻译出版公司.

景占荣, 羊彦, 2004. 信号检测与估计. 北京: 化学工业出版社.

李道本, 1996. 信号的统计检测与估计理论. 北京: 北京邮电大学出版社.

李建东, 2001. 信息网络理论基础. 西安: 西安电子科技大学出版社.

刘嘉焜, 2002. 应用随机过程. 北京: 科学出版社.

陆根源, 陈孝桢, 2004. 信号检测与参数估计. 北京: 科学出版社.

逯昭义, 王思明, 1997. 计算机通信网信息量理论. 北京: 电子工业出版社.

马振华, 2000. 现代应用数学手册: 概率统计与随机过程卷. 北京: 清华大学出版社.

PAPOULIS A, 2004. 概率、随机变量与随机过程. 保铮, 冯大政, 水鹏朗, 译. 西安: 西安交通大学出版社.

ROSS S M, 2011. 应用随机过程: 概率模型导论. 龚光鲁, 译, 北京: 人民邮电出版社.

沈凤麟, 叶中付, 钱玉美, 2002. 信号统计分析与处理. 合肥: 中国科学技术大学出版社.

STEVEN M K, 2003. 统计信号处理基础——估计与检测理论. 罗鹏飞, 张文明, 刘忠, 等译. 北京: 电子工业出版社.

王宏禹, 1988. 随机数字信号处理. 北京: 科学出版社.

王永德, 王军, 2003. 随机信号分析基础. 2 版. 北京: 电子工业出版社.

WILSON S G, 1998. Digital modulation and coding. 北京: 电子工业出版社.

徐伯勋, 白旭滨, 傅孝毅, 2004. 信号处理中的数学变换和估计方法. 北京: 清华大学出版社.

余成波, 张兢, 2001. 信号处理基础. 重庆: 重庆大学出版社.

张玲华, 郑宝玉, 2003. 随机信号处理. 北京: 清华大学出版社.

张明友, 张扬, 2002. 随机信号分析. 成都: 电子科技大学出版社.

张树京, 张思东, 2003. 统计信号处理. 北京: 机械工业出版社.

张贤达, 1998. 现代信号处理. 北京: 清华大学出版社.

周炯磐, 1991. 通信网理论基础. 北京: 人民邮电出版社.

GARDNER W, 1986. Introduction to random processes with applications to signals and systems. New York: Macmillan Publishing Company.

HAIGHT F A, 1981. Applied probability. New York: Plenum Press.

HARMAN W W, 1963. Principles of the statistical theory of communication. New York: McGraw-Hill Book Company, Inc.

LEON-GARCIA A, 1989. Probability, statistics and random processes for electrical engineering. 3rd ed. London: Person Education Ltd.

OCHI M K, 2008. Applied probability and stochastic processes in engineering and physical sciences. New York: John Wiley & Sons, Inc.

TAKÁCS L, 1962. Introduction to the theory of queues. New York: Oxford University Press.

VAN T H L, 2011. Detection, estimation, and modulation theory. New York: John Wiley & Sons, Inc.